大学体育

主 编 马祖勤

复旦大学出版社

本书编著人员

主 编
马祖勤

副主编
孔 斌　王恩锋

编 委（以姓氏笔画为序）

丁 毅	马祖勤	丰 萍	王丽娜	王国华	王恩锋	王 震	尤玉青
孔 斌	孔繁辉	卢婧雯	史有为	邢 聪	朱俊鹏	刘 君	刘 挺
孙自俭	孙建冰	杨至刚	李 涵	吴丽红	张艺琼	张 振	张 晨
周建高	郝霖霖	姚志强	袁晟慧	顾 倩	顾翎铃	高 兴	高庭艳
盛珍珍	康晓静	葛世豪	葛 萍	傅海清	曾 泽	谢卫龙	谢 峰
鲍 涛	裴会义						

前言

前言

2022 年,党的二十大报告《为全面建设社会主义现代化国家而团结奋斗》提出:"广泛开展全民健身活动,加强青少年体育工作,促进群众体育和竞技体育全面发展,加快建设体育强国。"党中央从党和国家事业发展全局做出重大战略部署,深化体教融合,建设体育强国是新时期我国体育工作的战略目标和重要任务。在体育强国战略目标的指引下,中共中央办公厅、国务院办公厅、教育部以及国家体育总局相继颁布了《"健康中国 2030"规划纲要》《体育强国建设纲要》《关于印发深化体教融合 促进青少年健康发展意见的通知》《关于全面加强和改进新时代学校体育工作的意见》《〈体育与健康〉教学改革指导纲要(试行)》等一系列政策文件,体现了国家对青少年健康成长的高度重视。新时代学校体育要把"立德树人"作为根本任务,加强和改进新时代大学体育工作,促进学生德、智、体、美、劳全面发展,把培育和践行社会主义核心价值观融入学校体育教育全过程中。

大学时期是青年学生身体生长发育、心理成熟的重要时期,也是形成正确人生观、价值观的重要阶段。在高校育人过程中,充分发挥体育的各项功能,对于促进身心健康发展,培养勇敢、顽强、坚毅的品质,增强爱国主义和集体主义具有重要意义,对于智育、德育、美育具有积极的促进作用。本书根据教育部《全国普通高等学校体育课程教学指导纲要》的精神,结合复旦大学体育教学部教师的研究心得和教学经验,参考国外大学体育教学的发展趋势,以促进大学生的整体健康素质和培养新时代高素质人才为目标,将体育知识、运动技能的学习与体育人文素养的培养、体育精神的塑造相结合,同时参考国内各高校体育教学的综合成果编写而成的。

本书分为"基础理论篇"与"运动技术篇",共10章。"基础理论篇"讲授体育基本理论,包括体育概述、体质健康、体能、体育锻炼、体育保健等方面的知识。学习完"基础理论篇",学生能够了解体育的概念、体育的发展历史、奥林匹克精神,明确体育锻炼对身体健康、心理健康以及社会适应能力的促进作用,懂得体育锻炼的训练学、生理学基本原理,掌握体育锻炼的方法、手段,学会体育保健和制定运动处方。"运动技术篇"针对大学生身心发展的特点及当前我国高校体育的教学现状,介绍了多种常见的体育运动项目,包括田径、球类运动、民族传统体育与武术、形体运动等,着重介绍了每项运动的基本技术、战术和规则,内容注重实用性和可参考性,旨在帮助大学生学会基本的运动技能并能够运用到实践中,激发参与体育运动的兴趣,最终使其养成良好的锻炼习惯和健康的生活方式,达到终身受益的目的。

本书可作为普通高等院校的体育课程教材,也可用作大学生进行体育锻炼的辅助读物。

在编写过程中,我们参考并引用了国内外优秀体育书籍、论文等资料,在此向有关作者表示真诚的感谢!由于水平有限,书中不妥之处在所难免,恳请专家学者及广大读者给予批评指正。

编者

2023 年 7 月

目录

目录

基础理论篇

JICHU LILUN PIAN

第一章 体育概论与体育锻炼

第一节 体育的概述

一、体育的概念

体育是在人类社会发展过程中逐渐形成的,它是随着社会的产生而产生,随着社会的不断发展而发展。"体育"一词,根据《世界体育资料》记载,最早是法国人 1760 年在报刊上论述有关儿童身体教育的问题时首先起用的,本意指的是以身体活动为手段的教育。19 世纪末 20 世纪初,"体育"一词传入我国,当时的含义仍然是"身体的教育",但随着社会生产力的发展以及人们需求的变化,对"体育"也产生了不同的解释并赋予了更多的含义。

狭义的体育,即身体教育,理解为"体"和"育"的结合,与外文中的 physical education(英文)、physische erziehung(德文)、education physique(法文)、Физическая культура(俄文)相对应。其中,"体"意为身体、体质的意思,"育"意为教育、培育,因此体育是根据人体生长发育、技能形成和功能提高等规律,以身体练习(或活动)为基本手段,以增强身体健康、心理健康和提高社会适应性为主要目的的一种教育活动,与德育、智育、美育等共同构成教育的组成部分。

广义的体育,即 sports,指的是身体运动及活动,是以身体运动或身体练习为基本方式,以增强体质、提高运动技术水平、进行思想教育、丰富社会文化生活、维持社会和谐为目的进行的一种有意识的社会、文化活动。它属于社会活动和文化活动的范畴,受社会政治、经济的制约,并为其服务。

体育按照不同标准可划分为不同的类型。按照目的与特点,可分为健身体育、竞技体育、休闲体育等;按照实施的场所划分,可分为学校体育、社区体育、家庭体育等;按照体育的受众群体的不同,可分为儿童体育、青少年体育、成年体育和老年体育。在体育工作中,根据参加体育运动的对象和目的的不同,通常将体育分为竞技体育、学校体育、群众体育三个部分。

竞技体育:它是指通过科学系统的训练,在竞赛中最大限度地发挥个人或集体在体格、体能、心理和运动能力等方面的综合潜力,以取得优异的成绩为主要目标的体育运动。

学校体育:它是通过身体活动,增强体质,培养德、智、体、美全面发展人才的教育过程。学校体育是人们获得体育知识的最初课堂,它的目的是培养德、智、体、美全面发展的人才,增强学生身体素质,使学生养成终身参加体育运动的习惯,对塑造完美的人起着十分重要的作用。为了实现体育、教养和发展的总目标,不同层次学校具有不同教育目标。

群众体育:国内外经常提到的娱乐体育、休闲体育、余暇体育、养生体育、医疗体育均可列入群众体育。这些体育活动参加者多数为一般群众,活动领域遍及社会,所以它可以作为学校体育的延续,同学校体育教学相辅相成,促进"终身体育"的实现。随着国民经济的发展,余暇时间增多,生产方式、生活方式的变化和现代生活对精神享受的需求,多种健康愉快、生动活泼、丰富多彩的群众性体育活动将成为体育的重要内容,其内容最广、范围最大、参加人数最多的一种体育活动。

党的二十大报告《为全面建设社会主义现代化国家而团结奋斗》指出:"广泛开展全民健身活动,加强青少年体育工作,促进群众体育和竞技体育全面发展,加快建设体育强国。"学校体育、群众体育、竞技体育三者互动、互促、互构,是建设社会主义现代化强国的战略任务,也是实现体育现代化的重要目标。其中,学校体育是人们获得体育知识、掌握体育技能、树立终身体育价值观的最初课堂,为学生今后自觉参加健身体育活动打下良好的基础,从而促进全民健身运动蓬勃发展。同时,广泛的学校体育活动为竞技人才的选拔提供了广阔的天地,为竞技体育输送更好的运动员。

二、体育的产生与发展

(一)体育的产生

体育作为一种人类文化现象,可以追溯到远古的原始社会,它是在人类社会发展中自然而然产生的。据可考的历史来看,最早在几千年前的古埃及壁画中,便出现了体育运动的场景。这一时期,原始人面对恶劣的生活环境,出于生存的需要,"体育"的内容与方法也都属于人的本能活动。原始人类在丛林中进行大量的渔猎与保障自身安全的身体活动,如跑、跳、攀爬、游泳、投掷、负重、角力、搏击、群组狩猎等,这便是各类体育动作的最初形态,儿童则在成人的带领下模仿学习这些身体活动与技能。

古希腊、古罗马时期,具有一定雏形的体育发展起来,同时体育也开始出现人为干涉的萌芽。亚里士多德说:"在教育儿童时……我们须首先训练其身体,之后启发其理智。"他认为在儿童7岁之前,就要及时在体育或竞技教师的正确引导下做各种适宜身体发育的活动。他阐明首先训练身体,进而启发理智的教育观。

但是,此时的体育动机大多还是以保卫种族安全、服务城邦间的军事战争为主。当时的古希腊普遍是以城邦为单位的分散小国,他们各自为政,城邦间常有吞并和争夺。连年的战争需要体格健壮、行动敏捷士兵,所以集会比武是当时统治者所发明的一项培养合格士兵的手段。慢慢地,这种集会与当地的祭礼活动结合,衍生出赛会祭神活动,之后这种仪式发展成了全希腊崇拜宙斯的祭礼大典——人类历史上第一次奥运会诞生了。

公元前776年,古希腊各城邦在奥林匹亚举行了一场以体育竞技为主要形式的综合性民族盛会,比赛项目包括赛跑、跳远、掷铁饼、投标枪、角力、赛马等,其间还上演音乐、诗歌、戏剧等文艺节目。由于人民厌恶连年不断的城邦战争,渴望和平,斯巴达王和伊利斯王签订了《神圣休战条约》,在奥运会举办期间,各国将以神的名义实行休战,从而达到减少战争摆脱灾难的目的。

到了雅典全盛时期,伯利克里当政,他鼓励学术研究、发展文艺、重视教育。孩子们在学校里练习跑步、角力、拳击、乐器,学习诗歌、天文、史地,锻炼当众演讲,开展自由讨论,从而增强体魄、提高素养,为将来成为合格公民作准备。

(二)近代体育运动的发展

18世纪到19世纪中期,体育是以人为体育为主,即人为干涉的体育形式,是"身心二元论"的表现,其特点是将人的身与心分离开来,体育作为军事国防或劳动生产服务的工具存在。这种方式仅以生理学与解剖学为标准,只看重人在生理上的效果,并不能促进人健康全面地发展,失去了体育的真谛。

19世纪初,拿破仑蹂躏全欧,北欧被侵各国在战败的痛苦中,民众的爱国心被激起,体育的发展也深受这种风气的影响。比较典型的是这一时期的德国与瑞典,他们的体育背景都是以军事和国家主义为主的。

此时的德国,一方面受强邻欺凌,另一方面国内各联邦分权割据明争暗斗,人民对于外敌与封建势力的压迫不堪重负。所以这一时期德国体育的宗旨,并非古希腊当时的真善美,也不是余暇论。

弗里德里希·雅恩(Friedrich Ludwig Jahn,政治体育的创始人,体操之父)为团结民众御敌救国,把青年们组织起来,以训练体操、野外远足为名,以"活泼、自由、快乐、仁慈"(Frisch,Frei,Frohlich,Fromm)为口号进行爱国主义活动。最初,由于这种自由主义与封建势力的冲突,他的4F主义体育遭到德国贵族的反对与政府的限制,直到1807年自由之风盛行后,才得以发展。

雅恩的体操并非仅限于身体的运动,还包括歌唱游戏、自然活动、社交与精神交流、道德培养等方面。德国在第一次世界大战失败后,虽然德国的体育仍以军事动机为主,但也认识到了过去只偏重体操的错误,开始提倡促进人身心发展的体育运动。

古罗马把体育作为军事教育的一种手段,目的在于培养勇敢善战的卫国士兵。意大利在法西斯统治下,也有这种色彩。政府为挽救国势,企图立足于世界列强之间,对体育的重视,与德国相比,有过之而无不及,制度整体上也和德国差不多,但其形式较为单一,且仅在少数大城市推行,算不上普及。

日本的体育,几乎是模仿了德国以军事为目的的模式。与德国不同的是,他们单纯服务于以侵略为目标的国家主义。日式体操将德国与瑞典体操中最富有军事形式的部分进行了整合。此外,日本人崇尚武士道精神,柔术、搏击、拳击等在日本体育中占有重要地位。柔术在日本有着悠久的历史,作为一种自卫防身术,除缺乏团队合作之外,它对人身心的发展与塑造帮助颇多。

19世纪,在专制政体下的法国,贵族与教会专横一时,人民毫无自由,生活在艰苦之中。除了一部分人被训练为士兵供贵族驱使之外,其余的人们很难有接触体育的机会,加之厌世派与中世纪轻视人的肉体的观念,大大影响了法国体育的发展。大革命后,人民受卢梭自由哲学思想的影响,自由浪漫之风盛行,拘束呆板的体操走到尽头,但人们对体育运动仍不感兴趣。

英国人民早在13世纪就得到了政权,在政治思想上享有自由的权利,这一点远比德国、法国等其他欧洲国家发展得要早。18世纪,民主在英国进一步发展,人民崇尚自由,喜爱自然活泼的体育与娱乐活动。

美国民众大多为早期英国的移民,他们在思想、诉求、文化、风俗习惯、法律等方面基本与英国相似,对体育也是一样。同时,又因为美国这片新大陆未曾遭受封建势力的摧残与外族的侵略,所以其自由主义相当兴盛。

19世纪初,美国的体育受德国、瑞典体操的影响,一度偏于军事与医疗卫生方面。当时的美国还是以农业为主,人们大多无暇进行体育活动,实际上体育需求并不多。

60年代南北战争结束后,美国社会逐渐由农业转为工商业,此时他们觉察到了过去盲从德国、瑞典体操的错误,为了适应社会生活的需要,自然主义体育在美国逐渐兴起。不足的是,由于过往体操在美国的影响已根深蒂固,不易撼动,所以暂时两种体育制度并行。另外,当时自然主义体育的提倡大多缺乏正确的动机,例如常被人利用来敛财,有些学校或机构存在不正当的宣传手段。

20 世纪初的苏俄,依然是这种人为体育的形式。作为社会主义国家,苏俄的政治建立在唯物主义与功利主义的基础之上,其体育不光带有军事国防的目的,还服务于国家劳动生产。苏俄的体育方针,并不是以娱乐消遣和造就少数的顶尖运动员为目的,他们认为这样会形成资产阶级的个人主义精神,妨碍社会主义合作精神,故其职业化体育无从发展。

苏俄体育的目的在于,使全体国民均有锻炼体格的机会,能胜任国防及劳力工作。所以,当时在全国的各个村落、工厂、农场等均有体育组织。例如在工厂中,每工作一段时间后会让全体工人停止手头的工作,进行 3—5 分钟短促的体操运动,从而起到增进工作效率的作用。

苏俄对于体育的重视,显示在这一时期的全国体育经费投入中。1929 年这一数字为 1 600 万卢布,1937 年则达到 1 亿 600 万卢布,1939 年其预算超过 5 亿卢布。在苏德战争前,苏俄全国约有体育指导员 2 万人,且均在莫斯科的体育院校中受过专业训练。

政府为了鼓励人民参加体育训练,针对成人特别颁授了一种体育最高奖章,表明已有能力胜任劳力与国防工作。凡是测验及格的成年人都可以获得,测验项目包括:短跑、长跑、跳远、跳高、掷重、举重、攀爬、游泳、自行车、骑马、划艇、滑冰、滑雪等。此外,对于未成年人也设有专门的奖章。

(三) 现代体育运动的发展

现代体育,从某种意义上来说是工业文明催生的产物。历史上,体育多为国家统治者、贵族或资产阶级享有,迫于生计的平民并无机会,更谈不上培养出体育兴趣。随着第一次工业革命带来世界资本主义经济的繁荣发展,一方面,许多先进国家开始从农业社会向工业社会转型,给现代体育发展创造了优良条件。另一方面,摆脱了封建制度与教会压迫的西方,民主、自由的思想观念深入人心,社会开始关注并尊重人的发展。

19 世纪下半叶,随着科学技术的发展,社会的进步以及文明生活的需要,人们逐渐形成了新的体育观:以身体运动为手段,使人在身、心、社会层面健康全面发展,提高人类生活质量与生命质量,提升人类社会文明发展水平,各方面相统一。卢梭曾在《爱弥尔》中首次用"体育(education physique)"一词描述了对爱弥尔的身体教育过程,此后德、英等欧洲国家纷纷沿用。他说:"身体越强健,它就越能听从精神的支配。……教育的最大秘诀是,身体锻炼与思想锻炼相互调和。"卢梭认为,体育是一切教育的基础,健康的身体不仅是智慧、理性的基础,也是优良品德的基础。

1883 年,法国著名教育家顾拜旦提出举办类似古代奥运会的比赛,它不是简单的继承,而是把过去只限于希腊人参加的运动会普及到全世界范围。尽管顾拜旦的主张遭到一些反对,但在他不懈努力下,1894 年 6 月终于有 20 个国家派代表在法国巴黎大学召开了第一届"重建国际奥林匹克运动会国际会议"。会议决定于 1896 年在希腊首都雅典举行第一届现代奥林匹克运动会。制度上沿用了古奥运会每四年一个周期的传统,选用并发展了某些仪式,吸收了公平竞争、奋勇拼搏、身心和谐发展的思想。希腊人对此表现出极大热情,开幕式现场观众高达 8 万人。

(四) 中华人民共和国体育的发展历程

中华人民共和国成立以后,在继承和发扬革命根据地和解放区体育的基础上,通过接受和改造旧体育,学习和借鉴苏联和其他东欧社会主义国家的体育,逐步建立和健全了中国的体育制度,使中国体育进入了一个崭新的时代。

1949 年 9 月,中国人民政治协商会议制定的《共同纲领》中规定:国家"提倡国民体育"。1949 年 10 月,朱德在中华全国体育总会成立筹备会上说:"体育事业一定要为人民服务,要为国防和国民健康服务。""体育为人民服务"是新体育思想的本质和核心。1950年7月,团中央书记冯文彬在全国体育工作者暑期学习会议上提出:新体育的目标是"为了增进国民的健康,为了发展新中国的建设和巩固新中国的国防"。为了保证这一目标的实现,1951年我国提出了"使新中国的体育运动成为经常的广泛的运动"的具体工作方针,初步形成了"为劳动生产和国防建设服务"为基本任务,以"普及化和经常化"为基本方针,建设一个民族的、科学的、大众的体育事业为目标的体育发展之路。1952年6月,毛泽东为中华全国体育总会成立题词:"发展体育运动,增强人民体质。""增强人民体质"是体育的根本任务。

1952年至1956年期间,随着国民经济的好转以及各方面体育工作的开展,学校体育、群众体育、竞技体育逐渐复苏并快速发展。在这几年中,全国举行地、市以上运动会达到6 000多次,其中全国竞赛75次,打破全国纪录1 300多次。国内体育运动的蓬勃开展,为国际体育交流打下了坚实基础。1950年,苏联男子篮球队访华,这是中华人民共和国成立后的第一个外国体育代表团。1951年,解放军八一足球队出访保加利亚和捷克斯洛伐克,这是我国派队出访的开始。1952年,我国派出由40人组成的体育代表团参加了在赫尔辛基举行的第15届奥林匹克运动会,五星红旗第一次在国际体坛上飘扬。1953年,游泳运动员吴传玉在布加勒斯特举行的第一届国际青年友谊运动会上获得100米仰泳冠军,为中华人民共和国夺得了国际比赛的第一枚金牌。1954年5月,在雅典举行的国际奥委会第49次会议上,承认了中华全体体育总会为中国国家奥委会。

1956—1965年是我国开始大规模社会主义建设时期,但由于左倾路线和"大跃进"的影响,使得这一时期的体育发展充满了曲折和艰辛。1958年的中国社会笼罩着一片浮躁情绪,国家体委提出要"在体育运动广泛开展的基础上,加速提高运动技术水平,争取十年左右,在主要运动项目上赶上世界水平",目标大大超过了实际可能,因而在群众体育活动和训练中都出现了通宵训练等不正常现象,造成了大量伤病,挫伤了群众的积极性。1960年,全国出现了严重的经济困难,竞技体育也不得不进行"调整",集中力量,确保重点。这一时期,体育在艰难中仍取得了一些好成绩,例如容国团夺得第25届世界乒乓球锦标赛男单冠军;1960年5月,中国登山队在人类历史上第一次从北坡登上了珠穆朗玛峰;在1961年第26届世界乒乓球锦标赛上,中国队夺得了男子团体、男子单打、女子单打3项世界冠军和四个项目的亚军;1965年,我国乒乓球队在第28届世界乒乓球锦标赛上,又一举获得5项冠军和4项亚军,巩固了世界乒坛的霸主地位;1965年10月,中国羽毛球队访问北欧,取得了34场比赛全胜,包揽了丹麦国际邀请赛全部冠军的佳绩,震动了国际羽坛。在速滑、游泳和田径的一些项目中,中国运动员也开始向体坛高峰发起冲击。

从1966年5月开始,10年的"文化大革命",极大地摧残了体育的方方面面。"文化大革命"期间,大批体育官员、教练员、运动员遭到迫害,体育场馆大量闲置,体育设施遭到严重摧毁,体育工作几近停滞。1971年以后,各方面的秩序有所恢复,体育才得以重获一线生机。1971年4月10日,美国乒乓球队应邀访问中国,受到周恩来总理的接见,这是中华人民共和国成立以来首次邀请美国体育代表团访华。由此开始,中国逐渐打破了在国际体育活动方面与世隔绝的局面,开始恢复国际交往,重登国际体坛。1972年,我国陆续加入或重新返回了一些国际体育组织,如国际赛艇联合会、亚洲运动联合会、国际划艇联合会等。与此同时,我国与友好国家和地区的体育交往开始增加。

1978年2月召开的全国体育工作会议拨乱反正,各级体委重新全面行使管理职能,中华全国体育总会、中国奥委会等也重新开始运作。1979—1980年的三次全国体育工作会议,提出将工作重点转移到体育业务工作上来,并确定了"普及和提高相结合的前提下,侧重抓提高"的方针,奥运战略形成,中国以竞技体育为中心,"思想一盘棋,组织一条龙,训练一贯制",举国体制正式形成。在当时生产力较低、经济落后的情况下，举国体制集中国家有限的人力、财力、物力最大限度地发展体育事业，中国体育事业的发展重回正轨。1979年11月26日，国际奥委会在洛桑宣读通过了承认中国奥委会为全国性奥委会的决议，规定中华人民共和国奥委会正式名称为"中国奥林匹克委员会"。1981年11月，中国女排在日本举行的第三届世界杯排球赛首次获得冠军，迈出"五连冠"的第一步。1982年，中国选手在第9届亚运会上获得61枚金牌，获金牌总数第一，结束了日本称雄亚洲的历史。1984年第23届奥运会上，中国运动员许海峰夺得本届奥运会的首枚金牌，同时实现了中国奥运会金牌"零"的突破，中国健儿在第23届奥运会上共夺得15枚金牌，金牌总数名列第四，标志着中国跨入了世界体育强国的行列。

　　自洛杉矶奥运会起，中国征战奥运成绩傲人，奖牌总数逐渐跻身世界前列。2008年8月8日，第29届夏季奥运会如期在北京举办，除文莱外的204个国家和地区的1.6万名运动员参加了此次奥运会。中国在北京奥运会上共夺得48枚金牌、22枚银牌、30枚铜牌，成为第一个荣登金牌榜收尾的亚洲国家、发展中国家。2022年中国成功举办北京冬奥会、冬残奥会，中国冬奥代表团取得了9金4银2铜的佳绩，首次进入金牌榜前三。其中，冰上项目中国军团获得4金1银1铜，雪上项目获得5金3银1铜，在金牌和奖牌数量上，都创造了中国代表团在冬奥会的历史新高。

第二节　体育的功能与奥林匹克精神

一、体育的功能

　　习近平总书记在教育文化卫生体育领域专家代表座谈会上指出："体育是提高人民健康水平的重要途径，是满足人民群众美好生活向往、促进人的全面发展的重要手段，是促进经济社会发展的重要动力，是展示国家文化软实力的重要平台。""四个重要"从物质到精神，从个人到国家，对体育进行了精准的定位。体育不仅是强身健体、愉悦身心，不仅是争金夺银，振奋精神，更要从国家富强、民族振兴、人民幸福、人类文明进步的高度认识体育在现代社会发展中的重要作用。

（一）健身功能

　　强身健体是体育最本质的功能，经常进行体育锻炼，会使心肌增厚，心腔扩大，使心脏得到更多的营养物质，从而收缩力增强，脉搏输出量增多，可使心脏承受力增强，在运动中充分地发挥储备力量，有利于器官的供血和功能的提高；体育锻炼能够提升呼吸肌的力量，有利于胸廓和肺的扩张，膈肌力量增加会使呼吸深度增加，提升肺活量和肺通气效率，从而提高呼吸系统供养能力；体育锻炼能改善和提高中枢神经系统的工作能力，使人头脑清醒，思维敏捷。经常从事体育活动能够提升肌肉组织的运动能力、改善新陈代谢、保持精神心理健康、提高免疫力、防病治病、延缓衰老等。

（二）教育功能

　　2022年，党的二十大报告中再次强调："全面贯彻党的教育方针，落实立德树人根本任务，培养德智体美劳全面发展的社会主义建设者和接班人。"可见，体育是教育的重要组成部分，是培养全面型人才的重要内容和手段。体育本身具有群体性、活动性、技艺性、竞争性、国际性和礼仪性等特点，它不仅能够增强学生体质，而且对培育学生坚韧不拔的意志、团结协作的精神和遵守规则的意识有着不可替代的作用,在激发学生的爱国热情,振奋民族精神,培养社会公德等方面也有独到的优势,从体育中获得的这些品质和精神将使学生受用终身。充分发挥体育的教育功能,实现以体育智、以体育心,是学校落实立德树人根本任务的重要途径。

(三) 娱乐功能

体育从产生就带有游戏、娱乐的成分。古代音乐与舞蹈等身体活动紧密联系,体育和竞技的萌芽本身就蕴含娱乐的因素。原始人在狩猎之余,为宣泄情感而进行嬉戏活动,在后来的各种节日庆典,宗教仪式和表演中,都对人们起到娱乐作用。随着社会的不断发展和进步,人们的劳动时间缩短,闲暇时间增加,人们对于精神文明生活的要求不断提高,迫切需要通过各种丰富多彩的体育娱乐与休闲运动来消除疲劳、愉悦身心、陶冶情操、满足精神享受。体育运动由于其高难度、惊险性、艺术性和易于接受推广的朴素性,往往能够给予人民健美和力量的享受,人们投身到体育运动当中或者观赏高水平竞技比赛,越来越成为闲暇时间中娱乐放松的方式。

(四) 政治功能

1. 为国争光,提升民族威望

在赛场上,运动员们最常提起的一句话,就是"为国争光"。自 1984 年洛杉矶奥运会上中国健儿实现金牌零的突破,到 2008 年北京奥运会中国体育代表团奖牌数位居榜首,称霸国际体坛,再到 2022 年北京冬奥会和残奥会上,中国体育代表团首次全项参赛,共夺得 76 枚奖牌,创造历史最佳。中国运动员心系祖国,志存高远,一次又一次地创造辉煌,用一枚枚奖牌为国家赢得了无限荣耀。中国体育所取得的优异成绩,完全改变了世界对中国的看法,使得每一个中国人都深深地感受到了祖国的强大,提升了对国家的认同感,让中国人在国际上挺直腰杆、扬眉吐气。

2. 展现国家综合实力

当今世界,大型体育比赛已成为各国人民瞩目的社会活动,东道国将比赛作为展示政治、经济、文化的"窗口",在构建国家形象、提高国家综合实力上发挥着重要作用。2022 年北京冬奥会上,科技创新贯穿场馆建设、基础设施、转播技术、服务保障,而设计有中国元素的奖牌、吉祥物、领奖台、跳台、冰鞋,演绎着中华文明之美。冬奥会表现出的国家硬实力与软实力,在全球观众心中留下难以磨灭的印象,向世界展示着大国风范和深厚底蕴,是新时代中国大国担当、大国责任、大国实力、大国自信的集中体现。

3. 外交合作

体育可以超越语言和社会文化差异,有助于国家之间建立联系。成功的体育外交实例不胜枚举。例如,20 世纪 70 年代中美两国的"乒乓外交",拉开了中美关系正常化的序幕;2018 年,第二十三届韩国平昌冬奥会开幕式上,韩国、朝鲜两国代表团举"朝鲜半岛旗"共同登场,成为难忘的历史性时刻。体育运动可以作为国家之间缓和关系和发展合作的工具,体育外交是对传统外交战略的补充,通过积极开展体育外交,分享社会、政治和经济信息,推进战略政策,实现商业目标。

4. 振奋民族精神、抒发爱国情感

体育作为一种文化,与爱国主义有着天然的联系,中华体育精神是爱国主义最具活力的载体和最鲜明的表现。体育在激励全国各族人民弘扬追求卓越、突破自我的精神方面,有着不可替代的重要作用。例如,从 1981 年到 1986 年,中国女排连战连胜,创下世界排球史上"五连冠"的奇迹,成为全民榜样和时代标杆,女排精神奏响了为中华崛起而拼搏的时代强音。2008 年,北京奥运会成功举办,中国人民更加增强了民族自豪感和凝聚力。体育精神激励着年轻人激荡梦想、奋发图强,中华儿女在中华体育精神的激励下奋勇前进。

习近平总书记在不同场合强调:"体育承载着国家强盛、民族振兴的梦想。体育强则中国强,国运兴则体育兴。""发展体育事业不仅是实现中国梦的重要内容,还能为中华民族伟大复兴提供凝心聚气的强大精神力量"。中华民族伟大复兴需要坚强的民族精神将全体人民团结在一起,体育综合实力的增强、国民身体素质的提高,以及对中华体育精神的弘扬,能大大增强全体人民的民族自豪感和社会责任感,产生巨大的民族向心力,为中华民族伟大复兴提供精神支持。

(五) 经济功能

随着经济的发展,体育本身所蕴含的巨大经济功能与效益越来越被人们重视。一方面,从事体育活动能够直接获得经济收益,如体育比赛门票收入、体育场地使用费收入、体育广告费收入、体育训练用品收入、体育纪念品收入及其他体育衍生品收入等。体育活动也能够产生间接经济效益,如体育的广告效益、旅游业收入等。在我国,自20世纪80年代改革开放以来,伴随经济的发展,体育产业(指向社会提供体育产品和体育服务的经营性行业)也迅猛发展,被誉为我国的"朝阳产业",它所带来的经济增长在国民生产总值中占据的比例越来越大,体育经济越来越受到人们的关注。

二、奥林匹克运动与体育精神

1894年6月,在巴黎举行了首次国际体育大会。国际体育大会决定把世界性的综合体育运动会叫作奥林匹克运动会,并于1896年在雅典举行第1届现代奥运会,以后每4年1次,由国际奥林匹克委员会主办,轮流在各会员国举行,是世界上规模最大、水平最高的运动会。截至2023年,已经举行了32届夏季奥运会和24届冬季奥运会。从古代奥运会到现代奥运会,奥运已经走过了几十个世纪。不管世事如何变迁,不管举办地、参赛选手等因素的改变,奥林匹克的精神始终没有改变——更快、更高、更强。在今天,奥林匹克宗旨、奥林匹克主义和奥林匹克精神都已深入人心,代表着世界五大洲人民的奥运五环旗也始终飘扬在蔚蓝色的天空下。

《奥林匹克宪章》中有这样一段话:"每一个人都应享有从事体育运动的可能性,而不受任何形式的歧视,并体现相互理解、友谊、团结和公平竞争的奥林匹克精神。"也称现代奥林匹克精神。作为21世纪的大学生,能够从参与意识、竞争意识、规范意识、全球化意识四个方面用心领会奥林匹克精神,做好新时代的建设者和接班人。

贵在过程的参与意识。"参与比取胜更重要",顾拜旦认为:生活中重要的不是凯旋而是奋斗,其精髓不是为了获胜,而是使人类变得更勇敢、更健壮、更谨慎和更落落大方。青少年应有"胜固可喜,败亦欣然"的豁达胸怀,领悟"生活的本质是奋斗而非索取"的人生真谛。

超越自我、超越他人的竞争意识。竞争意识无疑是21世纪人才必须具备的重要心理品质之一。奥林匹克体育赛场的竞争和奋斗是人类奋斗的缩影。要想实现自己的理想,必须有超越自我、超越他人的进取精神,必须有坚韧不拔、百折不挠的奋斗精神,这种品质的培养对青少年在社会中的立足和成长具有长远的意义。

自律、自制的社会规范意识。奥林匹克运动为人类社会构筑了一个公平竞争的公正裁判、规范竞争的模式。奥林匹克精神使青少年深深意识到任何竞争活动都必须符合一定的规则,任何人的竞争都必须具有一定的社会规范化意识。

胸怀世界的全球化意识。奥林匹克运动的活动是持续性的、全球性的,全世界不同国籍、不同肤色、不同语言、不同文化背景的人欢聚一堂,互相交往,只有具有全球化意识,去见识世界的博大宽广,以客观、公正的心态去看待一切事物,鄙弃故步自封、唯我独尊。大学生正处于一个日益开放的社会,应时刻具有全球化意识,以充分的思想准备和知识储备迎接来自社会乃至全球的挑战。

第三节　高等学校体育

一、高等学校体育与素质教育

高等学校体育作为体育的重要组成部分,在培养高素质人才中所起的作用是其他教育形式所无法替代的。由于国家对国民素质的重视,特别是对高校体育的重视,因此高校体育被纳入教育体制,并规定体育课为必修课,学生必须完成规定的课时和学习内容。高等学校体育目的是:"大力开展学校体育,努力促进学生身心的全面发展,增强学生体质,树立终身体育思想,培养社会主义建设合格的人才。"

提高学生全面身体素质和运动能力。习近平总书记指出:"少年强、青年强是多方面的,既包括思想品德、学习成绩、创新能力、动手能力,也包括身体健康、体魄强壮、体育精神。"强健体魄,增强体质是高等学校素质教育的重要任务,通过学生的自身参与和学习,促进学生身体的生长发育,改善、改造学生内脏器官构造和机能状况。经过两年的学习,将学生逐渐培养成自觉坚持锻炼、能有自我监督与评价、身体强健的合格人才。

增强学生心理素质和社会适应能力。高校体育通过给大学生传授体育知识,使学生在体育活动中自觉遵守体育的规律和规则,培养学生以积极的态度参与社会活动,促进学生社交能力的发展,提高学生的思想境界,促进学生健康心理和个性的形成。通过体育教育对大学生进行身体、心理和智力的全面拓展,培养大学生在困难面前不屈不挠的精神和坚定的意志品质,可使大学生在未来的工作中从容应对高强度、高效率的工作和劳动,从而促进国家经济建设的发展。

提高学生思想素质和体育审美能力。通过体育运动让大学生在思想上充满青春活力,通过体育运动还可以丰富生活内容,改变生活方式,保持心态平衡,提高思想素质。体育运动有着极高的观赏性、参与性、娱乐性。高等院校通过学校体育的各种组织形式,使大学生在体育活动中充分享受体育所带来的美与欢乐。

二、高等学校体育的任务

2017年2月中共中央、国务院印发的《关于加强和改进新形势下高校思想政治工作的意见》中指出:高校要坚持社会主义办学方向,扎根中国大地办大学,以立德树人为根本,以理想信念教育为核心,以社会主义核心价值观为引领。2020年10月印发的《关于全面加强和改进新时代学校体育工作的意见》中指出:学校体育是实现立德树人根本任务、提升学生综合素质的基础性工程,是加快推进教育现代化、建设教育强国和体育强国的重要工作,对于弘扬社会主义核心价值观,培养学生爱国主义、集体主义、社会主义精神和奋发向上、顽强拼搏的意志品质,实现以体育智、以体育心具有独特功能。

高等学校体育课程是以"立德树人"作为根本任务,结合体育课程自身特点,将理想信念教育、社会主义核心价值观教育与身体素质教育、体育技能教育相融合,潜移默化影响学生的思想、行为和价值观,实现育德、育体协同发展。

"树人"就是坚持以人为本,通过科学的教育来塑造人、改变人、发展人。中华人民共和国成立后直至党的二十大,始终强调要培养德智体美劳五大方面全面发展的社会主义建设者和接班人,这是我国教育工作的根本目的,同时也是我国教育工作的未来方向。可见,"树人"是"树"德智体美劳全面发展的人,其中的"体"即是通过体育来培养拥有强健体魄、健康心理、顽强意志力的时代新人。

"立德"就是要树立德行。新时代,我们所立之德是要心怀大德、遵守公德、秉持私德,大德是要有民族情怀,公德要遵守核心价值观,私德是要诚信友善。高校体育课程要坚持德育为先,强调德育在人的全面发展中的突出地位,促进人的德行成长是教育的首要任务。

细化起来,高等学校体育任务可以包括以下几个方面:

增强学生体质,全面发展学生身体素质。体育运动最基本的功能是健身功能,大学期间是大学生从青少年向成年人转化的一个重要阶段,高校体育是完善人体发育的重要手段。学校体育以它特有的组织形式促进学生身体健康,提高对外界环境的适应能力,加强对疾病的抵抗能力。通过体育活动开发学生的智力潜能,使学生在身体和智力上得到全面发展。

全面开展学校的各项体育活动。体育活动是大学生从事体育锻炼的载体。开展体育活动不仅是国家教育制度所规定的,也是全面培养人才所必需的。一个学校体育活动开展得好坏,反映了这个学校的精神文明状态。通过体育活动能使大学生参与运动锻炼,并乐在其中。大学生是学校的主体,发动学生进行各种体育活动,才能使学校工作开展得有声有色,使学校显得朝气蓬勃,积极向上。

传授体育知识、技术、技能,树立终身体育的思想。体育知识是人类知识宝库的一部分,大学生正处于求知欲最旺盛的时期,系统地学习体育知识、技术、技能和科学的锻炼方法,能够提高学生的体育文化素养,培养良好的锻炼习惯。使学生通过大学的学习,运用科学的体育知识,来正确指导今后的体育活动,树立终身体育的思想。

对学生进行思想品德的教育。体育作为文化教育的组成部分,对学生有着多方面的教育。体育运动的对抗性,运动中情况的不断变化,获胜后的荣誉感,失败后的奋发努力,这些都是对学生进行思想品德教育的良好时机。通过对体育活动的参与、观赏使学生在思想上更加成熟,培养学生在逆境中艰苦努力、永不言败的精神,培养学生在胜利后戒骄戒躁、谦虚谨慎、尊重对手的优良作风。通过体育活动中的团结协作使学生树立集体主义精神,通过班级、系级、校级的比赛培养学生爱班、爱系、爱校最终达到热爱社会主义国家、热爱人民的思想境界。

发展学生竞技体育能力,提高学校运动水平。高校运动队在我国体育制度中和省市运动队、俱乐部运动队共同列为竞技体育的最高层次。高等学校可以利用学校的良好教育氛围、物质条件和科学技术为国家培养优秀的体育运动人才。学校运动技术水平的提高可以激励学生更积极地参与体育活动,推动学校体育活动的开展。学校运动队的表现展现了一个学校的综合实力和精神风貌,学校竞技体育的开展,是向外界展示学校的窗口,是与外界联系的纽带。

三、高等学校体育的组织形式

1. 体育课

体育课是体育教学的基本组织形式,主要使学生掌握体育与保健基础知识,基本技术、技能,实现学生思想品德教育,提高运动技术水平。学校应当根据教育行政部门的规定,组织实施体育课教学活动。普通高等学校的一、二年级必须开设体育课,对三年级以上学生开设体育选修课。

2. 运动训练

运动训练是指为提高运动员的竞技能力和运动成绩,在教练员的指导下,组织的有计划的体育活动,它是竞技体育的重要组成部分。高校高水平运动队,体育运动训练的组织形式之一。在高等学校中组织的由一部分运动技术水平较高的学生参加的运动队。运动训练的主要参与者是运动员和教练员而不是一般的体育参与者,是一个有组织有计划的活动过程,其目的是提高训练水平,为取得运动成绩奠定基础。

3. 校园竞赛

《学校体育工作条例》规定:"学校体育竞赛贯彻小型多样,单项分散,基层为主,勤俭节约的原则,学校每年至少举行一次以田径项目为主的全校性运动会。"高校体育竞赛活动不仅可以检阅学校体育工作,而且通过体育竞赛,可以吸引更多的学生参加到体育活动中来,推动体育活动在更多范围内开展。由于体育竞赛的竞争性和对抗性,培养了学生集体主义精神,锻炼了学生的意志品质,发展了学生的社会适应能力。体育竞赛能够展现一个学校的精神风貌,促进校际的交流,丰富学校的校园文化生活。

4. 体育兴趣社团

校园体育社团是随着社会进步、国民经济快速发展,以及《全民健身计划纲要》《体育法》的进一步贯彻实施,随着我国市场经济体制的日益完善和国民体育意识的加强而逐步建立和壮大起来的,是新时期学校体育发展的产物,具有新时代学校体育的特色。学生体育社团是学校体育的一个有机组成部分,积极鼓励、指导学生开展体育社团活动,对促进学生的全面发展起到重要作用。通过体育社团活动,激发学生的体育兴趣和爱好,发展学生的特长培养学生终身体育的意识以及开拓精神和创造能力,从而促进学生的全面发展。学生体育社团组织给学生们提供了繁荣校园文化的空间,也丰富了他们的业余生活,学生是这种校园文化建设中的积极参与者和实践者。

5. 课外体育活动

课外体育活动是相对于体育课而言的,是学校体育工作的重要组成部分,是实现学校体育目标和任务的重要途径之一。课外体育活动是在体育课以外的时间里运用各种身体练习和多种组织形式,结合自然能力和卫生保健措施,以增强学生体质、提高运动技术水平、丰富课余文化生活、养成良好生活习惯为目的的一种有组织有计划的体育活动。它对巩固和提高体育课所传授的体育知识和技能,提高学生的运动能力和对体育知识的运用能力,提高学生学习和生活的质量,培养学生自觉锻炼身体的意识等都有着重要的意义。

第四节　体育锻炼与心理健康

一、心理健康的含义与标准

1946 年第三届国际心理卫生大会指出,心理健康是指:"身体、智力、情绪十分协调;适应环境,在人际交往中能彼此谦让,有幸福感;在工作和职业中能充分发挥自己的能力,过有效率的生活。"心理健康是指一种生活适应良好的状态,包括两层含义:一是无心理疾病,这是心理健康的最基本条件,心理疾病包括各种心理与行为异常的情形;二是具有一种积极发展的心理状态,即能够维持自己的心理健康,主动减少问题行为和解决心理困扰。

关于心理健康的标准,不同学者的观点不同,并且随着社会文化和时代的不同,心理健康标准也在不断地发展和变化。人的心理健康是指一种持续的、积极的心理状态。个体在这种状态下,能够与环境有良好的适应,其生命具有活力,能充分发挥其身心潜能,就可被视为心理健康。一般认为大学生心理健康的标准主要有以下几点:

智力正常。这是大学生学习、生活与工作的基本心理条件,也是适应周围环境变化所必需的心理保证,因此衡量时,关键在于是否正常地、充分地发挥了效能,即是否有强烈的求知欲,是否乐于学习,能否积极参与学习活动。

情绪健康。其标志是情绪稳定和心情愉快。包括的内容有,愉快情绪多于负性情绪,乐观开朗,富有朝气,对生活充满希望;情绪较稳定,善于控制与调节自己的情绪,既能克制又能合理宣泄;情绪反应与环境相适应。

意志健全。意志是人在完成一种有目的的活动时,所进行的选择、决定与执行的心理过程。意志健全的大学生在各种活动中都有自觉的目的性,能适时地作出决定并运用切实有准备的方式解决所遇到的问题,在困难和挫折面前,能采取合理的反应方式,能在行动中控制情绪和言行,而不是行动盲目、畏惧困难、顽固执拗。

人格完整。人格指的是个体比较稳定的心理特征的总和。人格完整就是指有健全统一的人格,即个人的所想、所说、所做都是协调一致的,具有正确的自我意识,不产生自我同一性混乱,以积极进取的人生观作为人格的核心,并以此为中心把自己的需要、目标和行动统一起来。

自我评价正确。正确的自我评价是大学生心理健康的重要条件,大学生通过自我观察、自我认定、自我判断和自我评价,做到自知,恰如其分地认识自己,摆正自己的位置,既不以自己在某些方面高于别人而自傲,也不以某些方面低于别人而自惭,能够自我悦纳,喜欢自己,接受自己,自尊、自强、自制、自爱适度,正视现实,积极进取。

人际关系和谐。良好而深厚的人际关系,是事业成功与生活幸福的前提。其表现为:乐于与人交往,既有广泛而深厚的人际关系,又有知心朋友;在交往中保持独立而完整的人格,有自知之明,不卑不亢;能客观评价别人和自己,善取人之长补己之短,宽以待人,乐于助人,交往态度积极,交往动机端正。

社会适应正常。心理健康的人能够做到:面对现实,接受现实,并能够主动地去适应现实,进一步地改造现实,而不是逃避现实;对周围事物和环境能作出客观认识和评价,并能与现实环境保持良好的接触;既有高于现实的理想,又不会沉湎于不切实际的幻想与奢望;对自己的能力有充分的信心,能够以有效的办法应对生活、学习、工作中的各种困难和挑战,改变环境适应个体需要或改造自我适应环境。

心理行为符合大学生的年龄特征。在生命发展的不同年龄阶段,人们都有相对应的不同的心理与行为表现,从而形成不同年龄阶段独特的心理与行为模式。心理健康的人应具有与同年龄段大多数人一样的心理与行为特征。大学生是处于特定年龄阶段的特殊群体,应具有与年龄与角色相应的心理行为特征。

综上所述,心理健康的标准是多层次、多方面的,要科学、正确判断一个人的心理是否健康,必须从多个角度进行考察,还要结合不同地区、不同民族、不同文化、不同时代的具体情况。

二、大学生心理问题及成因

健康心理是指个人能以积极的、稳定的心理状态适应生活、学习、工作中各种内外因素、环境、政策的变化，从而保持应有的心理平衡。而不良心理或心理障碍是指这种心理平衡被打破，出现了异常的心理倾向。大学生常见不良心理的主要表现及成因：

（一）交际、交往困难

进入大学的青年男女在现实生活中是一个独立的个体，与中学相比，缺少父母、亲朋、师长的更多关照，因此有些大学生不会独立生活，不知道如何与人沟通，不懂交往的技巧与原则。有的同学有自闭倾向，不愿与人交往；有的同学为交际而交际，甚至牺牲原则随波逐流。

（二）情感困惑和危机

当前，大学生对情感方面的问题能否正确认识与处理，已直接影响到大学生的心理健康。大学生因恋爱所造成的情感危机，是诱发大学生心理问题的重要因素，恋爱失败往往导致大学生心理变异，有的人因此而走向极端，甚至造成悲剧。

（三）大学生活不适应

大学生进入高校后，对新的环境、新的人际关系、新的教学模式不适应，产生困惑而造成心理失调；现实中的大学与他们心目中的大学不统一，由此产生心理落差；新生作为大学中普通的一员，与其以前在中学里作为佼佼者的感觉大不一样。大学新生对新环境不适应，如果得不到及时调整，便会产生失落、自卑、焦虑、抑郁等心理问题，有的学生还会因长期不适应而退学。

（四）学习与生活的压力

进入大学后，教师的授课方式、学生的学习方法、习惯都会因环境的变化而有很大的变化，被迫做以调整；部分大学生所学的专业并非是自己理想的专业，使他们长期处于冲突与痛苦之中；课程负担过重，学习方法有问题，精神长期过度紧张也会带来压力；另外还有参加各类证书考试及考研所带来的应试压力等等。精神长期处于高度紧张的状态下，极可能导致大学生出现强迫、焦虑甚至是精神分裂等心理疾病。

（五）就业压力的增大

近年来，由于社会竞争的加剧，就业市场的不景气，大学生找工作或找比较理想的工作越来越困难。这对大学里众多高年级学生造成很大的精神心理压力，使他们因焦虑、自卑而失去安全感，许多心理问题也随之产生。

（六）对网络的依赖

近年来，我国智能手机和移动互联网技术飞速发展，手机作为信息传播新媒介，在日常通讯、游戏、影音、购物、学习等方面，有不容置疑的便捷性和实用性，成为大学生校园生活中必不可少的工具。然而，手机使用也是一把双刃剑，长时间使用手机容易引发健康问题。研究显示，国外30%—50%青少年对智能手机上瘾，我国的大学生中手机依赖症检出率约25%，长期沉迷于手机不仅引起视力下降、肩颈疾病、睡眠障碍等身心健康问题,同时也影响大学生正常的认知、情感和心理定位,还可能导致人格分裂,不利于健康性格和人生观的塑造。

三、体育锻炼对大学生心理的调节作用

改善情绪状态。不良情绪是导致生理和心理不健康的重要因素之一,而体育锻炼能直接给人们带来愉快和喜悦,并能降低紧张和不安,改善心理健康状况。情绪状态是衡量体育锻炼对心理健康影响的最重要指标。当情绪低落时,体育锻炼能够有效地宣泄不好的情绪,尤其遭受挫折后产生的冲动能被升华或转移。由于繁多的考试、同学之间的竞争以及对未来工作分配的担忧,大学生经常会产生持续的焦虑反应。经常参加体育运动可以减少我们的焦虑反应。

培养学生的坚强意志和良好的适应能力。积极进取、勇于拼搏的竞争精神,是社会发展的动力,是事业取得成功的必备素质之一。意志品质是指一个人的决心、坚定、自制、勇气、力量、主动和独立精神。在体育锻炼中不断克服客观困难和主观困难,如怯懦和恐惧心理、疲劳和运动损伤等,越努力克服主观和客观困难,越能培养良好的意志品质。参加体育运动有助于培养大学生勇敢、顽强、执着的工作作风,团结、友爱的集体主义精神,以及聪明、灵活、沉着的素质,使我们保持积极向上的精神状态。

培养学生的自信心。自信心是一种最为可贵的品质,它能使人们在挫折中崛起。体育竞赛不仅是对手之间的体能、技能和智慧的较量,也是对每一个学生心理素质、意志品质的考验。体育运动能让大学生保持身体强壮和精力充沛,有助于大学生正确认识自我,对提高一个人的身体形象和自尊有积极的作用。

提高智能。长时间地进行脑力劳动后,进行体育锻炼有益于呼吸、血液循环和神经细胞兴奋与抑制的交替,更有助于学生的注意力、记忆力、想象力、思维分析能力等心智能力的健康发展。经常参加体育锻炼可以提高我们的智力,不仅使锻炼者的注意力、记忆力、反应能力、思维和想象力等能力得到提高,而且还可以使我们的情绪稳定、性格开朗、疲劳感下降等,这些非智力成分对人的智力功能具有促进。

正确对待挫折。体育锻炼中的挫折随处可见,只要比赛就会有输赢,有胜利就会有失败。只有正视现实,激发迎接挑战、战胜挫折的内在动力,才会摆脱危机,继续前进。

第五节　体育锻炼与社会适应能力

一、社会适应能力的含义

社会适应能力是指人为了在社会更好生存而进行的心理上、生理上以及行为上的各种适应性的改变,与社会达到和谐状态的一种执行适应能力。一般认为社会适应能力包括以下一些方面:个人生活自理能力、基本劳动能力、选择并从事某种职业的能力、社会交往能力、用道德规范约束自己的能力。从某种意义上来说就是指社交能力、处事能力、人际关系能力。同时社会适应能力是反馈一个人综合素质能力高低的间接表现,是人这个个体融入社会,接纳社会能力的表现。

二、大学生应该具备的社会适应能力

（一）心理承受能力

良好的心理承受力可以使之自觉地调节好心理状态,克服和排除各种心理障碍和压力,尽快使自己在心理意识上认同外部环境。大学生具备较好的思想修养、坚忍不拔的精神、有所为有所不为的选择本领和较强的社会责任感等。只有具备了这些素质,才能做到正确认知社会,合理定位自我,学会与他人合作,树立强烈的责任意识。这也标志着具备了一定的心理承受能力。

（二）生活环境适应能力

对于刚刚步入高校的大学生来说,大学生活五彩缤纷,复杂多变,宽松自由的生活环境与中学形成强烈反差,犹如迈入了一个全新的世界,无论是学习、生活、处事都要依靠自己。大学生若不能迅速地适应新环境,会引起焦虑、抑郁、压抑等心理问题,影响生活和学习。面对这一现实,大学生首先是要主动地、积极地适应,努力调整好心态,改造自己的知识、能力结构和思想行为方式,而不是被动和消极的等待或妥协。

（三）人际交往能力

人际交往能力,是指人们在运用各种手段进行人与人之间的联系和接触过程中,调节、控制自己,作出正确反应的能力。高校学生步入大学后,与周围人群接触更加频繁,要处理好同学之间、师生之间的各种关系,解决人际交往中的实际问题。在大学生毕业步入社会后,良好的人际交往能力是走上工作岗位后适应环境的关键。不善于与人交往,难以与人沟通,久而久之不自觉地自我封闭起来,导致诸多问题。

（四）创造能力

创造能力,是指运用已有的知识和经验,在认识事物的过程中不断改造事物,不拘泥于已有的现状,敢于探索和发现新的问题,敢于解决新问题的能力。当代大学生要使自己真正成为生活的强者,需要有创造能力,把所学的理论知识运用于生活实际中,善于发现和解决实际问题。适应能力和创造能力两者是紧密联系的,适应是为了创造。因此,创造能力是毕业生适应社会必备的能力,也是走向成功和成才之路所必不可少的能力。

三、体育锻炼对大学生社会适应能力的促进作用

（一）体育运动对大学生人际交往能力的影响

社会的发展离不开人们之间的活动,和谐稳定的人际关系可以满足人们对各种情感的需求,有益于人的身心发展。体育活动是以群体形式展开的活动,离不开人与人的交流、合作和配合,为锻炼人们的人际交往能力提供了一个自由的交际平台,有利于建立友好的伙伴关系,能够丰富人与人间的情感体验,从而满足人们的情感需求,对于培养人与人间的和谐相处的能力有积极的促进作用。

高校的体育课程既体现了一个学习过程,同时也是一种人际互动过程,所以被视为是一种特殊的社会交往活动形式。除了体育课堂教学,在外活动、体育比赛、社会实践课也同样为大学生提供一个交往平台,使学生在交往的过程中获得知识、经验、信息等多方面的资源,同时提高了自身的社会适应能力。

(二)体育运动对当代大学生心理承受能力的影响

体育运动具有艰苦、激烈、紧张、对抗以及竞争性强的特点,它使大学生在体育运动和体育竞赛的竞争与失败中不断磨炼自己的意志、毅力和心理承受能力,并从中体味人生的哲理,提高心理适应能力。学生在参加体育运动时,总是伴随着强烈的情绪体验和明显的意志努力,这不仅有助于培养学生吃苦耐劳、坚持不懈、克服困难的思想品质,还可以通过体育竞赛的输与赢,培养学生的心理承受力。

在体育运动过程中,学生既能够体验到成功的喜悦,也会尝到失败的挫折,这时需要学生保持积极向上的态度来面对问题,使自己养成健康的心态,有利于大学生树立正确的人生观和价值观。同时,大学生所掌握的相关的技术和方式,有利于帮助学生在今后的社会和生活中得心应手地完成相应的社会生产和生活活动。另外,体育可以提高人体对快节奏生活的应变能力,能够有效地帮助学生克服对社会的恐惧、抵触、焦虑等心理障碍,也能够帮助大学生宣泄不良的消极情绪,有利于大学生抵制身心紧张,稳定心理情绪,以提高对社会生活的应变能力。

(三)体育运动对大学生合作能力的影响

许多体育运动是集体性的,需要团队默契配合方能取胜,人与人的沟通与交流是必要条件,在参与过程中,参与者需要不断地激励队友、沟通战术、解读规则,在无形之中学会了如何与人相处,提高了语言艺术、领导指挥能力以及团结互助精神,能够正确处理个体与集体之间的关系。

体育运动的集体性特点,为培养学生的协作意识、群体精神提供了有利条件。不管是以个人参赛、团体排名的田径和游泳,还是以不同位置成员联合组织成阵形的足球、排球和篮球比赛,体育决定了参与者必须以高度的协作意识,熟练的协作行为,承担起参赛角色的权利、义务和责任。

(四)体育运动对大学生良好品质的培养

体育运动必须严格遵守规则,尊重对手尊重裁判,团结合作,有助于培养学生遵纪守法的观念和行为。通过体育运动的参与可以承受竞争中的失误和失败,磨炼坚强的意志,增强抗挫折能力,使学生在激烈的竞争中拥有顽强的生命力。因此,参与体育运动不仅可以培养学生遵守规则,相互合作的品质,而且也可以培养学生的体育道德品质,进而形成良好的社会道德品质。

(五)体育运动与角色适应

体育活动种类繁多,体育比赛和体育游戏是体育活动的重要组成部分,参与者需要通过扮演不同的角色去完成角色任务。大学生在参与体育活动时,需要遵守相应的规则,明确自身的位置和作用,同时也要掌握一些与队友配合的技巧,只有这样才能顺利地完成体育任务。参与体育活动的过程中,大学生通过主动地适应角色而获得不同的心理体验,还会自觉地对自己的行为进行适当的调整以满足角色的需求。社会作为一个综合的交互场所,每个人都在生活中承担着多种社会角色,需要在不同的场合呈现出不同的行为,还要根据环境的变换来调整自己去适应环境的变化,这就是社会适应能力。在体育活动中,大学生的角色体验和互换与社会角色承担大同小异,它同样体现了角色学习的社会化,为大学生今后的发展提供了基础性的保障。

参考文献

1. 谭华,刘春燕.体育史(第二版)[M].北京:高等教育出版社,2017.

2. 体育概论编写组.体育概论[M].北京:北京体育大学出版社,2013.

3. 国家体育总局编写组.深入学习习近平关于体育的重要论述[M].北京:人民出版社,2022.

4. 王方椽.高校体育选项课理论教程[M].上海:复旦大学出版社,1999.

5. 李天植.新编现代大学体育与健康教程[M].北京:高等教育出版社,2013.

6. 王开文.大学体育教程[M].北京:高等教育出版社,2015.

第二章 体育锻炼与健康体能

第一节 健康体能概述

一、体能的概念

（一）体能的定义

体能（strength and conditioning）的概念最早来源于美国，是一种整合训练，如抗阻训练、爆发力训练、快速伸缩复合训练、柔韧训练、灵敏性训练、平衡性训练、速度训练、心肺能力训练等，其中力量训练是最重要的组成部分。

（二）体能的起源

体能早在人类进化时期就开始逐渐形成了，但这一时期主要是为了生活。人类为了解决温饱问题，通过投掷尖锐的木棍、石头进行猎杀动物；为了躲避大型动物带来的伤害，进行快速奔跑、爬树、攀岩，通过本能进行无意识的训练。部落之间为了食物和地盘进行斗争，强壮的身体往往能够获取更多的食物和领地。长此以往，人类逐渐过渡到有目的、有意识地训练来提高体能水平，来进一步保护自己、争夺地盘、获取更多的食物。如公元前1122—255年，古代中国军队通过肌肉力量的大小进行选拔和比赛。公元前1800年，爱尔兰举办了针对力量和爆发力的投掷重物比赛。第1届古代奥运会（公元前776年），就设置了短跑（192.27米）比赛，后来的古代奥运会，又增加了长跑、拳击、摔跤、古希腊搏击、战车竞赛以及五项全能（摔跤、短跑、跳远、标枪、铁饼）。古希腊的大力士米勒就通过力量训练来提高力量，他每天都扛着一头小牛，直到小牛长大，最后他能扛着4岁的牛走完约200米的奥林匹克体育场，他获得了5次摔跤冠军和22次力量项目冠军。人们通过良好的体能来夺取食物、占领地盘，展示力量，开始走向了追求人体的健美。古奥运会不仅是体能的比赛，也是健美的比赛，它体现了古希腊人对人体健美的追求。在我国古代，特别是在武术中，就有石锁训练，搬重物训练，武术的训练也融合了力量、速度、灵敏、耐力、柔韧等体能素质，而且武术中更加强调强身健体，和现在的健康体能不谋而合。

在中国，体能起源很早，但是对于体能概念的概述相对较晚，《体育词典》（1984）认为：体能是人体各器官系统机能在体育活动中表现出来的能力。《教练员训练指南》（1992）的认为：运动素质又称体能，它是指运动员机体在运动时所表现出来的能力。体能包括力量、速度、耐力、柔韧和灵敏。2000年出版的体育院校通用教材《运动训练学》（田麦久，2000）认为：体能是指运动员机体的基本运动能力，是运动员竞技能力的重要构成部分。体能是由身体形态、身体机能和运动素质组成。2002年出版的体育院校函授教材《运动训练学》认为：体能是运动员竞技能力总体结构中的最重要结构之一，它是指运动员为提高运动技战术水平和创造优异运动成绩所必需的各种身体运动能力的综合,包括运动员的身体形态、身体机能、身体健康和运动素质。

(三) 体能的分类

1. **按照专项**

体能按照专项的关系可以分为基础体能和专项体能,基础体能主要是人体完成运动最基础的能力,比如跑、跳、投、爬、翻等。专项体能是运动项目中完成技战术,提高运动表现的所需的能力,比如棒球专项体能、羽毛球专项体能、篮球专项体能、排球专项体能等;按照健康和竞技的不同目的,可以分为健康体能和竞技体能。

2. **按照年龄**

体能按照年龄分为:幼儿体能、儿童体能、青少年体能、成年人体能、中老年体能、老年体能。

3. **按照性别**

体能按照性别划分:男性体能和女性体能。

4. **按照比赛周期**

体能按照比赛周期划分:基础体能、竞赛体能和恢复体能。

5. **按照不同人群**

体能按照不同人群划分:学生体能、运动员体能、警察体能、消防员体能、陆军体能、海军体能、空军体能、白领体能、孕妇体能、残疾人体能等。

6. **按照竞技与健康**

体能按照竞技与健康的关系可以分为:健康体能和竞技体能。

本章节重点讨论的是健康体能。

二、健康体能的概念

健康是人的基本需求,它不仅仅是没有疾病或虚弱,而是在身体、心理、社会适应和道德四个方面都健全(WHO,1989)。学者们认为的完全健康(wellness)的组成(见图2-1-1)。

健康体能是提高人的身心健康和生活质量,通过提升这些方面来提高健康水平和运动能力。主要包括身体成分、肌肉力量、肌肉耐力、心肺耐力和柔韧性五个层面(见图2-1-2)。而竞技体能主要是提高个人在运动或者比赛时的竞技运动表现,主要包括:爆发力、速度、灵敏性、平衡、协调以及反应(见图2-1-3)。有时我们也会见到"体适能"这个名词,台湾学者最早将体能(physical fitness)翻译为"体适能",所以很多地方也沿用了这一说法,其实体适能主要也

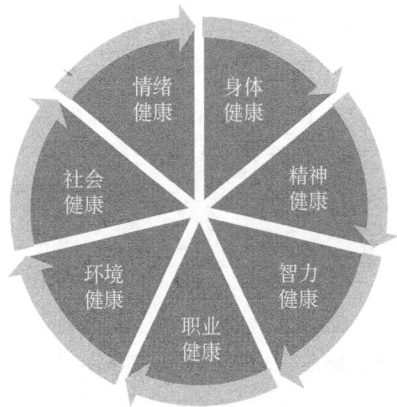

图 2-1-1　完全健康的组成

是与健康有关的体能。健康体能的提出,更加清楚地表达了我们对体能的需求,它更加符合当前社会的需求,符合体教结合、体医融合的发展趋势。

健康体能是竞技体能的基础,没有良好的健康体能作为基石,就很难达到竞技体能的金字塔,也很难有高的竞技运动表现。因此,我们应该首先发展健康体能,在健康体能的基础上,再发展竞技体能。

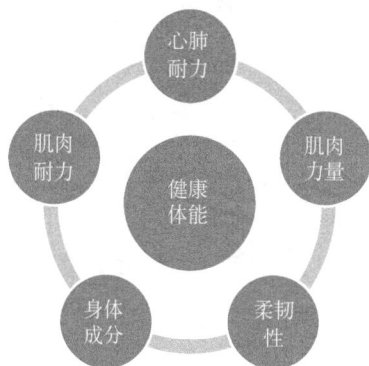

图 2-1-2　健康体能分类

图 2-1-3　竞技体能分类

三、健康体能锻炼的原则

(一) 安全性原则

在进行健康体能锻炼以及提高健康体能的过程当中,首先要保证安全性。

1. 运动之前应该进行身体的检查

包括医学检查和自我检查,医学检查主要包括心血管功能、肺功能等;自我检查主要根据自我判断,可以根据美国运动医学学会的自我检查的七个问题:

1) 你的医生是否曾经说过你患有心脏病,并且只能在医生的建议下运动。

2) 运动时会觉得胸口疼痛吗?

3) 在过去的一个月中,你在不运动的状态下,是否会感觉到胸痛?

4) 是否经常出现头晕、失去平衡或曾经失去意识或昏倒?

5) 是否存在骨关节问题(如关节炎等),会在运动后症状加重吗?

6) 医生目前为你的高血压或心脏病开药吗?(比如高血压药,β受体阻滞剂等)?

7) 你是否知道自己有其他不应该进行运动的原因?

2. 保证场地的安全

对运动的场馆进行检查,比如场地是否滑、场地是否不平、场地是否有尖锐的东西、场地是否定期消毒等。

3. 保证运动装备与器材的安全

进行运动前,检查运动装备与器材是否安全,比如运动鞋、运动服是否适合该项目的运动;运动器材是否有破损,是否会造成伤害;疫情期间,运动器材是否进行消毒等。

4. 保证运动负荷安全

运动时应该选择适合自己的负荷,运动量不可过大,比如过长时间的运动;运动的强度也不能超出自己的承受范围,比如跑步的速度过快;力量练习中所用的重量过重;运动的动作难度过大等。

5. 保证运动时间的安全

选用适合的时间非常重要,一般来说,下午 3—5 点的体育锻炼时间最好,其次是傍晚,最后是早上。饭后不宜立刻进行剧烈运动,早晨也不宜进行剧烈运动,特别是有心血管疾病的人,早上血液比较黏稠,运动风险会增加。

（二）健康性原则

在进行体育锻炼的过程中,应该保证所选用的锻炼方法、手段、负荷、环境、时间对身体是健康有益的,比如同一种运动,对不同人群的效果可能就不一样,如滑雪,对于老年人来说,可能就会有危险;心血管疾病的人群,参加过于剧烈的运动,可能就会带来一定风险。一般来说,每周3—5次,每次30分钟以上,每周累计进行150—300分钟的中等强度的有氧运动,对人体的健康是有益的。久坐、过度锻炼、熬夜后进行锻炼对健康都是不利的。

（三）循序渐进原则

在进行体育锻炼的过程中,为了提高体能水平,在进行体育锻炼的方案中,应该逐渐增加负荷,人体能够对原来的负荷产生适应,当达到所期望的体能水平时,就无须再增加运动的负荷,比如运动强度、运动量,这时可以进行固定而有规律的锻炼。在循序渐进的过程中,不可过大或过快增加负荷,这样可能会导致运动损伤。一般来说,每周运动负荷不能超过前一周的10%,比如第一周,每次跑步距离为2 000米,则第二周的跑步距离为2 200米;跑步时间如果每次是10分钟,则第二周的增加到11分钟。在力量练习中,每组12次、重复3组的训练如果连续进行超过两次,就可以考虑增加重量,再以每组可以重复8次的负荷进行循环;如果对训练动作、技巧已经掌握,就可以提高动作的速度和难度。

（四）专门性原则

专门性原则是指机体对所有锻炼负荷刺激产生的适应都具有专门性,如对身体的一个部位进行反复的练习,就会对该部位的肌肉力量、机能提高。比如进行哑铃弯举10周,肱二头肌的力量就会增加,肌纤维会增粗;进行长跑练习,就会提高有氧能力;对动作技术进行反复练习,动作技术就会更好地掌握和运用。

（五）恢复性原则

在进行体育锻炼的过程中,人体运动机能是按照负荷——疲劳——恢复——提高的循环过程进行的(见图2-1-4)。体育锻炼后需要让身体进行恢复,主要通过休息和营养来实现。在下一次的锻炼之前,必须注意休息,使得体能得以恢复,休息的时间因人而异,至少间隔1—2天,如果在锻炼之前还感觉到很疲劳,浑身无力,可能是过度疲劳,就应该停止锻炼,或者减量锻炼,并增加休息时间。营养方面,特别要注意糖、蛋白质、脂肪、维生素以及无机盐的摄入,平衡膳食,一般来说,糖、脂肪、蛋白质的比例在45%—65%、25%—35%、10%—30%。具体的食物类可参考中国居民平衡膳食餐盘(见图2-1-5)。

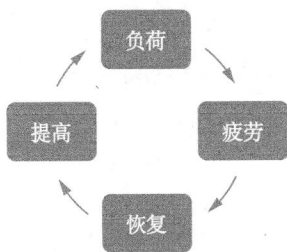

图2-1-4　体育锻炼恢复性循环过程

图2-1-5　中国居民平衡膳食餐盘(2022中国居民膳食指南)

（六）可逆性原则

在体育锻炼的过程中，停止锻炼或者大量减少训练的频率、运动量、运动强度，就会引起体能水平、锻炼效果的下降。研究表明：高水平运动员停止训练两周就会导致运动表现下降；业余训练的男性停止训练四周就会导致肌力下降。肌肉力量下降的速度比肌肉耐力下降得慢一些。停止力量练习 8 周后，力量下降 10％；停止耐力练习后，肌肉耐力下降 30％—40％。

（七）个体化原则

在体育锻炼的过程中，每个人的生理特征、体能水平、学习能力、环境等方面都有所不同，应该根据这些特征来安排锻炼。不能盲目地跟从他人进行锻炼，直接套用他人的锻炼方案，特别是"冠军模型"，不一定适合所有的体育锻炼者。比如近年来风靡全国的马拉松比赛，属于极限运动，一定要根据自己的特点量力而行，不能盲目去跑。

第二节　体育锻炼与身体成分

一、身体成分概述

身体成分(body composition)是指人体的脂肪、骨骼以及肌肉相对比值的指标。一般情况下，常常用人体的身高、体重、胸围、腰围、臀围、肢体长度、体脂百分比、瘦体重(非脂肪组织质量，如骨骼、肌肉和水)等来测量与评价。

脂肪分为必须脂肪和非必须脂肪，必须脂肪就是身体必须需要的脂肪，是保证健康的基础，主要分布在心脏、肝脏、脾脏、肺脏、肾脏、大肠、小肠等内脏器官以及肌肉、骨骼和中枢神经系统。不同的性别，必须脂肪的百分比有所不同，女性的必须脂肪比男性的高(男性占 5％，女性占12％)，如果必须脂肪过少，会引起严重的健康问题，女性还会影响到生育。非必须脂肪，主要位于皮下和内脏，对人体来说，非必须脂肪是坏脂肪，而必须脂肪是好脂肪。非必须脂肪应该保持在较低的比例，较少的非必须脂肪，对健康会带来更多的益处。

身体成分在运动训练、饮食、营养、运动表现、运动损伤中都有很重要的作用，身体成分是健康体能的重要组成部分，不仅对运动员，而且对儿童、青少年以及其他人群都有益处(ACSM，2008)。体脂百分比过高，会增加很多疾病的风险，比如高血压、高血脂、冠心病、癌症、关节炎、糖尿病等。因此，保持合理的身体成分至关重要。我们可以通过对身体成分的测评和跟踪来检验体育锻炼、减肥和增肌的效果。

身体成分的测量，可以通过身体重量、身体质量指数(BMI)、腰臀比(WHR)、皮褶厚度、水下称重、生物电阻、双能 X 线(DXA)、计算机断层扫描(CT)、核磁共振(MRI)等方法。

二、体育锻炼对身体成分的益处与意义

身体成分中体脂百分比越低，表示瘦体重占比越高，瘦体重的增加，会对力量产生很重要的作用，因为肌肉力量的大小主要看肌肉的质量、体积和横断面的大小。同时，瘦体重的增加会对

速度、心肺耐力、灵敏性、反应带来更多的帮助。因为,力量的增加会提高速度,同时提高了变向和反应能力,减少更多的非必须脂肪,降低运动的阻力,增加了关节的灵活性。相反,体脂百分比过大,瘦体重占比过低,对体育运动中的力量、速度、灵敏、耐力、平衡都带来了很大的负面影响。增加了运动时的负荷,不仅是会影响运动表现,而且还会影响健康水平。一些运动项目中,身体成分对运动表现的影响比较明显,比如体操、健美、啦啦操、体育舞蹈、艺术体操、跳水、跆拳道、武术、蹦床、技巧、滑板、小轮车、花样滑冰等表现型项目中,体脂百分比和体重需要保持在较低的水平,体重过大会影响运动表现。一些项目中则需要更多的体重,比如举重、摔跤、柔道、投掷、橄榄球等力量型运动项目中,通过增加身体的体重,特别是增加瘦体重,从而带来更多的最大力量、爆发力,当然也会增加体脂,增加的体重,可以帮助身体带来一定的稳定性、惯性和缓冲,从而提高运动表现。还有一些项目,比如马拉松、长跑、越野跑、长距离滑雪、铁人三项、长距离自行车、长距离游泳等,则需要更低的体脂百分比,较轻的体重,降低身体的非必须脂肪,从而提高运动表现。还有一些运动项目,特别是球类项目,需要保持合适的体重,体脂和瘦体重应该保持合理的比例,比如较低的体脂百分比,较多的瘦体重,从而保持运动时身体产生更多的力量、爆发力、速度、灵敏性。这些项目有篮球、排球、足球、棒球、垒球、网球、羽毛球、乒乓球等。如果体脂过大,肌肉比例低,就会降低力量、爆发力、速度、灵敏性、平衡,从而影响健康水平以及运动的表现。

因此,大学生应该保持合适的身体成分,通过体育锻炼增加肌肉力量,提高瘦体重的比例,降低体脂百分比,合理地控制身体成分。可以选择肌肉力量的训练和心肺耐力的规律训练(详细见本书的肌肉力量和耐力、心肺耐力、运动处方章节),比如借助外部负荷(杠铃、哑铃、重物等)、自身重量(俯卧撑、引体向上等)进行力量练习。通过心肺耐力练习(各种连续的有氧练习、中长跑等),还可以通过球类运动(篮球、排球、足球、乒乓球、羽毛球、网球、棒垒球等)进行综合练习,从而保持合理的身体重量和身体成分。

第三节　体育锻炼对心肺耐力的提高

一、心肺耐力概述

心肺耐力是人体持续进行活动或运动的能力,由呼吸、血液和循环系统对氧气和营养物质进行运输、分配以及清除体内代谢产物,运动时能量的长时间持续供应,对保证持续运动、坚持长时间运动以及维持人体正常生命活动有非常重要的作用。

二、提高心肺耐力的益处

心肺耐力对人体有着非常大的益处,特别是对维持人体生命、生活方面。

(一) 提高有氧能力

良好的心肺耐力,能够提高人体的循环系统,提高最大每搏输出量和最大心输出量,增加血液中氧气含量和运输能力,提高最大摄氧量(VO_2max)(最大摄氧量指的是人体在进行有大肌肉群参加的剧烈运动过程中,当心肺功能和肌肉氧利用达到极限水平时,单位时间里所能摄取的最大氧气量,通常用每分钟每公斤体重所能摄入的最大氧气量表示),最大摄氧量也是评价心肺耐力的黄金标准。心肺耐力已经成为与体温、脉搏、呼吸、血压一样,成为临床生命体征。良好的心肺耐力可以使呼吸肌的耐力增强,改善肺功能。心肺耐力好的人,通常会具有较好的持续运动能力,也会较快消除运动带来的疲劳,对工作、学习、生活的坚持都有非常大的益处。

(二)防止疾病

研究表明:较高心肺功能水平对心血管疾病、癌症、心理疾病、糖尿病、肥胖等有着很好的效果,能够降低这些疾病带来的风险,并延长寿命。

(三)控制身体成分比例

心肺耐力的练习可以减少体脂百分比,特别对于减肥者来说有着很好的效果。

三、心肺耐力的生理学基础

心肺耐力的形成,主要是通过心肺系统把氧气和营养物质输送到组织,把二氧化碳等代谢物质输送到体外。包括血液循环系统和呼吸系统两大系统。

(一)循环系统

血液循环系统由心脏和血管组成的管道。血液在循环系统中按照一定的方向周而复始地流动,主要功能就是完成体内营养和代谢物质的输送,维持新陈代谢的正常进行。心脏是心肌组成的并具有瓣膜结构的空腔器官,是血液循环的动力,通过不断地收缩和舒张起到泵血的作用。心脏有四个腔室,右侧为右心房和右心室,左侧为左心房和左心室。右心房将身体含氧量较少的静脉血,然后经过右心室泵入肺动脉输送到肺,进行肺循环。左心房将肺静脉带有饱和氧气的血液经过左心室泵入主动脉,输送到身体各个器官和组织,进行体循环。

1．心率

心率是每分钟心脏搏动的次数,正常人安静心率的范围是 60—100 次/分,不同年龄、性别、生理状态的心率不同,一般来说,儿童心率比成年人高,女性心率比男性高;情绪激动、紧张、运动时心率会升高;睡眠、休息时心率会降低;耐力好的人,安静心率会降低。心率都有一个限度,叫最大心率,成年人的最大心率可以根据 220－年龄来计算,比如年龄是 20 岁,最大心率就是 220－20＝200 次/分。在体育锻炼的过程中,常常会用到最大心率的百分比来反映运动的负荷。

2．心输出量

心输出量是指每分钟左心室摄入主动脉的血量,这也是评价心脏泵血功能的重要指标。每次心室收缩射出的血量称为每搏输出量,每搏输出量与心率之积就是心输出量。比如健康成年男性的心率平均为 75 次/分,每搏输出量约为 70 毫升,心输出量＝75 次/分×70 毫升/次＝5.25 升/分,优秀的运动员的心输出量会更高,可以达到 25—35 升/分钟。心输出量与身高、体重、年龄、性别有关系,直接用心输出量来比较不同个体之间心脏泵血功能,会出现很大的误差,研究发现心输出量与身体的体表面积成正相关,用每平方米体表面积来计算安静时的相对心输出量,就能较为准确地比较不同个体之间的泵血功能,这一概念称为心指数(心指数＝安静心输出量/每平方米体表面积)。

3. 血压

血管分为动脉、毛细血管、静脉三类。血液流经血管,会对管壁一定的侧压力,生理学上将血液对单位面积血管壁的侧压力称为血压,一般用 mmHg(毫米汞柱)表示,血压主要指的是动脉血压。动脉血压会随着心室的收缩和舒张发生规律性波动,心室收缩时的血压最高值称为收缩压,心室舒张时的动脉血压最低称为舒张压,正常健康成年人安静时的收缩压为 100—120 mmHg,舒张压为 60—80 mmHg。一般情况下,男性比女性稍高,年龄越大,血压也会增高;运动、紧张、情绪激动时血压也可升高

目前我国的高血压标准是 140/90 mmHg(2017),美国心脏协会(AHA)的高血压标准为120/80 mmHg(2021)。中国人动脉血压平均值(见表 2-3-1)。

表 2-3-1 中国人动脉血压平均值($n=112\,419$,上海)

年龄(岁)	男		女	
	收缩压(mmHg)	舒张压(mmHg)	收缩压(mmHg)	舒张压(mmHg)
11—15	114	72	109	70
16—20	115	73	110	70
21—25	115	73	111	71
26—30	115	75	112	73
31—35	117	76	114	74
36—40	120	80	116	77
41—45	124	81	122	78
46—50	128	82	128	79
51—55	134	84	134	80
56—60	137	84	139	82
61—65	148	86	145	83

(根据《运动生理学》,2002)

(二) 呼吸系统

1. 呼吸的概念与过程

人体与外界进行气体交换的过程称为呼吸。体育锻炼过程中,呼吸系统是实现气体交换的重要条件。人体所需的能量物质都是通过气体交换产生的,通过气体交换,将外界的氧气运送到血液、器官、组织,将产生的二氧化碳排出体外。

呼吸包括三个过程,外呼吸、气体运输和内呼吸。外呼吸,是外界环境通过肺与血液进行气体交换;气体运输指的是血液在肺部得到了氧气,并将氧气输送到毛细血管,再将组织细胞代谢产生的二氧化碳通过毛细血管经过血液输送到肺;内呼吸指的是组织毛细血管中血液通过组织液与组织细胞间实现的气体交换。

(1) 呼吸的形式

呼气时,主要由肋间内肌和腹壁肌参与;吸气时,主要由膈肌和肋间外肌参与。以膈肌为主的呼吸称为腹式呼吸,以肋间肌为主的呼吸称为胸式呼吸。一般来说,成年人以两种方式混合呼吸,女性更偏重胸式呼吸,男性倾向于腹式呼吸。呼吸的气量与运动的强度和运动形式相关。

(2) 呼吸功能的评价

呼吸功能主要是通过呼吸的深度、通气量来评价,常用的评价指标是肺活量。肺活量指的是最大程度深吸气后,再做最大呼气时所呼出的气量。正常健康成年男性的肺活量约为 3 500 ml,

女性约 2 500 ml,肺活量与性别、年龄、身高、体重、胸廓大小、呼吸肌、训练程度相关。儿童的肺活量比成人小,耐力性运动员的肺活量高于普通人群;吹奏乐器的人的肺活量也高于普通人群,鉴于这些因素,通常用相对肺活量进行评价,即用肺活量与体重之比。

(3)肌纤维类型与能量代谢特征

心肺耐力的训练,以慢肌纤维为主,长期的心肺耐力训练,会出现慢肌纤维百分比高,并且慢肌纤维会出现选择性肥大,同时肌红蛋白和线粒体数量增加、氧化酶活性提高、毛细血管数量增加。能量大部分会由有氧代谢供能。特别是随着运动时间的增加,脂肪的供能就会增加。(见表 2-3-2 和表 2-3-3)

表 2-3-2 有氧运动与无氧运动供能比较

类型	有氧运动	无氧运动	
供能方式	有氧氧化供能	糖酵解供能	磷酸原供能
能量来源	糖、脂肪、蛋白质	糖	三磷酸腺苷、磷酸肌酸
氧气	需要	不需要	不需要
运动强度	低、中	大	最大
持续时间	3分钟以上	30秒—2分钟	0—6秒
运动类型	长时间慢跑、快走、长距离游泳、马拉松等	400—800 米跑、100 米游泳、1公里骑车等	100 米跑、50 米跑、跳远、举重等

(NSCA,2014)

表 2-3-3 糖和脂肪供能的不同持续时间比较

运动时间	0—30(分)	30—60(分)	60—90(分)	90—120(分)
需氧量(L/min)	2.48	2.51	2.52	2.61
糖供能比(%)	71	66	63	56
脂肪供能比(%)	29	34	37	44

(体育院校通用教材,《运动生理学》,2002)

四、提高心肺耐力的锻炼方法

针对普通人群,心肺耐力的锻炼方法主要有持续训练法、间歇训练法、重复训练法三种。

(一)持续训练法

主要是采用中低强度,长时间或者长距离,低速度的锻炼方法,可以采取固定配速,也可以采用不同配速。长距离低速的训练时间一般是 30 分钟至 2 小时,强度控制在(VO_2max 45%—64%,相当于最大心率的 64%—76%)。如果采用不同配速的快慢跑,这种方法也称为法特莱克跑,比如先以中等强度(50% VO_2max,相当于最大心率的 70%)跑步 10 分钟,然后进行高强度的冲刺跑 30—60 秒。也可以设定一定距离,然后再进行高强度的冲刺跑。ACSM(美国运动医学学会)建议健康成年人可以进行 20—60 分钟的持续或间歇有氧运动。

(二)间歇训练法

间歇训练指的是两次练习中安排合适的休息时间,一般来说,有氧训练的间歇训练时间持续

2—5 分钟(或更短),训练与休息时间比为 1∶1 或 1∶1.5,间歇重复 4—6 次,训练强度大,接近 90%VO₂max 或者最大心率的 95%。近年来,高强度间歇训练风靡全球,也属于间歇训练的范畴,高强度间歇训练的训练时间较短,一般在 10—20 秒之间,间歇时间 1∶1 或者 1∶1.5。研究表明,高强度间歇训练对有氧能力有很好的提升作用,但是这种训练强度大,如果身体机能状态差或者有基础疾病,一定要在专业人士的指导下进行。

(三) 重复训练法

重复训练法是反复多次进行同一种练习,每组结束后需要在完全恢复的情况下才能进行下一组练习,如果训练强度大,休息时间就应该延长,一般情况下训练时间和休息时间比为 1∶4 或者 1∶6。在训练的过程中,可选用不同的运动项目结合以上三种训练方法进行锻炼,美国总统体能和竞技委员会(PCPFS)提出了一个运动项目的评价表。其中慢跑、骑自行车、游泳、轮滑、篮球、滑雪、网球项目对心肺耐力提高明显(见表 2-3-4)。进行合理的心肺耐心训练,需要结合运动处方的设计,可参考运动处方章节。

表 2-3-4 常用体育锻炼项目评价表

运动项目	心肺耐力	肌耐力	肌肉力量	柔韧性	平衡性	减肥	健美	消化	睡眠	总分
慢跑	21	20	17	9	17	21	14	13	16	148
骑自行车	19	18	16	9	18	20	15	12	15	142
游泳	21	20	14	15	12	15	14	13	16	140
轮滑	18	17	15	13	20	17	14	11	15	140
手球	19	18	15	13	20	17	14	11	15	140
越野滑雪	19	19	15	14	16	17	12	12	15	139
高山滑雪	16	18	15	14	21	15	14	9	12	134
篮球	19	17	15	13	16	19	13	10	12	134
网球	16	16	14	14	16	16	13	10	11	128
健美操	10	13	16	19	15	12	18	11	12	126
步行	13	14	11	7	8	13	11	11	14	102
高尔夫	8	8	9	9	8	6	6	7	6	67
软式垒球	6	8	7	9	7	7	5	8	7	64
保龄球	5	5	5	7	6	5	5	7	6	51

(PCPFS)

第四节 体育锻炼对肌肉力量与肌肉耐力的提高

一、肌肉力量与肌肉耐力概述

肌肉力量常常也叫作肌力,是一块或一个肌肉群产生对抗外部阻力的能力,肌肉力量的范围可以从零到最大。肌肉耐力,也是肌肉力量的一种形式,是肌肉长时间收缩的能力。而我们常常听到的爆发力,是指肌肉在最短时间产生的最大肌肉力量。肌肉力量大的人,往往重复次数越多,做功也就越多。在特定运动模式下,通过一定速度所产生的最大力量,一般都使用 1 RM 来进行评价(见肌肉力量和肌肉耐力章节),这种测试出的最大力量往往是绝对力量,并不能准确代表个体的最大力量,比如有人体重很大,力量很大,但有的人体重并不大,力量也很大,通过最大力量/体重的比值就可以比较肌肉力量的大小,这就是相对力量。因此,最大力量/体重的值越大,则相对力量越大,特别是对于体重分级的比赛项目,相对力量越大就越好。在不分级别的运动项目中,特别是球类项目,相对力量越大,运动表现能力也越好。因为,过多的体重可能影响到了速度、灵敏、反应、爆发力等竞技体能。

二、提高肌肉力量与肌肉耐力的益处

提高肌肉力量和耐力对身体有很大的益处,很多研究表明:经常进行肌肉力量和肌肉耐力练习可以降低许多慢性疾病的危险因素,比如心血管疾病、糖尿病、抑郁、癌症;经常进行肌肉力量和肌肉耐力练习可以提高肌肉含量,降低脂肪百分比,提高基础代谢率,保持良好的体形;还可以降低血压、血脂、LDL胆固醇(坏胆固醇);能够增加骨密度,防止骨质疏松,防止肌肉萎缩;经常进行肌肉力量和肌肉耐力练习能够提高身体葡萄糖耐受性和胰岛素敏感性,预防和治疗II糖尿病;能够提高最大摄氧量,提高有氧能力;也能够提高身体的柔韧性;肌肉力量和肌肉耐力能够提高运动表现能力,保证比赛或训练中技战术的良好发挥;能够提高执行日常生活能力,比如工作、走路、锻炼等;也能提高调节肌肉、神经的工作效率,特别是学习的效率;良好的肌肉力量和耐力也能提高自信心。

三、肌肉力量与肌肉耐力的生理学基础

(一)肌肉的组成

人体大约有660块肌肉,分布在全身(见图2-4-1),人体有三种类型的肌肉,即心肌、平滑肌

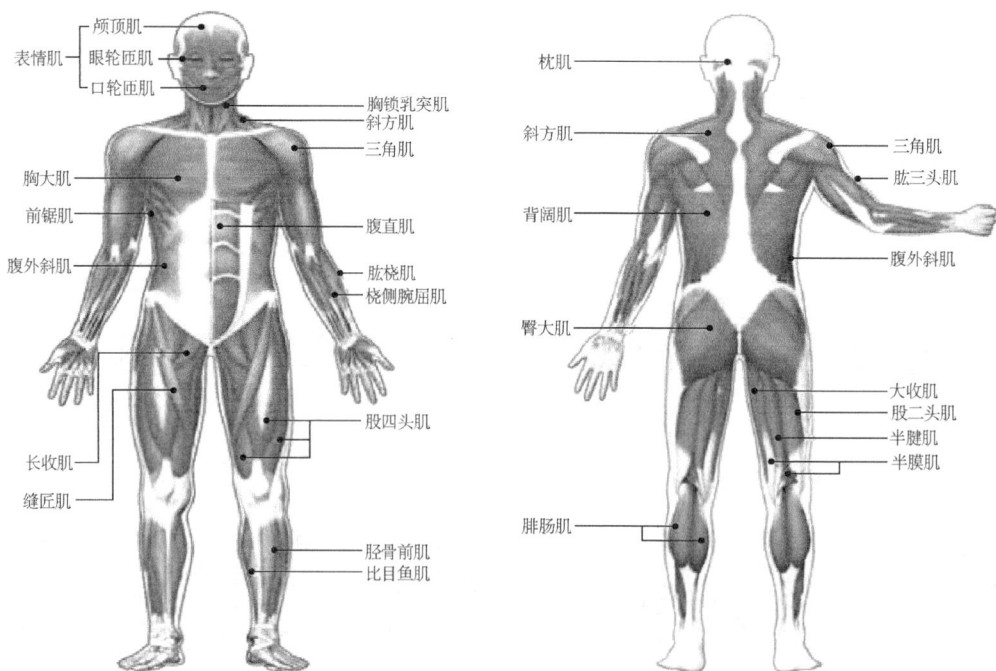

图2-4-1 全身肌肉图

和骨骼肌。心肌位于心脏,平滑肌位于血管和中空性器官壁,骨骼肌位于骨骼,占全身体重的40％。每块肌肉中间膨大的部分叫肌腹,两端为肌腱,肌腱牵动骨骼产生运动,导致骨骼肌完成收缩。肌肉的基本结构和功能单位是肌纤维(肌细胞),每个肌纤维有成百上千条与肌纤维长轴平行排列的肌原纤维,肌原纤维由两种粗细肌丝按照一定规律排列。骨骼肌在兴奋时候会产生电位变化,称为肌电,将导致细肌丝在粗肌丝之间滑动,从而引起肌肉的收缩。

(二) 肌肉的收缩形式

肌肉收缩的时候会引起肌肉长度的变化或者不变。根据肌肉长度的变化将肌肉收缩分为四种形式:向心收缩、离心收缩、等长收缩和等动收缩。四种收缩类型,离心收缩产生的力量最大,比向心收缩大50％,比等长收缩大25％。

1. 向心收缩

向心收缩指的是肌肉收缩时,肌肉长度缩短。比如哑铃弯举中,随着肘关节的角度减小,肱二头肌缩短,肌肉力量增加。但是由于力矩的关系,肌肉力量会逐渐增大到最大值,然后减小,比如肘关节角度从180度减小到120度时,肱二头肌肌肉力量最大,然后逐渐减小,到30度时最小。

2. 离心收缩

离心收缩指的是肌肉收缩产生力的同时被拉长的过程。比如做哑铃弯举这个动作的过程中,随着肘关节角度越来越大,肌肉力量增加,肱二头肌变长;在杠铃深蹲的过程中,股四头肌产生力的过程中被拉长,使得身体慢慢下降,起到缓冲作用。

3. 等长收缩

等长收缩指的是肌肉在收缩时长度不变,也被称为静力性收缩。往往是在保持一定动作的过程中,比如曲臂悬垂、静蹲、双杠支撑等。

4. 等动收缩

等动收缩指的是当肌肉在恒定的速度下,收缩的过程中产生的力量与阻力始终相等,比如保持自由泳的速度,划水动作类似于等动收缩。要保持肌肉的恒定速度,比较困难,只能借助于训练器材,比如等动训练设备。

(三) 肌肉力量与肌肉耐力的生物力学特征

肌肉力量遵守牛顿第二定律,$F = ma$($F = $作用力;$m = $质量;$a = $加速度),力的大小决定外部阻力的加速度。因此,肌肉收缩的速度与外部阻力密切相关,外部负荷小时,肌肉收缩速度增加;外部负荷较大时,肌肉收缩速度降低(见图2-4-2)。如果想要克服外部较大的负荷,还要更快的肌肉收缩速度,那就要提高肌肉的力量,因为力量越大,人的动作速度就越快。

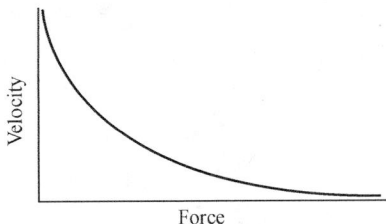

图 2-4-2 力量速度曲线(Velocity:速度;Force:负荷)

(四) 肌纤维类型

肌纤维的类型,如果按照肌肉收缩的速度来划分,可以将肌纤维分为快肌纤维和慢肌纤维,由于肌纤维的色泽不同,快肌一般都是白肌,慢肌一般都是红肌。快肌纤维收缩速度快,慢肌纤维收缩速度慢;快肌纤维收缩产生的力量比慢肌纤维的大;但是快肌纤维比慢肌纤维容易疲劳。

不同项目的运动员的快慢肌的比例不同,这是由于不同项目的竞技特征不同所导致的。比如100米跑、跳远、跳高的运动员快肌纤维多于慢肌纤维;像马拉松、长跑运动员的慢肌纤维就多于快肌纤维,而对于速度和耐力都需要的运动项目,比如800米跑,快慢肌的比例相差不多;对于球类项目,像篮球、排球、足球、棒垒球、羽毛球、网球等项目,对于爆发力和耐力都会需要,快肌纤维会略多于慢肌纤维,但是不同的位置、不同的打球风格也会导致快慢肌的比例不同。

(五)肌肉力量与肌肉耐力的影响因素

肌肉力量的影响因素主要有肌纤维的横断面积因素,肌纤维的横断面积越大,其肌肉力量越大;肌纤维类型因素,快肌的收缩力量大于慢肌的;肌肉收缩时的肌纤维兴奋性不同,动员的肌纤维数量不同,比如慢肌的运动单位神经元兴奋性高,快肌运动单位神经元兴奋性较低;肌纤维收缩的初长度因素,肌纤维被拉长后立即收缩,产生的力量远大于肌肉没有被预先拉长或者预先拉长后,间隔时间较长产生的肌肉力量;神经系统的兴奋性程度因素,中枢神经兴奋程度越高,动员的运动单位以及肌纤维数量就越多,产生的肌肉力量就越大;年龄因素,儿童的力量要低于成年人,老年人的力量低于成年人;性别因素,一般情况下,男性的力量大于女性的力量;体重因素,一般情况下,体重大的人绝对力量较大,但是体重增加会影响速度、灵敏,在一些项目中,比如篮球、排球、羽毛球、网球项目不需要大体重,需要合适的体重,但是相对力量要大;训练因素,经过力量的训练,会增加肌肉力量,动员更多的肌纤维数量,提高神经的兴奋性,增加肌肉的横断面积。

四、提高肌肉力量与肌肉耐力的锻炼方法

(一)练习的负荷

在练习肌肉力量和肌肉耐力之前,首先应该了解运动的强度,力量训练中经常会用到 1 RM(One-Repetition Maximum),它指的是一次能够克服的最大负荷,比如 10 RM,就指的是肌肉收缩克服一定的负荷,最多能重复 10 次。另外,还应该了解组数(Set),指的是完成重复多次数的练习,比如完成卧推练习 10 次,10 次就是一组,一般情况下,肌肉力量和耐力的练习选择 3—6 Set。肌肉的最大力量练习,一般选择 3—5 Sets,1—6 RM;肌肉的爆发力练习,一般选择 3—5 Set,1—5 RM;肌纤维增粗练习,一般选择 3—5 Set,6—12 RM;肌肉耐力练习,一般选择 4—6 Set,12—20 RM 或者更多。如果连续两组都能完成指定目标的最高次数,可以提高重量的10%进行递增。

(二)休息时间

对于最大力量、爆发力练习来说,恢复是最重要的,每组的间隔一般来说需要 2—5 分钟;对于力量耐力来说,需要肌肉的不完全恢复,一般来说每组的间歇时间在 30 秒以内;对于肌纤维增粗的练习,间歇时间应该在 30—90 秒。如果休息时间太长,肌纤维数量的动员,神经系统的协调就会出现停滞,影响肌肉力量和耐力的增加,特别是由于各种原因导致的长时间停训,就会导致肌肉力量的下降,研究表明:高水平运动员停止训练两周就会导致运动表现下降;业余训练的男性停止训练四周就会导致肌力下降。肌肉力量下降的速度比肌肉耐力下降得慢一些。停止力量练习 8 周后,力量下降 10%;停止耐力练习后,肌肉耐力下降 30%—40%。

（三）训练的频率

肌肉力量和耐力的训练中,至少要保证下一训练之前身体应该完全消除疲劳。如果要连续进行力量练习,最好将身体练习按照部分来分配,比如周一、三练习上肢,周二、四、六练习下肢,周五、周日练习核心。一般来说,隔一天练习力量,效果比较好。美国运动医学(ACSM)推荐,健康成年每周应该进行非连续日的两次力量练习,2—3组,每组8—12次,每次练习选择6—8个动作主要选择大肌肉群进行练习,比如胸部肌肉、背部肌肉、肩部肌肉、上肢肌肉、臀部肌肉、大腿和小腿肌肉等。作为初练力量的同学,可以参考以下练习安排(见表2-4-1)。

表 2-4-1 初级力量练习计划

周	阶段	频率	组数	负荷(RM)
1—3	开始	2/周	2	1.5
4—20	慢速增长	2—3/周	3	6
20+	保持	1—2/周	3	6

(Powers,S. K. TotalFitness,1999)

（四）肌肉力量和肌肉耐力的基本锻炼方法

肌肉力量和肌肉耐力练习可以选择抗阻练习和克服自重的练习,可以借助不同的器械进行练习,这些器械可以是健身房固定的健身器械,也可以是根据宿舍、家庭现有的器械进行练习,比如举水桶、举凳子等。

1. 上肢练习

带有器械的练习:卧推、哑铃飞鸟、哑铃弯举、杠铃弯举、杠铃推举、俯卧划船、坐姿下拉、卧拉等。

克服自身重量:俯卧撑、仰卧撑、双杠曲臂支撑、引体向上等。

2. 下肢练习

带有器械的练习:杠铃深蹲、杠铃半蹲、负重提踵、硬拉、抓举、挺举、俯卧曲腿、仰卧腿举等。

克服自身重量:深蹲跳、半蹲跳、蛙跳、三级跳、单腿跳、跨步跳、单腿蹲、弓步跳、跳箱等。

3. 核心练习

带有器械的练习:前抛实心球、后抛实心球、侧抛实心球、仰卧接抛实心球、瑞士球仰卧起坐、瑞士球俯卧撑、划船机练习、弹力带练习、滚动瑞士球等。

克服自身重量:曲膝仰卧起坐、卷腹、曲膝转体仰卧起坐、仰卧抬腿、俯卧抬腿、仰卧抬腿旋转、两头起、仰卧蹬自行车、侧卧举腿、仰卧挺髋部、平板支撑、平板侧支撑、悬垂举腿等。

第五节 体育锻炼对柔韧性的提高

一、柔韧性概述

（一）柔韧性的概念

柔韧性指的是关节的最大活动范围。柔韧性是健康体能的重要组成部分,关节的活动幅度反映了肌肉、肌腱、筋膜的伸展和弹性。不同的关节对柔韧的要求也不完全相同,比如踝关节、肩关节、髋关节、腕关节活动幅度大,膝关节、胸椎关节、腰椎关节、肘关节的幅度就要小。

(二)柔韧性的分类

柔韧性按照专项关系分为一般柔韧性和专项柔韧性,一般柔韧是人体发展基本运动的柔韧性,而专项柔韧性是指从事专门运动或项目需要的柔韧性,比如体操项目需要的柔韧性比篮球项目高;柔韧性按照动作的动静关系分为动态柔韧性和静态柔韧性,静态柔韧性,指的是主动或者被动动作时关节活动的幅度,关节保持到最大或者一定幅度,保持不动;动态柔韧性,指的是在运动过程中主动或者被动动作下关节活动的幅度,关节会进行多次的重复动作,但是如果伸展的动作速度过快、幅度过大就形成了弹振式的伸展,会容易引起受伤;按照用力关系可以分为主动柔韧性和被动柔韧性,主动柔韧指的是主动用力使关节活动幅度增大,而被动柔韧性需要借助外力来增加关节活动幅度,近年来比较流行的 PNF 拉伸(Proprioceptive Neuromuscular Facilitation),它是一种本体感觉神经肌肉促进技术,结合了主动拉伸和被动拉伸的方法,抑制主动肌的收缩而使其放松,还可以通过主动收缩引起对抗肌的放松;按照身体部分关系可以分为上肢柔韧性、下肢柔韧性和核心柔韧性。比如肩关节柔韧性、髋关节柔韧性、腰部柔韧性等。

二、提高柔韧性的益处

(一)防止受伤

良好的柔韧性,可以减轻肌腱的僵硬,增加弹性和适应性,升高肌肉的温度,提升兴奋性。因此,可以减少疼痛以及降低运动损伤的风险。

(二)提高动作质量

良好的柔韧性,有助于肌肉的弹性,以及维持一定的长度,因此帮助人体在运动中完成一些高难度动作,比如完成体操、健美操、艺术体操的难度动作;跨栏运动员跨栏,则需要较好的髋关节柔韧性;良好的柔韧性,有助于提高羽毛球运动员的杀球速度,棒球运动员的投球和击球速度,以及网球运动员的发球速度;良好的脚踝柔韧性提高自由泳运动员的打水速度。因此,良好的柔韧性对于提升运动表现有很大的帮助。

(三)提高热身效果

柔韧性的练习可以提高热身的效果,提高身体的温度,减少肌肉的黏滞性,提高肌肉、肌腱的弹性,为运动技能的完成和发挥起到良好的准备和推动作用。目前的研究表明,动态热身能够提升运动的表现。

(四)提高放松效果

柔韧性的练习对于运动或者训练后的放松和整理有着很好的作用,主要是因为静力性的拉伸会抑制主动发力的肌肉并使其放松,同时会增加关节的活动幅度,有利于运动后的恢复。

三、柔韧性的生理学基础

（一）关节组成结构及其周围组织的弹性和伸展性

关节活动的幅度大小,与关节的生理解剖特征最为相关,其次是与关节周围组织、韧带、肌腱、肌肉、筋膜的弹性和伸展性相关。不同的关节由于结构不同,导致了关节活动度的差异性。比如球窝关节,像肩关节和髋关节,关节头和关节窝之间的面积差较大,关节囊薄而松,因此运动灵活,可以进行曲伸、旋转、内收、外展等活动。平面关节,如腕骨间关节就属于微动关节,只可做微小的回旋和滑动。关节周围的肌肉如果过多,也会影响关节的活动幅度,比如三角肌过大会影响肩关节活动范围。脂肪过多也会影响关节的活动幅度;肌腱、筋膜的弹性和伸展性也会影响柔韧性。研究表明,对关节活动幅度的影响程度,由大到小,依次是韧带、肌肉、肌腱、皮肤和筋膜。

（二）神经系统的调节

神经系统对关节部位的肌肉进行调节,特别是对主动肌(主动发力的肌肉)和对抗肌(抑制主动发力的肌肉)之间进行调节收缩和放松。特别是对肌肉放松的调节,对关节活动范围增加有着重要的影响。比如主动肌在疲劳性收缩时因高尔基肌腱被激活产生反射性放松,也叫自主性抑制作用。主动肌收缩还能引起对抗肌的放松,这种现象被称为交互抑制作用。

（三）影响柔韧性的因素

关节结构因素:关节周围的组织伸展性,肌肉发展不平衡,肌肉的神经控制性;年龄:10岁以前的柔韧性最好,10岁以后柔韧性降低,年轻人的柔韧要好于老年人的;性别:女性柔韧性相对会好于男性;温度:肌肉温度升高,肌肉的黏滞性下降,肌肉的弹性和伸展性增加,柔韧性提高;心理因素:心理过度紧张时,抑制肌肉之间的协调,降低柔韧性;时间因素:不同时间段的柔韧性会不同,下午要比上午的柔韧性好;疲劳因素:疲劳过度会影响肌肉、肌腱、韧带的兴奋性、弹性和伸展性;训练因素:经常进行柔韧训练的人,其柔韧性要好于没有经过柔韧训练的人,另外从事不同的运动项目,其柔韧性也不同,比如艺术体操运动员的柔韧性就要好于篮球、排球、足球运动员。

四、柔韧性提高的锻炼方法

柔韧练习一般选用的方法是静态拉伸、动态拉伸、PNF拉伸。静态拉伸一般应该保持15—30秒,柔韧练习的训练周期应该至少4周以上,过短的训练周期,会影响柔韧性的提高。每块肌肉或关节的伸展应该连续重复4—6次。运动前进行5—10分钟的动态柔韧练习可以起到更好的热身作用,运动后进行10—15分钟的静态柔韧、PNF练习可以起到放松肌肉、消除疲劳的作用。如果提高柔韧性,选择在比赛、训练结束后进行最佳,也可以专门安排柔韧的训练课程。

柔韧练习的强度不应过大,首先应该在无痛的情况下缓慢进行练习,酸胀的感觉应该是最大的承受强度,如果再大,可能会引起损伤。柔韧性的练习需要坚持,不可过急提高,特别是弹振式的拉伸,很容易造成肌肉拉伤。柔韧的练习,还要注意平衡性,不可局限于一个关节或者部位,否则容易引起受伤。

（一）静态拉伸

1）颈部拉伸：颈部向左或向右缓慢转头至最大幅度，然后保持。主要参与肌群：胸锁乳头肌。

2）颈部曲伸：颈部向前缓慢伸或向后曲至最大幅度。主要参与肌群：胸锁乳头肌、枕下肌、夹肌。

3）双臂后伸：双手手臂后伸并双手交叉合拢，保持伸直。主要参与肌群：三角肌、胸大肌。

4）上臂后伸：以右手为例，左手辅助右肘，右手臂向左肩胛部最大后伸，并保持。主要参与肌群：肱三头肌、背阔肌。

5）胸前收臂：以右手为例，右手臂伸直，经过胸前向左肩移动，左手辅助右肘关节进行最大幅度伸展，并保持。主要参与肌群：后三角肌、斜方肌、菱形肌。

6）压肩：两人双手扶对方的肩部，或者单人手扶桌边，身体前曲直臂压肩。主要参加肌群：胸大肌、背阔肌。

7）吊肩：使用单杠进行悬垂。主要参加肌群：胸大肌、背阔肌、肩部肌群。

8）坐位体前曲：双脚直腿并拢曲体，双手向前抓住脚踝或者脚尖，然后保持住。主要参加肌群：股后肌群、竖脊肌、臀部肌群、小腿三头肌。

9）弓步压腿：以右脚为例，右脚向前跨一大步，右膝弯曲在右脚的正上方，左脚跟抬起，躯干挺直。身体缓慢下降至最大幅度，然后保持。主要参与肌群：股四头肌。

10）正压腿：以右腿为例，左腿直立支撑，右脚放在一定高度的物体上（单杠或者桌凳）并伸直，身体缓慢向前下压到最大幅度，保持住。主要参与肌群：股后肌群、小腿三头肌。

11）站立后拉腿：以右腿为例，左腿支撑，右腿向后弯曲，右手扶住右脚靠近臀部并保持，左手可以辅助物体或人，也可以不用。主要参与肌群：股四头肌。

12）对脚蝴蝶坐：采用坐姿，双脚掌贴在一起，双膝弯曲，双手置于脚，双肘置于腿部，将双脚拉向身体，躯干向前缓慢下压至最大幅度，然后保持。主要参与肌群：髋关节内收肌群、缝匠肌。

13）推墙拉伸：双手置于墙上，双脚前后分开，前腿曲膝，后腿伸直，身体缓慢前倾，后脚跟紧压地面。

（二）动态拉伸

1. 绕肩走或慢跑

双臂环绕顺时针或逆时针，双臂可以同向也可以不同向，边绕边走或慢跑。主要参与肌群：肩部肌群。

2. 毛毛虫爬

双脚与肩同宽，弯腰，双手接触地面，双腿伸直，臀部抬起，双手交替向前爬行至身体形成俯卧撑起动作，接着双脚小步移动靠近双手，然后再重复该动作。主要参加肌群：竖脊肌、臀大肌、腓肠肌、股后肌群、小腿三头肌。

3. 弓步行走

以右脚为例，右脚向前跨一大步，右膝弯曲在右脚的正上方，左脚跟抬起，躯干挺直，双手置于头后，伸展右膝、右臀，用力向前离开地面，然后收左腿站立，接着用左脚向前跨一大步，依次循环。主要参与肌群：臀大肌、股后肌群、股四头肌、髂腰肌。

4. 抬膝步行

以右脚为例,站立,左脚向前走一步,然后双手抱右膝向上抬,并靠近胸部,左腿支撑,然后放下右腿,交换并重复动作。主要参与肌群:臀大肌、股后肌群。

5. 跟趾步行

以右脚为例,站立,右脚向前走一小步,然后右脚尖抬起背曲至最大幅度,脚跟接触地面,接着右脚用滚动的形式向前移动,并抬起脚跟至最大幅度。然后向前迈另外一只脚,并且交换进行。主要参与肌肉:小腿三头肌、胫骨前肌。

6. 前踢腿

以右腿为例,站立,向前踢右腿至最高点,并用脚尖触碰右手,然后交换进行。主要参与肌群:臀大肌、股后肌群、小腿三头肌。

7. 后踢腿

以右腿为例,站立,向后踢右腿至最高点,然后还原站姿,换另一条腿。主要参与肌群:臀大肌、臀中肌、臀小肌、股后肌群、竖脊肌。

8. 弓步转体行走

以右脚为例,右脚向前跨一大步,右膝弯曲在右脚的正上方,左脚跟抬起,躯干挺直,左手靠近右脚撑地,右手从外侧向上伸直,尽量垂直于地面,躯干前倾并向右侧旋转,伸展右膝、右臀,用力向前离开地面,然后收左腿站立,接着用左脚向前跨一大步,依次循环。主要参与肌群:臀大肌、股后肌群、股四头肌、髂腰肌、肩部肌群、腹内外斜肌。

参考文献

［1］王瑞元.运动生理学［M］.北京:人民体育出版社,2009.

［2］季浏.体育与健康［M］.上海:华东师范大学出版社,2001.

［3］王健,何玉秀.健康体适能［M］.北京:高等教育出版社,2010.

［4］田麦久等.运动训练学［M］.北京:人民体育出版社,2000.

［5］伊向仁.体适能、体力活动与运动功能评估［M］.济南:山东大学出版社,2021.

［6］中国居民平衡膳食餐盘(2022)修订和解析［EB/OL］http://dg.cnsoc.org/article/04/ya2PbmF0S_CNY0z_Vd9HGQ.html.

［7］David J. Anspaough, Michael H. Hamrick, Frank D. Rosato:Wellness:Concepts and applications［M］. McGraw Hill Publishers,2000.

［8］National Strength and Conditioning Association, Todd Miller. NSCA's Guide to Tests andAssessments［M］. Human Kinetics, 2011.

［9］Nieman D. Fitness and Sports Medicine:An Introduction［M］. Bull Publishing Company,1990.

［10］National Strength & Conditioning Association. Essentials of Strength Training and Conditioning Fourth Edition［M］. HumanKinetics;Fourthedition,2016.

第三章 体质健康与运动性疲劳

第一节 体质健康状态评测

一、健康和体质

（一）健康概述

1. 健康

健康的概念是随着人类对客观世界认识的不断深化而改变的。世界卫生组织（WHO）于1948年在《WHO宪章》中首次给健康明确了含义："健康不仅是免于疾病和衰弱,而是保持体格方面、精神方面和社会方面的完美的状态。"此后,世界卫生组织在1978年9月召开的国际初级卫生保健大会通过的《阿拉木图宣言》中又重申了健康的含义,指出"健康不仅仅是没有疾病或不虚弱,而是包括身体、心理和社会适应能力等方面的良好状态"。并同时指出："健康是基本人权,达到尽可能的健康水平是世界范围内一项重要的社会性目标。"

2. 亚健康

自从人类步入文明社会以来,由于环境因素（如大气污染、化学药品的泛滥等）的急剧改变、不良个人行为和生活方式（如吸烟、酗酒和严重缺乏运动等）的出现,以及人类还将面临许多慢性退行性疾病的挑战,都将会促使个体产生身体、心理乃至精神方面的功能障碍,并由此造成了机体始终处在一种不良的状态中。世界卫生组织指出:21世纪威胁人类健康的"头号杀手"就是"生活方式病",即所谓的"亚健康"。目前,关于"亚健康"还缺乏统一的认识,普遍认为"身体虚弱就是亚健康",表现为身体活动能力下降,时感疲劳、失眠、心情压抑及社交障碍等。世界卫生组织建议改善亚健康最积极有效的手段就是改变个人不良行为、倡导健康的生活方式。积极参加体育锻炼就是提升生活质量最有效的手段之一。

3. 影响健康的因素

个体和群体的健康是伴随生存时间的延长逐渐改变的,一个人从出生到死亡,每一个人都会表现出起伏不定的健康曲线,而影响这一过程的主要因素为遗传和环境。

（1）遗传

遗传是决定和限制健康状态表现的直接因素,许多人健康或不健康就是由各自的遗传潜力决定的。但是遗传对健康的制约因素到底是多少,遗传到底是会"毁灭"还是"维护"健康,目前还无法准确判断。不过,一旦遗传发挥作用,常常会引发许多不可逆转的疾病。

（2）环境

环境因素可在不同程度上影响遗传所赋予健康潜力的发挥,并最终决定健康可能达到的程度。许多环境因素对健康会产生负面的影响,如人体长期暴露在污染的空气、水质和土壤等危险的工作环境中,造成了许多致病微生物(病毒、细菌和病原体等)直接侵入机体,引发各种不可预知的疾病(SARS、AIDS、COVID-19)。

(3) 个人生活方式和态度

在诸多环境因素中,现代社会发展带给人们许多无法回避的问题。如工作条件的改善,使越来越多的人习惯于久坐的工作,严重缺乏运动;吸烟、酗酒等不良生活习惯的养成,以及过分控制饮食、忽略健康等都是严重制约健康的主要因素。由此要想获得理想健康状态,其主要挑战在于如何改善个人的生活方式和行为。

(二) 体质概述

医学界认为体质是指群体和个体在遗传和环境的影响下,有机体在生长、发育和衰老过程中形成的结构、机能和代谢上相对稳定的特殊状态,这种特殊性决定了机体生理反应的特异性,机体对某种致病因素的易感性和所产生病变的倾向性。但是,该定义忽略了心理状态对体质的影响。

欧美学者可能是受达尔文"适者生存"学说的影响,普遍认为体适能(physical fitness)的本质是一组属性,将体质视为身体适应生活、运动和环境(如温度、气候和疾病等)等因素变化的综合能力,体适能就是其简称。

美国运动医学会(ACSM)认为体适能由"健康体适能"和"技能体适能"组成。健康体适能是与健康有密切关系的体能,是指心血管、肺和肌肉发挥最理想效率的能力。它主要包括心肺耐力、身体成分、肌力和肌肉耐力、柔韧素质。技能体适能是指与动作、舞蹈和体操等有关的运动技术能力。一般包括灵敏、平衡、协调、速度、爆发力和反应时间等,是从事各类运动项目的基础。

总而言之,体质和健康从不同侧面反映了人类在生物、心理和社会层面上的基本特征。体质是健康的物质基础,健康是体质的外在表现,两者密切联系,不可分割。

二、体质评价方法

(一) 心肺耐力的评价方法及常用指标

评价心肺耐力指标是最大吸氧量($VO_2 max$)。$VO_2 max$ 正常值:一般运动员 $VO_2 max$ 为 65—94($ml \cdot kg^{-1} \cdot min^{-1}$),具有良好水平有氧能力的成年男性 $VO_2 max$ 一般在 45($ml \cdot kg^{-1} \cdot min^{-1}$)以上,成年女性为 40($ml \cdot kg^{-1} \cdot min^{-1}$)以上。

在实验室条件下,可以采用功率自行车、跑台测功仪和台阶实验检测或推测机体携带和运输氧气的最大能力,一般通过递增负荷的形式进行。场地测试方法对于普通人群来说简单易行,常用的方法如下:

(1) 12分钟跑是一个经典的次最大强度测验,该测试要求受试者在 12 分钟的时间内尽量地跑(或根据自身状态跑走交替)最远的距离。

(2) 1 英里快走测验在欧美国家比较流行,适合成年人和老年人群使用。该测试要求受试者尽可能快地采用快走形式走完 1 英里并记录完成时间(s)和运动即刻心率(次/15s),$VO_2 max$($ml \cdot kg^{-1} \cdot min^{-1}$)$= 132.85 - [0.077 \times$ 体重(磅)$] - [0.39 \times$ 年龄(岁)$] + [6.32 \times$ (性别)$] - [3.26 \times$ 运动时间(min)$] - [0.16 \times$ 心率(次/min)$]$(注:男性=1、女性=0)。具有良好水平有氧

能力的成年男性一般在 8 分钟内走完 1 英里,女性在 9 分钟内走完 1 英里。

需要注意的是,这类测试方法对于部分受试者个体(如久坐受试者、心血管病和运动缺乏病患者)来说,若在测试时过分地展示自身的最大能力,势必会增加此类测试的危险性。

(二)身体成分的评价方法及常用指标

身体成分一般采用体脂率表示,成年男性理想的比例为 15%,女性为 20%。肥胖是指体脂百分比超过了理想标准,体脂在体内过度堆积。ACSM 建议:体脂率大于 25%(男)和 32%(女)就可以初步确定为肥胖(见表 3-1-1)。

表 3-1-1　常用 BMI 评价标准

中国标准		WHO 标准		ACSM 标准	
组别	BMI	组别	BMI	组别	BMI
体重过轻	BMI<18.5	轻	BMI<18.5	轻	BMI<18.5
体重正常	18.5≤BMI<24.0	正常	18.5≤BMI<25.0	正常	18.5≤BMI≤24.9
超重	24.0≤BMI<28.0	超重	25.0≤BMI<30.0	超重	25.0≤BMI≤29.9
肥胖	BMI≥28.0	肥胖Ⅰ	30.0≤BMI<35.0	肥胖Ⅰ	30.0≤BMI≤34.9
		肥胖Ⅱ	35.0≤BMI<40.0	肥胖Ⅱ	35.0≤BMI≤39.9
		肥胖Ⅲ	BMI≥40.0	肥胖Ⅲ	BMI≥40.0

1. 水下称重法

水下称重是一种公认的通过测定身体密度间接推算身体成分的有效测量手段,尤其是可作为其他测量方法的效标。

2. 人体测量法

(1)皮褶厚度法

该方法是通过直接测量人体皮下脂肪(约占全身脂肪含量的 60%—80%)的厚度来推测体脂%,此方法与水下称重法有高度的相关关系($r=0.70$—0.90)。女性常用的测量皮褶厚度的点为肱三头肌、髂前上脊以及大腿部,男性的常用点为胸部、腹部和大腿部。但是,需要注意的是身体皮下脂肪量与年龄、性别和种族密切相关,所以在测量时,要针对不同人群的特点选用不同的推测公式。

(2)身体质量指数(BMI)

BMI=体重(千克)÷身高²(米²)。因为测量方法简单,故运用广泛,比较适合大样本、群体和个体间比较。对于大多数人来说,BMI 超过 25 将会出现许多与肥胖相关的健康问题。常常与皮褶厚度法一同使用。

(3)腰臀比(WHR)

身体脂肪的分布与健康有密切的关系,如果脂肪过多堆积在腰腹部,其患病(如高血压、Ⅱ 型糖尿病、高血脂等)的危险性会大大增加,即所谓"向心性肥胖"比"梨形体形"的人更容易患各种慢性疾病。ACSM 推荐标准:若 WHR≥0.94(成年男性)和 WHR≥0.82(成年女性),患病的危险性将大大增加。换句话说,当腰围接近臀围时,将是典型的向心性肥胖。对于 60—69 岁的老年人群来说,判断患病危险性的标准为:WHR≥1.03(男性)和 WHR≥0.90(女性)。

2. 其他评价方法

(1)生物电阻抗法(BIA)

BIA 测量时要在腕部和踝部放置体表电极并使用无痛电流,这样就可以测到对电流的抵抗。

通过测量人体的电阻和导电性推算体内相对脂肪的重量。

（2）双能量 X 光吸收法（DEXA）

由于其基础数据的限制及测定费用的高昂，在应用上有一定的局限。

（3）核磁共振测定法（MRI）

（4）计算机断层扫描（CT）

此外还有近红外光谱分析法、超声测定法、血氧稀释法和呼吸商测定法等。

（三）肌肉力量的评价方法和常用指标

肌肉力量的评价包括两个方面：肌力和肌肉耐力。在评价时，常常受到检测部位（肌肉群）、肌肉收缩类型（静力、向心和离心），肌肉收缩速度（慢速或快速），动作速度或关节运动幅度，以及测试仪器的影响。

1. 肌力

一般表示身体某一块肌肉或肌肉群对抗阻力时产生的最大收缩力量。

（1）等长收缩力量

一般采用弹簧式或传感式张力计检测，如握力计、背力计等。但是，由于等长收缩时肌肉的长度不会发生明显的变化，所以，肌肉等长收缩的最大能力会随动作幅度或关节角度的不同而不同，这就无法准确测量肌肉群在整个运动过程中肌力的变化，即对最大肌力的评价有一定的局限性。不过，该方法简便易行，故比较适合应用在群体和个体肌肉力量的评价。常用的评价指标有握力、腿力和背力等。

（2）等动（或等速）收缩力量

等动收缩是肌肉的一种收缩形式。测试仪器比较昂贵，一般多用于医院对久病患者肌肉功能康复的诊断，以及运动员肌肉功能的评价，应用在普通人群还不多见。

（3）等张收缩力量

等张收缩是肌肉一种最常见的收缩形式，一般需要设定特定的动作和确定负荷的重量。ACSM 推荐典型的标准化评价方法是"1 RM（最大重复次数）测试"。测试模式如下：

准备活动让受试者用相当于"估计最大重量"的 40%—60% 的重量完成 5—10 次的练习。休息 1 分钟，可作轻微伸展练习；然后受试者用"估计最大重量"的 60%—80% 的重量继续完成 3—5 次练习。在此基础上继续增加重量，直到受试者仅能完成 1 次练习，这就是受试者 1 RM 的重量。1 RM 就是受试者最后仅能完成 1 次的重量。确定 1 RM 的测试结果常常受到参加工作肌肉群和测试过程中休息时间的影响，常采用的测试动作是卧推和深蹲。对于普通人群来说，也可以采用测定 3 RM 和 5 RM 的方法评价最大肌力，这样可以减少测试过程中的危险因素和降低不必要的伤害事故。

2. 肌肉耐力

一般是指肌肉群重复工作的能力，可以采用肌肉群在一个固定负荷下重复收缩的次数和维持一定重量（如 70%RM）的持续时间或重复次数来评价。ACSM 针对普通人群的评价方法是俯卧撑和仰卧起坐。此外，对肌肉耐力的评价方法也可以在力量训练器上进行，采用次最大重量记录肌群重复工作的次数或在疲劳前保持持续收缩的时间。

总之，评价肌肉力量和肌肉耐力的方法很多，有些还需要复杂的测试仪器。但是，对于普通人群来说，最有效的方法还是常规测试，如俯卧撑、仰卧起坐、握力和卧推等。

（四）柔韧素质的评价方法和常用指标

柔韧素质是指人体在完成动作过程中关节的最大活动幅度。可以区分为静态和动态两种，前者可用最大活动幅度反映，后者常用转动力矩表示。研究证实，柔韧素质受到关节周围组织（关节囊、韧带、肌腱等）紧张度、肌肉黏滞性、年龄、性别等因素的影响。

常用的评价方法有直接测试法和间接测试法两种。前者主要采用测角仪测量关节转动的幅度或程度，用"关节角度"表示。后者采用"线性测量"，测试仪器简单，如带尺和坐位体前曲测试仪等，该方法测量有效性会受到测试对象身高、肢体长度、测量动作是否标准等因素的影响。经常测量部位包括：躯干、髋关节、下肢、肩关节等。

三、体质综合评价

（一）体质评价的定义

体质评价是指将体质测验结果对照相应的评价标准，对个体和群体的体质状况和水平进行判断的过程。当需要对体质构成要素进行评价时，一般都要选择相应的测验手段获取测试数据，这一过程称为量化；然后，将测试数据赋予一定的内涵，即质化，如"极好""较好""一般""较差""差"等，才算完成了一套完整的体制评价过程。

（二）体质评价的基本形式

根据评价目的和内容的不同，包括以下几种形式：

1）对体质动态发展过程的评价：分为初始状态的评价、过程状态的评价和目标状态的评价。

2）对体质要素的评价：分为单项指标评价和多项指标综合评价。

3）对评价指标的性质：分为定性评价和定量评价。

（三）体质综合评价的步骤、方法和意义

体质综合评价是一个极为复杂的系统，它主要涉及：

1. 评价内容的确定

主要是根据构成体质的要素确定，在确定评价内容时，要充分考虑评价对象的基本特征，如年龄和性别。既要考虑人群间体质的共性特征，又不要忽略不同人群体质的个性特征（如对青少年和老年人群的评价）。

2. 评价指标的筛选和指标体系的建立

构成人体体质状况的要素很多，可检测的指标和测试方法又较多，所以指标的筛选和指标体系的建立要遵循以下原则：

（1）有效性

指标要能有效地反映出所要测量的属性。

（2）可靠性

指标重复测量结果的一致程度较高。

（3）客观性

指标的测量程序和方法要规范化，测量结果要能准确定量。

（4）鉴别力

测量结果要能有效地反映个体或群体间的差异。

（5）标准化

指标的测试方法和获取测量结果的手段要尽量同国际接轨，实现测试方案的标准化。

（6）经济性

评价指标的选用要尽量少，既要全面反映体质状况，又要避免重复使用同类指标进行检测。

（7）可行性

指标还要适合受测对象的能力。

总之，评价指标的筛选是制订评价标准的基础工作，常用的方法有专家调查法（对初选指标进行排序的过程）和统计分析法（一般采用因子分析和聚类分析法）等。

3．评价指标的检测

是一个获取测量结果的过程。在实施过程中要特别注意以下几个问题：

1）制订测试细则和测试卡片：包括测试方法、数据记录的要求，测试误差的控制手段等。

2）明确测试程序和组织实施的方式：如安静心率的检测要先于运动负荷实验前进行。

3）制订原始数据检查验收细则和录入规范。

4）制订确保测试安全性的措施等。

4．评价指标的制订

（1）单项评分表

一般可以根据测量数据的分布特点制订，通常分为"上"、"中上"、"一般"、"中下"和"下"5级进行评分，并根据评价指标的属性确定评价结果。例如，握力值越大，反映肌力水平越高，受测对象具有较强的绝对力量；反之，则越差。

（2）综合评分表

为了准确反映个体或群体体质水平，一般都需要根据受测对象和评价指标的性质，确定各类指标在综合评价体系中所占权重。

（四）常见的体质综合评价体系（举例）

1．中国国家学生体质健康测试方案（大学生部分）（2014年修订）

BMI、肺活量、50米跑、坐位体前曲、立定跳远、引体向上（男）、1分钟仰卧起坐（女）、1 000米跑（男）、800米（女）。

2．中国国家体育锻炼标准测试方法（儿童组6—8岁）（2013年修订）

30米跑、30秒跳绳、300米跑，50米×6往返跑、1分钟仰卧起坐、立定跳远、绕杆跑、十字象限跳、坐位体前曲。

3．中国国家体育锻炼标准测试方法（青年组18—24岁）（2013年修订）

50米跑、30秒跳绳、1 000米跑（男）、800米跑（女）、引体向上（男）、1分钟仰卧起坐（女）、立定跳远、绕杆跑、十字象限跳、坐位体前曲。

第二节 体育锻炼与健康生活方式

一、生活方式概述与现代生活方式

(一) 生活方式概述

生活方式是一个内容相当广泛的概念,它包括一个人维持生命新陈代谢活动的基本行为,如饮食行为、饮水行为、睡眠行为、卫生行为、运动行为、嗜好行为等,以及适应环境与社会的心理行为、人格行为。劳动工作、休息娱乐等多方面的行为统一于一个人的日常生活行为与外界作用的环境之中,构成一个人特定的、具体的、习惯了的生活方式。影响生活方式的主要因素有:①生产方式。生产方式不同造成生活方式的差异,例如脑力劳动者与体力劳动者,他们在生活方式上就有很大的差异。②社会经济发展水平。随着现代化、城市化以及信息化时代的到来,人们由单纯的物质满足需求转向社会和精神的满足需求。③自然地理环境。在不同的地理气候条件下生活的人们,对于衣食住行方式会有所不同。④文化传统。不同的文化背景使人们在情趣、爱好、嗜好、价值取向方面有所不同,因而生活习惯等也会有所不同。

(二) 现代生活方式

1. 现代生活方式特点

现代生活方式在继承吸收传统的一般的生活方式基础上,形成了一系列的基本特征:①知识、智力成为重要的生活资源。现代社会是以信息、知识、智力为支撑的社会。知识、智力成为重要的生活资料,学习成为现代人一生的生活内容。②生活节奏快,心理压力大。现代经济体制改革促进了市场经济的发展,人们的生活节奏加快,生活压力越来越大。③劳动时间缩短,余暇时间增加。现代社会,随着科学技术的高度现代化,人们工作、劳动时间越来越短,休闲时间越来越长,为参与运动休闲提供了时间保证。④生活空间扩展,但运动不足。在现代生活方式中,人们不仅可以用网络等现代信息手段通信、了解信息,而且可以在网上工作、学习、购物,聊天、游戏、交友谈恋爱,使生活空间极大扩展,但导致"肌肉饥饿、运动不足"。⑤注重生活的品位。在现代社会中人们进一步的追求是精神消费,如休闲娱乐、旅游、学习、收藏等,即使是在物质生活消费中也要体现出比较高格调的文化品位。

2. 现代生活方式与现代生活方式病

现代生活方式病,又称为"现代文明病""生活习惯病""慢性病"等,是发达国家在对一些慢性非传染病进行了大量的流行病学调查研究后得出的结论,是指并非由细菌或病毒所引起的,而是由于人们衣、食、住、行、娱等日常生活中的不良行为,以及社会、经济、精神、文化各方面因素的影响,而发生的包括肥胖症,高血压、冠心病等心血管疾病,脑卒中等脑血管疾病,糖尿病和一部分恶性肿瘤等疾病的统称。这些现代医学还难以治愈,并严重危害人们的生命和健康的躯体或心里的疾病,其病因是人们的不良生活方式。

二、常见不良生活方式

世界卫生组织 1991 年向全世界宣布:个人的健康和寿命 15% 取决于遗传,10% 取决于社会因素,8% 取决于医疗条件,7% 取决于气候的影响,而 60% 取决于自己。这鲜明地告诉我们,制约人健康和寿命的因素中有大于 60% 取决于个人的生活方式。常见的不良生活方式,具体如下:

(一) 吸烟

英国一项研究表明吸烟者死亡年龄约 50% 发生在中年期,平均缩短 20—25 年寿命;另外 50% 发生在老年期,平均损失 5—8 年寿命。烟草中含有 1 200 多种化合物,其中有 47 种致癌物质。香烟会破坏人体肺部细胞内的 DNA,吸烟除了可导致肺癌外,还可导致口腔、食道、胃、胰腺、子宫(宫颈)、肾脏、膀胱、前列腺和结肠等器官的癌症。最近研究还表明,长期吸烟者中一氧化碳引起破坏作用,可促使胆固醇进入动脉壁,加速动脉粥样硬化形成。

(二) 非健康性饮酒

不可否认,饮酒是广大民众喜欢的一种饮食和娱乐活动,但是过量饮酒会造成严重的身心健康问题。短时间内摄入大剂量酒精会引起血压升高、心率加快,甚至损害心脏功能,引起心源性猝死。长期大量饮酒有碍健康,喜欢喝烈性酒,同时嗜食高动物脂肪食物的人,易患高脂血症。在酗酒者中,有高达 50% 的人死于心血管疾病。过量饮酒还会引发一系列社会问题:车祸、犯罪、暴力、丧失工作能力等。值得注意的是,虽然有证据说明适量饮酒可降低冠心病的发生,但如果饮酒量偏高,则死于其他类型心脏病、癌症、肝硬化、创伤、事故的比例就会增加,后者在很大程度上抵消了前者的好处,而且适量饮酒也并非毫无风险。

(三) 不合理的膳食

人之所以能维持生命、工作和思维,都是依靠食物中的营养供应。随着社会经济迅速发展,在经济发达地区肥胖群体迅速增加,高血压病、高脂血症、冠心病、脂肪肝、糖尿病等的发病率逐年上升。合理膳食是指多种食物构成的膳食,这种膳食不但要提供给用餐者足够的热量和所需的各种营养素,以满足人体正常的生理需要,还要保持多样化的食物来源使各种营养素之间的比例平衡,以提高各种营养素的吸收和利用,达到平衡营养的目的。不平衡膳食是膳食中营养素过多、不足或营养素比例不当,长期不合理膳食的结果会对人体健康造成不同程度的危害。

(四) 久坐少动

现代化发展带来人们生活中体力活动减少,静态生活方式比例的增加。体力活动的缺乏是死亡、疾病和伤残的一个主要潜在原因。大量研究表明,患心血管疾病、糖尿病和肥胖症的一个主要原因就是缺乏体力活动。"运动不足""肌肉饥饿"影响人体健康,再加上食物数量和膳食结构的重大变化导致现代生活方式病的发病率节节攀升。面对这些严重的后果,以体育生活方式去对抗周围那些不利于健康的因素,是维护身体健康的一个古老哲理的现实回归。

(五) 心理失衡及恶劣情绪

随着现代科学技术突飞猛进的发展,面对社会生活领域的急剧变革和社会信息的空前丰富,面对日益激烈的社会竞争和更加复杂的社会关系所带来的挫折和压力,人们的心理负担也在日益加重,人们所要处理的心理问题更加复杂,烦躁、愤怒、忧郁、压力的状态容易使人们出现心理失衡以及恶劣情绪。心理失衡在一定程度上是机体主动适应环境变化的需要,表现为警觉、敏感、注意力集中、情绪适当唤起,使机体处于一定的精神紧张状态。如果这种失衡过于强烈或持久,超过了机体的调节和控制限度,就可能妨碍人的感知和判断。长期的恶劣情绪会引起行动的迟钝和精神的疲惫,进取心丧失,严重时会使正常行为瓦解,给人带来非常大的危害。高度紧张的现代生活方式对人们的身心承受能力提出了新的挑战,人们必须从心理上抵御心理失衡以及恶劣情绪的危害。

除上述提到的常见的不良生活方式外,在大学生群体中还存在着不吃早餐,高油、高糖、油炸饮食,盲目减肥,网络成瘾,作息不规律,熬夜等不健康的生活方式,均会增加心血管病风险。

三、建立健康生活方式

生活方式是受人们精神生活的价值观、道德观、审美观影响的。选择健康生活方式是获得健康、减少疾病的最简便最经济有效的途径。建立健康的生活方式的途径很多,主要有以下 7 个方面:

(一) 学习健康知识

在当今新知识层出不穷的时代,健康知识也在不断更新,只有注意不断学习新的健康知识,抵制迷信和各种错误信息的影响,才能使自己的生活方式更健康。

(二) 培养健康的生活情趣

现代社会里人们的生活情趣越来越多元化,高雅文明、健康向上的情趣能给人带来全身心的放松和愉快,比如参加各种体育活动、旅游活动、垂钓、练习书法、集邮、摄影等。

(三) 注意全面均衡适量营养

合理安排膳食包括健康的饮食和良好的饮食习惯两大方面。膳食中应该富有人体必需的营养,同时还要避免或减少摄入不利于健康的成分。良好的饮食习惯包括按时进餐、坚持吃早餐、睡前不饱食、咀嚼充分、吃饭不分心、保持良好的进食心情和气氛等。

(四) 坚持适当运动

进行体育锻炼时,个人可根据自己的年龄、身体状况和环境选择适当的运动种类,体育运动贵在坚持,重在适度。

(五) 自觉保护环境

每个人都要遵守保护环境的法律法规,遵守社会公德,自觉养成保护环境的良好习惯,如节约资源(水、电、煤、煤气和天然气、纸张、汽油、木料等),不污染环境(不随地吐痰、不乱扔垃圾、分类回收垃圾、减少汽车尾气排放、慎用洗涤剂等等);为保护环境贡献力量(植树造林、保护绿地、保护野生动物等)。

（六）学会保持心理平衡

持续的心理紧张和心理冲突会造成精神疲劳，免疫功能下降，容易发生疾病。因此，要增强健康心理，培养乐观情绪，寻求欢乐情绪，保持心理健康。

（七）远离各种恶习

现代社会中太多的低级丑陋刺激吸引着一些意志薄弱者，一些恶习常常使人沉沦、堕落，还会严重影响身体健康。经常赌博容易患高血压、心血管疾病、中风等；酗酒重则可能导致酒精中毒而死亡，轻则对胃产生强烈刺激作用，破坏消化器官和肝脏的机能；吸烟是多种癌症的病因，也是心血管疾病、慢性阻塞性肺部疾病等慢性疾病的病因，吸烟还对人类生殖健康带来明显的危害，而且还严重污染环境并威胁周围不吸烟者的身体健康。因此，想要一个健康的身体，就应远离并杜绝各种恶习。

四、适度运动与现代生活方式病的预防和控制

（一）生命在于运动

1. 运动与健康、疾病

（1）运动与心血管疾病

运动有助于预防心血管疾病。心血管疾病是全球的头号死因，规律的运动能够降低血压并维持血压平稳；运动能使心脏更有"力量"；运动能降低血脂，避免动脉硬化，预防冠心病的发生。

运动有助于心血管疾病的康复。①冠心病：规律、适度的运动可缓解冠心病的症状和体征，运动可促进炎症因子减轻，减轻全身性炎症反应，起到抗炎的作用，保护心血管，促进冠心病患者恢复健康。②高血压：研究表明，增加运动可明显降低高血压风险，在女性中降压效果优于男性，在中年人群中的降压效果优于青年及老年人群，低中度的运动比高强度运动降压效果更明显。如果运动与控制饮食相结合，那么降低血压的效果更加明显。

（2）运动与癌症

运动有预防癌症发生的作用。同样年龄的人，在同一时期内长期坚持运动者比不运动的人患癌率低80%。其中可能的原因有：①运动能促进肠道蠕动，缩短排便时间，降低致癌物质在肠道内的暴露，从而降低结直肠癌的发生风险。②运动能使人体体温升高，可以阻止癌细胞的生成，并能将癌细胞处以"死刑"。③运动使人吸入比平时多几倍至几十倍的氧气。范阿肯教授认为："一个人每天获得氧气量比平时多8倍以上可以预防癌症，即使得了癌症也可以延长生命的过程。"④运动使人体大量出汗，汗水可以把体内的一些致癌物质（如锶、铅、铍等）及时排出体外，大大减少患癌症的可能性。⑤运动能改善人的情绪，消除忧愁和烦恼。运动可以使大脑产生使人愉快的物质"内啡肽"，帮助抵制不良情绪，保持愉悦心情。

运动在癌症康复中也可起到一定的作用。①适度的运动可以提高癌症患者的免疫功能，抑制肿瘤生长。②适度的运动可以缓解因癌症而出现的疲乏，改善癌症患者的睡眠质量，提高生存质量。③运动能增强体质，改善人的健康情况，提高心肺耐力。④适度运动能够缓解癌症患者的心理压力，改善心情，降低焦虑和恐惧感，锻炼人的意志和应对不良刺激的能力，提高战胜癌症的勇气和信心。⑤适度的运动能够改善癌症患者的轻中度疼痛，提高患者的生活质量。

（3）运动与糖尿病

运动疗法是糖尿病的基础治疗方法。①有氧运动能够改善胰岛素抵抗,使肌肉等相关组织对胰岛素的敏感性增加,加速组织对葡萄糖的利用,从而降低血糖。②运动能使肌肉对葡萄糖的摄取能力提高,加速脂肪分解,减轻体重,降低血糖。③运动能够增强身体机能,改善心肺功能,强壮体格,放松情绪,对糖尿病的临床治疗起到良好的促进作用。

（4）运动与骨质疏松

运动可以预防骨质疏松。①运动可提高生长期的峰值骨量,骨量的获得主要是在生长期间,一般在 30—35 岁达到骨峰值。峰值骨量和骨强度对于骨折风险是两个重要影响因素。②运动可以增加肌肉力量,改善平衡能力和协调能力降低跌倒的风险。③运动可以改善骨骼内部的血液循环,提高骨细胞的活性,促进骨的形成,还能抑制骨内钙成分的溶解,提高骨密度,维持原有骨量、减少骨量的丢失。

运动可以改善骨质疏松症骨代谢。循序渐进、适度的运动能够促进骨质疏松症患者的骨形成,对骨代谢进行合理调整,维持骨量,保持肌肉力量,改善临床症状。

（5）运动与阿尔茨海默病

运动可通过改善脑血管活动,增加脑血流量,改善脑部血液循环,增加脑灰质量和改善白质完整性等机制,延缓大脑萎缩,提高认知功能,对预防阿尔茨海默病和缓解症状均有明确的作用。

2. 运动与控制体重

肥胖所带来的健康问题已成为全世界的公共卫生问题,必须采取有效措施,科学地控制体重。①运动能够加速脂肪组织的降解,通过消耗更多的能量,促进能量平衡。②当运动达到一定强度和持续时间时,可降低肌糖原的合成,对抗高脂饮食引起的脂肪囤积,并增加 24 h 内睡眠过程中的能量消耗。③运动有助于缩小肥大的脂肪细胞,增大细胞表面的胰岛素受体密度,提高脂肪细胞的胰岛素敏感性,恢复脂肪细胞的正常分泌水平。

3. 运动与心理

适度运动能够促进心理健康。①运动可以有效改善情绪状态。运动能够转变消极的心境,减少抑郁和焦虑症状,调节紧张的情绪,缓解心理应激反应,带给人们愉悦的情绪体验。②运动可以改善认知功能。运动有利于延缓老年人认知功能的减退,还有助于提高青少年注意力、记忆力,锻炼意志品质等。③运动可以改善身体素质。④运动可以提高社会交往能力。

4. 运动与衰老

运动虽然不能逆转衰老,但是它可以减弱由于衰老带来的不良效应,对提高生命质量有积极的作用。①运动可以延缓衰老。长期坚持适量运动可减少自由基的生成,增强机体抗氧化系统的功能,提高机体代谢水平,从而延缓衰老的过程。②中等强度的有氧运动和中国传统运动方式可积极延缓衰老,大强度的体育运动和剧烈的健身运动对延缓衰老进程则会产生不利影响。

（二）科学的运动

1. 运动项目的选择与分类

2017 年 8 月,国家体育总局正式公布了我国的《全民健身指南》(以下简称《指南》),提供了科学实用的健身运动指导方案。《指南》将体育健身活动项目归纳为有氧运动、力量练习、球类运动、中国传统运动方式、牵拉练习 5 大类。

(1) 有氧运动

有氧运动是运动处方中最基本、最主要的锻炼方式。

1) 定义:有氧运动是指在氧气供应充足条件下,全身主要肌肉参与的节律性周期运动。在有氧运动时,人体吸入的氧是安静状态下的8倍,可满足人体对血和氧需求的增加,实现运动中血与氧供需的平衡,全面提高人的机能。

2) 分类:根据运动强度,有氧运动分为中等强度运动和大强度运动。中等强度运动包括健身走(4 km/h)、慢跑(6—8 km/h)、骑自行车(12—16 km/h)、登山、爬楼梯、游泳等。大强度运动包括跑步(8 km/h以上)、骑自行车(16 km/h以上)等。

3) 适宜人群:有氧运动适宜于所有人群。中等强度的有氧运动节奏平稳,是中老年人最安全的体育运动方式。

(2) 力量练习

1) 定义:力量练习是指人体克服阻力,增强肌肉力量,增加肌肉质量,提高运动能力的运动方式。

2) 分类:力量练习包括非器械力量练习和器械力量练习。非器械力量练习是指克服自身阻力的力量练习,包括俯卧撑、原地纵跳、仰卧起坐、徒手深蹲、引体向上等。器械力量练习是指人体在各种力量练习器械上进行的力量练习。

3) 适宜人群:青少年进行力量练习,可以明显改善自身体质,使身体更加强壮;成年以后,随着年龄增长,力量练习可适当增加,以不引起运动损伤为宜;老年人进行力量练习,可以提高平衡能力,防止由于身体跌倒导致的各种意外伤害。

4) 注意事项

① 运动前应做充分的准备活动,运动后要做放松整理活动。

② 运动时要保持正确的身体姿势,不应引起明显疼痛。

③ 力量练习要循序渐进,因人而异,不可强行挑战高强度力量练习。

④ 患有高血压、冠心病等心血管疾病者不宜做力量练习。

(3) 球类练习

1) 分类:世界上主要有28种不同的球类,可以分为直接身体接触的球类运动(如篮球、足球、橄榄球、冰球等)和非直接身体接触的球类运动(如排球、乒乓球、羽毛球、网球、门球等)。

2) 适宜人群:球类运动都具有一定的专项技术要求,需要良好的身体素质作为基础,能够提高反应的敏捷性、勇敢顽强的拼搏精神等,很多球类运动还需要多人配合完成,能够培养运动者的团队合作精神,经常参加球类运动可以提高机体的心肺功能、肌肉力量和反应能力,调节心理状态,是青少年首选的体育活动项目。

(4) 中国传统运动项目

1) 中国传统运动项目:这类运动包括武术、气功、舞龙、舞狮等。具体运动形式包括太极拳(剑)、木兰拳(剑)、武术套路、五禽戏、八段锦、易筋经、空竹等。

2) 适宜人群:中国传统运动项目动作平缓,柔中带刚,内外合一,形神兼备,具有独特的健身养生效果。能够增强人体的心肺功能,提高平衡能力,改善神经系统功能,提高身体的柔韧性和协调性,调节心理状态,且安全性好,尤其适宜中老年人群。

(5) 牵拉练习

牵拉练习包括静力性牵拉练习和动力性牵拉练习。牵拉练习可以增加关节的活动幅度,改善身体柔韧性,提高运动技能,减少运动损伤。

1）分类与功能：静力性牵拉练习是指缓慢、均匀地将韧带、肌肉等软组织拉伸到最大限度，保持牵拉动作 20—30 s，包括正压腿、侧压腿、后压腿、压肩等。

动力性牵拉练习是指有节奏地重复同一动作的拉伸练习，相对于静力性牵拉练习，动力性牵拉练习的动作幅度和运动强度较大，并能刺激神经系统的活动，适宜为剧烈运动做准备，包括踢腿、摆腿、翻腰等。

2）适宜人群：静力性牵拉练习适宜初次参加体育健身活动的人，随着柔韧能力的提高，逐渐增加动力性牵拉练习内容。

动力性牵拉练习因肌肉活动较剧烈，不适宜老年人。

2. 运动强度

运动强度指运动对人体生理刺激的程度，是构成运动量的因素之一，一般分为小强度、中等强度和大强度三个级别。

（1）有氧耐力性运动的运动强度评定方法

1）心率评定：运动强度越大，机体和心脏对运动刺激反应越明显，心率越快。最大心率与年龄有关，简单的办法可以采用公式推算正常人群的最大心率：最大心率（次/min）＝220－年龄（岁）。如何根据最大心率进行评定（见表 3-2-1）：大强度运动时，心率在最大心率的 80％以上；中等强度运动时，心率控制在最大心率的 60％—80％；小强度运动时，心率控制在最大心率的 50％—60％。

表 3-2-1　不同年龄的运动强度与心率　　单位：次/min

年龄（岁）	25	30	35	40	45	50	55	60	65
小强度运动心率	98—117	95—114	93—111	90—108	88—105	85—102	83—99	80—96	78—93
中等强度运动心率	117—156	114—152	111—148	108—144	105—140	102—136	99—132	96—128	93—124
大强度运动心率	156—195	152—190	148—185	144—180	140—175	136—170	132—165	128—160	124—155

从事有氧运动应遵循循序渐进的安全原则，不必在开始的时候就达到有氧运动的心率范围，可用 6—8 周甚至更长的时间，逐步增大运动量。

2）呼吸评定：人体在进行体育运动时，耗氧量增大，呼吸频率和呼吸深度会发生变化。一般情况下，运动强度越大，呼吸越快、越深，可以根据运动中的呼吸变化监测运动强度。

小强度运动：呼吸轻松，呼吸频率和呼吸深度变化不大，呼吸平稳，可以在运动中唱歌。中小强度运动：呼吸比较轻松，呼吸深度和呼吸频率增加，运动中可以正常语言交流。中等强度运动：呼吸比较急促，运动中语言交流只能讲短句子，不能完整表述长句子。大强度运动：呼吸急促，运动中有呼吸困难，运动中不能用语言交谈。

3）主观体力感觉评定：瑞典生理学家冈奈尔·鲍格在 1973 年研制了主观体力感觉等级表（简称 RPE）。人体运动过程中的主观体力感觉可分为 6—20 个等级。主观体力感觉等级与心率密切相关，并以 RPE 值乘以 10 为接近当时负荷者的心率水平（见表 3-2-2）。

表 3-2-2　主观体力感觉等级表

主观体力感觉等级（RPE）	主观体力感觉	相对强度（%）	相应心率
6	安静	0.0	
7	极其轻松	7.1	70
8		14.3	
9	很轻松	21.4	90

（续表）

主观体力感觉等级（RPE）	主观体力感觉	相对强度（%）	相应心率
10		28.6	
11	轻松	35.7	110
12		42.9	
13	稍费力	50.0	130
14		57.2	
15	费力	64.3	150
16		71.5	
17	很费力	78.6	170
18		85.8	
19	极其费力	95	195
20	精疲力竭	100	最大心率

小强度运动的主观体力感觉为轻松（9—12级），中等强度运动的主观体力感觉为稍费力（13—14级），大强度运动的主观体力感觉为费力（15—16级）。

（2）力量性运动的评定方法

力量性运动的运动强度通常以肌肉所对抗的负荷量来判定。在进行力量练习时，常采用最大重复负荷（RM）表示负荷强度的大小（见表3-2-3）。

表3-2-3　力量性运动的运动强度与作用

运动强度	最大重复负荷（RM）	重复组数（组）	间歇时间（min）	作用
大强度力量练习	1—10	2—3	2—3	增强肌肉力量
中等强度力量练习	11—20	3	1—2	增大肌肉力量和肌肉体积
小强度力量练习	＞20	2	1	发展肌肉耐力

3. 运动时间和运动频率

运动对身心健康的促进作用，取决于运动的时间和频率的科学选择。

（1）运动时间

1）运动的持续时间是指除了必要的准备与整理活动外，每次运动持续的时间。每天30—90 min的运动时间，可以集中一次进行，也可以分开多次进行，但分开进行的每次运动时间应不少于10 min。对于刚参加体育锻炼的人，应从低强度运动开始，逐渐增加运动强度和运动时间。

2）运动时间的科学选择

① 黄昏运动比早晨更有益：人们习惯于晨间锻炼，但是早晨醒来后的3—4 h血压最高，也是心肌缺血、心绞痛、心肌梗死和心脏性猝死的最危险的时刻。气温过低时不宜早晨锻炼；糖尿病患者、老年人不宜晨练。傍晚（5—7点）及餐后1 h，因为此时正是餐后血糖高峰时间，最不容易发生低血糖，而且有助于减轻体重。

② 不宜运动的时间和情况：不在雾中和大风的天气中锻炼。大雾时气压高，空气湿度大，氧气浓度相对减少，容易使人感到闷热和周身不适，出现胸闷、憋气、疲劳、头昏等供氧不足的症状，于是会通过加深、加速呼吸来吸入更多的氧气，从而也更多地吸入了有害物质。在大风中锻炼风压对胸部的作用还会妨碍人的呼吸，增加心脏的负担。

（2）运动频率

运动频率是指每周运动的次数。有运动习惯的人每周应运动3—7天，每天应进行30—60 min的中等强度运动，或20—25 min的大强度运动。为了取得理想的运动效果，每周应进行

150 min 以上的中等强度运动,或 75 min 以上的大强度运动。

(三) 运动处方

体育锻炼作为强身健体的一种非药物手段越来越受到人们的关注。关于如何进行科学、有效、安全的运动,近年来国内外运动医学专家倡导推行运动处方以进行运动健身的科学指导。运动处方的主要构成要素包括合理的运动项目、合理的运动强度、合理的运动时间和合理的运动频率。(详见第四章)。

第三节　体育锻炼与营养膳食

一、营养物质基础与体育锻炼

(一) 糖类

1. 人体的糖贮备及其供能形式

人体储备的糖类物质主要是由食物获得的糖原及葡萄糖。人体所需能量的70%左右是由食物中的糖类物质所提供。因此,糖类是人体基本的供能物质。葡萄糖是人体内糖类的运输形式,而糖原是糖类的贮存形式。

(1) 糖原

人体过多的糖以糖原形式主要储存于肌肉和肝脏。一个 70 千克体重的运动员,肌糖原储量约为 420 g,肝糖原储量约为 100 g。肌糖原既是高强度无氧运动时机体的重要能源,又是大强度有氧运动时的主要能源。

(2) 血糖

血液中的葡萄糖又称为血糖,正常人空腹全血血糖浓度为 3.9—6.1 mmol/L(70—110 mg%)。血糖是包括大脑在内的中枢神经系统的主要能源。血糖浓度是人体糖的分解及合成代谢保持动态平衡的标志。饥饿及长时间运动时,血糖水平下降,会出现工作能力下降及疲劳的征象。肝糖原可以迅速分解入血以补充血糖,维持血糖的动态平衡。

2. 糖在体内的分解代谢

人体各组织细胞都能有效地进行糖的分解代谢。糖在人体的主要分解途径有两条:在不需氧的情况下进行无氧酵解和在耗氧情况下进行有氧氧化。

(1) 糖酵解

剧烈运动时,体内供氧不足,糖不需要耗氧经过一系列的反应生成乳酸,该过程中会释放能量,用以三磷酸腺苷(ATP)的合成,在剧烈运动中可以快速提供肌肉收缩的能量。糖酵解也是人体某些组织、细胞(如红细胞)正常生理情况下的主要供能途径。经过糖酵解产生的乳酸,一部分在供氧充分时继续氧化分解,另一部分扩散入血,在肝脏重新转变成糖原或葡萄糖。

(2) 有氧氧化

糖的有氧氧化过程会有脱氢反应,脱下的氢原子与氧化合生成水,这一过程会产生大量能量,用以合成 ATP。糖的有氧氧化产生能量较多,是机体正常生理条件下及长时间运动中供能的主要方式,1 mol 的葡萄糖完全氧化时,产生 38 mol ATP。

3. 运动与补糖

肌糖原耗尽被认为是引起疲劳的主要原因,因此,适当补糖有助于延缓运动性疲劳的产生,并可促进运动性疲劳的恢复。目前大多数学者认为,超长距离的耐力项目(如公路自行车,马拉松跑)有必要进行糖的补充。

(1) 补糖时间

在运动前、运动中和运动后补糖都是很重要的。目前一般认为,运动前 2—4 小时补糖可以增加运动开始时肌糖原的贮量。在运动开始前 5 分钟内摄取糖对提升耐力运动(超过 1 小时)的能力远胜于运动前 2 小时进食(例如赛前餐)。在高强度且长时间运动停止后立即补糖是很重要的,因为储存的糖在运动中已减少或已耗尽。糖原合成的速率在恢复期的前 2 小时是非常高的,之后逐渐减缓。

(2) 补糖量

运动前补糖可采用稍高浓度的溶液(约 35%—40%),服用量约 40—50 g 糖,运动中补糖应采用浓度较低的糖溶液(约 5%—8%)。糖的补充应有规律地间歇进行,一般每 20 分钟给 15—20 g 糖为宜。同时,膳食中应注意保持足够量的淀粉。

(二) 脂肪

1. 人体的脂肪贮备代谢

一般认为,最适宜的体脂含量,男性约为体重的 15%—20%,女性约为 20%—25%。脂肪是机体的重要贮能和供能物质,在休息状态下它提供我们多达 70% 的总能量。身体脂肪的储量远远大于糖的储量,脂肪是以潜在能量的形式存在。在氧供应充足时进行运动,脂肪可被大量消耗利用。此外,在安静时,脂肪也是心肌、骨骼肌的主要能源。

2. 运动减肥

体脂的积聚是由于摄入食量高于人体所需的能量,过多的能量在体内转化成脂肪,而且机体储存脂肪的能力几乎没有限度。所以,只有设法保持摄入量与消耗量两者间的平衡,才能保持人体的正常体重。减肥的方式一是参加运动,二是控制食物摄入量,另外还要注重行为的改变。

(三) 蛋白质

1. 蛋白质在体内的代谢

蛋白质是生命的物质基础,是细胞的主要构成成分。蛋白质作为能源物质氧化分解时,首先分解为氨基酸。氨基酸进而分解为相应的 α-酮酸及氨。酮酸胺经过三羧酸循环彻底氧化分解为二氧化碳和水,释放出一定量的能量;氨则在肝脏转变为尿素,最终经肾脏随尿排出。

蛋白质在体内缺乏 30% 以上,将会影响正常生命活动。蛋白质的摄入量至少必须与生理需要量保持平衡。蛋白质不是能量的主要来源,只在某些特殊情况,如食物中糖类供应不足,或糖、脂肪被大量消耗后,机体才会依靠由组织蛋白分解产生氨基酸的方式供能。在长时间运动中蛋白质分解代谢增加,促进了运动后合成代谢的加强,使得肌肉质量提高,肌肉粗壮有力。

2. 蛋白质的补充

蛋白质在耐力和肌力训练的运动员中所扮演的角色是不同的。肌力训练的人需要量高达约每日 1.6—1.7 g/kg 体重的蛋白质,而从事耐力运动训练的运动员则需要每日 1.2—1.4 g/kg 体重的蛋白质。没有科学证据显示每日摄取超过 1.7 g/kg 体重的蛋白质可以提供额外的好处,事实上,一些健康风险可能与摄取过量蛋白质有关,因为它更需要肾脏来排除没使用的氨基酸。

(四)水

1. 人体的水贮备及分布

水是人体重要的组成成分,是维持生命活动必需营养物质。成人体内含水约占体重的60%。水分布于各种组织器官和体液中。人体的含水量受饮水及排汗量的影响较大,还因年龄、性别而异,新生儿含水量约为体重的75%—80%,随着年龄的增长,体内水分减少。

水在体内有两种存在形式:一是游离水,如血液、淋巴液、组织液,仅占体内水的小部分,约3—4升。二是结合水,结合水与无机盐离子及蛋白质、糖原等亲水胶体颗粒结合,参与构成器官组织,人体绝大部分水以结合水的形式存在。

2. 人体的水平衡

水在人体内保持一种动态平衡状态。人体内的水有三个主要来源:①饮水,每日约1.2升。②食物摄取,每日约1升。③代谢内生水,体内物质氧化所产生,每日约0.3升,运动时主要来自糖和脂肪的氧化分解。水在体内排出的途径包括:①通过肾脏以尿液的形式排出,每日约1.5升。②经消化道随粪便排出,每日约0.1—0.15升。③呼吸蒸发,每日约0.35升。④皮肤排汗,每日排出非显性汗约0.5升。

运动会加速机体内水的流失,运动中所产生的热主要是依赖汗液的形成以及蒸发而散失。在马拉松项目比赛中,流汗以及从呼吸流失的水达到身体汗水量的6%或更多,流汗增加以防止身体过热。通常,运动中汗水生产量由环境温度、承受的热辐射、湿度以及空气流动速度、身材大小及代谢速率等因素决定。

3. 补水

运动补水应以补足丢失的水分、保持机体水平衡为原则。补水可以在运动前、中、后各阶段进行。运动前补水是为了在运动开始之前使机体达到水分充足的状态,使机体处于正常的血浆电解质水平。运动中水分补充需要制订个性化的补液计划,摄入含有电解质和碳水化合物的饮料可以有助于保持水分和电解质平衡和维持运动能力。运动后补水的目标,就是要完全恢复体内的水分和电解质储备。补水所采用的液体成分中应含有一定比例的糖类、无机盐类,但浓度均较低,以低渗液体为佳,并应注意少量多次。一般认为,补液中无机盐浓度不应超过20 g/L,糖的浓度不能超过25 g/L,每10—15分钟饮用150—250 ml、6—12℃的低渗液体。

(五)无机盐

1. 人体无机盐的种类及代谢

人体内电解质主要指无机盐类,总量超过人体体重的0.01%以上。自然界存在的92种元素中,目前在人体已检出81种。依其在体内的含量不同,可分为宏量元素和微量元素两大类。日需量大于100 mg的元素称为宏量元素,除作为机体主要构成成分的氧、碳、氢、氮(共占人体质量的96.6%)外,还包括主要电解质钾、钠、钙、镁、氯、磷、硫7种,一般以离子形式存在。它们的重要生理意义在于维持机体内的渗透平衡、酸碱平衡及电解质平衡,并成为维持神经肌肉兴奋性的主要因素。微量元素是指在组织中存在少于人体质量0.01%的元素,浓度可用 ug/g 或 ug/L 来表示。世界卫生组织确认的人体必需微量元素有14种,包括锌、铜、铁、碘、硒、铬、钴、锰、钼、钒、氟、镍、锶、锡。必需微量元素是人体中的主要功能元素,其生物学意义多与维生素、激素、酶等的生物学活性有关。

运动中无机盐代谢的特点:人体血浆、组织间液、细胞内液阴阳离子浓度基本相等,这种离子浓度的平衡,使各部分维持电中性。在激烈运动中细胞内外离子浓度差异导致膜电位改变影响神经肌肉传导,通常是长时间运动中运动疲劳产生的原因之一。另外,长时间耐力运动中由于大量出汗,导致水分大量丧失的同时,亦可致无机盐的大量丢失,使血浆渗透压升高,并影响机体的排热过程。

2. 关于运动补盐问题

一般认为,平衡膳食足以提供运动所必需的无机盐。多数研究指出,即使是长跑运动员在热环境下每日跑 27.35 km,由于大量出汗而丢失一定量的无机盐,但只要摄入平衡膳食,并补充丢失的水分,仍能保持无机盐的平衡。而且,由于汗液中无机盐的浓度低于体液中的浓度,运动中没有必要补充无机盐。但是在一些超长距离项目中,如马拉松跑、铁人三项比赛等,有必要适当补充无机盐。

(六)维生素

1. 维生素的来源及分类

维生素是维持细胞正常生理功能所必需,但需要量极小的低分子有机化合物。这类物质由于体内不能合成或者合成不足,必须由食物供给。维生素可以分为脂溶性和水溶性两类。脂溶性维生素包括 A、D、E、K,它们是油样物质,难溶于水。

2. 维生素与运动能力

大多数维生素,特别是 B 族维生素,作为食物氧化和能量产生过程中所需要的各种酶系统的辅助因子,能够激活能量生成过程。运动中机体对能量的需求量增大,B 族维生素的作用也就更加重要。维生素 A、C 和 E 是作用很强的抗氧化剂,能防止细胞膜的脂质过氧化,防止红细胞膜受损,维持运动中细胞的正常功能。维生素 D 是钙代谢的调节剂,钙在肌肉的兴奋-收缩耦联中具有重要的中介作用,因而与运动中肌肉收缩做工密切相关。此外,维生素还能协调神经系统的功能,保持能量供给系统的适宜状态。

二、体育锻炼与科学营养膳食

(一)体育锻炼的合理营养

1. 体育锻炼与合理营养的关系

运动与营养是促进健康的两大基本要素,而运动与营养又是相互促进、相互影响的。合理的营养有助于提高运动能力和促进运动后的体力恢复,使锻炼者保持良好的身体状态,对锻炼者的机能状态、体力适应过程、运动后体力的恢复及防止运动性疾病有良好的作用。在运动过程中应适应个体参加体育锻炼的需要,提供足够的能量、维生素、水、无机盐等营养素以满足机体的消耗,促进机体的恢复。

2. 运动前的营养

胃的排空通常需要 2—4 小时,所以运动前两小时不要吃正餐。运动中,肌肉需要消耗大量的葡萄糖,血液中的葡萄糖在运动中消耗很快,所以需要肌糖原和肝糖原的补充,摄入适量的优质蛋白质可以帮助减少运动中肌肉的损伤,促进运动后的修复。运动前饮食的注意事项有以下几点:

1) 运动前应以高糖类、低脂肪的食物为主。例如,米饭、面包等食物容易消化,又能提供糖类,通常作为运动时的能量来源。

2) 如果运动时间少于 60 分钟,宜选择富含糖类的食物,如面包等。

3) 高纤维的食物(如全麦面包、高纤维饼干等)不容易消化,易造成腹部不适,应避免在运动前食用。

3. 运动中的营养

运动超过一个半小时身体就开始动用蛋白质作为能量物质,所以补充糖类可以减缓蛋白质的消耗。适量补充蛋白质也可以缓解疲劳。同时需要补充 B 族维生素等,以迅速恢复体力,提高运动成绩。

4. 运动后的营养

体育锻炼后的恢复是体育锻炼中非常重要的环节,恢复得好坏不仅直接影响锻炼的效果,而且关系到第二天的运动能力。锻炼后的简单休息仅是恢复手段之一,如果能适当地补充营养,将对体能的恢复有很大帮助。运动后丢失的电解质在正常的饮食中可得到补充。一般情况下,在运动后 15—30 分钟应补充 50—100 g 的糖类(大约是每千克体重补充 1 g),每两小时补充 50—100 g 糖类,直到进餐为止。正餐及其他运动期间的饮食也应该以富含糖类的食物为主。

5. 运动后适合食用的食物和应避免的食物

(1) 适合食用的食物

一般而言,运动后应以各式饮料或流质食物补充水分和糖类。以下列出含有 50 g 糖类的食物,可以依照不同的习惯、喜好、需求量加以选择:

800—1 000 ml 运动饮料。

500 ml 纯果汁。

3 个水果(如苹果、香蕉等)。

6—10 片饼干。

两个水果加一杯牛奶。

两片面包加少许果脯和一杯牛奶。

(2) 应避免的食物

剧烈运动后应避免喝酒,因为酒精有利尿作用,会降低体内的水分,也会减少肝糖的合成,还会影响受损组织的复原。运动后也应避免饮用含有咖啡因的饮料,如咖啡、茶等,因为咖啡也有利尿的作用,会减缓体内水分的补充。

第四节　运动性疲劳的成因与恢复

一、运动性疲劳

(一)运动性疲劳

运动性疲劳是指由于运动本身引起的机体工作能力暂时降低的现象,是人体运动到一定阶段出现的一种正常生理现象,经过适当时间休息和调整可以恢复。适度的运动性疲劳施以合理的恢复手段能及时消除,并促使机能的恢复和提高,运动员训练水平的提高就是一个"疲劳—恢复—再疲劳—再恢复"的变化过程。过度疲劳则会对机体产生不良影响,引起各种机能障碍或运动损伤,甚至损害运动员的身体健康。

(二) 运动性疲劳的产生机理

运动性疲劳产生的机理是世界各国学者热衷研究的课题之一。由于运动项目的代谢差异,以及运动性疲劳的复杂性,其产生的机理又有所不同。运动性疲劳产生机理主要有:

1. 衰竭学说

研究发现,在长时间运动过程中,产生运动性疲劳的同时常常伴有糖原及高能磷酸物含量下降,补充能源物质后,运动能力又有一定程度的提高现象,表明运动性疲劳与体内能源物质的储量有关。

2. 堵塞学说

该学说认为疲劳的产生是由于运动过程中某些代谢产物在肌肉组织中大量堆积造成的。乳酸浓度升高、血氨浓度升高等是影响运动性疲劳产生的重要因素。

3. 内环境稳定性失调学说

该学说认为,疲劳是由于血液中 PH 值下降,细胞内、外离子平衡破坏以及血浆渗透压改变等因素造成的。

4. 保护性抑制学说

该学说认为,运动时大量神经冲动传至大脑皮质相应的神经细胞,使之长期兴奋,导致消耗增多,为了避免过度消耗,当消耗到一定程度时便产生了保护性抑制。

5. 突变理论

该学说认为运动性疲劳是由运动过程中能量消耗、力量下降和兴奋性丧失三维空间关系改变造成的,是机体为避免能量存储进一步下降而存在的一个运动能力急剧下降的过程。该理论克服了以往用单一指标解释疲劳现象的不足。

6. 自由基损伤学说

自由基主要包括氧自由基、羟自由基、过氧化氢和单线态氧等。由于自由基化学性质较为活泼,能破坏细胞的结构,并造成细胞功能下降。自由基攻击线粒体膜还会造成能量代谢紊乱。

除此之外,神经-内分泌-免疫调节网络系统机能变化也是引发运动性疲劳的重要因素。运动性疲劳的产生是一个非常复杂的过程,实践中应根据运动项目的特点、运动环境等因素进行综合分析。

(三) 运动性疲劳的发生部位及特征

任何运动都是在神经系统的调控下通过肌肉活动来实现的。肌肉活动能力的下降预示着运动性疲劳的产生。

1. 运动性疲劳的发生部位

躯体性疲劳是人体运动性疲劳的表现之一,根据其发生的部位可将其分为中枢性疲劳和外周性疲劳。中枢性疲劳是指发生在从大脑皮质至脊髓运动神经元的疲劳。具体表现为脑细胞工作强度下降和运动神经元工作能力下降。外周性疲劳主要发生在神经肌肉接点、肌细胞膜、细胞器和肌肉收缩蛋白等部位。

2. **不同类型运动的疲劳特征**

运动性疲劳的产生与运动持续时间、运动强度以及代谢特征等因素有密切关系。因此,不同类型运动过程中产生的运动性疲劳具有不同的特征。

1）短时间、最大强度运动(如短跑等),运动性疲劳产生的主要原因是中枢神经系统机能下降、CP耗竭引起ATP转化速率降低所致。

2）短时间、次最大强度运动(如800米跑等),能量供应以糖酵解系统功能为主,因此,肌肉和血液中乳酸大量堆积、pH值降低是造成机体机能下降而产生疲劳的主要原因。

3）长时间、中等强度运动(如长跑等),疲劳的产生往往与肌糖原和肝糖原大量消耗、血糖浓度下降、体温升高、内环境稳定性失调、工作肌氧气供应减少以及神经系统活动能力下降等因素有关。

4）静力性运动(如马步、平衡等),中枢神经系统持续兴奋,肌肉中血液供应减少以及过度憋气导致心、肺功能下降等,是导致其产生疲劳的主要原因。

此外,在进行非周期性练习过程中,其技术动作的复杂程度和变化也是影响运动性疲劳的重要因素。

（四）运动型疲劳的判断

由于不同形式运动具有不同的疲劳特征,因此,判断疲劳的方法也有所差异。目前,判断运动性疲劳的方法主要有以下几种。

1. **测定肌力评价疲劳**

(1) 骨骼肌力量测试

肌肉力量下降是肌肉疲劳的显著特征,也是判断运动性疲劳的重要指标。一般情况下,如果运动后肌肉力量明显下降,且不能及时恢复,可视为肌肉疲劳。在评定运动性疲劳时,应根据参与运动的主要肌群确定测试内容,如以上肢活动为主的运动,可测试其握力或曲臂力;以腰背肌活动为主的运动,可选择测试背力等。

(2) 呼吸机耐力测试

通过连续测定5次肺活量来评定。实验过程中,要求相邻两次测试之间间歇30秒,疲劳时,肺活量依次下降。

2. **测定神经系统和感觉机能判断疲劳**

(1) 两点辨别阈

皮肤感觉能分辨出的最小距离叫皮肤两点辨别阈。根据疲劳会引起各种皮肤感觉敏感下降的特点,可以把皮肤两点辨别阈作为监测运动员疲劳和恢复的简单无创性指标。

(2) 闪光融合频率

闪光融合频率是指刚能够引起闪光融合感觉刺激的最小频率。运动性疲劳时,视觉机能下降,闪光融合频率阈值下降。

(3) 反应时

反应时是指由刺激作用于感受器开始到效应器开始活动为止所需的时间,出现运动性疲劳时,反应时明显延长。

(4) 膝跳反射阈

机体出现疲劳时,膝跳反射的敏感性降低,引起膝跳反射所需的叩击力量增加。若引起膝跳反射的最小叩击力量(一般以锤子下落角度表示)较运动前增加5°—10°为轻度疲劳;增加15°—

30°为中度疲劳;增加 30°以上为重度疲劳。

（5）血压体位反射

血压体位反射是反映植物性神经调节能力的指标,可作为评定心血管系统疲劳程度的依据。具体方法是:受试者坐位静息 5 分钟,待安静后,测定安静血压,随即让受试者保持仰卧姿势 3 分钟;之后,使受试者恢复坐姿(推受试者背部使其被动坐起,不能让受试者自己坐起),立即测定血压,并每隔 30 秒测定一次,测试持续 2 分钟。如果 2 分钟内完全恢复,即为正常;恢复一半,为轻度疲劳;完全不能恢复,可视为深度疲劳。

3. 主观感觉判断疲劳

主观体力感觉等级是判断疲劳的重要指标。具体测定方法是:令受试者在功率自行车或跑台上做递增负荷运动,并观察主观体力感觉等级表(见表 3-2-2),如果机体出现疲劳,主观体力感觉等级将相应增加。

4. 测定运动中心率评定疲劳

一般常用基础心率、运动后即刻心率及恢复期心率判断疲劳程度。

基础心率是指清晨、清醒、起床前静息状态下的心率。一般情况下,基础心率保持相对稳定。如果大运动量训练后,经过一昼夜恢复,基础心率较平时增加 5—10 次/分以上,可认为疲劳尚未恢复;如果连续几天持续增加,则表明运动量过大,疲劳较深,应调整运动量。

通常可采用遥测心率的方法测定运动中心率的变化,或用运动后即刻心率来代替运动中心率。如果在一段时间内,机体从事同样负荷运动时,运动中心率增加,表示机体机能下降,有疲劳积累现象。

如果定量负荷运动后,心率恢复时间延长,表明身体机能下降。

5. 用生物电评价疲劳

常用的生物电指标有肌电图、心电图和脑电图。

6. 判断疲劳的其他指标

（1）肌肉硬度

当骨骼肌出现疲劳时,肌肉收缩能力和放松能力均下降,硬度增加。

（2）生化指标

常用的生化指标有血尿素、血清睾酮/皮质醇比值(T/C)、血乳酸、尿蛋白、尿胆原等。

（3）教育学观察

如果出现烦躁不安、面色苍白、眼神无光、打哈欠、反应迟钝、协调性降低、注意力不集中和运动能力下降等现象,即使只出现部分现象,也有着运动量过大的嫌疑。在运动训练中应予以重视,及时调整运动量,做到防患于未然。

二、运动后的恢复

（一）恢复过程的一般规律

恢复过程可分为三个阶段,即运动时恢复阶段、运动后恢复阶段及超量恢复阶段。

1. 运动时恢复阶段

运动时能源物质消耗占优势,当然恢复过程也同时进行,在保持机体能量动态平衡的前提下,消耗量要大于恢复量。随着能源物质逐渐减少,代谢产物的不断堆积,各器官、系统的功能出现逐渐下降,最终不能满足运动强度的需要,出现疲劳。

2. 运动后恢复阶段

运动停止后,能量消耗逐渐减弱,但伴随着运动后过量氧耗的出现,机体能耗仍然要比安静状态下高。不过在此阶段,能源恢复过程占优势,随着能源的补给及代谢产物的不断清除,机体能源物质及各器官、系统功能逐渐恢复到运动前的水平。

3. 超量恢复阶段

运动时消耗的能源物质及各器官、系统的机能恢复得超过原有的水平,该现象称为超量恢复。超量恢复保持一段时间后又回到原有的水平。超量恢复的程度及出现的时间与运动量(或消耗程度)有密切关系。在一定的范围内,运动量越大,物质消耗越多,超量恢复越明显,但出现的时间延迟;反之,超量恢复不明显,但出现的时间较早。如果运动量过大,超过了生理范围,恢复过程将会进一步延长。

不同能源物质出现超量恢复的快慢也不同。如剧烈运动后 CP 在 20—30 秒内仅恢复一半,待 3—5 分钟时才能出现超量恢复;短时间、大强度运动后,肌糖原约在运动后 15 分钟出现超量恢复,而蛋白质出现超量恢复相对较晚。

此外,超量恢复与膳食和运动模式有密切的关系。

(二) 促进人体机能恢复的措施

1. 运动性手段

(1) 整理活动

运动结束后,通过整理活动使参与运动的肌肉做一些伸展或牵拉运动,能促进血液循环、加速乳酸的消除和利用,可减少肌肉的延迟性酸痛和硬度。

(2) 积极性休息

积极性休息是指运动过程中为了消除疲劳而采用的各种变换动作或运动强度的练习。积极性休息更适合于少量肌肉群参与工作所引起的局部疲劳,或运动强度较大而引起的快速疲劳。如引体向上产生的上肢疲劳,可通过慢跑活动得以消除等。

2. 睡眠

睡眠是大脑皮质抑制过程的表现。睡眠时机体与外界环境之间的主动联系大大减少,全身肌肉处于放松状态,因而能量消耗较少,代谢活动以合成代谢为主。

3. 消除疲劳的营养学手段

运动时消耗的物质需要饮食中的营养物质来补充。因此,合理安排营养(膳食)是消除疲劳、促进恢复以及提高运动能力的重要手段。研究发现,长时间运动(连续 3 天长跑)后,运动员食用高糖膳食,肌糖原可在 48 小时完全恢复。在以力量为主的运动中,运动后应多增加蛋白质的补充,同时还应补充一定量的无机盐和维生素。在以速度为主的运动中,应适当补充糖、蛋白质、维生素 B 和维生素 C 等营养物质。而热环境下的运动,可采取少量多次的方法补充适量的液体(如淡盐水)。此外,还应考虑运动员的年龄特点以及合理的营养搭配。如青少年运动员在膳食中应尽可能多食用肉类、鱼类、蛋类、奶类和豆类食物以补充机体发育过程中所需的蛋白质。

4. 心理手段

常用的心理恢复手段有:心理暗示法、意念放松法、肌肉放松法、呼吸调整法、音乐放松、心理调整训练法,以及赏识、激励和人文关怀等。

除上述几种方法外,促进运动性疲劳恢复的方法还有中医药手段(内服外用)、盐水浴、按摩、火罐、针灸、热敷、负氧离子、热水浴、理疗、吸氧和气功等。

参考文献

［1］王瑞元.运动生理学［M］.北京:人民教育出版社,2002.

［2］田野.运动生理学高级教程［M］.北京:高等教育出版社,2003.

［3］运动生理学编写组.运动生理学［M］.北京:北京体育大学出版社,2021.

［4］刘一平.生活方式、体育与健康［M］.福建:福建人民出版社,2007.

［5］解颖,景汇泉.生活方式与健康［M］.北京:高等教育出版社,2019.

第四章　体育卫生保健与运动性疾病的预防

体育保健知识就是综合运用解剖学、生理学、卫生学、基础医学等相关领域的内容,促进体育运动参与者的身体发育、健康状态、锻炼效果、运动损伤防治的知识体系。学校体育教学强调"健康第一"的指导思想,其主旨是培养学生的健康意识以及终身体育的习惯与能力。体育卫生保健知识正是增进学生健康意识,培养学生自主锻炼能力的重要知识储备,也是与运动实践活动联系程度最高的体育理论内容。本章节通过综合"体育锻炼中常见的生理反应""体育锻炼中的卫生常识""运动性疾病的预防、处理和康复""运动处方的制订与应用"四部分理论内容,以期向同学们介绍日常体育卫生保健的知识要点。

第一节　体育锻炼中常见的生理反应

在日常体育锻炼中,人体会随着运动时间的推移而产生不同的生理反应。充分认识与了解运动中人体的生理反应,有利于精准监控自身的运动状态,便于及时调整运动形式与运动负荷,避免过度运动或因运动而引起的损伤或疾病等现象。

一、运动中的肌肉酸痛现象

(一)肌肉酸痛现象及产生机理

肌肉酸痛对每个人来说都不陌生,因为这种感觉无论在从事剧烈运动或是从事不习惯的生产劳动之后都会出现,它不仅降低运动者的机体活动能力,又使他们产生一种畏怕从事体育锻炼的心理。根据肌肉酸痛出现的早晚和消除的快慢,可将其分为急性肌肉酸痛(即刻性酸痛)和慢性肌肉酸痛(延迟性酸痛)两种。急性肌肉酸痛是指运动中或运动后很快就出现的酸痛感觉,其特点是出现得早,消退得也快。慢性肌肉酸痛是指运动后一小时才出现的肌肉酸痛感觉,它不仅出现得晚,而且消除得也慢,一般需要一天或更长的时间才能消除。

产生急性肌肉酸痛的原因普遍被认为是乳酸堆积造成的。肌肉收缩所需要的能量主要是人体内的糖或脂肪等能量物质氧化分解所释放的化学能。在人体运动中,当机体有氧氧化供能无法满足肌肉活动的需要时,糖在缺氧情况下分解供能就会产生大量的乳酸。这些乳酸堆积在肌肉中会刺激神经末梢,便反射性地引起肌肉酸痛感。同时,乳酸是一种高渗溶液,它堆积在肌肉中会吸收大量水分,从而引起肌肉肿胀,这也是形成肌肉酸痛的重要原因。在运动后,由于堆积在肌肉中的乳酸一部分逐渐被氧化分解,另一部分不断向血液扩散,所以肌肉的酸痛感觉也随之消失了。

产生慢性肌肉酸痛的原因比较复杂,尚存在争议。但多数研究认为是剧烈运动造成了肌肉组织正常生理机能被破坏引起的。如有研究认为由于肌肉具有可塑性,所以在从事剧烈收缩之后,局部仍处于轻度的收缩状态,这种轻度收缩状态即是人们通常所说的肌肉痉挛。由于肌肉痉挛必然造成组织局部缺血缺氧,继而引起组织释放某种致痛物质。另一些学者认为肌肉在过度伸缩过程中会导致肌细胞膜的轻度破裂,特别是肌肉剧烈收缩时更是这样。因此肌肉组织损伤很可能是引起肌肉慢性酸痛的真正原因。

(二) 消除肌肉酸痛的主要手段

消除肌肉酸痛首先要恢复肌肉的生理状态。由于肌肉的可塑性,所以在运动后肌肉会处于较长的静力性收缩状态,从而造成肌肉组织局部缺血缺氧,继而引起肌肉酸痛的现象。通过负牵张反射可以使肌肉得到放松,从而使肌肉恢复到正常生理状态。在剧烈运动后采用伸展练习,特别是用静力性慢牵拉方法,将参加活动的肌肉充分拉开,的确可以收到缓解肌肉酸痛之效果。这也是为什么体育课最后会有拉伸、放松的环节。例如消除上肢肌肉酸疼可以通过拉伸手臂的方式,消除下肢肌肉酸疼可以应用弓箭步压腿的形式。

其次要促进中枢神经对肌肉的调节功能。通过外界物理刺激肌肉或皮肤的感受器,通过反射机制起到松弛肌肉紧张的作用。主要的手段有对局部或全身的牵、抖、揉、捏、推拿;也可在温水中进行浸泡放松。例如:针灸,用毫针垂直刺激酸痛肌肉的阿是穴,或采用斜刺法,即顺肌纤维行走的方向来刺激阿是穴,均可收到缓解肌肉酸痛之效果;电疗,电兴奋疗法是用直流电或感应电流来治疗,即将两极固定在酸痛的部位通电一分钟;温水浴或按摩,运动后进行温水浴或按摩对促进血液循环,缓解肌肉酸痛均具有积极作用。

二、一次或长期运动对心血管系统影响

(一) 一次运动对心血管系统的影响

1. 运动时心率明显增高

一次运动时心率变化速率与幅度会因运动强度与时间而异。机体完成单一较小强度运动时,心率在运动初期出现迅速上升,达到一定水平后会维持在一个波动不大的范围。机体一次大强度运动时,各系统机能水平不能保持在相对稳定的状态,心率会持续增高至最大心率而不会出现平台现象。一次持续长时间中低强度运动,机体系统机能平衡被破坏,心率将出现再次增高直至达到最大心率,此时心率的升高可视为机体的运动疲劳点。

2. 运动时心输出量会增高

运动会明显提高每搏输出量和心输出量。运动引起血流速度加快,静脉回心血量增加,使舒张末期心室容积提高,同时在神经和激素的调节作用下心肌的收缩能力增强,最终使心脏每搏输出量增加。每搏输出量增加和心率的加快使心输出量显著加大。

3. 运动时动脉收缩压显著增高

运动中肌肉组织及各器官需要氧气的量增加,此时在神经与激素的调节作用下,心脏的收缩能力增强,血流量增大,导致动脉收缩压显著增高。在剧烈运动时收缩压可高达 190 mmHg 甚至更高。

4. 运动时血液浓缩,红细胞数量增加

运动后即刻就会观察到血液浓缩,红细胞数量增加。主要原因是运动导致人体血液重新分

配。持续运动人体排汗使血液血浆含量减少,同时肌细胞中产生的代谢废物增加使细胞内渗透压增高,造成血浆向肌细胞和组织液移动,造成血液浓缩。同时运动会导致人体较浓缩的储备血液进入循环血,从而提高了红细胞数量。这一现象的结果是血液氧运输能力提高。

(二)长期运动对心血管系统的影响

1. 运动性心脏肥大

长期系统的运动训练可以使人体心脏发生明显的增大,称为运动性心脏肥大。长期运动产生的运动性心脏肥大表现在心腔的扩大和心肌肥厚两个方面。长期承受耐力性运动刺激的心脏肥大—心室腔内径扩大为主,心室肌的肥厚为辅;长期承受力量性运动刺激的心脏以心肌肥厚为主,其心脏内径的改变相对较小甚至无改变。运动性心肌肥厚是心肌细胞对运动刺激的一种良好适应性反应,是一种功能性代偿,与病理性心脏肥大明显不同。运动性心脏肥大表现出心肌收缩功能增强,泵血效率显著提高,每搏量增大,且终止运动后一段时间,肥大心脏可逐步恢复到正常状态。

2. 运动性心动徐缓

经常参与体育训练者普遍表现出安静心率明显低于正常值的现象,称为运动性心动徐缓。导致运动性心动徐缓的原因是安静状态心迷走神经紧张性相对增高所致。长期的运动训练使机体对高心率刺激逐渐产生适应,同样强度的运动刺激,其心率增加幅度降低。同时当机体处于安静状态时,交感神经对心迷走神经的抑制作用减弱,导致安静状态下植物神经系统功能平衡点向副交感神经系统方面移动,使心率降低。运动心脏安静时虽然心率较低,但由于心脏肥大而表现出较高的搏出量,因此安静状态下的心输出量与普通心脏无明显差异。但因其较低的心率,使得每分钟能量消耗远较普通人低,表现出安静状态下心率低、每搏输出量高的能量节省化现象。

3. 心脏泵血功能改善

经常参加体育锻炼的人心脏泵血功能得到改善。在安静状态下运动心脏会以较低的心率及较大的每搏量保证供血,以较小的能量消耗保证了同样的供血量。同时,安静状态下低心率使运动心脏的心率储备增大,有助于心力储备的提高。而在以规定的强度和时间完成定量负荷运动时,运动心脏泵血功能变化幅度较小,主要是因为运动员运动能力强,完成同样的运动更轻松,从而表现出较小的生理反应。在完成最大运动负荷时,为获得更好的运动表现,其代谢水平更高,心泵血将表现出更高水平。

三、运动对神经肌肉系统的影响

运动可以刺激人体神经肌肉系统的兴奋性,促进肌肉力量及形态的发展,从而提高人体力量素质及灵敏性素质。任何运动都是以人体运动动作的形式进行,而在生理学角度,运动动作实则是人体建立的一种复杂的,本体感受性的,运动条件反射。所以无论参与何种形式的运动,都受到人体神经系统的控制,需要神经过程的兴奋或抑制相互转换的配合和协调。运动动作重复次数越多,人体神经系统兴奋或抑制过程就配合得愈精确,同时肌肉收缩时产生张力的大小和不同肌群收缩的先后顺序以及同一肌群收缩与舒张的时间顺序也就愈合理与顺畅,人体动作也就愈娴熟。所以经常参与体育锻炼可以促进人体神经肌肉调节的兴奋性,使人体动作更加协调,提高身体活动的灵敏性。此外,经常参加体育锻炼,特别是力量性练习,可以刺激受到锻炼的肌肉,从而增加相应肌肉的生理横断面积;同时运动可以提高神经系统的兴奋性,激活中枢神经系统,从而可以动员更多的肌纤维参与肌肉的收缩活动。肌肉横断面积增大以及中枢神经系统动员肌纤维数量增加可以有效提高人体肌肉收缩力量,从而使人体力量素质得到显著提高。

四、运动中的"极点"与"第二次呼吸"现象

运动中的"极点"现象与"第二次呼吸"现象均是在进行持续较长时间的运动中出现的生理现象。"极点"现象是人体在进行持续较长时间的运动时,由于运动开始阶段内脏器官的功能不能满足运动器官的需要,运动者常常产生一些非常难受的生理反应,如呼吸困难、胸闷、头晕、动作迟缓、精神低落,甚至想停止运动的念头等现象。"极点"是运动过程中人体暂时性的机能紊乱,主要原因是内脏器官的活动跟不上肌肉活动的需要,出现体内氧气供应不足、大量代谢产物体内堆积、血浆 pH 值下降、内环境发生改变等现象。"极点"现象不仅影响了神经肌肉的兴奋性,还反射性地引起呼吸和循环系统的活动紊乱。同时机能失调的强烈刺激传入大脑皮质,使运动动力定型暂时遭到破坏,运动中枢抑制过程占优势。

"第二次呼吸"现象是在人体"极点"现象出现之后,运动者依靠意志力和调整运动节奏继续坚持运动,不久一些不良的生理反应逐渐减轻或消失,此时呼吸变得均匀自如,心率趋于平稳,动作变得轻松有力,能以较好的机能状态继续运动下去的现象。"第二次呼吸"是运动中机体建立新平衡的一种表现。产生的原因是运动中内脏器官的惰性逐步得到克服,氧供应增加,乳酸得到逐步清除;同时由于极点现象的出现,运动强度暂时性下降,使机体需氧量下降、乳酸产生减少,内环境得以改善,动力定型得到恢复。"第二次呼吸"现象还与肾上腺素等运动应激激素分泌量的增加有密切关系。

第二节 体育锻炼中的卫生常识与安全

体育运动对人体健康来说是一柄双刃剑,适宜的体育锻炼对人体健康是有显著的促进作用,而过度且不科学的体育锻炼形式对人体也有明显的损伤作用。所以在日常体育锻炼中要注意卫生保健,预防运动造成的损伤与疾病。本章主要介绍运动前、运动中、运动后及特殊人群的卫生保健。

一、运动前的卫生保健

(一)准备活动

准备活动是指在比赛、训练或体育锻炼主体内容之前进行的身体练习。其目的是预先动员人体的生理机能,克服内脏器官的生理惰性,缩短人体进入运动工作状态的时间,为即将进行的正式比赛、训练和体育锻炼正式内容做好机能上的准备。准备活动的生理机制是通过预先进行的肌肉活动会在神经中枢的相应部位留下兴奋性提高的"痕迹"。这一痕迹效应能使中枢神经系统在正式的运动中处于良好的兴奋状态,从而改善神经系统的调节能力,提高内脏器官的机能,增强能量代谢,提高运动成绩。

准备活动的生理功能主要包括以下几个方面:①准备活动可以适度提高神经系统与体液调

节协同调控全身各脏器的机能活动,从而提高机体的调节能力;②准备活动可使肺通气量、心输出量、血流量加大,从而提高机体的有氧工作能力;③准备活动可以使体温适度升高,从而提高体内酶的活性,进而保证肌肉的能量供应;④准备活动使体温及神经系统兴奋性提高,可以增强肌肉的收缩能力;⑤准备活动使人体皮肤血流量增大,动员汗腺分泌活动,从而有利于机体散热;⑥准备活动可以改善大脑皮质兴奋状态,提高反应速度,减少比赛及训练前的不良状态。

(二)运动前饮食与饮水

在需要进行较长时间的体育锻炼前,不宜吃大量食物。空腹和刚进食后就开始运动,对人体健康都是非常不利的。可以在运动前至少半小时少量进食,这样可以避免因为体力活动而导致的消化功能紊乱,同时还可以增强运动效果。运动前吃的食物应该以碳水化合物和蛋白质为主。碳水化合物是主要的能量来源,而蛋白质和一点脂肪的摄入可以帮助比较持久地释放能量。此外,在将要运动前也不宜立即摄入大量的水,同时一口气摄入大量的水也会让肾脏负担增大不利于运动。建议在运动前30分钟到1小时分阶段补充水分,每次200—240 ml温开水,让水分能被身体细胞充分吸收,从而使人体处于水化状态。在需要高强度或大量运动前,可以选择一些运动饮品,此外还有水果、蔬菜汁等可以补充人体能量及盐分等,从而提高人体的运动表现。

(三)运动前的心理调整

在运动训练、比赛、锻炼前适当的心理紧张有利于人体运动能力的发挥。适当的心理紧张会使人体某些器官、系统产生的一系列条件反射性机能发生变化。主要表现为中枢神经系统兴奋性提高,引起内脏器官功能增强,体温上升,物质代谢活动加强。而过度的心理紧张或态度冷淡均不利于人体的运动表现。如心理过度紧张会导致呼吸短促、四肢无力、尿频等现象,使人体机能下降,不能正常发挥运动水平。运动态度冷淡会表现为情绪低落、反应迟钝、全身无力等现象,影响运动安全。

二、运动中的卫生保健

(一)运动负荷监控

运动过程中人体的一系列生理反应时集体对所承受运动负荷的客观生理变化,反映机体对体育锻炼的应激能力。如果在运动过程中,运动负荷太小,人体运动能力及生理机能提高不明显。如果运动过程中,运动负荷过大,不仅不能提高运动能力及身体机能,反而会损害身体健康。因此在运动过程中应该合理监控人体的运动负荷,从而有效的挖掘人体运动潜力,防止过度疲劳和运动损伤的发生。

心率是在运动中监控人体运动状态的最简便的方法。在一定的运动强度范围内,人体心率与运动强度呈正相关。运动时心率增加到最大限度时叫最大心率,当人体到达最大心率后,即使运动强度再怎么增加,心率也不再会随之增加。最大心率随年龄的增长而逐渐减少,一般可以用220—年龄来估算最大心率。一般来说心率在最大心率的40%—55%即可判断为低强度;心率在最大心率的55%—70%之间为中等强度;心率在最大心率的70%—85%可称为高强度。在日常运动中运动强度与运动时间应该相互适应,即在运动强度保持在中、低强度时可以适当延长运动时间,而在高强度运动时则可以适当缩短运动时间。

（二）运动动作姿势的自查

运动中检查好自身运动动作,不仅可以提高动作效率,更可以规避运动损伤的风险。功能性动作筛查就是在对人体基本动作模式进行测试、诊断和纠正的基础上,采用某些特殊设计的动作练习手段,以最大限度地规避运动损伤风险,提高动作效率的动作筛查模式。

一般情况下,运动过程中出现的损伤可以分为急性接触损伤、急性非接触损伤和慢性劳损。所谓急性接触损伤是指运动过程中因和他人发生冲撞所造成的损伤;急性非接触损伤则是指运动过程中因自身基本动作功能受限所造成的损伤;慢性劳损则是指人体某一部位因长时间的代偿性工作,导致肌肉、筋膜韧带、骨质与关节等组织的损伤。我们虽无法预测和阻止急性接触损伤,但却可以预防急性非接触损伤和慢性劳损。运动中动作姿态的自我检查的作用便体现于此——通过运动前对人体基本动作的检查或筛查,进而预测运动者身体存在的运动薄弱环节,识别出使运动员处于较高受伤风险可能的危险信号和代偿动作。并据此引导运动者自我注意运动中的自身动作禁忌,规避运动损伤风险。

（三）运动环境风险规避

运动的环境因素也是运动中卫生保健的重要风险防控因素。良好的运动环境不仅可以降低损伤或事故风险,保证运动的安全进行,更可以提高运动时的锻炼效率。运动的环境因素主要包括天气、场地、器材三方面的影响因素。天气方面需要注意运动时的天气情况如温度、湿度、雨雪等状况,此外空气质量也会影响运动者的运动状态。要根据不同的天气状况进行运动形式及运动负荷的适当调整,如夏天的阴雨天气,由于天气温度高、闷,会影响身体温度调节,进而需要适当降低运动强度。场地方面需要注意运动时的场地质量,如表面平整度、杂乱度、质地等级,以及场地环境,如光线强弱、防护器具等。器材层面需要注意器材质量,如完好率、器材质量合格率等。

（四）运动中的补水与能量恢复

人体在运动过程中为散热会通过出汗带走"额外"的水分,使人体流失比一般状态下更多的水。所以运动中的水分补充更重要。可以在运动中途进行适量的水分补充。补充水分的时机与分量需要掌握得宜,才不会摄取不足或过当,造成运动表现下降。具体补充多少根据排汗量来定,需要补充排汗量的大约80%。炎热条件下,排汗量为2—3升/小时;温和气候条件下,排汗量为1—1.2升/小时;寒冷条件下小于1升/小时。运动中补水应遵循"少量多次"的原则,根据运动持续时间和剧烈程度,每次补充100—200 ml电解质的运动饮料或盐水,可让身体在保持最佳的带水状态的同时,及时补充因大量流汗而流失过多的钠、钾等电解质。补充相应电解质或含糖的水可以延缓疲劳、避免出现低血糖从而保持良好的运动状态。

三、运动后的卫生保健

（一）运动后的身体状态恢复

运动后的身体恢复过程是指人体在运动结束后,各种生理机能和运动中消耗的能源物质逐渐恢复到运动前水平的变化过程。在运动中能源物质消耗占优势,虽然恢复过程也在进行,但是消耗大于恢复,所以能源物质逐渐减少,人体各器官、系统的功能逐渐下降。运动结束后消耗过程减弱,恢复过程占优势,能源物质及各器官、系统功能逐渐恢复到运动前的水平。运动过程中消耗的物质只有在恢复期得到完全恢复,人体机能才能得以提高。运动时消耗的能源物质及各器官、系统的机能恢复得超过原有的水平,该现象称为超量恢复或超量代偿。而如果消耗的物质在恢复期还未完全恢复,就又进入新一轮的运动训练,则会出现过度训练或过度疲劳,这会引起运动机能下降,甚至出现运动性损伤。所以在一定的范围内,运动量越大,物质消耗越多,人体超量恢复越明显,但需要恢复的时间也越长。

(二)运动后的身体恢复手段

运动后通过合理的身体恢复手段,才能使人体机能在"疲劳—恢复—再疲劳—再恢复"的良性过程中得到发展。促进人体机能恢复的措施主要包括以下几种。

1. 运动性手段

包括整理活动和积极性休息。整理活动指运动后进行的各种较为轻松的身体练习,其目的是消除疲劳,促进体力恢复。如剧烈运动后,进行3—5分钟的整理活动能促进血液循环、加速乳酸的消除和利用。而积极性休息是指运动过程中为了消除疲劳而采取的各种变换动作或运动强度的练习。积极性休息主要适合于少量肌群工作引起的局部疲劳或运动强度较大而引起的快速疲劳。

2. 睡眠

睡眠是大脑皮层抑制过程的表现。睡眠时全身肌肉处于放松状态,此时人体代谢以合成代谢为主。所以良好的睡眠是消除疲劳的重要措施之一。

3. 营养学手段消除疲劳

运动时消耗的物质需要通过饮食中的营养物质来补充。合理安排营养是消除疲劳、促进恢复以及提高运动能力的重要手段。在长时间大强度的运动中,人体内糖原大量消耗,因此训练后的膳食应当适当增加糖的含量。

4. 中医手段消除疲劳

中医药调理可改善人体的代谢能力,延缓疲劳的出现,加速疲劳的消除,促进机能恢复。常用的方法有:汤剂内服法,汤剂熏蒸洗法。

5. 心理手段消除疲劳

采用合理的心理调节是促进疲劳消除的重要手段。常用的心理恢复手段有:心理暗示法、意念放松法、肌肉放松法、呼吸调整法、音乐放松等。

四、特殊人群的运动注意事项

(一)女性特殊时期的运动注意事项

月经周期是女性特有的生理特征,在不同的月经周期女性的运动能力将产生明显的变化。月经周期中由于雌性激素水平的规律性波动,导致机体的运动能力发生相应变化。在月经周期不同时段中,人体运动能力的变化具有明显的个体差异。但有研究证实,人体有氧工作能力及整体体能以黄体期为最强,卵泡期及排卵期其次,经前期及月经期最弱。因此,在女性运动训练时应充分注意其体能与月经周期的关系。

对于参加健身运动的女性来说,即使月经期亦可参加适当的体育运动。这是因为适度的体育活动能改善人体机能状态,促进血液循环,改善盆腔生殖器官的血液供应,并可通过运动时腹肌、盆底肌收缩与舒张交替进行,对子宫起到一定的按摩作用,促进经血排出。一般认为经期运动负荷量应该适度,强度不宜过大。一些跳跃、速度和腹压增大的练习应该避免,以避免造成经血量过多或子宫内膜移位。

(二) 部分特殊人群的运动注意事项

高校体育中的特殊人群不仅仅指的是在生理或心理上有别于正常人的群体,还包含部分体育弱势生,即在体育课成绩或体育素质中明显不达标的学生。这一部分人群在体育锻炼中存在以下特点:体育意识不强、锻炼形式单一、锻炼积极性弱、体育知识储备不足等。特殊人群应该更重视体育锻炼促进人体健康的知识储备,因为相比于普通人,特殊人群对健康的需求更大,运动促进特殊人群健康的方式与手段应该更精确。特殊人群在体育锻炼中,应该结合自身医疗检查结果、身体素质现状,明确自身生理状态及能承受的运动负荷。同时应该进一步提高体育运动知识储备,了解哪种运动形式及哪种运动负荷能够用于治疗或缓解自身存在的病症,并明确运动中自身的运动注意事项。从而设计与制订针对自身病症的运动干预计划。

第三节　运动性疾病的预防、处理和康复

一、运动中的扭挫伤

(一) 常见的运动扭挫伤

扭挫伤是指四肢关节或躯干部筋脉损伤,使经气运行受阻,气血壅滞于局部而造成的。多因剧烈运动或持重不当,强力扭转,牵拉压迫,或不慎跌坠闪挫等因素引起筋脉关节损伤。

踝关节扭挫伤是全身关节扭伤中发病率最高的一种,临床常见。以足内翻损伤造成外侧副韧带拉伤、撕裂甚至断裂多见。当行走和疾跑落足或踩空或从高处坠落时,足外缘着地,足跖猛然内收,可引起踝外侧韧带被牵伸而扭伤,甚或部分撕裂,还可合并外踝撕脱性骨折。

膝关节挫伤及半月板损伤。造成这种运动损伤的主要原因就是运用间接外力来突然扭转曲着的膝关节等。众所周知,当膝关节曲着时,其稳定性是比较差的,半月板向后方移位,如果此时突然外旋伸膝或内旋伸膝,由于半月板不能及时退开而遭到挤压,以至于造成内侧或外侧半月板撕裂。

掌指、指间关节损伤。这种运动损伤主要发生在手指与器械相接触的运动场景。例如篮球接球时,动作不正确,断球时手指过于紧张、伸得过直。一旦运动员的掌指及指间关节受到损伤,会明显地体验到损伤部位带来的肿胀感及疼痛感,指关节活动也会受到限制,并出现运动功能障碍。

(二) 运动扭挫伤的处理

对于扭伤或者挫伤引起的局部组织损伤,可根据损伤的程度给予处理,如果有表面的开放性损伤一般通常需要首先对伤口进行清创缝合,通常应该在受伤后 6—8 小时内,注射破伤风抗毒素以预防伤口感染。

对于一般闭合性的损伤出现的局部疼痛不适症状,可以先进行局部制动休息,扭挫伤初期,破裂小血管出血,此时可用冷敷法,在较短的时间内使受到损伤的组织局部温度降低。低温可以使局部血管收缩,促进凝血,同时也使疼痛减轻。冷敷方法:首先将毛巾或多层纱布浸于冷水中,继之捞出,略微拧水,然后敷于伤处(冷湿敷)。持续冷湿敷 20—30 min/次,更换毛巾或纱布 1 次/(2—3) min,以保证冷敷效果。局部损伤破裂血管出血在 24 h 内停止,因此 24 h 后改为热敷。热敷方法不限,但温度不可过高,以免局部烫伤。热敷的作用是促进损伤处及周围淤血消散。

合理用药:关节扭挫伤初期不需给予内服药物,也不宜外敷活血性药物,以免促进局部出血,使肿胀加重。但扭挫伤 24 h 后,内服与外敷活血性药物会起到良好的治疗效果。可以服用止痛药物,局部外用膏药或者外喷药物以缓解疼痛不适症状。

(三)运动扭挫伤的预防措施

1. 做好充分的准备活动

在运动前不做准备活动或者是准备活动不充分,身体及各个组织器官都还处于相对静止状态,其机能都还没有得到充分的激发,很容易会造成肌肉拉伤、韧带挫伤、关节扭伤及骨折等损伤。而做好充分的准备活动会使身体由相对静止状态逐渐过渡到紧张状态,使身体各个器官的机能都得到激发,进而可以有效地避免运动损伤的发生。

2. 加强易受损伤部位的锻炼

有一些身体部位是比较容易出现运动损伤的,如踝关节、膝关节以及指关节等身体部位。加强对这些身体部位的锻炼与训练,可以增强它们的力量,提升它们的功能,从而对一些运动损伤起到积极的预防作用。

3. 加强身体素质的全面发展

通过进行身体素质训练,可以增强人体的大腿、小腿、足踝及腰背部肌肉等的力量,增强关节的灵活性与稳定性,促进运动员身体素质的全面发展与提高,从而使运动参与者有能力在剧烈的运动中保证自己的安全。

二、运动中的肌肉拉伤

(一)肌肉拉伤的机制

肌肉拉伤是肌肉主动收缩所产生的张力、重力或对抗所引起的肌肉过度牵伸所致。这是一种作用于肌肉的间接损伤,最好发于跨越两个关节,尤以发生在 II 型纤维比例更高的肌肉,如腘绳肌、股四头肌、小腿三头肌等。其中以腘绳肌拉伤最为常见。肌肉在有或无主动收缩时被动牵拉都可引起拉伤,但单纯被动牵拉引起拉伤的情形在临床并不多见。肌肉主动收缩时被动牵拉易引起拉伤,尤以大强度离心收缩时最为常见。目前普遍认为,人体肌肉拉伤是主动肌收缩的同时,拮抗肌亦收缩,超过了肌肉组织承载所致。

(二)肌肉拉伤的临场表现

肌肉拉伤的即刻是炎性反应,水肿多于出血,严重的肌肉撕裂则产生出血,有时还有皮下溢血与出血。CT 检查显示其主要反应是水肿与炎症。出血常自肌肉进入筋膜间隙或进入皮下。

临床体检发现肌肉拉伤常发生于肌肉的远端（腘绳肌除外，其拉伤的部位是在肌群的近端外侧，主要是在股二头肌）。手术探查证实肌纤维的断裂部位大多靠近肌肉-肌腱连接处。

疼痛、肿胀、功能障碍是肌肉拉伤的主要临床表现。根据其损伤的严重程度将其分为三级：一级：仅有少数肌肉纤维挤压或撕裂，而其周围的筋膜完好无损，纤维的断裂只在显微镜下能见到，该肌肉在抗力下测试有疼痛与局部压痛，在开始 24 h 内可能测得轻度肿胀与皮下溢血；二级：有较多数量肌纤维断裂，筋膜可能亦有撕裂，肌与肌腱连接处有部分断裂，伤者可能感到"啪"一下拉断的感觉，常可摸到肌与肌腱连接处略有缺失与下陷；三级：肌肉完全断裂受伤时有剧痛，并摸到明显的缺失，拉伤的肌肉功能丧失。

（三）肌肉拉伤的预防与治疗

肌肉拉伤的预防主要是进行科学的准备活动与伸展运动。研究表明准备活动一方面可使肌肉弹性增加，储存更多的能量；肌肉内温度升高，使得其应激性上升，并可提高其收缩效率；增加关节的活动范围。另一方面，也能调整心理，这些都有利于拉伤的预防。伸展练习也可以预防肌肉拉伤。肌肉的主动收缩被认为能预防肌肉拉伤，肌肉主动收缩一方面可使肌肉内温度增高，使肌肉—肌腱的黏弹性发生改变；另一方面其产生的张力使得最易拉伤部位肌肉—肌腱连接部受到一定程度的牵拉。

肌肉拉伤后不同时期，其治疗方法存在较大差异。伤后即刻的处理原则与其他急性软组织损伤相同，即 RICE 处理——rest（休息、制动）；ice（冰水）；compression（压迫）；elevation（抬高）。在拉伤开始的第 1 天、第 2 天中为了适应与保护局部，有时需对肢体进行短时制动。长期制动不利于组织愈合，并易产生肌萎缩与力量减弱。一级肌肉拉伤在伤后 30 min—1 h 即应采用冰敷与加压包扎，第 2 天即可开始做控制活动度的主动牵伸，首先控制在不痛范围内的被动活动，以后每天增加一定活动度。二级肌肉拉伤至少需 1 h 冰敷与加压包扎，对严重损伤可口服皮质激素并递减剂量。开始即可在可耐受程度下活动与牵伸，在无痛情况下作温和的主动运动。三级肌肉拉伤有的需行手术修补，而如果同组肌群能代偿性肥大，补偿缺失的功能，则不需手术修补。

三、运动性肌肉痉挛

（一）运动性肌肉痉挛现象

肌肉痉挛俗称抽筋，是肌肉发生不自主的强直收缩所表现的一种现象，不受主体意识支配；肌肉处于紧张、僵硬状态，通常是由于乳酸积累而引起。这种症状在体育运动中较为常见，且多发生在大强度的运动项目中，如游泳、田径等，体操项目中也常有发生。痉挛可以发生在任何一块肌肉上，最常见的是小腿腓肠肌，其次是足底的曲拇肌和曲趾肌等部位。

（二）运动性肌肉痉挛产生机制

不正常的肌肉强直收缩。强直收缩又分为不完全强直收缩（肌肉未完全舒张就接着第二次收缩）和完全强直收缩（肌肉还未发生舒张就接着第二次收缩）。正常的强直收缩受神经机制控制，是一种正常的生理反应，没有不良症状，受意识支配。但长时间、大强度训练时，尤其是局部肌肉负荷较大，或进行间歇时间较短的重复练习时，肌肉过快地连续收缩，而放松时间太短，以致收缩与放松不能够协调、成比例地交替进行，肌肉得不到充分舒张的机会，从而出现痉挛现象。

人体电解质平衡紊乱引起肌肉痉挛。运动时,由于从汗中排出大量的电解质,而电解质与肌肉的兴奋性有关,丢失过多会使渗透压发生变化,打乱钾钠平衡,从而引起肌肉兴奋性快速增高,导致细胞膜电位不停地改变,肌肉受到一连串的刺激而发生连续、不规则的强直收缩肌肉的收缩功能就会受到影响,因而容易发生痉挛现象。

低温刺激引起肌肉痉挛。在寒冷刺激的条件下,人体神经肌肉遇冷收缩变得僵硬,此时如对局部肌肉连续刺激且刺激的强度过大,由于兴奋性高,肌肉黏滞性大,肌肉一旦收缩就难以舒张,紧接着又是一连串的收缩刺激,那么肌肉就会发生不规则的强直收缩,引起肌肉痉挛。

代谢产物堆积引起肌肉痉挛。当肌肉处于运动状态时,会产生大量的代谢废物,如 CO_2、乳酸、尿酸、尿素、肌酸等。当肌肉处于长时间的收缩状态时,血管也就随着肌肉的收缩而收缩。也就是说,这些废物不能及时地被运走,使它们长时间地在血管中大量蓄积,造成微循环障碍。造成肌肉局部的血液循环和物质能量代谢发生改变,整个机体机能处在最低状态,肌肉得不到及时放松,从而引起肌肉痉挛。

四、运动中的擦伤

(一)运动中的擦伤现象

运动擦伤是钝性致伤物与皮肤表皮层摩擦而造成的以表皮剥脱为主要改变的损伤,又称表皮剥脱,是开放伤中最轻的一类创伤。擦伤多发生于运动中的跌倒、碰撞、器械打击等情况。擦伤除伤及表皮外,也可伤及真皮层。擦伤可单独存在,亦可与挫伤、挫裂伤等并存。

(二)运动擦伤的处理

浅擦伤:如果是浅度擦伤,要先将伤口用温开水或自来水进行来回清洗,然后涂抹上红药水就可以了。以后,每日涂抹红药水3次左右。同时,到医院注射一次破伤风抗毒素。

头破擦伤:假如伤口不是很大,可以按住伤口周围的皮肤,这样就可以止血。之后把头发剪去,局部采用消毒药水涂抹后包扎;假如伤口过大的话,一定要去医院来进行处理。

钝器撞伤:如果受到钝器击打,皮肤没有破,局部有青紫色的块状物,那就是皮下出现了小血肿。症状轻的,一般不用进行处理;症状严重的,要马上去医院进行处理。

利器划破:假设皮肤被剪子、玻璃等划破的话,可以在伤口的位置上抹点红药水以避免伤口感染。如果手指被切伤,要把手高举,捏住指根的两边,这样可以止血。然后,再在伤口周围的皮肤处涂抹上酒精或碘酒,或在伤口的位置上涂抹上红药水,用干净的创可贴或绷带、布把伤口包扎好。

五、运动中的低血糖

(一)运动性低血糖现象

运动训练需要能量代谢,而糖在能量代谢中发挥着重要的作用,对人体的运动能力也有很大的影响。在三大能源物质中,糖是唯一可以在无氧条件下进行代谢的能源物质,也是可以直接转化为其余两大能源的物质。运动性低血糖是体内糖原储备量不足者在长时间剧烈运动后期出现的储备耗竭情况。它属于正常生理现象,可通过休息和营养的调节补充恢复。

(二) 运动性低血糖发生的原因

长时间的大运动量运动:在进行马拉松长跑、长时间骑行或长时间滑雪时,体内的血糖大量消耗和减少,如不能及时补充,极易引发运动性低血糖。

空腹或饥饿状况下运动:如果在空腹或饥饿状况下运动,很容易导致肝糖元储备不足,如果不及时补充糖分,在运动过程中就会导致体内糖元大量缺失,最终引发运动性低血糖。

剧烈运动:在进行大强度剧烈运动时,中枢神经系统调节血糖代谢发生紊乱,导致胰岛素分泌量增加。而当体内胰岛素的含量上升时,血糖就会随之下降,进而出现运动性低血糖。

精神高度紧张:在进行蹦极、攀岩等极限运动时很容易导致人体出现精神高度紧张的情况。在情绪过于紧张、极度恐惧或身体有病时(特别是运动性贫血),也会导致运动性低血糖。

(三) 低血糖的预防

运动应尽可能安排在餐后1—2小时内进行,这时人体血糖较高,不易发生低血糖。避免空腹时进行大运动量锻炼,如果是晨练,应在锻炼前或锻炼过程中适当补充糖果、葡萄干、巧克力、含糖饮料等,以防低血糖的发生。运动前应进行充分的准备活动,运动结束时不要马上停止,应进行一些恢复性的放松活动。运动量与运动时间应循序渐进,逐渐增加。

易发作低血糖者应选择骑自行车、慢跑、健步走、打羽毛球、游泳等有氧运动,尽量避免大强度、大运动量运动。运动后以感觉轻度疲劳为宜。加强心理调节,避免运动前和运动中情绪过度紧张。

学会运动前、中、后的补糖方法,以预防运动性低血糖的发生。可在大运动量运动前1—4小时按照1—5克/公斤体重进行补糖;运动中每隔30—60分钟可补充含糖饮料,少量多次,也可在运动中吃易消化吸收的含碳水化合物较多的食物,如面包、香蕉等;运动后补糖越早越好,一般在运动后即刻、2小时内及每隔1—2小时连续补糖。

六、运动性晕厥

(一) 运动性晕厥现象

晕厥是由于大脑一过性、广泛性供血不足而突发的、短暂的意识丧失状态和昏倒。晕厥发生的基本原因是大脑一过性急性缺血。正常脑血流量为45—50 ml/(100 g 脑组织·min),维持意识所需脑血流量的临界值为 30 ml/(100 g 脑组织·min),低于此值即可引起大脑功能全面抑制。临床试验证明,中断脑供血超过 8 秒即出现晕厥。运动性晕厥在大学生体育运动中比较多见。

(二) 运动性晕厥的发生机制

运动性晕厥多属于血管张力与容量失衡性晕厥。不同发作状态其发病机理不尽相同。

发生于剧烈运动过程中的晕厥主要是由于剧烈的运动负荷突然超过心脏的负担能力,使心脏发生急性疲劳,心肌释放血管紧张素Ⅱ,冠脉收缩,心脏供血障碍和缺血、缺氧,致心肌收缩力减弱,脑血流量减少而引起的。

运动过后不久发生晕厥,多系剧烈运动后立即站立不动引起。剧烈运动突然中止使脑血流减少。主要是由于运动时下肢肌肉内毛细血管大量扩张,循环血量明显增加(可较安静时增加30倍),一旦突然中止肌肉运动,下肢的毛细血管和静脉便失去肌肉收缩而产生的节律性挤压作用,再加上血液本身的重力,使血液大量积聚在下肢血管中,回心血量明显减少,心输出量随之减少,从而导致脑部供血不足而引起晕厥。

部分长时间站立引起的晕厥。人体在站立位时,由于引力对流体静力压的作用,大约有300—800 ml的血液灌注于下肢。当长时间站立于固定位置时,由于植物神经功能失调,体内血液重新分布的反应能力下降,导致脑部一时性供血不足引起晕厥现象。多见于长时间站队时,若及时平卧可防止发作。

(三)运动性晕厥的预防

运动性晕厥关键在于预防。平时要坚持体育锻炼,提高血管运动机能水平;饥饿或空腹时不宜参加体育活动;锻炼基础差、身体较弱者,要根据自己身体的实际情况量力而行,绝不可勉强完成超量运动负荷;尽量避免在炎热的气温下进行超强的体育运动。

第四节　运动处方的制订与应用

随着运动康复疗法、体育锻炼疗法在临床中的使用越来越广泛,运动处方和机能评定的作用和地位越来越凸显出其重要性。不管是用于健身的运动处方(exercise prescription)还是康复疗法的运动处方(rehabilitation prescription),都是一种个体化、针对性强的运动程序,是联系医师实施运动康复疗法与受益个体的纽带和桥梁,并且常辅以其他治疗方法,如药物、营养、心理或物理、化学疗法。它与药物处方一样,必须具有科学性、针对性、有效性和安全性。运动处方的目的是用于加强、保持或恢复健康和体能,通常它需要专业人员根据锻炼者的健康状况,运动适应能力、锻炼的目的而制订。本节将系统地阐述运动处方的概念,内容构成,实施过程,改进与修订等内容。

一、运动处方概述

(一)运动处方的提出

运动处方这一概念最早是由美国哈佛大学海明威体育馆第一任总监、医学博士达德利·艾伦·萨金特(Dudley Allen Sargent)在19世纪70年代提出。他认为运动测试是临床上评价心脏功能能力的主要方法,运动测试与制订心血管疾病的运动治疗方案有关。20世纪50年代,芬兰运动生理学家、心血管医生、心血管疾病流行病学的创始人马尔蒂·卡尔沃宁(Martti Karvonen)等提出了运动处方构成的四要素,即运动频率、运动强度、运动时间、运动方式,并创建了运动处方的制订方法。德国的赫廷格(Hettinger)等于1953年在运动处方要素的设定中提出了超量负荷、超量恢复。1975年,《ACSM运动测试与运动处方指南》(*Guidelines for Graded Exercise Testing and Exercise Prescription*)第1版将运动处方定义为:运动处方是包括身体活动的运动类型、运动时间、运动强度、运动频率。这4个要素适用于为不同年龄、不同能力以及是否存在冠心病(CHD)危险因素或冠心病的人制订锻炼计划。2006年第7版《ACSM运动测试与运动处方指南》在运动处方的4要素基础上,增加了"运动量"和"进阶",使运动处方的4要素成为6要素。在2018年第10版《指南》中对运动处方做出新的界定:"运动处方是包括运动频率、运动类型、运动强度、运动时间、运动量及进阶,适用于为不同年龄、不同体质健康水平以及是否存在冠心病危险因素或冠心病人,制订健康促进及慢病防治运动锻炼指导方案。"

2016年,国家运动处方库建设课题组对运动处方给出了如下定义:"运动处方(是由运动处方师(Instructor of Exercise Prescription)依据运动处方需求者的健康信息、医学检查、运动风险筛查、体质测试结果,以规定的运动频率、强度、时间、方式、总运动量以及进阶,形成目的明确、系统性、个体化健康促进及疾病防治的运动指导方案。"

(二)运动处方对大众健康的意义

运动处方的问世,打破了药物处方一统天下的健康促进格局,改变了人们仅依靠药物对慢病进行防治的天经地义和习以为常的思维定式与认知模式,引发了人们对"运动处方"和"药物处方"深层次的思考:以药物为身体康复与保健手段的"药物处方"是外源性的健康促进方式,以运动为人体功能修复与养护手段的"运动处方"是内源性的健康促进方式。药物处方在应对慢性病的过程中使人越来越相信药物而不相信自己,而药物治疗的高成本决定了这是一条越走越窄的胡同。运动处方从根本上改变了人类社会增进健康、应对慢病的方向,所确立的将健康关口前移,从依靠外源到依靠自己、从治标到治本、从风险补救到风险预防,把健康主动权牢牢掌握在自己手中的战略定位,所采取的"运动处方"全攻全守在健康促进、慢病预防的第一关,"药物处方"主攻、"运动处方"辅攻联合作战在慢病治疗第一线的战术实施,为人类社会健康促进和应对慢病开辟了新途径。

二、运动处方的内容构成

(一)运动锻炼期的目的

运动目的是运动疗法的核心部分。一般是根据锻炼所要达到的要求进行设计。锻炼的目的一般为:①保持现有的体能状况;②增强现有的体能状况;③增强肌肉的肌力和改善关节活动度;④增加热能的消耗,促进脾胃消化功能或达到减肥减重的目的;⑤调节心理紧张度,平衡心理;⑥调节身体的激素分泌情况和增强免疫机能;⑦治疗和康复各种慢性疾病。

(二)运动处方的基本形式

常见的运动处方分类方法还有:①按年龄性别分:中年人的运动处方,老年人的运动处方,儿童少年的运动处方,妇女的运动处方;②按疾病类型分:心血管疾病的运动处方,肺部疾患的运动处方,肥胖和代谢性疾病的运动处方,糖尿病的运动处方,骨质疏松的运动处方,肩周炎颈椎病的运动处方,骨关节炎的运动处方,电脑综合征防治的运动处方,癌症患者康复的运动处方等。

一般可根据病情和目的需要选择有氧健身运动,伸展牵拉运动和抗阻力量练习中的一种为主,辅以其他形式的锻炼。有氧运动主要是针对心肺功能及其他内脏器官疾患者,保持和提高这些器官的功能贮备和改善全身的代谢状况。以伸展牵拉运动为主的处方主要是针对骨伤后和神经肌肉障碍为主的病人,其目的是改善关节和肌肉运动范围,力量练习则是以增强骨骼肌的力量和耐力为目的,主要针对损伤后长期卧床肌萎缩、肌无力或损伤后需要恢复特殊的工种和工作能力,如驾驶员车祸伤后,需要恢复上肢掌握方向盘操纵杆的肌力,或下肢蹬踩离合器、制动器的能力等。采取哪一种形式的运动最为合适,这取决于运动锻炼者的健康状况、锻炼目的、环境条件、个人爱好等,运动医生可从这些方面进行考虑。我国传统的医疗体育方法,如太极拳、五禽戏、八段锦、动、静气功往往寓三种运动方式于一体,可快可慢,强度可大可小,锻炼部位选择多,具有综合练习,可选择练习的特点。

(三) 运动强度的安排

运动强度的安排是体现运动处方科学性、针对性和安全性的重要部分,其是指用于运动时消耗的能量和功率大小,目前一般用耗氧量的绝对值(VO_2)或相对值($\%VO_2max$)来表示,西方国家有的用梅脱数(METs)表示。由于耗氧量、最大吸氧量需要专门的仪器设备来测定评估,在我国的基层单位难以实施。加拿大的康复中心对一般病人也采用推算表推算最大心率的百分值或最大吸氧量的百分值。这是因为一般情况下心率与 VO_2 呈线性相关,而心率通过脉搏又容易测得,故可选择心率做运动强度的指标。另外还有心率贮备法,具体是采用靶心率(THR),而靶心率=[(最大心率-休息心率)×运动强度]+休息心率。由于要实测病员的最大心率具有相当的危险性,所以加拿大、美国最常采用的还是推算法,即 THR=220-年龄。我国目前尚无根据国人体质制订的推算表,有学者提出为210-年龄。另一种更为简便和容易控制的方法是自感劳累分级法(Rating of Perceived Exertion,RPE),通常用"稍累"(大约相当于 $60\% VO_2max$)到"累"($80\% VO_2max$)进行分级。因此给大多数健康成人的推荐运动强度在稍累到累之间(60%—$70\% VO_2max$)。运动强度原则上要达到或超过病员习惯运动的强度,否则难以增强和维持体能、关节运动幅度和肌力。加拿大运动医师建议一般人的运动强度在 60%—$70\% VO_2max$。并要制订运动强度的上限和下限,比如 60%—$80\% VO_2max$,其下限是 $60\% VO_2max$,上限是 $80\% VO_2max$。下限是激发运动者增加体能功能贮备的最低运动强度,上限是保证病人安全的限度。在我国采用较多的是靶心率法和自感劳累分级法。运动强度的具体评定方式可参考第三章第二节,第四部分。

(四) 运动持续时间

必须知道运动量=运动强度×时间。从这一公式可以看出,当运动量一定时,运动强度增大,运动持续时间就应缩短,一般认为每次锻炼心脏功能应达靶心率,并持续15—20分钟,才会对心肺功能乃至关节肌肉产生良好的影响,保持和改善人体机能的贮备量。所以每次锻炼应以能持续 20—30 分来设定强度。

(五) 运动频率

即每周应达到靶心率锻炼的次数。文献提示每周 2 天的康复锻炼可以保持机体的现有功能贮备,而每周 3 天、4 天的锻炼,才能提高机体的功能贮备,对以健身为目的的锻炼程序,最好的安排是中等强度的运动,每次持续 20—30 分钟,每周 3—4 次为宜。

(六) 体育锻炼进展的速度

循序渐进的原则是最基本的原则,一般认为:①开始锻炼期,可持续 3—5 周,应以中低强度开始;②增强锻炼期,可持续 10—12 周,可以中等强度进行,但如有不适症状应立即减量;③维持锻炼期,即当达到希望运动强度时,就进入该期,持续多长时间,什么时候进入调整,根据个体的情况和反应来安排,通常 12—15 周后,应有一调整期,约 3—4 周。

三、运动处方的实施过程

运动处方的实施方案有一套完整的程序,下面我们列举健身中心实施的运动处方程序:运动处方的处方程序为:

(一) 健康评价与风险评估

在执行运动处方或设计运动处方前,要充分了解自身身体状态,而人体健康状态是重要组成内容。通过医学手段对自身身体进行健康评估与筛查,可以帮助了解自身体质缺陷,避免不适宜的运动形式,规避运动造成的人体损害风险。所有个体在开展运动训练前都应该进行健康筛查与评估。运动训练前常规体格检查包括病史、血压、脉搏、关节等一般检查,必要时做心电图、胸透和化验检查等。主要目的是降低不适当运动造成运动性疾病、甚至发生意外伤害的危险。

(二) 体能评定

体能测试或体能评定在预防或康复运动项目中,是一种普遍的适宜的实践环节。在这些项目中健康相关体能测试的目的包括以下几个方面:使锻炼者了解自身健康/体能状况与同龄、同性别人群标准健康状况之间的差距;为制订个性化运动处方提供所有健康/体能要素的数据;收集基线和干预后数据,以评价受试者参与运动项目后的进展;通过建立合理、可行的体能目标以激励受试者参与运动。

(三) 确定需要重点维持或提高改善的身体机能部分

根据医学筛查及身体能力测试的结果,可以了解自身在体质健康及疾病防治方面存在的具体需求。从而确定自身身体机能需要改善与维持的具体部分,也就是确定体育锻炼要到达的目的。有具体的运动目标便于在编制运动处方时选择适当的运动形式,设置合理的运动负荷,提出合理的运动注意事项。总的来说,运动目标是引导和评价运动处方设计的重要指标。

(四) 运动形式的选择

运动形式的选择既要参考医学检查与体能测试的结果,规避不适宜的身体活动形式,避免运动损伤或运动风险,同时又要考虑运动形式可以促进相应的身体素质或身体机能的提高。对于大多数青少年来说,以保持和提高体能和健康为目的的运动计划必须包括以下几种活动形式:有氧运动、抗阻运动、柔韧性练习和神经动作练习。具体运动项目的选择可参考第三章第二节第四部分。

(五) 运动处方的执行

运动处方的制订和实施应使参加锻炼者或病人的功能状态有所改善。在制订运动处方时,要科学、合理地安排各项内容;在运动处方的实施过程中,要按质、按量认真完成训练。运动处方只有被保质保量地执行,认真地贯彻,才能对人体健康有明显的促进作用。此外,在执行运动处方过程中,要学会自我监控自身生理状态,有条件的可以适当引入医务监督,避免过度运动负荷或不适宜的运动形式对人体造成损伤风险。

（六）运动处方实施效果反馈

在运动处方的实施过程中，执行人可以最直观地体会运动运动量、运动强度、运动形式、运动频度所带来的生理刺激及生理机能变化。通过感受及记录这些生理变化，可以反映运动处方的实施效果。进行运动处方实施效果的反馈可以评估运动处方的有效性，为及时调整运动处方以及下一阶段运动处方的改进，提供明确的依据。

四、运动处方的修订与改进

运动处方是针对某一时段个体身体机能或运动能力的需要而制订的一套有针对性的身体活动方案。而随着运动处方的实施，人体相应身体机能会在一定程度获得提高，而原本运动处方制订的运动强度或运动形式可能不能满足机能提高后的锻炼者健身的需要。此外，一段时间后锻炼者的运动目标或目的可能会发生变化，那么相应的运动处方内容也要进行适当的调整。所以运动处方不是一成不变的而是随着运动目标、运动环境、运动反馈、身体状况等情况而不停进行修订的。

运动处方修改的依据主要是在前一段执行运动处方时的实施效果反馈，主要包括运动目标达成效果，运动负荷及运动形式的适宜程度，运动环境的匹配等。结合运动中的身体机能状态，以及运动目标的需要，对上述运动处方构成因素进行合理的改进与修订，从而提高运动处方的针对性及有效性。

参考文献

［1］邓树勋,王健,乔德才.运动生理学（高等学校教材）［M］.北京:高等教育出版社,2006.

［2］王瑞元,苏全生.运动生理学［M］.北京:人民体育出版社,2010.

［3］陈德明,李晓亮,李红娟.学校体育运动风险管理研究述评［J］.北京体育大学学报,2012,35(9):102-108.

［4］曹志发.新编运动生理学［M］.北京:人民体育出版社,2004.

［5］张跃萍,张明德.运动创伤治疗机治疗软组织扭挫伤50例观察［J］.现代康复,2001(10):104.

［6］常晓燕,姜洪.运动猝死和运动性晕厥的原因及防治［J］.医学综述,2011,17(11):1668-1671.

［7］祝莉,王正珍,朱为模.健康中国视域中的运动处方库构建［J］.体育科学,2020,40(1):4-15.

［8］李显军,任建生.运动处方的研究现状及应用前景［J］.武汉体育学院学报,2000(5):79-82.

运动技术篇

YUNDONG JISHU PIAN

第五章　田　径

第一节　概　述

"田径"是一个约定俗成的名称。译自英文 Track and Field。在"田径场"出现以前,跳跃、投掷项目就是在"田野"间比赛,走和跑类项目安排在"道路"上角逐。传统田径理论是按照竞赛特征划分:以时间计算成绩的项目叫"径赛",以高度和远度计算成绩的项目叫"田赛"。由跑、跳、投的部分项目组成,用评分办法计算成绩的组合项目叫"全能运动"。最新国际田径联合会对田径的定义为:包括径赛和田赛、公路赛跑、竞走、越野赛跑、山地赛跑和野外赛跑。

田径是唯一由人的自然动作发展起来的运动,区别于其他项目的游戏根源,更应该从其本质定义:田径运动是运用人体自身的能力,在地面上支撑用力,通过肢体的转动、骨盆的运动、蹬与摆的协调配合完成必要的动作,使人体移动得更快、腾得更高或更远,或把规定的器械投掷得更远的一个运动群体。

一、田径是体育运动中最古老的运动形式

上古时代,人们为了获得生活资料,在和大自然及禽兽的斗争中,不得不走或跑相当的距离;跳过各种障碍;投掷各种捕猎工具……在生活和劳动中不断地重复这些动作,便形成了走、跑、跳跃和投掷的各种动作和技能。为了把这些技能和技术传给下一代,就产生了模仿跑得快、跳得高、跳得远、投得准、掷得远的动作。形成了原始的教育、游戏和比赛。因此,田径项目显得简古。

直到今天,人们仍可以从现代田径运动项目中清楚地看到那些反映原始人身体活动的基本形态特征的成分;那些与生产劳动有关联的运动项目,如标枪、铁饼、障碍跑等,从生产实践活动中直接筛选的足迹清晰可见。所以,田径是最自然的、最普遍的、源于生活的动作行为的缩影和夸张。

随着社会的发展,这些形式从人类的生存中解脱出来,但是我们没法摆脱,永远也不会摆脱依靠基本运动能力去提高人类生存质量、提高生存效率、改善生存条件。人们有意识地把走、跑、跳跃、投掷作为练习和比赛形式。于是田径延续着文化,延续着人类追求生存、追求健康、追求身体与精神的结合。

二、田径是直接向人类体能极限的挑战

田径是比速度、比高度、比远度的项目。要么在短时间内表现出最大的速度和力量,要么在较长时间段表现出持久的耐力。这就非常具体地对人体的结构、肌肉组织以及神经类型提出极高的要求。田径训练就是从肌肉、器官、神经入手,发掘人体的储备能量和潜在能量,提高机体的

极限工作能力。田径运动的纪录是唯一直接体现着人类的身体发展水平的标尺,具有突出的个体化特征。

生理学家和有经验的专业人士曾预言田径运动成绩的最高界限,但这些预言和历史一个个都被后继者的实践冲破。这说明田径运动成绩永无顶峰,说明人类自身潜能的巨大,不仅鼓舞和支持着人类的精神,更重要的是让人类最直接地解读自己的躯体,在提高人类对自身能力的认识和对于人类的自我完善方面具有重大的意义。

三、田径是运动之母

田径运动概括了人类运动的普遍性规律和基本的原理,"蹬摆结合,以摆带蹬"是田径的核心,更是运动的基础,反映出各项运动间的内在联系。不论参与哪项运动,都必须经过走、跑、跳、投等形式的运动技能或锻炼过程。为增强速度而奔跑;为提升高度而跳跃;为延长距离而投掷……他们的技术是建筑在身体全面发展的基础上的。失去了身体能力便失去了载体,丢掉了走、跑、跳、投便丢掉了发展技术的途径。

田径运动可以直接对人体能力量化,是可以精确地确立运动强度和运动量的项目。于是成为人体解剖学、生理学、生物力学等学科探索体育领域的登陆点。同时进一步促使田径运动技术成为人们合理地运用身体能力和动作提高运动成绩的有效途径。田径技术表现的程度反映着身体形态、身体素质,追求一定的技术又同时提高人的身体素质。田径运动中一系列最直接、最基础的验证,源源不断地为其他运动项目提供了科研和方法论的指导。

整个田径运动旨在发挥人体最大运动能力,充分发挥身体素质的作用,挑战人体的极限的同时,又强调合理运用体力,最经济地使用人体的能量。所以,田径体现了人类维持正常生活的基本活动能力,也反映了人类健康生存的基本条件或基本的生活能力。

第二节 项目群简介

田径运动项目多,动作结构不同,锻炼形式多样,各项目之间活动性质、强度也有差异。它是典型的具有不同功效的体育项目群。一般划分为走、跑、跳跃、投掷 4 组专项群,每组有明显的目的性。田径运动中的"快""高""远"是运动的外在表现形式,其内在本质是运动技术与人体能力的完美结合。它涵盖了人类完成动作时身体姿势、动作的方向、幅度、距离、节奏、速度以及力的相互作用等基本的运动学和动力学规律。我们只有明确并深刻理解各项目的属性,把握肌肉能源、神经支配、肢体动作和心理活动能力这些主要因素,才能了解运动规律的凸现和隐藏,才能沿着田径运动从生活中来到生活中去的常规历史轨迹,才能练得准、练得巧、练得有效。

一、走

(一)走的定义和特征

走是走路、走步、步行、散步、竞走等的总称。走的动作没有腾空,是一条腿支撑和两条腿支撑的交替,属于周期性运动。

经过科学整理,把日常生活中的自然走步上升为竞技性项目就是竞走。竞走步子大、频率快,行走的姿势摇头晃腰扭髋,如同在水上漂浮一样,几乎完全利用双臂的摆动和身体向前的惯性滑动。国际田联对竞走技术有严格的规则定义。竞走是由一脚支撑和两脚支撑并相互迈步前进,两脚始终与地面保持不间断的接触,在任何时间都不得同时离地。向前迈的脚在着地过程中,支撑腿在垂直部位时至少有一瞬间必须是伸直的(膝部不得弯曲),特别是支撑腿在垂直部位时必须伸直。

(二)走步技术核心

髋部的运动是人体向前的原始动力。竞走技术中向前的动力是由踝、趾关节和髋关节的曲伸,以及手臂和摆动腿的摆动形成的。竞走与普通走比较,步幅要大 20—40 厘米,频率要快100步/分钟。与跑比较就是没有腾空的动作。

健身走受自然走的步态影响,直体直行的步态主要决定于脚和腿的形态结构。比如内外八字脚走路时压力容易向外侧和内侧偏移。腿形不同,走路的姿势也不同,直行腿走路时脚掌水平着地,重力在两腿之间,很平稳。剪子腿走路时,小腿外展,腿内侧先着地,重力偏向脚内侧,容易左右扭动。罗圈腿走路时,小腿内收,脚外侧先着地,重力偏向脚外侧,容易左右晃动。凹膝腿走路时,脚后跟先着地,重力偏向脚后跟,容易使上体前曲。曲膝腿走路时,脚前掌先着地,重力偏向前脚掌,容易形成蹲姿。出现以上情况应注意矫正,否则走步既不经济又不能达到卫生保健。

(三)走步项目

竞走项目分为公路和田径场两种。公路项目以公里为单位,有女子 10 公里、男子 20 公里和50 公里;田径场项目以米为单位,设有女子 5 000 米、10 000 米,男子 10 000 米、20 000 米。

人们常借以锻炼的走步有散步、踏步走、倒着走、走楼梯、赤足走、水中走、踮脚走等。

(四)走步的健身作用

走步是天赋的最自然的运动,人类进化来的身体结构就是为直立行走设计的。走能使身体70%以上的肌肉得到运动,能使所有器官组织活跃起来。而且,我国中医认为"走为百炼之祖",人体的五脏六腑无不与脚相关,脚踝以下有 51 个穴位,脚掌就有 15 个,可以视脚掌为人体的第二心脏。走步显然是刺激穴位和经络的锻炼,经络沟通内外,贯穿上下,将人体各部的组织器官联系成一个有机整体,借以运行气血,营养全身,使人体各部分功能活动保持协调和相对平衡。

走步是缓和的耐力性项目,属于有氧运动。只要连续不断、有节奏地走自己目标计划的时间或者是设定的距离,就能很容易地控制运动强度和运动量。最显著的效果是加速物质代谢,提高呼吸系统、心血管系统、各组织器官对氧的供应能力和氧的利用率。经过长期的锻炼后,我们可以坚持更长的工作时间,更加充满活力,疲劳后的恢复时间也会大大缩短。

走步是医疗和康复的重要手段,有专门的"步行疗法"。比如用散步舒缓大脑中被激活的神经元,以减轻精神压力、忧虑、焦虑和抑郁的症状,是一种天然的镇静剂和心理调节剂。又如消耗多余的热量可以减肥,减缓骨质损失,防止动脉硬化,促进胃肠运动等等。人常说:生命在于运动,健康始于脚下。

二、跑步

(一)跑步的定义和特征

跑是人类固有的一种重要的短时、快速运动方式,是单脚支撑离开地面并能够在空中停留瞬间的人体位移的方法。

无论是短、中、长跑、跨栏跑还是越野跑都是在规定的距离内,谁先到达终点,谁就取得胜利。显然是以跑的速度来决定成绩的。跑的距离不同,要求的速度也不同。短跑是以最高速度向前,以最快的摆动——"扒地"产生最高速位移。创造最高速度是短跑的突出特点,换句话说,短跑成绩的决定因素是最高速度而不是速度耐力。跨栏跑是固定间隔、跑跨交替的非对称高速运动。髋部的力量和灵活性高于任何项目。中跑到长跑,速度耐力的成分逐步加大,但是没有最大速度谈不上速度耐力,更谈不上高速跑动中的放松。可见速度是对跑起着主导作用的素质。扩展到其他项目,虽然本身不是速度,但速度素质的好坏对运动成绩起着直接的影响。因此,速度是运动之魂。

(二)跑步技术核心

正因为人类具备的这种运动方式与运动能力,单纯的快速跑发展成为跑的运动。但是不同人之间的运动学和生物力学的差异,导致了运动成绩的差异。人在快跑时,腾空的时间比支撑时间长,为了提高跑的速度,就必须加强与地面作用的效果,即蹬地的力量和速度。减少支撑时间才能减少腾空时间。为了达到这样的效果,除了曲膝支撑获得较好的蹬地角度和连贯性,"蹬摆结合、以摆带蹬"是第一关键。手臂与腿的协调快速摆动,对伸髋与积极着地动作有决定性的意义。

(三)跑步项目

跑步项目众多,包括在田径场的跑道和规定道路上进行竞赛的项目。为了推动田径的发展,国际田联不断在国际赛事新增不同距离的项目。

田径场项目有:100 米、200 米、400 米、800 米、1 000 米、1 500 米、3 000 米、5 000 米、10 000 米、3 000 米障碍赛、100 米栏(女子)、110 米栏(男子)、400 米栏、4×100 米接力、4×400 米接力(男、女、男女混合)等。

公路跑项目有:10 公里、15 公里、20 公里、半程马拉松、25 公里、30 公里、马拉松、100 公里、公路接力。

越野赛项目有:成年男子 12 公里和 4 公里、成年女子 8 公里和 4 公里。青年男子 8 公里和青年女子 6 公里。

山地赛跑项目有:成年男子 12 公里和女子 8 公里、青年男子 8 公里和女子 4 公里。

(四)跑步的健身作用

跑步作为发展速度的锻炼,目的是不断建立中枢神经系统快速条件反射,发展快速能力。速度的快慢不仅取决于人中枢神经系统的灵活性、肌肉的力量、动作速度等因素,而且还取决于掌握正确的技术。因此,速度训练并不是采取某一两个手段就能取得良好效果的,而是首先要有全面身体训练的基础,并掌握正确的跑的技术。同时,能够最大限度地将人体的综合机能和身体素质,转换成维持和提高跑速的技术能力。

健康对跑的能力特别倚重。出人意料的是,健身跑对运动器官的肌肉作用并不大,最大的益处在于增强和提高心血管系统、呼吸系统、消化系统、神经系统和肝脏的功能。所以健身跑拥有世界上最大的锻炼群体,甚至医疗也采用慢跑。

三、跳跃

(一)跳跃的定义和特征

跳跃是一种"以取得较长时间腾空为目的的人体非周期性活动形式",是人体短时间、高强度的神经肌肉用力克服障碍的运动。集中抵抗身体重量、自身运动中的各种生理性和病理性的不协调、不适应,集中承受环境、器械、心理、情绪的阻力。

跳跃需要全身肌肉的协调用力,特别是腿、足用力蹬伸以克服自身重力来完成。它通过快速的助跑起跳,工作肌群的一次性爆发用力,瞬间改变身体运动方向,肌肉承受强大的冲击性惯压负荷,以反射的方式完成离心—向心收缩,产生巨大的爆发功率。属于快速力量型项目。

(二)跳跃技术核心

由于跳跃成绩表现在腾空时所克服的垂直高度或者水平距离上,决定了跳跃技术尽量争取腾空时间。为了创造理想的腾空,都由一段较长的助跑获得速度再转入起跳。这意味着由周期性运动变为非周期性运动,动作结构变化大,而且要求动作转换连贯、自然、迅速。所以起跳水平是跳跃的第一关键,速度依然是跳跃项目的灵魂。

(三)跳跃的项目

跳跃项目包括:跳高、跳远、三级跳远、撑杆跳高。

健身跳可以分为:高度跳和远度跳,高度跳和远度跳又分别包括原地跳和助跑跳,原地跳和助跑跳各分为一次跳和连续跳,再划分为徒手跳和负重跳,最后分为障碍跳和无障碍跳。

(四)跳跃的健身作用

跳跃是人体在短时间、高强度神经肌肉用力克服障碍的运动。诸如克服地心引力、身体重量、自身运动中的各种生理性的和病理性的不协调、不适应,以及克服运动环境、器械、心理、情绪等障碍。因此,跳跃能提高控制身体和集中用力的能力,能有效地发展弹跳、力量、速度、灵敏和协调性。

健身跳的目的是促使肌体的全面发展,增进健康水平。健身跳不需要特殊的场地条件,只要地面平坦、无碎石硬块又不滑即可,最好地面较为松软,这是为了避免因地面过硬、跳跃技术不好而造成足、踝挫伤或胫骨发炎以及膝关节的慢性劳损。对于运动能力较弱的人做跳跃练习主要放在跳跃的意识上,即向上、向前的幅度不大,只强调身体重心的起伏和动作的节奏。

四、投掷

(一)投掷的定义和特征

投掷是田径项目中唯一一类通过器械体现力量爆发的形式。要求从静止姿势开始,平动动作和转动动作相结合,整个过程人和器械形成整体系统,在严格限定的空间内完成动作。肌肉工作特点主要表现在预先拉长的、克服恒定阻力的一次性爆发性克制收缩。其关键是协调的用力顺序和最后出手速度。所以也属于速度力量型项目。

(二) 投掷技术核心

投掷是通过助跑、旋转或者滑步,在器械运动方向上产生一定的速度,肢体积极主动地形成左侧支撑,按照躯干、大臂、小臂、手腕和手指的顺序用力,创造最高的器械出手速度。提高器械出手初速度是投掷项目的核心。换句话说,投掷的实质是人体在具有预先速度的基础上,通过投掷臂对器械施力做功,将器械以最佳初始条件投出。

(三) 投掷的项目

投掷的项目有:推铅球、掷铁饼、投标枪。

健身投练习有:抛掷实心球、掷垒球等,目前更多的是随着人们对投掷项目特性的进一步认识,以及电子技术的发展,综合力量练习器在结构功能上、外观使用方法上对许多健身投的方式和场地器材都有了突破性发展。

(四) 投掷的健身作用

投掷锻炼本身就是日常生活中很实用的动作技能强化。投掷是将身体各部分的作用力集中并传递到投掷臂,最后通过手作用于器械的连贯动作。所以投掷锻炼能使神经肌肉系统反应快、传递准、控制强,减少肌肉代偿,加大肌纤维的募集量。让大脑对空间定位和立体化空间建立能力得到提升。可以培养和增强关节活动的顺序性,主动加强关节用力,主动发挥大关节的潜力,加强小关节与大关节之间的关联,突出小关节的支撑点。让全身运动动作的准确性、协调性以及运动整合能力得到发展。

在投掷过程中,人体实现了肌肉势能的释放以及人体动量向器械的转移。最直接的就是锻炼人在移动状态下、惯性影响下对外物施力的能力,有效地发展臂部、肩带、躯干和腿部等肌肉力量,有利于骨骼的发育和生长,增强关节的柔韧性以及提高关节活动度。

第三节 大学生体质健康测试内容精要

田径项目在《国家学生体质健康标准》中占有很大的比重。我们把平时锻炼和测试时应该注意的问题提纲挈领,作些简单提醒和推荐。

一、热身、冷身和拉伸运动

我们从小就被教导:运动前一定要做准备活动,运动后要有整理放松。"准备"和"整理"非常形象但太笼统。准备和整理需要做些什么、怎么做、做到什么程度、为什么要做都不够明确。所以很多人无视运动过程中不可或缺的两个阶段,增加出现损伤的概率。要么草率行事,很多疏漏,根本达不到期望的效果。我们用热身、冷身和拉伸来表述这两个过程的精髓。

准备活动就是热身,让身体从静止的状态逐渐进入到运动状态,满足身体接下来的运动需求。通过短时间相对一定强度的热身,可以大大缩短身体进入稳定工作状态所需要的时间,让身体各个器官系统,特别是与运动直接相关的肌肉骨骼系统、心肺系统、神经系统、内分泌系统等得以激活和动员,达到承受运动负荷的水平,提升整个人体的运动效率。

冷身是使身体从运动的状态转化为静止状态的适应过程,通过主动引导和调理,把动荡的身体变得温和,恢复原有的条理和秩序。

拉伸符合现代功能性训练理论,可以预先扩张关节的活动度,在接下来的运动当中能够更容易做到全幅度以及更安全地做到全幅度训练。也符合身体柔韧性的提升规律,通过拉伸,全面发展各关节、韧带的柔韧性,提升运动技能和水平,从而形成运动的良性循环。

(一)热身

运动前的准备活动是刺激身体从平静状态进入运动状态,帮助身体提前兴奋,把身体提升到运动时需要的程度。其重要性和价值可以比喻为锻炼时身体的保护伞和催化剂。有哪些准备呢?用热身来描述就比较规范和到位。热身作用和意义也是我们准备活动时关注的内容和方向:

热身,顾名思义就是让身体热起来。提高肌肉的温度可以让肌肉变得柔软而降低肌肉和关节的粘滞性,促进关节滑液分泌,降低滑膜液体的黏稠度,减少刚开始运动时身体的僵硬和疼痛,具备应有的活动度。

第二是激活神经和肌肉系统,增强神经的传导速度和强度,加强神经对肌肉的导引和控制力,募集更多的肌纤维,使肌肉具有弹性以储存和恢复能量。所以,神经和肌肉系统的整合,更大程度地稳定核心才提高肌肉收缩的速度和效率。特别是激活后增强效应,更加有利于运动表现。

同时唤醒心肺系统。由于心肺系统的调动较慢,许多人直接运动或准备不足会出现胸闷、岔气(运动性短暂腹痛)现象。所以需要用一定强度的运动进行唤醒调动心肺,提高心率,使全身血液流速和流量增加,提高供氧能力,缩短进入最佳运动状态的时间,克服心肺惰性。让呼吸系统更快地跟上运动需要,也有利于加快消除生理"极点"。

还有,身体需要达到一定的温度才能进行某些新陈代谢反应,热身能够使这一临界状态更快地形成。汗液分泌促进身体散热,即将代谢产物排出体外,又让身体的温控系统进入新的档次。

热身有了上述效果才算对即将到来的运动作好全面准备。一般的热身活动应该不少于5分钟,也可长达30分钟左右。慢跑或模拟动作练习、肌肉动态拉伸外加肌肉激活是被主流认可的热身方式。第一步慢跑或模拟动作练习起到升高体温、调动心肺、激活肌肉、动员神经的作用。第二步就是肌肉动态牵拉。要特别注意,动态拉伸不是传统沿袭下来的关节活动操,如颈腰膝的环绕、弹振体前曲、压腿等等,这些动作会研磨挤压关节而平添损耗,或导致肌肉或肌腱损伤。动态拉伸是有针对性的功能性拉伸动作,更注重于多关节、多肌群参与通过动作完成拉伸。第三步再进行4—6个肌肉激活动作(专门性练习、功能性练习)。

(二)冷身

如果突然停止剧烈运动会导致血液聚集在外周扩张的静脉中,人会出现恶心、筋疲力尽等症状,严重者会头晕目眩,甚至休克。冷身能使高速跳动的脉搏减缓至安全水平,能使大量的血液返回心脏减少外周滞留,避免血压下降过快,保证大脑的供血。冷身过程能及时放松肌肉,加速代谢产物的排除,尽快消除疲劳,促进体力恢复,还可以减轻肌肉延迟性疼痛和肌肉酸痛,降低肌肉损伤的风险。

运动后冷身就是使身体从激烈的状态转化为平静状态的适应过程,是在高强度的运动之后让身体逐渐过渡到静或接近平静。热身是让身体做好锻炼的准备,而冷身是做好停止的准备。只是一个平缓过渡期以弱化身体的不良反应。

有效冷身的步骤:运动后,不要骤停,坚持做一些运动强度逐渐下降的活动,如从轻松的慢跑到走,一般用 5—10 分钟,使身体平缓度过不良反应危险期。第二步是拉伸,特别是静态拉伸。重点拉伸当天集中运动到的部位,让疲惫的身体不再僵硬,保持血管畅通,尽快地恢复体能。拉伸力度和幅度要小,宁可达不到理想的拉伸效果,也不能因拉伸而受伤。另外,如运动过程中消耗能量较多,用水或运动饮料补充身体水分和能量。冷身结束到身体完全恢复静息状态通常要1 小时左右,尽量不要吃饭、洗澡等,避免全身血液集中在某个部位,出现不良反应。

(三)拉伸

由于缺乏拉伸练习,许多人的柔韧性都不是很好。肌肉紧张的情况下,会压迫血管,影响机体营养供应,减缓肌肉疲劳恢复速度,降低肌肉力量和耐力,从而导致我们运动能力的下降。另一方面,身体肌肉紧张时,我们的动作速度和幅度就会受到限制,效率也会受到影响。加强拉伸训练,改善我们的身体柔韧性,让我们免于束缚,自由地支配身体的各个部分,我们的运动状态会发生改变,运动能力也会明显提升。

1. 拉伸的类型

拉伸是通过拉长肌肉的长度及增加关节的活动度来提高机体柔韧性的一种活动方式。所以拉伸并不仅仅是拉长肌肉,还会让关节扩大运动范围。拉伸有静态拉伸、动态拉伸、弹振式拉伸、本体感觉神经肌促进拉伸(PNF)、主动分离式拉伸(AIS)五种形式。

1)静态拉伸,我们提高柔韧性最常用的方法。缓慢地把肌肉拉长到极限长度、关节停在最大活动范围处并保持一定的时间不动的拉伸。静态拉伸分为主动拉伸和被动拉伸。主动拉伸指在拉伸的过程中始终依靠自身力量独立完成拉伸。被动拉伸是在拉伸的过程中自己先开始拉伸,达到一定的活动范围后,再借助外力达到新的关节活动范围,并保持一段时间。静态拉伸过程应舒缓进行,直到拉伸的部位感到不适时,略微减小关节活动范围再稳定住 15—30 秒。当保持在静止位置一定时间,身体的拉伸感减小后,可再次缓慢地将被拉伸肌肉往更大的牵拉幅度进行拉伸再继续保持。所以,静态拉伸不是越使劲拉越好,过度拉伸引起牵张反射,反而影响拉伸效果。

2)动态拉伸是保持一定节奏、进行速度较快的、幅度逐渐加大的、多次重复同一个动作的拉伸。通过一些特定的、与参加项目相似的动作来增加关节活动度,帮助身体适应接下来运动的功能性拉伸技术。动态拉伸的主要特点是将目标肌肉在一定时间内重复同一动作,一般以次数计算。拉伸要有节奏地进行振动,动作幅度和力度由小而大,以促进肌肉拉长,扩大关节活动范围。提高动态柔韧性,并对运动中需要完成的动作进行复制。所以动态拉伸是一种功能性伸展练习,运用专项化的动作为身体作好准备,强调专项化的动作而不是为了拉长个别肌肉,这些动作针对或类似于接下来的运动项目,比如高抬腿模仿了短跑中提膝的动作。动态拉伸能促进肌肉的牵张反射,既可以提高肌肉群的伸展性,又能提高其收缩性,促进肌肉血液循环,提高肌肉的弹性和训练效果。

3)弹振式拉伸是一种主动运用肌肉力量,利用反弹运动,让肢体从起始姿势移动至拉伸姿势,是一种快速、弹跳的运动,带动关节活动直到肌肉拉伸至生理极限。弹振式拉伸是高速进行,因此很难控制拉伸的速度、幅度以及所施加的力量,所以弹振式拉伸只涉及弹跳动作,不涉及保持拉伸时间。正因弹振式拉伸的动作都是在快速不可控制的情况下进行的,其发生损伤的概率也明显增高。弹振拉伸加快了对神经系统的动员,促进肌肉更快发力。专业运动员常选用这种方式进行拉伸。因为弹震式拉伸可以激活牵张反射,所以说它的作用不在于拉伸,反而是刺激兴奋。

4) 本体感觉神经肌肉促进拉伸(PNF),是放松肌肉的常用方法,对于拉伸顽固肌肉或放松紧绷肌肉效果尤佳。听起来很玄乎,其实操作很简单,就是在传统静态拉伸过程中,增加一个主动发力对抗的阶段,然后放松继续做传统静态拉伸。通常是要求在同伴的辅助下用60%—70%的力进行等长收缩,对抗同伴的阻力5—8秒的时间,将肌肉拉伸至更大的范围,也可同时收缩拮抗肌。重复2—3次。PNF可以对本体感受器刺激的同时改善神经肌肉的兴奋性,从而改变肌肉的张力、缓解肌痉挛、肌肉强硬。因此PNF拉伸改善身体柔韧性、提高神经肌肉反应能力非常显著。

5) 主动分离式拉伸(AIS),利用主动肌与拮抗肌交互抑制原理,增加肌肉的柔韧性以及关节活动度。一般由人辅助或者借用弹力带进行,先由机体主动发力开始,拉伸开始时肌肉进行收缩,此时收缩肌的对抗肌则是非紧张状态,也就是交互抑制现象,之后再借助外力施加一个作用力,以此达到更好拉伸效果,提高关节活动度。

2. 运动前后的拉伸练习

运动前拉伸的意义就是在于通过预先扩张关节的活动度,让我们在接下来的运动动作中能够更容易做到全幅度以及更安全地完成动作。也就是说可以预防受伤,提高运动表现。热身不需要大量的拉伸,因为过大的拉伸,会让身体整体趋向松散懈怠。重点还是让身体活跃起来。运动前拉伸,一般在简单的静态拉伸后以动态拉伸为主,使用特定的动作方式在比平常更大的动作范围活动四肢。包括摇摆、跳跃或夸张的运动,让运动的动量带动四肢达到或超过正常运动范围极限,并激活本体感受器的反射响应。一般每个动作重复15—20次,完成1—2组,这样可以帮助有效防止运动伤害。

运动中拉伸可以让我们血液更好地回流,而且如果在肌肉完全充血的情况下进行拉伸,某种程度上有扩张肌筋膜的作用,让我们的肌肉外面这层筋膜变得更松弛,获得更大的伸长空间。有一定运动水平的人,适度的弹振式拉伸,可以让神经肌肉系统更加兴奋。

运动后拉伸应在运动结束5—10分钟后进行,由于运动时肌肉重复收缩导致肌纤维长度缩短,拉伸的首要任务是让肌肉恢复到静息长度,增加肌腹和肌腱的弹性,缓解肌肉酸痛。一般选择静态拉伸,特别是被动拉伸。拉伸动作不要剧烈,能感觉到牵张,并且有轻微延伸到肌肉里的感觉,但并不是疼痛。保持这个姿势直到压力放松而且肌肉上的受力也减少为止。如果继续坚持,就可以加大伸展的力度。每组进行15—30秒。运动后拉伸还是趁热打铁,在全身都已经活动开的情况下,拉伸效率要比其他任何时间段都要高,为发展柔韧性获得更好的效果。还可以加入一些更复杂的拉伸模式,例如泡沫轴、按摩球、筋膜枪和拉筋带等。虽说掌握的拉伸方法越多,越能够提高拉伸的针对性和效益,但是,静态拉伸永远是最基本的一种类型。

3. 避免拉伸反弹

拉伸反弹指的是刚刚拉伸过的肌肉立即再次收缩,或者经过一段时间后出现酸痛感并有再次收缩的趋势。我们在拉伸时如果感觉困难或者感到身体疼痛,很可能是因为拉伸强度过大,或者拉伸动作不规范,或者训练设计不合理造成的。进行有效拉伸而又避免疼痛的方法在于拉伸后需要及时对身体进行放松,同时也能有效避免拉伸反弹。是否会出现拉伸反弹,与拉伸训练的时间间隔,以及动作的标准度和拉伸力度有直接的关系。拉伸动作幅度过大或是动作强度过大或者拉伸时间过长,都会出现拉伸反弹。

(四)了解自己的身体状况

我们常说"运动要量力而行",但多数人忽略对身体进行评估或是估量的误差太大。锻炼前我们应对身体状况进行全面检查,至少有一个简单扫描和评估。锻炼中应该对自己的状态有个刻意的感知和判断。特别是身体不适或有不宜参加田径项目的禁忌症,我们应该果断中止锻炼。对身体能力和状态差、有慢性病的人,更应遵照医嘱、按照专业的运动处方进行锻炼。运动后的小结和观照,有益于我们提高对自身认识的深度和反馈的准确度,也有益于对今后锻炼计划的修正,提高锻炼效益。

二、短跑和中长跑项目

(一)练习跑的着眼点和落脚点

1. 跑的效率

跑是人体综合能力的体现,我们不能一说跑,只会想到速度和耐力。我们最先应该关注的能力是跑的效率。不管练习还是测试,能减少无谓能量消耗的跑才是有效率的跑。这是所有跑的项目中对提高成绩最有利可图的,而且是效益最大化的内容。具备了这种能力,不仅运动成绩会大幅度提高,还是运动健康、可持续发展的保护神。

看看我们"很能跑"的同学,跑进轻快自如、动作富有弹性、四肢摆动舒展、技术动作始终不变形、不费劲似的跑完全程,这就是高效率跑的体现。改进跑的效率,不要一味地追求跑的速度,要强调跑的放松和技术的准确。用本人最大强度的85%—90%的速度来练习是最恰当的。应该提醒大家:一味地强调用力只会适得其反,应把注意力放在动作的放松上。任何能量的浪费,每一步失之毫厘,全程就会谬以千里。请记住,放松不是不用力,是有节奏的用力、有控制的用力。

2. 有氧耐力

有氧耐力是一切体育项目的基础,它的作用远远超过了测试的需求,所有训练和测试能力的提高和稳定,以及锻炼、测试后的恢复能力均与此高度相关。刚刚开始锻炼,建议至少连续进行4周以上有氧耐力训练,因为扎实的耐力基础可以带来增强了的骨骼、关节和肌肉,从而使在大强度的超速练习和快跑间歇训练中降低受伤的可能性。它是肌肉在相对工作强度较小,有较充足氧气供应条件下肌肉工作的能力。特点是肌肉运动时间长且比较稳定。因此在长跑项目中愈加重要。

3. 速度能力

速度能力是由肌肉的力量、快速反应神经、动作的协调性、肌肉黏滞性等决定的。其中,快速反应能力几乎是天生的,通过后天训练提高的可能性不大,但有效的练习可以帮助你提高发挥出这种能力的稳定性。肌肉的黏滞性或是说摩擦力可以通过训练降低,但不能指望改善得太多。肌肉力量和动作的协调性可以通过训练显著的提高。力量的提高对速度能力帮助很大,但是不能只练那些对跑的能力起直接作用的肌肉,也要注意各肌肉群力量的平衡。动作的协调性最能通过训练得到提高,这种能力的提高不仅能大幅度地提高成绩,而且对防止运动伤病,延长运动寿命都有神奇的好处。

4. 无氧耐力

无氧耐力就是在无氧或缺氧条件下运动的能力。无氧耐力工作时运动比较剧烈,而身体循环系统供氧速度远远不能快速满足肌肉的需求,所以,这种肌肉在缺氧环境下高强度、短时间快速动员并高强度工作的能力十分难能可贵。

(二) 起跑动作

不管是短跑还是长跑,对我们普通大学生来说,没有太多的技术需要关注。真正跑起来全凭硬实力。唯有起跑技术,哪怕是同一个人每次也会出现很大偏差。所以应该重视起跑技术学习和练习。

1. 起跑动作方法

体质测试都采用站立式起跑。站立式起跑中腿部蹬地反作用力是推动人体向前的主要动力,用力的方向与蹬地时小腿与地面的夹角有关。理想状态下,反作用力方向和地面夹角愈小,水平向前的推力愈大。但由于人体的解剖结构和重力等原因,使蹬地角度被限制在一定的范围内。起跑追求在最短时间内产生最大的动能,这个阶段下肢的最大肌力和用力方向是关键。所以起跑姿势有两个目的:第一是让关节处在能让肌肉产生最大收缩力量的最佳角度。第二要调节腿部在起跑时蹬地的角度和蹬地支撑反作用力必须通过身体重心。有一个非常经典的误解,就是两条腿用力起动要比单腿用力更快。其实起跑主要是前腿用力推动,后腿只是辅助,后腿的用力重点还是更多地帮助让腿快速前摆,摆得越快,越有利摆脱静止状态,越有助前腿发力。这些因素都通过身体前倾带动身体重心前移来调节,就有了两种形式的站立式起跑。

两点式起跑:中长跑的起跑追求通过身体的动力链流畅自然,让身体放松,可以平滑地进入起跑加速。所以都采用两点式站立式起跑。"各就位"时,两脚前后开立,把有力的腿放在前面,前脚尖紧靠起跑线后沿,前脚跟与后脚尖之间的距离约为一脚长,左右距离大约一脚长或稍宽。上体前倾,两膝弯曲,身体重心落在前脚上。两臂一前一后,若左腿在前,则右臂应放在体前,左臂置于身后,保持稳定姿势。当听到枪声后,两臂作快而有力地协调摆动,后腿快速蹬地前摆,前腿亦迅速伸直蹬地,完成起跑动作。

三点式起跑(见图5-3-1):三点式起跑专注于胫骨与地面的角度,这个角度就是我们起跑蹬伸的角度,能比两点式获得更大的加速度,手臂在起跑中发挥更大的作用,把身体的力量更多地用在向前的推动上,所以更有侵略性,多在短跑时使用。为了在起跑时身体重心和支点有更大的力矩,两脚远离起跑线,前脚与起跑线留够能放下45度夹角的距离,一般一个半脚长,前后脚的距离约为一脚至一脚半长,一只手撑地来分担一部分体重。起动时利用强而有力的摆臂,大幅度摆腿,推进身体达到加速的目的。

图 5-3-1

2. 起跑技术练习

在起跑时,腿弯曲的角度或者说最舒适发力角度因人而异。除了常用的起跑练习,我们给大家推荐两个体现自我特点的练习。

第一个练习,我怎么知道自己在起跑时腿弯曲到什么程度最好呢?练习时自然站立进行原地纵跳练习,体会两腿弯曲不同角度时肌肉用力的感觉。当两腿弯曲到一定角度时,会感觉腿部蹬伸特别踏实得力,说明产生的蹬伸力量达到最大,此时也就达到了适宜弯曲角度。反复在这个角度练习起跳,渐渐两脚开立,把重心多向前脚移动,就越来越接近起跑的方式。既发展了腿部力量,又能让自己的肢体协调放松。

第二个练习,自然站立,把两腿弯曲到自己发力的角度,然后结合两臂前后摆动,身体慢慢前倾,同时缓缓提起两脚跟,直到有要向前摔倒的感觉,出于自身保护,我们会本能地向前摆腿以维持身体平衡,这时顺势用力摆臂跑出。通过训练可以找到适合自身的蹬地角度和反作用力是否通过身体重心这两个因素的最佳结合点,使其能够做到使身体前倾到适宜程度,也就能掌握身体前倾程度的动作技术。

(三) 摆臂

我们常常看到,许多人跑步时手臂在胸前交叉摇摆;或是手臂松散,甩小臂;要么摆臂幅度过大而且在转折处有停顿;还有手臂夹在身体两侧,肩部造成僵硬身体晃动等等。这些错误的摆臂不仅严重影响身体平衡,影响跑速和跑的效率,还可能导致胸椎和颈椎的代偿,以保持身体的稳定。胸椎过度旋转代偿会引起呼吸耸肩,从而导致斜方肌紧张和背阔肌、腰方肌的紧张并产生颈部和腰部的僵硬甚至疼痛。背阔肌和腰方肌过度紧张会导致骨盆的旋转和倾斜,严重时还会引发膝关节和踝关节的损害。

人体是左右对称平衡的有机体,遵守异侧交叉平衡。只有摆臂和摆腿产生的角动量为零时身体才能直线前行。所以摆臂的基本作用是维持身体平衡。有研究已经证明正常摆臂可以降低跑步时的能量消耗,所以正确的摆臂可以节省体能。摆臂可增加异侧摆动腿前摆的幅度和送髋的程度。

不同距离、不同强度跑时应用不同的摆臂方式。长时间、长距离跑,摆臂幅度应该越小越好。短距离、高强度的跑,摆臂幅度会很大。如短跑时摆臂幅度最大,肘和手部都超出了身体之外,非常彪悍。马拉松跑时几乎看不出肩部和手臂的动作,摆臂动作非常轻微。

摆臂动作方法。摆臂时要求肩部放松下沉,以肩为轴,两手自然张开或半握拳,大小臂弯曲成90°左右,两臂前后摆动。前摆可稍向内,但是手的位置不得超过身体的中线,向上大概摆到下颚位置,向后稍向外摆。摆动的幅度和力度取决于跑的速度。中长跑的摆幅较小,大小臂角度常小于90°,以肘发力,保持角度将手臂向后推动。短跑摆臂幅度大,力点在肘部甚至下移到前臂,有"砍"的感觉,手的位置以弧线由胸前摆到臀部。肘关节角度介于60°—135°的弹性范围。弯道时右臂摆动要大于左臂。所以长跑时摆臂更多地维持身体的平衡和节奏,协调身体各部位用力,达到跑得更加流畅稳定。而短跑中摆臂是保持和改变速度的重要动作环节,也更多地倾向于动力因素。快速而有力的摆臂除了提高步频,更能加大摆动腿的摆幅以及提高后蹬的速度和力量,对提高步长有着重要的作用。

摆臂技术的练习。摆臂动作需要日常不断强化,形成肌肉记忆,才能够在跑步时自动地完成摆臂动作。摆臂动作练习可以分三个阶段,每个阶段推荐两个练习。初期学习摆臂,最好对着镜子练习,边做边检查动作是否规范,用中慢速持续摆很长时间。再可以快速摆动,三拍一停,检查手臂的位置和体会发力。第二阶段是掌握技术动作后,可以上下肢配合练习。两脚前后开立,重心在前脚上,身体重心前倾,摆臂时可以协调地把后脚跟抬起或者单侧摆腿。第二个练习是原地小步跑摆臂。第三阶段适当负重练习,如手握哑铃或牵拉弹力带摆臂。第二个练习是负重摆臂一定次数后突然撤去负重,徒手快速摆臂。

(四) 50 米跑

练习 50 米,加速度远比最大速度来得重要。起跑后两臂配合双腿快速摆动,用力后蹬,摆动腿积极下压,前脚掌撑地。适度保持上体前倾,随着摆臂幅度减小、频率加快慢慢抬起。当达到最大速度时进入途中跑,这时不能去想后蹬,如果能感受到自己蹬地动作,说明自己的动作速率就太慢了。我们的注意力放在摆臂和摆腿上。终点冲刺有两种方式,一种采用撞线技术。在接近终点线的几步,身体逐渐前倾,最后一步加大前倾,用胸部或肩部加速压线。第二种直接跑过终点。假想自己的终点在距离终点线 5 米的地方,保持高速跑过终点。

支撑高抬腿练习(从俯卧撑姿势到站立扶墙),起始动作同俯卧撑姿势,身体成一条直线,核心收紧。双手支撑地面、板凳、桌边或墙壁,不同的倾斜角度发力部位有所区别,一般支撑位置较低时腹部肌群发力更多。一侧提膝抬腿,另一侧下压蹬地。前后腿同时用力在空中互相变换位置。可以做规定的次数,也可以极速练习 8—10 秒为一组,每组间歇 3—5 分钟。

借助长凳的换腿跳(bench run)练习,动作同高抬腿,只是抬起脚轻触高凳边缘。两腿空中完成剪绞动作,两脚同时触地和触凳。凳子的高度低于膝盖。练习一定的次数或时间。

弓步交换跳练习,两脚前后开立成弓箭步,背部挺直,用力蹬地起跳,目视前方。双臂协调摆动,两腿同时用力向上跳起,在空中交换位置,落地是变换成另一腿在前的弓箭步。双腿不同跨距锻炼的肌肉侧重有所区别,跨距越大越偏重于股四头肌、股二头肌和臀大肌的同时锻炼,跨距越小越集中锻炼股四头肌。

(五) 800 米和 1 000 米

中长跑的呼吸方法。中长跑能量消耗大,机体要产生一定的氧债,为了保证机体对氧气的需求,掌握正确的呼吸方法至关重要。跑步时如果只用鼻子呼吸,会限制吸氧量。应该鼻子和嘴巴配合呼吸,用鼻子吸气,用嘴呼气才能缓解呼吸肌的压力。采用腹式呼吸增加呼吸深度,提升肺部的气体交换效率。呼吸必须有一定的频率和深度,需要注意做到均匀而又有节奏。吸气要缓慢匀和,呼气要短促有力。呼吸必须与跑的节奏相配合,一般采用两步一吸,两步一呼。中等强度时增加吸氧量是通过呼吸深度的增加,随着速度的加快和疲劳的出现,靠呼吸频率加快增加吸氧量。这时常以口代鼻或口鼻并用来呼吸。用口要注意用舌头抵住上颚,可以防止吸入过多冷空气。中途加速跑或作冲刺时,呼吸的深度和节奏,可随着步伐的加快而相应地加深、加快。

800 米或 1 000 米起跑后,上体仍保持前倾,腿的蹬地和前摆以及两臂的摆动都应快速积极,逐渐加大步幅和加快步频,跑起来感到轻快自然。随着加速段的延长,上体逐渐抬起,进入到途中跑。在跑直道上,感觉两脚沿平行线跑,抬腿既不靠内也不靠外,正直往前迈,脚的着地过程是脚前掌外侧过渡到整个前脚掌,随着缓冲全脚掌着地,再蹬离地面。弯道跑时左脚前脚掌外侧、右脚前脚掌内侧着地,身体重心向内倾斜,速度越快倾斜角度越大,右臂的摆幅稍微大于左臂摆幅。冲刺时加快摆臂速度和加大摆臂幅度,要用自己全部的力量克服疲劳。冲刺的距离根据自己的体力情况。

马克操练习,加拿大人杰洛马克以竞赛跑姿发展而来的基本操,现在被很多运动项目运用为主要或辅助训练方法。马克操本质上就是把跑的技术动作和技术环节分解开,每个动作单独、不断地加快节奏去做,给身体强化的记忆,也是改善身体协调性,增强脚踝力量,提高髋关节灵活性的实用练习手段。马克操综合练习的方法是,第一拍,抬左腿时右脚垫步;第二拍,右脚垫步左腿下放还原;第三拍,抬左腿外展时右脚垫步;第四拍,右脚垫步左腿下放还原;第五拍,抬左腿时右脚垫步;第六拍,右脚垫步时左腿前抛小腿下扒还原。接下来单侧重复或者换抬右腿。根据身体状况决定练习时间长短,大量重复练习既改进技术又发展能力,一举两得。

备战体质测试可以选择节奏跑,始终就是一个节奏跑,如在田径场 2 分钟 1 圈,练到不用看秒表都很稳定。掌握了一个节奏,再提高一个。这样最大摄氧量和肌肉代谢的能力都能得到很好的发展。提高成绩要重点进行无氧练习。练习强度为 80%—95%,方法有持续跑,可用 85% 左右的强度匀速跑完 2—3 公里;重复跑,如 400 米×4,要求每个 400 米在规定时间内完成,间歇 5 分钟。采用重复跑练习,选择的段落应短于专项距离;间歇跑,间歇跑与持续跑、重复跑的区别在于休息的时间。间歇跑的休息时间短,体力不能充分恢复。如 200 米×6,要求每 200 米在一定时间内完成,每个之间慢跑 200 米作为间歇。

三、立定跳远

(一) 立定跳远完整动作过程描述

想跳好立定跳远,在脑海中有一个完整的、明晰的动作印象非常重要。

整个过程中,手臂是"指挥官"和"先锋队"。身体各环节都是在手臂的引领下完成动作的。立定跳远完整的过程是:两脚自然分开站在起跳线后,两臂经体前向上摆动,提踵;手臂回落加速后摆,同时曲髋、曲膝,重心微前移;手臂摆到极限时迅速向前上方摆出,带动身体展髋、伸膝、蹬地跳起;保持展体姿势飞翔,经最高点后手臂下压,同时大小腿折叠,提膝前摆,当手臂与膝盖交会时,手臂继续加速后摆,踢伸小腿准备着地;脚触地时,臀部向脚后跟方向坐,曲膝缓冲,手臂迅速前摆至体前制动,完成重心前移。向前走出落地区。

(二) 立定跳远技术动作方法

立定跳远技术动作可以分为预摆团身、起跳、空中动作和落地四个紧密衔接的部分。

1. 预摆、团身(见图 5-3-2)

预摆不是手臂前后甩,是经体前抬起向上伸展,带动整个身体舒展。预摆一到二次,手臂从自然下垂开始,直臂从下经体前上摆至头顶,摆出最大幅度。双臂摆起来的时候,把腿伸直,提踵、吸气。双臂回摆时呼气,同时也可以稍微曲髋、曲膝,让上体微微地向前倾。这一系列动作就是让双臂、躯干和双腿与自己的呼吸都密切配合,让整个身体协调起来。开始团身,双臂借助下落的惯性,加速向后、向外快速摆到极限,手臂微内旋。手臂由上到下画一个三角形,不是平行的前后摆。随之快而深地吸一口气,从髋关节处把身体折叠一样地曲髋,因臀部后拉而自然地曲膝,完成团身动作。

图 5-3-2

2. 起跳(见图 5-3-3)

团身动作时,手臂后摆到极限,迅速发力进入起跳,切不可有中断和停顿。双臂向前上方摆出,摆到躯干延长线制动,感觉用手臂的力量把身体带起来一样。起跳的时候,肩膀与背部也要向上用力(提肩、拔腰),将身体重心向前,伸髋、伸膝,用前脚掌快速蹬地,向前上方跳出。此时不是呼气,而是憋气。这样增强肌肉起跳时的瞬间爆发力。

3.空中动作

(1)展体飞行(见图5-3-4)

起跳之后,身体腾空,身体得到放松舒张,腾空的时候需要做出背弓的姿势,髋、膝、踝关节要伸直,双臂向前方伸直。腾空时间要尽量延长,让身体得到放松调整,为收腿充分的准备。才能更好地完成后继动作。

图5-3-3   图5-3-4

(2)准备着陆(见图5-3-5)

身体至最高点后,小腿向大腿靠拢,大腿带动小腿前摆,手臂快速下压,帮助收紧腹部举起双腿。手臂与膝盖交会后,膝盖已经抬到自己的极限,利用手臂继续加速后摆,踢伸小腿,争取更远距离的落点。这才是正确的空中动作。所以,核心力量强的人,我们可以体会先摆腿再踢小腿收腹。腰腹部较弱的人,腾空到最高点后,体会双臂尽力后摆,用力收腹,大腿尽量贴近上体。

图5-3-5

4.落地(见图5-3-6)

落地的任务,第一是缓冲,第二是向前移动重心。落地是脚后跟先着地,紧接着整个脚掌着地,同时将膝盖向前弯曲,臀部向脚后跟方向坐,完成缓冲的动作。手臂快速有力地摆到体前制动,让躯干获得向前倾的姿势,也借助惯性完成重心前移。

(三)常见错误及纠正

1)立定跳远虽然是下肢在跳,但是手臂的作用非常重要。经常看到手臂跟随腿的动作,仅仅是维持身体平衡的作用;起跳时手臂向后摆的错误;曲臂摆,用力方向不向前等。所以,手臂的摆动应符合立定跳远的技术要求,要直臂摆动,摆幅越大,带、领、提拉的作用越强,成绩也会

图 5-3-6

越好。

2）起跳前有小跳步或垫一步的动作。除了投机思想，就是用力结构和用力顺序的错误，起跳前没有稳定的支撑，也有错误的预摆动作引起身体起伏造成。首先要明确这是犯规动作。多练习预摆，学会正确的团身和发力。

3）团身姿势停顿很长时间再起跳。这种现象会造成弹性势能的耗散，破坏动作的连续性和协调性。导致埋没了自己的实力。所以要强调动作的连贯性。

4）落地时前扑摔倒或是后倒坐地。起跳的方向太向前；落地前不收腿，而是上体过度前压；急于掌落地都会导致前扑。过分前伸小腿，着地硬撑不缓冲，或者臀部下沉的方向没有靠近脚后跟，而是落在了后面。这些情况，除了明确技术动作，正确、充分发挥摆臂的作用是有效的矫正方法。

5）团身时跪膝下蹲。这样的动作既不能充分利用髋关节的力量，也会影响膝关节的稳定性，额外增加膝关节周围的负担，破坏动力链。应该多做起跳前的预备姿势练习：主动曲髋、体前倾、臂后举、重心前移。

（四）立定跳远的辅助练习推荐

连续蛙跳：同立定跳远一样的预摆团身、起跳和空中动作，脚着地时微曲膝缓冲，身体还处在较高的位置，手臂留在体后，前移重心回到团身姿势，紧接着进行下一次起跳，多次重复。

单杠悬垂模仿收腿：双手抓杠与肩同宽，双腿自然悬垂。曲膝向上抬腿，抬到大腿和躯干90度左右时，前踢小腿并保持片刻后有控制地下放，回到起始姿势，如此反复。

保加利亚深蹲：是在单腿箭步蹲的基础上将后腿抬高，用脚背支撑在高处。前腿曲膝下蹲，至大腿与地面平行时发力站起。

近些年较为流行的方式是把快速力量或者跳跃练习与跑的练习结合进行。利用激活后增强效应提高随后练习的爆发力表现。比如在准备活动以后，首先进行5次立定跳远练习，为快速跑创造良好的肌肉环境。再进行2—3次30—60米的加速跑；3—6次30米冲跑。最后再进行一些快速力量练习或者跳跃练习，能够显著地提高立定跳远和50米成绩。

参考文献

［1］杨守博，简荣章等.田径函投教材［M］.北京：北京体育大学出版社，1989.

［2］国家体育总局.田径［M］.北京：人民体育出版社，1999.

［3］全国体育学院教材委员会.田径运动教程［M］.北京：人民体育出版社，1999.

［4］黄德元，刘健等.高校体育选项课理论教程［M］.上海：复旦大学出版社，1999.

［5］刘宇,傅维杰.人体运动生物力学［M］.上海：上海交通大学出版社,2018.

［6］中国田径协会.田径竞赛规则(2018—2019)［M］.北京：人民体育出版社,2018.

［7］文超.田径运动热点论［M］.北京：人民体育出版社,1996.

第六章　球类运动

第一节　篮　球

一、概述

篮球是一项用手直接支配球并进行投准的攻守对抗运动,是当前世界上开展得最为普及的体育运动之一,尤其受到青少年的喜爱。在我国的大学中,篮球不仅是一项参与性很强的竞赛活动,也是体育课程的重要组成部分。

(一) 起源与发展

1. 起源

篮球运动是 1891 年美国马萨诸塞州斯普林菲尔德市基督教青年会训练学校体育教师詹姆士·奈史密斯(James Naismith)博士发明的。奈史密斯从工人和儿童向"桃筐"投准的游戏中得到启发,借鉴足球、曲棍球、橄榄球等球类项目的规则,设计出这样一种游戏:他将两只桃筐安置在室内健身房两端距离地面约 3.05 米的地方,攻守双方用球向筐内投掷,以投中次数的多少来决定比赛胜负。之后,又逐步将竹筐改为铁圈挂网,并在铁圈后方增设了遮板,于 1893 年形成了近似现代的篮板、篮圈和篮网。由于这项投球游戏最初使用是桃筐(basket)和球(ball),故取名为"筐球",也称"篮球"。

2. 推广

篮球诞生以后,很快传播到墨西哥、英国、巴西、中国等一些国家,并逐步在全世界范围内发展推广。1904 年美国青年会男子篮球队在第三届奥运会上首次进行了表演赛;1932 年 6 月 18 日在瑞士日内瓦成立了国际业余篮球联合会(简称 FIBA),并制订了第一版《国际篮球规则》,篮球运动从此登上了国际竞技舞台,成为世界性的运动之一。1936 年,男子篮球成为第十一届奥运会的正式比赛项目;1950 年和 1953 年第一届世界男篮和女篮锦标赛(2012 年改称为"篮球世界杯")成功举办;1976 年,女子篮球被列为第二十一届奥运会的正式比赛项目。

1946 年成立的美国职业篮球联盟(简称 NBA)是当前竞技水平最高的篮球职业联赛,也是全球影响力最高的赛事之一,曾经涌现出洛杉矶湖人、波士顿凯尔特人、芝加哥公牛等知名球队以及张伯伦、贾巴尔、乔丹、科比、詹姆斯等传奇球星。自 1992 年第二十五届奥运会职业选手被允许参加奥运会篮球比赛后,世界各国逐渐开始了篮球的职业化发展。其中,代表女子篮球最高水平的联赛——国家女子篮球联盟(简称 WNBA)成立于 1996 年;代表欧洲最高水平的篮球俱乐部赛事欧洲篮球联赛(简称 EL)创办于 2000 年;代表中国篮球最高水平的联赛——中国男子篮球职业联赛(简称 CBA)开始于 1995 年;中国女子篮球联赛(简称 WCBA)创建于 2002 年。

起源于美国街头的三人篮球,自 20 世纪 90 年代起在世界范围内得到快速发展。继 1992 年德国首届非官方的世界三人篮球比赛后,由民间所组织的各级各类比赛开始兴起。FIBA 在 2007 年尝试举办了系列国际比赛,并在 2010 年颁布实施三人篮球规则;于 2011 年举办了三人篮球青年世锦赛;2012 年举办了首届三对三女子篮球世锦赛;2020 年,三人篮球成为第三十二届奥运会的正式比赛项目。

3. 演变

在一百多年的发展历程中,篮球技战术的提高与竞赛规则的更新是相互促进、共同发展的。最早的篮球规则是 1892 年奈史密斯制订的十三条规则,它的主要目的是使篮球游戏在公平对等的条件下进行,同时不允许粗野动作的发生。这一时期的篮球比赛规则和技战术比较简单,队员在场上分别处于不同区域,进攻时主要用双手控球,防守时采用盯人战术。到了 20 世纪三十至四十年代,比赛增设了 3 秒、5 秒、10 秒和球回后场和进攻限制区规则,出现了单手控球和行进间的进攻技术以及策应、突分等配合,防守开始强调集体性,广泛使用了盯人、夹击、联防及混合防守。五十至六十年代,随着高大队员的涌现,进攻的限制区进一步扩大,并增加了 30 秒和干扰球规则,篮球技术更加注重高度、速度、力量和技巧的全面化,常见的进攻方式是中锋强攻篮下和快攻,防守以区域联防和全场人盯人及紧逼为主。七十至八十年代,规则设立了三分投篮区,增加了球队累计犯规达到规定次数之后的罚球,篮球技术更加注重速度与高度的统一,进攻方面强调队员的个人进攻能力和全队的移动进攻战术,防守方面强调的是集体性和攻击性。九十年代以后,国际篮联借鉴 NBA 的一些成功经验,不断完善和修订规则,其中包括 24 秒、14 秒、8 秒进攻规定,扩大三分线与球篮的距离,增设篮下进攻合理冲撞区,等等,更加提高了攻防速度,增强了比赛的观赏性。

4. 在中国的发展

中国最早出现的篮球比赛是 1895 年至 1896 年由美国传教士来会理先生在北洋医学堂的天津青年会成立大会上所组织的表演赛,之后在一些大、中学校相继开展了篮球运动。清末至民国初期,篮球主要在天津、上海及北京等一些城市的青年会和学校得到开展;1910 年男子篮球成为旧中国第一届全运会的四项比赛之一。20 世纪三四十年代,民国政府曾组队参加了 1936 年的首次奥运会篮球比赛以及 1948 年的第十四届奥运会篮球比赛,抗战时期的“东干”和“战斗”篮球队在陕甘宁边区享有盛名。

中华人民共和国成立以后,篮球运动在全国各学校、部队、工矿企事业及群众团体中迅速开展起来,并于 1956 年成立了中国篮球协会。1976 年恢复 FIBA 的合法地位后,我国的篮球运动逐渐走向国际化,国家男女篮球队在世界级和洲际比赛中不断取得优异成绩,在 20 世纪成功实现了“冲出亚洲、走向世界”的目标。其中,女篮的最好成绩 1992 年奥运会第二名和 1994 年世锦赛第二名;男子最好成绩为 1996 年奥运会第八名和 1994 年世锦赛第八名。

进入 21 世纪以后,我国的篮球运动保持着较为良好的发展,成为最受欢迎的运动项目之一。民间的各级各类篮球比赛更是层出不穷,常年参与篮球活动的人数达到一亿多人,在所有球类项目中居于首位。国内的职业联赛 CBA 和 WCBA 影响力逐渐扩大,竞技水平不断提高;自 1998 年开始举办的中国大学生篮球联赛(简称 CUBA),以及 2003 年诞生的中国高中篮球联赛(简称 CHBL)则分别代表了大学和中学校园篮球的最高水平。在此期间,男篮在 2008 年取得了奥运会第八名;女篮取得 2022 年世界杯比赛第二名以及 2020 年奥运会三人篮球第三名的好成绩。

(二) 特点与作用

1. 特点

篮球运动既是一项围绕球和球篮而展开的空间与地面的争夺的竞技运动,具有较强的对抗性、技巧性、集体性、观赏性及参与性。

（1）身体对抗性

篮球比赛不仅是高强度运动,并且身体接触非常频繁,比赛是在高度、速度、力量上的全面对抗,充分利用身体优势并合理利用身体对抗是篮球的重要内容。

（2）技巧性

篮球的技术复杂多变,战术形式多样,技巧性主要体现在队员的控球、传球、投篮、移动等攻防动作的正确运用和创新变化上,以及在战术配合时的把握时机与创造机会上,要求队员具备良好的身体协调能力、运动感知能力和随机应变能力。

（3）集体性

篮球是一项团队比赛,反映出个体作战与协同配合特点。在激烈的攻防对抗中,既需要队员具备勇敢顽强的斗志,合理运用个人技术,又需要队友之间保持相互配合,协同作战,控制好比赛局面。

（4）观赏性

在篮球比赛中,可以欣赏到运动员精湛的控球技艺和双方斗智斗勇的排兵布阵与攻守对抗,比赛场面精彩激烈,比赛过程跌宕起伏,比赛结果富有悬念,无论是参与者还是观看者都能得到极大的心理的满足和愉悦。

（5）参与性

篮球技术简单易行,动作变化富有趣味,男女老少皆宜参加。可以通过变换不同的活动方式,吸引各种不同人群的参与。如:近年来兴起的球操、花式篮球、一对一斗牛、三人篮球等。

2. 作用

首先,篮球运动具有较强的健身作用。篮球是一项集跑、跳、投为一体运动,经常从事篮球运动,能促进速度、力量、耐力、灵敏等身体素质的全面发展,提高内脏器官和中枢神经系统的功能。

其次,篮球运动还具有调节心理的作用。大学生参与篮球运动,不仅可以增强体质,缓解情绪,调适心理,增进身心健康,而且还能够使学生的个性得到良好的发展。

再次,篮球运动具有立德树人的教育作用。篮球不仅是一项竞技活动,也是大学思政教育和校园体育文化的组成部分。参与篮球运动,有利于培养学生遵纪守法、公平竞争、顽强拼搏等优良品德。

最后,篮球还能够促进人际交往和社会融入。经常参与篮球活动,能够增加人们之间的相互往来,增进彼此之间的了解和友谊。

（三）比赛方法与规则简介

1. 比赛方法

通常的五人制篮球比赛,有两个队参加,每队出场五名队员,目的是将球投入对方球篮得分并阻止对方投篮得分,在比赛时间结束时得分较多的队为比赛的获胜方。

2. 规则简介(2022 年)

（1）场地器材

1）场地:长 28 米,宽 15 米,从界线的内沿丈量。

2）篮板:长 1.80 米,宽 1.05 米;篮板下沿距离地面 2.90 米。

3）球篮:篮圈上沿距离地面 3.05 米,内径 0.45 米。

4）球:颜色为暗橙色;女子比赛用 6 号球,质量为 510—550 克,直径为 0.715—0.730 米;男子比赛用 7 号球,质量为 580—620 克,直径为 0.750—0.770 米。篮球充气后从 1.80 米的高度(从球的底部量起)落到球场地面上,反弹起来的高度(从球的底部量起)应在 1.035—1.085 米。

（2）比赛规定

1）时间：比赛分4节，每节10分钟；如果第4节比赛结束时双方比分相等，需要进行若干个必要的决胜期以打破平局，每个决胜期为5分钟。

2）得分：罚球中篮得1分，三分区投中得3分，两分投篮区投中得2分。

3）跳球：第1节比赛在中圈跳球开始，以后出现跳球情况两队交替拥有球权。

4）暂停：教练员请求中断比赛为暂停，在暂停机会期间可以准许暂停。每次暂停时间为1分钟。每队上半时有2次，下半时有3次（第4节最后2分钟最多2次），决胜期有1次暂停机会。

5）替换：替补队员请求中断比赛成为队员为一次替换。

6）罚球：罚球是给予一名队员从罚球线后半圆内的位置上在无争抢的情况下得1分的机会。罚球队员应在可处理球后的5秒内完成投篮，并且在球接触篮圈或投中之前，不能触及罚球线或进入限制区。

（3）违例

1）定义：违例就是违反规则。

2）罚则：将球判给对方在最靠近发生违例的地点掷界外球。

3）规定

① 球出界：当球接触界外的人员或任何物体时为球出界。

② 运球与非法运球：队员将球掷、拨、滚、弹向地面，并在球触及其他队员之前再次触球为运球开始，当队员双手同时触球或球在单手或双手中停留时运球结束。队员第一次运球结束后不得再次运球，除非投篮或被其他队员触及并失去控制球，否则是违例；在运球开始或结束阶段的漏接球不是运球。

③ 带球走：队员持球时，单脚或双脚的移动超出了中枢脚的规定。队员持球时，一脚可以向任何方向迈步，另一脚始终保持接触地面的脚为中枢脚。

④ 中枢脚规定：队员双脚站立接球，一只脚抬起离开的瞬间，另一只脚成为中枢脚；当开始运球时，在球离开手之前中枢脚不得离开地面；队员可以跳起中枢脚进行传球或投篮，但在球离手前，任意一只脚不得落回地面。队员在移动中或运球结束时拿球，可以移动两步完成停步传球或投篮。如果他选择运球，应在第二步的脚接触地面之前球离手；如果队员第一步用双脚完成停步，可以用任意一只脚作为中枢脚；如果两脚先后落地，仅可以用先落地的脚作为中枢脚；如果先一只脚落地然后又两脚落地，则没有中枢脚；在运球结束或接球后，用同一只脚或双脚连续触地是违例。队员持球跌倒并滑行，或者坐着、躺着时获得球是合法的，但随后持球翻滚或尝试站起来是违例。

⑤ 脚踢球：故意用脚或腿的任何部位阻挡球是违例。

⑥ 3秒钟：进攻方在前场控制球并且比赛计时钟正在运行时，该队的队员不得停留在对方限制区内超过持续的3秒钟。

⑦ 5秒钟：罚球、掷球入界的队员必须在5秒钟内使球离手；被严密防守的队员必须在5秒内传、投或运球。

⑧ 8秒钟：当一名队员在他的后场获得控制活球后，该队必须在8秒内使球进入前场。

⑨ 14秒钟：进攻方在前场重新获得一次球权后，该队必须在14秒内尝试投篮。

⑩ 24秒钟：当一名队员在后场获得控制球后，该队必须在24秒内尝试投篮。

⑪ 球回后场：在前场控制活球的球队不得使球非法地回到他的后场。

（4）侵人犯规

1）定义：犯规是攻守队员发生的非法身体接触犯规。

2) 规定:队员不应通过伸展他的手、臂、肘、肩、髋、臀、腿、膝、脚来拉、阻挡、腿、撞、绊以阻止对方队员行进。

① 阻挡:是阻碍对方队员行进的非法身体接触。

② 拉人:是干扰对方队员移动自由的非法身体接触。

③ 推人:用身体的任何部位强行移动或试图移动对方队员时发生的非法身体接触。

④ 撞人:是有球或无球队员推进或移动到对方队员躯干上的非法身体接触。

⑤ 非法用手:用手或手臂放置在对方队员身上并保持接触阻碍其行进;反复地触及或"戳"对方队员;用手臂或肘勾住或缠绕对方队员;运球时伸展手臂或手阻止对方队员获得控制球;推开对方队员以摆脱对方防守。

⑥ 过分挥肘:是队员挥肘以扩大额外的空间所造成的非法身体接触。

3) 罚则

① 登记犯规队员一次亲人犯规;如果是对没有做投篮动作的队员犯规,在犯规的就近地点掷球入界。如果是对正在做投篮动作的队员犯规,如果球中篮则判给投篮队员追加罚一次;球未中篮则根据投篮点判给被侵队员2次或3次罚球。

② 队员累计5次犯规,应被替换下场。

③ 每节比赛全队犯规累计4次后,发生的对非投篮队员侵人犯规应被判两次罚球;如果是控制球队的球员犯规,应判对方队员掷球入界。

(5) 双方犯规

1) 定义:两名互为对方的队员大约同时相互发生侵人犯规或其他犯规的情况。

2) 罚则:各登记一次侵人犯规,不判给罚球。比赛重新开始时,由发生双方犯规前控制球的球队掷球入界;如果双方都没有控制球,一次跳球情况出现。

(6) 技术犯规

1) 定义:是没有身体接触的犯规。

2) 规定:队员或球队人员有以下行为者,可判技术犯规

① 无视裁判员的警告;

② 与工作人员或对方人员交流时没有礼貌;

③ 使用很可能冒犯或煽动观众的粗话或手势;

④ 戏弄对或嘲讽对方队员;

⑤ 在对方眼睛附近挥手或保持不动妨碍其视觉;

⑥ 过分挥肘;

⑦ 阻碍对方迅速地掷球入界或罚球以延误比赛;

⑧ 伪造被犯规;

⑨ 悬吊在篮圈上晃动篮圈,除非是保护动作。

3) 罚则:登记犯规队员或教练员一次技术犯规,并判给对方队员1次罚球。

(7) 违反体育道德犯规

1) 定义:是一起队员身体接触的犯规。根据裁判的判断,一名队员不是在规则的精神和意图的范围内合法地试图去直接抢球,发生的接触犯规是违反体育道德犯规。

2) 规定

① 如果一名队员不努力去抢球并发生接触,是违反体育道德犯规。

② 如果一名队员发生了严重的侵人犯规或在抢球中造成过分的接触,应被判为违反体育道

德犯规。

③ 在一起攻防转换中,防守队员为了中断对方进攻,与进攻队员造成不必要的身体接触。

④ 从进攻队员侧面或后面发生非法接触,并且该进攻队员、球和球篮之间没有其他队员。

3)罚则

登记犯规队员一次违反体育道德犯规;判给对方队员执行罚球以及随后的前场掷球入界。

(8)取消比赛资格犯规

1)定义:球队人员的任何恶劣的违反体育运动精神的行为是取消比赛资格的犯规。

2)规定:球队人员在比赛中出现暴力行为或粗野行为,应被判取消比赛资格犯规。一名队员两次违反体育道德法规或技术犯规,或一次违反体育道德犯规加一次技术犯规时,应取消他本场剩余比赛的资格。

3)罚则:登记犯规人员一次取消比赛资格的犯规;犯规人员必须离开比赛现场;判给对方队员执行罚球以及随后的前场掷球入界。

二、基本技术

篮球技术是队员在比赛中为了达到攻防目的所运用的各种专门动作的总称,也是实现战术意图和战术配合的保证。篮球技术可分为进攻和防守两大部分。其中,进攻技术包括传接球、投篮、持球突破等;防守技术包括防守对手和抢断球等;另外,进攻技术和防守技术中都包含有移动和抢篮板球技术。

(一)移动

移动是篮球比赛中为了改变位置、方向、速度、争取高度等所采用的各种脚步动作的总称。移动可以反映出练习者的身体素质、篮球意识的高低,是篮球运动中非常重要的基本功。

1. 动作要领

(1)基本姿势

动作方法:两脚自然开立,约同肩宽,两膝弯曲,身体重心落在两脚之间,两臂自然置于体侧,上体稍前倾,两眼注视场上情况,随时准备向各个方向起动。这种姿势可以保持身体平衡和有较大的应变性,便于起动时身体重心的改变和前脚掌的有力蹬地(见图6-1-1)。

持球时,保持上述姿势并持球于胸腹之间,做好投、传、突的准备(见图6-1-2)。

防守时,平步或斜步站立,两臂张开以便干扰对方的传接球、运球或投篮(见图6-1-3)。

图 6-1-1

图 6-1-2

图 6-1-3

（2）急停

1）跨步急停:动作方法:在快速跑动中,先向前跨出一大步,脚跟着地并迅速过渡到全脚掌抵住地面,迅速曲膝上体后仰,第二步着地时,身体侧转,脚尖内旋,用前脚掌内侧蹬地面保持身体平衡,重心落在两脚之间(见图6-1-4)。

技术要点:第一步要大,降重心;第二步要跟得快,用脚前掌内侧蹬住地。

图 6-1-4

2）跳步急停:动作方法:在中速和慢速移动中,用单脚或双脚起跳,上体稍后仰,落地时两脚跟同时着地并迅速过渡到全脚掌,用两个前脚掌内侧蹬住地面,双膝弯曲,两臂曲肘微张,保持身体平衡(见图6-1-5)。

技术要点:重心在两脚之间,曲膝降重心。

图 6-1-5

（3）跑

1）变向跑:从右向左变向时,最后一步右脚尖稍内扣,用前脚掌内侧用力蹬地,同时,迅速曲膝降重心,腰部随之左转,上体向左前倾,左脚向左前方跨出,加速前进。

2）侧身跑:向前跑动的同时,头部和上体侧转向球的方向,脚尖朝向跑动的前进方向,做到既保持跑速,又要注意观察场上情况。

（4）跳

1）双脚起跳:动作方法:两脚开立,两膝快速下蹲,上体稍前倾,两臂相应后摆,起跳时两脚快速用力蹬地、伸膝、提腰,两臂加速向前上方摆动,使身体向上腾起。落地时前脚掌先着地,曲膝缓冲。

2）单脚起跳：起跳时，踏跳腿微曲前送，脚跟先着地并快速曲膝过渡到前脚掌用力蹬地，同时提腰向前上方快速摆臂，另一腿快速曲膝上摆。当身体腾空到最高点附近时，两腿伸直自然合并。落地时，两脚分开，曲膝缓冲。

（5）转身

用移动脚的前脚掌主动蹬地，以中枢脚的脚前掌为轴用力碾地，同时上体随着移动脚转动，以头、肩带动腰部随移动脚向前后改变身体方向，转身后重心落于两脚之间。移动脚向中枢脚前方跨步转动的叫前转身（见图 6-1-6）；移动脚向中枢脚后方撤步转动叫后转身。

技术要点：中枢脚的前脚掌为轴碾地，转身时要保持身体重心平稳。

图 6-1-6

（6）滑步

由两脚左右站立两膝较深弯曲姿势开始，向左侧滑步时，右脚掌内侧用力蹬地，左脚向左（移动方向）迈出的同时，右脚迅速跟随滑动，并保持曲膝降低重心的姿势，上体微向前倾，两臂侧伸，眼睛注视对手（见图 6-1-7）。

技术要点：移动时做到异侧脚先蹬，滑动时身体重心要平稳，两臂保持侧伸。

图 6-1-7

（7）后撤步

动作方法：撤步时，用前脚掌内侧用力蹬地，后脚的前脚掌用力碾地，同时腰部用力向侧后转胯，前脚后撤，后脚变为前脚（见图 6-1-8）。

技术要点：前脚用力蹬地，利用腰部力量带动转胯，后撤时转动的角度不宜过大。

2．练习方法

移动技术主要是以腿部力量做的蹬、跑、跳等动作，可以采用一些田径运动的辅助练习来加强腿部力量，同时增加一些快速变换的动作来提高脚步的灵活性。

图 6-1-8

1）听信号起动及加速跑。

2）原地转身、跨步。

3）跑动中急停,接转身、跨步、起跳。

4）变向跑、后退跑、侧身跑、变速跑综合练习。

5）三角滑步和后撤步练习。

6）一对一追逐练习。

3.易犯错误与纠正方法(见表 6-1-1)

表 6-1-1

易犯错误	纠正方法
跳步急停时停不稳,重心前移	落地时两腿要分大,上体稍后仰,曲膝下降重心
跨步急停时身体前倾,重心不稳	强调第一步大要制动,第二步小要转体降重心
单脚起跳时摆动腿配合不协调	慢动作体会摆动腿加速动作
转身时身体后仰、重心上下起伏	转身时保持曲膝降重心,上体稍前倾
滑步时重心高,身体上下起伏	保持低重心,先蹬后滑,两脚保持与地面接触
撤步方向过于靠后	慢速体会蹬地转髋的发力动作和后撤步时脚的位置

(二) 传接球

传接球是进攻队员有目的地进行转移球的方法,也是队员之间相互联系、相互配合和组织进攻的具体手段。传球可分为头上、肩上、胸前、体侧、背后、胯下等多种传球方式,接球主要有单手和双手接球两种。传接球的好坏直接影响着进攻的效果和质量,在比赛或练习中,既要掌握好传、接球的基本技术,又要根据场上情况的变化选择合理的传接球方式。

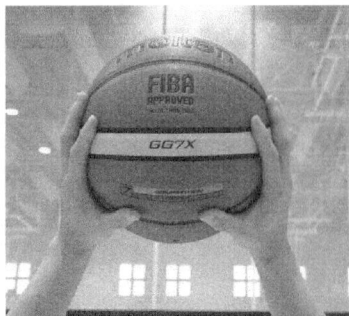

图 6-1-9

1.**动作要领**

(1) 持球

双手自然分开,拇指相对成近似"八"字形,用指根以上部位握住球的两侧后下方,手心空出,两臂弯曲,肘关节下垂,将球放置于胸前(见图 6-1-9)。

(2) 接球

分为单手接球和双手接球。接球时,眼睛要注视来球,手臂迎球伸出,手指自然分开,手掌对球。当球接触手指时,曲肘,手臂后引缓冲来球力量。

1) 双手接球:这是最基本的接球方法,其优点是控球较稳,且便于衔接下一动作。

动作方法:眼视来球,两臂迎球伸出,两手手指自然张开,拇指相对成"八"字形,其他手指向前上方,两手成一个半圆形。当手指触球时,两臂顺势曲肘后引缓冲来球的力量,两手持球于胸腹前,成基本站立姿势(见图6-1-10)。

技术要点:主动伸手迎球,在手接触球后曲臂缓冲。

图 6-1-10

2) 单手接球:接球控制范围大,但不如双手接球稳定性好。

动作方法:原地单手接球时,接球手向来球伸出,五指自然分开,掌心正对来球,腕、指放松。当手指触球时,顺球的来势迅速收臂置球于身前或体侧,另一手迅速扶球,保持身体平衡,做好进攻准备姿势。

技术要点:手指自然张开伸臂迎球,当手指触球时,顺势后引,另一手及时扶球。

(3) 传球

1) 双手胸前传球:双手胸前传球是最基本、最常用的传球方法。其特点是传出的球迅速有力,准确性较高,而且便于结合突破、投篮动作。

动作方法:斜步姿势站立,双手持球于胸前。传球时,后脚蹬地,身体重心前移,双手向传球方向伸臂发力,同时拇指下压、手腕翻转,通过拇指、食指和中指用力拨球将球传出。球出手后,手心和拇指向下,其余四指向传球方向(见图6-1-11)。

技术要点:手腕由内向外翻转,拇指下压,食、中指拨球。

图 6-1-11

2) 双手头上传球:动作要领:双手举球于头上,两手心向前。近距离传球时,小臂前摆,手腕前扣并外翻,同时拇、食、中指用力向前拨球。传球距离较远时,要用蹬地和腰腹力量带动上臂前摆,腕、指用力前扣,将球传出。

技术要点:前臂前摆和手腕前扣要快速有力,带动手指用力拨球。

3)单手肩上传球:动作方法:双手持球于胸前,双脚平行站立。右手传球时,左脚向传球方向迈出半步,左肩对着传球方向,同时将球引到右肩上方,手腕后曲,重心落在右脚上。传球时,右脚蹬地,转体,上臂随之向前挥摆,手腕迅速前曲,通过食指、中指拨球将球传出(见图6-1-12)。

技术要点:蹬地、转体、挥臂和曲腕动作连贯。

图 6-1-12

2. 练习方法

1)持球:徒手模仿持球动作、反复体会持球动作、两人持一球。

2)接球:拿放在地面上或同伴手里的球,原地接不同方向来球。

3)对墙连续传接球。

4)两人原地传接球。

5)原地三角传接球

6)四角移动传接球。

7)两人行进间传接球推进。

8)三人"8"字围绕传接球推进。

3. 易犯错误与纠正方法(见表6-1-2)

表 6-1-2

易犯错误	纠正方法
双手接球拿不稳球	强调接球手形和"迎球"动作,当手指触到球时,手臂主动后引缓冲
双手胸前传球时肘关节过高	持球时将肘部贴近身体,传球前先翻转手腕再用力推拨球
单手传球时控制不好力度和方向	强调正确的持球手形,传球时要利用身体的蹬转力,出手时注意压腕拨球

(三) 运球

用单手连续地拍按由地面反弹起来的球,就是运球。运球是控制球能力的标志之一,是篮球比赛中个人进攻的重要技术,也是组织球队实现进攻配合的桥梁。

1. 动作要领

(1) 基本姿势

原地控制性运球时,要降低重心,保持膝关节弯曲,上体稍前倾,抬头注意场上情况;五指自然分开,用手指和手根部按拍球和控制球,并随时用另一手臂、肩、躯干和腿保护好球(图6-1-13)。

图6-1-13

(2)高运球

动作方法:运球时,两腿微曲,眼睛观察场上情况,用手指及手掌的外缘触球的后上方,用力向前下放推按球,反弹的高度在腰腹之间,球的落点在身体侧前方。

技术要点:高运球时拍按球动作有力,身体重心高、灵活性大、速度快,便于观察场上情况。

(3)低运球

动作方法:当防守者逼近时,两腿弯曲,重心下降,上体保持前倾,抬头前看,用上体和腿保护球,用手短促地拍按球,使球反弹的高度在膝髋之间。

技术要点:控制好反弹高度,拍按球短促有力。

(4)体前变向运球

动作方法:从对手右侧突破时,先向对手左侧运球,当防守者重心偏向左侧时,右手拍球右上方使球从体前弹向左侧,同时右脚向前方跨,上体左转,换左手运球并用身体保护好球,从对手的右侧继续运球前进(见图6-1-14)。

技术要点:变向时手脚配合要协调,变化要突然。当对手堵截运球的前进路线并且还有一定距离时,可利用体前变向换手运球,以摆脱和突破防守。

图6-1-14

(5)转身变向运球

动作方法:以右手控球开始为例,变向时,右手将球运至身体右侧,左脚在前为轴做后转身,同时换左手运球或右手将球拉至身体左侧前方换左手运球,加速前进(见图6-1-15)。

技术要点:转身时重心要低,转身动作和换手动作要快。当对手封堵住运球队员的一侧,而距离又很近,不便使用体前变向时,可采用后转身变向运球。

图 6-1-15

2. 练习方法

(1) 原地运球

1) 原地高运球、低运球。

2) 原地左右换手变向运球。

3) 体侧前后推运球练习位。

4) 原地双手运两球。

5) 原地胯下"8"字运球。

(2) 行进间运球

1) 直线运球。

2) 急停急起运球。

3) 体前转身变向运球推进。

4) 一攻一守运球推进。

3. 易犯错误与纠正方法(见表 6-1-3)

表 6-1-3

易犯错误	纠正方法
原地运球时控不稳球	强调用手指控球,明确拍按球的部位和落地点,初学者可适当观察球的位置
急停疾起时脚步与运球的配合不协调	急停时身体重心后仰,运球手按拍在球的正上方;急起时身体前倾,手按拍在球的后上方
体前变向幅度小,加速不明显	原地体会拍按球和蹬转发力动作,强调拍按球要有力,变向时蹬地和转髋、探肩动作要快
转身过时重心起伏过大,球离身体过远	徒手原地、行进间模仿练习,体会低重心转身以及拍按球的部位和落点

(四) 持球突破

持球突破是持球队员运用脚步动作结合运球技术快速超越对手的一种攻击性很强的技术,由蹬、跨、探肩、推放球和加速等动作组成。

1. 动作要领

(1) 交叉步突破

动作方法:以右脚做中枢脚为例。由基本姿势开始,突破时,左脚前脚掌内侧用力蹬地,上体稍右转,左肩向前下压,左脚向右侧前方跨出,同时右手迅速推放球于左脚侧前方,接着右脚蹬地上步运球超越对手(见图 6-1-16)。

技术要点:突破时重心要低,蹬转和探肩动作要快,推放球要及时;在应用时可结合投篮、跨步等假动作,从防守者前脚外侧突破。

图 6-1-16

(2) 顺步突破

动作方法:突破时,左脚内侧用力蹬地,右脚迅速向右前方跨出,同时上体右转探肩用右手向前推放球。左脚蹬离地面后迅速向右前方跨出,继续运球前进,超越对手(见图 6-1-17)。

技术要点:蹬跨有力,转身探肩,加速积极。当从防守者的前脚内侧突破时多采用这项技术,也可以与交叉步突破、投篮、跨步等假动作结合应用。

图 6-1-17

(3) 前转身突破

动作方法:以左脚做中枢脚为例。侧向或背对球篮和防守者,突破时,以左脚为轴做前转身,右脚随着转身向球篮方向跨出,左肩向防守者的一侧空当下压,右手推放球后左脚蹬离地面向前跨出,超越对手。

技术要点:当对手贴身防守或背对篮接球时,可结合后转身、投篮等动作突破对手。转身时重心要稳,跨步、蹬地、运球动作连贯。

(4) 后转身突破

动作方法:以左脚做中枢脚为例。身体侧对球篮,左脚靠近防守者站立,突破时,以左脚为轴做后转身,右脚随着转身向右后方的球篮方向跨出,脚尖指向侧后方,右肩向防守者的一侧空当下压,左手向右脚前方推放球后左脚蹬离地面向前跨出,超越对手。

技术要点:这一动作与前转身突破运用时机相似,转身时重心要稳,右脚向侧前方跨出时脚尖指向篮圈或进攻方向,推放球后左脚内侧用力蹬地加速。

2. 练习方法

1) 持球反复体会蹬地、转探肩、保护球动作。

2) 接球急停,面对防守做交叉步或顺步突破。

3) 背对或侧对防守做转身突破。

4) 持球一对一攻防。

3. 易犯错误与纠正方法(见表 6-1-4)

表 6-1-4

易犯错误	纠正方法
突破时跨步较小,难以超越对手 中枢脚提前非法移动	结合瞄篮、试探步,反复练习持球蹬、跨、探肩以及推放球后的加速动作 慢动作体会先推放球,后抬起中枢脚动作

(五) 投篮

投篮是篮球的关键技术,也是得分的唯一手段。投篮的方式和方法有很多,可以用单手、双手,也可以是正手、反手或低手、高手,还可以区分为原地、行进间投篮等,但所有稳定的投篮都需要考虑身体的协调用力,正确的投篮手法,恰当的瞄准点,合适的飞行路线和球的旋转。

1. 动作要领

(1) 原地投篮

原地投篮是行进间和跳起投篮的基础,多用在中远距离投篮和罚球时。其优点是:投篮时身体比较平稳,便于身体协调用力。缺点是:投篮的突然性差,出手点低,易受干扰。

1) 单手肩上投篮:动作方法:准备姿势为两脚平行或右脚在前左脚在侧后方,重心放在两脚之间,上体稍前倾。准备投篮时,右手手指自然分开,手心空出,向后曲腕、曲肘持球于肩上,左手扶球,同时曲膝降重心;投篮时,两脚蹬地发力,右肘上提,右臂向前上方伸展,手腕前曲,食中指拨球;投篮后,身体随投篮动作向前上方伸展,脚跟微提或两脚蹬离地面(见图 6-1-18)。

技术要点:出手点较高,便于结合其他技术动作,可以在不同距离和位置运用。投篮时要自下而上发力,右肘要抬起,右臂向前上方伸展,球的重心要落在手指上,用食中指拨球。

图 6-1-18

2) 双手胸前投篮:动作方法:双手持球于胸前,肘关节自然下垂,两脚前后或平行站立,膝关节稍内扣,上体稍前倾,身体重心放在两脚之间,眼睛注视瞄准点。投篮时,两脚蹬地,腰腹伸展,两臂上伸,拇指向前压送,同时两手腕外翻,用拇指、食指和中指将球投出;投篮后,身体随投篮动作向前上方伸展,脚跟微提或两脚蹬离地面。(见图6-1-19)

技术要点:投篮时曲膝蹬地、伸展腰腹、上伸手臂和出手时手腕、手指用力动作要连贯协调。这一动作比较适合上肢力量较小者使用,多用于远距离投篮,便于和传球、运球突破相结合。

图 6-1-19

(2)跳起投篮

动作方法:双手持球于胸前,两脚前后或左右分开自然站立,上体略前倾。在两脚用力蹬地向上起跳的同时,上体向上伸展,双手举球至肩上,右手持托球,左手扶球的侧方,当身体在最高点附近时,右臂抬肘向上伸直,最后用手腕、手指的力量将球投出,落地时曲膝缓冲。

技术要点:向上举球和跳起动作要协调一致,在最高点附近出手。这一动作的出手点高、突然性强,便于与移动、传接球、运球突破等动作结合运用。

(3)行进间投篮

多在快攻或切入篮下时运用。

1)高手上篮:动作方法:以右手为例。当球在空中运行时,右脚向前跨出一大步同时接球,然后左脚接着向前跨出一小步,脚跟着地迅速过渡到前脚掌蹬地起跳,同时右膝曲膝上摆,双手举球,手臂上伸掌心向上,用扣腕和手指拨球,柔和地将球投出。空中两腿并拢,落地时曲膝缓冲(见图6-1-20)。

技术要点:这一动作的优点是出手点高,在离篮很近或较远时都可采用;上篮时的第一步要大并接稳球,第二步要小,起跳有力,手指拨球要柔和。

图 6-1-20

2）低手上篮:动作方法:当身体腾空到最高点时,左手离球,右手五指分开,手心向上,托球下部,手臂继续向投篮方向伸展,并以手腕为轴,手指向上挑球,使球从食指、中指滚出(见图6-1-21)。

技术要点:这一动作上篮的速度快,伸展距离远,控制球较稳,上篮时手托球要稳,投篮时手指拨球要柔和。

图 6-1-21

2. 练习方法

1）徒手练习投篮发力和手形。

2）不同距离和位置的定点投篮。

3）行进间上篮脚步动作专门练习。

4）运球、接球急停投篮。

5）自投自抢投篮。

6）快速运球、传球上篮。

7）一对一攻防对抗。

3. 易犯错误与纠正方法(见表6-1-5)

表 6-1-5

易犯错误	纠正方法
单手肩上投篮时手掌跟触球、肘关节外展过多、身体不能协调发力	强调手指触球和手腕后仰,肘部贴近身体两侧向前上方举球,投篮发力时蹬地、伸髋、推拨球动作要明显
双手胸前投篮的抛物线过低	强调投篮出手时的手腕翻转动作和出手角度
行进间高手上篮时离篮圈较远,命中率不高	反复练习上篮步法,调整好起跳的距离,起跳投篮时拨球要柔和
低手上篮时离篮圈过近,拨球力量过大	反复练习上篮步法以及举球和伸展手臂、拨球动作

（六）抢篮板球

抢篮板球是指争抢投篮未中从篮板或篮圈反弹出的球。在篮球比赛中,篮板球是球队获得控制球权的一项重要手段,篮板球的质量往往影响到比赛中的主动权甚至比赛的胜负。要抢好篮板球,首先要有强烈的抢篮板球意识;还要根据球的飞行情况准确判断其落点和球可能反弹的方向和距离,并迅速地移动并抢占对手与球篮之间有利的位置;然后起跳抢球,及时发动快攻或组织二次进攻。

1. **动作要领**

(1) 抢进攻篮板球

争抢好进攻篮板球,可增加进攻次数和篮下得分机会,也可增强进攻方的投篮信心和减少对手发动快攻的机会。通常进攻队员面对或侧对球篮,便于观察球的落点和防守队员的行动,对冲抢篮板球比较有利。但由于进攻队员多在防守队员外侧,离球篮较远,处于不利的抢篮板球位置。因此,进攻队员可利用假动作以摆脱或绕过防守,借助跨步或助跑起跳进行冲抢篮板球,也可直接在空中补篮或将球点拨到外围同伴附近,再组织发动二次进攻。

(2) 抢防守篮板球

争抢好防守篮板球,是发动快攻的主要方式,也可影响到对手投篮的信心。通常,防守队员站在进攻队员的内侧,处于有利的抢篮板球位置。为了防止进攻队员冲抢,在投篮的球出手后,防守队员应转身把进攻队员挡在离篮较远的外侧,然后判断球的落点及时起跳,抢获篮板球后要保护好球,也可空中直接传球或点拨球给同伴,迅速发动快攻。

2. **练习方法**

抢篮板球的关键是抢占有利位置,进攻强调"冲抢",防守强调的是"挡抢"。在练习时,攻守双方要设法占据对手与球篮之间或离篮圈较近的位置上。

1) 起跳后空中接球。

2) 两人对抗抢篮板球。

3) 抢篮板球结合快攻一传。

4) 三对三抢篮板球攻防。

3. **易犯错误与纠正方法**(见表 6-1-6)

表 6-1-6

易犯错误	纠正方法
抢防守篮板球时没能挡住对手	反复练习投篮出手后挡人与抢位动作,防守队员要力争抢占离篮圈更近的位置

(七) 个人防守对手

防守对手是队员合理运用防守动作,积极抢占有利位置,破坏和阻挠对手进攻,以争夺控制球权为目的的行动。防守对手是个人防守技术,也是集体防守的基础,可分为防守无球队员和防守有球队员。

1. **动作要领**

(1) 个人防守有球队员

1) 防守方法:阵地进攻时,一般情况下,首先防守者应占据对手与球篮之间的位置,对手离篮近则贴近防守;离篮远则离稍远些。其次,要根据对手的进攻特点调整防守位置。对于中远投较准的进攻队员,在其投篮区域时应适当靠近防守;对于善于突破的进攻队员,防守时应适当远离对手一些。

当对手持球可运球突破、投篮、传球时,要占据对手与球篮之间的位置,根据对手的进攻特点和意图选择平步或斜步防守姿势,干扰对方投篮和传球;防守突破能力较强的对手时,多采用平步防守或斜步防守其强侧手的姿势;防守中远距离投篮时,多采用斜步防守。当对手突破时,及时迅速地运用撤步、滑步等脚步动作用躯干合理地封堵对手的移动路线;当对手投篮时,积极上步起跳封盖。当对手停球时,要上步贴近防守,封堵对方传球或投篮。

2)技术要点:抢占有利的防守位置,及时判断对方进攻意图,积极移动,封堵对手的传球、投篮、突破。

(2)个人防守无球队员

1)防守离球距离较远的对手时,要做到"人、球、篮"兼顾和协防、补防,一般选择离对手较远并靠近球篮的位置,采用面向球并且侧对防守者的站立姿势。当对手向有球方向移动或切入篮下时,应合理地运用快速的脚步动作抢占有利的防守位置,堵截其摆脱移动的路线。防守内线队员时,要合理利用身体对抗抢占对手与球篮之间的有利位置;也可采用绕前防守或侧面防守的姿势,积极干扰或封堵其传接球的路线。

2)技术要点:抢占"人、球、篮"兼顾的防守位置;防守时要做到"内紧外松,近球紧,远球松,松紧结合";防止对手空切和接球,随时准备协防、补防。

2. 练习方法

(1)一对一攻防练习。

(2)防摆脱接球练习。

(3)防对手空切练习。

3. 易犯错误与纠正方法(见表6-1-7)

表6-1-7

易犯错误	纠正方法
防持球队员时距离过远	根据对手的进攻特点选择恰当的防守位置,尽量保持一步左右的距离
防无球队员不能做到"人球篮兼顾"	防无球队员时要占据被防守者、球、球篮兼顾的位置,强侧要做好协防、换防,弱侧要注意补防

三、基本战术

篮球战术是队员个人技术的合理运用和队员之间相互协同配合的组织形式。战术的目的是更好地发挥本方队员的技术特长,并制约对手,争取掌握比赛的主动权。篮球战术可分为进攻战术和防守战术两大类,本节将主要介绍的篮球战术内容有:攻守基础配合,快攻与防守快攻,半场缩小盯人防守与进攻,区域联防与进攻区域联防。

(一)进攻基本战术:传切、突分、掩护、策应

1. 传切配合

是指无球进攻队员向篮下切入,接同伴的传球取得投篮机会,多用于半场阵地进攻。

图6-1-22

(1)配合方法

如图6-1-22所示。④传球给⑤后,摆脱对手向篮下切入,接⑤的回传球投篮。

(2)配合要点

传球者要利用投篮、突破等假动作吸引牵制对手,及时准确地将球传递给同伴;切入者要掌握好时机,寻找空档,快速、突然摆脱防守后切入篮下,并注意接同伴的传球。

2．突分配合

是进攻队员利用突破吸引防守队员或在突破时遇到对方协防时，及时将球传给处在有利位置的同伴取得进攻机会。常用来对付扩大防守，也可以起到打乱对方防守部署，压缩对方防区，为其他同伴创造投篮机会的作用。

（1）配合方法

如图6-1-23所示。④从防守者的左侧突破，当防守⑤的队员协防时，④及时将球传给⑤在外线投篮。

（2）配合要点

进攻队员突破时，要随时注意观察攻守队员的行动，当遇到对方阻截很难投篮时，应及时地将球传给其他接应的同伴。其他同伴此时应注意寻找防守的空档接应突破的队员。

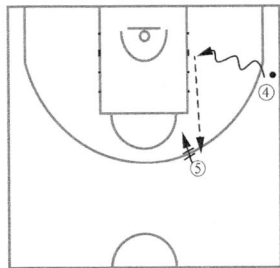

图 6-1-23

3．掩护配合

掩护队员利用身体挡住防守同伴对手的移动路线，使同伴借以摆脱防守，或利用同伴的身体和位置使自己摆脱防守的一种配合方法。在对方人盯人防守比较严密时，利用掩护可以帮助同伴创造投篮、空切、突破、接球的机会。

（1）配合方法

掩护配合：⑤持球做投篮或突破的动作，吸引防守，当④到达掩护位置时，⑤利用的④掩护完成持球突破投篮，④掩护后及时移动到有利的位置去接球或抢篮板球（见图6-1-24、图6-1-25）。

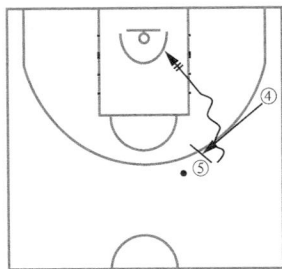

图 6-1-24

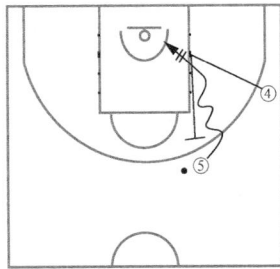

图 6-1-25

（2）配合要点

1）掩护要符合规则的规定，不能用推、拉、顶、撞等不合法的动作去阻挡对方的防守行动。

2）如果掩护建立在静立对手的视野之外，掩护队员必须允许对手向他迈出正常的一步，而自己不主动发力接触。

3）掩护队员的行动要隐蔽快速；被掩护队员要注意用假动作吸引对手，当同伴到达掩护位置时，摆脱对手动作要突然、快速。

4）掩护时同伴之间的配合时机非常重要，过早或过迟行动都会使掩护失败。

5）掩护队员在掩护时应合理地利用身体躯干，保持静止站立；在发生身体接触时，应做好保护动作；掩护完成后及时拆开或切入篮下。

4．策应配合

进攻队员背对或侧对球篮站立，其他队员移向防守空档或利用其身体做掩护摆脱防守切入篮下以取得投篮机会的一种配合方法。在比赛中运用范围较广,并与传切、掩护等配合相结合使用。

(1) 配合方法

如图 6-1-26、图 6-1-27 所示。④摆脱防守插到罚球线或低位做策应,⑤将球传给④并立即空切篮下,接④的策应传球投篮。

图 6-1-26   图 6-1-27

(2) 配合要点

策应者运用瞄篮、突破等假动作吸引防守者,需要时利用跨步、转身动作为同伴做掩护,当同伴出现较好的进攻机会时,及时准确地将球传出。

(二) 防守基本战术:关门、防掩护、换防配合

1. 关门

(1) 配合方法

当进攻队员从正面突破时,邻近的防守队员及时与同伴靠拢协助同伴堵截住进攻队员的突破路线。

(2) 配合要点

防守有球的队员要积极移动,邻近的防守队员及时与同伴靠拢;"关门"配合成功后,迅速回防自己的对手。

2. 补防

(1) 配合方法

当本方队员被对方突破或对方某个进攻队员无人防守时,邻近的防守队员立即放弃自己的防守对象去补防。

(2) 配合要点

离球较远的防守者应随时观察本队的防守情况,一旦发生漏防,邻近的队员要及时补防。

3. 防守对方掩护的配合:挤过、穿过、绕过、换防

(1) 配合方法

当进攻方采用掩护配合时,防守队员可以通过同伴之间的配合来限制对方的进攻行动。被掩护队员:从防守掩护队员身后跑过去防守原来的进攻队员称"绕过";从掩护人和防守掩护人之间跑过去称"穿过";从掩护队员身前跑过去称"挤过";与防守掩护队员交换防守称"换防"。现代防守配合中,对付掩护配合也常采用两名防守队员一起上前防守有球队员的配合。

（2）配合要点

当进攻采用掩护配合时,防守被掩护的队员应根据掩护队员的站位以及防守掩护队员的同伴两人的位置不同而采用相应的防守配合。防守掩护队员者要及时提醒同伴并主动让路使其穿过或绕过;如果掩护队员与被掩护队员之间有空隙,防守被掩护者应挤过;如果路线完全被掩护队员挡住,应及时换防或两人迅速上前共同防守有球队员,限制其传球、投篮或突破。

（三）全队进攻与防守战术

1. 快攻与防守快攻

快攻是由防守转为进攻时,在对方未部署好整体防守情况下快速发动进攻,创造人数或位置上的优势,取得投篮机会的一种进攻战术。快攻最能体现篮球运动的快速灵活的特点,比赛中充分发挥快攻的威力,能给对手的防守造成很大压力,取得比赛的主动权。

（1）快攻

1）快攻方法:由发动接应、推进、结束三个阶段组成。在掷界外球、抢断球、抢到篮板球或跳球获得球后可发动长传快攻;长传快攻受阻时,应及时接应同伴采用运球、传球推进;快攻结束阶段,进攻队员应利用人数上的优势(2攻1、3攻2等情况)分散拉开突破上篮,也可在对方防守未稳时迅速运用掩护、突分、传切等配合,创造有利的投篮机会。

2）快攻要点:快攻的发动、接应球、推进要快,结束阶段要尽可能地创造近距离投篮机会,如果防守收缩篮下,可强行突破对手或采用中、远距离投篮。

（2）防守快攻

1）防守方法:在防守快攻时,首先在进攻时要尽量减少失误,并积极争抢篮板球;一旦球被对方控制,要积极封堵对方的一传和接应,延缓对方推进速度;本队队员要及时回防,迅速形成防守阵形;在以少防多的情况下,防守队员应抢占有利的防守位置,运用假动作干扰对方组织进攻,并准确判断对方意图,积极封盖或破坏对方的投篮,为同伴回防赢得时间。

2）防守要点:封堵快攻一传和接应;延缓对方推进速度;同队队员快速回防;提高以少防多的能力。

2. 人盯人防守与进攻人盯人防守

（1）人盯人防守

人盯人防守是指每名队员在防守时各自盯防一名进攻队员,并协助同伴进行集体防守的全队防守战术。人盯人防守战术是篮球比赛中最基本的防守战术,它的特点是防守时队员的分工比较明确,不容易漏人,能够有效地发挥队员个人的防守能力和集体防守力量,控制对方的进攻重点。

1）防守方法:半场人盯人防守是指防守队员根据进攻队员的特点进行分工,明确各自所盯的对手,在后场的半场范围内组成集体防守的配合方法。其中,半场缩小人盯人防守偏重于防守对手突破和篮下进攻,半场扩大人盯人防守则偏重于防守外围投篮进攻。

2）防守要点:

① 由攻转守时,要在退守过程中积极防御,在后场及时找到对手进行防守。

② 根据对手、球、球篮来选择有利的防守位置,与同伴组成协同防守,做到有球紧,无球松;近球紧,远球松,人、球、篮兼顾。有球一侧(强侧)的防守应注意封堵对手的传接球路线和空切;无球一侧(弱侧)的防守应适当保护篮下并防止对手空切。

③ 积极移动并根据球和对手以及球篮的位置及时调整防守位置和姿势。

④ 根据对手进攻情况及时换防、协防和补防,加强防守的攻击性和伸缩性。当持球队员突破时,邻近的防守队员要注意协防;当有球队员突入篮下时,远球一侧的队员要及时进行补防、协防,防守成功后应迅速找回原来的防守对象或进行换防。

（2）进攻半场人盯人防守

1）进攻方法:进攻人盯人防守时,球队应根据本方和对方队员的特点选择合理的进攻阵形,并运用本队熟悉的进攻技术和战术创造有利的进攻机会。在组织进攻中,要攻击防守的薄弱环节,队员之间要默契,机动灵活地运用进攻战术,积极拼抢篮板球,并注意攻守平衡。

2）进攻要点:由守转攻时,在对方未形成有效的防守阵形时,应积极组织发动快攻;在阵地进攻时,要迅速落位并站好进攻队形,利用本方队员的特长组织有效的进攻,或利用传切、突分、掩护、策应等配合创造有利的进攻机会;同时注意拼抢篮板球和保持攻守平衡。

3. 区域联防与进攻区域联防

（1）区域联防

指的是在防守队员在阵地防守时,每名队员分工负责防守一定的区域,并与同伴组成协同防守,用一定的阵形将每个防区有机联系起来的一种全队防守战术。区域联防的特点是队员的位置较为固定,分工明确,有利于对有球区和篮下防守。

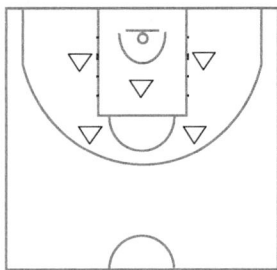

图 6-1-28

1）联防方法:图 6-1-28 采用的是 2-1-2 联防。这种防守阵形的优点是:队员分布比较均衡,中间的高大队员与前后两排的队员在防守时比较容易形成呼应,便于相互协作,其优点是能够有效地阻截正面突破和篮下进攻较强而两侧攻击较弱的队,缺点是容易在外线中路和两侧以及篮下形成防守薄弱区域。

2）联防要点:

① 由攻转守时,快速落位,争取在对方组织阵地进攻之前站好阵形。

② 严防进入各自防区的人和球,以防球为重点,跟随球的移动及时调整位置,做到人球兼顾。

③ 队员间要彼此呼应,及时换位、护送,做好协同防守。在对方内线队员持球时,邻近队员要形成包夹,尽量迫使对方传球到外围。强侧同伴要做好协防,弱侧的同伴要注意保护好篮板球并防好对手向篮下的切入。

（2）进攻区域联防

是针对区域联防的特点、队形、变化所采用的进攻战术。

1）进攻方法:如图 6-1-29 所示,进攻采用 1-3-1 的阵形。这种阵形主要针对"2-1-2"和"2-3"区域联防。其特点是外线投篮点多,结合两侧外线的背插和两名内线的穿插移动,便于内外进攻联系,在局部形成以多打少的局面。

2）进攻区域联防的要点:

① 由防守转入进攻时,首先要以快制胜,力争在对方落位布阵前进行攻击。

② 在阵地进攻时,要针对防守比较侧重内线的特点,先组织外线

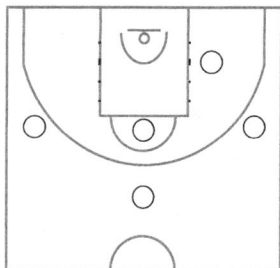

图 6-1-29

进攻,再利用传球和穿插移动调动防守,然后里应外合,寻找好的进攻机会。

③ 投篮出手后,要积极拼抢篮板球,并注意及时退防,保持攻守平衡。

四、专项身体素质练习方法

(一) 速度

1) 原地快频跑。

2) 听信号急停疾起。

3) 螃蟹步及滑步、撤步。

4) 快速侧身跑、变向跑、后退跑、交叉步跑。

5) 快速运球上篮、快速传接球上篮、长传快攻上篮。

6) 抢球攻防对抗。

(二) 力量

1) 手指手腕力量练习:指卧撑、击掌俯卧撑、负重手腕曲伸、抛接重球。

2) 上肢力量练习:卧推、俯卧撑、投传重球。

3) 下肢力量(弹跳)练习:

① 连续快速单摇和双摇跳绳。

② 连续蹲跳、跨步跳、收腹跳。

③ 单脚或双脚连续多级跳远。

④ 连续跳台阶、栏架。

⑤ 负重蹲起或蹲跳。

⑥ 原地连续起跳摸高。

⑦ 助跑接单脚或双脚起跳摸高。

(三) 灵敏

1) 原地快频率碎步接各种步法变化。

2) 连续快速模仿同伴动作。

3) 一对一追逐、躲闪。

4) 连续接不同位置、不同距离、不同方向的困难球。

(四) 耐力

1) 中长距离的变速跑。

2) 短距离反复冲刺跑。

3) 连续折返跑。

4) 全场反复快速运球上篮或快攻。

5) 持续较长时间的高强度攻守对抗。

参考文献

［1］Official Basketball Rules 2022. Asapproved by FIBA Central Board.

［2］全国体育院校教材委员会审定.篮球运动高级教程［M］.北京:人民体育出版社,2002.

［3］全国体育学院教材委员会审定.篮球［M］.北京:人民体育出版社,1991.

第二节 排 球

一、概述

(一) 起源与发展

19世纪末,美国在体育运动方面成为较为发达的国家,当时以美式足球、橄榄球、篮球和网球较为盛行,由于美式足球、橄榄球和篮球的比赛活动太激烈,只适合青年人参加,对于中老年人来说只能是可望而不可即,而网球运动规定参加人数又太少,所以人们希望能找到一种运动负荷适当,参加人数又较多,富于趣味性,适合男女老少参加活动的方式。

1895年,美国麻省好利诺城青年会体育干事威廉·摩根先生一直希望创造一种较为缓和、活动量适合更多人参加的运动方式,使它成为一种多人参加的隔网用手直接击球的游戏性活动。他把球网增高到5英尺6英寸(1.98 m)的高度,篮球的球胆又太轻,不易控制,并最后把球制作成与现代排球近似,外表是皮质的,内装橡胶球胆,圆周为25—27英寸(63.5—68.5 cm),重量为9—12盎司(225—340 g)的历史上第一个排球。首先为排球命名,取名为小网子(Mintonette)。

1896年,历史上第一次排球比赛在春田大学举行,摩根亲自上场做示范表演,当时比赛人数是5对5。霍尔斯特德博士兴致勃勃地观看了比赛并将此项运动命名为"Volleyball",即"空中截击"之意。

排球运动在美国问世后,被列为美国的军事体育项目,由美国的传教士和驻外国的军官、士兵传到了世界各地。

6人制排球传入美洲时间较早。1900年传入加拿大,1905年传入古巴,1912年传入乌拉圭,1914年传入墨西哥,1900年传入印度,1905年传入中国,1908年传入日本,1910年菲律宾。排球运动在亚洲发展过程中先后经历了16人制、12人制、9人制的比赛形式及相应的规则,直到20世纪50年代初才正式开展6人制排球运动。

排球运动以6人制的比赛形式稍后传入欧洲,而且当时已经成为一项竞技运动,所以该项运动很快在欧洲得以发展。

排球运动传入非洲的时间最晚,所以至今非洲排球的技术和战术水平在世界排坛中还处在相对落后的位置。

1947年,国际排球联合会成立,排球运动开始走向国际化的坦途。如今,以世界锦标赛、奥运会、世界杯为代表的世界排球三大赛事已形成传统。

为了进一步推动排球运动的发展,1988年国际排球联合会制订了"世界排球发展计划",在世界各地建立起20多个排球发展中心,发展娱乐性和健身性排球。根据不同社会群体和环境条件的需要,不同形式的排球运动应运而生。如从 20 世纪 20 年代出现、40 年代开始流行、70 年代向职业化发展的沙滩排球,在 1996 年亚特兰大奥运会上被正式列为比赛项目。不仅如此,国际排球联合会还将沙滩排球从海滨的沙滩推向内陆的沙地,吸引更广泛的群众参与,使这项运动在社会上的反响不亚于室内 6 人制排球。

中国排球运动的发展,对整个国家的民族精神的提升起着巨大的作用,1981 年 3 月中国男女排双双获得世界杯亚洲预选赛的冠军。1981 年 11 月我国女排在日本举行的第 3 届世界杯赛中,七战七捷首次荣获世界冠军。全国人民欢欣鼓舞,掀起了学习中国女排拼搏精神的热潮。紧接着在 1982 年的第 9 届世界女排锦标赛中又夺金杯。继而在 1984 年的洛杉矶奥运上再显神武,实现了"三连冠"。此后在 1985 年世界杯、1986 年的世锦赛中再次夺冠,创造了世界女子排球"五连冠"的新纪录。它的意义在于创造了全面、快速、高度、灵活、准确的全攻全守的整体排球思想及其打法,引发了现代排球技术和战术指导思想的革命。

中国女排为排球发展史谱写了光辉的一页,继"五连冠"后女排姑娘获得 2003 年世界杯冠军和 2004 年奥运会冠军,2015 年世界杯冠军 2016 年奥运会冠军和 2019 年世界杯冠军。中国女排之所以为人称道,不仅在于她们的精湛技术,更在于她们要为中华民族崛起于世界体育之林而拼搏的精神。

(二) 特点与作用

排球是一项充满魅力的运动。它以其熟练、准确、细腻的技巧性,快速、激烈、反复的对抗性,形式多样、广泛的群众性,成为人们喜闻乐见的现代运动项目之一。

排球运动和现代奥运会同时产生,距今已有 100 多年的历史。从排球运动的初创时期发展到现代排球的今天,国际排球联合会已成为拥有 200 多个国家和地区会员的、世界上最大的单项体育运动联合会,参加排球运动的人数超过 1.5 亿。

排球运动竞赛规则虽然经过了多次修改,但比赛双方始终围绕着使球在对方场区落地,或使对方击球失误的竞技目的而展开激烈的争夺,因此也带来了排球运动特有的,也是其他球类运动所不具备的技术和战术特点。

排球运动属于隔网对抗性项目,运动员可以凭借身体的任何部位击球,使球既不落地,也不能在身体任何部位停顿,所以有空中击球的技术特点;根据规则要求,又具有触及球时间短促,独特的得分和失分计算的特点;在规则限制每队击球次数不能超过 3 次(拦网除外)的前提下,完成技术和战术配合,具有触球次数有限性的特点。

(三) 比赛方法与规则简介

1. 比赛方法

排球比赛的基本打法是:由后排的右边队员在发球区内用一只手或手臂将球击过网,比赛由此开始。每方最多击球 3 次,同一队员不能连续击球 2 次(拦网时除外),比赛不间断进行,直至球落地、出界或某队犯规。

排球比赛的记分方法:五局三胜制、三局二胜制(沙滩排球)6 人制排球比赛采用每球得分制,每局先获 25 分并超出对方 2 分的队为胜一局,胜三局为胜一场。决胜局的比赛先获得 15 分并超过对方 2 分的队为胜队。沙滩排球比赛分三局二胜制(前两局 21 分,决胜局 15 分)。

排球比赛是两队各上场 6 名队员,在长 18 米、宽 9 米的场地上进行的攻防对抗比赛,场地中间由一条中线和球网将场地分为两个均等的场区。队员根据规则的规定,运用发球、垫球、传球、扣球和拦网等技术,将球打过球网。发球队胜一球后,该队发球的队员继续发球。接发球队胜一球后,场上队员先按顺时针的方向轮转一个位置后,再由后排右边的队员发球。

2. 规则简介

1) 发球延误:发球队员在第一裁判员鸣哨允许发球后 8 秒钟内必须将球击出。否则应判为发球延误犯规。

2) 发球时未将球抛起:发球队员将球抛起后,必须在球落地前一只手臂将球击出。如果没有将球抛起(或撤离),则判为犯规。身体的其他部位触球亦为犯规。

3) 位置和次序错误:在发球队员击球时,其余的队员应在各自场区内分两排站立,每排三名队员,各排可以站成折线形。队员的位置应以脚的着地部分来判断。

靠近球网的三名队员是前排队员,他们的位置分别称 4 号位(左)、3 号位(中)和 2 号位(右)。另外三名队员为后排队员,位置分别称 5 号位(左)、6 号位(中)和 1 号位(右)。

发球击球时,后排队员不能站到相应的前排队员前面去,也不能平行。如后排 5、6、1 号位队员是分别与 4、3、2 号位队员相对应的,5 号位队员就不能站在 4 号位队员前面,也不能平行。但 5 号位队员站在 3 号位前面就不一定是犯规了。

同排队员中,中间的队员不能向两侧超越两侧的队员,也不能平行。按规则的说法是"右边(左边)队员至少一只脚的部分,比同排中间队员的双脚距右(左)边线更近"。

球发出后,队员可以在本场区和无障碍区的任何地方,甚至跑到无障碍区以外去救球,不再受位置约束。

4) 界内球。

5) 界外球。

6) 触手出界。

7) 4 次击球:每个队最多击球 3 次(拦网除外),将球从网上击回对方。不论是队员主动击球,还是被动触及,都算作该队击球 1 次。出现第 4 次击球,应判为"4 次击球"犯规。

8) 连击:一名队员不能连续击球 2 次(拦网除外)。连续击球或被球触及是"连击"犯规。连续的意思是 2 次触球有先后,而且中间没有其他人触球。球可以触及身体的不同部位,但必须是同时。

9) 持球:队员没有将球击出,造成接住或抛出,应判为"持球"犯规。

10) 过网。

11) 进入对方场区。

12) 后排队员进攻性击球犯规:

后排队员在前场区完成进攻性击球,而且击球时球的整体高于球网上沿,应判为"后排队员进攻性击球犯规"。

所谓"在前场区",是指站在前场区或踏及前场区起跳(包括边线外的延长部分)。"完成进攻性击球",是指球的整体越过球网垂直面,或者触及对方队员,再加上球的整体高于球网上沿。只有这三个条件同时存在,才被认为"后排队员进攻性击球犯规"。

13) 掩护和后排队员拦网犯规。

14) 双方犯规:如果双方队员同时犯规,则判为"双方犯规"。该球成死球,由原来发球队员重新发球。

15) 延误判罚:延误比赛的行为包括以下几个方面:①换人延误时间;②裁判员鸣哨恢复比

赛后,仍拖延暂停时间;③请求不合法的替换;④在同一局中再次提出不适合的请求;⑤场上队员拖延比赛的继续进行等。

16）换人。

17）暂停:每局每队可以请求 2 次暂停,每次 30 秒钟,暂停时队员必须离开场区,到替补席附近的无障碍区。

二、基本技术

(一) 准备姿势和移动

准备姿势和移动是排球基本技术之一,属于无球技术,它是完成发球、垫球、传球、扣球和拦网的前提和基础,并对各项有球技术的运用起串联纽带作用。准备姿势和移动是相辅相成的,准备姿势是为了移动,而要快速移动,又必须先做好准备姿势。

1. 准备姿势

准备姿势是指进行移动和各种击球动作前所采用的合理的身体动作或姿势。

准备姿势的作用:为了迅速起动、快速移动接近来球、占据有利的击球位置,完成各种击球动作。

准备姿势的种类:按照身体重心的高低,分为半蹲准备姿势、稍蹲准备姿势和低蹲准备姿势三种。在实战中应随场上变化情况而定,半蹲准备姿势是常用的一种(见图 6-2-1)。

图 6-2-1

(1) 半蹲准备姿势的动作要领

两脚左右开立略比肩宽,两膝弯曲,脚跟自然提起。上体前倾,重心靠前,膝部垂直线应在脚尖前面,两臂放松,自然弯曲置于腹前。两眼平视,注意来球,两脚始终保持微动。

(2) 练习方法

1) 徒手模仿练习。

2) 一人做准备姿势,另一人纠正其错误动作,两人交换进行。

3) 看手势做练习。一人做手势上举、平举、放下,另一人做相应的直立、半蹲、摸地等动作。

4) 听哨音做动作。全体学生围成圆圈慢跑,听到教师哨音向前跨一步做半蹲—稍蹲—低蹲准备姿势。

（3）易犯的错误及纠正方法(见表6-2-1)

表6-2-1

易犯错误	纠正方法
臀部后坐,全脚掌着地	讲清要领,反复示范;强调含胸、收腹、前倾;两膝投影线超过脚尖
两膝僵直,重心太高	练习中两膝保持微动;多做低重心曲膝姿势的移动练习

2. 移动

移动是指从起动到制动之间的人体位移。

移动的作用:移动的目的是及时接近球,保持好人与球的位置关系以便击球。

移动的种类与步法:移动由起动、移动步法和制动三个环节组成,其中移动步法有并步与滑步、交叉步、跨步和跨跳步,跑步等。

（1）移动的动作要领

判断及时反应快,抬腿弯腰移重心;移步转换衔接好,身体快移重心稳。

（2）移动练习方法

1）两人相对站立成半蹲准备姿势,双手互拉,由其中一人主动作响左、右、前,后的一步移动;另一人跟着做。

2）5—6人一组,平行站在端线处,学生做原地跑或原地小碎跑,看到教师信号后立即快速启动冲刺跑动。

3）以半蹲准备姿势开始,看信号做前、后、左、右的交叉步移动。

4）两人一组,一人做准备姿势和移动,一人纠正动作。

5）在进攻线和中线之间连续做前进和后退的移动。移动时手要分别触摸进攻线和中线。

6）在场地内,采用交叉步或滑步从一侧边线移动到另一侧边线。

7）两人一组,一人把球向前、后、左、右抛出,另一人移动后用双手把球接住。

8）两人一组,一人将两个球交替向各个方向抛出,另一人移动后交替将球接住和抛回。

（3）易犯的错误及纠正方法(见表6-2-2)

表6-2-2

易犯错误	纠正方法
缺乏判断,移动慢	结合视觉信号多做起动练习,多做短距离的各种抛接球练习
身体重心起伏过大	强调移动后要保持好准备姿势,多做网下的往返移动练习

（二）发球

发球是比赛的开始,也是得分的主要手段。准确而有攻击力的发球,可以直接得分或破坏对方的战术组成,减轻本方防守的压力,为反击创造有利条件。

按照发球的性能,发球可分为发飘球和发旋转球。发飘球主要有正面上手发飘球、勾手发飘球和跳发飘球;发旋转球主要有正面上手发球、勾手大力发球、跳发球、正面下手发球、侧面下手发球、侧旋球和高吊球。本节主要介绍侧面下手发球和正面上手发球。

1. 侧面下手发球

侧面下手发球是队员侧对球网站立,转体带动手臂由体侧后下方向前挥动,在体前肩以下的高度击球过网的一种发球方法。

特点:由于在发球时人侧面对网,可以借助转体带动手臂挥动击球,比较省力,但攻击性不强,适合于女生初学阶段。

(1)动作要领

身体侧对网(以右手发球为例),两脚左右开立,约与肩同宽,两膝微曲,上体稍前倾,重心落在两脚之间(见图6-2-2)。

图6-2-2

左手将球抛送至左肩前方,距身体约一臂的距离,离手高约30—40厘米。

在抛球的同时,右臂引向侧后方,利用右腿蹬地、身体左转的力量,带动手臂向前上方摆动,在腹前用掌跟或虎口侧平面击球的后下方。身体重心随挥臂击球而随之移向左腿。

(2)练习方法

1)徒手模仿练习:全班学生徒手模仿抛球动作和挥臂击球动作,体会发球用力顺序和挥臂轨迹,掌握正确的挥臂方向和速度。

2)结合球的练习。

①抛球练习:做抛球练习时要求掌心向上平稳地托送球,练习正确的抛球手法,体会抛球的位置和高度。

②做抛球、抬臂和引臂的配合练习:体会抛球的位置、高度和引臂的连贯动作。

③击固定球练习:做抛球时队员每人一球,首先做不离手的抛球动作,同时做引臂和挥臂击球练习(不实击),学生可按教师的口令集体做,以控制节奏。

④抛击结合练习:抛球与挥臂击球练习——体会抛球引臂和挥臂击球动作的协调配合。

⑤近距离发球练习:两人站在边线上对发练习(或隔网对发)体会挥臂路线与正确的击球部位。

练习提示:侧面下手发球难点主要在于抛球的合理性以及挥臂的协调性。

(3)易犯的错误与纠正方法(见表 6-2-3)

表 6-2-3

易犯错误	纠正方法
抛球太高太近	抛球距身体一臂远,反复练习抛球动作
抛球与挥臂击球不协调	反复结合抛球做摆臂动作
挥臂方向不正、击球不准	击固定球或对墙发球练习

2. 正面上手发球

正面上手发球是队员面对球网站立,以正面上手的形式,用全手掌击球并手腕迅速主动推压,使球呈上旋飞行的一种发球方法。

特点:由于面对球网站立,便于观察对方,容易控制球的落点,是目前最为普遍的一种发球方法。

(1)动作要领

面对球网,两脚自然开立,左脚在前,左手持球于体前。左手将球平稳地垂直抛于右肩的前上方,高度约 40—50 厘米。同时,右肩抬起,曲肘后引,手掌自然张开,上体稍右侧转体,抬头、挺胸、展腹,身体重心移至右脚上。

右脚蹬地重心前移,上体向左转体,同时收腹带动手臂向前上方挥动,在左肩上方伸直手臂至最高点,以全手掌击球的后中下部。击球时,手指自然张开吻合球,手腕迅速主动做推压动作,使击出的球呈上旋飞行(见图 6-2-3)。

图 6-2-3

（2）练习方法

1）徒手模仿练习:徒手模仿抛球动作和挥臂击球动作,体会发球用力顺序和挥臂轨迹,掌握正确的挥臂方向和速度。

2）结合球的练习。

① 抛球练习:做抛球练习时要求掌心向上平稳地托送球,练习正确的抛球手法,体会抛球的位置和高度(见图6-2-4)。

② 做抛球、抬臂和引臂的配合练习。体会抛球的位置、高度和引臂的连贯动作。

③ 击固定球练习:做抛球时队员每人一球,首先做不离手的抛球动作,同时做引臂和挥臂击球练习(不实击),学生可按教师的口令集体做,以控制节奏。

④ 抛击结合练习:抛球与挥臂击球练习——体会抛球引臂和挥臂击球动作的协调配合。

图 6-2-4

近距离发球练习:两人站在边线上对发练习(或隔网对发),体会挥臂路线与正确的击球部位。

⑤ 发球区内巩固和提高发球技术练习。

巩固发球练习——三人一组,发球与接发球者相距9—12米左右,另一人站在接发球者右前方做二传,三人规定次数与组数交换。

发球准确性练习——可将对方场区划分成左右或前后部分,或规定区域进行直斜线的练习。

发球攻击性练习——在准确的基础上,降低发出球的弧度,加快发球速度。练习提示:在于合理的抛球位置以及正确的击球挥臂动作。

（3）易犯的错误与纠正方法(见表6-2-4)

表 6-2-4

易犯错误	纠正方法
抛球偏前、偏后	讲清抛球方向,固定目标的抛球练习
挥臂没呈弧形	反复徒手做弧形挥臂或扣树叶练习
手未包满球,无推压动作	对墙轻扣球,体会手包球推压动作,使球前旋
用不上全身协调力量	对墙掷网球,体会全身的鞭打动作

（三）垫球

垫球在排球比赛中占有重要的地位,当来球较低,力量较大时采用。主要用于接发球、接扣球、接拦回球以及防守和处理各种困难球。动作方法主要有正面、体侧、背向、滚动和单手垫球等。而正面垫球又是最基本的垫球方法,是各种垫球技术的基础。

正面双手垫球的特点:采用正面双手垫球时,人的身体正面对准来球,这样便于判断来球方向,抢占有利位置,容易垫击到位。

1. 动作要领

(1) 准备姿势

稍蹲或半蹲准备姿势,重心稍靠前,上体自然前倾,两臂自然弯曲,两手置于腹前。

(2) 击球手形

叠掌式——双手掌跟靠紧,两手手指重叠互握,两拇指平行朝前。

(3) 垫击方法

当球飞到距腹前一臂距离时,两臂快速前伸插入球下,直臂向前上方蹬地抬臂,击球点保持在距腹前约一臂距离处,将球准确地垫在击球部位上,同时配合蹬地送髋的动作,身体重心随击球动作前移(见图6-2-5)。

图 6-2-5

手臂的角度与来球弧度、旋转及垫击的目标、位置有关。来球弧度高,手臂应当抬得平些;来球角度低平,则手臂与地面夹角应大些。这样才能使球以适当弧度反弹飞向目标。

垫球的目标在侧前方时,手臂的垫击面一定要适当转向侧前方的垫击目标。来球带有强烈的旋转时,应调节手臂形成的平面、以抵消旋转引起的摩擦。

2. 练习方法

(1) 徒手模仿练习

1) 两手重叠互握的垫球手形练习。

2) 结合半蹲准备姿势的原地集体徒手模仿垫球练习。

3) 原地与移动时的徒手垫球动作练习。

（2）结合球的练习

1）击固定球的练习：两人一组，一人双手持球于腹前，另一人做垫击动作。重点体会正确的击球点、手形及手臂用力时的肌肉感觉。

2）垫抛球练习：两人一组，相距 3—4 米，一抛一垫。要求先教会学生用双手由下至上抛球，抛出的球弧度适宜，落点准确。垫球者先将球垫高垫稳，然后要求垫准到位。

3）自垫球练习：每人一球，向左、右、前、后移动垫球，要求学生在移动垫球时低重心移动正面垫球（见图 6-2-6）。

4）垫球接力练习：一种是行进间自垫接力，另一种是原地自垫接力。练习时分成若干组，两人一组，1 人自垫 5 次后另一人接着垫。

5）对垫练习：两人一组对垫练习，距离由近而远。

6）两人或三人一组，一人或两人抛球，另一人轮流向左、右、前、后移动垫球。要求移动速度不宜太快，垫出的球要有一定的弧度，并控制好落点，垫球者尽量做到正对垫球方向垫球。

图 6-2-6

7）发垫练习：两人一组相距 7—8 米，先一掷一点练习，再过渡到一人下手发球或上手发球，一人接发球。两人一组相距 9 米，一发一垫，要求开始发球要稳，然后逐步拉长发球的距离。增加接的难度。

动作提示：主要在于垫球部位和协调用力。

3. **易犯的错误与纠正方法**（见表 6-2-5）

表 6-2-5

易犯错误	纠正方法
曲肘、两臂不平，击球部位不在前臂上	模仿练习垫固定球、自垫练习、手臂抬起与地平行
移动慢	以腕上 10 厘米区域垫击球的后下部，体会正确的击球部位和击球点，反复做移动练习
用力不协调	垫固定球，体会用力和协调发力，或近距离抛垫低球

（四）传球

传球是排球的基本技术之一，是利用手指、手腕的弹击动作将球传至一定目标的击球动作。主要用于二传，它在进攻和反攻中起着串联和纽带作用。包括顺网传球、调整传球、背传、侧传、跳传等。

正面上手双手传球的特点：传球动作是由手指、手腕来完成的。由于手指、手腕灵活，感觉灵敏，双手控制面积较大，又是正对来球，能够很好地控制落点，所以传球的准确性高。

1. **动作要领**（见图 6-2-7）

1）采用稍蹲准备姿势，上体适当挺起，眼睛注视来球，双手自然抬起，置于额前。

2）击球手形——两臂曲肘，两肘适当分开，两手自然张开成半球状，使手指与球吻合，手腕稍后仰，两拇指相对接近成"一"字形或"八"字形，两手间有一定距离，以拇指内侧、食指全部、中指的第二、三指关节触球的后下部，无名指在球两侧辅助控制传球方向。

3）击球方法——当来球至额前上方一球的距离时，手指、手腕保持适度紧张，按照蹬地、伸膝、伸腰、伸肘、伸臂、手指手腕曲伸的用力顺序，借用球的反弹力将球传出。

图 6-2-7

2. 练习方法

(1) 徒手模仿练习

1) 原地模仿练习:徒手做传球准备姿势,听教师口令依次做蹬地、展体、伸臂击球动作练习。重点体会传球前的准备姿势,身体协调用力的动作和传球的手形。

2) 原地传球徒手模仿练习:重点让学生体会触球手形,击球点位置和身体协调配合动作及传球用力的全过程。

3) 两人一组,一人做好传球的手形持球于脸前上方,另一人用手扶住球,持球者以传球动作向前上方伸展,体会身体和手臂的协调用力。要求另一人纠正持球者的手形及身体动作。

(2) 结合球的练习

1) 每人一球,自己向额上方抛球:做好传球手形在击球点位置将下落的球接住,然后自我检查手形。

2) 原地自传球练习:要求把球传向头上正上方,传球高度离手 1—1.5 米。连续传 30 次为一组。

3) 传固定球:两人一组,一人按传球手形持球于额前,向前上方做推送动作;另一人用单手压住球,给球一定的力量。体会传球手形和身体的协调用力。

4) 两人一组,一人抛球,另一人做好传球的手形、接住来球,体会传球手形。

5) 行进间自传练习:要求传球手形正确,移动迅速,保持正面传球。

6) 两人一组,一抛一传练习:按正确手形传球,体会全身协调用力动作。

7) 对传练习:两人一组相距 3—5 米连续传球。

8) 移动后传:两人一组,由同伴抛球,练习者移动后传球。抛球者可将球抛至跑动传球者的左右或前后方,传球者根据来球快速移动传球。

9) 隔网对传;三人或多人跑动传球。

练习提示:主要在于手形手法、击球点与协调用力(见图 6-2-8)。

图 6-2-8

3. 易犯的错误与纠正方法(见表 6-2-6)

表 6-2-6

易犯错误	纠正方法
击球点过高、过低	做各种步法移动后接住球,保持在脸前接住球,提高判断、选位能力
手形不正确,大拇指朝前,手指触球部位不准确	用传球动作接球,体会手形;近距离对传,体会手指触球
用力不协调,发力顺序脱节	一人抛球,另一人传球后立即摸体前地面,用蹬地伸臂的力量,自抛自传落地后的反弹球

(五) 扣球

扣球在比赛中起着重要的作用,是得分的主要手段,是进攻中最积极有效的武器;又是一个队摆脱被动、争取主动的途径。扣球的成败,体现着队伍的战术质量和效果,是夺取胜利的关键。

特点:由于在正面扣球时人面对球网,便于观察来球的方向和对方的防守布局,因此击球准确性高。在扣球时由于挥臂运动灵活,能根据对方拦网情况,随时改变扣球线路和力量,能控制击球落点,因而进攻效果好。

扣球的种类:按动作分有正面、勾手、单脚起跳扣球;按区域分有前排、后排扣球;按用途分类:快球——近体快、短平快、背快等,自我掩护——时间差、位置差、空间差等。

1. **正面扣球动作要领**

助跑前采用稍蹲准备姿势,两臂自然下垂,站在离球网 3 米左右处,观察判断,做好向各个方向助跑起跳的准备。

1) 助跑:(以右手扣球两步助跑为例),先左脚向前迈出一小步,接着右脚迅速跨出一大步,左脚及时并上,踏在右脚之前,两脚尖稍向内转,准备起跳。同时两臂绕体侧向后引。

2) 起跳:在助跑跨出最后一步的同时,两臂绕体侧向后引,左脚在并上踏地制动的过程中,两臂自后积极向前摆动。随着双腿蹬地向上起跳,两臂迅速上摆,配合起跳。两腿从弯曲制动的最低点,猛地向上起跳。

3) 空中击球:起跳后,挺胸展腹,上体稍向右转,右臂向后上方抬起,身体成反弓形。挥臂时,以迅速转体、收腹动作发力,依次带动肩、肘、腕各部位成鞭打动作向前挥动。击球时,五指微张呈勺形,并保持紧张,以全手掌包满球,击球的后中部。同时主动用力曲腕向前推压,使扣出的球加速上旋。

4) 落地缓冲:落地时,以前脚掌先着地,同时顺势曲膝、收腹以缓冲下落力量。

练习提示:主要在于起跳时机、空中击球,人球位置(见图 6-2-9)。

图 6-2-9

2. 练习方法

(1) 助跑起跳练习

1) 原地双脚起跳练习:听教师口令练习原地起跳技术。要求双脚蹬地猛力快速,两手臂配合画弧摆动起跳,顺势扣球手臂上举,后引,抬头,展腹,身体成弓形,落地时双脚前脚掌过渡到全脚着地,曲膝缓冲。

2) 一步或两步助跑起跳练习:集体听教师口令做一步或两步助跑起跳。要求练习速度由慢到快,手脚配合协调,注意控制身体平衡。

3) 学生分别站在进攻线后,听教师口令向网前做两步助跑起跳练习,要求学生注意助跑起跳的节奏和起跳点位置的选择。

(2) 徒手模仿扣球挥臂手法练习

按规定的队形听教师的口令做挥臂练习。要求挥臂放松自然,弧形挥动,有鞭甩动作。

(3) 结合球的练习

1) 扣固定球练习:两人一组,一人双手持球高举,另一人原地扣固定球;或自己左手举球右手做挥臂击球练习。要求击球时全手掌包满球。做快速鞭打动作。

2）自抛自扣练习：两人一组，相距 6—7 米对扣。要求击球力量不宜过大，动作放松，手腕有推压鞭甩动作，使击出的球呈上旋飞行。

3）扣抛球练习：两人或多人一组，一人站在距墙 5 米处抛球，另一人或多人依次对墙扣抛球。在低网前的一抛一扣练习，或在低网前轮流扣教师的抛球练习。要求抛球距离由近到远，弧度由低到高，扣球者选择好起跳点，保持好人与球的关系，挥臂击球手法正确。

4）4 号位扣球练习：扣球者每人一球，先将球传给 3 号位，再由 3 号位把球顺网抛或传给 4 号位，扣球者上步助跑起跳扣球。要求掌握好上步起跳时机，在空中保持好人与球网的位置关系。

练习提示：主要在于起跳时机、空中击球、人球位置（见图 6-2-10）。

图 6-2-10

3. 易犯的错误与纠正方法（见表 6-2-7）

表 6-2-7

易犯错误	纠正方法
助跑起跳前冲，击球点保持不好	进一步讲解，并多做助跑起跳练习；做限制性练习，如设置障碍物起跳，地上画出起跳点与落点固定球，接抛球一步起跳扣球
上步时间早，起跳早	以口令、信号限制起动起跳时间，固定二传以弧度练习扣球
击球手法不正确，手未包满，击出的球不旋转	击固定球，对墙平扣、打旋转；低网原地扣球练习；练习手腕推压、鞭甩动作

三、基本战术

（一）阵容配备

阵容配备就是合理地安排场上队员技术力量的组织形式。

1. 阵容配备主要形式

（1）"四二"配备

"四二"配备是指场上队员有 4 名进攻队员和 2 名二传队员（见图 6-2-11）。4 名进攻队员又分为 2 名主攻，2 名副攻，他们都站在对角位置上。其优点是无论怎样轮转，前后排都能保持 1 名二传和 2 名进攻队员，便于组织和发挥攻击力量，给对方的拦网及防守造成困难。但对 2 名二传队员的进攻和拦网能力要求较高，否则就会影响"四二"配备的进攻效果。

（2）"五一"配备

"五一"配备是指场上队员有 5 名进攻和 1 名二传队员(见图 6-2-12)。这种阵容配备的优点是拦网和进攻力量得到加强,全队只要适应一个二传队员的打法,相互之间容易建立默契。有利于二传队员统一贯彻战术意图。但二传队员在前排时,只有两点攻。要充分利用两次球、吊球及后排扣球等战术变化突袭对方,以弥补"五一"配备的不足。

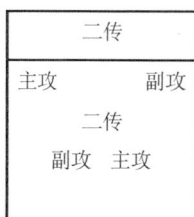

图 6-2-11

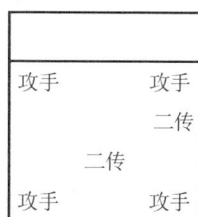

图 6-2-12

2. "自由人"的运用

"自由人"的设置是国际排球联合会在 1998 年正式实施的一项新规则,这是有利于防守战术的一项新规定。在比赛中,"自由人"可以在规则允许的范围内,无须裁判允许并不接受换人次数的规定,自由地进出比赛场地,参加比赛。合理地选配"自由人",灵活地运用"自由人"已成为一个队在比赛中成功运用战术的重要组成部分。"自由人"可以及时替换场上进攻能力强而防守能力相对较弱的队员,也可以及时替换因扣球、拦网而体力消耗较大的主力队员,"自由人"还可以适时传递教练员的临场指挥意图。

（二）个人战术

个人战术是队员根据临场比赛的情况,有目的、有针对性地运用个人技术动作。个人战术可以提高个人技术动作的效果和补充集体战术的不足。个人战术包括发球、二传、扣球、一传、拦网、防守战术等。

1) 发球个人战术具有相对的独立性和自主性。如攻击性的跳发球,平冲下沉等性能的飘球,变换线路的长短发球等。

2) 二传个人战术的基本任务是利用空间、时间和动作上的变化,有效地组织进攻战术,给扣球队员创造有利条件,使对方难以组织防御。如隐蔽传球,晃传和两次球,时间差跳传,高点二传,单手传球,选择突破点,控制比赛节奏等。

3) 扣球个人战术是扣球队员根据比赛中对方拦网和防守情况,选择合理、有效的扣球方法和路线,以突破对方防守的有意图的行动。如路线变化、轻重变化、扣超手球和扣打手出界球变化、打吊结合等。

4) 一传个人战术是为了组成本队的进攻战术而有目的的垫击。由于各种进攻战术对一传的要求不同,所以一传的方向、弧度、速度、落点各有特点。

5) 防守个人战术,防守垫击与接发球相比,具有更大的随机性和突然性,难度较大。防守队员要选择有利的位置,采用合理的击球动作,将球有效地连接起来,组织各种进攻。如判断进攻点,合理取位,"有利面"放宽,针对性防守,拦防配合,上下肢并用等。

（三）集体战术

随着世界排球运动的发展,进攻战术丰富多彩,单纯地依靠个人体能和技术、战术能力,是难以战胜对手的。从前排队员的活点进攻,发展到今天全方位的立体进攻,无不显示出集体战术的威力。

集体战术是指两个或两个以上队员之间有组织、有目的的集体协同配合。任何集体进攻战术的变化都建立在进攻阵形和进攻打法的基础上。

1. **集体进攻阵形**

进攻阵形,就是进攻时所采取的基本队形。最基本的有"中一二"进攻打法、"边一二"进攻打法以及"后排插上"进攻打法。实战中采用何种打法要根据队员的特长和全队的特点灵活掌握,尽量发挥全队及每个队员的优势。本节着重讲"中一二"和"边一一"进攻阵形。

(1)"中一二"进攻阵形

1)站位方式:"中一二"进攻阵形是由 3 号位队员站在网前做二传,将球传给 2、4 号位队员进攻的组织形式(见图 6-2-13)。

2)有利因素:一传向网中 3 号位垫球比较容易,因而有利于组织进攻,适合初学者运用。二传队员在网前接应一传的移动距离近,向 2、4 号位传球的距离较近,容易传准。

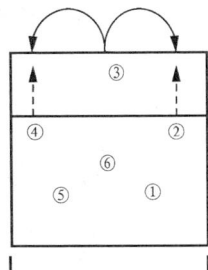

图 6-2-13

3)不利因素:战术变化小,对方容易识破进攻意图。

(2)"边一二"进攻阵形

1)站位方式:"边一二"进攻阵形是由 2 号位队员站在网前做二传,将球传给 3、4 号位队员进攻的组织形式(见图 6-2-14)。

2)有利因素:扣球者在 3、4 号位扣球比较顺手,战术变化较多。

3)不利因素:5 号位接一传时,向 2 号位垫球距离较远,不易传准。当一传垫到 4 号位时,二传传球较为困难。

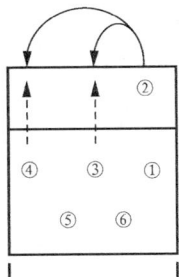

图 6-2-14

(3)进攻打法

进攻打法是指二传队员与扣球队员之间所组成的各种配合。每种进攻阵形中都可以灵活运用多种进攻打法,以达到避开拦网、突破防线、争取主动的战术目的。

进攻打法可分为强攻、快攻、两次攻及其转移、立体进攻等,在此仅作几种简单介绍。

1)拉开进攻(见图 6-2-15),扩大进攻面,以避开拦网。有利于线路变化及打手出界。

2)围绕进攻,围绕跑动换位的目的是发挥自己的扣球特长,避开对方拦网的有效区域。进攻队员从二传队员前面绕到后面去扣球,称为"后围绕"(见图 6-2-16)。进攻队员从二传的后面绕到前面去扣球,称为"前围绕"(见图 6-2-17)。

3)交叉进攻是两名队员跑动进攻,助跑路线相互交叉,起到互相掩护的作用,称为"4 号位交叉"(见图 6-2-18)、3 号位交叉(见图 6-2-19)。

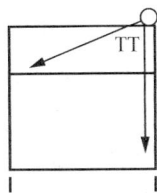
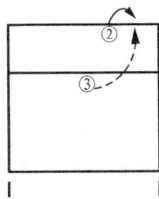
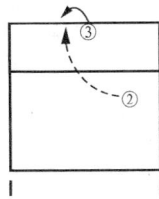

图 6-2-15　　　　图 6-2-16　　　　图 6-2-17

4)"空间差"进攻称为空中位移进攻分"前飞"进攻与"背飞"进攻(见图 6-2-20、图 6-2-21)。这种打法进攻面宽,突然性大,很容易摆脱对方的拦网,但要求扣球队员有良好的弹跳及冲跳能力,并要与二传队员密切配合才能完成。

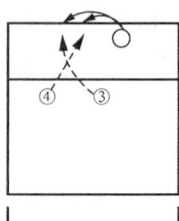
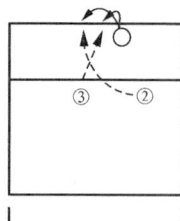
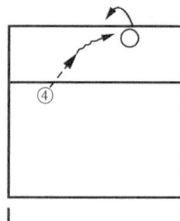
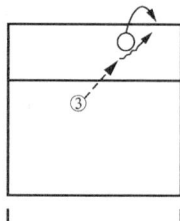

图 6-2-18   图 6-2-19   图 6-2-20   图 6-2-21

2.集体防守阵形

接发球是进攻的基础,它是由守转攻的转折点,如果没有可靠的一传做保证,就难以组织起有效的进攻战术,甚至还会造成直接失分。

(1)接发球阵形

按接发球人数来分,主要可分为 5 人接发球、4 人接发球、3 人接发球及 2 人接发球阵形。初学者一般以 5 人接发球阵形为宜。本节着重介绍 5 人接发球站位方法。

1)"W"站位阵形:"W"站位阵形(见图 6-2-22),也称"一三二"站位。5 名队员分布均衡前排 3 名队员接前场区的球,后排 2 名队员接后场区的球,职责分明。

2)"M"站位阵形:"M"站位阵形(见图 6-2-23),也称"一二一二"站位。其优点是队员分布更加均匀,分工明确,前排两名队员接前场区球,中间队员负责中场区的球,后排两名队员接后场区球。这种站位对接落点分散、弧度高、速度慢以及靠近边线或角上的球较为有利。缺点是不利于接对方发到场地两腰及后场区的球。

(2)接扣球无拦网防守阵形

防守是接对方垫或扣到本方的球,防守阵形首先应根据对方进攻的具体情况,不同的来球性质进行不同的站位方式。

根据对方进攻的情况没有必要进行拦网时,水平较低没有进攻能力或进攻能力较弱的队,可以采用不拦网的防守阵形。其防守阵形与五人接发球阵形相似(见图 6-2-24),也可以二传队员站在网前,前排其他队员撤到进攻线后,既准备防守,又便于进攻(见图 6-2-25)。后排队员后退,准备防后场球。初学时,由于双方扣球能力不强比赛可采用不拦网的防守阵形。

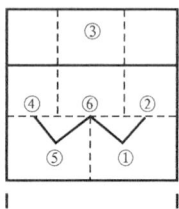
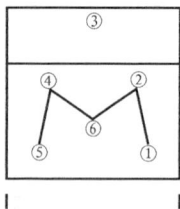
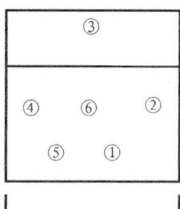
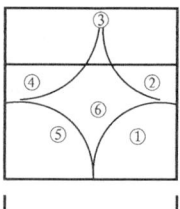

图 6-2-22   图 6-2-23   图 6-2-24   图 6-2-25

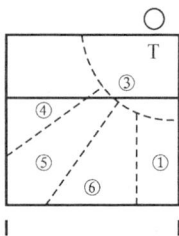

图 6-2-26

(3)单人拦网下的防守阵形

当对方技术水平一般,进攻能力较弱或对方战术多变无法组织集体拦网时,可采用单人拦网下的防守战术(见图 6-2-26)。

3.防传、垫来球防守阵形

当对方无法组织起有效的进攻,被迫用传、垫球击入本方时,本方的防守阵形与不拦网的防守阵形相同,前排除二传队员外,其他队员都应迅速后撤,并准备接球后组织进攻。在防守时应注意以下几点。

（1）思想上要高度重视

来球虽然是对方在失去强有力的进攻机会下进行的，但对方队员仍可利用各种手段给本方造成困难。如采用上手平推过网，有经验的队员找空当、放高球或将球给二传队员使其接传垫球等。所以每个位置都要随时做好防守各种来球的准备，做到有备无患。

（2）保持正确的防守阵形

当确定对方无法进攻时，及时调整防守阵形，尤其是前排除二传队员外，应迅速从拦网位置后撤参与防守（见图6-2-27、图6-2-28）。

由于来球力量小、速度慢，队员在接处理球时，应及时移动到位，应尽可能地采用正面垫击或用上手传球技术，提高一传的到位率。

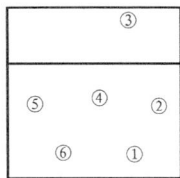 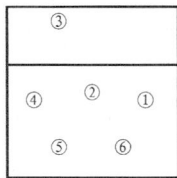

图6-2-27　　　　图6-2-28

四、专项身体素质练习方法

体能训练的内容取决于排球运动的基本特点。排球专项素质的体能训练应包括速度、力量、弹跳力、耐力、柔韧、灵敏等素质的训练。一般认为，排球专项身体素质主要表现为弹跳力、反应速度、起动速度、挥臂速度、手指手腕力量、场上的灵活应变能力、弹跳和移动耐力及柔韧性等。因此对这些专项素质应根据学生的基本情况进行训练。

1. 专项速度素质训练方法简介

（1）反应速度练习

1）分两队面对站立，相距1米左右，看老师的手势做追逐跑。

2）三或四人手拉手站成三角形或正方形。一人围绕三角形或正方形做抓人练习。

3）学生背对墙站立，自己对墙抛球并迅速转身将反弹的球垫起。

4）两人隔网相对，一人做各种快速徒手移动及拦网动作，另一人力争同步跟随。

（2）动作速度练习

1）两人一组相距5—7米左右，单手肩上掷排球，要求以挥臂扣球动作掷出。

2）助跑起跳网上甩垒球或网球。

3）用橡皮筋带或拉力器做各种加强肩关节、发展肩韧带及腕肘小力量的练习。

（3）移动速度练习

1）在中线与进攻线之间做3米快速往返移动（侧向或前后）。

2）"米"字形快速往返移动。

3）排球半场对角线冲刺。

4）快速冲刺10米、20米、30米。

2. 专项力量素质训练方法简介

（1）手指、手腕力量练习

1）手持小哑铃挥臂。

2）手指俯卧撑。

3）头上双手成单手手腕用力掷实心球。

（2）手臂力量练习

1）俯卧撑或手指俯卧撑。

2) 卧推(渐增负荷至极限)。

3) 双人推小车。

(3) 下肢力量练习

1) 杠铃负重半蹲快速提踵(小负荷)。

2) 负杠铃弓箭步行走。

(4) 腰部力量练习

1) 仰卧起坐:徒手、负重(小负荷)。

2) 仰卧举腿:无负重、负重。

3) 侧卧体侧曲。

3. 专项耐力素质训练方法简介

(1) 弹跳耐力练习

1) 用本人绝对弹跳80％的高度连续跳10次为一组。

2) 连续跳。

3) 个人连续扣抛球5—10次。

(2) 速度耐力练习

1) 10米冲刺。

2) 20米冲刺。

3) 100米冲刺。

(3) 移动耐力练习

1) 单人左右移动拦网各10次。

2) 看老师手势向各个方向移动。

3) 15秒3米左右移动。

4. 专项弹跳力素质训练方法简介

(1) 各种徒手跳跃练习

1) 单足交替向前跨跳。

2) 立定跳远或多级蛙跳。

3) 背手全蹲向前鸭子跳。

4) 徒手原地起跳做拦网动作

(2) 利用各种场地器材的跳跃练习

1) 沙坑里单、双脚跳。

2) 在由低到高的橡皮筋上连续向上跳。

3) 跳绳(单足跳、双足跳等)。

参考文献

[1] 黄汉升.球类运动——排球[M].北京:高等教育出版社,2001.

[2] 浙江省高校体育教材编委会.排球[M].杭州:浙江大学出版社,2002.

[3] 高子琦.排球裁判法图解[M].北京:北京体育大学出版社,2002.

[4] 唐奎.排球竞赛裁判手册[M].北京:人民体育出版社,2002.

[5] 全国体育学院教材委员会.排球运动[M].北京:人民体育出版社,1999.

第三节 足 球

一、概述

（一）特点和作用

1．特点

1）足球运动是一项两队围绕争夺控球权而进行激烈勇猛的拼抢和竞争、极富战斗性的球类运动项目。

一场高水平的比赛，双方因争夺或冲撞倒地次数达近百次，比赛中双方为争夺控球权，达到将球攻进对方球门而又阻止对方攻陷本方球门的目的，展开短兵相接的争斗，尤其是在两个罚球区附近，时间和空间的争夺更是异常凶猛，其激烈程度非同一般，因而高强度、强对抗已成为现代足球运动的重要标志和特点。

2）足球运动技术动作多，战术复杂，难度大。足球运动是一项技术丰富多彩，战术变幻莫测的非周期性运动项目，其技战术须在受对手的干扰、限制和抵抗的情况下灵活机动地运用和发挥。运动员的技战术素养须更为全面、能攻善守，位置和职责随着比赛进程的变化而变化，适应多变的战术打法。

3）比赛时间长、场地大、体能消耗大。足球比赛中，运动员要在近 8 000 平方米的场地上奔跑 90 分钟。一场激烈的比赛，除守门员外一个运动员打满全场的跑动距离少则 9 000 米，多则 14 000 米以上，如若有加时赛与点球决胜还会增加能量消耗，同时运动员要完成上百个有球和无球的技术动作，体能消耗非常大。

2．作用

1）有利于良好的心理素质及思想品德的形成。经常参加足球运动可以培养勇敢顽强、机智果断、坚忍不拔的作风和勇于克服困难、团结协作、密切配合、守纪律等思想品德。

2）增进健康，增强体质。经常参加足球运动可以提高人们的力量、速度、灵敏、耐力、柔韧等身体素质，并有效地提高血液循环系统、呼吸系统、内脏器官和神经系统的功能，从而增进人体的健康。

3）能丰富业余文化生活，陶冶情操。群众性的足球运动形式多样，简单易行，具有灵活性和趣味性的特点，它不仅能发挥健身娱乐的作用，同时也能丰富业余文化生活，陶冶情操。

4）有助于振奋民族精神，扩大国际交往。现代足球运动的作用和影响，已远远超出了足球运动自身的范围，可以激发人民团结拼搏、进取向上的精神和爱国主义热情，它已成为扩大国际交往的一种工具，对振奋民族精神，反映一个国家的实力具有重要意义。

（二）起源和发展

1．古代足球起源和发展

古代足球运动起源于我国，中国古代的足球称为蹴鞠或踢鞠。2004 年 7 月 15 日，国际足联确认足球起源于中国。早在3 500年前的殷代,就有了"足球舞",这是古代足球游戏的雏形。战国时期是我国古代足球运动的初期,战国时代民间已盛行集体的"蹴鞠"游戏,蹴鞠起源于军中战士踢鞠比赛,蹴鞠在战国时已成为民众普遍爱好的体育活动。在汉朝时期,蹴鞠已不仅囿于此前战国时的民众娱乐,其作为训练士兵的有效手段,转为军事用途,于是人数和场地逐渐趋于规范。我国古代足球走向成熟是在盛唐时期,当时的都城长安拥有一百多万人口,他们在节日里表演各地的音乐、舞蹈、体育比赛,吸引无数人竞相参观,盛唐时期的繁荣为足球运动的发展带来了巨大空间。到了宋代,古代足球取得了进一步发展,足球运动仍活跃于军队,且制定了配套的礼仪制度,王公贵族中足球爱好者增多,甚至最高统治者也会参与这项运动。足球在宋朝发展的另一个表现为出现职业球员这一概念,当时一批以足球技艺为生的艺人活跃于城市当中,这些职业球员开办了属于自己的社团,齐云社,又名圆社,相当于当今的足球会,这也是我国出现最早的体育运动团体(见图6-3-1)。元、明、清是我国古代足球运动的衰亡期(见图6-3-2),从元朝起,中国的足球开始慢慢走向衰落。清朝建立后,统治者为镇压汉族人民的反清活动,禁止人们习武健身,参加体育活动。这使得本已呈现衰败之势的足球运动更快走向消亡。

图6-3-1 中国古代蹴鞠图

图6-3-2 《明宣宗行乐图卷》

2. 现代足球起源和发展

现代足球始于英国,作为古代中国文明内容之一的足球,公元前四世纪即因古希腊马其顿国王亚历山大发动的战争而传入中东,后传入罗马,发展成一种把球带到对方一端为胜的竞赛性游戏,接着,这种游戏又因战争传到法国,1066年传入英国。12世纪初,英国的踢球活动开始有了比赛的形式,因为没有制订任何规则,所以在球赛进行过程中,比赛场面十分混乱,充满了暴力。英国政府因此多次下达禁令,规定足球比赛要在空地上进行,严禁进入闹市区踢球,于是就出现了专门的足球场。然而因经常有人无视禁令,当时的英国国王爱德华三世不得不在1331年颁布全国禁令,在英国全境禁止了这种足球运动。在长达5个世纪的足球禁令中,足球运动并没有消失,而是以非法的身份,在英国民间继续存在。直到19世纪初,足球运动才重新恢复了合法的地位,19世纪初叶,恢复合法地位的足球运动在英国已经相当盛行,甚至还流传到了欧洲和美洲地区。1848年在英国牛津大学和剑桥大学的一场比赛中,比赛双方首次制订了足球史第一部文字形式的足球规则,人们称为《剑桥规则》。早在1855年,谢菲尔德木球会的成员们就已经组建了一支业余足球队,但并未得到官方的认可。随后在1857年10月24日,谢菲尔德足球俱乐部宣告正式成立,这是公认的世界上最早成立的足球俱乐部。1863年10月26日,英国11个足球俱乐部和学校的代表们正在伦敦女王大街的共济会酒馆里举行会议,会议成立了世界上最早的足球协会,英格兰足球总会,现代足球运动就此正式诞生,而世人也将10月26日这一天视为现代足球运动的诞生日。起源于英国的现代足球运动,在英国发展壮大,随后传播到世界各地。由于足球运动在世界各国的快速发展,国际比赛也随之出现。自1908年第四届伦敦奥运会起,足球被列为正式比赛项目,还成了奥运会历史上第一个团队项目。20世纪初,随着足球运动的不断普及和发展,职业足球开始风靡欧洲大陆。1904年5月21日,英国、法国、荷兰、比利时、西班牙、瑞典和瑞士七个国家的足球协会在法国巴黎成立了国际足球联合会,简称国际足联。

目前,国际上规模较大的足球比赛有两种:一种是由国际足联举办,每四年一次的世界杯足球赛,这是水平最高、影响最大的比赛,另一种是奥林匹克运动会的足球赛。为了培养后备力量,国际足联还从1977年起,举办两年一届的世界青年足球锦标赛,从1981年起,举办世界少年足球锦标赛。

1934年,我国加入了国际足联。1958年,我国足协宣布退出。1979年10月,国际足联决定恢复我国足协的合法权利,确认我国足协是中国的唯一代表。现在,足球运动已经成为亿万人民喜爱的"世界第一运动"。足球运动水平的高低,不仅代表了一个国的体育运动水平,而且是一个国家物质文明和精神文明的标志之一。现代女子足球运动于十六世纪初始于英格兰。1890年,英格兰首次举办了有一万多人观看的女子足球赛,并于1894年建立女子足球俱乐部。

1994年起实行以俱乐部为主的全国甲级A、B联赛,开创了中国足球职业化的进程。主要比赛有中超、中甲和足协杯。

三、比赛方法与规则简介

1. 比赛方法

比赛在一个长为90—120米,宽为45—90米平坦的长方形场地进行(见图6-3-3)。比赛时,每队上场队员为11人,其中必须有1人为守门员。正式比赛时间应平分为每半场45分钟,除经裁判员同意外,半场之间的休息时间不得超过15分钟。

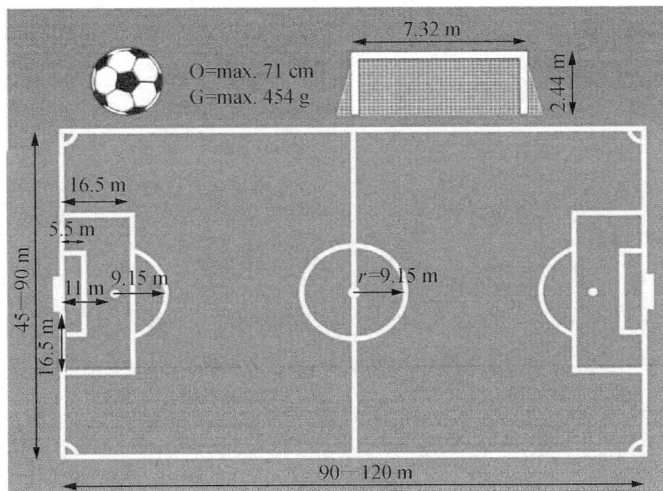

图6-3-3

比赛开始时双方队员各自站在本方半场,双方通过掷币方式选择开球权,开球一方将球放置于中点,同时,对方必须退出中圈。当球被踢动时,比赛即为开始。球的整体从横梁下两立柱间全部越过球门线外沿的垂直面即为胜一球。一场比赛胜球多的一队既为胜队。比赛时,球门球、角球、中场开球和直接任意球可以直接射门得分。

2. 规则简介

（1）越位

1）越位位置：进攻队员在对方半场内，并处在球的前面（不包括与球平行），进攻队员与对方球门线之间的守方队员不足两人（不包括站位平行）。

2）判罚越位：进攻队员必须处于越位位置。同队队员向处于越位位置队员传球或踢球的一刹那。处于越位位置的队员干扰比赛或企图取得利益。

（2）直接任意球

队员做出有可能严重伤害对方的技术犯规，或草率地鲁莽地使用过分的力量和技术对对方队员造成直接的伤害，如背后铲球、踢人、推人等，应判罚直接任意球。直接任意球可以直接射入对方球门得分。

（3）间接任意球

队员故意地、不正当地伤害对方队员，但还未造成对方队员身体的直接伤害，则判罚间接任意球。间接任意球不能直接射门得分。

（4）掷界外球

当球的整体不论从地面或空中越过边线时，从球越出边线处由最后触球的对方掷界外球。掷球时，双手持球置于头的后方，面向场内（投掷方向）从头后经头顶后以一个完整的动作将球掷入场内。两手力量要平均，不能任球自然下落。

球掷入场内后，未经其他队员触及前，掷球队员不得再次触球。否则，由对方踢间接任意球。

（5）球门球

当球的整体从地面或空中越过球门线，最后由攻方队员触及，且并未出现进球，则判为球门球。球门球可以直接射入对方球门而得分。

球必须放定，由守方球队中的一名场上队员在球门区内任意位置踢球。当球被踢且明显移动，即为比赛恢复。对方队员必须处在罚球区外直到比赛恢复。

如果比赛已经恢复，踢球队员在其他队员触及球前再次触球，则判罚间接任意球。在踢球门球时，处在罚球区内的对方队员，或在比赛恢复前进入罚球区的对方队员，在比赛恢复前触及球或争抢球应重踢球门球。

（6）角球

当球的整体不论在地面或空中越过球门线，而最后触球者为守方队员。则判为角球。角球可以直接射入对方球门而得分。

（7）视频助理裁判

只有当比赛竞赛方完全满足了视频助理裁判操作规范与实施要求，且得到国际足球理事会与国际足联书面许可后，方可使用视频助理裁判。

仅当裁判员在有关以下各类事件的判罚存在"清晰而明显的错误"或"遗漏的严重事件"时，视频助理裁判方可进行协助：进球/未进球；球点球/不是球点球；直接红牌；裁判员对违规球队执行警告或罚令出场时出现处罚对象错误。

（8）罚球点球

队员在本方罚球区内犯有可判罚直接任意球的犯规，可判罚球点球。罚球点球可直接射入球门得分。

罚球点球时，球必须放定在罚球点上，守方守门员必须处在球门线上，其他场上队员必须距

144

离罚球点至少 9.15 米;在罚球点后;在比赛场地内;在罚球区外。主罚队员必须向前踢球,在球被踢出时,防守方守门员必须至少有一只脚的一部分处接触着球门线或者与球门线齐平,当球被踢且明显移动,即为比赛恢复。罚球点球出现犯规的处罚(见表 6-3-1)。

表 6-3-1

	进球	未进球
攻防队员违犯规则	重罚球点球	间接任意球
守方队员违反规则	进球有效	重罚球点球
守门员违犯规则	进球有效	重罚球点球并警告守门员
向后踢球点球	间接任意球	间接任意球
不合法假动作	间接任意球并警告罚球队员	间接任意球并警告罚球队员
非确认主罚的队员罚球	间接任意球并警告该名队员	间接任意球并警告该名队员
守门员和主罚队员同时违犯规则	间接任意球并警告罚球队员	重罚球点球并警告守门员及罚球队员

二、基本技术

(一)踢球技术

踢球技术是指运动员有目的的用脚把球击向预定目标的技术动作总称,是足球运动的主要技术手段。踢球技术共有五个步骤:助跑、支撑脚选位、踢球腿摆动、击球和随前动作。通过对脚形、击球点、踢球力量的控制来完成传球和射门的目的。常用的踢球技术包括脚内侧踢球、脚背内侧踢球、正脚背踢球和外脚背踢球。踢球技术的运用及其实战变化应视比赛需要而定,如隐蔽性的脚跟传球、脚尖射门,脚内侧空中传球、脚背正面踢反弹球射门、脚背内侧踢弧线球等。熟练掌握踢球技术的规范和要领是提高实战运用能力的基础。

1. **脚内侧踢球**(见图 6-3-4)

脚内侧踢球是比赛中最常见的技术之一,是争取比赛主动权的重要手段。脚内侧踢球的触球面积大因而有利于对传球方向作出精确控制,在中短距离的踢球中成功率最高并容易控制技术动作,是中短距离传球的主要脚法。在快速传切配合和二过一战术中被较多采用。

图 6-3-4

(1)动作要领

1)直线助跑,即助跑方向与传球方向一致,助跑最后一步适当加大。

2）助跑后支撑脚站在与球平行大约 15 cm 处，膝盖微曲，身体重心放低，保持身体平衡。

3）踢球腿曲膝前摆，当膝关节接近球的垂直面时，小腿加速前摆，大腿稍上提，同时膝外展。

4）脚尖上翘，用脚内侧（足弓）部位击球的后中部。

5）踢球腿在击球后继续前伸推送，并保持用力方向与地面平行。

图 6-3-5 站位和击球部位支撑脚 站在球侧约 15 厘米

图 6-3-6 击球脚形

（2）练习方法

练习时，应把注意力集中在某个技术环节上，通过大量重复练习提高自己对动作细节的感知和控制能力。

1）踢固定球。

方法：两人一组，一人将球踩在地面固定，另一人做原地（或加助跑）摆腿击球动作，力量稍小，主要是体会动作要领。

提示：注意体会踢球腿的加速摆动用力、旋转和击球脚形的控制，以及脚与球接触时的肢体感觉。

2）两人对传练习。

方法：两人互传地滚球，力量稍轻，注意动作的规范性。

提示：传球距离应加以控制，初学阶段不宜采用大力踢球，避免出现动作变形。

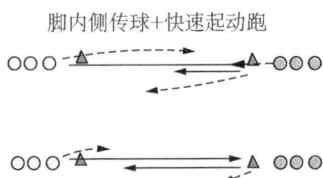

脚内侧传球+快速起动跑

图 6-3-7

3）跑动中脚内侧传球。

组织：如图所示（见图 6-3-7），两队间距约 10 米。

方法：脚内侧传地滚球，随球快速起动跑（4—5 米加速跑），跑向对面队尾，依次循环。

要求：脚内侧停球和传球，采用下压式触球，力量控制精确，向前约一步位置停球，跟进传球；起动时，注意步幅控制，小步幅两脚积极快速落地。

（3）易犯错误和纠正方法（见表 6-3-2）

表 6-3-2

易犯错误	纠正方法
脚踝松弛	脚尖翘起，踝关节角度保持在约 90 度角
踢球腿旋转力度不足	发力时脚跟快速前旋，加大旋转力度
摆动腿太紧张，成直腿扫球动作	模仿踢球腿的放松摆踢动作，体会肢体感觉和控制方法
身体重心不稳定	支撑脚落地时制动并曲膝降低重心
支撑脚脚尖未指向出球方向	注意调整助跑方向，避免斜线助跑
支撑脚站位偏前或偏后	控制跑动速度，准确判断球的运行轨迹

2. 脚背内侧踢球(见图 6-3-8)

脚背内侧踢球主要用于长传球和远射,踢球腿摆腿自然,充分后展,有利于发挥腰腿部大肌群的力量,动作幅度越大,摆动力度越大,速度越快,故踢球力量越大。

图 6-3-8　脚背内侧踢

(1) 动作要领

1) 斜线助跑(见图 6-3-9),在不影响摆腿发力的同时更有利于击球脚形的控制。

2) 支撑脚落地时,与球平行,大约距离 20 cm,身体重心应偏向支撑脚一侧并曲膝缓冲,保持重心的稳定。如果球向前或侧向移动,注意支撑脚的提前量。

3) 踢球腿后摆充分,曲膝前摆大腿与小腿协同用力。

4) 用脚背内侧击球的后下部,同时脚尖包向球的外侧(见图 6-3-10)。

5) 前摆送球的方向应指向传球目标。

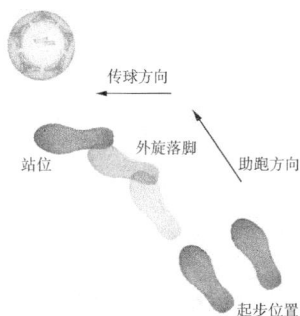

图 6-3-9　斜线助跑与支撑脚站位支撑脚
站在球侧约横向一脚距离

图 6-3-10　击球脚形

(2) 练习方法

1) 对墙踢固定球练习。

方法:初学阶段在助跑环节上可简化,采用一步助跑,这样有利于支撑脚的准确选位并将注意力更多集中到脚形的控制。

提示:除非已形成正确而稳定的技术动作,此时应注重于纠正错误动作,巩固和强化技术细节,避免因大力踢球导致的动作变形。

2) 踢球腿摆动模仿练习。

方法:可以先在地面确定一个支撑脚落地点,然后加一步、两步或多步助跑,反复练习。

提示:练习时注意体会腿部肌肉的放松,只在触球前刹那通过绷紧腿部肌肉加固关节,爆发用力。

3) 两人对传练习。

方法:两人相距约 25—30 米,踢定位球或活动球。

提示:体会这一脚法在长传和射门时的区别,通过调整脚形和击球点,控制出球的高度。如图 6-3-11 所示,长传球时脚形位置较平,击球点偏下;射门时脚背绷紧立直,击球点上移。

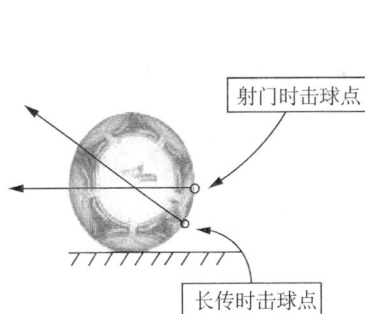

图 6-3-11

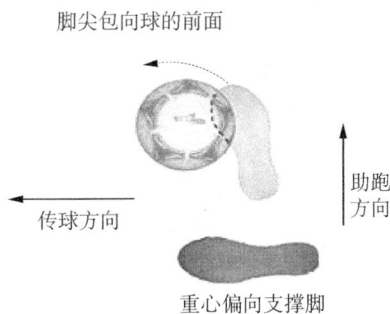

图 6-3-12

4)下底传中练习。

方法:

① 两人相距约 20—30 米平行跑动,相互传球。

② 一人边路运球下底传中,另一人门前抢点射门。

③ 可以结合"二过一"边路配合战术进行传中练习。

提示:边路下底传中是比赛中经常采用的一种战术手段。由于助跑与传球方向之间夹角变化较大,又处在高速跑动中,所以应当从技术角度稍做调整。如图 6-3-12 所示,支撑脚落地时应有明显的制动过程,脚尖应转向传球方向;踢球脚在击球和送球阶段应包向球的前部,避免传出的球向外测旋转,滑出端线外。

(3)易犯错误与纠正方法(见表 6-3-3)

表 6-3-3

易犯错误	纠正方法
直线助跑。(斜线助跑有利于发挥摆腿力量和控制脚形)	准确判断球的运行速度和方向,调整助跑角度和速度
支撑脚站位不当(离球太远或过近,脚尖未指向传球方向)	控制好助跑速度与节奏,步伐清晰,注意力集中
肌肉关节紧张,成直腿摆动	通过模仿练习体会放松摆腿技术
勾脚击球,击球点不稳定,不能有效发挥摆腿力量	脚背、踝关节绷紧,固定脚形
踢球腿摆送方向太随意,不能稳定控制出球方向	有意识地控制摆送方向,注意身体重心随球跟进

3. **脚背正面踢球**(见图 6-3-13)

正脚背踢球的技术特点是利用小腿的快速摆动,以及比较坚实的脚背部位触球,使球产生急速变形,促使皮球高速飞行,形成极具威胁的射门,也常用于长传球。

(1)动作要领

1)助跑方向无严格限定,但无论直线或斜线助跑,最后支撑脚落地时必定指向传球或射门方向。(见图 6-3-14)

2)支撑脚应踩在球的旁边,距离大约 15 cm;同时支撑腿膝盖弯曲,保持身体平衡。

3)摆动腿由大腿带动小腿协同发力,形成鞭打动作,为了提高球速,特别强调小腿的加速摆动,击球力量应瞬间爆发。

4)脚背前部下压,用脚背正面击球后中部,部位靠近脚踝,脚踝紧绷(见图 6-3-15)。

5)摆送阶段身体应随球跟进,小腿前摆平直送球,大腿不可向上提拉。

图 6-3-13 正脚背踢球

图 6-3-14 支撑脚站位

图 6-3-15 击球脚形和部位

（2）练习方法

1）小腿快速摆动踢球。

方法：助跑跨上一小步，快摆小腿弹踢。可以自己对墙练习，或两人对传练习。

提示：此时注意力应集中于小腿摆动和踝关节的绷紧固定两个环节。另外，正脚背射门时身体重心不宜压得太低，击球瞬间重心偏低，击球点容易偏下，并在摆送阶段导致用力方向向上。

2）运球射门。

方法：从不同角度运球插入罚球区后射门（见图 6-3-16）。

提示：运球时注意观察球门位置，控制好运球速度，步伐要紧凑以便能及时做出调整。切入的角度不同，支撑脚的指向和踢球腿的摆送方向存在较大区别，练习的目的就是熟练区分其中的变化，以提高实战能力。

3）两人配合射门练习。

方法：运球摆脱后射门（见图 6-3-17"方法①"）；传球配合后射门（见图 6-3-17"方法②"）。

提示：运球射门过程中，步伐的控制比较关键，一般采用小步幅、快节奏的调整步，但助跑最后一步要适当加大，以保证一定的摆腿幅度。小步幅调整是为了支撑脚的快速准确选位，最后大步助跑则是为了发挥摆腿力量。

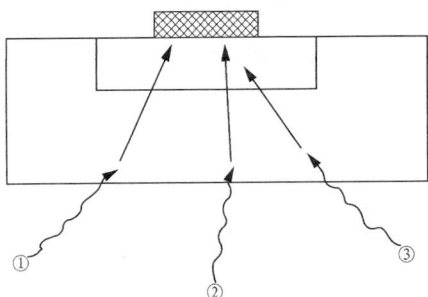

图 6-3-16

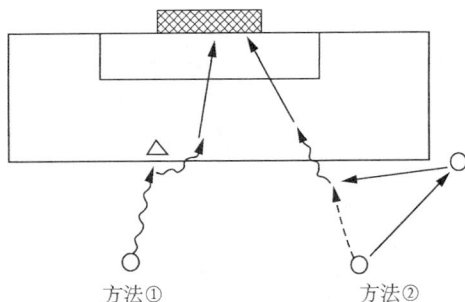

图 6-3-17

（3）易犯错误与纠正方法（见表 6-3-4）

表 6-3-4

易犯错误	纠正方法
支撑脚站位偏后,造成踢球脚前伸触球	准确判断球的运行,调整助跑节奏
脚背未绷紧,脚背前部或脚尖先触球	脚趾扣紧鞋底,使踝关节绷紧固定
摆送时身体重心滞后,跟进不及时,导致摆动腿向上方摆踢	身体重心随踢球腿摆送顺势跟进
摆送时踢球腿不加控制,大腿提拉过高,使摆踢力量分散	摆送时,控制小腿摆动幅度,前伸送球

（二）停球技术

停球是技术衔接中的关键环节,是实战中运用各项技术的前提和保障。规则允许的身体触球部位都可以用来停球,实战中常用的停球部位有:胸部停球、大腿正面停球、脚内侧停球、脚底停球、外脚背停球等。根据球的运行情况选择合理部位停地面球、空中球和反弹球,并注意与其后的技术动作紧密衔接,如停球与传球结合、停球并摆脱盯防等。

1. 脚内侧停地滚球

脚内侧停地滚球是最常用的停球技术,其特点是稳定易控有利于技术的衔接,可根据临场形势需要,借助脚形、停球角度和力量的调整直接完成停球摆脱、停传球、假动作过人等隐蔽而实用的技术变化。有两种方式可选择:缓冲式停球和切压式停球。（见图 6-3-18）

（1）动作要领

1）缓冲式停球动作要领,见图 6-3-19 注释。较适合接停球速快、力量大的来球。

2）切压式停球动作要领,见图 6-3-20 注释。停球过程中有主动加力动作,实战中可以对停球位置做出各种变化控制,有利于技术的衔接。

图 6-3-18 脚内侧停地滚球

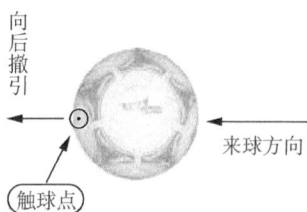

缓冲式停球:

当球接近时停球脚前迎、触球前瞬间停球脚随球向后撤引,并在后撤过程中触球,完成缓冲动作。

图 6-3-19 缓冲式停球

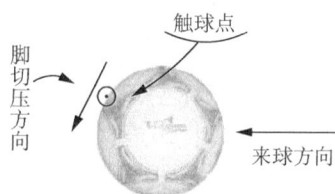

切压式停球:

判断好球的运行方向、速度,停球腿在支撑脚侧面直接提起,看准触球点。大腿主动下压,使脚从触球点向后下方切压球,达到阻拦和缓冲球的目的。

图 6-3-20 切压式停球

（2）练习方法

1）个人练习。

方法：结合对墙踢球技术练习，接停反弹回来的球。

2）结合两人传球的练习。

方法：在脚内侧传球练习中结合停球技术。

提示：基本动作掌握后，在练习中应适当增加练习难度和变化，以提高实战应有能力，如停球变向、停球假动作、停球保护等。

① 停球变向：应注意支撑脚与停球脚触球点的相对位置，不要让支撑脚成为停球方向上的障碍；同时要兼顾支撑脚的选位与角度，应有利于身体重心控制和及时跟进。

② 停球假动作：利用停球前的身体虚晃动作达到欺骗对手的目的，为自己停球后的摆脱创造条件。

③ 停球保护：在对方将要贴身争抢的情况下，停球时支撑脚的选位应考虑到，停球同时让自己的身体处在球与对方之间，以便护球（见图6-3-21）。

3）结合"4对1传抢"进行练习。

方法：（见图6-3-22）在传抢练习中，有意识地运用停球技术，是强化技术运用能力的有效手段。

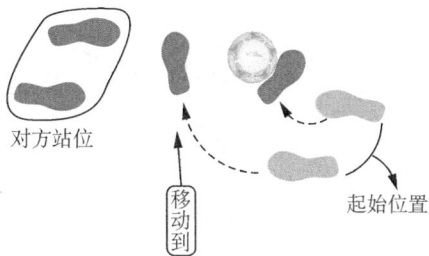

图6-3-21　停球保护的脚步移动

提示：为了提高练习效果应有意识的选择某个技术动作反复练习，如强调停球假动作、或停球保护等，若不做具体要求，练习的针对性不强、效果也会受到影响。

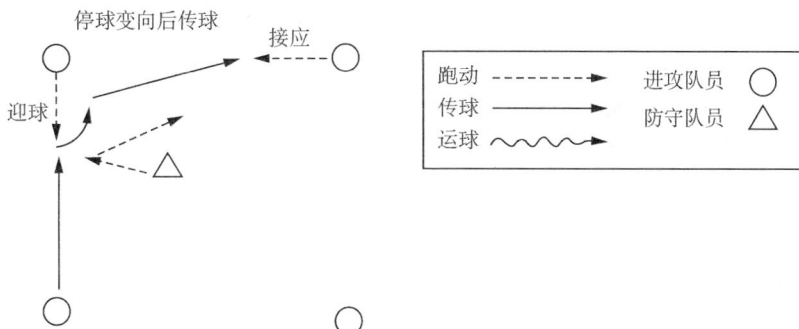

图6-3-22

（3）易犯错误与纠正方法（见表6-3-5）

表6-3-5

易犯错误	纠正方法
抬脚高度超过球的高度，造成漏球	控制好抬腿高度
在支撑脚前方触球，停球不稳或将球挑起	准确判断球速，调整好支撑脚位置
肌肉关节过于紧张，不能有效缓冲来球力量	停球腿适当放松，但脚尖应翘起保持脚形
注意力不集中，停球后不注意技术的衔接	身体重心适当降低，保持稳定，并随时准备起动跟进和抵抗对方可能的冲撞

2. 脚内侧停反弹球

脚内侧停反弹球技术是处理空中下落球的理想选择，相比胸部停球、大腿停球和脚内侧空中停球,更便于一次把球停到地面,减少了过渡调整的环节,有利于快速衔接技术动作(见图6-3-23)。

(1)动作要领

1)准确判断落点,并及时选择支撑脚位置,踏在落点的侧前方(见图6-3-24)。

2)停球腿提起,在落点的后上方等球反弹。

3)触球时机应选择在球刚刚反弹离开地面的瞬间。

4)可以采取被动触球缓冲,或者根据需要加力推压,把球停到适当的位置上。

图 6-3-23　脚内侧停反弹球

支撑脚位置

停球脚位置

图 6-3-24

图 6-3-25　脚底停反弹球脚形

(2)练习方法

1)原地停手抛球。

方法:持球上抛,停落地反弹球。此练习球的线路、落点稳定,便于初学时掌握基本动作要领。

提示:根据技术掌握情况,可以通过控制抛球的高度,或借助落点变化增加练习难度,如向身后抛球,转身后停反弹球。

2)结合颠球练习停反弹球。

方法:自己在颠球过程中,颠球几次后颠一次高球,然后练习停反弹球,如此反复进行。

3)两人相距约15—20米,结合掷界外球进行停反弹球。

4)两人结合脚背内侧长传球练习停反弹。

提示:长传球的落点较不稳定,在准确判断的基础上移动一定要及时,另外,可以结合运用其他技术,如脚底停反弹球技术。脚底停反弹球适用于落点离身体较远的传球,停球时,停球脚前伸到落点的后上方,用脚底挡住球的反弹路线即可,一般不要有意加力踩踏。(技术要领见图6-3-25)。

（3）易犯错误与纠正方法（见表 6-3-6）

表 6-3-6

易犯错误	纠正方法
抬脚过高,脚触球时间过晚造成停球不稳	停球腿下压
停球腿与地面夹角过大	准确判断落点,调整支撑脚站位
停球腿太紧张,缺少缓冲	放松腿部肌肉和关节
停球脚下压力过大,停球过远	停球脚被动触球

3. 挺胸式停球

主要用来处理齐胸高度的来球,多见于接停长传球。但是,胸部停球不能一次把球停到地面,不利于作出快速的技术衔接,所以一般利用脚内侧、外脚背和脚底反弹球进行调整(见图 6-3-26)。

（1）动作要领

1）准确判断球的运行轨迹和落点,调整站位面对来球。

2）两脚前后开立,重心落在两腿之间,曲膝稳定身体,两臂自然置于体侧。

3）当球接近身体垂直面时,上体稍后仰,双臂自然从身体两侧打开,同时蹬地、展腹、挺胸,用胸部正面偏上部位触球,使球弹起改变运行方向然后落于体前。

图 6-3-26 挺胸式停球

（2）练习方法

1）两人一组停手抛球。

方法:两人相距约 4—5 米,互掷手抛球(球的运行弧线稍高),把球停起后用手接住,再回抛给对方。

2）胸部停球结合脚内侧停反弹球。

方法:练习形式同上。要求练习者把胸部停球与脚内侧停反弹球结合,球停至地面后回传给同伴。

提示:胸部停球难以一次把球控制到地面,训练中要注意停球与随后的控球技术的快速衔接,一般在球落地时利用脚内侧或外脚背接停反弹球,以最少的触球次数把球控制到地面,这样就能快速过渡到运球或传球。

3）三人颠球练习中结合胸部颠球。

方法:三人三角形站位,连续颠球,每人颠球数次后颠传高球给同伴。

提示:在接同伴颠传球时,先用胸部停球动作将球垫起,再接其他部位颠球。

4）综合练习,停球→运球→射门。

方法:见图 6-3-27。胸部停球后,用脚内侧或外脚背停反弹球,并迅速控制球。

提示:实战中,当对手逼近争抢时,可以通过调整胸部倾斜角度和加力动作来控制停球落点,达到停球同时摆脱对手的目的。

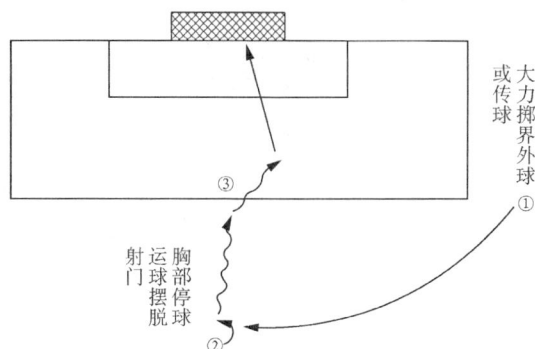

图 6-3-27

（3）易犯错误与纠正方法（见表 6-3-7）

表 6-3-7

易犯错误	纠正方法
对球的运行线路判断不准确，身体调整不到位	通过自抛自停的方式寻找球的落点
下颚抬起，影响视线和观察	收紧下颚，两眼注视来球
上体后仰角度太小，球反弹后弹离身体过远	判断来球的角度和力量，调整身体后仰角度
触球部位不稳，球控制不了方向	面对来球，手臂自然从身边抬起，带动身体扩大胸腔面积

（三）运球

运球技术在比赛中尤为重要，无论传球、射门、停球都需要与控运球衔接。运球技术需要灵活运用才能更好地把握比赛节奏，创造有威胁与价值的进攻，应视战术需要控制运控球的时机、方向、速度，比赛中往往由于不恰当地采用运球技术而延误了战机。脚背外侧运球、脚内侧运球、脚背正面、脚底、脚尖运球都会经常采用，而脚背外侧运球最常见，有利于各种控球技术动作的衔接。

1. **脚背外侧运球**（见图 6-3-28）

最富于变化的一种运球技术。实战中利用脚踝细微而灵巧的变化，可产生出变化多端的运球线路、速度和技术衔接。常与脚内侧运球结合并配合身体晃动，实现假动作运球过人。

图 6-3-28　脚背外侧运球

（1）动作要领

1）跑动中，身体自然放松，步幅稍小。

2) 运球脚在身体正面提起,膝稍内扣,脚跟提起,脚尖内转。

3) 在迈步前伸着地前,用脚背外侧推拨球(见图6-3-29),随后脚顺势落地。

(2) 练习方法

1) 直线运球练习。

方法:单人练习,可以在准备活动的慢跑练习时进行。

图6-3-29　脚背外侧运球

提示:运球时,脚触球和小腿及脚踝的发力应是柔和,尤其脚与球接触瞬间的细微缓冲动作是控制好球的要领。初学时常常因为腿部肌肉和关节过于紧张,动作僵硬,出现"踢球"发力的错误。

2) 直线运球结合脚内侧传接球。

方法:见图6-3-30。

提示:运球行进过程中,注意观察接应同伴的位置和跑动速度。传球前,运球的步伐应趋于紧凑,以便为传球时支撑脚的选位创造条件。

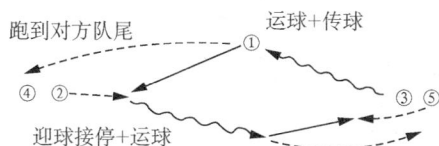

图6-3-30

图6-3-31

3) 运球绕杆练习。

方法:见图6-3-31。在做变向时交换运球脚。

提示:绕杆运球涉及变向,在支撑脚落地时应考虑身体重心的控制、球的运行速度和运球脚的动作空间变向前的步伐调整。运球脚大跨步踏在球的侧面偏前位置,距球稍远,为变换运球脚完成动作留出空间,同时曲膝制动降低重心,缓冲助跑冲力(见图6-3-32)。

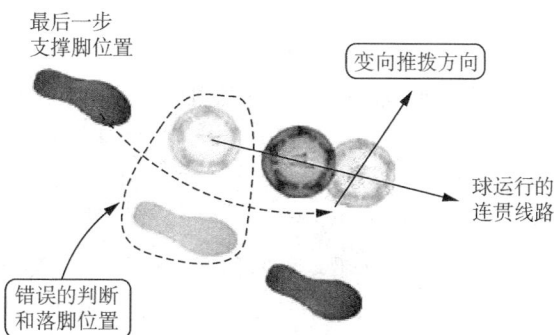

图6-3-32　变向时的脚步移动

(3) 易犯错误与纠正方法(见表6-3-8)

表6-3-8

易犯错误	纠正方法
低头看球,无法观察场上情况	用眼睛的余光观察,兼顾球和周围情况
用力方法不当,成踢球发力	注意脚踝的放松,触球时踝关节稍加缓冲
脚跟未提起,成勾脚触球,将球挑起	保持脚背与地面角度基本垂直

2. 假动作运球过人(见图 6-3-33)

假动作是为了诱骗对手移动身体重心,目的在于为自己在真实的运球方向创造行进和控球的空间与时间。假动作的形式丰富多样,不拘一格,只要能达到技战术目的,尽可以随机应变。

(1) 动作要领

1) 运球靠近对手时,应采用小步幅、快节奏的步伐控制,以便能够及时调整重心。

2) 身体虚晃假动作应在对手的有效防守范围(约 2 米左右)以外进行,同时需观察对手是否迎上逼抢,根据其速度调整变向距离。

3) 变向要突然,起动要快。

4) 变向角度,视对手重心移动幅度,一般将球推拨到对手侧面有效防守范围以外,或对手侧后方。

5) 跟进控球,并注意用身体护球。

图 6-3-33 假动作

(2) 练习方法

1) 非对抗循环练习。

假动作连续循环练习

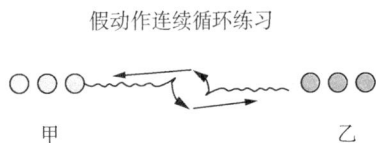

图 6-3-34

方法:(如图 6-3-34 所示)4—6 人一组,相距约 15 米,用两球练习。两人相对同时运球靠近,距离约 4—5 米时同时做假动作虚晃变向(两人反向错开),接传球给两端同伴并与接球同伴换位。

提示:运球速度稍慢,控制好球;做动作距离控制在 3—4 米外;"摆脱"后快速调整脚步,并及时传球。假动作选择两面统一,其间可更换动作。

2) 假动作运球过人的方法多样,在熟悉动作阶段可以做无防守人的模仿练习,一对一攻防练习中,防守人可从消极防守逐步转为积极防守。练习的方法根据动作的不同可灵活设计,一般多结合传球、射门进行综合性练习,或在实战中有意识地运用某个假动作,反复进行实践。

(3) 易犯错误与纠正方法(见表 6-3-9)

表 6-3-9

易犯错误	纠正方法
运球接近对手时速度过快,不能有效控制球和身体重心	控制运球的速度、步频与节奏
做假动作的地点离对手太近,易被对手抢断	准确判断对手的一段。移动情况
身体晃动幅度小,速度过快,不能诱骗对手移动重心	加大动作幅度,注意观察对手动向,注意可以通过沉肩等动作诱骗对手

易犯错误	纠正方法
变向起动太慢,失去对球的控制	虚晃时跨步要大,通过制动,重心变化增加启动速度。同时注意跟进护球合理运用身体

(四)前额正面头顶球

头顶球的"制空"特点使它成为一项不可替代的技术,无论用来传球还是射门,它都具有快速隐蔽的特点,令对手难以防范。在原地正面头顶球基础上,结合腰颈部的扭转动作可以做出各种变向控制。在现代足球比赛中,头顶球配合前场定位球的进攻,已成为最重要的得分手段之一。(见图 6-3-35)

1. **动作要领**

1)身体正对来球,两脚前后开立,肘关节自然弯曲置于体侧,曲膝稳定身体重心。

2)球接近身体时,上体稍后倾,重心放在后腿上,收下颚,注视来球。

3)球运行接近身体垂直面前刹那,蹬地、收腹、迅速向前摆体发力。

4)颈部紧张固定,快速前迎,用前额正面击球后中部,上体随球继续前摆送球。

图 6-3-35 原地正面顶球

2. **练习方法**

(1)熟悉球性练习

方法:前额正面连续颠球。

提示:准确判断球的运行轨迹,及时调整身体位置保持在球的正下方,体会触球部位与击球时的身体控制方法。

(2)两人配合练习

方法:一人用手抛球,练习者头顶球回传,或两人相距约 3—4 米,连续对顶球。

提示:在对顶球练习时,应快速完成观察、判断、和调整站位,确保身体正对来球并完成准备姿势。

(3)3—4 人行进间练习

方法:2 人相距 10 米站在两端用手抛球,1—2 名练习者头从当中位置向前跑动并顶球回传,完成一次动作后转身至另外一端继续顶球,随后循环练习。

提示:在行进间顶球练习时,快速观察与判断,调整站位,完成一次顶球后迅速转身做下一次练习。

（4）综合练习

除一般的非对抗性基本练习外，还可以组合到任何一种技术训练中，不必拘泥于某一练习形式。如作为运球、传球、射门练习的起始动作，与胸部停球、停反弹球练习组合等等。

3. **易犯错误与纠正方法**（见表 6-3-10）

表 6-3-10

易犯错误	纠正方法
身体侧对来球，导致用力方向控制不稳定	步伐调整要快
无蹬地收腹动作，单靠摆头用力	通过支撑腿协同腰腹用力
抬下颚，前额斜面朝向前上方，出球太高	收紧下颚，两眼注视来球
发力过早，将至发力结束时触球，顶球无力或头顶部触球	判断好落点，收腹幅度尽量小，动作要快

三、基本战术

（一）比赛阵形

随着现代足球的发展，运动员技术、战术、身体素质、心理素质的不断提高和人们逐步深化探索足球比赛的规律，比赛阵形的变化越来越多，阵形的演变也越来越注重竞技性与实用性，在攻守两端更为全面的发展。

比赛阵形是场上战术配置的一种手段，阵形的变化是依据本队球员的技战术特点及对手特点来确定的，同时也明确场上队员的基本站位与主要职责。阵形是战术的组成部分，它使队员和全队在进攻和防守中能更好发挥自己的特长和智慧。每名球员都有自己的风格和特点，在阵形中有属于他们的最适合位置，机动灵活地运用，切不可刻板追求阵形而限制队员的特点。比如阿根廷的梅西，他拥有出色的控球技术、精妙的传球、敏锐的战术嗅觉和大局观、以及对比赛节奏的感觉和把控能力，这些都确立了他的中场组织核心的地位。在他的身后配备防守型前卫，以弥补其防守的不足，提供保护和接应；左右两侧安排攻防兼备的边前卫，这样就构成了典型的菱形中场配置。通过中场核心的组织调度，边前卫的插上进攻，与锋线共同组成全队的进攻体系。因此，比赛阵形是由各具特长的球员组成的一个整体，他们之间的相互支持与协同配合使整体实力得到加强，同时又相互弥补各自的弱点和不足。

每个时期都有一些比较流行的阵形，如 4-4-2、3-5-2、5-3-2 等等，我们在了解或运用比赛阵形时不应脱离比赛环境，以及对手的风格特点。阵形本身并无优劣之分，它是为比赛目的服务的一种战术形式。根据不同对手选择合理有效的阵形配置，可以最大限度发挥球员的实力和潜能，使攻守更趋平衡。阵形绝不是刻板的规定，它非但不限制球员的行动，相反鼓励球员的创造性活动。合理的阵形配置，使每个位置上的球员都能得到同伴最有力的支持，意味着他能够更大胆地投入技战术创造。

"进攻和防守"这对矛盾贯穿于比赛的全过程，是比赛双方以及双方的每一名球员始终要予以关注并解决的问题。现代足球战术崇尚简洁与高效，虽然少了许多 20 世纪足球大师们的优雅与美感，但却更接近足球战术的本质，即：更具威胁的进攻，更有效率的防守，而比赛阵形在其中发挥着非常重要的协调与平衡作用。

(二) 进攻战术

"二过一"战术配合是比赛中最常见的战术形式,是构成局部战术和整体战术的基础,一般都是 2 至 3 人的配合,而多人之间的战术配合也是由局部的"二过一"战术衍生扩展而来。二过一配合通过合理的'跑动'和'传球'在局部形成以多打少,或利用局部空间优势瞬间突破防线,达到调动对手和为其他位置的同伴创造战术空间,从而将局部优势转化为区域甚至整体优势。

1. "直传斜插二过一"

方法:见图 6-3-36。

提示:"主动寻求配合"还是"被动等待接应"是球员战术素养的体现。如果②号所在位置较远,①号应当主动运球向其靠拢,以寻求配合,同样,无球的②号队员也需要考虑积极主动接应同伴。

2. "斜传直插二过一"

方法:见图 6-3-37。

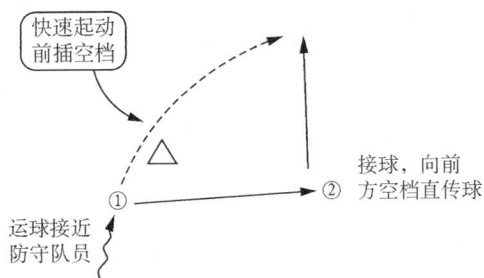

图 6-3-36　直传斜插二过一

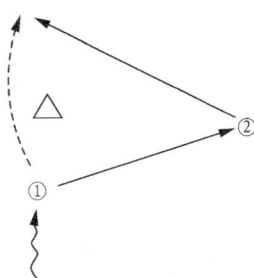

图 6-3-37　斜传直插二过一

提示:②号的传球并非"必须",而应视对方动作来决定。临场运用中时常会出现条件反射式的传球,这样就丧失了战术的灵活性和随机应变。所以,应当牢记——"二过一"配合是一种战术形式和手段,而非战术目的,在实施战术的过程中一定要贯彻随机应变的原则。

3. "踢墙式二过一"

方法:见图 6-3-38。

提示:配合节奏'快'的突出特点,使这种"二过一"形式在局部对抗中效果显著。在狭小空间内突破防线时运用"踢墙式二过一",一定要突出"快速、精准",尤其是①号队员传、跑的突然性。

4. "交叉掩护二过一"

方法:见图 6-3-39。①号队员运球主动接近同伴②号,②号朝①号的侧后方跑动接应,当两人靠近时,①号将球轻传给②号,之后两人换位跑动。借此迷惑防守队员,增加其判断的难度。

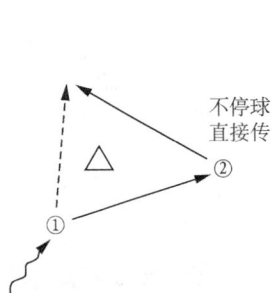

图 6-3-38　踢墙式二过一

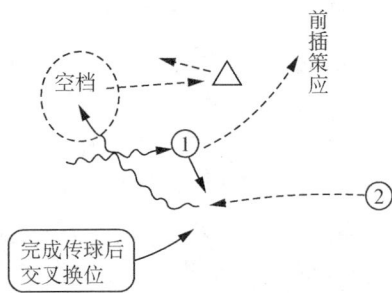

图 6-3-39　交叉掩护二过一

提示:在即将做传球配合的瞬间,①号可视防守队员的动向——譬如防守队员对进攻方的换位配合有所顾忌,在选位判断上出现犹豫时——变传球为继续运球,这样同样能够达到二过一战术配合的目的。

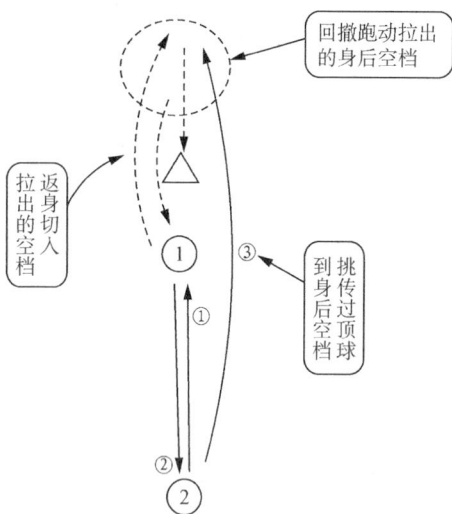

图 6-3-40　回传反切二过一

#### 5.	"回传反切二过一"

方法:见图 6-3-40。①号队员主动向回跑动要球,目的是吸引防守队员跟进,从而拉出身后空当,为自己反切跑位创造条件。②号队员应根据场上状态领会①号队员的战术意图,待①号反身起动的瞬间传出过顶球。

提示:返身切入和过顶传球的配合时机是成功的关键。

#### 6.	进攻中的选位

攻防战术对抗集中体现为"时间、空间"的争夺。针对防守空当和漏洞实施的传切配合、二过一配合,或通过无球跑动、强行运球突破来调动对手制造空当,这些都是进攻中的基本战术手段,因此,跑空当就是进攻选位的一项基本原则。

边路空档是最常被利用的空间,尤其在攻守转换之初,要利用对手防线组织未稳抢占先机,如边路直传快速推进战术、边路二过一突破等。随着时间推移,守方防线一旦调整完毕,原有的空当即被控制,战机也随之消失。由此可见"空间和时间"是可以相互转化的,时间可以赢得空间,也可能丧失空间。因此,进攻选位时能及时发现有战术价值的空当是实施战术创造的前提,而把握时机是战术成功的关键。

大多数情况下,空当是通过无球队员的跑动,有意或无意间制造出来的,无球队员的跑动可以吸引防守队员的注意,在时间和空间上为同伴创造更好的机会,创造出更好的空当。而通过这些不断变化的无球跑动创造的空当比场上固有的空当,更难以判断,也更难防范。所以才有"比赛进程取决于无球队员的跑动"的观点。

见图 6-3-41:①号的内切跑动能够带来一系列连贯变化。为③号拉出边路空当的同时,再瞄准对方身后空当前插,使本来平静的局部形势立即变得生动起来,并且还保留了回传接应的②号队员。由此可见,我们决不能简单理解无球跑动在比赛中的价值。

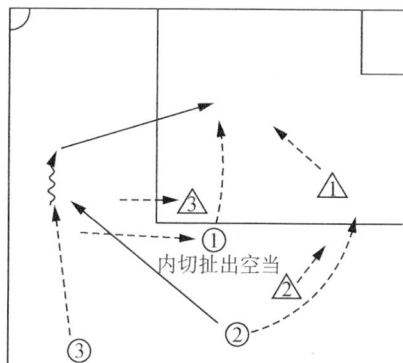

图 6-3-41

#### (三)	防守战术

随着进攻战术的不断发展,防守中单纯依靠个人能力进行防御的难度越来越大,整体防守的作用就显得尤为重要。重视整体的作用,并不意味可以降低对个人防守能力的要求,相反个人协防意识和能力是构筑整体防御体系的基础。类似"二过一"战术是进攻的基础战术配合,防守中2、3人间的协防是整体防守的基础,其主要形式有选位、保护、补位。

1. 选位

防守的选位首先是依据阵形布置。教练员需综合考虑对阵双方的实力对比、技战术特点、状态等因素，来安排队员在阵形中的位置，即队员在比赛中的主要职责，决定了队员在场上的基本站位、活动范围和战术组合方式。比如，中后卫主要在整体队形的后方中路，在边后卫的内侧偏后位置，承担后防线的组织和中路防守之责。

其次，选位还应根据比赛"重心"的变化进行调整，即球的位置和发展趋势。如对方由左边路进攻转为中路进攻，或长传转移到右边路，此时左边后卫应选择内收站位协防中路。

防守选位的基本原则：见图6-3-42(可称为"斜线内收"站位)。

纵向直线站位或平行站位因防守线路比较单一，故容易造成防守的被动。

2. 保护

后卫随时都应占据能够在最短时间内最有效地帮助处于困难中的同伴的位置上。在后防线的整体布局中，通常采用斜线防守站位(见图6-3-42)，这是一种有利于及时补位和保护的合理选位。对同伴进行保护不仅是针对可能存在的对方突破，即使同伴没有面临直接的防守压力，在其后侧的队员也应有保护意识，这是整体防御中的基本要求。

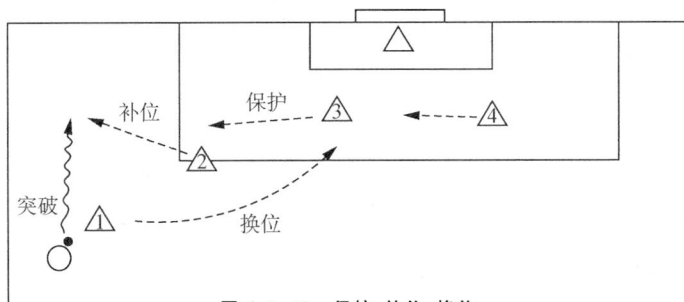

图6-3-42　保护、补位、换位

3. 补位

后卫的位置布局本身不是目的，而是为了全队的利益建立的防守组织形式。

比赛中保持防守队形是必要的，但防守位置被突破又是经常发生的情况，因此补位和换位是保持防守队形，弥补防线漏洞的基本战术形式(见图6-3-42)。应当注意，补位和换位所涉及的人不受场上位置职责的局限，而是根据防守需要和实施的可能性来决定，换言之，离防守漏洞最近的队员理应首先补位。

换位从本质上讲也属于补位。例如被对方突破的队员所处的位置，相对而言已缺乏防守效率，他应考虑变换防守位置，来提高自己在防线中的作用，弥补因同伴补位而出现的新空当。

四、身体素质练习方法

足球运动对身体素质的要求是全面的，除了五大素质(力量、速度、耐力、灵敏、柔韧)的全面发展之外，足球专项素质中特别强调"速度"，包括：反应速度、位移速度和动作速度。

(一) 反应速度

指球员在场上从接受刺激到作出决定时间的长短。

从专项训练的角度讲，反应速度可以通过大量技术和战术的重复性练习，使球员熟悉足球运动中经常出现的各种场景及其变化规律,通过预判使身体在出现某些特定刺激前肌肉处于有准备的状态,即在神经传导上建立固定的条件反射,从而缩短反应时间。

(二)位移速度

足球运动的位移速度有如下特点。

1)比赛中要随时准备改变方向,控运球变向和应对突发情况做出急停变向等,所以移动时身体重心稍低,步频快,步幅稍小。

2)比赛中有大量的起动、急停、变向、变速跑,球员必须具有较好的腿部和腰部力量。

3)短距离起动冲刺跑能力,以及连续进行冲刺跑动的速度耐力。

(三)动作速度

指完成一个或连续几个动作的时间长短。如跳起头顶球落地后快速起动争抢落点;快跑中急停变向后跳起争顶等。

专项速度练习的方法有徒手练习和结合有球技术的综合性练习,如各种姿势的原地起动加冲刺跑(坐地、俯卧、转身、滚翻、跳跃);活动中的突然起动跑(听或看信号起动跑、慢跑中看手势变向,头顶球、传接球、颠球接起动冲刺或变向跑等);在快速跑动中听或看信号做急停、转身、变向等;各种跑动中传接球练习、二过一战术练习、小场地比赛等有球技术练习。

专项速度素质的训练,对腿部爆发力、弹跳力、速度耐力、身体灵敏性和协调性都有促进作用,它们之间的影响是相互的。因此,选择安排素质练习时可以综合考虑各项素质间的相互关系,在突出一项的同时兼顾发展其他方面,多采用一些结合有球技术的综合性练习方法,以提高练习的趣味性和实战效果。

参考文献

[1]全国体育学院教材委员会.足球(第二版)[M].北京:人民体育出版社,1984.

[2]查尔斯·修斯著.足球战术与配合[M].北京:人民体育出版社,1982.

[3]复旦大学体育教学部.高校体育选项课理论教程[M].上海:复旦大学出版社,2005.

第四节 羽 毛 球

一、概述

(一)起源与发展

1.起源

英国《大不列颠百科全书》记载:早在两千多年前,一种类似羽毛球运动的游戏就在中国、印度等国中出现,中国称作打手毽,印度称作浦那,西欧等国则称作毽子板球等,这些都被称为羽毛球运动的原始形态。

现代羽毛球运动起源于英国,1860 年在英格兰格拉斯哥郡的伯明顿庄园,庄园主鲍费特在庄园里举行了一场家庭社交活动,由于当天下了大雨原计划的活动不能照常进行,这时从印度退役回来的军官就向大家介绍了一种隔网用拍子来回击打毽球的游戏,人们对此产生了很大的兴趣。这项活动因为富有趣味性,很快就在英国的社会上流行开来。"伯明顿"庄园的名称(Badminton)便成为羽毛球运动的英文名。

2. 发展

世界上第一个羽毛球运动规则于 1875 年在印度普那制订,1877 年在英国修改和完善了这套比赛规则,许多比赛条款沿用至今。

1893 年,英国成立了世界上最早的羽毛球协会,并于 1899 年举行了第 1 届全英羽毛球锦标赛,除第一、第二次世界大战期间中断外,每年举办一届,延续至今。到了 20 世纪初,羽毛球已经传到了亚洲、美洲、大洋洲,最后传到了非洲。

1934 年,第一个世界性的羽毛球组织——国际羽毛球联合会(International Badminton Federation)成立,简称国际羽联(IBF)。由加拿大、丹麦、英国、法国、爱尔兰、荷兰、新西兰、苏格兰和威尔士等国家和地区发起成立,总部设在英国伦敦。1981 年国际羽毛球联合会和 1978 年成立的羽毛球世界联合会合并,并维持原有名称。2006 年更名为羽毛球世界联合会(Badminton World Federation,简称 BWF)。在国际羽联的带领下,各项国际羽毛球比赛逐步完善。

2022 年世界羽联为了纪念 1934 年 7 月 5 日国际羽毛球联合会(现改名为世界羽毛球联合会)成立,将每年的 7 月 5 日定为世界羽毛球日。

(二)特点与作用

1. 特点

1)空间独立。和排球、网球、乒乓球同属于隔网对抗性项目,比赛双方都有各自独立的运动空间,比赛时双方没有身体接触。

2)非着地性。和排球,毽球相似,比赛中球不允许着地,球着地即为死球。

3)借助器械。和网球、乒乓球相似,要借助球拍击球,非球拍将球击打过网会被视为违规。

4)容易上手。对于初学者来说入门容易,趣味性强。

2. 作用

1)羽毛球运动中跑动量较大,有助于提高心肺功能,保持良好的身体形态,改善机体的运动能力和适应能力。

2)在运动过程中需要不断地挥拍击球和跑动跳跃,有助于提高肌肉力量。

3)击球过程需要眼睛和四肢相互配合,有助于提高协调性和平衡感。

4)羽毛球需要视线跟随球移动,由于球的飞行有高低远近变化,有利于锻炼眼部肌群,改善视疲劳。

5)比赛中通过观察对方运动员击球的动作、击球点和击球线路,可以提前感知球的落点,从而可以更加早地应对来球,培养参与者良好的预判能力。

(三)羽毛球比赛的文化与礼仪

羽毛球运动起源于英国的上流社会,是一项非常绅士的运动,每一位参赛者都要尊重对手,所以在羽毛球比赛中,双方运动员也必须遵守羽毛球运动的基本礼节。

1) 注目礼:每一次发球时,都要注视对方,在对方队员准备好后发球。

2) 握手礼:比赛结束后,无论比赛胜负,都要和裁判员、对方运动员握手,感谢裁判员为你的比赛工作,感谢对方运动员陪你一起运动。

（四）比赛方法与规则简介

羽毛球比赛的基本目的就是将球打到对方场地上,同时阻止对方将球打到自己的场地上,每次往返击球过程中双方都只允许一次击球。

1. 比赛项目

比赛分为单项赛和团体赛。

单项赛一般分男单、女单、男双、女双和混双 5 个项目。

团体赛一般分为男子团体、女子团体和混合团体 3 个项目,在团体赛中两队之间一般进行 3 场单项赛(三局两胜)或 5 场单项赛(五局三胜),团体赛中单项赛项目可根据比赛的要求、场地的数量、时间长短和人员多少等具体情况灵活调整。

2. 比赛计分

在国内外正式的羽毛球比赛中,不论组别(男子组或女子组等)和项目(单打或双打等),每场比赛均采用三局两胜制,每局比赛采用 21 分直接得分制,即每回合中取胜一方得一分,先到 21 分的一方胜。双方比分进行到 20 平时领先 2 分胜出,29 平时先到 30 分取胜。

根据比赛的时间和场地情况,比赛计分方法是可以进行调整的。例如:原本三局两胜的比赛可以只打 1 局,一局决定胜负;有时候比赛时间紧,每局的比分也可减少。甚至可以采用抢分制,一局比赛为 21 分,谁先到 21 分,即取得胜利,不再加分。计分方法必须在比赛前声明,一般都在竞赛规程中说明,让所有参赛者明确。

3. 比赛规则

1) 挑边:比赛开始前,在裁判的组织下,用挑边器(可用硬币代替)或者抛羽毛球的方法,猜中挑边器正反面一方或被羽毛球球头的指向的运动员获得优先选择权,获得优先选择权的运动员,可以在发球、接发球、左侧场区和右侧场区这 4 项中任选一项,剩下的由对方选择。

2) 发球:比赛开始,第一次发球由选定方发球,后面的发球则由赢球方发球。第一局比赛结束后,第二局比赛开始时,比赛发球由上一局胜方开始发球,发球时要求向对角线方向发球。发球站位要根据发球方的得分选择,当发球方的分数为零和双数时在发球方右侧场区发球,单数时在发球方左侧场区发球,简而言之"单左双右"。而接发球队员则必须按照发球队员的发球站位在其对角线场区准备接发球。双打比赛中,要先确定首先发球的发球员和首先接球的接发球员。发球方得分后和同伴交换发球区继续发球,此时接发球方的两名球员位置不变。发球方失分后换由对方在对应分数区域的队员发球,此时比赛双方队员左右站位均不变。继续按照"单左双右"方法进行发球,站在发球员对角线区域的运动员接发球。

3) 比赛间歇:在羽毛球比赛过程中,每局比赛任意方运动员到达 11 分时,允许有不超过 60 秒的休息时间即间歇,此时教练员可以进行指导,但运动员不能离开场地。局与局之间允许有不超过 120 秒的间歇。此时,运动员可以离开场地和接受指导。

4) 交换场地:每局比赛结束时双方需交换场区;如果比赛打成局数 1:1,在第三局,当领先一方的分数到达 11 分时,也应交换场区。如果忘记交换场区,一经发现应立即交换,已得分有效。

5) 发球违例:当发球员和接发球员站好位置后,发球员的球拍开始向前挥动(发球开始)至球拍击中球或未击中球球落地为止的一段时间为发球,在这过程中出现以下几种情况被判发球违例:发球员的脚没有站在规定的发球区内或踩线、移动、离地;未先击中球托;挥拍动作不连贯或击球时球拍和球接触点高于1.15米等。

6) 接发球违例:接发球员必须站在发球员斜对角的发球区内接发球,接球后可以将球回击到对方场区的任何一点。接发球员脚踩线;或在发球员把球发出前提前移动;双打比赛中接发球员的同伴接了发球等均判接发球违例,发球方得分。

7) 比赛中的违例:击球不过网;球触及了天花板、四周墙壁、场外物体或人;触网;身体被球击中;侵入对方场区;两次击球;持球;阻碍;过网击球。

8) 重发球:发球员在接发球员未做好准备的情况下将球发出;发球时,发球员和接发球员同时被判违例;比赛进行中,球过网后,挂在网上或停在网顶;比赛时发生意外情况,裁判员不能作出判决时;球在飞行时球托和羽毛完全分离等,出现以上情况均应判为重发球。被判重发球后,该球无效,由原发球员重新发球。

(四) 国际、国内羽毛球运动的重大赛事

1. 国际重大赛事

1) 汤姆斯杯:世界男子团体羽毛球锦标赛。由国际羽联主办,是世界上最高水平的男子团体赛。此杯由国际羽联第一副主席汤姆斯于1939年捐送,由于第二次世界大战,1948年才开始第一届比赛,现每两年举办一届,逢偶数年举办。

2) 尤伯杯:世界女子团体羽毛球锦标赛,由国际羽联主办,是世界上最高水平的女子团体赛。此杯由全英羽毛球锦标赛女子单打冠军尤伯夫人于1956年捐送,第1届比赛开始于1956年,现每两年举办一届,逢偶数年举办。

3) 苏迪曼杯:世界羽毛球混合团体锦标赛,是男女混合组队参赛的一种比赛,比赛由男、女单打、男、女双打和混合双打五个项目组成,在五个项目中取得三个项目的胜利,才能胜一场比赛,是一个国家整体实力的体现。第一次比赛开始于1989年,是为了纪念印尼羽毛球协会创始人苏迪曼,由当时的东道主倡议主办,受到世界羽坛的特别关注。每两年举办一届,逢奇数年举办。

4) 世界羽毛球锦标赛:整个比赛以单项为主,共设男、女单打,男、女双打和混合双打五个项目,是国际羽联举办的世界最高水平的羽毛球单项赛,1977年开始,现每两年举办一届,逢奇数年举办。

5) 世界杯羽毛球赛:属于邀请性比赛,由国际羽联邀请当年成绩优秀的选手参赛,开始于1981年,共设男、女单打两个项目,1983年增设为五个项目,分别是男、女单打,男、女双打和混合双打五个单项的比赛。1998年改为世界顶尖选手参加的明星赛即大满贯赛事,并准备丰厚的奖金。

6) 世界羽毛球大奖总决赛:世界羽毛球大奖总决赛为单项比赛,是国际羽联从1983年起每年组织的羽毛球世界大奖系列赛,每次比赛分为一星至六星的不同等级。全英锦标赛和中国公开赛等都属系列赛中的一站。国际羽联依据参赛选手的成绩,设立积分制,定期公布世界大奖赛积分排名,为每次比赛的种子选手依据,在每年年末,排名最前的选手有资格参加大奖总决赛。1983年、1984年和1985年只设男单和女单两个项目,从1986年起增设至5个项目。

7) 奥运会羽毛球赛:在国际羽毛球界的共同努力下,1902年正式被列为奥运会比赛项目,设男、女单打,男、女双打和混双共五个单项。

2. 国内重大赛事

1) 全国性运动会:主要有全国运动会和城市运动会等。

2）全国羽毛球锦标赛:内容包括团体赛和所有单项赛。

3）全国羽毛球甲、乙级赛:内容包括团体赛和所有单项赛。

4）中国羽毛球俱乐部超级联赛:中国羽毛球超级联赛是中国高端的体育职业联赛之一,是中国羽毛球协会与中央电视台体育中心共同举办的中国羽毛球职业赛事。

5）全国青年羽毛球锦标赛:全国青年羽毛球锦标赛是我国最高级别的青年羽毛球赛事,是国家青年队、国家队考察、选拔队员的重要标准和依据。由中国羽毛球协会主办。

6）全国 U 系列羽毛球比赛:全国 U 系列羽毛球比赛是我国分年龄段的羽毛球赛事,意在加强不同地区的羽毛球学习者之间的交流。由中国羽毛球协会主办。

二、基本技术（以右手持拍为例）

（一）握拍

1. 正手握拍（见图 6-4-1）

握拍手虎口对准拍框,中指、无名指、小指并拢握住球拍,拇指靠近中指,食指与拇指分开,自然握住拍柄,拇指与食指指尖相对,虎口呈"V"字形,拍柄末端在掌根处基本与小鱼肌后沿齐平,击球时食指控制方向。

2. 反手握拍（见图 6-4-2）

在正手握拍的基础上,把拍柄稍向外（右）旋转,大拇指向上伸出摁在拍柄宽面,食指收回与其余三指并拢,击球时拇指用力推动球拍。

 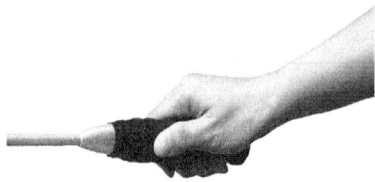

图 6-4-1   图 6-4-2

3. 练习方法

1）颠球:运用正手或反手握拍击球的方式,连续向上击球。（只选择一种握拍方式,熟练后交替练习）

2）转换握拍:正手握拍和反手握拍交替转换,熟练正反手握拍的方法,并且灵活转换。

4. 易犯错误与纠正方法（见表 6-4-1）

表 6-4-1

易犯错误	纠正方法
握拍过紧过死	握拍手松紧适度,击球前后放松
一把抓、苍蝇拍握法	多检查握拍,握拍放松

（二）准备姿势

准备姿势是指击球前的准备动作,准备姿势分为接发球的准备姿势和击球过程中的接球准备姿势两种。

1. 接发球准备姿势

左脚在前,右脚在后两脚之间保持一步的距离,左腿曲膝身体重心在两脚之间偏前。右腿在后曲膝重心放置在前脚掌,脚后跟提起。左右手举起在胸前准备。

1）单打接发球:接发球时取半场中心偏前的位置站立准备(见图 6-4-3)。

2）双打接发球:站位偏前靠近前发球线,双手上举至肩高,球拍向前上方伸出(见图 6-4-4)。

2. 接球准备姿势

两脚开立略大于肩宽,右脚略微偏前半个至一个脚的距离,双腿曲膝重心放置前脚掌,左脚脚后跟提起。双手曲肘持拍在腰间拍头指向球网、拍框向上(见图 6-4-5)。

目光注视对方击球动作,当对方进攻下压时,拍头下沉,积极应对;当对方起高球时。拍头上举,随时准备进攻。

图 6-4-3　　　　　　图 6-4-4　　　　　　图 6-4-5

3. 练习方法

1）接发球的准备姿势:模仿练习

2）接球的准备姿势:模仿练习

4. 易犯错误与纠正方法(见表 6-4-2)

表 6-4-2

易犯错误	纠正方法
单打站位偏前或偏后,失去最佳击球时机	参照正确准备方法
动作松散,注意力不集中	参照正确准备方法
准备姿势举拍过低,面对快速球,来不及举拍	参照正确准备方法

（三）移动与挥拍

移动步法是快速接近球并取得最佳击球点的必要手段。移动步法分移动击球步法和回位步法,在击球步法中,从球场中央到四角一般不会超过三步,因此击球步法又分为一步、二步和三步步法。回位步法则要求及时快速和放松。击球后,应尽早回到中心位置,做好迎击下一个来球的准备。当然,随着比赛经验的积累,以及比赛当时的实际情况,也并非每次击球都必须回位,而应根据场上的实际情况、对方技术和战术的特点,来选择最合理的跑动路线和最佳的取位。

在移动过程中,可采用各种不同的移动步法,如:垫步、交叉步、小碎步、并步、蹬转步、蹬跨步和腾跳步等。每位运动员根据自身的特点、习惯和实际情况,将单个步法组合使用。

羽毛球的挥拍动作,往往和移动步法是完美融合的。在步法的移动中,合理地进行引拍和挥拍,才能形成正确的击球动作。

1. 动作要领

1) 蹬跨步:指向击球点迈出较大步幅的移动方法。通常在上网步法的最后一步。

2) 并步:离击球点远侧的脚,向前跨出一小步,同时另一脚向前跨出的移动方法。这种步法在上网、接杀球和后场后退移动击球时使用。

3) 交叉步:侧对击球点方向,两脚采用前、后交叉的移动方法。交叉步的移动距离较远,身体重心比较稳定,适合长距离移动。在上网和后场后退被动击球时使用。

4) 垫步:在移动到最后一步,与击球点尚有较短的一段距离时,支撑脚再加一小步的移动方法。通常是在运用并步或交叉步后与球有一定距离时,使用垫步步法。

5) 腾跳步:单脚或双脚在原地或向四周跳一步。在击球时的最后一步使用,如扑球、杀球等,也可以在移动前结合并步使用。

2. 练习方法

1) 单个步法练习:初练步法时,首先做移动步法的模仿练习,徒手按照各种步法的动作要点,一步一步分解练习,然后进行完整步法的练习,重点体会脚步的顺序及移动的节奏。

2) 移动步法和挥拍的结合练习:熟练移动步法后,结合引拍、挥拍的动作,进行前后左右移动的挥拍练习。初学时可以将上网步法结合挑球的挥拍进行练习,后退步法结合高远球的挥拍练习。

3) 综合步法练习:在熟练地掌握单个步法基础上,再将不同的步法组合起来进行全场综合步法练习,先从无球模仿开始,然后过渡到有球练习,练习中一定要将各种单个步法串联到一起。

3. 易犯错误与纠正方法(见表6-4-3)

表6-4-3

易犯错误	纠正方法
最后一步,步幅太小。表现为:速度慢或速度快而站不稳	要同时将速度和稳定性结合起来,击球前的最后一步步幅要大要稳,控制住身体的重心
最后一步跨出,脚尖方向错误	注意脚尖的方向和移动的方向一致,可略微向外打开,切不可用脚外侧对着移动的方向进行移动,容易造成踝关节扭伤
缺少回位意识	初学者常犯,关键在于思想重视,逐步养成回位习惯,也可以在练习中,多加注意
引拍、挥拍和移动步法不协调	练习移动步法一定要将引拍和挥拍结合起来练

(四) 发球

发球技术可分为正手发球和反手发球技术。通过正手和反手两种发球技术,又可以发出不同线路、弧度和远度的球。从出球的线路来说,可以分为内角球(靠近中线)和外角球(靠近边线),根据发出球的弧度和远度,又可以将发球分为发网前球、发平抽球、发平高球、发高远球等。

发网前球:就是将球发到对方发球区靠近前发球线附近的球。常用于双打比赛,优点是迫使对方使用在较低的位置回球,可以限制对方回高远球;缺点是容易被对方扑杀而陷入被动。

发平高球:也是将球击向对方后场,姿势、动作和高远球一样,只是发力方向和击球点不同,击球的弧度略平些,速度更快些,较高远球更有突然性和攻击性,缺点是只能偶尔使用,若对方早有防备,则回球也将更加突然和快速,增加防守难度。

发高远球:就是把球发得又高又远,将球击向对方的后场,常用于单打比赛,优点是可以有充分的时间来等待处理对方回球,缺点是将进攻的主动权交给对方,若对方进攻较弱可多发高远球。

1. 正手发高远球

站在发球线后一步靠近中线处准备,发球结束后可及时回场地中心准备。

1)准备:侧身左肩朝球网站,两脚自然开立与肩同宽,左脚在前脚尖朝向球网,右脚在后脚尖朝向身体正前方,重心在两脚之间。双手自然张开,右手正手握拍,手心拍面向下,手腕稍向后展,拍头指向右后方,左手持球自然曲肘举于胸前。

2)击球:左手放球,使球自然下落,右脚前脚掌用力使身体转正至面朝球网,脚后跟离开地面,重心转至左脚,转身同时带动右手挥拍。击球瞬间,手指握紧球拍。

3)随前:击球后随惯性,拍子从后向前挥至左肩前上方收拍。

在发高远球的基础上,调整拍面和用力的大小,改变球的飞行路线,达到平高球、小球的效果(见图6-4-6)。

图 6-4-6

2. 反手发网前小球

右脚在前,身体略前倾,身体重心落在前脚上。

1)准备:右手采用反手握拍稍向前移至拍柄前部握拍。右侧肩关节外展,提起肘关节,手腕自然下垂,将球拍提放在体前左侧低于腰部,左手持球在球拍前方并使球托对准拍面;

2)击球:利用手腕和手指发力,从左后下向右前上方挥击球,同时掌握好右手挥拍和左手放球的时间配合。

3)随前:击球后随惯性,拍子从后向前推出并收拍(见图6-4-7)。

在发小球的基础上,调整拍面和用力的大小,改变球的飞行路线,达到高远球的效果。

图 6-4-7

3. 练习方法

所有的发球练习方法最好是采用多球的练习方法,也可以两人一组隔网站立进行近网或远网的发球练习,或多人一组隔网站立进行远网和近网练习。

4. 易犯错误与纠正方法(见表 6-4-4)

表 6-4-4

易犯错误	纠正方法
挥拍节奏和挥拍路线不正确,表现为正手发球时,球拍打不到球	建立正确的节奏和挥拍路线,最主要的还是多练,熟悉球性
球发不远或发不上力	首先要确认击球点是否正确,其次就是挥拍上的错误,纠正方法参见挥拍动作

注:近年来举行的羽毛球比赛,由于运动员进攻能力的加强,运动员都想抢得进攻的先机,反手发网前球的技术成了比赛发球的主流技术,但在发球练习中,反手也可以发后场高球,正手也可以发网前小球,都需要练习者花时间去练习和掌握。

(五) 击球技术

击球技术按击球动作主要分正手击球和反手击球。

按场上击球点的位置,又可以分为前场技术(挑球、放网、搓球、勾球、推球、扑球等)、中场技术(平抽、平挡、杀球等)、和后场球技术(高远球、吊球、杀球等)。前场击球的威胁较大,因为球飞行的距离短、时间少、落地快,往往使对手措手不及而直接得分,即使不能直接得分也能迫使对方被动回球,创造下一拍的机会。若网前进攻和中后场进攻能紧密地结合起来,则能发挥前后场的连续进攻优势,掌握主动权。后场球技术,主要是过渡技术,相对于前场和中场球而言,杀伤力就有所减弱。

击球技术的完整过程分五个步骤:准备(预判)、移动(快速接近球)、击球动作(确定最佳的击球点和选择引拍和挥拍动作)、击球后的随球动作及回位。在击球技术中,不同的技术主要是按照击球动作来区分的,前期的准备、预判和移动基本上是相同的。所以按具体击球的动作和效果又可分为高远球、吊球、杀球、放网、搓球、勾球、推球、扑球、挑球、平抽、平挡和假动作等。一般而言每一个具体的击球动作,都可以用正手击球和反手击球去完成。

注:正手击球技术和反手击球技术,练习方法一致,只是练习过程中击球点相对于身体的来球方向不一样。在强化反手击球练习时,将球击向练习者的反手位。

1. 高远球

将球以较高的飞行弧度回击向对方后场区的击球动作。分正手高远球和反手高远球。

(1) 动作要领

正手高远球:正手握拍侧身准备,身体左侧面向来球,右脚前脚掌用力蹬地,髋带动身体原地向左蹬转,至身体转正面朝球网,左手随转体自然向下放至身侧,同时右臂肘关节向上抬,小臂和拍头自然下垂拍头指向地面。击球时,右手大臂带动小臂,球拍向上挥出击球托后部。击球后右手顺势向前,挥到左下方收拍(见图 6-4-8)。

击球点在身体的前上方,身体重心从右脚向左脚调整,身体自然随球向前。

反手高远球:当球在后场左侧反手区即头顶区,来不及转身击球时,可以用反手击球的动作回击后场球。左脚向左后方迈一小步同时带动身体向后转,右脚向左后方跨一步转身背朝球网。

图 6-4-8

击球时,重心放置右脚换反手握拍,曲肘大臂抬高大约在胸前,拇指顶住球拍手背向上。大臂向上抬高,小臂带动球拍快速挥出,正拍面击打球托的后下部。击球后右脚蹬转至身体面朝球网,顺势收拍跑回中场准备(见图 6-4-9)。

调整击球时的拍面和力度也可改变回球的落点,回击出吊球或杀球。

图 6-4-9

(2) 练习方法

徒手模仿练习:模仿高远球动作,进行无球的挥拍练习。

扔球练习:拿若干个球隔网站在发球线后面运用所学动作将球向前上方扔出。

接发球与高远球练习:一人连续发高远球,另一人在原地用高远球的动作,将球回击至对方场地。

对拉高远球练习:两人一组,隔网面对,连续回击高远球。

结合步法移动的高远球练习:通过后退步法的连贯动作回击高远球。

(3) 易犯错误与纠正方法(表 6-4-5)

表 6-4-5

易犯错误	纠正方法
击球点不准确,容易有前后偏差	击球前多调整脚下的站位,不断调整到最佳击球位置
击球时曲肘,手臂不能伸直	提前做引拍动作,尽量在高点击球
击球后收拍的位置不对	击球结束后,及时放松,手臂跟随挥拍的方向
击球点偏后	击球前多移动调整,使球在身体侧面
球的是远度不够,到不了底线	挥拍的速度太慢,击球时快速握紧球拍

2. 吊球

击球动作和高远球相似,通过改变击球点、挥拍速度、击球的角度,使球的落点靠近球网,球过网后迅速向下。在比赛中和其他击球技术配合,可以调动对手前后移动。根据球的速度和飞行时的弧度,吊球又可以分为轻吊和劈吊。

(1) 动作要领

正手吊球:击球动作与高远球基本一致,击球点与高远球一致或靠前一点。击球时大臂配合挥拍小臂手腕用力,击球时正面轻击球托或切击球托使球过网后快速下坠。

反手吊球:

反手吊球和反手高远的准备动作是一致的,击球点较高远球更靠前。吊球时,用拇指内侧顶住拍柄,手腕向后下压,轻击球托的后部。

(2) 练习方法

徒手模仿练习:模仿吊球动作,进行无球的挥拍练习。

多球练习:一人连续发高球球,另一人在原地用吊球的动作,将球回击至对面场地的前场区。

原地吊球练习:发球结束后,接发球方运用吊球技术击球,发球方运用挑球技术击球,来回往返直至死球。

移动的吊球练习:2 人一组,另一人运用挑球和放网技术,一人运用吊球和放网技术,前后移动交替击球。

(3) 易犯错误与纠正方法(表 6-4-6)

表 6-4-6

易犯错误	纠正方法
击球点靠后,球过网时太高	击球时多调整站位,使击球点保持在身体前上方
击球时的力量太大(小),球落点太远(下网)	击球时大臂不参与发力,运用小臂手腕的力量控制击球

3. 杀球

杀球是击球技术中威力最大的进攻技术,在适度高的击球点,以最大力量快速将球击向对方场地地面的击球动作。在击球过程中,通过强有力的杀球一方面可以直接得分,另一方面以增加对手的接球难度,使对方回球不到位,从而为下一次进攻争取主动。

(1) 动作要领

正手杀球:击球动作与高远球基本一致,击球点较高远和吊球更靠前一些。击球时快速转体收腹,加快挥拍速度,协调全身的力量击球,将力量集中在击球点。为了使球更具有威力,在击球时尽量配合起跳,寻求更高的击球点。击球时通过手臂、手腕,产生一个有力的鞭打发力动作,身体带动手臂和球拍,使整个拍面快速向前下方挥动。

反手杀球:准备动作与反手高远球准备动作是一致的,击球点在握拍手的另一侧,击球点和吊球一样更靠前。挥拍发力不同,杀球时,击球前充分引拍,加快挥拍速度。

(2) 练习方法

徒手模仿练习:模仿杀球动作,进行无球的杀球挥拍练习。

接发高远球杀球练习:一人连续发高球球,另一人在原地用杀球的动作,将球回击至对方地面。

杀球和挑球组合练习:两人一组,一人挑球,一人杀球,来回往返直至死球。

移动的杀球练习:两人一组,一人运用挑球和放网技术,一人运用杀球和放网技术,前后移动交替击球。

（3）易犯错误与纠正方法（表 6-4-7）

表 6-4-7

易犯错误	纠正方法
击球前动作僵硬,影响发力	击球前握拍不能太紧,略微放松
挥拍速度太慢,发力不集中	首先进行徒手的挥拍练习,掌握正确的挥拍动作。其次进行中场的杀球练习,让练习者感受击球后的随球动作
击球点靠后,球的飞行弧线太高	击球前多调整后退的步幅,不要原地不动

4. 放网

放网是指将对方击到己方近网区域的球,通过轻击球托的方式,使球过球网后落在对方近网区域的一种击球技术。

（1）动作要领

在发球线后准备,向来球的方向跨步,同时球拍前伸,拍面稍向后仰,左手自然拉开保持平衡。

正手放网:正手握拍,击球时,食指抵住球拍,运用手腕手指的力量,击球托后部,拍头从后向前挥动,把球回到对方直线网前。击球后还原至准备姿势（见图 6-4-10）。

图 6-4-10　　　　　　　　　　　　　　　　图 6-4-11

反手放网:出拍时换反手握拍,拇指抵住球拍控制力量和方向,击球托后部,运用手腕手指的力量,把球回到对方直线网前。击球后还原至准备姿势（见图 6-4-11）。

（2）练习方法

徒手模仿练习:模仿放网动作,进行无球的挥拍练习。

抛球放网练习:一人用抛球的方式将球扔过球网,另一人在原地用放网的动作,将球回击至对面场地。

原地放网练习:发球结束后,两人都运用放网的技术击球,来回往返直至死球。

练习过程中:正反手放球技术不限,顺手使用。

（3）易犯错误与纠正方法（表 6-4-8）

表 6-4-8

易犯错误	纠正方法
力量太大,球过网太远	手臂不参与用力,运用手指手腕的力量击球
球过网太高	击球时减少拍面向上的角度,同时要减轻击球的力量

5. 搓球

将对方击到本方近网区域的球,通过拍面切击球托,使球翻滚过网的技术动作。

(1) 动作要领

和放网动作相似。发球线后准备,向球的方向跨步,同时球拍前伸,拍面稍向后仰,左手自然拉开保持平衡,用球拍切击球托的底部,使击出的球翻滚或带有旋转飞行过网。

正手搓球:正手握拍,击球时肘关节微曲,大臂支撑,小臂配合手腕手指做动作,食指控制球拍,切击球托右后侧。击球后还原至准备姿势。

反手搓球:出拍的同时换握拍,食指和拇指捏住球拍。击球时肘关节微曲,大臂支撑,小臂内旋配合手腕手指做动作,切击球托左后侧。击球后还原至准备姿势。

(2) 练习方法

徒手模仿练习:模仿搓球动作,进行无球的挥拍练习。

多球练习:一人用抛球的方式将球扔过球网,另一人在原地用搓球的动作,将球回击至对面场地。

原地搓球练习:发球结束后,两人都运用放网或搓球的技术击球,来回往返直至死球。

练习过程中:正反手搓球技术不限,顺手使用。

(3) 易犯错误与纠正方法(表6-4-9)

表6-4-9

易犯错误	纠正方法
击球动作太大	手臂不参与用力,运用手指手腕的力量击球
击球点不准确,球没有旋转,离网太远	找准球托快速完成击球动作,控制挥拍幅度

6. 勾球

将本方网前的球以斜线的方向回击到对方的网前的技术动作,一般所说的"勾对角",指的就是勾球。

(1) 动作要领

和放网动作相似。发球线后准备,正手握拍向球的方向跨步,同时球拍前伸,拍面稍向后仰,左手自然拉开保持平衡,用球拍击球托的侧面,使击出的球斜飞过球网。

正手勾球:击球时食指带动球拍,手腕用力击球托的右侧,触球后肘关节回收,还原至准备姿势。

反手勾球:手指手腕用力,手腕下沉击球托左侧,触球后肘关节回收,还原至准备姿势。

(2) 练习方法

徒手模仿练习:模仿勾球动作,进行无球的挥拍练习。

多球练习:一人用抛球的方式将球扔过球网,另一人在原地用勾球的动作,将球回击至对面场地。

原地勾球练习:发球结束后,两人都运用勾球技术击球,来回往返直至死球。练习过程中,正反手勾球技术不限,根据球的位置选择。

(3) 易犯错误与纠正方法(表6-4-10)

表6-4-10

易犯错误	纠正方法
击球动作太大	手臂不参与用力,运用手指手腕的力量击球
击球点不准确,离网太远	击球时调整好拍面的角度

7．推球

在网前向对方后场或空档处击出平球的动作,分为直线球和斜线球。

(1) 动作要领

和放网动作相似。发球线后准备,向球的方向跨步,同时球拍前伸至网袋的高度,拍面稍向后仰,左手自然拉开保持平衡,用球拍击球托的后面,使击出的球以较平的弧线到达对方场地的底线。

正手推球:正手握拍,肘关节微曲小臂向外转。击球时食指用力向前推压球拍其余四指用力握紧球拍,小臂向内转,手臂伸直。击球结束后直接收拍还原成准备姿势。

反手推球:出拍同时换反手握拍。略微曲肘,小臂拍头稍向后收,拇指顶住球拍,手背拍面向上,其余四指略微放松。击球时,拇指用力向前推球拍,其余四指快速握紧。击球结束后,收拍还原至准备姿势。

(2) 练习方法

徒手模仿练习:模仿推球动作,进行无球的挥拍练习。

多球练习:一人用抛球的方式将球扔过球网,另一人在原地用推球的动作,将球回击至对面场地。练习过程中,正反手推球技术不限,根据球的位置选择。

(3) 易犯错误与纠正方法(表 6-4-11)

表 6-4-11

易犯错误	纠正方法
击球点过低,球的飞行弧线太高	在球网的上方击球,提高击球点
动作太大,球拍触网	击球时小臂手腕发力,大臂不参与

8．扑球

在网前对对方来球直接封杀的技术,分正手扑球和反手扑球。看到对方来球距网较高时,迅速向前蹬跃,如距网较远,可加一个并步后前跃。腾空后身体向右前倾,手臂充分前伸,同时迅速变换握拍方法,使拍面与球网平行正对来球。手腕后伸,中指、无名指和小指充分松握球拍,使球拍后引。击球时,主要利用中指、无名指和小指突然握紧拍柄和手腕"闪动",将球向前下方击出。击球后,双脚着地曲膝缓冲,立即收拍高举,以便封截对方挡回的来球。

(1) 动作要领

正手扑球:右脚蹬步上网,身体右侧前倾,手举球拍于右肩上方。击球时,利用手腕由后伸到前曲收腕的力量,带动球拍向下扑击球。如果球离网顶较近,靠手腕从右前向左前"滑动"击球(见图 6-4-12)。

图 6-4-12

反手扑球:右脚向左前方迈出后蹬跳上网,身体前倾,反手握拍将球拍举于左前上方。击球时,前臂伸直外旋带动手腕内收至外展,拇指顶压加速挥拍扑球。若来球靠近网顶,手腕可外展由左向右挥拍击球,以免触网。击球后,右脚着地曲膝缓冲,球拍收回于体前(见图6-4-13)。

图 6-4-13

(2)易犯错误与纠正方法(表6-4-12)

表 6-4-12

易犯错误	纠正方法
击球点过低,击球下网	提高预判和快速上步的节奏,提高击球点
身体触网违例	启动后,注意保持身体与球网的距离,切勿前冲过猛
扑球界外	主要还是击球点过后。其次缺少手腕动作
动作太大,球拍触网	击球时小臂手腕发力,大臂不参与。击球后的挥拍要带上一个横向"抹"的动作

9. 挑球

在网前通过下手击高远球方式,将球由网前击向对方后场的技术动作,通常所说的挑后场高远球指的就是挑球。

(1)动作要领

正手挑球:右脚向右前方(有球时向来球方向)跨一步,右脚脚尖稍向外展。同时将球拍引至右后方手腕展开,手心拍面向下,左手自然张开保持平衡。大臂带动小臂和球拍向前挥动,击球时小臂手腕加速收拍,正拍面击球托的后下部。击球后球拍随用力方向继续挥拍至左肩前上方收拍(见图6-4-14)。

图 6-4-14

反手挑球:正手握拍准备,右脚向左前方跨出一步,脚尖稍向外展。身体面向来球方向,球拍放置身体左后方,挥拍的同时换反手握拍。肘关节上抬带动小臂。正拍面击球托底部。击球后,球拍随身体收回至腰间(见图6-4-15)。

图6-4-15

(2) 练习方法

徒手模仿练习:模仿挑球动作,进行无球的挥拍练习。

多球练习:一人用抛球的方式将球扔过球网,另一人在原地用挑球的动作,将球回击至对面场地。

原地挑球练习:发球结束后,一人运用吊球技术,一人运用挑球技术,来回往返直至死球。练习过程中,正反手挑球技术不限,根据球的位置选择。

(3) 易犯错误与纠正方法(表6-4-13)

表6-4-13

易犯错误	纠正方法
击球点偏后,太靠近身体	跟球保持距离,击球点距离身体一臂远
击球时拍面角度太小,总是下网	加大拍面的仰角,增加球的飞行弧线
球的是远度不够,到不了底线	挥拍的速度太慢,击球时小臂加速收拍

10. 平抽

当球在肩部以下或接近与地面平行、球的飞行弧线较平时,我们可以运用平抽将球以较平的飞行弧线快速回击给对方。击球点在身体两侧的侧前方或前方,主要运用转体、手臂和手腕的力量。

(1) 动作要领

正手平抽:肘关节弯曲,球拍向右后方引拍,手心朝上。前臂内旋,甩动手腕的同时快速握紧球拍,正拍面击球托(见图6-4-16)。

图6-4-16

反手平抽球:反手握拍,肘关节弯曲,球拍向左后方引拍,手背朝上。拇指顶住球拍前臂外旋,正拍面击球托(见图6-4-17)。

图 6-4-17

(2)练习方法

徒手模仿练习:模仿平抽动作,进行无球的挥拍练习。

多球练习:一人运用杀球动作扔中场球,另一人在原地用正反手平抽的动作,将球回击至对面场地。

连贯练习:发球结束后,一人运用平抽技术击球,一人运用平挡技术击球,来回往返直至死球。

(3)易犯错误与纠正方法(表6-4-14)

表 6-4-14

易犯错误	纠正方法
击球点偏后	调整好人与球的位置,使击球点在身体前面
球离身体太近	击球时和球保持一步左右的距离,球离身体太近不利于发力

11. 平挡

当球位于在中前场,击球点高于肩部但不能运用高远球动作击球时,可以使用平挡将球快速下压回击至对方场区。平挡属于中前场的进攻技术,特别是在双打网前击球时多采用平挡技术封网。

(1)动作要领

平挡时握拍的位置可以向上移动至拍柄和拍杆的结合部。肘关节抬高在身体前方,略低于肩部,球拍直立于身体前方。

正手平挡:握拍可以调整至虎口对准球拍宽面。拍面向右后引拍。击球时大臂支撑,小臂向前下方甩出,同时快速握紧球拍用力,正面拍击球托(见图6-4-18)。

反手平挡:反手握拍,击球前身体可略微向左转同时身体重心可以偏左脚,球拍向左后方引拍手背向前,拇指顶住球拍。击球时大臂支撑,小臂向前下方甩出,同时快速握紧球拍用力,正面拍击球托(见图6-4-19)。

(2)练习方法

徒手模仿练习:模仿平挡动作,进行无球的挥拍练习。

图 6-4-18

图 6-4-19

多球练习:一人运用正手发球动作连续发中前场平球(球过网略高于球网即可),另一人在原地用正反手平挡的动作,将球回击至对面场地。

连贯练习:发球结束后,一人运用平抽技术击球,一人运用平挡技术击球,来回往返直至死球。

(3)易犯错误与纠正方法(表 6-4-15)

表 6-4-15

易犯错误	纠正方法
回球过高	调整好人与球的位置,控制好击球拍面的角度
回球的力量控制不好	多练习多体验

12. 假动作

假动作实际上就是两个动作在某一固定击球点的组合,前者为掩护动作,后者为击球动作,羽毛球假动作是羽毛球击球的一种高级技术,含有战术思想。由于球拍轻巧灵活,正反拍面都可以击球,利用时间差、空间差、速度差等一系列的变化、给对方判断制造困惑,造成对方被动。

(1)动作要领

要想运用好假动作,必须对基本技术掌握非常熟练,有较强的预判能力和控球能力。在两个组合动作中,前面的掩护动作一定要逼真,后面的击球动作又能巧妙地连接上。

(2)练习方法

由于假动作内容太多,每位练习者可以利用自身的技术优势,进行模仿和击球练习。

徒手模仿练习:模仿某一个组合假动作,进行无球的挥拍练习。

多球练习:针对某一项组合的假动作,进行击球练习。

实战中练习:在具体的实战比赛中,进行假动作的运用,并体验假动作的使用效果。

(3)易犯错误与纠正方法(表 6-4-16)

表 6-4-16

易犯错误	纠正方法
击球效果不好	前面的掩护动作和后面的实际击球连接不好,主要的注意力要放在击球动作
回球的力量控制不好	多练习,击球时调整用力

三、基本战术

技术是战术的组成部分,没有技术为基础,战术很难实现,好的战术,使技术发挥更有方向性。技术好是体现在击球的精准性,而战术好则体现在如何选择最佳的击球路线和落点。

(一)了解规则和基本打法

要想打好比赛,首先要掌握羽毛球的技术规则和基本的比赛方法,这是前提,只有熟悉了比赛的规则,才能运用好规则。

早期羽毛球的战术打法分进攻型打法和防守型打法。而现代羽毛球则要求全攻全守,比赛中要求运动员能攻能守,还要有一定的技术特长,擅长前场球、擅长后场球或假动作等。

(二)选择羽毛球的战术打法需要注意两个方面

1)选择战术打法时,首先要结合自己的特点,比如自身的身体条件和技术条件。在身体条件中,身材的高矮和身体素质的差异等,都可影响到打法的选择。技术条件中,基本技术掌握较全面、动作一致性高、攻守技术较佳者,可以快拉快吊打法为主。杀球技术掌握很好,有速度有力量、落点控制也好,网前技术也不错者,则选择以后场下压、上网控制网前的打法为主。控制球的能力较强,且有耐心者,则可选择打四方球。防守技术掌握得很好,且跑动灵活、移动快,则可选择防守反击的打法为主等。

2)选择战术打法时,还应根据对手的特点,针对对手不同的身体条件和技术条件,采用不同的打法,总之要以扬己之长,克彼之短为出发点。选择战术打法并不是单一孤立的,更不是绝对的,切不可不顾自身特点,更不能机械地模仿别人。

(三)掌握比赛的基本应对策略

在比赛过程中,技术暂停一次、申请暂停一次,主动暂停的机会是比较少的,是受限制的,如果比赛激烈,在自己一方处于弱势或不利的情况下,可以向裁判申请擦汗、喝水、系鞋带、换新球等方式缓解一下,调节自己的心态,暂缓对方的得分势头,避开暂时不利局面,当然这些只是应对比赛的一些小方法,要想取得比赛的胜利最终还得靠扎实的基本功。

四、专项身体素质练习方法

(一)力量素质

力量是身体素质的基础,羽毛球运动员虽不是强调发展绝对力量。但应在具有一定的绝对力量的基础上发展速度力量和力量耐力,使之保证比赛所需的较强动作发力和长时间的奔跑、蹬、跳、跨以及上肢的连续击球动作。

练习方法:

1)练轻杠铃、哑铃或挥网球拍练习,重点增加上肢前臂、腕、指的基本力量。

2)负重深蹲起,要求下蹲较慢,起立加快,主要是发展下肢力量。

（二）速度素质

发展速度素质是羽毛球运动训练的核心,应着重加强反应速度、动作速度(动作频率)和急停、急启的方向、变速的移动速度。

练习方法:

1) 50 米或 100 米练习;

2) 6 米往返练习或 3 米往返练习;

3) 前后跑;

4) 四角跑;

5) 变速跑。

（三）耐力素质

随着技术水平的不断提高,拍数增多、比赛时间增长,运动员需要承受在 50—90 分钟激烈活动的体力要求,速度和耐力对羽毛球项目的意义越显重要,这需要运动员有较好的有氧代谢能力。

练习方法:

1) 野外长跑练习;

2) 400 米和 800 米:

3) 变速的 400 米或 800 米,弯道慢,直道快。

（四）柔韧素质

羽毛球项目对肩、腕、腰、髋、踝等关节的柔韧素质要求比较高,否则就会造成动作幅度不够,影响技术和战术水平的进一步发展。注意练习时不能操之过急,练习幅度由小变大,避免拉伤。

练习方法:

1) 各种柔韧体操练习、压腿练习、压肩练习。

2) 各种韧带拉伸练习。

（五）灵敏素质

练习方法:

1) 通过听口令,看信号的形式,来进行各种起动练习—如站立、蹲式等。

2) 各种跳绳转换练习,单腿、双腿、单摇和双摇等。

参考文献

［1］黄东亚,武云明.羽毛球运动对大学生身体形态和健康体适能的影响［J］.体育科技文献通报,2021,(29)2.

［2］史芙英."运动即良药"系列之羽毛球［M］.北京:北京科学出版社,2017.

［3］朱建国.羽毛球运动教学与训练教程［M］.北京:清华大学出版社,2015.

［4］中国羽毛球协会.羽毛球竞赛规程［M］.人民体育出版社,2021.

第五节 网 球

一、概述

(一) 起源与发展

网球运动的起源及演变可以用四句话来概括:网球孕育在法国,诞生在英国,开始普及和形成高潮在美国,现盛行全世界。

网球运动起源于法国,早在 12—13 世纪,法国的传教士常常在教堂的回廊里,用手掌击打一种类似小球的物体,以此来调剂刻板的教堂生活。渐渐地这种活动传入法国宫廷,并很快成为当时贵族的一种娱乐游戏。大约在 1358 年到 1360 年间,这种运动传入英国,英国国王爱德华三世特别感兴趣,下令在宫内建一处室内球场,从此在英国国内流行,成为上层社会的一种娱乐,因此有"贵族运动"之雅称。当时球的表面使用埃及坦尼斯镇所产的绒布制作,英国人将这种球称为"Tennis",并流传下来,直至今日。

1873 年,英国的温菲尔德(Walter Clopton Wingfield)少校改良了早期网球的打法,并将场地移向草坪地,同年出版了《草地网球》一书,提出了一套接近于现代网球的打法。1874 年,又规定了球网的大小和高低,在英国创办了简易的草地网球比赛。1875 年,英国板球俱乐部修订了网球比赛规则后,于 1877 年 7 月举办了第一届温布尔登草地网球锦标赛。后来这个组织又把网球场地定为长 23.77 米、宽 8.23 米的长方形场地,球网中央的高度为 0.99 米(在此之前,球网的高度是 2.134 米),并确定了每局采用 15、30、40 平分的记分方法。1884 年,又把球网中央的高度定为 0.914 米,至此,现代网球正式形成,很快在欧美盛行起来,成为一项深受欢迎的球类运动。

网球运动于 1885 年前后由外国传教士和商人传入我国,最初,只是在一些教会学校里开展这项运动,后来在我国上海、香港等大城市和通商口岸城市开展。在 1910 年旧中国的第 1 届全运会上,网球是正式比赛项目;从第 3 届开始又增加了女子网球项目;1924 年到 1946 年中国选手共参加了 6 次戴维斯杯网球赛。1953 年,在天津举行的四项球类运动会中有网球比赛,1956 年成立中国网球协会,以后定期举行全国网球等级赛,举办全国单项比赛。1958 年我国首次派代表团参加了在伦敦举行的温布尔顿网球赛。从此,我国网球队多次参加亚洲网球锦标赛、亚洲运动会、世界大学生运动会等比赛并取得了较好的成绩。2004 年,孙甜甜和李婷获得了雅典奥运会女双金牌,2006 年,郑洁和晏紫先后获得了澳大利亚网球公开赛和温布尔登网球锦标赛女双桂冠。2011 年,李娜获得了法国网球公开赛冠军,2014 年,她又获得了澳大利亚网球公开赛冠军。2019 年,张帅与斯托瑟的跨国组合携手夺得澳大利亚网球公开赛冠军,2021 年,他们又获得美国网球公开赛女双冠军。2022 年美网正赛的首轮对决中,吴易昺以 6-3/6-4/6-0 战胜 31 号种子巴希拉什维利,成为公开赛年代首位在大满贯男单正赛赢球的中国大陆球员。2022 年 10 月,张之臻的世界排名首次打进前 100,刷新了中国大陆男子网球历史单打最高排名。2023 年 2 月 13 日,ATP250 达拉斯站男单决赛中,中国选手吴易昺,首次夺得巡回赛男单冠军,他成为公开赛年代首位夺得 ATP 巡回赛男单冠军的中国大陆球员,世界排名升至第 58 位,创中国大陆男网历史新高。中国网球选手的战绩在国内掀起了一个又一个网球热潮。

(二) 特点与作用

网球作为世界性的运动项目之所以如此热门和得宠,其中一个重要原因是与其他体育项目相比,具有独特的运动魅力和价值体现,集娱乐性、健身性、观赏性于一体。

1. 网球运动的特点

(1) 激烈的竞争性

网球作为世界上第二大体育运动项目,几乎全年都有比赛,正式的网球比赛实行五盘三胜或三盘二胜,正常比赛的持续时间大都在 2—4 小时,甚至更多。运动员要想战胜对手,获得高额的奖金,必须最大限度地发挥自己的潜能。

(2) 相对的安全性

网球运动是隔网进行的对抗项目,参加者没有身体接触,可以自由地使用各种击球技术,体现着安全与优雅,勇猛与随意。除接发球外,每次击球既可以迎击不落地的空中球,也可落地一次后回球。

(3) 比赛的商业化

世界各大赛事充满了商业色彩,当今四大满贯比赛和不同级别的巡回赛、挑战赛奖金金额都大得惊人,在高额奖金刺激下,优秀网球选手的职业化、早期专项化训练、早期参赛等推动了网球训练的变革和技术水平的提高。

(4) 技术的全面化

英国的温布尔登锦标赛是草地球场,法国网球公开赛是红土地球场,还有人造草地、合成材料的地毯等新型场地,多种不同性能场地的球速和弹跳规律不同,移动步法和调整方式也不同,要求运动员具有广泛的适应能力,这促进了运动员的技术更加全面。

2. 网球运动的作用

(1) 全面锻炼各项身体机能

身体素质是身体发育状况和生理功能状况的综合表现。长期的网球锻炼,可以提高人的速度、力量、柔韧、灵敏等身体素质。

(2) 休闲娱乐、陶冶情操

在球场上积极奔跑、直线、斜线、正手、反手、上网截击,所有的一切都能给你带来无穷的乐趣,生理和心理会产生不同程度的愉悦感。

(3) 培养人的心理品质

网球是一项需要全身心投入的运动,在关键的局点、盘点或赛点分时,选手如何沉着应战,抓住机会,是对网球运动员的重要考验。经常参加网球比赛,有助于锻炼意志,培养自信和临危不惧等优良心理品质。

(三) 比赛方法与规则简介

1. 发球员和接球员

运动员分别站在球网的两侧,首先发球的运动员叫作发球员,另一个运动员叫作接球员。

(1) 发球

发球员在准备发球时,应站在端线后,中心标志的假定延长线和边线之内,然后发球员用手将球抛向空中的任何方向并在球触地前用球拍将球击出,在球拍与球相接触的那一时刻,整个发球过程即被认为结束。

(2) 发球程序

每一局比赛开始时,发球员都应该从场地的右半区开始。

(3) 第二次发球

在第一次发球失误后,发球员在相同的位置还有一次发球机会。

(4) 发球中的"重发"

1) 发出的球触到了球网、中心带或网带后,落在有效发球区内,或者,在触到了球网、中心带或网带后,落地前又触到了接球员或他所穿的或携带的任何物品。

2) 球发出后,接球员没有做好准备。

(5) 双打的发球次序

发球顺序应该在每一盘开始前按照下面的方式决定:在第一局先发球的那队选手应该决定哪一名运动员先发球,他们的对手应该在第二局作同样的决定。第一局先发球的运动员的同伴在第三局发球;第二局发球的运动员的同伴在第四局发球,在这一盘的比赛中后面的比赛中都按照这样的顺序来发球。

(6) 双打的接发球次序

接发球顺序应该在每一盘开始前按照下面的方式决定:在第一局中先接发球的那对运动员应该决定哪一名运动员先接第一局,然后这名运动员在整个那一盘的所有单数局比赛中都首先来接发球。他们的对手应该按照这种方式决定哪一名运动员在第二局先接发球,然后在整个这一盘的所有双数的比赛中都先接发球。搭档的两名运动员应该在每局的比赛中轮流接发球。

2. 交换场地

运动员应该在双方所得局数之和为单数时交换场地,如果一盘比赛结束后双方局数相加之和为双数时,则在下一盘第一局结束后再交换场地。

3. 比赛计分

(1) 一局中的计分

如果运动员获得了他的第一分,该运动员的比分计为15,获得第二分计为30,获得第三分计为40,当双方运动员比分为 40-0,40-15,40-30 时,再得一分即赢得此局。当比分为 0-40,15-40,30-40 时,再输一分即输掉此局。如果两名运动员都获得三分,即 40-40,比分计为平分,一名运动员获得下一分,计为该运动员占先(Advantage),如果同一名运动员再获得一分,他就赢了这一局;如果另一名运动员又获得了一分,比分仍被平分;如此计分直到有一名运动员在平分后连续获得两分,则该运动员获得这一局。

(2) 一盘中的计分

一名运动员先取得 6 局的胜利即赢得一盘,除此以外,他必须还要净胜他的对手两局,在这种情况下,一盘的比赛有可能一直延续,直到达到净胜两局的情况为止(通常称为"长盘"比赛);假如在比赛前决定,可采用平局决胜制的计分方法替代"长盘"计分法。在这种情况下,当比分为局数六比六时采用平局决胜制计分,除非事先声明,否则三盘二胜制比赛的第三盘或五盘三胜制的第五盘仍应按照"长盘"进行。下面的计分方法在采用平局决胜制中使用(通常称为"抢七"):先获得七分并且净胜两分的运动员获得这一局以及这一盘的胜利。如果比分达到六比六时,则这一局必须继续进行直到有一方运动员达到净胜两分为止。

(3) 运动员失分

运动员违反了下列规定的任何一条将失分：

1）在活球状态下，球连续两次触地前未能将球回击过网。

2）在活球状态下，回球触到了对方场地界线以外的地面、固定物或其他物体。

3）故意用他的球拍拖带或接住处于活球状态中的球，或故意用球拍触球超过一次。

4）在活球状态下，他或他的球拍（无论是否在他手中）或他穿戴的或携带的任何物品触到球网、网柱、网绳或钢丝绳、中心带或网带或者他对手场地的地面。

4. 比赛的最多盘数

一场比赛最多的盘数为男子 5 盘，女子 3 盘，即 5 盘 3 胜制和 3 盘 2 胜制。

5. 压线球

落在线上的球被认为是落在由该线作为界线的场地内。

6. 网球的场地

单打场地见图 6-5-1(单位：米)，网球的双打场地见图 6-5-2(单位：米)。

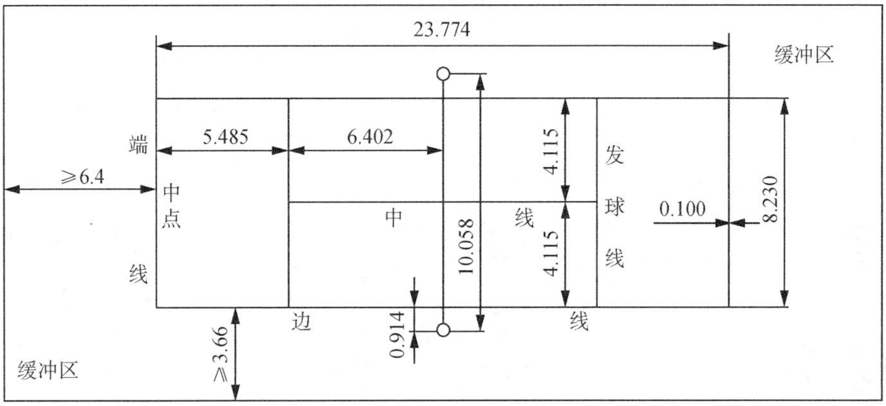

图 6-5-1

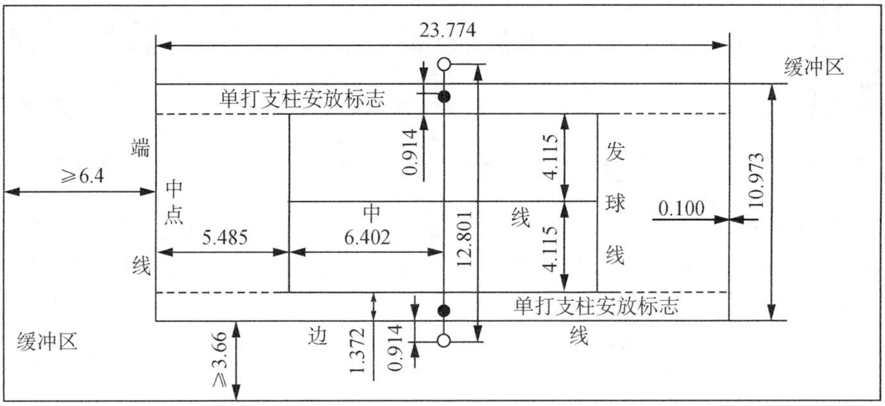

图 6-5-2

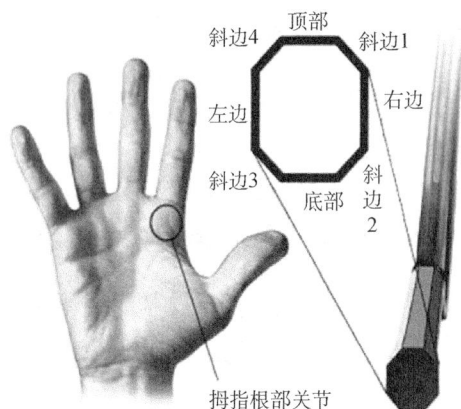

图 6-5-3

二、基本技术

(一)握拍方法

正确的握拍方法会使你感到球拍是手臂的延伸和手掌的扩大,并且保证击球的效果和质量。从球拍的底部看,球拍可分成上、下平面,左、右侧面及4个斜面(见图6-5-3)。

1. 大陆式握拍法

把食指的第一指关节放在斜面1上,左撇子在斜面4上。大拇指和食指组成"V"字形虎口对准拍柄上平面。大陆式握拍法主要在发球、截击球、削球时使用(见图6-5-4)。

2. 东方式握拍法

把食指的第一指关节放在右垂直面上,左撇子在左垂直面上。东方式正手握拍法如同我们与对方握手的姿势基本一样,常用于新手启蒙时使用(见图6-5-5)。

3. 半西方式握拍法

把食指的第一指关节放在斜面2上,左撇子在斜面3上。在职业网球选手中多采用这种握拍(见图6-5-6)。

图 6-5-4

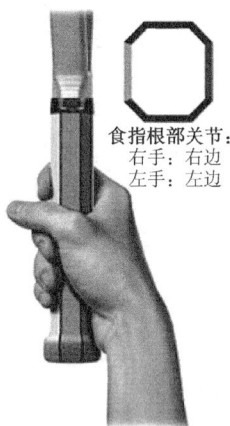

图 6-5-5

图 6-5-6

4. 西方式握拍法

把食指的第一指关节放在下平面上。喜欢打强烈上旋的选手多采用这种握拍法(见图6-5-7)。

5. 东方式反手握拍

把食指的第一指关节放在上平面上,单手反拍击球时可以使用这种握拍(见图6-5-8)。

6. 双手反手握拍法

右手是"大陆式"握拍法,握在拍柄的后方,左手是"半西方式"握拍法,握在拍柄的前方(见图6-5-9)。

食指根部关节：
右手：底部
左手：底部

图 6-5-7

食指根部关节：
右手：顶部
左手：顶部

图 6-5-8

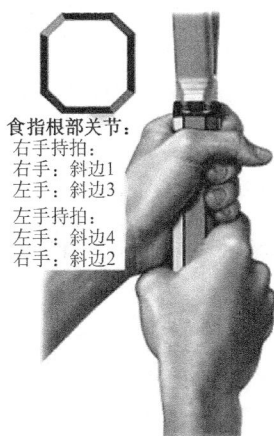

食指根部关节：
右手持拍：
右手：斜边1
右手：斜边3
左手持拍：
左手：斜边4
右手：斜边2

图 6-5-9

（二）正手击球

正手击球是网球技术中最基本的技术，其特点是击球有力，速度快，容易学习，是初学者最先学习的技术。

1. 动作要领

步骤1：准备姿势（见图6-5-10）。

面对球网，两脚自然开立，略大于肩宽，双膝弯曲，重心落在前脚掌上，左手扶住拍颈，拍面与地面垂直，拍头指向对方，注意来球方向，做好击球准备。

步骤2：后摆引拍（见图6-5-11）。

当判断来球需要用正拍回球时，要快速转肩引拍，持拍手臂放松向后引拍，引拍应直接向后，球拍指向球场后端的挡网，球拍底部正对球网，拍头略高于手腕，左肩对着击球方向，尽量保持侧身击球，左手随着侧身转体指向来球方向。

图 6-5-10

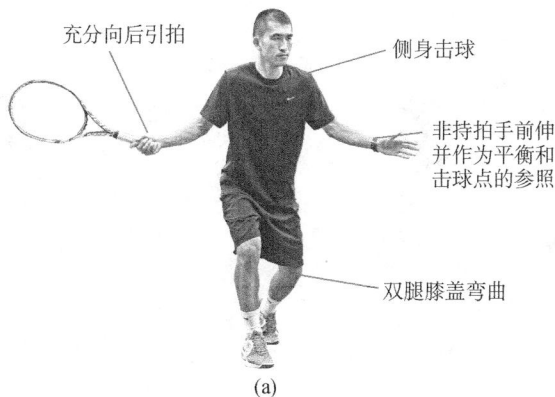

充分向后引拍

侧身击球

非持拍手前伸并作为平衡和击球点的参照

双腿膝盖弯曲

(a)

(b)

图 6-5-11

步骤3：挥拍击球（见图6-5-12）。

当击球时应以肩关节为轴，用力蹬腿，转动身体，手腕固定，在身体右前方击球，击球时拍面与地面垂直。用大臂带动小臂，由后下向前上挥拍。

眼睛盯着击球点

左手置于体前

击球时紧握球拍

由下往上击球，击球点在身体的右前方

积极向前蹬转

击球时拍面跟地面垂直

图 6-5-12

步骤 4：随挥动作(见图 6-5-13)。

球拍触球后，拍面向着击球方向前送，同时保持球拍拍面对击球方向，重心前移，拍头随着惯性挥到左肩上方，肘关节向前。随挥结束后，迅速恢复到准备姿势。

左肩为右肩的挥拍动作提供支撑

肘部弯曲向前

图 6-5-13

正手击球的连续动作(见图 6-5-14)。

图 6-5-14

2. 练习方法

1）原地徒手挥拍，体会转体，转肩和身体重心转移等基本动作。

2）把完整动作分解成若干部分，依次完成，如：准备姿势，转体引拍，向前跨步和转体击球。

3）结合步法完成挥拍练习，体会移动和挥拍的协调配合。

4）由教师或同伴抛球。

① 击打在击球点上方下落后的反弹球。

② 击打侧前方抛来的反弹球。

③ 击打球网对面手抛球或用球拍送过来的球。

5）用较小的力量，隔网中场对打。

6）隔网底线对打。

7）距离网球墙 6—11 米，控制击球力量，由慢到快，连续对墙击打落地反弹球。

3. **易犯错误与纠正方法**（见表 6-5-1）

表 6-5-1

易犯错误	纠正方法
引拍慢，击球点靠后	明确正确的击球位置；提示球在过网前，提前引拍，不断击打定点来球
击球时右脚前踏	跑动及时主动，养成右脚踏在击球点后，再跨出左脚击球的习惯
击球时直腿直腰用拍捞球	可采用"坐凳击球"的方法，拉拍后引肘迫使自己曲膝，好像坐在凳子上一样，然后击球
不能击中"甜点"部位	集中注意力，努力盯住来球直至将球击出
只用手腕的力量击球	强调蹬腿、转体，协调用力，用躯干带动手臂击球

（三）双手反拍击球

反手击球和正手击球一样，也是网球技术中最常见的击球方法。双手反拍击球技术使反手击球在网球比赛中由防御性手段演变为进攻性手段，从而极大地增强了网球底线技术的进攻能力。

1. **动作要领**

步骤 1：准备姿势（见图 6-5-15）。

面对球网，两脚自然开立略大于肩宽，双膝弯曲，重心落在前脚掌上，左手扶住拍颈，拍面与地面垂直，拍头指向对方，注意来球方向，做好击球准备。

步骤 2：后摆引拍（见图 6-5-16）。

当判断来球在左侧时，扶住拍颈的左手迅速帮助右手变换为反拍握法，向左转肩转髋带动球拍向左后方摆动，后摆时左肘关节自然弯曲，拍头稍翘起，指向后方，右肩对着球网。

图 6-5-15

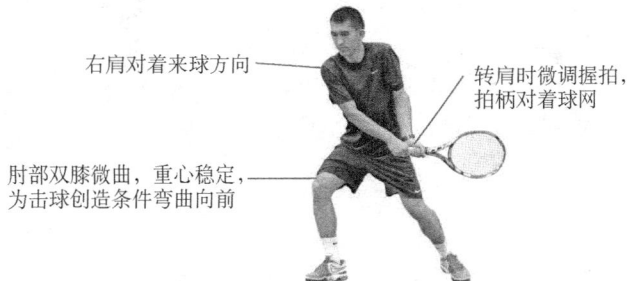

右肩对着来球方向

转肩时微调握拍，拍柄对着球网

肘部双膝微曲，重心稳定，为击球创造条件弯曲向前

图 6-5-16

步骤 3：挥拍击球（见图 6-5-17）。

球拍由后下向前上击出，大臂带动小臂，前挥时手臂保持一定的弯曲，直到随挥结束后才伸直，击球点在身体的右侧前方与齐腰高度，拍触球时手腕绷紧，拍面与地面垂直，利用转体和转肩的力量击球。

双手紧握球拍,拍面
和地面垂直

重心移向前腿

右脚向前跨步,挥动
球拍迎击左前方来球

(a)

(b)

图 6-5-17

步骤 4:随挥动作(见图 6-5-18)。

击球后沿着球的飞行方向继续前送,重心移到前腿,身体转向球网,拍头随着惯性挥到肩的另一侧上方。随挥动作结束后,迅速恢复到准备姿势。

球拍随挥至身
体另一侧结束

重心转移动前脚

图 6-5-18

双手反拍击球的连续动作见图 6-5-19。

图 6-5-19

2. 练习方法

1)原地徒手挥拍,体会转体,转肩和身体重心转移等基本动作。

2)把完整动作分解成若干部分,依次完成,如:准备姿势,转体引拍,向前跨步和转体击球。

3)结合步法完成挥拍练习,体会移动和挥拍的协调配合。

4)由教师或同伴抛球。

① 击打在击球点上方下落后的反弹球。

② 击打侧前方抛来的反弹球。

③ 击打球网对面手抛球或用球拍送过来的球。

5) 用较小的力量,隔网中场对打。

6) 隔网底线对打。

7) 距离网球墙 6—11 米,控制击球力量,由慢到快,连续对墙击打落地反弹球。

3. **易犯错误与纠正方法**(见表 6-5-2)

表 6-5-2

易犯错误	纠正方法
击球点靠后,造成击球困难	明确正确的击球位置;在击球瞬间停住,检查击球点;及时引拍
后拉拍不充分	练习者拉拍结束时,持拍手自然弯曲靠近身体;身体背对击球方向
击球时只用手臂力量	击球时降低身体重心,背对来球,发力时先蹬腿转腰
击球随挥动作不充分	徒手练习完整挥拍动作;强调蹬腿转腰

(四) 上手发球

发球是网球比赛基本技术之一,它是网球比赛中唯一由自己掌握而不受对方影响的技术。高水平比赛中,球员保住自己的发球局是赢取胜利的关键和基础。

1. **动作要领**

步骤1:准备姿势(见图 6-5-20)。

双脚自然分开,侧身站立,左脚与底线约成 45 度角,右脚基本上与底线平行,两脚尖连线的延长线指向发球区。右手持拍,拍头指向前方,左手持球,轻托球拍于腰部高度。

步骤2:抛球与后摆引拍(见图 6-5-21、图 6-5-22)。

慢慢向下摆动双臂,当双臂位于臀部的位置时向前和向后分开。抛球动作放松,平稳,减少抛球时的旋转,抛球手臂伸直后将球抛向空中。

图 6-5-20

图 6-5-21

图 6-5-22

步骤3:挠背(见图 6-5-23)。

拍头向下，肘关节放松

双腿微曲，向前
上方蹬地发力

图 6-5-23

步骤 4：挥拍击球（见图 6-5-24）。
步骤 5：随挥动作（见图 6-5-25）。

手臂斜向上伸直，击
球点在身体的右上方

由后向前转动
击球肩膀

击球时，左手
贴近腹部

图 6-5-24

右肩前压

球拍挥到
左后方

图 6-5-25

击球后，拍头以一个完整的动作挥到左侧，左脚先落地，右脚自然跟进，保持身体平衡。
上手发球技术的连续动作（见图 6-5-26）。

图 6-5-26

2. 练习方法

1）徒手模仿发球的完整动作。将动作分解为抛球、向后引拍、向上击球、随挥动作等环节，反复练习。

2）抛球练习。抛球于右肩上方，反复体会抛球的送球动作。

3）抛球与引拍。要求抛球后拍子和抛球手指向上方，体会双手的协调配合。

4）抛球与打球。右手持球拍，指向上方，然后左手抛球，当球下落时右臂做"挠背"与打球动作。

5）面向铁丝网、挡网或在场地上做完整发球。

6）对墙发球练习。在墙上画一条与网齐高的线，发球时瞄准墙上的线。

3. 易犯错误与纠正方法（见表 6-5-3）

表 6-5-3

易犯错误	纠正方法
球抛得不稳，离击球点过远	抛球时整个手臂随球平稳上送；反复练习抛球，提高手感
击球点过低	练习者反复击打高点的固定目标，体会击球时伸展身体的本体感觉
击球点靠后	多进行抛球练习，抛球落点在端线内
左右手配合不协调	在无球状态下放松进行抛球、引拍、挥拍的组合练习，使抛球挥拍动作协调地连贯起来
击球时缺少鞭打动作	徒手挥拍练习，体会蹬腿、转腰、收腹、挥臂的鞭打动作

（五）正手截击击球

截击是网前技术中的一种攻击性击球方法，当球在落地之前，将球击回到对方半场区，它回球速度快，力量重，威胁大。良好的网球截击技术是优秀网球运动员必须具备的技能。

1. 动作要领

步骤1：准备姿势（见图 6-5-27）。

面对球网两脚自然站立，双膝微曲，重心落在前脚掌上，身体前倾，球拍放在身体前面，眼睛注视来球。采用大陆式握拍法。

步骤2：引拍（见图 6-5-28）。

当判断来球方向后，立即转肩，球拍自然带向身侧。

身体轻微转动，拍头略高于来球高度

左手指向前方

重心移向右腿，左脚准备向前方跨步。

图 6-5-27　　　　　　　　图 6-5-28

步骤3：击球（见图 6-5-29）。

步骤4：随挥动作（见图 6-5-30）。

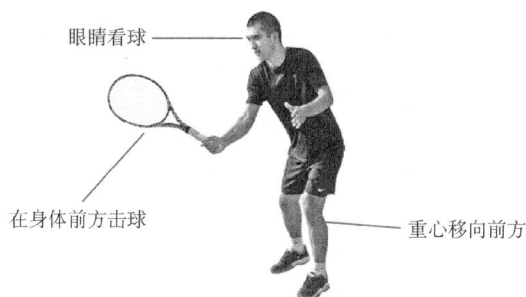

眼睛看球

在身体前方击球

重心移向前方

图 6-5-29

转动肩膀击球

控制击球拍面，增加下旋

图 6-5-30

正手截击击球的连续动作（见图 6-5-31）。

图 6-5-31

2. 练习方法

1）徒手模仿练习，做引拍和上脚击球动作。

2）体会击球点练习。两人距球网 2—3 米互相抛球，在身体侧前方用手接球。

3）球拍撞球练习。两人距球网 3—4 米，一人向练习者抛球，练习者在身体侧前方用向前下方挡球。

4）用多球进行单个动作的网前截击练习，体会触球时的拍面状况和向前的推送动作。

5）底线同伴用球拍向网前的练习者送球，网前练习者截击来球。

6）一人在网前连续截击，同伴底线喂球。

3. 易犯错误与纠正方法（见表 6-5-4）

表 6-5-4

易犯错误	纠正方法
向后引拍幅度过大	背靠墙、挡网反复练习截击球技术的模仿动作及击球练习
击球无力	反复练习转肩、上步动作；要求练习者拍头向侧上方，模仿撞击球动作
网前站立腿过直	练习者膝关节弯曲，反复练习左右、前后移动
不能有效控制球的落点	截击球时要养成握紧球拍、固定手腕的习惯；击球时动作幅度不能过大，随挥动作短促

（六）反手截击击球

由于不受身体的限制，并且整个击球过程在身体前面完成，因而它的挥拍更显短促和简单。

1. 动作要领

步骤 1：准备姿势（见图 6-5-32）。

面对球网两脚自然站立,双膝微曲,重心落在前脚掌上,身体前倾,球拍放在身体前面,眼睛注视来球。采用大陆式握拍法。

步骤2:引拍(见图6-5-33)。

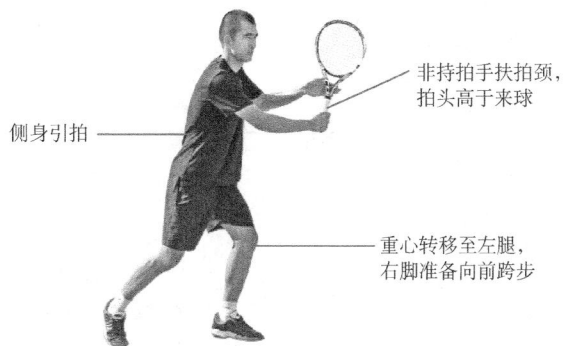

侧身引拍

非持拍手扶拍颈,拍头高于来球

重心转移至左腿,右脚准备向前跨步

图6-5-32　　　　　　　　图6-5-33

步骤3:击球(见图6-5-34)。

步骤4:随挥动作(见图6-5-35)。

伸展握拍臂,拍面轻微向前向下,将产生一些下旋。

左手释放,保持身体平衡

身体前方击球

右脚向前跨步击球

伸展握拍臂

图6-5-34　　　　　　　　图6-5-35

反拍截击击球的连续动作(见图6-5-36)。

图6-5-36

2. 练习方法

1)徒手模仿练习,连续做引拍和上步击球动作。

2)球拍击球练习。两人距球网3—4米,一人向练习者抛球,练习者在身体侧前方用球拍向前下方轻击来球。

3）用多球进行单个动作的网前截击练习，体会触球时的拍面状况和向前的推送动作。

4）底线同伴用球拍向网前的练习者送球，网前练习者截击来球。

5）一人网前截击，同伴底线喂球。

3. **易犯错误与纠正方法**（见表6-5-5）

表6-5-5

易犯错误	纠正方法
向后引拍幅度过大	背靠墙、挡网反复练习截击球技术的模仿动作及击球练习
击球无力	反复练习转肩、上步动作；要求练习者拍头向侧上方，模仿撞击球动作
网前站立腿过直	练习者膝关节弯曲，反复练习左右、前后移动
不能有效控制球的落点	截击球时要养成握紧球拍、固定手腕的习惯；击球时动作幅度不能过大，随挥动作短促

（七）反手削球

削球技术即下旋击球技术，是指挥拍击球时使球由后上方向前下方产生旋转，其特点是球的飞行弧线低，落地后反弹低并伴有回弹现象，击球时比较省力，落点比较容易控制，但是球速相对较慢。削球技术主要用于随球上网和攻防转换中的击球。

1. **动作要领**

步骤1：准备姿势（见图6-5-37）。

面对球网两脚自然站立，双膝微曲，重心落在前脚掌上，身体前倾，球拍放在身体前面，双眼注视前方。采用大陆式握拍法。

步骤2：侧身引拍（见图6-5-38）。

当判断来球在反手位，非持拍手扶拍颈，迅速侧身，重心落在后脚上，充分转肩，动作幅度不宜过大。

图6-5-37

转肩充分　　非持拍手扶拍颈

重心转移至右脚

图6-5-38

步骤3：挥拍击球（见图6-5-39）。

击球点在身体侧前方，在球的中部或后下部切削击球，使击打出的球产生下旋，身体重心随挥拍动作向前跟进。

步骤4：随挥动作（见图6-5-40）。

击球后,球拍随着击球方向继续向前下方挥出,随挥到肩膀高度。

图 6-5-39   图 6-5-40

反手削球的连续动作(见图 6-5-41)。

图 6-5-41

2. 练习方法

1) 徒手模仿练习,由慢到快,清晰而准确地完成每个动作环节。

2) 结合步法完成挥拍练习,体会移动和挥拍的协调配合。

3) 由教师或同伴抛球。

① 击打在击球点上方下落后的反弹球。

② 击打侧前方抛来的反弹球。

③ 击打球网对面手抛球或用球拍送过来的球。

4) 用较小的力量,隔网中场对削。

5) 隔网底线对打削球。

6) 距离网球墙 6—11 米,控制击球力量,由慢到快,连续对墙削球。

3. 易犯错误与纠正方法(见表 6-5-6)

表 6-5-6

易犯错误	纠正方法
转肩不到位,击球无力	从转肩、转体的姿势开始,反复击打定位球,逐渐形成正确的动作技术
击球点太晚,球靠身体太近	反复进行反手定位、定点练习,寻找最佳击球点
击球时拍面太平	击打不同高度来球,根据击球效果调整击球拍面

(八) 高压球

高压球又叫杀球,是在头顶上用扣压动作完成击球的技术动作,属网前球技术。在比赛中,熟练掌握高压球技术,能有效制约对方的挑高球,并利用高压球技术直接得分。

1. 动作要领

步骤 1:准备姿势和引拍(见图 6-5-42、图 6-5-43)。

非持拍手指向来球

持拍手上举至肩部高度

重心转移至前后脚

图 6-5-42   图 6-5-43

以准备姿势为基础,当对方挑高球时,迅速根据来球侧身转体,迅速后退,持拍手上举至头部位向后引拍。

步骤 2:挥拍击球(见图 6-5-44)。

判断准击球点并移动到位后,以双脚为支撑向击球点方向蹬转,拍头向前上方扣击加速。

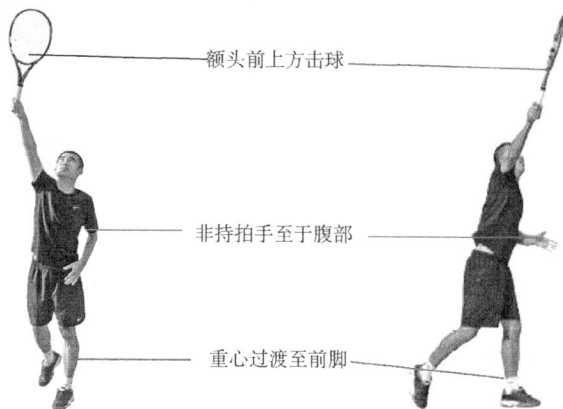

额头前上方击球

非持拍手至于腹部

重心过渡至前脚

图 6-5-44

步骤 3:随挥动作(见图 6-5-45)。

击球后,上体跟随球的线路继续向前,身体重心移至前腿,完成随挥动作。

转体,右肩前送

收拍至身体的左下

图 6-5-45

高压球连续动作(见图 6-5-46)。

图 6-5-46

2. **练习方法**

1) 体会手臂"鞭打"动作,手持毛巾,抬高肘关节,连续做向前上做"鞭打"动作。

2) 高压球动作的模仿练习,体会动作细节。

3) 移动接球练习,教练在中场喂送高球,练习者站在对面场地中间,通过脚步移动,在身体前面最高点伸直右手接球。

4) 对墙高压球练习,在距离练习墙 6—7 米处自行抛球,连续击打高压球后的反弹球。

5) 击打手抛高压球,练习者站在网前约 2—3 米的距离,同伴站在其侧面将球抛向练习者身体右侧前上方,练习者采用高压击球动作将球击过网。

3. **易犯错误与纠正方法**(见表 6-5-7)

表 6-5-7

易犯错误	纠正方法
移动不到位,击球点判断不准确	教练挑各种角度的高球,练习者快速移动,手臂伸直,在高点接球
拉肘明显,造成击球下网	在高处(击球点)放一个标志物,反复练习向上"鞭打"的扣碗动作
没有侧身转体动作,正面击球	击球前双脚前后站立,将非持拍手同侧的脚放在前面形成侧身对网,准备击球时蹬腿转腰,使身体转向击球方向
击球时发力过早或过晚,击球无力	移动到来球后方,用非持拍手指向来球,利用腿部蹬地力量带动身体的转动和手臂向前的"鞭打"动作

三、基本战术

网球比赛,尤其是单打比赛,对运动员体力和意志品质的要求很高。要在比赛中取胜,运动员必须具备各种击球技术,良好的身体素质和心理素质,以及适应长时间紧张比赛的耐久力,才能在比赛中获胜。网球比赛中运用战术的主要目的是:争取进攻,保持主动,力争使对方跟着自己的节奏走,把来球打到对手回球困难的地方,最终获得比赛的胜利。

(一) 网球比赛的一般原则

1) 根据对手技术和战术特点,同时结合自身的技术和战术特点作出合理的对策安排,做到"知己知彼"。

2) 战术制订必须以能充分发挥自己的技术和战术特长,攻击对手的弱点,即要以己之长攻敌之短。

3）技术使用上要灵活多变,比赛中除了落点上要有变化外,在旋转、速度上也应有一定的变化,抑制对手。

4）既要敢打敢拼,又要沉着冷静、不急不躁,积极稳妥地处理好每一个球。

（二）网球单打战术的一般应用

1. 发球战术

站在右区发球时,第一发球一般采用平击大力发球,力求发向对手右发球区中线附近,迫使对手用反拍接发球,使对手回球较困难。如果第一发球失误,则第二发球一般采用侧旋发球,发球速度相对慢一些,避免双误。发球要根据比赛形式做出改变,使对手搞不清楚你发向内角还是外角。

2. 接发球战术

接第一发球,需集中精力使它过网,尽量做到少失误;接第二次发球时,力求避开反拍而以正拍进攻,把球击向对方端线两角之一,随即上网截击或留在端线附近接对手的回球。当对手发球上网时,最有效的方法是在对手上网跑动过程中把球击向他的脚部,即把球击向发球线附近,如果对手上网速度快,已占据了网前有利的位置,则有三种破网方法:一是把球直线击向对手的底线附近;二是斜线击向边线附近;三是挑高球。

3. 底线对抽战术

在网球比赛当中,双方有许多时候都是处于底线对抽阶段,这时要不断变换击球方法,如采用上旋和下旋结合,斜直线结合和用大角度调动对手等。

（三）网球双打战术的一般应用

双打是业余网球比赛的主要项目,它比单打更具有娱乐性和社交性,体能要求也比单打低,深受网球爱好者的喜欢。掌握了网球基本技术后,需要了解双打与单打不同的场上战术,其明显的区别是场地扩大了,在场上由原来的2人增加到4人,其次是击球的路线和落点的不同,双打比赛战术同单打有一定的区别,应注意以下几点。

1. 发球上网战术

用80%的力量发出平击、侧旋或上旋球,提高一发命中率,同时变换发球落点,然后快速上网。第二发球,应该让球保持侧旋,尽量减少双误。发球要有目的,水平一般的选手,反拍都比较差,所以发球应该以其反拍为攻击目标。

2. 接发球的战术

双打接发球常常是打斜线球为主。但如果站在网前的对手不时地拦截接发球时,可以打一些直线球,虽然直线球成功率较低,但较适合在此种情况下使用。如果接发球被拉开得很远,可以进行挑高球,让自己有充裕的时间回位,并迫使对手离开网前的控制位置。

3. 位置的分工

双打比赛更讲究的是默契配合,所以正拍较好的选手应站在右区,反拍较好的选手宜站在左区。事先还要商量好由谁打中间的来球,通常情况下是正拍选手来打中路球。虽然,双打的关键是控制网前(特别是发球一方),但不要闷着头往前冲,要注意眼睛始终盯球和分析场上的比赛形势。

4. 发球后的第一次截击球

当发球后向网前冲时,如果对手回球较高,这将是最好的位置,在这里能直接将球回击到对手的脚下。但如果对手的回球又低又斜时,自己只能被迫向上击球,如果接球员不上网,仍在端线,就对着他打深的截击球,迫使他继续留在后面,如果接球员上前来了,则不必发力击球,让球落在他的脚下,迫使他回球困难。

5. 使用挑高球

挑高球是双打比赛中主要击球方法之一,挑高球时掌握好挑球的时机很重要,如果对手发球很好,那么接球方的两个同伴都可以待在后面,尽量用挑高球接发球。如果对手在网前有很强的封杀能力,当回球困难或离网较远时,可以考虑挑高球。当对手面向太阳光时,利用挑高球使他难以打高压球。

6. 互相鼓励,协作配合

双打要求两个队员配合得像一个人,才能把两个人的长处结合起来,打出高水平的比赛。两个队员要紧密合作、互相鼓励,如同伴打了好球就要祝贺他,战术上要多商量,不可埋怨对方。

(四) 根据自然环境制订战术

室外进行网球比赛时,天气状况有时很难保证,当在有风的天气打球时,就得考虑是顺风还是逆风;当有太阳时,就应考虑是正对太阳还是背朝太阳。不同情况采用不同方法打球,比赛时要根据当时自然环境制订出相应的战术。

1. 风向

一般来说,顺风打球比较轻松,利用风的速度打球会增强球的威力,球速加快,会使对手回防不及,但也可能对自己不利,因为击出的顺风球极易飞出端线,因此,在击球时不必全力击球,同时在击球时要增加旋转。

顺风打球时,有机会就要积极上网,因为网前截击比在端线对抽受风的影响要少,对手逆风打过来球在速度上会慢一些,这对网前截击特别有利。

逆风打球时,可以放开全力击球,不必担心球会打出界。当对手上网时,尽可能利用挑高球将球打深,一般情况下由于逆风的阻力,球往往会落在场内。

2. 阳光

一般来说,正对太阳进行高压球难度大,因此,背朝太阳一方要记住朝哪个方向挑高球一旦对手上网,可以随时挑高球。对着太阳一方不要轻易上网,如果上了网,有太阳刺眼的话可以打落地高压球。

四、专项身体素质练习方法

身体素质是运动员和网球爱好者掌握技、战术的基础,对提高运动能力、延长运动寿命、防止和减少运动损伤有重要的作用。

(一) 力量

网球技术多为爆发性力量动作,只有具备较强肌肉力量才能完成大力发球、抽球和高压球等动作。

练习方法:

1) 单腿跳:做 10 步以上的单腿跳,尽力跳。

2) 负重深蹲:杠铃放在颈后,抬头挺胸直腰,两手臂侧抬,双手握杠,每组 5—10 次。

3）举哑铃练习:两脚自然站立,上体正直,两臂曲臂快举、慢落,每组 15—30 次。

4）杠铃卧推练习:两手握杠,稍宽于肩,推时快起、慢落,每组 5—10 次。

5）前后抛投实心球练习:两人一组,抛球时全身协调用力,每组 20—40 次。

(二) 速度

网球运动所需要的专项速度是指运动员完成某个动作的速度,即为打好一个球的脚步移动速度和击球速度。

练习方法:

1）各种姿势后的起跑:如前滚翻和后滚翻后起跑、坐地转身起跑等,距离 10—30 m 为宜。

2）各种活动的快跑:如小步跑、高抬腿跑等,听口令立即起跑,距离 5—10 m 为宜。

3）碰线折返跑:从双打边线外开始起跑用手碰线,依次往返直到触碰完场上所有的线,即双打边线→单打边线→发球中线→另一单打边线→另一双打边线。

4）30—50 m 的快速跑练习。

(三) 耐力

网球比赛中,越到比赛的后期越是紧张、激烈,因而对专项耐力素质的训练要求也越高。

练习方法:

1）长距离跑:3 000 m 以上的耐力跑。

2）变速跑:练习者 100 m 快跑和 100 m 慢跑交替进行,可跑 400 m 以上。

3）组合练习:练习者进行冲刺跑 30 m,交叉跑 30 m,高抬腿跑 30 m,跳起摸高 10 次等。

4）多球训练:在练习过程中,安排几种学过的技术进行训练,要尽量安排跑动范围较大的多球训练,每组练习时间可根据练习难度而定。

(四) 灵敏

网球运动员只有具备灵敏和协调的身体素质,才能在不断变化的比赛中完成各种复杂的击球动作。

练习方法:

1）绳梯训练。

2）"米"字形挥拍跑动训练。

3）口令信号练习:采用听口令做事先规定的动作,如急停、急跑、转身等。

4）"六边形"跳跃:依次跳上六边形的每一条边,保持身体的方向不变。

(五) 柔韧

在网球运动中,运动员具有良好的柔韧素质可以提高比赛中的控球能力,如发球时,良好的柔韧性可以使弹性势能转化为击球一瞬间的动能,使发出去的球速更快。

练习方法:

1）颈部伸展:双腿盘起坐,下巴做上下左右的转动,每种伸展动作至少要持续 10 秒。

2）三角肌头上伸展:抬臂伸展,曲肘。另一手抱住肘部,向内向下牵引,持续 7—10 秒。

3）腰脊伸展:腹部着地,双手支撑双肩,上肩抬起,臀着地。重复 3—5 次。

4）大腿内侧拉伸:坐在地板上,脚掌并拢,靠向腹股沟。双膝慢慢下压,持续 10 秒。

参考文献

［1］陶志翔,汪鸽等编.网球运动教程［M］.北京:北京体育大学出版社,1998.

［2］王方椽,邱克等编.高校体育课选项课理论教程［M］.上海:复旦大学出版社,1999.

［3］应圣远,王加强等.普通高校体育选项课教材［M］.北京:北京体育大学出版社,2002.

［4］胡柏平,郭立亚.网球运动教程［M］.北京:高等教育出版社,2017.

［5］陈赢,陈海涛.网球运动教程［M］.上海:华东师范大学出版社,2019.

［6］体育场地使用要求及检验方法 GB/T22517.7—2018 第 7 部分:网球场地.

第六节　乒　乓　球

一、概述

(一) 起源与发展

乒乓球运动大约在 19 世纪末期起源于英国,随后便传到美国、欧洲中部、日本、中国及韩国等地。欧洲人至今把乒乓球称为"桌上的网球",由此可知,乒乓球是由网球发展而来的。当时,欧洲盛行网球运动,但由于受到场地和天气的限制,英国有些大学生便把网球移到室内,以餐桌为球台,书为球网,用羊皮纸作球拍,在餐桌上打来打去。这种活动简便易行,饶有兴趣,一经出现就引起人们极大的兴趣,并逐渐传开。

20 世纪初,乒乓球运动在欧洲和亚洲蓬勃开展起来。1926 年,在德国柏林举行了国际乒乓球邀请赛,后被追认为第 1 届世界乒乓球锦标赛,同时成立了国际乒乓球联合会。在名目繁多的乒乓球比赛中,最负盛名的是世界乒乓球锦标赛,起初每年举行一次,1957 年后改为两年举行一次。

(二) 特点与作用

乒乓球是我国广大群众和学生所喜爱的一项体育运动。乒乓球的直径仅为 40＋毫米,是球类运动中最小的一种。由于它有着挡、搓、削、拉、扣、发球等丰富多彩的技术动作,因此比赛中千变万化的程度不亚于其他球类项目。乒乓球运动的场地设备简单,活动量可随技术水平的不同而增减,不受年龄、性别、身体条件的限制,所以参加乒乓球活动,既能培养人们的意志,又能使身体得到全面发展。

(三) 比赛方法与规则简介

1. 比赛方法

(1) 单循环赛

参加比赛的队或运动员之间轮流比赛一次,称为单循环赛。这种方法能使参加比赛的各队或运动员之间都有比赛的机会,并能比较准确地决出参赛队或运动员的名次。但单循环赛的场数多,比赛时间长,需要用的场地、器材多,因此参加单循环赛的队数或人数不宜过多,否则,应采用分组循环的办法来进行。

单循环赛计算名次的方法。国际竞赛规程中规定:胜一场得2分,输一场得1分,未出场比赛或未完成比赛的场次为0分,小组名次根据所获得的场次分段决定,如果小组内有两个或更多的队得分相同,他们有关的名次应按他们相应之间比赛的成绩决定,首先计算他们之间获得的场次分数,再根据需要计算个人比赛场次(团体赛时)、局和分的胜负比率,直至算出名次为止。

(2) 分组循环赛

单循环赛虽能比较正确地排定所有参赛队(或人)的名次,但是在参加队(或人)数较多的情况下,因比赛次数多而给比赛的组织和管理带来困难,所以很难采用。在这种情况下,可采用分组循环赛。

分组循环赛最常用的编排方法为“蛇形排列方法”,即按照各队实力强弱排列他们的顺序号(通常是按照上届比赛的名次排列)。顺序号越小,实力越强,反之,实力越弱。分组时要求各组实力平均,即每个组的顺序号相加都相等。有的球类项目则在“蛇形排列”的基础上,将种子队与非种子队按分批抽签的方法来进行分组,即1—4号队(种子队)固定在1—4组或用抽签的方法进入1—4组;然后5—8号、9—12号、13—16号分别抽签进入1—4组。但分组循环后,还应增加第二阶段的比赛来排出全部名次。常用的方法有以下两种:

1) 各组同名次比赛:如第一阶段分为四组进行小组循环,第二阶段比赛各小组的第一名为一个组进行单循环赛,决出1—4名;各小组的第二名为一个组决出第5—8名;依此类推;

2) 交叉比赛:第一阶段分成两个组进行循环赛,第二阶段由每个组的前两名进行交叉比赛,决出冠、亚军及其他名次。采用此法,由各组的3、4名交叉决出第5—8名;各组5、6名交叉决出第9—12名;依此类推。

(3) 淘汰赛

参加比赛的队(或人)按照编排次序进行比赛,胜者进入下一轮比赛,负者被淘汰,直到决出冠军称为单淘汰赛。单淘汰赛的场次相对少,有利于在较短的时间内安排较多的选手进行比赛。但这种方法合理性差,不完整性和机遇性强,须采取一些措施来克服这些缺陷,才能在实际应用中发挥它的作用。所以一般在大型比赛中,均采用分组循环赛＋单淘汰赛的赛制。

2. 规则简介

(1) 球台

球台的上层表面叫作比赛台面,是与水平面平行的长方形,长2.74米、宽1.525米、高0.76米。比赛台面不包括球台台面的侧面。比赛台面可用任何材料制成,应具有一致的弹性,即当标准球从离台面30厘米高处落至台面时,弹起高度应约为23厘米。比赛台面应呈均匀的暗色,无光泽,沿每个2.74米的比赛台面边缘各有一条2厘米宽的白色边线,沿每个1.525米的比费台面边缘各有一条2厘米宽的白色端线。

比赛台面由一个与端线平行的垂直的球网划分为两个相等的台区。双打时,各台区应由一条3毫米宽的白色中线,划分为两个相等的“半区”。中线与边线平行,并应视为右半区的一部分。

(2) 球网装置

球网装置包括球网、悬网绳、网柱及将它们固定在球台上的夹钳。球网应悬挂在一根绳子上,绳子两端系在高15.25厘米的直立网柱上,网柱外缘离开边线外缘的距离为15.25厘米。整个球网的顶端距离比赛台面15.25厘米。整个球网的底边应尽量贴近比赛台面,其两端应尽量贴近网柱。

（3）球

球应为圆球体，直径为 40 毫米，球重 2.7 克。球应用赛璐珞或类似的材料制成，呈白色、黄色或橙色，且无光泽。

（4）球拍

球拍的大小，形状和重量不限，但底板应平整、坚硬。底板厚度至少应有 85% 的天然木料，加强底板的黏合层可用诸如碳纤维、玻璃纤维或压缩纸等纤维材料，每层黏合层不超过底板总厚度的 7.5% 或 0.35 毫米。球拍两面不论是否有覆盖物，必须无光泽，且一面为黑色，另一面为跟黑色和球的颜色明显不同的鲜艳颜色。拍身边缘上的包边应无光泽，不得呈白色。

（5）合法发球

1）发球时，球应放在不执拍手的手掌上，手掌张开和伸平。

2）球应是静止的，在发球方的端线之后和比赛台面的水平面之上。

3）发球员须用手把球垂直地向上抛起，不得使球旋转。

4）球在离开不执拍手的手掌之后，应上升不少于 16 厘米。

5）当球从抛起的最高点下降时，发球员方可击球，使球首先触及本方台区，然后越过或绕过球网装置，再触及接发球员的台区。

6）从抛球前球静止的最后一瞬间到击球时，球和球拍应在比赛台面的水平面之上。运动员有责任让裁判员或副裁判员看清他是否按照合法发球的规定发球，不能有任何遮挡。

7）双打中，球应先后触及发球员和接发球员的右半区，过线则算失分。

（6）合法还击

对方发球或还击后，本方运动员必须击球，使球直接越过或绕过球网装置，或触及球网装置后，再触及对方台区。

（7）重发球

1）如果发球员发出的球，在越过或绕过球网装置时，触及球网装置，此后成为合法发球或被接发球员或其同伴阻挡。

2）如果接发球员或同伴未准备好时，球已发出，而且接发球员或其同伴均没有企图击球。

3）由于发生了运动员无法控制的干扰，而使运动员未能合法发球、合法还击。

4）裁判员或副裁判员暂停比赛。

5）在双打时，运动员错发，错接。

（8）得分（除被判重发球的回合，下列情况运动员得一分）

1）对方运动员未能合法发球。

2）对方运动员未能合法还击。

3）运动员在发球或还击后，对方运动员在击球前，球触及了除球网装置以外的任何东西。

4）对方击球后，该球越过本方端线而没有触及本方台区。

5）对方阻挡。

6）对方连击。

7）对方使用不符合规定的拍面击球。

8）对方运动员或他穿戴的任何东西使球台移动。

9）对方运动员或他穿戴的任何东西触及球网装置。

10）对方运动员不执拍手触及比赛台面。

11）双打时，对方运动员击球次序错误。

12) 执行轮换发球时,接发球运动或其双打同伴,包括接发球一击,完成了 13 次合法还击。

(9) 一局比赛

在一局比赛中,先得 11 分的一方为胜方,10 平后,先多得 2 分的一方为胜方。并且在一局中,每 6 分或决胜局交换场地时,运动员可以短暂地进行擦汗。

(10) 一场比赛

一场比赛由奇数局组成,且应连续进行,直到分出胜负。但是局与局之间,任何一名运动员都有权利要求不超过 1 分钟的休息时间。

(11) 轮换发球法

1) 如果一局比赛进行到 10 分钟仍未结束(双方都已获得 9 分时除外,或者在此之前任何时间应双方运动员要求),应实行轮换发球法。当时限到时,球仍处于比赛状态,裁判员应立即暂停比赛,由被暂停回合的发球员发球,继续比赛。

2) 当时限到时,球未处于比赛状态,应由前一回合的接发球员发球,继续比赛。此后,每位运动员都轮发一分球,直至该局结束。如果接发球方进行了 13 次合法还击,则判发球方失 1 分。

3) 轮换发球法一经实行,将一直使用到该场比赛结束。

(12) 发球、接发球和方位的次序

1) 当一方运动员选择了先发球接发球,或选择了先在某一方位后,另一方运动员必须有另一个选择。

2) 选择发球、接发球和方位的权利应由抽签来决定。中签者可以选择先发球或先接发球,或选择先在某一方位。

3) 在获得每 2 分之后,接发球方即成为发球方,依此类推直至该局比赛结束,或者直至双方比分都达到 10 分或者实行轮换发球法时,这时,发球和接发球次序仍然不变,但每人只轮发一个球。

4) 在双打的第一局比赛中,先由发球方确定第一发球员,再由先接发球方确定第一接发球员。在以后的各局比赛中,第一发球员确定后,第一接发球员应是前一局发球给他的运动员。

5) 在双打中,每次换发球时,前面的接发球员应成为发球员,前面的发球员的同伴应成为接发球员。

二、基本技术

(一) 握拍方法

1. 动作要领

(1) 直拍握法(见图 6-6-1)

拇指第一关节压住球拍左肩,食指第二关节压住球拍右肩,食指第一关节自然向内弯曲,虎口贴于拍柄后面,中指、无名指和小指自然弯曲,托于球拍背面。

(2) 横拍握法(见图 6-6-2)

以中指、无名指和小指自然弯曲握于拍柄,拇指放在球拍正面,食指自然伸直斜放于球拍反面,虎口轻贴于拍,注意虎口不宜过紧、过死地贴靠在球拍上,以免影响手腕的灵活性,在具体的握拍法中,很难有一种十全十美的握法。

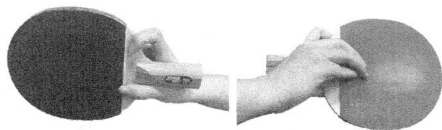

图 6-6-1

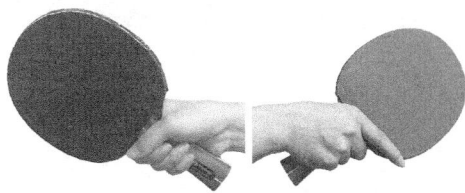

图 6-6-2

大量实践证明,一种握拍法往往是这方面(如正手)好些,那方面(如反手)就差些。所以,关于握拍正确的指导思想是:以能够发挥本人的特长为主,又不至于形成明显的漏洞为原则。

2. 练习方法

1)教师示范做、使学生正、背面看清。

2)学生握拍、按动作要领相互纠正,教师提示要点。

3)原地向上托球,体会手腕手指用力动作,熟悉球性。

4)移动托球或两排相距 2 米对托击球。

3. 易犯错误及纠正方法(见表 6-6-1)

表 6-6-1

易犯错误	纠正方法
握拍过大、过小、过紧、过深、手腕僵硬	弄清动作要领,正确握拍,手指手腕放松

(二)准备姿势

1. 动作要领

(1)进攻型打法的准备姿势(见图 6-6-3)

两脚开立,比肩略宽,左脚稍前,右脚稍后,前脚掌内侧着地,脚后跟微抬起,两膝自然微曲,重心在两脚之间;含胸收腹,身体微前倾;肩关节放松,执拍手位于身前偏右处,拍略高于台面。

图 6-6-3

(2)削球打法的准备姿势(见图 6-6-4)

与进攻型打法大致相同。不同之处是,两脚间距较宽,重心稍低,右脚在左脚之前,上体前倾较少,执拍手位于胸腹前。

图 6-6-4

2. 练习方法

1)在教师的示范领做下,练习准备姿势。

2)原地踏步或跑步听教师的示范口令做准备姿势。

3)结合步法练习准备姿势。

3. 易犯错误及纠正方法(见表 6-6-2)

表 6-6-2

易犯错误	纠正方法
全脚掌着地,上体过直,重心偏高	提踵曲膝略内收,上体前倾

(三) 发球

1. 动作要领

(1) 平击发球

1) 正手平击发球(见图 6-6-5)

图 6-6-5

站位:左脚在前,身体稍向右转。左手掌心托球,置于身体右侧,右手持拍也置于身体右侧。

击球前:发球开始时,持拍手将球向上抛起,同时右臂稍向后引拍。

击球时:当球略低于球网时,持拍手从身体右后方向前挥拍,拍形前倾,击球的中上部。

击球后:前臂和手腕继续随势向前挥动,身体重心移至前脚。击出的球先落在本方台面,弹起后再落到对方台面。

2)反手平击发球(见图6-6-6)

站位:站位于球台中间偏左处,右脚稍前或平行站立。

击球前:身体略向左转,收腹含胸,将球抛至身体左侧前方的同时,向左后方引拍。

击球时:右臂外旋,拍形前倾,在球的下降期击球的中上部向右前方发力,使球的第一落点在球台的中段区域。

击球后:手臂继续向右上方挥动,迅速还原。

图 6-6-6

(2)正手发下旋转与不转(见图6-6-7)

站位:站位近台偏左处,左脚在前,右脚在后。

击球前:抛球的同时执拍手向后上方引拍。拍面后仰,手腕适当外展,手臂放松,腰向右转便于发力。

击球时:当球降至网高时,执拍手迅速用力向前下方挥动。发下旋球时,用球拍的下半部去摩擦球的中下部,拇指、食指、手腕在触球瞬间加强爆发力,尽量多摩擦球,注意体会球拍吃住球的感觉。发不转球时,用球拍的中上部撞击球的中部。

击球后:挥拍动作尽可能停住,以利于还原。

图 6-6-7

（3）正手发左侧旋球（见图6-6-8）

站位：站位近台偏左处，左脚在前，右脚在后。

击球前：左手掌心托球置于身体腹部的左前方，并垂直向上抛起。同时，腰部略向右转，右臂外旋使拍面角度后仰，并向右后上方引拍，手腕尽可能地外展，重心移至右脚。

击球时：当球从高点期下降至稍高于球网时，手臂自右上方向左前下方加速挥拍。发左侧下旋时，球拍从球的右侧中下部向左侧中下部及底部摩擦；发左侧上旋时，球拍从球的右侧中下部向左侧中上部摩擦，并稍微勾手腕以加强上旋。腰部配合向左转，将身体重心移至左脚。

击球后：顺势挥拍，迅速还原。

图6-6-8

（4）反手发右侧旋球（见图6-6-9）

站位：站位近台偏左处，右脚稍前或平站，身体向左偏斜。左手掌心托球置于身体腹部的左前方，右手置于左手下方。横拍选手右臂内旋使拍面角度后仰，手腕适当内收；直拍选手右臂外旋使拍面角度后仰，手腕适当内收。

图6-6-9

击球前：左手将球垂直向上抛起的，右臂尽可能向身体左后上方引拍。横拍选手的手腕适当内收，直拍选手的手腕适当弯曲。重心移至左脚。

击球时:当球从高点期下降至稍高于球网时,前臂和手腕加速向身体右侧下方发力。发右侧下旋时,球拍从球的左侧中下部向右侧中下部及底部摩擦;发右侧上旋时,球拍从球的左侧中下部向右侧中上部摩擦,并稍微手腕上勾以加强上旋。腰部配合向右转,将身体重心移至右脚。

击球后:顺势挥拍,迅速还原。

2. 练习方法

1) 徒手模仿各发球动作,体会抛、引、挥等动作。

2) 离墙2米对墙做各种发球练习。

3) 在台上着重做第一落点的各种发球练习。

4) 两人台上练习,一人练习发球,一人练习接发球,交换进行。

3. 易犯错误与纠正方法(见表6-6-3)

表6-6-3

动作名称	易犯错误	纠正方法
正手平击发球	易向下用力,发球过高	注意引拍和挥拍方向
反手平击发球	没有引拍,球拍与球之间的距离太短	注意向上抛球的同时,持拍手要向后引拍
正手发下旋转不转	转与不转的旋转区别不大	要把握好摩擦和撞击的比例以及体会摩擦球的感觉
正手发左侧旋球	触球部位不对,发的旋转不够侧	体会触球的左侧部位以及手腕的转动
反手发右侧旋球	挥拍方向易向右拉手	要体会向右前方摩擦球的感觉

(四) 攻球

1. 动作要领

(1) 正手攻球(见图6-6-10)

击球前:左脚稍前,身体离台约40厘米,引拍至身体右侧下方,右肩稍沉,重心移至右脚,拍形稍前倾呈半横状,拇指用力,食指放松。

击球时:在上升期击球的中上部,配合前臂做旋内转动,向左上方挥拍,身体重心由右脚移至左脚。

击球后:随势会拍至前额,并迅速还原。

图6-6-10

（2）反手攻球

1）横板反手（见图 6-6-11）。

击球前：两脚平行，两膝微曲，重心在两脚之间，球拍向后下引，肘关节稍前顶，手腕内收，右肩稍沉。

击球时：以肘关节为轴拍面稍前倾，在上升期击球的中上部，向前上方弹击，触球时发力要集中。

击球后：随势挥拍不宜太长，迅速还原成准备姿势。

图 6-6-11

2）直板推挡（见图 6-6-12）。

击球前：左脚稍前，上臂内收自然靠近身体右侧，击球前手臂适当后侧引拍。

击球时：前臂稍外旋，在来球的上升期拍形前倾，手腕外展，击球的中上部，食指用力，拇指放松。

击球后：击球后手臂、手腕继续向前随势挥动，距离要短，并迅速还原成击球前的准备姿势。

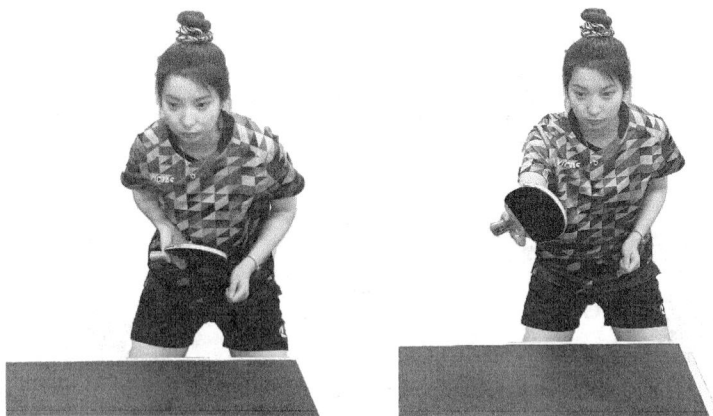

图 6-6-12

2. 练习方法

1）徒手模仿攻球动作，体会挥臂、腰部扭转和重心转换等动作要领。

2）两人对练，一人自抛自攻，另一人用挡球回击，互换练习。

3）两人对角，一人正手或反手攻球，一人回击，互换练习。

4）两人对练，一人一点攻两点，另一个两点推挡一点，互换练习。

5）两人正手或反手对攻斜线。

6) 两人正手或反手对攻中路直线。

3. 易犯错误及纠正方法（见表 6-6-4）

表 6-6-4

动作名称	易犯错误	纠正方法
正手攻球	1. 击球时抬肘,动作不协调 2. 触球时不能控制拍形,造成准确性差 3. 击球点掌握不好,击球质量差	1. 触球时,大拇指用力压拍使拍面前倾 2. 需在击球时大拇指用力,中指顶住拍背,固定前倾拍形 3. 需要反复进行自抛自打练习,建立正确的概念
横板反手	1. 拍面太前倾、容易漏球 2. 击球点偏离身体左侧太远 3. 站位太偏左或偏右斜	1. 多做徒手练习,固定动作,调整拍形 2. 保持来球与身体间适当的间距和位置 3. 站位左脚稍前,身体正对球台
直板推挡	1. 推挡时拍面前倾不够,击球时间过晚 2. 推挡时拍面前倾过多,击球时间过早 3. 推挡时不是手臂迎前推出而是球撞拍 4. 推挡时肘部抬起	1. 推挡时,食指中指同时用力顶住球拍,固定好拍面角度 2. 需要反复进行自抛自打练习,体会正确的击球时间 3. 强调击球后上臂和肘关节前送,上体向左转动 4. 击球时,肩膀放松,手臂自然弯曲,肘关节要低于球拍

(五) 搓球

1. **动作要领**

(1) 正手搓球（见图 6-6-13）

击球前:右脚稍前,站位近台,前臂和手腕外旋使拍面稍后仰,身体略向右转,向右上方引拍。

击球时:在来球下降期用球拍的下半部摩擦球的中下部,前臂加速向前下方用力的同时,手腕内旋配合用力。

击球后:前臂随势前送,立即放松并迅速还原。

图 6-6-13

(2) 反手搓球（见图 6-6-14）

击球前:左脚稍前,站位近台,前臂和手腕内旋将球拍引至身体左上方。

击球时:拍面后仰,在来球下降期用球拍的下半部摩擦球的中下部,前臂加速向前下方用力的同时手腕外展配合用力。

击球后:前臂随势前送,立即放松并迅速还原。

2. **练习方法**

1) 徒手模仿搓球动作,掌握技术要领。

图 6-6-14

2）自己在台上抛球,将球搓过球网。

3）一人发下旋球,一人将球搓回。

4）两人对搓中路直线,或者对搓斜线。

提示:搓球的重点难点是前臂和手腕的挥拍路线和用力方法。

3. 易犯错误及纠正方法（见表 6-6-5）

表 6-6-5

动作名称	易犯错误	纠正方法
正手搓球	1. 提手转腰引拍动作太大 2. 上脚太慢,重心偏高 3. 手腕不固定,容易撞击球	1. 多做徒手练习,固定动作 2. 两膝微曲,提前判断来球,启动加快 3. 击球时,要尽量柔和,让球在球拍上停留时间长一点,体会摩擦求的感觉
反手搓球	1. 拍形太平,容易只摩擦球的底部,导致球不往前走 2. 拍形太直,容易下网 3. 上脚接短球时,易同手同脚	1. 要根据失误的情况,调整拍形,如下网时拍形要放平,出界或冒高时拍形要竖直 2. 注意手脚要协调发力

三、基本战术

（一）发球抢攻

发球抢攻是乒乓球运动员在比赛中一种先发制人的战术,主要以进攻为主的运动员运用得较多。比赛中运用发球抢攻的效果,取决于发球的质量和进攻的能力。常用的发球抢攻战术以落点和旋转的配合运用来完成。例如:①发左打右,发右打左;②发右短打左长,发左短打右长;③发中间短球打右,发中间短球打右等。

（二）接发球抢攻

它是与发球抢攻战术相抗衡的一项战术,其目的在于破坏对方的发球抢攻战术的运用,争取形成相持或主动的局面。比赛中,双方都力争积极主动,如果接发球处理不好,很快就会陷入被动。因此,运动员在运用接发球战术时,要树立抢先争主动的意识,运用不同的技术手段去接发球,并与自身特长技术密切结合,才能在比赛中争得主动。例如:以快打、快拉、快拨、快推等手段回击所有长球,并抢先上手,连续进攻。

（三）对攻战术

它是快攻和弧圈类打法的运动员,相互对垒时常用的一项重要战术。快攻类打法的运动员主要依靠正、反手攻球和反手推挡、快拨等技术,充分发挥速度的优势,调动压制对方以达到攻击的目的。弧圈类打法主要依靠正、反手的拉弧圈球技术,充分发挥旋转的威力牵制对方,达到攻击目的。例如:逼左变右,逼右变左等。

（四）搓攻战术

是进攻型选手的一项辅助战术。主要是利用搓球的旋转和落点变化来控制对方,为进攻创造条件,借以达到攻击对方的目的。运用这一战术时搓球的次数不能过多,一般快搓一两板就须寻找机会主动进攻,否则将使自己陷入被动。例如:①快搓、摆短为主,结合搓长球至对方反手,伺机抢攻;②搓转与不转结合落点变化,伺机抢攻战术。

（五）拉攻战术

拉攻战术是快攻类打法对付削球类打法的主要战术。首先拉球的基本功要扎实,要拉得稳,有落点、旋转及力量的变化,才能制造较多机会赢得战机。其次,必须拉中有突击或拉中结合冲,有连续扣杀和前冲的能力,才能达到良好效果。例如:①拉左打右,拉右打左;②拉两角突中路,拉中路突两角;③拉、吊、突结合等。

四、专项身体素质练习方法

（一）滑步触摸两端线

1）练习方法:从球台一端的端线出发,学生用持拍手去触摸球台两端端线的角,并进行往返滑步。
2）要求:快速启动、制动,配合转腰动作。

（二）绕台跑

1）练习方法:从左半台出发,分别利用前进跑、滑步、后退跑、滑步绕球台一周,然后原路返回。连续两圈为一组。
2）要求:动作协调敏捷,行动迅速,注意行进中不能转身。

（三）小碎步徒手动作练习

1）练习方法:学生原地进行小碎步,并根据教师手势或听教师口令,进行步法的移动和做徒手动作。
2）要求:反应迅速,动作敏捷,练习反应、启动、制动能力。

参考文献

［1］王方椽,邱克,等.高校体育选项课理论课教程[M].上海:复旦大学出版社,1999.
［2］苏丕仁.现代乒乓球运动教学与训练[M].北京:人民体育出版社,2003.

［3］高等学校新世纪体育教材编写委员会组.乒乓球[M].北京:高等教育出版社,2006.

［4］中国乒乓球协会.乒乓球竞赛规则 2011[M].北京:人民体育出版社,2011.

第七节　棒、垒球

一、概述

(一) 起源与发展

1. 国外棒球运动的起源和发展

棒球的英语名称为 baseball。现代棒球的雏形来源于中世纪的欧洲战争攻打城堡游戏形式,从英国板球的圆形场地演变而来。现代棒球运动起源于美国,最早的比赛是由阿布纳·道布尔(Abner Doubleday)将军于 1839 年在纽约州的古柏思镇(Cooperstown)举行。1845 年美国的亚历山大·卡德赖特(Alexander Cartwright)组织棒球队,并制订了竞赛规则,九人制、方形场地规则、三好球出局、交换攻守、击球次序不变、禁止用抛球击打跑垒员杀出局、改硬球、改圆棒等规则至今仍在应用。

1871 年美国成立了职业棒球运动员组织。1910 年美国总统批准棒球为"国球",亲自主持首场开球典礼和投出第一个球。前任总统卡特、里根、布什就都是大学棒球运动员。目前棒球职业大联盟比赛仍是美国热门的赛事,体育产业收入占第一。棒球运动在美国蓬勃发展,并影响整个世界。亚洲棒球的发展:1873 年棒球传到日本,1934 年就成立了职业棒球联盟。第二次世界大战以后,作为战败国,在经济、文化、政治上都处于低迷状态,日本人找到了适合自己国家民族振兴的运动项目,把棒球作为"国球",展开职业棒球联赛,其中最著名的运动员有王真治、长岛茂雄等,王真治被称为"世界本垒打王",其独创的"金鸡独立击球法",创造了 868 本垒打的世界纪录,至今仍无人打破,日本也号称世界棒球王国之一。

1992 年第 25 届奥运会把棒、垒球列入正式比赛项目。四年一次的奥运会棒球比赛,直至 2008 年北京奥运会以后到 2020 年东京奥运会,棒垒球以主办国项目出现在奥运会中。同时每单年举办世界业余棒球锦标赛,每双年举办世界青、少年棒球锦标赛和洲际赛,中国棒球协会是国际业余棒球联合协会会员。

2. 国外垒球运动的起源和发展

垒球运动起源于美国,脱胎于棒球,是从一次室内棒球(Indoor Baseball)发展而来,比棒球晚 50 年,垒球的名称为 softball。国际垒球联合协会成立于 1952 年,它举办的比赛有四年一次的奥运会垒球比赛,四年一次的男、女世界业余垒球锦标赛,世界青年垒球锦标赛。日本、美国和加拿大的垒球运动发展非常成熟,是世界垒球的强国之一;澳大利亚、中国、意大利的垒球水平在世界强队之列。近年来休闲垒球(慢投垒球)运动在世界有蔓延的趋势,不同级别的垒球应运而生,来吸引更多的人参加。

3. 国内棒、垒球运动的起源和发展

棒、垒球的引进是从回国留学生、教会学校、归国华侨,如棒球鼻祖——上海的梁扶初。棒、垒球运动曾在 1913 年民国时期的第一届运动会上就有比赛。1952 年全国棒球比赛有 29 支队伍参加。1959 年第一届全国运动会棒、垒球比赛正式列入比赛项目。20 世纪 60 年代初,全国许多地方的大、中、小学相继开展比赛。20 世纪 70 年代后,每年进行成人、青年、少年和儿童的全国

棒、垒球比赛,1985 年后,每四年一次的全运会棒、垒球比赛。中国垒球队在第 26 届奥运会获亚军,在第 27 届奥运会获第四名,是亚洲和世界劲旅之一。

4. 全国大学生棒、垒球运动的发展

全国大学生棒、垒球运动的发展在 20 世纪初就有,如上海交大前身南洋公学院、圣约翰书院、清华、北大已有球队在比赛。20 世纪中叶,一些体育院系开设棒、垒球必修和选修课,1958 年在成都组织了 6 所体育学院垒球队对抗赛。20 世纪八九十年代已举办过全国大学生棒球 10 次和垒球 8 次的锦标赛。2004 年建立了全国大学生棒、垒球运动协会,并进行了新世纪首届全国大学生棒、垒球运动的比赛。

(二) 特点与作用

1. 均衡发展的身体运动

棒、垒球运动是一项全身性的运动,它的基本技术都是人类生活的基本活动技能,如传球动作需要用身体的上肢和腰部;接球动作要用到手臂和手腕;击球动作主要用到身体的腰部和下肢及手腕;跑垒需要用到身体的下肢。因此,从生理角度讲,它是全面地、均衡地发展身体各部位的功能。

2. 全面提高短距速度、瞬时力量、灵敏反应、柔韧等身体素质

棒、垒球运动的基本技术,如传、投、击、跑等与田径运动中的投掷和奔跑动作中的传、投、击、跑等十分相近,如跑垒的短距速度、传球和击球需要瞬时力量和协调能力、接球和击球需要快速灵敏反应、滑垒动作需要柔韧性、比赛时间长需要耐久力等。棒、垒球运动能全面提高身体素质和机能,增强体质,促进健康。

3. 培养机智、勇敢、果断、灵敏、顽强意志的心理素质

棒、垒球比赛是比意识、比心理承受力的运动项目,场上战术复杂多变,需要有良好心理状态的运动员,能及时把握时机。它能培养勇敢拼搏、灵活机敏、机智果断、顽强意志的优秀品质。

4. 具有智力性、策略性的战争游戏

棒、垒球运动富有军事色彩,以土地争夺(攻克城堡)为目的策略性的战争游戏,为了回到本垒得分,必须要用上垒、进垒、得分的进攻战术,要了解对方的长处和短处,有的放矢去战胜对方。棒、垒球运动是左右手开工,特别是左手接球、右手改左手击球,使右半大脑发达;难度最大的是击球,当投手投出棒球在 100—150 公里/小时、垒球在 80—120 公里/小时的快速球时,用棒击中小球,只有用圆棒的球心与小球的球心相撞才能把球击出很远,需要人的高级神经活动。所以,棒、垒球运动具有开发人的智力和潜在能力的功能,对青少年身心健康极为有益。

5. 集体性的运动项目

棒、垒球运动是一项集体运动项目。在比赛时,首先运动员必须服从和遵守教练安排及用手势和语言发出的暗号等指导本方的击球员、跑垒员进攻行为,紧密协调全队进攻配合;其次,防守中队员的传杀与接杀密切配合,共同协作,才能把进攻方队员杀出局;然后,击球员要面对防守的九名队员,以少打多,一定要有自信,充分发挥个人技能,完成教练战术要求。

6. 老少皆宜

棒、垒球运动是清新健康、娱乐、气氛热烈、充满活力、男女老少咸宜,不受年龄限制的一项休闲运动。从职业棒球到少棒和儿棒、从硬球到软球、从快球到慢球、从小的棒球到大的垒球,采用不同的技术要求、不同性别的人参加。

7. 棒、垒球运动与其他运动项目的不同点

时间与距离的拼搏,在 0.1 秒内可决定选手是安全,还是出局;比赛时,教练员必须亲临赛场

指挥作战,用手势发暗号;比赛时,进攻与防守截然分开;比赛规则较为复杂;具有危险性;防守的位置各有技术特点,可以选择;进攻队伍棒次有强弱,根据自身特点,可以自我发挥;具有高科技含量和环保意识。

8. 棒球与垒球运动的主要区别

场地情况、球、球棒、手套、投手规则、跑垒员和比赛局数。

(三)比赛方法与规则简介

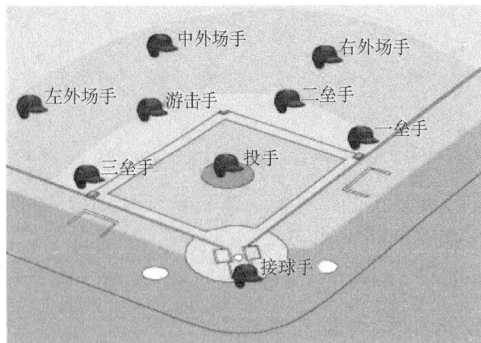

图 6-7-1

比赛开始前,双方教练应该填写上场队员的名单,排定击球顺序和防守队员进入场内各自的位置,准备防守。他们防守位置名称与代码是①投手,②接手,③一垒手,④二垒手,⑤三垒手,⑥游击手,以上六名是内场防守队员;⑦左外场手,⑧中外场手,⑨右外场手,这三名是外场防守队员(见图 6-7-1)。先攻队按照排定的击球次序,从第一棒击球员开始依次轮流进入击球区击球。投手按照规则规定的方法投球,投出的球在落地前进入本垒板上空、低于击球员的腋部、高于击球员的膝部上沿者为"好球",否则为"坏球",轮到上场的击球员有三个好球和四个坏球的机会,如果好球未击或未击中为好球,称"击",三击判击球员"出局";如果坏球未击为坏球,称"球",四个坏球击球员保送安全上一垒;如果击球员把投手投来的球打进界内(直角扇形地区内),击球员就成击跑员继续进垒,这时看球先到一垒还是人先到一垒,如果球先到一垒被守场员封杀为"出局",如击跑员先到一垒为"安全",进占一垒,即成跑垒员。各垒上的跑垒员如能在本方三人出局前依次触踏一、二、三垒并安全回到本垒,就为本队赢得一分。跑垒员如果在跑垒途中,在接触垒垫之前被防守队员持球触及身体,即被判为出局。当第一局以后,每局的第一个击球员应是指一局最后完成击球任务的下一个击球员。

当攻方队员累计有三人出局时,双方队交换攻守,先攻队进场防守。如果击球员把球打入界内,防守队员千方百计截接攻队击出之球后,可以持球碰触攻队的跑垒员,或持球踏垒封杀跑垒员,或击出的球在落地之前牢固接住,均判为跑垒员出局,攻队有三人被判出局。比赛双方进攻、防守各完成一次为一局,比赛继续进行,直到棒球赛满九局、垒球赛满七局并分出胜负,比赛宣告结束。如两队得分相等,则继续比赛,直至其中一队在同等局数中得分多时为止。

正式比赛应有一名主裁(称司球裁判)和三名司垒裁判担任裁判工作,另外还有 2—3 名记录员负责记录和技术统计工作。

二、基本技术

(一)防守基本技术

1. 接球

(1)接球基本技术

1)手套正确使用和接球部位:戴手套要正确和舒适,手套的戴法有两种,一种是五指全部伸在里面,另一种食指放在手套的背层的外面。接球部位在虎口和掌心之间手套的最深处。

2) 接球的手法:接球是以身体腰部为高低分界线,接腰部以上的球时,为胸前接球(见图6-7-2)。两臂前伸肘下垂,戴手套的手对准来球的路线,手指向上,手腕稍后引、缓冲,手指从自然伸展到曲指半握,使球不宜掉落,传球的手在手套拇指的侧后。接腰部以下的球为接低球,手指向下,手掌对准来球。以人体的中轴为左右分界,接戴手套一侧的球时,为正手接球,手套与地面平行,手掌对准来球,适合接单手同侧较远的来球。接戴手套另一侧的球时,为反手接球,手套反转手掌对准来球,适合接单手反侧较远的来球。

图 6-7-2

3) 接球的准备姿势及移动:先选好自己的防守位置,两脚左右开立,两膝微曲内扣,收腹,上体自然前倾,身体重心置于两脚之间,两手置于体前或膝上,面对来球方向,两眼注视投手、投手踏板暗号或击球员挥棒击球和传球队员挥臂传球时,接球者身体重心前倾,做好启动或接球准备。

急速跑动或向前跨步接正面或侧前方的球;两侧滑步接偏左或偏右的球;交叉步接距两侧较远的球;侧转身跑或交叉步跑接侧后方飞行的球。

(2) 接平直球

接球的准备姿势,尽量使用双手接球,球进手套瞬间,两手应顺势后引、缓冲,两肘轻柔而短快地向后收;同时翻起手套用手套的接球部位处接住来球,立即将手套向传球手转腕。在手套拇指一侧的护球手,随接球手套的推送动作将球握住,撤臂后引,转入传球的准备动作。两脚移动灵活,尽量使球在身体的正前方接住。来球稍偏左或右,左脚或右脚向来球方跨一步;若来球偏左较大,则右脚向左前交叉步,左脚顺势跨一步接住球;若球偏右较大,用反手接球。

(3) 接地滚球

接地滚球时,首先判断球的地滚球方向、速度、弹跳和落点,立即起步迎球。迎球是为了调整好脚步和球的关系,抢占落地点,身体正面对球,跑动应先快后慢猫腰式,约到距离2—3米处。两脚跨在球前进方向的两侧比肩稍宽,先定轴心脚,后定伸踏脚,两膝关节弯曲约90°和稍外展,提臀,重心压在两脚上,胸部靠近大腿,右脚向外与来球方向约成45°,左脚向外约成30°,右脚尖与左脚跟在一条直线上。接球点的位置是自己的左右脚与接球点形成三角形,左右脚的连接为底线,就在三角形的顶点位置接球,接球点与眼睛应在一条直线上。手套五指朝前,背触地,两掌根相靠,右手张开注意护球,接球前瞬间两手主动前伸接球,球接触手套时双手顺势后引,同时右手盖球、缓冲,取球,两肘稍内收,不外展,准备垫步传球(见图6-7-3)。

图 6-7-3

（4）接高飞球

接高飞球的关键是判断球的方位,迅速做出起动反应,准确跑动出球的路线和落点,正确的接球手法和步伐(见图 6-7-4)。高飞球按其下落的路线分为直线下落和抛物线下落两种。弧度大的来球,接球点在左额前方约 20 厘米,手套五指朝上,双手拇指相靠,接球前瞬间两手主动前伸迎接球,同时右手要翻腕护球并缓冲和取球,左手要夹住球;弧度小的来球,在胸前方约 30 厘米左右接;若正对太阳时,注意用手套挡住阳光,同时用眼睛观察球路和落点。原地正面接高飞球时,两脚前后开立,左脚在前,右脚在后,重心在两脚之间,若判断落点准确,可先后退几步,再向前做三步接球法,这有利于身体的迁移速度和惯性,提高传球距离。左侧接高飞球时,左脚先转动,有利于左转体快速侧身跑;最好调整左脚在前时接住球,有利于步伐简练和快速出手。右侧接高飞球时,右脚先转动,有利于右转体快速侧身跑。

图 6-7-4

（5）练习方法

徒手接球动作练习和自抛自接练习。对抛接球练习和两人对传接球练习。跑动中传接球练习。多方向接球练习。接击出球的练习。

（6）易犯错误与纠正方法（见表6-7-1）

表6-7-1

动作名称	易犯错误	纠正方法
接平直球	手掌未对准来球，向前扑接球	把手腕转正对球，球进虎口；接球时后引、缓冲
接地滚球	重心太高；在胯下接球；抄球	要降低重心，蹲下接球；要提前准备在左脚前引球
接高飞球	在下面等；举高戴手套之手；伸直膝部；在头上接球	要退后一步，向前接球；球下落时曲膝伸手套接球；两手弯曲缓冲接球

2. 传球

（1）肩上传球

1）特点：肩上传球是棒、垒球运动中最基本、使用最多的传球方法，这种方法多用于内、外场手之间的中、远距离传球。肩上传球动作要快，传球准确，球路平直。

2）握球的方法：棒球的三指握法（见图6-7-5）：中指、食指握在球的上方，与球缝相垂直，两指略分开，中指放在球缝最宽处；拇指内侧放在球的下方，三指握的点成等腰三角形；其余手指自然弯曲置于球的一侧，球与虎口之间留出一些空隙。

图6-7-5　　　　　　　　　　　　　　　　　　图6-7-6

垒球的五指握法（见图6-7-6）：中指、食指、无名指微曲自然分开紧贴球的上面，大拇指在左，小指在右托球。

3）技术要领：准备姿势：面对传球目标，两脚开立，两手持球于胸前，两眼注视传球目标（见图6-7-7）。摆臂动作：传球臂从胸前握球姿势下放后摆至提肘曲腕后引，肘抬于肩上方，自然弯曲，手腕放松提球，左臂自然弯曲置于左侧，手套朝后。伸踏：上体以轴心脚为支撑身体重心向传球方向侧转，伸踏脚向传球方向踏出一小步，使伸踏脚落点处在传球目标和轴心脚之间构成的连线上，伸踏出的腿的膝部要自然地稍弯曲，支撑身体的重心。发力的顺序：当伸踏脚内侧着地，轴心脚马上蹬伸、转髋、送髋、转腰、转体、挺胸，同时右手臂提肘、肘外展、送肘、腕后曲，掌心向上。出手动作：形成肩—肘—腕—手指依次发力，以鞭打动作向传球目标，出手点在额前侧方45°角，最后手臂曲腕，球从食指、中指的指尖用力拨出。随挥动作：这时重心由后腿过渡到前腿，球一离手应放松，随身体惯性送出，自然下落上体随势前倾左转，左手手套贴在左胸处，右手自然地摆至躯干的左侧，即踏出的自由脚控制在膝部附近，同时右肩对准传球方向，目光一直注视着传球者的手套，进入防守状态。

图 6-7-7

(2) 下手抛球

距离很近的传球;以掌心或指根推力为主。技术要领:面对传球方向,借伸踏步前移,右手持球经体侧向前摆,掌心向目标,臂和手腕自然伸直将球传出;身体重心由后前移,两眼注视接球队员的双手位置。

(3) 练习方法

徒手传接球和自抛自接练习。对墙传接球和对抛接球练习。两人对传接球练习和跑动中传接球练习。多方向和四角传接球练习。接力传接球练习。接击出球与传球练习。

(4) 易犯错误与纠正方法(见表 6-7-2)

表 6-7-2

动作名称	易犯错误	纠正方法
肩上传球	握球不当;摆臂太低,出手过早或过晚;臂向外打;左肩左脚未对准传球目标;重心过早前移;动作僵硬	查看握球方法和手臂是否抬过肩;右前臂、手腕正对前方;画纵线,看伸踏脚是否在线上

3. 投手

(1) 投手投球的重要性和条件及棒、垒球投手技术的区别

投手是防守中核心队员,是防守中的进攻者,投手可直接控制和削弱进攻队的击球能力。动作协调性好;最好身要高、臂要长、手大、握力要强、有力量、有耐力;控制力强、头脑清醒,处事冷静、自信、动作灵敏,有良好的心理素质。

棒、垒球投手技术的区别:棒球投手用上手投球法,与传球动作相似,除了要对付击球员,投手还要用牵制方法对付跑垒员。垒球投手用下手投球法,只对付击球员,投手必须用低手投球法投球,手必须低于臀部,手腕和体侧的距离不得大于肘部和体侧的距离,投球时,手和手腕必须同时前送待通过体侧后才可使球出手。

(2) 棒球肩上投球动作

1) 投球的准备动作:投手堆(圈)、握球在手:环视守场员是否复位等。踏板、看暗号:轴心脚(右脚)必须踏在板上或前缘(不能踏在板后缘);自由脚(伸踏脚,即左脚)可以踏在板上或板的前后位置;两脚任何时候都不能踏出板侧;两眼盯着接手发暗号,球夹在手套内。正面投球是在垒上没有跑垒员的情况下,正面对着击球员,握球合掌,双臂高挥至头上后再将球投出的较大的投手姿势。握球手放在手套内,不要被击球员看出。轴心脚的脚尖部位稳稳地踏在板上靠接手一侧的边沿处后,再转入投球。侧面投球是在垒上有跑垒员的情况下,侧面对着击球员,握球合掌,双臂置于胸部附近,以小而快的动作将球投出。双臂先举过头顶,在下摆至胸部附近呈静止 1—10 秒钟状态后开始投球。轴心脚(右脚)或全部放在踏板上,或以脚的外侧贴住板的前沿。

2）投球动作：正对或侧对站立姿势，只要有向上摆臂的动作，就视为投球动作开始，不能停止，不能撤板，可以传牵制球。采用正面投球姿势后，自由脚抬起，上体转体的状态称为抬腿转体。自由脚的伸踏、手臂和手腕的动作、球出手、随摆的动作同肩上传球动作（见图6-7-8）。

图 6-7-8

3）投手传牵制球的方法、任务：使跑垒员少离垒，若跑垒员离垒过远，要快速牵制传杀出局。

四种基本牵制时机：双手合掌后静止一秒出手；双手侧上举，在从上向下放的过程中，未合掌就传球；双手未举，直接就传；多垒有人时，除了二垒可以假牵，不用球出手，其他垒位必须球出手。

传一垒牵制球动作顺序和要领：踏板、看暗号、侧身站立、合掌或不合掌；两肩不动、转动头、撤板或不撤板。

（3）垒球投手技术

垒球投手投球有两种类型：后摆式、绕环式，比赛中主要以绕环式为主（见图6-7-9）。

图 6-7-9

1）投球准备阶段：投球和传球的握法基本相同，可用三指、四指握法；握球适当紧一些、深一些；握球时食指和中指在上，拇指在下，压住球的线缝。投手投球时两脚站在投球板上，可以平行站立或前后站立踏板；身体自然放松，两肩与一、三垒平行，面对击球员，两手合拢持球置于胸腹前。两眼注视着接手的手套，准备接受接手的暗号，整个身体至少静止一秒钟后开始投球。

2）后摆式投球动作：两手分开，右手持球，右臂直臂经体侧由下向后上方摆动，同时上体前倾并向右转，左腿曲膝提踵，身体重心由左脚移向右脚。当摆臂至后上方最高点时，左脚向正前方迈出一大步，成弓步，利用身体的前倾、腰部扭转、髋关节前送和右脚的蹬地，加快手臂下摆速度，右臂由上而下向前加速挥摆经过体侧摆至体前，最后加上手腕和手指的力量将球投出。球出手后，右臂继续前摆，右脚顺势跨出一步与左脚平行，两膝微曲，上体前倾，做好防守准备。

3）绕环式投球动作：两手持球于腹前，上体前倾，身体重心由左脚移向右脚，两手持球先移向右侧,在髋侧形成一个预摆。分手时,以右脚支撑身体的重心,用力提踵,左臂微曲摆向体侧前,右臂自然伸直以肩关节为轴绕环360°,向前带动肘部,向上绕至最高点与地面垂直时,上体稍转向右侧,肘部、手腕、掌心外转,使左髋和身体侧对出球方向,当手臂下摆时,身体、右肘关节内侧和手对着三垒,肘关节内旋,手腕会自然内曲。右脚急速向后蹬伸,向左转髋并带动右肩向前,右臂迅速由上轮摆而下,经体侧在髋前,加上手指和手腕力量,投球出手。

4) 变化球的种类:直线快球、慢球、上升球、下坠球、外曲球、内曲球等。

(4) 投手技术的练习方法

加强肩关节柔韧性和手臂、腕、指力量和起跑速度、耐力和灵敏性练习。徒手模仿练习和建立"好球"范围的概念与投球练习。投接手配合练习。加大难度的投球练习。实战投球练习。

(5) 易犯错误和纠正方法(见表6-7-3)

表6-7-3

动作名称	易犯错误	纠正方法
投手投球动作	球出手位置不稳定;投球过偏	控制球出手角;地上画直线,控制步幅太大

4. 接手

(1) 接手位置的重要性及条件

接手位于本垒板后,面向全场,是唯一最能了解击球员的站位、击球的动作、垒上跑垒员的行动以及场上防守的活动等重要防守位置。无论什么样的投球都要接住;臂力好,传球速度快;对触击球、擦棒高飞球移动迅速;头脑灵活,记忆力好;有指挥能力。

(2) 接手的位置和准备姿势

按照规则规定,投手投球时必须站在本垒板后面的接球区内,在不妨碍击球员击球动作的前提下应尽量靠近本垒板。准备姿势:全蹲接球和半蹲接球。

(3) 接手防守技术

1) 接手接球技术:接投手投来球(见图6-7-10):接手面向投手下蹲,上体保持正直,两臂弯曲,手套在胸前,掌心向前,手指向上,自然曲指,放在手套拇指侧后,眼睛始终盯住来球。球到身前,调整手臂对准来球,球入手套后,右手迅速护球,双手后收,减缓来球的力量,同时顺势引球至肩上,做好传球准备姿势。

接低弹球(见图6-7-11):投手投来的球低于膝关节时,接手要先向下翻腕,两手小指靠拢接球。接弹地球时,两膝或单膝跪地,低头,含胸,两手置于两腿间,掌心向前,手指向下,在球落地弹起瞬间,左手收腕接球,右手及时护球,或用护胸将球挡在身前。接偏向两侧的反弹球,先向左侧或右侧跨移一步,同时单膝跪地,用身体护球,在两腿之间翻腕接球。

图6-7-10

接本垒附近的球:击出的球落在本垒板上或本垒附近;接手都要作出判断,先摘下面罩,迅速移动或疾跑到适当的位置,用不同的接球方法去接球。

2) 接手传球技术:接球后,右手迅速顺势引至右肩上方,曲臂举球过耳,右脚蹬地转髋,左脚向传球方向伸踏跨步,利用转肩甩小臂的鞭打动作和扣腕、拨指等一系列动作将球传向目标。传一垒动作:伸踏脚伸向目标方向。传二垒动作:伸踏脚伸向目标方向或右脚垫一步伸向目标方向。传三垒动作:右脚后撤一步或向本垒右侧迈步,避开击球员。

图 6-7-11

3）接手的封杀和触杀技术：比赛中，攻方有抢分进本垒的可能，接手没球不应在垒包上封垒；有球在手，要死守垒即封垒包。

（4）接手技术的练习方法

抛接球练习。接投手的球练习和与投手配合练习。接击出球的练习。向垒上传球练习。

（5）易犯错误和纠正方法（见表 6-7-4）

表 6-7-4

动作名称	易犯错误	纠正方法
接手接球动作	不要靠击球员太近；右手不要伸得太前，以免受伤；漏球	避免被判为妨碍击员，用身体挡或捂眼睛盯球不盯棒球，用身体挡或捂住球

5. **内场手**

（1）一垒手

1）条件：一垒是守方传杀的第一道关。可选择体形高大、手臂长、接球稳、目标大、防守范围大、缩短传球距离的球员，有助于增强传球者的信心，最好是左手接球者担任一垒手。

2）防守位置：棒球垒上无人或二出局时，要深防或中防；垒球在一垒旁边或在垒前。

3）接球的技术动作（见图 6-7-12）：击球员击出其他方向的球时，一垒手应迅速回一垒，右脚踏触一垒垒包前沿，左脚在垒包前约半步，曲膝，上体前倾，正对来球方向，左手稍前伸，手套对着传球者，以示传球目标。左边的球跨左脚，右脚踏垒；右边的球跨右脚，左脚踏垒。

一垒有跑垒员，二出局以前，准备接牵制球。右脚踩一垒垒包的内角，触杀时，手套放在左脚的前面即可。

图 6-7-12

（2）二垒手

1）条件：防守范围大，需要反应敏捷、强健臂力和脚的灵活性；要有各种捕球能力和各种传球技能；能积极参与各种战术的实施；具有准确的处理球的判断力。

2）防守位置：在一、二垒之间深度、中度、浅度处。垒上无人时靠后；垒上有跑垒员时靠前接近二垒；根据击球员的类型和自身的能力改变防守位置。

3）技术动作：移动接球、接地滚球和高飞球，慢球、强烈地滚球、三角地带的球。进位方法：一般情况下，左边的球往左边走（一垒）；右边的球往右边走（二垒）；进一垒、二垒的封杀动作；二垒手的触杀动作。二垒手传球技术：低手抛球、体侧传球、反手抛球；传一垒、传二垒的动作。

（3）三垒手

1）条件：以灵敏的反应能力，判断准确；熟练的传接球能力，需要较强的臂力，能传出又远又快的球，接住各种各样的球；要勇敢、不怕球打，反应快、动作敏捷，有对击球员何时采用击球方式的洞察力，提前做好准备。

2）防守位置：在三垒附近；三垒手要根据自己的臂力、移动速度和判断反应能力、对方击球员的特点和跑垒员的位置来调整自己的防守位置。

3）防守技术：准备姿势重心低、夹紧双肘、弯膝柔软、双手伸出前面、后脚跟提起；接击出的球，正面强烈地滚球跪接；慢的地滚球触击；三游之间地滚球、三垒边线球、接小高飞球，与投手、游击手配合接球。接传出的球：回三垒、触杀和封杀动作的站位及方法。传球技术：正面强烈地滚球后，垫步朝一垒方向将球传出；接慢的地滚球或触击球，要用侧手、低手或跳传转向一垒；接球传三垒时可用抛球。

（4）游击手

1）条件：跑动速度快、动作敏捷、臂力强；熟练掌握各种各样的传接球技术，传球要准确。

2）防守位置：在二、三垒之间，浅、中间、深守。垒上无人或二垒出局靠后；垒上有跑垒员时靠前接近二垒，做好双杀和接杀偷垒者准备；根据击球员的类型和自身的能力，攻队可能采取的进攻战术，调整自己的防守位置。

3）防守技术：正面地滚球动作、二游间地滚球动作、三游间地滚球动作、投手后方慢地滚球、反弹球、小高飞球传一垒。二垒游击手间地滚球动作、三游间强烈地滚球动作、二垒后方地滚球动作传二垒。从外场进垒封杀、从内场进垒的踏垒。

（5）内场手的练习方法

一定距离抛掷的球，练习踏垒接球。接教练员击出的地滚球后，自己返回踏垒或传给补垒队员的练习。接教练员击出的平直球、地滚球和腾空球等，接球后立即传向各个垒位。防偷垒练习。防触击球练习。接高飞球传向各个垒位的双杀配合练习。触杀或夹杀跑垒员练习。

（6）易犯错误与纠正方法（见表 6-7-5）

表 6-7-5

动作名称	易犯错误	纠正方法
传接球动作	传接球动作慢；等球；步伐移动慢；站起传球；不同距离传球的用力不同、方法不同	快：动作要快；狠：球速要快；准：传球要准确。球速快，人要慢；球速慢，人要快
内场手	传球方向不明确；边接球边看跑垒员	熟练各位置的传接；事先想好场上的局面如何处理

6. 外场手

（1）条件

要考虑到队员臂力的强弱，安排三个外场，选臂力强的人担任中外场手。

（2）防守位置

外场手是最后、最远的一道防线，要根据投手投球的特点、击球员的击球习惯和本队的战略部署，灵活地选择有利的防守位置。一般中外场手占位稍远些；右外场手站得稍微近些、向里一些；切忌外场手占位太近，造成中间空隙过大。

（3）防守技术

准备姿势：面向击球员，两脚开立，上体前倾，微曲膝，两手放在两膝部，两眼注视着击球员，做好接球准备。接正面的球：防守步法和手法，接球最好在前接住，采用散步接球法；如垒上无人,击出地滚球采用单腿跪接法。接后方、前方球。挡网附近的球。接阳光照射的球。

(4)外场防守位置技术练习方法

接教练员传出或击出的平直球、地滚球和腾空球等练习。接教练员击出的两人之间球,补位练习。接教练员击出的球,接球后立即传向各个垒位练习。接教练员击出的高飞球后,传各垒做双杀配合或传本垒牺牲腾空球练习。教练员击出的球漏接后,传球、接球补位练习。补内场手漏接的球练习。

(5)易犯错误与纠正方法(见表6-7-6)

表6-7-6

动作名称	易犯错误	纠正方法
传接球动作	起动慢、判断不果断、跑错路线、接球的手法不正确、传球不到位	熟练接各种外场球,判断、路线手法要正确
外场手	传球方向不明确;边接球边看跑垒员	熟练各位置的传接;事先想好场上的局面如何处理

7. 封杀和触杀

(1)封杀

1)封杀局面有几种:击球员完成击球动作并为击跑员跑向一垒时;在一垒、一二垒、一二三垒有跑垒员,由于击跑员即将进占一垒,使原来占据该垒位的跑垒员被迫进占下一个垒位时;当跑垒员在防守队员直接接住击球员击出的腾空球前已经离垒而必须返回原来占有的垒位时。

2)封杀技术动作:接球踩垒垫、踩垒垫跨步接。

(2)触杀

1)触杀局面:在不是被迫进垒或封杀局面的情况下,防守队员以持球的手或持球的手套,触及离开垒位的跑垒员身体的任何部位,使跑垒员和击跑员出局的防守动作。

2)触杀技术动作:一只手护球在手套里,以轻巧敏捷的动作用手套的背面触及跑垒员身体的任何部位。两种站位:双脚站垒垫的内角;跨垒垫侧身站位。

(3)追杀与夹杀

追杀与夹杀经常在持球迫近跑垒员或跑垒员在两个垒位之间正处于进退两难的情况下使用。

(4)封杀和触杀的练习方法

徒手技术模仿练习。传接球进行封杀和触杀的练习。有跑垒员的封杀和触杀的练习,夹杀练习。

(5)易犯错误与纠正方法(见表6-7-7)

表6-7-7

动作名称	易犯错误	纠正方法
封杀	踩垒不准;接球范围小	熟悉自己的位置,接球范围要大,迎上、拉大步伐接球
触杀	不空出垒位,动作不连贯,单手持球易掉	给出垒位,重心降低,动作连续,两手持球

(二)进攻基本技术

1. 击球

(1)击球的基本知识

1)击球的特点和任务:进攻是上垒的首要条件。要树立敢于拼搏、敢于胜利的信心,因为你一人要面对防守的九名队员,面对投手投来的快速球和变化球,决不能犹豫、畏惧,要冷静判断、严格选择、果断起棒,对准来球、奋力一挥的顽强精神。

2) 击球的分类:根据击球的飞行距离有长打、轻击、触击;根据垒打数分:本垒打、多垒小安打、上垒触。

3) 球棒的选择:球棒的种类有原木棒、金属棒、合成木棒、竹棒。选棒要根据自己的身高、体臂力强弱、反应快慢和击球的技术特点,选用重量合适挥动自如的球棒。

(2) 挥击技术

1) 站立位置和站立方法:初学者进击球区击球时一般采用两脚与本垒平行的中位站立方式。

2) 握棒方法(见图 6-7-13):右手比较有力的击球员握棒时左手在上,右手在下,挥棒的方向自右向左,称为右打击者。反之为左打击者。

图 6-7-13

初学击球握棒时,选用正常握法最多(右者为例):将球棒斜立于地面,左手靠近棒的末端 5 厘米左右,右手小指靠近左手,两手紧靠,中间不留间隙,掌心向上,置球棒于两手指根虎口间,手指自然弯曲扣住球棒,再将拇指压在食指后食中指间。然后收腕收肘,形成不同的球棒手形。握棒的手形一般用左手二、三指关节间的平面对准右手第二指关节,这种手形有利于击球时的翻腕。

3) 击球的准备姿势:击球员进入击球区,左肩侧对投手,选好站立位置,握好球棒。两脚左右开立与肩同宽,身体重心置于两脚之间—两膝微曲稍内扣—收腹—体前倾—含胸—两手持棒于右肩前上方,左手稍曲,大于 90°,右臂自然下垂,双手和肘部离开身体—两肩平—头转 90°下颌收—面向投手—两眼注视投手。握棒站立时,球棒可呈垂直或折角式。

4) 挥击动作(见图 6-7-14)。引棒伸踏:重心后移,腰部右转,积蓄力量;用前脚掌内侧横向滑 15 厘米左右,伸踏后重心留在后脚上,头部保持不动,两眼盯住投手,全身各部位处于精神高度集中的状态,随时做好击球准备。盯投手出手、判断球:眼睛要盯住投手伸踏脚和投球臂的动作,要集中精神看清投球离手后的旋转,判断来球到达本垒的时间和位置,从而决定是否起棒挥击。好球区:是五边形本垒板的垂直上方空间,即击球员自然站立击球姿势,高度为膝以上及腋以下,宽度应是本垒板 43.2 厘米的立体柱状空间。起棒、挥棒、中球动作:起棒是挥棒的开始,当投手出球瞬间或球飞行开始起棒,左脚向前伸踏的同时,起动用力自下而上,顺序为右脚掌内侧蹬地—大小腿内侧蹬转,推动重心渐前移—左转髋—左转腰—转胸—转肩—手腕后倒,棒头随之后倒。全身起动用力过程中,髋、腰、肩三个部位要依次垂直旋转用力,重心的纵轴逐渐地动态平移,重心稳定,不能上下起伏。手腕和棒头要随着重心前移稍后倒,夹角最好在 90°以内,手腕领先于棒头,在转腰时的棒头与手腕、击球点的距离,形成"超器械运动"。两肘靠近身体转动。中球挥击利用腰部的转动进行挥棒,用力顺序自下而上,两臂前伸棒平挥,手翻腕、眼睛盯到棒中球后。随挥动作:前挥—翻腕—曲肘—收棒—放棒—起动跑垒。当腰部自然转动球棒、两臂,上体随之向前继续前进,身体重心移至左脚,棒摆至左肩后上方,两手松开,把棒丢在侧边,起步跑垒。

5) 击来球的技术要点:击内角球、外角球、高球、低球、直线球和变化球。

图 6-7-14

6）棒的运行轨迹：(挥击)利用腰部的转动进行挥棒，用力顺序自下而上，两臂前伸棒平挥，手翻腕、眼睛盯到棒中球后。棒球投手投来的球是由上向下的路线，棒击球时棒头略微低些带有向上提的挥击动作；而垒球投手投来的球是由下向上的路线，棒击球时棒头略微高些带有向下砍的挥击动作。

（3）击球的练习方法

挥棒击球的练习方法：挥棒技术动作的分解练习。专项辅助练习：挥树枝，挥击羽毛球和纸团球，击轮胎和沙袋，棒上放重物等。挥空棒练习方法或挥树枝，击上中下、左中右九点位置；击打固定球。击抛球和击斜线球：对网站立。击投手投球和击快速球：击中路球和短距离击球。轻击练习：不收棒，对球、中球，投球与击球的节奏。

（4）易犯错误与纠正方法（见表 6-7-8）

表 6-7-8

动作名称	易犯错误	纠正方法
准备姿势	太紧张,前肩高,握棒低	要放松,左肩低或平,握棒在右肩旁
伸踏动作	太大,重心前移	伸踏 15 厘米,重心靠后
击球动作	棒不平,翻腕过早,棒没挥足,未中球	中球的刹那棒要平,棒直后才翻腕
随挥动作	甩棒,身体未转足,两脚不稳	挥完棒后要收棒,重心前移,起动跑一多

2. 跑垒

（1）击球后跑垒

击球员完成击球动作后开始跑向一垒即成为击跑员，当击跑员跑完一垒后才算是跑垒员。击球员在将球击出后，应立即起跑，全速冲向一垒，力争在球被守队传至一垒前触踏一垒垒包。

要领：起跑快，冲刺猛，踏垒准；眼睛看垒垫，不看球，不跨垒垫和滑垒，在跑垒限制线内跑。

（2）跑一个垒

1）离垒疾跑（见图 6-7-15）：棒球：投手踏上投手板准备投球时，跑垒员可以离开垒垫 3 米左右，随时疾跑。但要根据投手投牵制球和场上情况的变化，确定继续进垒还是返垒。跑者判断技巧：看投手轴心脚的脚跟是否抬起、伸踏脚的指向是否和投手板或轴心脚交叉。

垒球：投手踏上投手板准备投球时，跑垒员的一只脚的前掌踏触垒垫的内沿，另一只脚向前自然跨出一步支撑身体重心，两膝弯曲，上体前倾，成站立式起跑动作，两眼注视投球出手。当投球离手的瞬间，后脚用力伸蹬垒垫，两臂前后交替摆动起动离垒。当疾跑 3—5 米时，根据场上情况的变化,确定继续进垒还是返垒。

图 6-7-15

2)返垒:传杀返垒动作,转身用右脚触垒,重心下降或转身用右手扑垒触垒垫。击出的平直球和高飞球返垒动作:看到击出的平直球和高飞球先止步,后返垒,用站立式起跑动作,两眼注视守场员是否接住球。

棒球:投手投牵制球返垒或扑垒动作,还要根据场上情况的变化,果断作出判断继续进垒还是返垒。

垒球:当疾跑 3—5 米时,根据场上情况的变化,确定继续进垒还是返垒。

3)进垒:踏一垒,要快速准确,要猛踏垒的外侧,可冲出垒垫,因为是球速与跑动距离之比。踏二垒或三垒:不可冲出垒垫,冲出有被杀的危险,踏垒时,重心下降,后腿要钩住垒垫或滑垒、扑垒。踏本垒:可冲出垒垫,可踏垒垫或滑垒、扑垒。

(3)连续跑垒

击球员击出高远、有力的安打球,或防守队员传接球时失误,击球员或跑垒员可以连续跑垒。击跑员跑向一垒时不要看球以免影响速度,连续跑垒时要提前向外绕跑弧线转弯,跑动转弯时身体自然内倾,连续跑垒触垒垫的内角要准确,不要漏踏垒垫(见图 6-7-16)。

(4)跑垒的练习方法

起跑练习和挥棒起跑练习及弯道跑和踏垒跑练习。起跑上一垒练习。垒上起跑练习和连续跑垒练习。击球后跑垒练习和有防守的跑垒练习。

图 6-7-16

（5）易犯错误与纠正方法（见表 6-7-9）

表 6-7-9

动作名称	易犯错误	纠正方法
离垒	垒球的离垒过早；判断失误	注意跑垒指导员的指示
返垒	反应慢	注意跑垒指导员的指示
击跑员	甩棒；未跑限制线；未踏垒或跨踏	熟练挥棒的收棒动作，踏垒的外侧
跑垒员	漏踏垒；被迫进垒；腾空球离垒过早；超前位跑垒员	熟悉规则，加强练习，增加比赛

三、基本战术

（一）防守基本战术

1. 比赛的防守阵形

1）防守基本阵形：棒、垒球比赛中，在场上防守的 9 名队员，防守位置有一个比较明确的分工，每人各守一部分场区，相邻防守队员所负责的区域相互衔接，构成一个有三道防线的防守阵形。根据比赛临场情况灵活机动地部署阵形。

2）棒垒球比赛中的八种防守基本局面：垒上无跑垒员；一垒有跑垒员；二垒跑垒员；三垒跑垒员；一、二垒跑垒员；一三垒跑垒员；二、三垒跑垒员；三垒跑垒员（满垒）。

2. 防守基本配合

1）接球时简单配合的基本原则：来球离谁近就由谁接，谁有利就由谁接。

2）"补漏""补垒""接应"。

3. 防守击球的战术配合

1）投手与接手的战术配合：了解对方的击球次序排列的意图，观察每个击球员的特点，包括击球准备姿势、习惯爱好、技术水平、判断能力和临场经验与心理状态等，接手发出暗号和投手取得联系，用各种不同性质的球来控制击球员。

2）防守触击球的战术配合。

4. 触杀、夹杀与双杀战术配合

1）追、逼触杀和站位触杀。

2) 夹杀:是守场员对跑在两个垒位之间的跑垒员进行传球触杀的防守行为。

3) 双杀:是守队在依次连续传杀中,是对方两名跑垒员出局的一种配合战术。

5. **防守基本战术的训练方法**

1) 内、外场手防守配合的方法:先杀前位跑垒员、后杀后位跑垒员;把跑垒员逼回原垒;不要让跑垒员上垒。防守的意识在先:防守队员接球前可以事先想好第几局、几出局、几垒有人、地滚球和高飞球的情况下可能发生的事情,再做出传球。

2) 内场、外场防守位置战术练习方法:防守基本配合的练习方法。防守偷垒和双偷垒战术配合的练习方法。全队防守配合练习方法。外场手之间的补位:策应在后。外场手之间的补漏:身边和包抄在后侧补漏球。内场的漏接或传偏,外场手进行补位。外场手接球后尽快将球传回内场。

(二)进攻基本战术

1. **编排击球次序**

常用的有:第一棒:选中球率高、跑速快又灵活、冷静的队员。第二棒:条件同第一棒,触击打得好的队员。第三棒:选安打率最高的队员。第四棒:选安打率高,常打出多垒打的队员。第五棒:全队第三号强打的队员。第六棒:类似第二棒又善于打各种投球的队员。第七棒:击球稍弱,有时能打出好球的队员。第八棒:击球最差的队员。第九棒:击球能力较差、防守任务重的队员,如接手或投手。

2. **击球战术**

1) 击球战术的一般原则:击球员应熟知自己的好球区范围和最好的击球点,击球前要认真了解投手投球的特点与习惯,如投球方法、出手点和手形、常投什么变化球等。平时要积累对付各种投手的经验,找准自己的击球规律;击球时要冷静,判断准每个投来的球,选打自己击球点的球,要有耐心等球和选择;"三坏球"仍要做好击球准备;看到等球暗号,仍要做击球准备动作和假做触击引诱守队近守;投手连续投快速好球,击球员靠击球区后部站;"两击"后力求避免投杀,用轻击对棒击球;"两击"后,对似好似坏的球要击;比赛进入后几局,攻队比分落后时,要用等球战术消耗投手体力。

2) 击球方法的选择:根据对方投手的技术,对方阵形部署的情况,击球员自己的击球特点,垒上的跑垒员和下一个击球员的情况以及整个战局变化等各种条件来决定。

3) 触击战术有上垒触击、牺牲触击、抢分触击战术。

4) "跑而打"战术和打第一球的战术和等球战术。

3. **跑垒战术**

1) 跑垒的基本原则:观察投手的投球动作;跑垒员在一垒、在二垒、在三垒。

2) 偷垒战术:"单偷垒"战术是一垒偷二垒的方法;二垒偷三垒的方法;三垒跑垒员偷本垒的方法。"双偷垒"战术:两个跑垒员同时偷垒。

3) 高飞球的跑垒战术:高飞球落在离跑垒员较远地方时;高飞球落在离跑垒员较近地方时;两出局前时;两出局后时。

4. **进攻战术的练习方法**

1) 触击战术的练习方法:上垒触击、牺牲触击、抢分触击战术的练习方法;增加防守的牺牲触击练习;结合比赛进行触击战术的练习。

2) 跑垒战术的练习方法:单偷垒和一、三垒偷垒战术的练习方法;各种安打和跑而打战术的练习方法。

四、专项身体素质练习方法

根据棒垒球运动的特点,对身体素质特有的是力量,瞬时全身爆发力;短距速度;灵敏反应能力和身体柔韧性。

(一)力量练习法

(1)上肢练习法

1)手指、手腕练习法:手指抓球;提杠铃;卷重物;拉橡皮筋;水平挥棒等。

2)手臂练习法:举杠铃;俯卧撑;用拉力器,腕、臂快打等。

3)肩、胸部练习法:深、浅卧推;杠铃上举;拉橡皮筋等。

(2)腰腹练习法

两头翘;曲体;左右侧抛球;杠铃抓举;腰部夹击球等。

(3)下肢练习法

蛙跳;负重蹬伸;全蹲走;两边移动接球;专门跑等。

(4)全身爆发力

快速举重前挺;负重挥空棒;用球掷远等。

(二)速度练习法

1)短距速度:10米、20米、30米、50米全速冲刺;6米×6次折返跑;各种加速跑;牵引跑;移动折返换物跑;垒间跑等。

2)中短距离速度:50米、100米、200米、400米等。

(三)耐力练习法

1)力量性:物较轻,时间较长的上肢、腰腹、下肢练习法。

2)速度性:中长距离速度400米、1 500米;有氧耐力跑等。

(四)灵敏练习法

1)步伐移动:并步;交叉步;垫步;侧身步、跨步、急停、跳跃等。

2)起动:侧身跑;转身跑;各种起动加速跑等。

(五)柔韧练习法

1)静力拉伸:压、搬、抱、拉、曲、伸、顶等。

2)动力拉伸:摆、踢、甩、绕、转等。

3)垫上运动:仰卧起坐;滚翻等。

参考文献

[1]王祥茂.现代棒球[M].广州:广州高等教育出版社,1999.

［2］乔培基.垒球［M］.北京:北京体育大学出版社,2002.

［3］梁友德.棒球三年教程［M］.北京:人民体育出版社,2002.

［4］中国棒球协会审定.棒球规则［M］.北京:北京体育大学出版社,2018.

［5］［美］肯尼·托马斯,D.J.金.棒球运动从入门到精通［M］.丁峰,译.北京:人民邮电出版社,2019.

第八节　手　　球

一、概述

手球是一种用手持球,运用移动、传球、接球、运球、射门、封抢断球等技术以及各种攻防战术进行对抗的集体运动项目,盛行于欧洲各国。重大赛事有奥运会手球(男、女)比赛和世界手球(男、女)锦标赛等。随着国际交往的频繁,目前手球在世界各地发展较为迅速,逐渐成为人们喜爱的球类项目之一。

(一) 起源和发展

1. 起源

约公元前 8 世纪,古希腊诗人荷马的《奥德赛》史诗问世。其中有赞誉游戏者即"手球运动员"精湛球艺的诗句,这是迄今所见最早用手持球进行活动的记载。1926 年,在德普策斯城墙(雅典附近)的墓碑浮雕上发现了用手持球进行游戏的画面。这一发现被部分学者认为是现代手球运动的起源。

公元前 2 世纪后,我国的史料中已有关于用手持球游戏的记载,时称"手鞠"。7 世纪初,一种系有飘带的彩色圆球出现在人们用手玩耍的游戏中,当时这种游戏被称为"抛球"。这种用手持球嬉戏的活动,被部分学者认为是中国现代手球运动的起源。

2. 推广

现代手球起源于欧洲。在 20 世纪初的北欧丹麦和中欧德国、奥地利,11 人制手球逐步得到开展,随着国际业余体育协会的建立、规则的制订和完善,1926 年由德国发起举行了国际比赛。1972 年,男子 7 人制手球列为在联邦德国慕尼黑举行的第 20 届奥运会正式比赛项目。从此11 人制手球被 7 人制手球所替代。4 年后的 1976 年,女子手球在加拿大蒙特利尔举行的第21 届奥运会上被列为正式比赛项目。

3. 演变

第二次世界大战结束后,手球运动迅速在世界范围得到广泛开展。1946 年国际业余手球联合会(IAHF)解散后,丹麦、瑞典、芬兰、挪威、法国、荷兰、波兰及瑞士等 8 个国家在丹麦哥本哈根成立了国际手球联合会(IHF)。IHF 正式诞生日为 1946 年 7 月 11 日。时至今日,由国际手球联合会主办的赛事有世界男、女手球锦标赛,世界青年男、女手球锦标赛,世界少年男、女手球锦标赛及世界手球俱乐部杯赛等。

现代手球于 20 世纪 30 年代从欧洲传入亚洲,亚洲国家 60 年代才开始参与世界手球赛事。亚洲手球联合会成立于 1977 年,目前拥有 32 个协会会员。1982 年在印度新德里举办的第 9 届亚运会和 1990 年在中国北京举办的第 11 届亚运会,男子、女子手球先后被列为正式比赛项目。此外,亚洲每两年分别举办亚洲男、女手球锦标赛和青年男、女手球锦标赛等赛事。

4. 手球在中国的发展

中国参加世界手球运动赛事晚于日本和韩国,尽管起步晚、基础差,但进步快。1982 年在印度新德里举行的第 9 届亚运会上,中国男子手球队夺得难能可贵的金牌;2008 年首次以东道主身份参加在中国北京举行的 29 届奥运会排名第 12。巾帼不让须眉,1984 年在美国洛杉矶举行的第 23 届奥运会上,中国女子手球队取得铜牌。此后,多次获得奥运会前八名。2010 年在广州举行的第 16 届亚运会上,中国女手不负众望,力挫哈萨克斯坦、日本等国,第一次站在亚洲女子手球的最高领奖台上,又一次谱写中国手球新的篇章。

(二)特点与作用

1. 特点

人们形象地把手球运动说成在足球场上打篮球,仔细品味起来,还真有些道理。例如:手球的基本技术有单手肩上传球、双手接球、突破和抢断球等;战术名称则有突分、掩护、传切和关门、换人,以及区域联防、人盯人防守等。手球与篮球的技、战术是如此地相似,手球运动进攻的结束不是投篮,而是射门。

手球运动是一项快速连贯、对抗激烈、攻守转换频繁的运动。成年人的全场比赛时间为 60 分钟,分上、下半场,除中间有 10 分钟的休息外,每个队每半时可以有 1 次 1 分钟的暂停。

手球运动具有独特的风格。比赛中只要遵守规则规定,队员不需经过裁判员即可随意地进行替换;掷任意球不需等裁判员的鸣笛;进攻与防守的转换频繁快速。

手球运动具有较强的集体性。它要求每个运动员在比赛中必须与队友密切配合,齐心协力,在配合的基础上,充分地发挥个人的特长与作用,以达到战胜对方的目的。比赛场面十分精彩,富于表演性。因此,吸引了广大群众来观看比赛,并参与手球运动的实践。

2. 作用

手球运动的作用是由其特点决定的,实践证明,它有如下作用:

(1)发展、提高人的全面身体素质

手球比赛攻防转换快而频繁,要求运动员既要跑得快,又要有充沛的体力;为掌握各种攻防技术动作,必须具备良好的投掷力、弹跳力、爆发力和柔韧性、协调性。经常从事手球运动训练实践的运动员,其肌体的力量、速度、耐力和柔韧性等身体素质能得到全面的发展和提高。

(2)培养集体主义思想和团队作战精神

手球比赛时,除守门员在球门区内镇守球门外,双方的 6 名场上队员为完成攻防任务展开激烈的对抗。根据手球运动的技术和规则特点,必须全队(包括守门员)密切配合,齐心协力,在配合的基础上,充分地发挥个人的特长与作用,以达到战胜对方的目的。这就要求全队运动员要互相支持,互相鼓励。因此,手球运动能培养团结友爱的集体主义思想和团队作战精神。

(3)培养坚韧不拔、吃苦耐劳和战胜困难的意志品质

手球比赛对抗如此激烈,进攻队员力图强行突破防线或在防线外射门,防守队员则严阵以待,百般阻挠和破坏对方的进攻,争取转守为攻,双方为完成各自的攻守任务,时刻展开激烈的对抗。为取得比赛的胜利,全体队员的努力,付出艰辛的劳动,刻苦训练,方能实现。尤其比赛处在

逆境中,更要顽强拼搏,以扭转被动局面。综上所述,手球运动能培养运动员坚韧不拔、吃苦耐劳和勇于战胜困难的意志品质。

(4)改善心肺功能和提高中枢神经系统支配各器官的能力

手球运动的技术动作由各种各样的跑、跳、投等基本技能所组成,它要求运动员在训练和比赛中跑得快、跳得高、跳得远、射门和传球有力量,因此能促进速度、力量、耐力、灵敏和柔韧等身体素质的全面发展。经常参加手球运动,心肺功能会得到改善。提高中枢神经的灵活性,提高中枢神经系统协调支配各器官的能力,有着良好的促进作用。

(5)促进交流,增进友谊,使身心得到健康的发展

通过手球运动的训练和比赛,参与者可以相互交流经验,切磋球技,达到相互学习,共同提高,增进友谊,建立良好的人际关系。参加手球运动的训练与比赛,在掌握手球专项技能的过程中,身体得到了锻炼,其收获体现在:身体素质得到全面的发展和提高,身体结实而健康,心情无比愉悦。

(三)比赛方法与规则简介

1. 比赛方法

通常的7人制手球比赛,有两个队参加,每队出场7名队员,其中1名守门员,目的是将球射入对方球门得分并阻止对方射门得分,在比赛时间结束时得分较多的队为比赛的获胜方。

2. 规则简介

(1)场地器材

1)场地:球场为长方形的场地,长40米、宽20米,球场两端各设球门区域。长界线为边线,短界线为球门底线(两球门柱之间)和端线(球门两侧)。

2)球门:球门设在两端线中央,球门必须固定在地面或后墙,其大小为内缘高2米,宽3米。两门柱上端必须以一横木连接,门柱后缘应与端线外缘平齐。球门柱及横木的截面均为八厘米见方,且须漆成两种鲜明的颜色,使与背景相衬托。球门应张挂球门网,球门网的松紧程度以使入网的球能停留在球门内为度。

3)球:球必须是圆的,由皮革或合成材料制成,其表面不得光滑。比赛用球规格(圆周及重量),依不同组别的使用标准如下:

社会男子组和青年男子组(16岁以上)的用球,圆周为58—60厘米,重量为425—475公克(IHF3号球)。

社会女子组、青年女子组(14岁以上)、青少年男子组(12—16岁)的用球,圆周为54—56厘米,重量为325—375公克(IHF2号球)。

(2)比赛规定

1)时间:16岁(含16岁)以上社会组的正式比赛时间为上下两个半时各30分钟,中间休息10分钟。

2)得分:合法射门,其球体的全部穿越球门底线的立体面,且掷球球员、其同队球员及球队职员于射门前或射门时都没有犯规者为得分,端线裁判于确认得分时鸣笛两短声,并出示得分手势12。

3)开球:比赛开始由掷钱币获胜队选择开球时,对方有权选边。如掷钱币获胜队选边,则由对方开球。下半场比赛须交换场地,下半时比赛开始,由上半时开球的对方球队开球。延长比赛时重新掷钱币决定开球或选边。

4) 暂停:上下半时每队各允许1次1分钟的暂停(延长赛除外)。

5) 替换:只要被替补球员退场后,替补球员可随时且反复地进场比赛,不须向记录员或计时员报告。替补时的相关球员必须在己方替补线内进场或退场,守门员替补时亦同

6) 球队:每队由14名球员组成。每队上场比赛的球员最多7名,其余球员为替补员,任何时间守门员可在更换球衣后替补为普通球员,普通球员也可在更换球衣后替补为守门员。比赛开始时,每队至少须有5名球员上场。

7) 罚七米球:罚七米球时,掷球球员应站在离七米罚球线后方大约1米的范围内,必须在场内裁判员鸣笛后3秒钟内向球门直接射门。

8) 延长比赛决定胜负:正式比赛时间终了,比赛不分胜负而又必须决定胜负时,则于休息5分钟后,举行延长比赛,延长比赛时间均为上下两个半时各5分钟,中间休息1分钟,须交换场地。第一次延长比赛后仍不分胜负时,应于休息5分钟后,举行第二次延长比赛,第二次延长比赛时间仍为上下两个半时各5分钟,中间休息1分钟,须交换场地。如第二次延长比赛仍不分胜负时,则依据大会的竞赛规程的特定方式决定胜负。以掷七米球决定胜负。

(3) 不允许的犯规动作

1) 犯规动作。

① 用手夺取或击落对方手中的球;

② 用手、臂或腿阻碍对方球员,或是用身体的任何部位移开或推开对方球员;包括对方球员在开始位置及移动中使用手肘的危险性动作。

③ 抓住对方球员(身体或服装),即使对方球员仍能自由自在地继续比赛。

④ 跑动或跳跃冲撞对方球员。

违反规则8.3—8.6的规定适用个人处罚的犯规。

2) 犯规动作主要或完全以针对对方球员身体为意图时必须进行对个人的处罚,违犯时除了判罚掷自由球或七米球外,必须依累进罚则给予处罚,先从警告开始,然后退场2分钟甚至取消资格。

① 根据以下判决准则的规定,对于更严厉的犯规应有3种层次的罚则:

② 犯规时直接判罚退场2分钟。

③ 犯规时判罚取消资格。

④ 犯规时判罚取消资格并需提出书面报告。

二、基本技术

手球基本技术是比赛的基础,是实现手球战术的唯一手段。而手球战术的不断演变和发展,又促进了手球基本技术的不断提高。因此,加强手球基本技术的学习与训练,全面、熟练地掌握扎实的手球基本技术,对提高手球运动水平有着深远的意义和十分重要的作用。

手球技术分为进攻、防守和守门员技术三部分。主要内容包括:移动、持球、传接球、运球、射门、突破、假动作、封挡球、断球和守门员技术等。

(一) 移动

移动技术是手球比赛中运动员为了改变位置、方向、速度、高度等所采用的各种脚步动作的总称。它是完成其他各种攻守技术的基础,是完成各种攻守战术套路不可缺少的重要因素。进

攻中的移动,为了摆脱防守去完成接球、传球、射门、运球和突破等技术;防守中的移动,是为了保持或抢占有利位置,防止对手摆脱,并能及时果断地去封、抢、断球。

1. 动作要领

(1)基本站立姿势

手球运动员在比赛场上经常保持的一个既稳定又能迅速转入各种移动行进的站立姿势,称为基本站立姿势。

动作方法:两脚前后或左右开立,与肩同宽,前脚掌着地,两膝微微弯曲,身体重心落在两脚之间,上体微向前倾,两臂曲肘自然置于体侧,两眼平视观察场上情况(见图6-8-1)。

(2)起动

起动是手球运动员在运动场上由静止状态进入运动状态的一种技术动作。场上队员在进攻中,利用快速起动,能摆脱防守,进行有效进攻;在防守中,利用快速起动,能有效采取进攻性防守,抢占有利位置,进行协防、补位等。守门员利用突然起动,能完成断球、封挡球等任务。

动作方法:从基本站立姿势开始,起动时身体重心迅速转移至两前脚掌,以后脚(向前起动)或异侧脚(向侧起动)快速有力地蹬地,同时,两臂协调摆动,充分利用蹬地的作用力与反作用力,两脚迅速交替向移动方向迈出。起动时步幅要小,步频要快,利用前两三步短促而连续有力的蹬地和迅速摆臂,在最短的时间内发挥出最快的速度。

图6-8-1

动作要点:快移重心,蹬地起步突然,小步加速。

(3)跑

跑是运动员在运动场上改变位置、改变速度、改变方向的一种重要的移动方法。在比赛中经常运用的跑有以下几种方法。

1)变速跑:变速跑是队员在跑动中利用速度快慢的变化,来完成攻防任务的一种方法。

动作方法:行进中,变速跑加速时,在原有速度的基础上,利用前脚掌加大用力,快而短促地向后蹬地,同时上体前倾,重心向前移动,跑动频率加快,前两三步步幅稍小,手臂相应地协调摆动;减速时用向前迈出脚的前脚掌用力抵地,减缓前冲的力量,步幅放大,上体立起,从而减慢跑动速度。

动作要点:加速时,上体前倾,用力蹬地,步幅小而急;减速时,上体抬起,步幅大而慢。

2)变向跑:变向跑是队员在跑动中突然改变行进方向的一种方法。

动作方法:变向时(以向右变向跑为例),用左脚前脚掌内侧用力向左前下方蹬地,同时脚尖稍内扣,腰部内转带动左肩向右前方转动,重心右移,上体向右前侧倾,右脚向右前方跨出一步并迅速用力蹬地,左脚快速跟上向右前方跨出,加速急跑。

动作要点:变方向时,最后一步迈出时,曲膝、降重心,脚尖稍向转动方向,转肩、加速。

3)侧身跑:侧身跑是队员在向前跑动时,为了充分观察来自后方的球或对方的情况而经常采用的一种跑动的方法。

动作方法:跑动时,脚尖对着前进方向,上体和头部放松扭转向侧后,形成一肩前一肩后,上体侧对前进方向的姿势,两臂自然曲肘摆动,前肩手臂摆动幅度稍小,后肩手臂摆动幅度稍大,保持快速跑动,注意观察场上情况,两手随时准备接球。

动作要点:上体转肩侧身跑时,脚尖要朝向跑动方向,并看球跑动。

4)后退跑:后退跑是队员在运动场上背向前进方向跑动的方法。

动作方法:后退跑时,上体放松稍后仰,重心稍高,两脚提踵,用前脚掌交替蹬地,提膝向后退步跑,两臂曲肘协调摆动,并保持身体平衡,两眼平视。

动作要点:前脚蹬地、提踵、小腿后伸;两臂协调配合。

(4)跳

跳是运动员在比赛中抢占空中优势,争取高度和远度的一种动作方法。

在手球比赛中,跳的目的有两个:一个是争取高度,一个是争取远度。运动员应在各种复杂多变的情况下,学会使用单脚、双脚起跳,如向上跳、向前跳、向侧跳、向后跳以及连续跳等,力争跳得高、快、远,并争取空中较长时间的停留,使空中的动作更好、更充分地完成。跳分为单脚、双脚起跳两种。

1)双脚跳:比赛中常在原地运用,有时也在上步、并步、交叉步等情况下运用,多用于防守时的跳起封球。

动作方法:起跳时,下蹲降低重心,上体稍前倾,两臂曲肘后摆,重心落在两前脚掌上,接着两臂快速前上摆,同时下肢用力蹬地,向上跳起,上体自然伸展。落地时,前脚掌先触地,曲膝缓冲。

动作要点:两膝快速下蹲,两腿用力伸蹬;腰臂协调提摆,身体自然展伸。

2)单脚跳:比赛时常在行进间中运用,多用于跳起射门、传球、断球等。

动作方法:起跳时,踏跳腿曲膝,脚前掌用力蹬地,摆臂提腰,另一腿曲膝上提,跳起后,上体舒展,落地时,多以起跳脚先着地,前脚掌着地并曲膝,另一脚迅速向起跳方向跨出,脚触地曲膝缓冲,注意衔接下一个动作。

动作要点:起跳腿曲膝迅速蹬伸;摆动腿、腰、臂协同向上用力。

(5)急停

急停是运动员在快速移动中突然制动的一种动作方法,在实际比赛中急停经常与转身、跳、变向跑等各种脚步移动结合在一起运用。常用的急停方法有跑动急停和跳步急停两种。

1)跑动急停。

动作方法:快速行进间急停时,向前跨出一大步的同时重心下降,脚尖内扣,身体稍向后坐,以减缓向前的冲力;当第二步着地时,前脚掌内侧用力蹬地,身体稍向侧转,两膝弯曲并向内收,重心落在两脚之间,两臂自然曲肘置于体侧,维持身体平衡。

动作要点:第一步脚掌抵地曲膝,上体稍侧转移重心;第二步用力抵地上体内转,臀下坐降重心。

2)跳步急停。

动作方法:行进间急停时,单脚(或双脚)跳起(跳得不要太高),上体稍后仰,两脚平行或稍分前后同时落地。落地时,两膝弯曲,重心下降并落在两脚之间,两臂自然曲肘至体侧,维持身体平衡。

动作要点:曲膝收腹双脚轻跳离地;曲膝落地,重心下降,并置于两脚之间。

(6)转身

转身是队员在场上持球或不持球时,以一脚作中枢脚(脚跟提起),另一脚蹬地向前或向后跨出转动身体,改变原来身体位置和行动方向的方法。比赛中,队员常常是在为了摆脱防守或改变身体方向去完成传、接球,射门或其他攻守任务时转身。转身分为前转身和后转身两种。它既可在原地进行,也可在移动中进行,但移动中一般只做后转身。

1)前转身。

动作方法:一脚从中枢脚前面跨过叫前转身。转身前两膝微曲,上体稍前倾,重心落在两脚之间,向左(右)做前转身时,左(右)脚为中枢脚,重心移到左(右)脚,左(右)脚前脚掌用力碾地,右(左)脚前脚掌内侧蹬地,以肩带腰向左转动。右(左)脚蹬地后迅速从左脚前面跨过落地。转身过程中,身体重心要在一个水平面上,不要上下起伏。

动作要点:中枢脚脚跟提起,前脚掌用力碾地,腰、肩转动和跨步迅速,重心平稳。

2)后转身。

动作方法:一脚从中枢脚后面跨过叫后转身。转身前两膝微曲,上体稍前倾,重心落在两脚之间,向右(左)做后转身时,右(左)脚为中枢脚,重心移到右(左)脚,右(左)脚前脚掌用力碾地,左(右)脚前脚掌内侧蹬地,同时用力向右(左)后方转胯、转肩;左(右)脚蹬地后,迅速从右(左)脚后面跨步落地。

动作要点:两膝微曲,重心置于两脚之间;转身时,移动脚的前脚掌内侧蹬地,重心先转移做轴脚,髋关节发力转体,其顺序为蹬地—移重心—转体。

(7)滑步

滑步是队员在进行防守时脚步移动的主要动作方法之一。它易于保持身体平衡,能及时转移身体重心和向任何方向移动。比赛中常用的滑步移动有侧滑步(横滑步)、前滑步、后滑步三种。

1)侧滑步(以向右滑步为例)。

动作方法:由两脚左右站立,两膝较深弯曲,上体微前倾,两手曲肘侧伸的基本姿势开始,滑步时左脚前脚掌内侧向左下方用力蹬地,右脚迅速向右侧跨出,在右脚落地的同时,左脚顺着地面紧随滑动。可连续做向右滑步,在实际运用时重心要平稳,不要上下起伏。向左滑步的脚步动作则相反。

2)前滑步。

动作方法:由两脚前后站立,前脚的同侧手前上举,另一手臂曲肘稍抬起置于体侧稍偏后的准备姿势开始,向前滑步时,后脚的前脚掌内侧蹬地,前脚向前跨出一小步,着地的同时后脚迅速向前滑动。保持两脚前后开立姿势。

3)后滑步。

动作方法:后滑步的动作与前滑步相同,只是向后移动。

滑步动作要点:蹬跨要协调有力,滑动时身体要平稳;两臂自然弯曲、伸展,手置于肩部高度,掌心朝外。

2. 练习方法

移动技术主要是以腿部力量做的蹬、跑、跳等动作,可以采用一些田径运动的辅助练习来加强腿部力量,同时增加一些快速变换的动作来提高脚步的灵活性。

1)听信号起动及加速跑。

2)原地转身、跨步。

3)跑动中急停,接转身、跨步、起跳。

4)变向跑、后退跑、侧身跑、变速跑综合练习。

5)三角滑步和后撤步练习。

6)一对一追逐练习。

3. 易犯错误与纠正方法(见表6-8-1)

表6-8-1

易犯错误	纠正方法
跳步急停时停不稳,重心前移	落地时两腿要分大,上体稍后仰,曲膝下降重心
跨步急停时身体前倾,重心不稳	强调第一步大要制动,第二步小要转体降重心
单脚起跳时摆动腿配合不协调	慢动作体会摆动腿加速动作
转身时身体后仰、重心上下起伏	转身时保持曲膝降重心,上体稍前倾
滑步时重心高,身体上下起伏	保持低重心,先蹬后滑,两脚保持与地面接触

(二) 传接球

传、接球属于手球进攻技术之一。它是进攻队员相互之间有目的、有组织地进行转移球,发挥集体联系的桥梁作用,以调动对方防守阵形,组织集体有效进攻的策略、技巧与方法。它包括传球和接球两个方面。传球又可分为头上传球、肩上传球、胸前传球、体侧传球、低手传球和背后传球、击地传球等;接球可分为单手接球和双手接球。

1. 动作要领

(1)持球

做任何的传球动作,首先是从持球开始的。手球比赛中常用双手接球,双手持球比较牢固,尤其在持球突破时便于用身体保护球,但为了衔接射门和传球等技术动作,应立即换成更加灵活的单手持球。

1)双手持球。

动作方法:两手手指自然张开,两拇指相对成"八"字形,用指根以上部位接触球体的两侧,需要握紧球时,两手手指最后的一个指关节一起用力握球(见图6-8-2)。

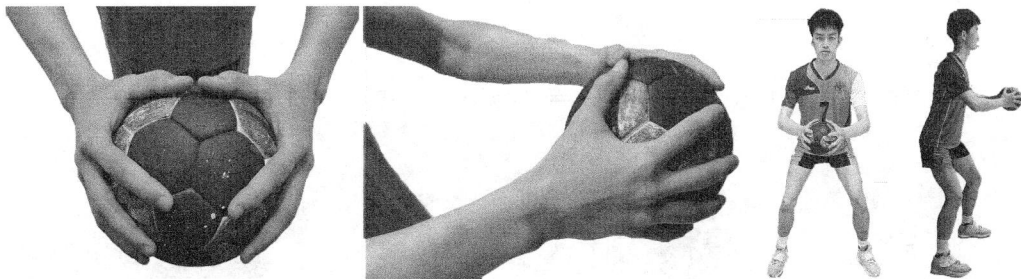

图6-8-2

2)单手持球。

动作方法:单手持球五指要自然张开,用指根以上部位接触球,并用五指的最后一个指关节的合力,将球牢固地握住(见图6-8-3)。

动作要点:手指自然张开,用手指最后一个指关节的合力将球握住;腕关节要放松。

(2)接球

比赛中,由于手球小且球速快,所以,要尽可能用双手去接球。双手接球是最基本的接球方法,持球面大,容易牢靠地接住球,同时便于衔接做下一个动作。

图 6-8-3

1) 双手接球。

动作方法:做好准备姿势,眼注视来球,两臂伸出迎球,手腕稍上翻,两拇指相对成八字形,其他手指向前上方自然张开,手掌成勺形,两手掌合成一个比球体稍大的半球形。用两手的指根以上部位接触球,两拇指要正对来球的球心。当手指触球时,用力握住球,两臂顺势曲臂后引,缓冲来球的力量,并衔接做下一个动作(见图 6-8-4)。

图 6-8-4

接胸部高度、头上及低球的身体姿势与手形(见图 6-8-5)。

图 6-8-5

动作要点:伸臂迎球;在手接触球时,收臂缓冲,并顺势球后引于肩上,形成威胁对方球门的攻击动作,动作要连贯一致。

2）单手接球。

动作方法：单手接球时，接球手臂伸出迎球，五指自然分开，手掌成勺形，掌心正对来球方向，腕、指放松。当手指触球时，手臂随球飞行的方向后引，并控制住球，迅速收臂，保持身体平衡，根据情况和需要，变为双手持球或单手持球，直接做好进攻的准备姿势（见图6-8-6）。

图 6-8-6

动作要点：手指自然张开伸臂迎球；当手指触球时，顺势后引至肩上，形成有威胁的射门动作。

（3）传球

1）单手胸前传球。

动作方法：（以右手为例）持球于胸、腹前，传球时，手腕稍曲，手心朝向传球方向，前臂短促伸臂挥甩，曲腕，用食指、中指、无名指用力弹拨球的动作，将球平直向前或两侧传出（见图6-8-7）。

图 6-8-7

动作要点：前臂短促前伸，同时急抖腕；食指、中指、无名指用力拨球。

2）单手肩上传球。

传球时，两脚前后开立，稍宽于肩，膝微曲，上体侧对或斜对传球方向。右手持球由左手护送引至肩上，前臂与上臂和上臂与躯干形成两个90°的夹角。传球出手时，右脚蹬地的同时转体带动上臂、前臂迅速挥甩，手腕曲腕前扣，最后通过食指、中指、无名指的弹拨下压动作将球传出（见图6-8-8）。

动作要点：单手持球的后下方，利用蹬地转体、转肩动作，向前甩臂、扣腕将球传出；根据传球距离决定用力大小和手臂部位，即距离近，则用前臂和腕指部位的力量，距离远则需增加蹬地转

图 6-8-8

体和转肩动作。

3）单手体侧传球（甩传）。

动作方法：两脚开立，两腿微曲，球置于体侧，持球手臂肘稍低于球。传球时，右脚向右跨步的同时将球移至身体右侧，出球一刹那，持球手的拇指朝下（右手虎口朝下），曲腕、手心朝向右侧，出球时，前臂向右侧挥甩摆动，用手腕、手指的力量将球传出（见图 6-8-9）。

图 6-8-9

4）单手背后传球。

动作方法：侧对传球方向，脚分前后站立，异侧脚在前，曲膝，降重心，持球手臂自然下垂，肘稍弯曲，持球于体侧。传球时以肩关节为轴，球靠近身体，沿髋关节绕摆到背后，掌心朝向传球方向，用前臂挥甩、曲腕、拨指的动作将球传出（见图 6-8-10）。

图 6-8-10

动作要点:以肩关节为轴,侧对传球方向将球传出。

2. 练习方法

1) 两人对传球(见图6-8-11)。

2) 一人接多人传球(见图6-8-12)。

3) 两纵队传球(见图6-8-13)。

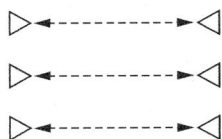

图6-8-11

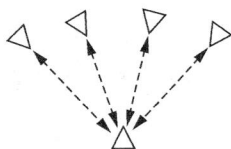

图6-8-12

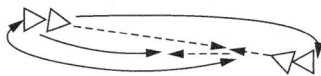

图6-8-13

4) 三角传球(见图6-8-14)。

5) 四角跟进跑传(见图6-8-15)。

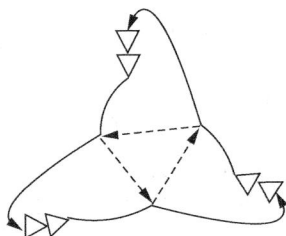

图6-8-14

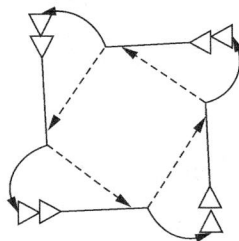

图6-8-15

6) 两人边路短传和中路长传(见图6-8-16)。

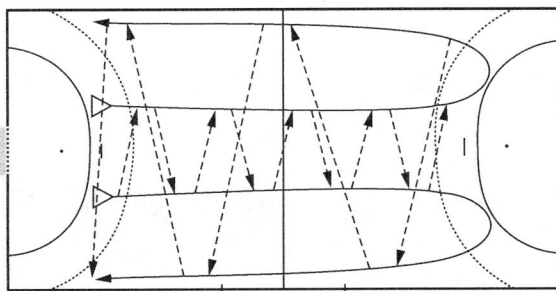

图6-8-16

练习要求:传球队员按照实战要求,视野要开阔,注意观察判断(对手的防守位置、意图),发现和掌握队友的移动路线、位置和跑动速度,合理地运用(隐蔽的)手法,精确及时地将球传到(最佳位置的)队友手中。接球队员要积极移动(有摆脱防守干扰、抢占有利接球位置的意识),准确判断传球路线和球的落点,果断稳妥地接住球并衔接下一个攻击动作,完成攻击任务。

3. 易犯错误与纠正方法(见表6-8-2)

表6-8-2

易犯错误	纠正方法
接球拿不稳球	强调接球手形和"迎球"动作,当手指触摸到球时,手臂主动后引缓冲

易犯错误	纠正方法
练习时低头,视线一直盯着球	要抬头观察,用眼睛的余光或身体感觉接触球
传球时控制不好力度和方向	强调正确的持球手形,传球时要利用身体的蹬转用力,出手时注意手指拨球

(三) 运球

运球是手球进攻技术之一。指持球队员为控制球、调整自身位置、突破防守和进攻推进而进行的用手连续按拍从地面反弹起来球的策略、技巧与方法。它包括直线运球、运球急停急起、变向运球等。

1. 动作要领

(1) 原地运球

动作方法:五指自然分开,掌心朝下并空出,用指根以上部位控制球体。运球时,以肘关节为轴,前臂下摆、上抬,指、腕用力按拍球。

动作要点:手指准确按拍球的正上方部位;指、腕用力,控制和支配球的上、下跳动。

1) 高运球。

动作方法:运球时,两腿微曲,眼睛观察场上情况,用手指及手掌的外缘触球的后上方,用力向前下放推按球,反弹的高度在腰腹之间,球的落点在身体侧前方。

技术要点:高运球时拍按球动作有力,身体重心高、灵活性大、速度快,便于观察场上情况。

2) 低运球。

动作方法:两脚前后或左右开立,两膝深曲,收腹含胸,抬头平视,右手拍按球的正上方,球反弹的高度在膝关节以下。左右手交替练习。

技术要点:控制好反弹高度,拍按球短促有力。

3) 体侧单手低运球,前推后拉。

动作方法:两脚前后开立,两膝弯曲似弓步,两手持球于体侧,向地面推放球,当球反弹起后,右手变为掌心朝前拍(推)球的后上方,使球向前反弹,同时右手变为掌心朝后拍(拉)球的前上方,然后,重复进行。

动作要点:控制好反弹高度和角度,拍按球时注意掌心朝向的变换。

(2) 行进间运球

动作方法:行进间运球一般采用直线运球方法,主要运用于个人快速推进中。运球手法与原地运球相似,只是手部接触球的部位于球的中后上方,球落地点在体侧前方,按拍球的力量和速度取决于跑动的速度,跑动速度快,则急速、快节奏按拍球,球的落地点较远(见图6-8-17)。

图 6-8-17

2. 练习方法

(1) 原地运球

1）原地高运球、低运球。

2）原地向前推放球、接球,左右换手重复练习。

3）体侧前后推运球练习。

4）原地连续按拍球的上部,并做换手练习。

5）原地胯下"8"字运球。

(2) 行进间运球

1）直线运球跑,速度由慢至快。

2）直线变速运球跑。

3）助跑 1—3 步直线加速运球跑。

4）结合接球、助跑 1—3 步、直线运球跑。

5）直线运球跑成持球,助跑 1—3 步,跳起传球。

3. 易犯错误与纠正方法（见表 6-8-3）

表 6-8-3

易犯错误	纠正方法
原地运球时控不稳球	强调用手指控球,明确拍按球的部位和落地点,指、腕用力要均匀、柔和、适度,初学者可适当观察球的位置
急停急起时脚步与运球的配合不协调	急停时身体重心后仰,运球手按拍在球的正上方;急起时身体前倾,手按拍在球的后上方
原地启动过度行进间运球时幅度小,加速不明显	原地体会拍按球和蹬转发力动作,强调拍按要有力,体会手指接触的部位和对运球方向的控制
行进间运球时重心起伏过大,球离身体过远,上下肢配合不协调	徒手原地、行进间模仿练习,体会低重心以及控制、支配球的部位和落地点,手、脚要协调配合

（四）持球突破

持球突破是手球进攻技术之一。指持球队员综合运用各种假动作、脚步技术和运球技术达到快速超越防守的策略、技巧与方法。它包括同侧突破和异侧突破。突破技术主要由假动作、蹬跨、转体探肩、加速、步法等几个技术环节组成。突破技术由脚步动作和射门两部分组成,前者是完成突破的关键。

1. 动作要领

(1) 同侧持球突破

动作方法:右脚跨出空中接球,左脚落地支撑(第一步);左脚掌内侧蹬碾地,右脚向右侧斜前方跨出一大步(第二步),上体右转,球置于体侧或肩上;左脚紧接向前跨步(第三步),侧身探肩起跳射门(见图6-8-18)。

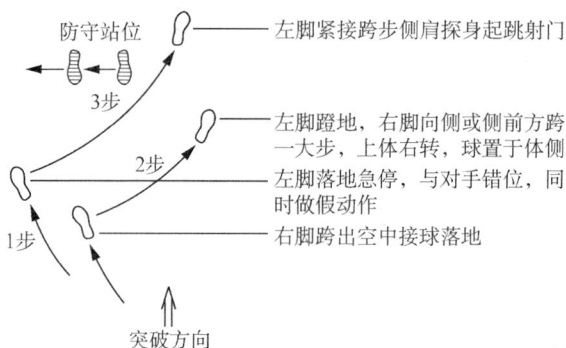

图 6-8-18

动作要点:蹬跨有力,转身探肩,加速积极。当从防守者的前脚内侧突破时多采用这项技术,也可以与假动作结合应用。

(2) 异侧突破

动作方法:上一步接球交叉步异侧突破,右脚跨出空中接球,左脚落地支撑(第一步);右脚掌内侧蹬碾地,向左侧斜前方做前交叉跨步(第二步),上体左转右肩前探,球置于左侧;左脚紧接向前跨步(第三步),向右转身探肩起跳射门(见图6-8-19)。

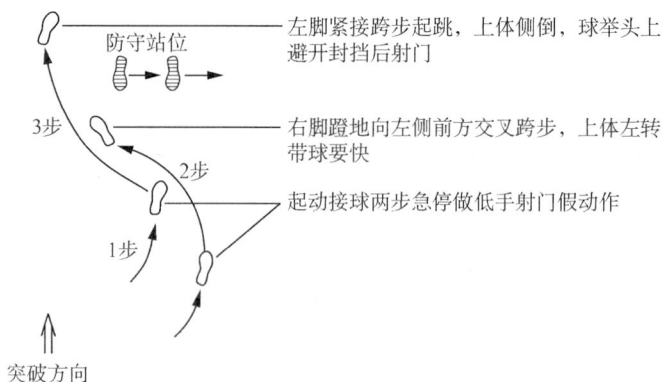

图 6-8-19

动作要点:接球时第一步跨步要与防守错开位,并保持一臂半的距离;第二步跨步变向甩开防守;第三步跨步超越防守。

2. 练习方法

1) 徒手突破脚步动作练习。

2）持球突破脚步动作练习。

3）设置障碍物进行突破技术练习。

4）对抗下持球突破技术练习。

5）结合其他进攻技术持球突破技术练习。

3．**易犯错误与纠正方法**（见表 6-8-4）

表 6-8-4

易犯错误	纠正方法
突破时脚步不灵活,移动速度慢	强调脚步动作的规格和变化,提高脚步灵活性练习
动作幅度较小,难以超越对手	结合逼真假动作吸引防守,以及转移身体重心,诱骗防守的目的;还要掌握好突破的时机反复练习

（五）射门

射门是手球进攻技术之一,是进攻技术中唯一得分的手段。它是指持球队员为达到得分目的采用单手或双手将球投、拨、推向球门的策略、技巧与方法。它包括支撑射门、跑动射门跳起射门和倒地射门等。

技术环节:支撑(跳起)、转体、引球(直接引球、画弧引球)、球出手。

1．**动作要领**

（1）单手肩上射门

动作方法:持球于体侧或肩上,上体直立左肩侧球门,两脚前后开立,左脚脚尖与右脚脚跟在一条线上,两脚间的距离稍宽于肩,两膝微曲,重心置于后脚,右肘稍高于肩,前臂与上臂夹角保持在 90°。射门发力时,左脚积极配合支撑地面,右脚短促有力蹬地,以向左转髋、转体、收腹、前移重心,带动手臂向前下方猛烈挥甩,曲腕,食指、中指、无名指扣压拨球的动作,并将身体力量通过指尖集中作用于球体,使球加速离手掷向球门(见图 6-8-20)。

图 6-8-20

动作要点:用力顺序为自下而上,脚蹬地,转髋、转体、收腹,带动手臂挥甩,并集中于指尖作用在球体上;蹬地有力身体协调,动作连贯。

(2) 交叉步射门

动作方法:交叉步射门分为前交叉步射门和后交叉步射门两种方法。双手持球左脚向前跨出第一步,第二步右脚从左脚前(或从左脚后)交叉跨出,上体右转侧对球门方向,第三步,左脚随移动方向跨出支撑的同时,持球引至肩上,成待射状态。射门发力同肩上射门动作(见图6-8-21)。

图 6-8-21

动作要点:利用3步助跑,第一步是异侧脚向前(或向侧)跨步,第二步采用前交叉步(或后交叉步)方法,第三步双脚支撑的同时将球引至肩上,呈待射状态。

(3) 垫步射门

动作方法:两脚开立,持球于胸前或体侧,重心落在右脚上,垫步时,右脚蹬地向前垫出一步,左脚迅速曲膝前摆身体侧对球门。将球引至肩上,右脚着地时左脚向前跨步支撑地面,利用支撑合力成待射状态,射门发力同肩上射门动作(见图6-8-22)。

图 6-8-22

动作要点:利用两步助跑,第一步采用滑跳步方法,滑跳步要迅速并紧贴地面;第二步支撑的同时将球引至肩上,呈待射状态。

(4)跑动射门

动作方法:持球向前跑动,右脚着地支撑的同时,向右转体侧对球门并将球引至肩上。射门发力时,左腿前伸随摆,并转体、收腹带动手臂挥甩将球掷出(见图6-8-23)。

图 6-8-23

动作要点:跑动射门为典型的单脚支撑射门,右脚着地支撑的同时,左腿前伸随摆,右脚蹬地、转体,带动手臂挥甩。

(5)单脚向前跳起射门

动作方法:在移动中,右脚跨出接球落地后,上左脚跨一步起跳(也可以左脚、右脚、左脚跨3步起跳)。动作开始时,起跳前身体重心下降,左脚尖侧对球门,上体稍前倾,左肩侧对球门,左脚用力蹬地向前上方跳起,右腿弯曲,髋关节外展,在体侧上摆配合起跳腾空,在起跳的同时,右手持球直接引至肩上,挺胸展体,跳至最高点利用短暂停顿观察守门员后,快速转体,曲腕,用食指、中指、无名指指尖用力拨压球的动作,将球射出。球出手后,先左脚后右脚依次落地,控制身体平衡(见图6-8-24)。

图 6-8-24

动作要点:左肩要超过左脚(起跳脚),起跳要有力,摆动腿弯曲侧摆,挺胸、抬头、塌腰;射门用力时以腰部发力,转体带动手臂挥甩,并集中于手指尖作用在球体上,身体协调,动作连贯;落地时,先起跳脚后摆动脚依次着地。

(6)双脚起跳射门

动作方法:动作开始时,起跳前身体重心下降,上体稍前倾,并面向球门,双脚平行开立用力蹬地向上跳起,提腰展体。在起跳的同时,右手持球由下向前上方画弧引至头上,手腕后曲,身体腾空至最高点利用短暂停顿观察守门员后,以急促收腹带动前臂短促伸臂挥甩,曲腕,用食指、中指、无名指指尖用力拨压球的动作,将球平直向前或两侧或反弹地面掷出。

动作要点:双脚同时起跳,上体展腹;射门用腰部发力,收腹带动手臂挥甩,将力量集中于指尖作用在球体上;要求身体协调,动作连贯;落地时,可采用俯撑动作落地。

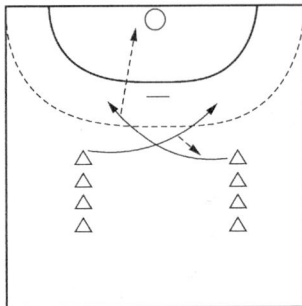

图 6-8-25

2. 练习方法

1) 对墙(挡网)模拟射门练习。

2) 对球门射门练习。

3) 设置标志物射门练习。

4) 有防守对抗的射门练习。

5) 传接球结合射门练习(见图 6-8-25)。

3. 易犯错误与纠正方法(见表 6-8-5)

表 6-8-5

易犯错误	纠正方法
缺少观察守门员位置,射门没有角度	语言提示提前观察守门员位置,选择射门方式合理,准确把握出手时机
脚步支撑不住,射门动作不协调	加强徒手练习,提高腿部力量,射门动作协调、有力、快捷
起跳射门动作不协调	加强跳起滞空练习,充分引臂,射门后手臂随摆保持身体平衡

(六) 防守

防守技术是指运动员为了夺回控制球权或阻止对手进攻行动而采取的策略、技巧与行动方法。它包括防守移动(详见(一)移动)、防守有持球队员、防守未持球队员。

1. 动作要领

(1) 防守有持球队员

比赛中,在进攻队员控球时,对于防守队员来讲是一种直接的威胁。控球队员能够传球助攻,持球突破、运球突破和直接射门得分。因此,对控球队员的防守更加重要。防守队员必须尽可能地去阻拦和破坏其各种技术的运用。

动作方法:防守的基本站立姿势是,两脚平行或前后斜步站立,比肩稍宽,两膝微曲,身体重心置于两腿之间前脚掌上。上体稍前倾,两臂弯曲,肘自然下垂,小臂前伸,掌心朝外,抬头观察。

技术要点:防守持球队员的位置选择对手投掷臂和球门之间的位置,根据对手要采用的外围射门、突破、传球等技术来决定防守采取的行动与方法。对于卫线队员和善于持球突破的队员,应采用正面贴近对手的顶贴防守,封挡、干扰和破坏其射门,抑制和打乱其进攻节奏和习惯。

基本原则:

1) 站位应该是按照控球队员的投掷臂,防守队员,球门为一条线的站位原则,要严防对手向投掷臂方向突破和射门的行动。

2) 要及时发现和了解对手的技术特点和习惯动作,准确判断控球队员的动作意图和识破他的假动作,以求正确运用封射门、封传球、堵截突破等技术。

3) 要尽力做到"每射必封",并注意和守门员配合封、挡球。

4) 力争迫使对手在不利的位置上去射门,当对手在小角度射门不可能得分时,要控制自己的防守动作。

（2）防守无球队员

防守未控制球队员在比赛过程中占有相当大的比重,一般占全场防守的百分之八十左右。未控制球队员在进攻中虽然不可能直接射门得分,但是,他们常常处在移动当中,在不停地寻找有效的攻击位置,一旦抓住时机到达有利位置,就会对防守构成很大威胁。所以,掌握防守未控制球队员的技术是提高个人防守能力的重要环节。

动作方法:防守的基本站立姿势是,两脚平行或前后斜步站立,比肩稍宽,两膝微曲,身体重心置于两腿之间前脚掌上。上体稍前倾,两臂弯曲,肘自然下垂,小臂前伸,掌心朝外,抬头观察。

技术要点:防守无球队员的位置,应选择在对手和球门之间偏有球一侧的钝角位置。防守时要始终选择一个既能看到球,又能控制对手的位置,视对手的意图来决定防守采取的行动与方法。根据防守对手的进攻特点、意图及其离球远近和自身防守实力来调整与对手的距离。

基本原则:

1）人球兼顾。进攻队员向球移动时,要先堵后跟,需要交换对手时,做到交接清楚;进攻队员掩护配合时,要及时进行交换防守。

2）随球移动,密集防守。根据本队战术的要求或对手的进攻情况,做好随球密集移动,以便及时进行补防、夹击、换防等防守配合。

3）积极封堵空切、破坏对手接球。不让对手切入有利空位,在移动时间、速度和身体的平衡性上都要积极阻挠;阻截中锋对手的接球路线,力求截获或破坏对手想要接到的球;对从球门区内弹回来的球,要有预见和快速抢位接球的能力。

2. 练习方法

1）原地平步或前后开立站位,看手势（信号）做撤步移动。

2）做上步移动,看手势（信号）做撤步移动。

3）急停后,做后撤步练习。

4）一对一防守突破时做撤步练习。

5）根据无球队员离球远近,调整站位。

6）根据进攻一方的传接球,调整对无球队员的防守站位。

7）根据进攻一方的积极进攻,调整防守位置。

3. 易犯错误与纠正方法（见表6-8-6）

表6-8-6

易犯错误	纠正方法
防持球队员时距离过远	根据对手的进攻特点选择恰当的防守位置,尽量保持一步左右的距离
防无球队员不能做到"人、球、门兼顾"	防无球队员时要占据被防守者、球、门兼顾的位置,强侧要做好协防、换防,弱侧要注意补防

（七）守门员技术

守门员技术是指守门员为了夺回控制球权或阻止对手射门行动而采取的策略、技巧与行动方法。

1. 动作要领

（1）站位

动作方法:正面对球站位,在球与两门柱连线所形成夹角的分角线上,离球门线10—15 cm。

如球在外侧区一侧,守门员正面对着持球队员,两脚间距离调整至球体不易通过为准。防守小角度射门时,身体靠近侧球门柱,身体与门柱之间的空当以射近角的球体不能通过为准(见图 6-8-26—图 6-8-28)。

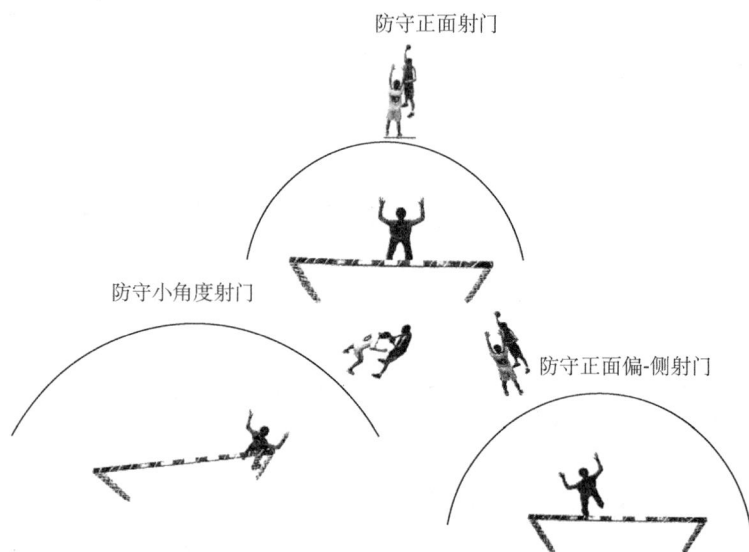

图 6-8-26

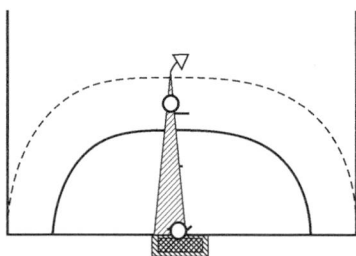

图 6-8-27

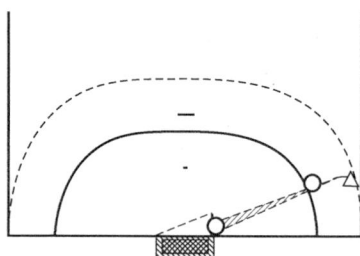

图 6-8-28

(2)手臂挡球

动作方法:手臂挡球一般是用于封挡腰部以上部位的来球。封挡球时,侧伸手臂,用掌心和手臂内侧对准球体的圆心,肘关节稍弯曲,手臂肌肉紧张,精力集中。在接触到球的瞬间,用手腕下压和手臂内旋的缓冲动作,将球挡在体前(见图 6-8-29)。

图 6-8-29

（3）脚腿挡球

动作方法：以挡右下角球为例，采用侧跨步移动方法。左脚蹬地，右脚稍抬起曲膝向侧伸直小腿，脚尖外转，脚弓对球，用脚和小腿内侧挡球。为加大挡球的面积，同侧手臂也同步伸出去（见图 6-8-30）。

图 6-8-30

2. 练习方法

1）模仿各项技术练习。

2）结合脚步移动，从一侧球门滑向另一侧球门，看手势急停。

3）结合脚步移动技术，单、双手挡一侧、两侧球练习。

4）结合其他脚步移动技术，脚腿挡球练习。

3. 易犯错误与纠正方法（见表 6-8-7）

表 6-8-7

易犯错误	纠正方法
重心不稳，上下起伏	进行徒手模仿练习，完成动作快速还原准备姿势

(续表)

易犯错误	纠正方法
运用挡球部位不合理	加强观察、判断球的飞行路线和高度,采用合理的手臂、腿封挡球,伸臂、伸腿动作速度要快

三、基本战术

手球战术是队员个人技术的合理运用和同伴之间相互协同配合的组织形式。战术的目的是更好地发挥本方队员的技术特长,并制约对手,争取掌握比赛的主动权。手球战术配合可分为进攻战术和防守战术两大类,本节将主要介绍的手球战术内容有:攻守基础配合,区域联防与进攻区域联防。

(一)进攻战术基础配合

1. 突分配合

持球队员利用突破技术打乱对方防守部署,给邻近的同伴创造瞬间无防守的有利时机,并及时传球给其射门或突破的配合,叫"突分"配合。

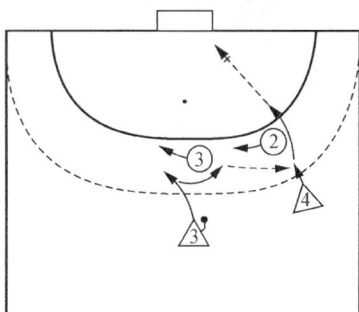

图 6-8-31

(1)配合方法(见图 6-8-31)

中卫△持球向防守队员的右侧做移动射门假动作,吸引对手移动堵截,然后△突然变向,转向防守队员的左侧突破,防右卫的防守队员②为协助③防守采取"关门"防守或补防时,△应及时分球给侧后方的右卫△,△利用无人防守的有利时机突破或射门。

△以逼真的持球突破动作牵制两名防守队员。△要有充分的直切接球攻击准备。

(2)配合要点

1)突破时,凡单手持球的队员应将球置于远离防守人的一侧,并注意用身体和另一个手臂保护好球。

2)突破动作要快速、突然,突破过程中,既要有强烈的射门意识,又要做好传球的准备。

3)临近同伴要事先寻找、对正空当,并及时起动接球射门或突破;持球队员如果遇到对方"关门"或补防时,则应及时分球给临近同伴。

(3)练习方法

① 站位(见图 6-8-32):

左卫△起动接教练员传球后做突破动作,突破中分球给教练员,然后返回队尾,依次连续进行,此练习在其他位置上也可以进行。

要求:突破动作要正确,脚步移动要快速、有力,传球要准确到位。

② 站位(见图 6-8-33):

右卫△持球传球给起动的中卫△做突破动作,△突破中分球给后跑到△的位置,△再次将球传给下一个△后,跑到△的队尾,按上述方法依次连续地进行练习。

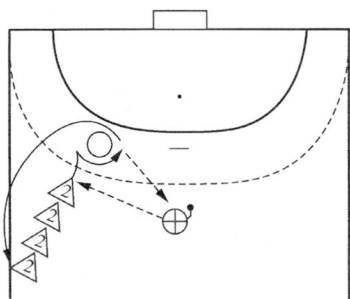

图 6-8-32

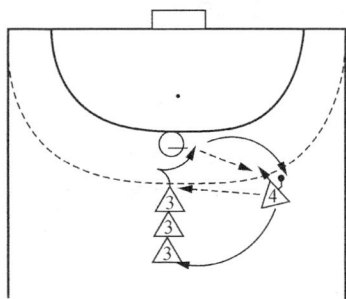

图 6-8-33

要求:同上。

2. 传切配合

传切是进攻战术的基础配合之一。它是利用传球和切入技术组成的简单配合。进攻队员传球后,突然起动,变向或结合身体假动作摆脱对手,快速切向球门区接同伴回传球进行攻击,它包括一传一切和空切。

(1) 配合方法

示例中卫与右卫的传切配合(见图 6-8-34),中卫△持球,将球传给右卫△后,先向左移动,或利用身体假动作吸引防守队员堵防,然后突然变向向右切入摆脱③的防守,接△回传球射门。

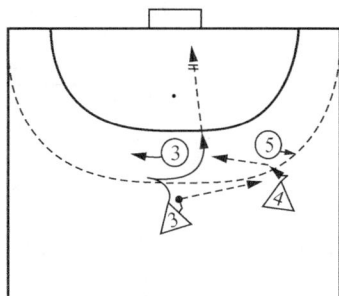

图 6-8-34

△接球后,要做出攻击动作吸引防守队员,然后突然将球传给摆脱防守的△。

(2) 配合要点

1) 运用传切配合时,进攻队员应适当拉开距离,这样可以扩大切入面积和传球的空当,增加防守的难度,失去互相支援的可能。

2) 切入队员在传球前要用射门或突破的假动作吸引对手迎前防守,这样便于摆脱。如对手防守盯得紧,要以变速、变向,结合身体假动作摆脱他。当防守者只注意球或因断球而失去防守位置时,可乘机果断地直接切入。

3) 队员要有良好的配合意识和队员之间的默契,持球队员要运用射门,传球或突破假动作,吸引防守者的注意力,当同伴摆脱对手并能接球时,要及时地传球给他。

(3) 练习方法,站位(见图 6-8-35)

队员分成两组,左卫、右卫先后向外侧移动,然后突然变向切入,队员切入时,应侧身看球(教练员手中持球),随时要有接球的准备。每完成一次切入,即变换位置,站到另一组队尾,依次连续进行练习。

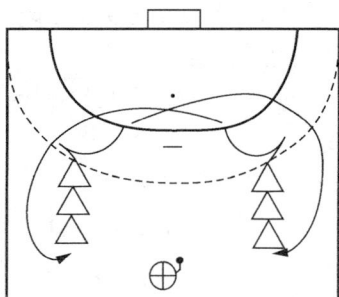

图 6-8-35

要求:脚步与身体动作协调配合;切入过程中要有随时接球的准备。

注:为避免相撞,可规定先后顺序。

(二) 防守战术基础配合

1. 换防配合

比赛中,根据进攻队员的特点,防守多采用区域联防,为了打乱防守的部署,进攻队员则不停地进行交叉换位,有时也进行掩护配合,防守队员则通过换防,交接清楚防守的人,使防守"固若金汤"。换防配合是防守中最重要、最基本的防守基础配合。

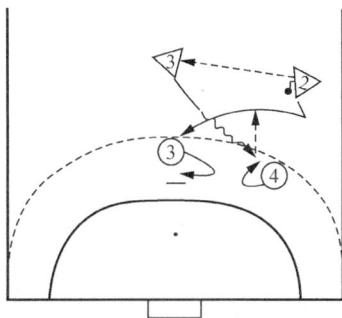

图 6-8-36

(1) 配合方法(见图 6-8-36)

左卫 △ 与中卫 △ 做交叉换位配合时,防守队员③、④各自紧紧盯随自己的对手移动,当 △、△ 即将交叉相遇时,③、④也随之进行交换防守配合,防守对象随之改变,但仍保持正常的1对1防守局面。

换防时,彼此要呼应,行动一致,换防后迅速调整位置,同时要提防对方在交叉换位中突然改变为突分配合。

注:此配合方法亦可在其他位置上应用。

(2) 配合要点

1) 换防配合要在1对1个人防守技术水平提高的基础上进行,换防的关键是两个防守队员要默契,交换防守时,要求队员注意观察,有预见性,配合行动要积极主动、果断及时、互相呼应、密切配合。

2) 对方的掩护,交叉换位配合一旦成功,就会给防守造成很被动的局面。因此,要尽量破坏对方的交叉换位和掩护配合,防守掩护的队员除给同伴发出信号外,可给掩护者一定阻力,使其难以到达正常的掩护位置,无法实现掩护配合。

3) 在对方掩护成功而防守陷入被动时,要果断换防,防守掩护队员要迅速地调整自己的防守位置,如果来不及后撤,可转身抱住准备接球的掩护者,借助犯规造成任意球,达到破坏对方进攻的目的。

(3) 练习方法

站位(见图 6-8-37)分成两组站于任意球线后,△ 与 △ 并行交叉换位,换位后跑到另一组的队尾。防守队员③、④伴随对手的交叉换位连续做换防配合。上顶堵截,当进攻队员交叉换位成功后,两防守队员随即交换防守,连续做完2轮后,攻防队员进行轮换。

要求:防守队员互相呼应;换人及时并即抢占正确的防守位置。

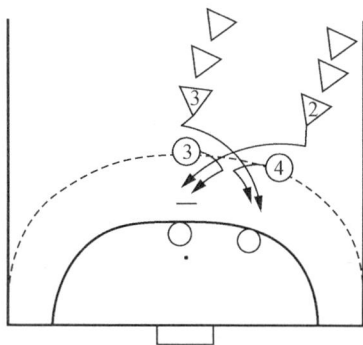

图 6-8-37

2. "关门"配合

"关门"配合是邻近的两个防守队员协同防守突破的一种配合方法。由于防守者受球门区域的限制,防守突破时后退堵截的余地不大,这就给防守带来很大困难。这时同侧的防守队员应迅速向同伴靠拢,像两扇门一样关闭起来,堵住突破者的移动路线。

(1) 配合方法(见图 6-8-38)

当中卫 △ 在任意球线附近接球时,防守队员③应及时起动迎前防守,这时临近的防守队员②、④都应在控制住自己对手的前提下,稍微向③靠拢,形成三角保护队形。当 △ 强行突破而防守③又难以阻挡时,防守△的防守队员④此时迅速滑步果断地向其靠拢,共同堵截△的突破。③、④在"关门"配合中,都要有封球的准备,当△突破不成,而将球转移时,③、④应立即回防自己对手。

（2）配合要点

1）当进攻队员在自己的防区接球时,防守队员要果断地迎前防守,在防守对方射门的同时,要堵住他的突破路线（尤其不能让他从其投掷臂的同侧突破）。

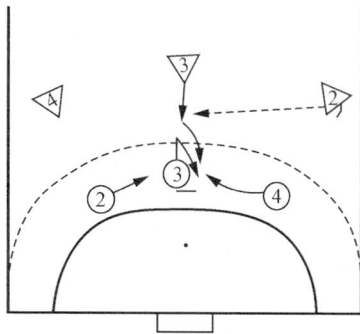

图 6-8-38

2）协助防守的队员要在进攻队员可能突破时,才可及时地向同伴靠拢,进行"关门"配合。不能过早行动,以免漏掉自己防守的对手。

3）进行"关门"配合时,协防队员必须迅速滑步向同伴靠拢,防守突破的队员则应继续紧贴着进攻队员,两人形成"关门"状。关门时,协同配合的两个防守队员腿部要靠近,两人的肩部要尽量靠拢,手臂不要有附加动作,不要留有空隙,以免突破队员强行挤过。总之,防守要彻底,直到突破者把球转移出去或成死球为止。

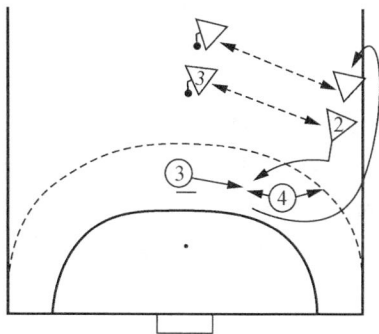

图 6-8-39

4）"关门"后,当进攻队员遭受堵截而站立或准备传球时,防守队员要根据情况进行夹击打断球。一旦他将球传出,防守队员就应该后撤防守,邻近的同伴则迅速回防自己的对手。

（3）练习方法:站位（见图6-8-39）

△、△在任意球线附近互相传球并交替做持球突破动作（向内侧方向突破）防守队员③、④练习"关门"配合,完成5次"关门"配合后,攻防交换,③、④分别站于队尾,后续进攻队员,可在原地练习传接球。

要求:对持球队员先上顶,用快速移动步法及身体堵截其突破路线;临近队员关门及时、果断;复位快捷。

（三）进攻区域联防

手球比赛的防守绝大部分都采用区域联防,本节介绍几种进攻区域联防的方法。

1. 进攻区域联防

进攻区域联防首先要有一个基本队形,以攻击区域联防存在的薄弱地带。一般有两种进攻队形,即双底线（2—4）和单底线（3—3）。在此主要介绍双底线（2—4）进攻队形。

（1）双底线（2—4）进攻队形（见图6-8-40）

左边锋△、右边锋△、底线设置两人为△、△（△最好是左手）,左卫△,右卫△,这种进攻队形,加强了内线的火力。由于底线增加了一人,势必加重了对方腹地和两侧的防守负担,不利的是因外围人数的减少,传球的距离加大而变得困难了。

（2）进攻防守采用5-1队形防守（见图6-8-41）

外围传球,右卫△、中卫△在外围快速传球,利用双底线牵制防守伺机射门。2名边锋△、△与2名后卫△、△在外围快速传递球,2名底线△、△有目的地牵制对手,左、右移动挡人能起到掩护作用。△、△伺机找空当射门,或如图所示突破射门,如遇对方封堵,亦可传球给右边锋△进攻。

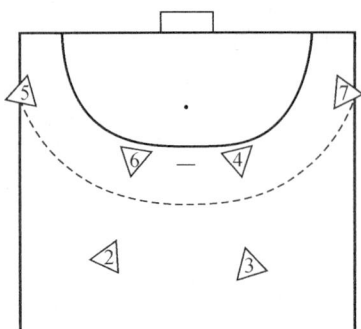

图 6-8-40

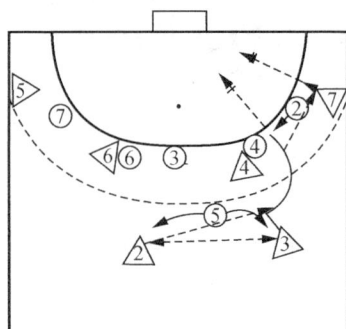

图 6-8-41

（3）进攻防守采用 4-2 队形防守（见图 6-8-42）

防守队为减轻内线的压力，有时会以 4-2 防守队形来应对。针对 4-2 防守主要力量集中在正面和底线腹地，两边比较空虚，因此进攻 4-2 防守时，应避开正面，不宜做外围的中、远距离射门，要多发动两边的进攻。此外，还可加强外围与内线的配合和背插切入的进攻战术。

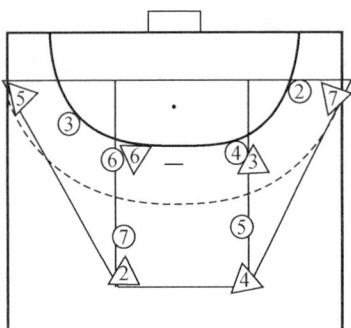

图 6-8-42

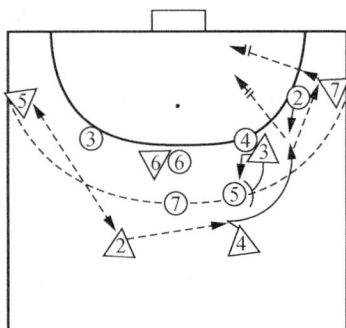

图 6-8-43

4-2 进攻与 4-2 防守，"针尖对麦芒"，形成攻防一对一的对峙状态。中区（方块）4 对 4 和左区、右区（三角形为 3 对 3 的局面。在这些区域内可以分别采用交叉、传切、掩护、突分和策应等基础配合展开进攻（见图 6-8-43）。

外围传球，底线后掩护配合射门。右卫 △、左卫 △、左边锋 △ 在外围互相传球，△ 传球给 △ 的同时，底线 △ 上提挡住防守队员 ⑤，△ 利用其掩护突破射门。如遇对方 ② 补防，立即传球给右边锋 △，△ 在小角度突破射门。△ 亦可传球给掩护后转身切入的 △ 射门。

2. 配合原则

避实就虚攻联防，球动人动最关键。

声东击西施巧计，防守移动不赶趟。

3. 配合要点

1）进攻区域联防，要根据区域联防的特点和防守队形，采用相应的进攻队形和方法。各种区域联防的队形都有防守比较薄弱的地区，因此，在组织进攻战术配合时，要针对其薄弱环节，结合本队具体情况，组织具有针对性的进攻战术。

2）进攻区域联防的关键是"球动"和"人动"。进攻队员通过球和人的快速转移来调动守方队员调整防守位置。在比赛中，守方队员主要是根据攻方的"球动"而移动和互相配合的。由于球在传递中运行的速度比人的移动速度要快得多,所以进攻区域联防,要求攻方队员必须掌握快速、精准的传接球技术。

3)进攻区域联防,首先,要打破攻防一对一的平衡状态,要以声东击西、内外结合和突然隐蔽的传球来调动防守,使对方处于紧张状态,在频繁或慌乱的移动中,产生错误和漏洞,再结合"人动"形成在局部地区的以多打少,从而创造出良好的射门和突破机会。

4)无论哪一种区域联防,由于防守队员分布都有一定区域的限制和存在一些薄弱地区,这是它本身不可克服的缺点。因此,进攻区域联防时,可利用进攻队员的穿插移动来扰乱对方的防区。这种球、人不断地移动,会增加防守的困难。"人动"多采用徒手和持球队员的交叉换位及突然的背插来完成。当然,"人动"要有明确的目的性,不能乱动。它是按照战术配合路线进行移动的。这样,才能达到预期的目的。

5)进攻区域联防,无论采用哪种队形,都要保持左右拉开,前后有层次的进攻队形,以保证战术配合有适宜的空间和拉开守方的防线。

(四) 区域联防

区域联防是由进攻转入防守时,队员迅速退回后场,按照预定的队形分布在球门区前一定的区域内,每个队员负责一定的区域,严密防守进入该区域的任何进攻队员的一种联合防守战术。

区域联防的特点是:在本方球门区线前,全队6名场上队员互相呼应,密切协作,他们的行动是根据球的转移而变化。能充分发挥集体防守力量。

1.区域联防的方法

(1)5-1区域联防

1)队形及队员的活动范围(见图6-8-44),5-1区域联防由1名突前防守的⑦站位于球门正面任意球线外面,充当第一道防线队员,其余5名队员沿球门区线前,形成第二道密集的扇形防线。他们离球门区线0.5—1米站位。⑦的主要任务是阻止对方中区的中、远距离射门和干扰破坏进攻队组织战术配合。

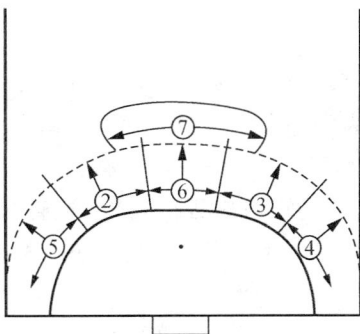

图 6-8-44

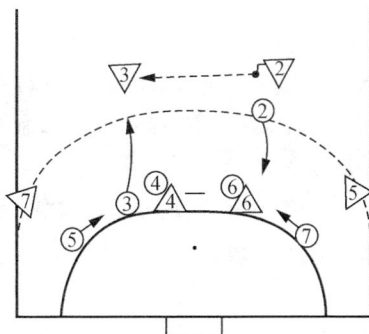

图 6-8-45

2)当进攻队采用双底线(2-4)队形时(见图6-8-45):当△接到△的传球时,③积极向前封堵在自己防区内的△持球队员,防止他突破和向内线传球;防守2名底线的④、⑥要站于靠球的一侧,切断其传球路线,④还要有协防的准备;原迎上防守的②在对手将球传出后,应迅速回撤到球门区线前;⑤在控制自己防区内△的同时;向右移动作协防③的准备。远离球一侧的⑦向内侧移动,以保持随球密集的队形。

(2) 4-2 区域联防

4-2 区域联防是用来对付进攻队拥有 2 名远射手的有效防守方法。它有明显的层次,增加了防守纵深。2 名队员突前防守,势必加大了对方射门距离,从而抑制了对方远射的攻击力。由防守转入进攻时缩短了快攻的距离,是一种比较积极的防守队形。

1) 队形及队员的活动范围(见图 6-8-46)⑥、③、②、⑦4 名队员沿球门区线站位,另两名队员⑤、④在任意球线附近防守,形成"帽子"形状的防区。他们各自防守进入自己防守区域内的对手,有分工但不分家,互相协作,联合防守。

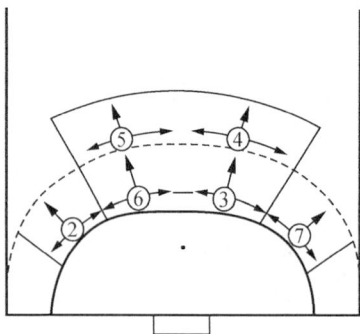
图 6-8-46

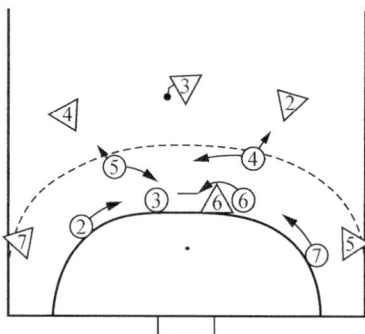
图 6-8-47

2) 当进攻队采用单底线(3-3)队形时(见图 6-8-47): △在正面任意球线外较远处持球而不可能射门时,⑤、④不必去盯防他,应分别监视自己防区内的 △ 和 △,⑥紧盯底线队员 △,要抢占有利位置,阻止他与 △ 进行策应配合和切断其传球路线。突前防守的⑤、④稍向中间靠拢,并准备堵截他向内线突破,两侧的②⑦在监控自己防区对手的前提下,稍向中间移动。③做好补防和夹击的准备。

2. 配合原则

快速退守快布阵,一人一区防一人。

有球上顶无球缩,随球密集不漏人。

3. 配合要点

1) 由进攻转入防守时,不要总是背对着球低头退守。在失去球权后,离球近的队员要封堵干扰对手传球,其他队员要伺机抢断球,制约对方发动快攻,全队以最快的速度退回后场,迅速组织好防守阵式。

2) 整个防守队形必须做到随球密集,根据球的转移,不断调整防守位置。远离球的队员要大胆放弃本区没有进攻威胁的对手,但要注意堵截进攻队员的背向插入。遇对方背插时,应先堵截后护送,力争切断其接球路线。

3) 不管采用哪种防守队形,每个人都应严密防守住出现在自己区域内的进攻者。当对手在有射门威胁的地区接到球时,应立即顶前防守。对内线队员的防守要紧贴,不让他轻易地接到球,是扩大防守控制区的关键。因此,内线的防守队员可根据对手与球的位置,采用身后、侧前或绕前防守的方法。

4) 进攻队员在防线外进行持球交叉换位配合时,相应的防守队员要积极堵截和换防。进攻队员在内线移动时,要先堵截后护送,并与同伴明确地做好交接,全队互相呼应,协同防守,进行

"关门"、换防、补防、夹击等配合,使其难以寻找到射门和突破的机会。

5)在防守过程中,每个队员要保持正确的防守姿势,按战术职责要求,集中精力,积极快速地前后左右移动,并配合手臂动作封、打、抢、断球,阻扰对方的传球和跑动。争取扩大控制面积,促使对方产生错觉或在慌忙的进攻中产生失误。

6)区域联防战术的各种防守队形,队员虽有活动范围的区域划分,为的是使队员理解战术的职责分工,而不应成为他们在场上积极移动的障碍。必要时可以进行区与区的交换,甚至可以大胆放弃本区,加强危险区域的防守。

四、专项身体素质练习方法

(一) 速度

1)原地快频跑。

2)听信号急停疾起。

3)螃蟹步及滑步、撤步。

4)快速侧身跑、变向跑、后退跑、交叉步跑。

5)快速运球射门、快速传接球射门、长传快攻射门。

6)抢球攻防对抗。

(二) 力量

1)手指手腕力量练习:指卧撑、击掌俯卧撑、负重手腕曲伸、抛接重球。

2)上肢力量练习:卧推、俯卧撑、投传重球。

3)下肢力量(弹跳)练习:

① 连续快速单摇和双摇跳绳。

② 连续蹲跳、跨步跳、收腹跳。

③ 单脚或双脚连续多级跳远。

④ 连续跳台阶、栏架。

⑤ 负重蹲起或蹲跳。

⑥ 原地连续起跳摸高。

⑦ 助跑接单脚或双脚起跳摸高。

(三) 灵敏

1)原地快频率碎步接各种步法变化。

2)连续快速模仿同伴动作。

3)一对一追逐、躲闪。

4)连续接不同位置、不同距离、不同方向的困难球。

(四) 耐力

1)中长距离的变速跑。

2)短距离反复冲刺跑。

3）连续折返跑。

4）全场反复快速运、传球射门或快攻。

5）持续较长时间的高强度攻守对抗。

参考文献

［1］崔守实.现代手球[M].北京：人民体育出版社,1994.

［2］聂劲松.手球[M].合肥：合肥工业大学出版社,2003.

［3］乒乓球手球垒球羽毛球编写组.球类运动：乒乓球手球垒球羽毛球[M].北京：高等教育出版社,1991.

［4］岑汉康,王健,高健.手球棒垒球沙滩排球[M].南宁：广西师范大学出版社,2002.

［5］刘丹.球类运动训练理念批判[M].北京：北京体育大学出版社,2006.

［6］廖玉光,殷恒婵.球类领会教学法[M].北京：北京体育大学出版社,2006.

［7］李镜绣.青少年手球教学与训练[M].北京：北京体育大学出版社,2012.

第九节 板 球

一、概述

板球是以击球(batting)、投球(bowling)和接球(fielding)为主的运动。板球比赛是由两队对垒,通常每队十一人,一队作攻击,另一队作防守。攻方球员为击球员(batsman),比赛时每次只可派两人上场,致力夺取高分数;一人负责击球得分,另一人配合夺分。守方则十一位球员同时上场比赛,一人为投球手(bowler)负责把球投中击球员身后的三柱门(wicket),力图将他淘汰出局(out),其他球员为外野手(fielder)负责把击球员打出的球接住,防止攻方得分(run)。攻方的击球局(innings)结束后,两队便会攻守对调,得分较高的一方为胜方。

板球设两种比赛方式,一种是实验比赛(Test Match),这种比赛通常打五天,对阵双方均穿白色板球服。另一种是一日赛(One Day Match),队员穿国家队队服或自己队的彩色队服。

（一）起源与发展

板球也被称为"绅士的游戏"(gentleman's game),是一项崇尚体育精神(sportsmanship)和"公平"的运动。板球运动起源于英国,棒球和垒球运动则是从板球派生而来。

板球运动的发源地相传是英国的东南部,起初只是一些牧羊人和农夫所玩的游戏。文献记载早于13世纪,在英国的肯特郡(Kent),英王爱德华一世(King Edward Ⅰ,1239—1307)曾参与过类似板球运动的活动。板球运动的英文名称cricket,可能是从当时牧羊人所用的手杖cric演变出来的。到17世纪,板球在英国已经相当流行。随着英国殖民地的不断扩张,板球运动也逐渐发展到英联邦国家,在印度它被视为国球,现在全世界推广普及。

1844年,第一场板球国际比赛在美国举行,比赛双方为美国队和加拿大队。

在近代中国,第一代参与板球运动的中国人可以算是我们的国父孙中山先生。他当年在香港西医书院学医(香港大学前身),课余跟他的恩师康德黎博士就曾打过板球;康博士还通过板球给孙先生讲解西方民主、英国议会制度、政党轮替等理念。

板球虽然不像乒乓球、棒球等球类运动那样在中国家喻户晓,但其实它在中国的历史可以追溯到1851年成立的香港木球会,也是英格兰之外建立的第一批板球俱乐部。而在中国大陆,早在1958年开始上海和北京就出现过板球比赛和板球俱乐部,不过打板球的主要是驻华的外国人。

现在,随着中国在2004年加入国际板球理事会(International Cricket Council)与亚洲板球理事会(Asian Cricket Council, ACC),并于同年成立中国板球协会(Chinese Cricket Association,CCA),板球在中国又重新兴起。2005年9月,由亚洲板球理事会推动,在北京举办了第一期中国板球教练员和裁判员培训班,学员30人,正式开始了现代板球运动在中国的普及和推广。2006年4月和9月又分别举办了第二期和第三期中国板球教练员和裁判员培训班,已有近百名教练员和裁判员取得了资格证书,并在全国学校中开展了板球运动。

板球自从500多年以前在英国出现后,起初只是在英联邦国家盛行,以后逐渐发展到近一百个国家,遍及世界五大洲。在国际板球理事会及亚洲板球理事会的大力支持下,板球运动已经开始在中国发展进步,这是世界板球运动史上的一大新的发展。我们相信,板球运动会在中国茁壮成长,使越来越多的中国人都开始玩板球。

(二) 板球的器材装备与场地

1. 球衣(见图6-9-1)

击球员可选穿手套,护腿垫,头盔,护胸,护肘,护腕和钉鞋。靠近球道的防守队员能穿护腿垫、护胸和头盔,但不能戴手套。守桩员可穿戴护垫、头盔和双层手套。

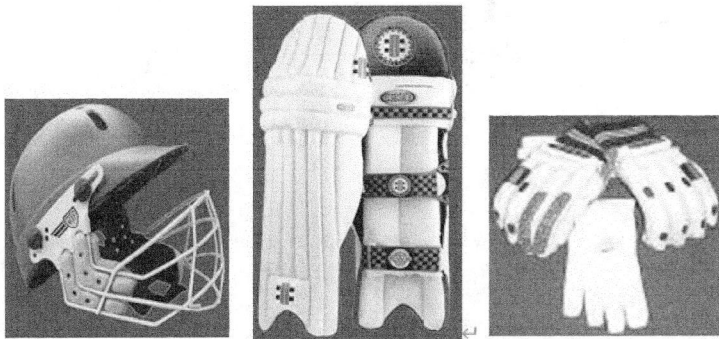

图6-9-1

2. 球(见图6-9-2)

板球由实心软木,外加两块或四块皮包着缝成,缝合位置叫线缝(seam)。职业投球手惯常会使线缝先落地,好让球弹起时改变方向,令击球员难于掌握球路。五日赛多数用红色板球,而一日赛则用白色板球。板球的圆周是22.86厘米(9寸),重量大约163克。

3. 板球板(见图6-9-3)

球板多数是用英国或克什米尔的柳木制成。板球板不能长过96.52厘米(38寸),不能宽过10.8厘米(4.25寸)。

图 6-9-2

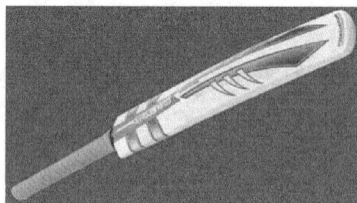

图 6-9-3

4. 三柱门(见图6-9-4)

三柱门(wicket)顾名思义就是三根圆柱形的木柱(stump),外加两条横卧在圆柱上的小横木(bail)。

三柱门的圆柱是用木制成,圆柱底部是圆锥形,再锤打进球道里。圆柱离地高71.11厘米(28寸),边柱相隔22.86厘米(9寸)。门柱上的小横木长4寸。大风的比赛日,裁判可以选用较重的小横木。

比赛时,若投球手将球投中击球员身后的三柱门,导致其中一条小横木落下,击球员便会被判出局(out),但若两条小横木没有跌落,击球员便不需出局(not out)。

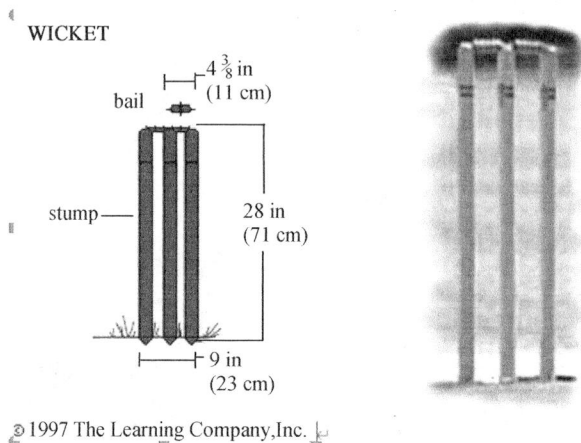

图 6-9-4

5. 球场(见图6-9-5)

板球比赛是在一片大圆或椭圆形的草地上进行。球场面积的大小并没有明文规定,通常是在场中的球道(pitch)以大约64米至68.6米半径画一个圆形为边界(boundary)。板球场比篮球场大约三十多倍。

图 6-9-5

6. 球道(见图 6-9-6)

尽管板球场地会因应不同球场而大小不一,但在场中的长方形球道却有法定的面积规范。在球道的两端会分别放置一组三柱门(wicket),两组三柱门的距离是 20.12 米(22 码),而球道的宽度是 3.05 米(10 尺)。

三柱门摆放的位置叫投球线(bowlingcrease),距离三柱门前 1.22 米的线是击球线(poppingcrease),而距离三柱门中央 1.32 米两边跟投球线和击球线成直角的线则称为返回线(returncrease)。

球道通常是一块平的硬泥地,在不同的气候地区,有些球道会有较多草滋长,有些则干涸多裂缝。而球道地质的湿硬软块,对选取投球策略有极大的影响。

图 6-9-6

(三) 比赛方法与规则介绍

1. 开局(见图 6-9-7)

比赛开始前,两队的队长(captain)会用掷硬币来决定哪方先击球(batting)或先防守(fielding and bowling)。先击或先守的决定通常会根据他们的排阵、球道(pitch)和天气状况来决定。

图 6-9-7

图 6-9-8

2. 击球局(见图 6-9-8)

击球局(innings)代表击球队(battingteam)所用的击球时间。一日国际赛(One Day International, ODI)只有两局击球局,亦即对垒双方各有一局击球局,有点像足球赛事的上下半场。每局击球局由五十个回合(over)组成。每位投球手须投出六个好球(坏球不计)便是一个回合,因此一局击球局可以有起码三百球投出。每局击球局大约需三个半小时完成。两局击球局加中场半小时的休息,整场赛事大约需八小时完成。赛事可以是日赛(daymatch),由朝早到下午,又可以是日夜赛(Day & Night, D/N),由下午到晚上。击球局有以下几种终结的途径:

1) 完成了五十个回合。

2) 击球队十一名击球手中的十名被判出局。

3) 击球队所得的分数超越了防守队上局所得的分数。

4) 击球队宣告(declare)终结(通常只出现在五日测试赛 test match)。

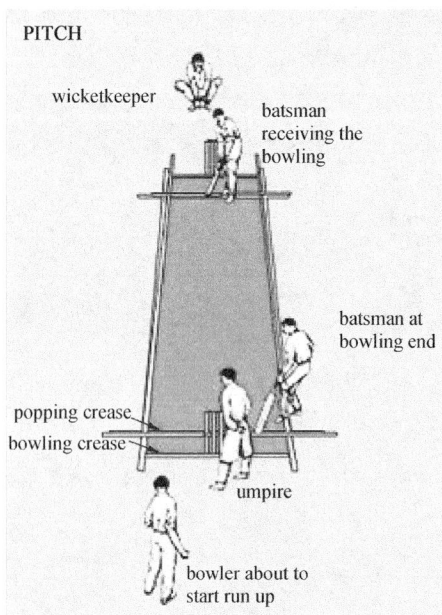

PITCH
wicketkeeper
batsman receiving the bowling
batsman at bowling end
popping crease
bowling crease
umpire
bowler about to start run up

© 1997 The Learning Company, Inc.

图 6-9-9

3. 击球手(见图 6-9-9)

比赛时,球道(pitch)两端的三柱门(wicket)位置,一端会定为击球端,另一端会定为投球端。两名击球手会分别站两端的击球线(poppingcrease)内。如图所示,站在上方三柱门前的击球手为迎球者(striker),负责迎击从下方三柱门投球手投来的球。站在下方三柱门前的击球手为非迎球者(non-striker),负责配合取分,击球手可将球打向任何方向,目标就是将球打得越远越好,取分越多越好,同时击球手又需要小心保卫三柱门(wicket)来避免出局(out)。

若场内其中一名击球手被判出局,他便须要离场,并不能在击球局(innings)再次击球,而新一名击球手便会进场接替他的位置。规则规定,击球队须派两名击球手比赛,若全队十一名击球手中的十名被判出局,场内则只剩一名击球手,击球队的击球局亦因此终结。

4. 投球手(见图 6-9-10)

比赛时,防守队的十一名队员会同时下场比赛。每一个回合(over)都会有一名防守队员担任投球手,他可以在球道(pitch)外助跑投球,但投球时脚不可逾过投球端的击球线(poppingcrease),手须过头及手臂笔直。

投球手的任务是把球投中击球手身后的三柱门赶他出局,或使击球手难以得分。投球手每回合须要投出六个好球,若他投出坏球,在这回合(over),他便须要多投一球。一名防守队员不能连续两回合当投球手。

图 6-9-10

5. **捕手**(见图6-9-11)

防守队会有一名队员专任捕手(WicketKeeper)，他会站在击球端的三柱门后负责接球。若投来的球擦过击球手的板边，捕手就有责任把球接住。捕手亦需要把外野手(fielder)的传球接住，尽量减少击球手得分，甚至令击球手出局。另外，捕手还需要把击球手打失的球接稳，而他更是唯一可戴手套的防守队员。

图 6-9-11

6. **外野手**(见图6-9-12)

除投球手和捕手，其余九名防守队员都是外野手(Fielder)。他们会根据击球队的攻势分散围住球道(pitch)来布阵。上图的黄点，便是外野手常站的位置。

外野手的任务是把击球手打出的球直接接住，令击球手出局；或将球截停，防止球滚出边界；或将球尽快传给捕手或投球手来阻截击球手取分。

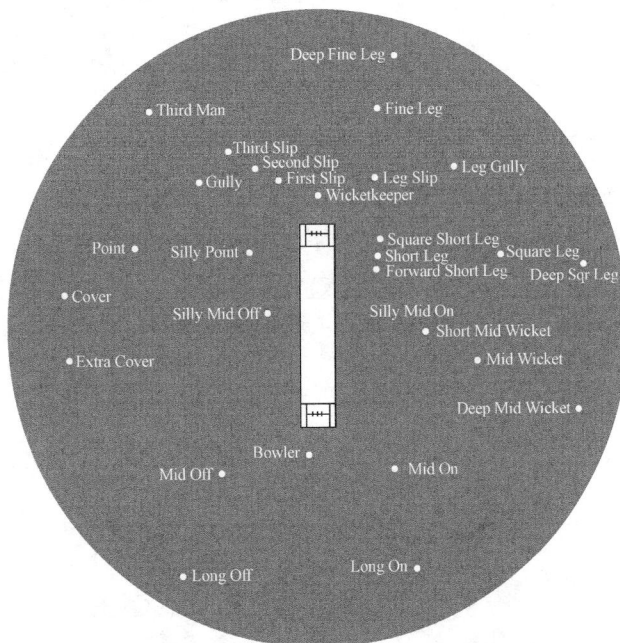

图 6-9-12

7. **后备**

每队其实有第十二位队员，他是后备球员，若正选队员受伤，他便可以入替，但他只能当外野手，不能当投球手或击球手。

8. **出局方法**

比赛中，防守队负责防止击球队取分，最佳的做法就是令击球队的队员出局。以下便是击球手被判出局的简介：

(1) 接出

接出是最常见的出局情况。投球手投出好球，击球手用球板或手套打中球，球在未落地前，防守队员用手将球接稳,击球手便会被判出局。

（2）投出

投球手将球投中击球手身后的三柱门(wicket),并把横卧在三柱门上的小横木(bait)弄跌,而投球手投出的球须要是好球,就算击球手打失,或球是擦过击球手的身体或球板才弄跌小横木,击球手都会被判出局。

（3）跑出（见图6-9-13）

两位击球手跑分时,两边击球线(poppingcrease)中间的区域就是危险区,危险区两端外的区域就是安全区。若击球手在危险区,而防守队员将球打跌三柱门的小横木,击球手就会被判出局。

被判出局的这次跑分将会作废。举例击球手跑分三次,在第三次跑分时被判出局,第三次的跑分会作废,即击球手只取得两分。

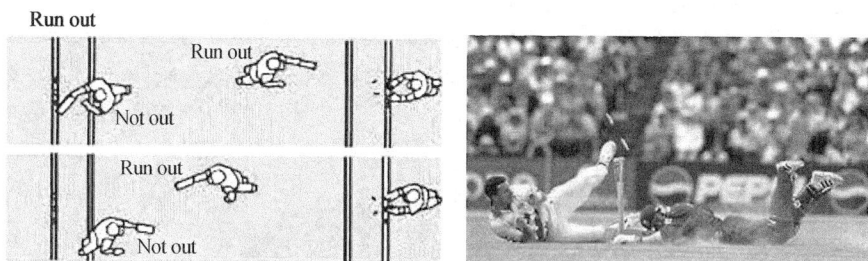

图6-9-13

（4）门前脚（见图6-9-14）

球投中击球手的护脚垫而给截停了,若裁判认为球本应能投中三柱门,但因击球手的护脚垫阻了球路,裁判便可判击球手出局。还有一些因素需要留意:这球须要是好球、击球手曾尝试过击球、球没有碰过击球手的球板和手套、投球手还须向裁判提出申诉(appeal)。门前脚就像足球赛事的越位(offside),是较具争议的裁决。

LBW {leg before wicket}

图6-9-14

Stumped

图6-9-15

（5）捕出（见图6-9-15）

击球手若走出击球线外(危险区)击球,捕手将球接妥,再用球弄跌三柱门上的小横木,击球手便会被判出局。若投球手投出的是坏球,击球手便不会被捕出,但歪球则会。

（6）摆乌龙

当击球手击球时,他的身体或球板误把三柱门上的小横木弄跌,便会出局。

（7）手球

击球手击球后，恐怕球会滚向三柱门，他可以用脚把球扫走，但若他用手拿球，他便会被判出局。

（8）打两次

击球手故意将球打两次，便会被判出局。

（9）逾时

击球手被判出局后，另一名击球手须要在三分钟内埋位迎球，否则便会被判出局。

（10）防守受阻

若裁判认为击球手故意阻拦防守队员接球，击球手可被判出局。

9. 取分方法

比赛中，击球队负责取分，越多越好，而防守队就负责防止击球队取分。

（1）四分球

球滚出或弹地出边界（boundary），击球队便可得四分。

（2）六分球

击球手将球直接打出边界，即击球后，球没有接触过地面飞出边界，击球队便可得六分！

（3）击球跑分（见图6-9-16）

击球跑分是最常见的取分方法。击球手把球打出后，球未能穿越边界，球道两端的击球手，互相跑越对方的击球线（poppingcrease）或将球板着地界过击球线，他们便可得一分，如此类推。

在跑分过程中，其中一位击球手未能将身体或球板触越击球线地面，便是漏跑（shortrun），此分不计。

得分是单数（1或3），原先的付击球员（non-striker）便会成为击球员（striker），负责迎击下一球。

图6-9-16

（4）坏球

几种情况下，投球手投出的球，可被判为坏球，击球队因此可获赠一分，而在这回合（over），投球手须多投一球。如果击球手将坏球直接打出边界（六分球），他便总共取得七分。

最常见的坏球情况是投球手投球时，他的前脚跨越击球线（poppingcrease）；若他的后脚踏着返回线（returncrease）或在其外，亦属坏球。以下的情况都可被判为坏球：

1）投出的球，没有弹地而高过击球手的腰。

2）投出的球，弹地后高过击球手的肩。

3）投出的球，是滚地球，或弹地多过两次，或在击球手前停了下来。

4）投出球时，投球手的手臂曲。

（5）歪球

投球手投出的球太过偏左或偏右，超过击球手正常的挥板的范围，而击球手的球板与球没有任何碰触，裁判（umpire）便可判此球为歪球；击球队因此可获赠一分，而在这回合（over），投球手须多投一球。

（6）足拜

除球板及手套，击球手的身体碰触到球，然后两位击球手跑分，这便叫作足拜。

（7）拜

若击球手曾尝试过击球，但打失，即击球手的身体及球板都没有碰触过球，两位击球手所跑的分,就会称作"拜"。

二、基本技术

(一)传接球

1. 动作要领

(1)下手传球

单手握球,手心向上,手臂向后方引伸,臂伸直,向前方迅速挥动,把球向前方指定方向传出(见图6-9-17,下手即低手传球)。

图 6-9-17

(2)下手接球

两手手指张开,小指侧相靠,形成一个半球状,手腕和手指放松。接球时,眼睛盯住球,并顺势缓冲来球的冲击力量。身体正前方来球向怀里抱(见图6-9-18);身体两边来球,双手接球后顺势向身体两侧后撤,以缓解来球的冲击力(见图6-9-19、图6-9-20)。

1)体前接球。

图 6-9-18

2）向左侧接球。

图 6-9-19

3）向右侧接球。

图 6-9-20

（3）上手传球

单手握球,身体侧转,手臂从身体下方向后方引伸,手心向下,执球手臂伸直,不执球手向前方摆动,两臂成水平伸直。执球手臂弯曲,以鞭打动作向前方迅速挥动,不执球手同时向下压,身体转向前方。把球向前方指定方向传出,身体顺势向另一侧转动(见图6-9-21)。

图6-9-21

（4）头上接球

判断球落的位置,迅速跑位,两脚站稳后,两手手指张开,手心向上,拇指侧相靠,形成一个半球状,手腕和手指放松。接球时,眼睛盯住球,并顺势缓冲来球的冲击力量(图6-9-22)。

图6-9-22

（5）接地滚球

判断球落的位置,迅速跑位,两脚站稳后,两手手指张开,手心向上,拇指侧相靠,形成一个半球状,手腕和手指放松。接球时,眼睛盯住球,并顺势缓冲来球的冲击力量(图6-9-23)。

图 6-9-23

2. 传接球练习方法

1) 两人相距两米至三米左右,弯腰姿势准备好,下手传球,一人传,一人单手接。

2) 两人相距和准备姿势同上,每人手拿1只球,右手传,左手接。

3) 两人相距和准备姿势同上,一人拿2只球,另一人拿1只球,同时传3只球。

4) 两人相距和准备姿势同上,每人拿2只球,同时传4只球。

5) 闭眼传球:在重复上述双人面向传球过程中,瞬间闭眼,等球快到时再睁眼接球。

6) 不同手法传接球:两人面对传球,用两只不同颜色的球,规定好用不同的手法接,一只用上手接,一只用下手接。

7) 两人相距10米左右,分别练习用下手和上手传球。

8) 四人四角跑动传球(见图6-9-24):四人站成四边形,相距5米左右。用一只球,1传给2,同时跑向2的位置,到了以后往回跑,回到1的位置,再接4传来的球。

3. 易犯错误与纠正方法(见表6-9-1)

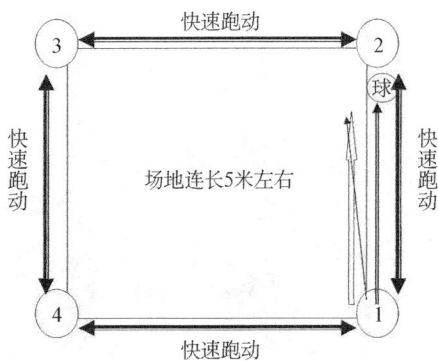

图 6-9-24

表 6-9-1

动作名称	易犯错误	纠正方法
下手传球	出手过早或过晚	多次重复练习
下手接球	手形错误,缓冲太晚	强调正确的手形,利用曲肘进行缓冲

（续表）

动作名称	易犯错误	纠正方法
上手传球	球出手速度太慢	协调用力,前臂鞭打动作
头上接球	接球不稳,缺乏缓冲	快速移动到位,前臂曲肘进行缓冲
接地滚球	漏接球	判断准确,手形正确

（二）击球

1. 动作要领

（1）前跨击球（见图6-9-25）

第一步：准备姿势。

握拍方法：左手握住拍柄的后端,右手与左手相对,握住靠近拍柄和拍子的结合部,右手放松。

击球准备姿势：两脚分开与肩同宽,脚尖平行,侧向前方站立,上体前倾。双手持拍,拍头放于右脚前端。头保持端正,转向击球方向。眼睛看来球方向。

第二步：引拍

动作要领：以拍柄头为轴,使拍子向后方旋转,拍头向上。双臂与拍子组成一个倒"9"字形。左脚向击球方向迈一小步,右脚以脚掌为轴同时转动。

第三步：击球

动作要领：以垂直于两肩锁骨组成的平面的矢状轴为轴,身体向前方转动,以腰带动肩,然后是手臂和拍子。在击球时,拍子要垂直于地面,用靠近拍子顶端1/4左右的位置正击来球。

第四步：顺势挥拍,击球后,拍子要继续挥动,手腕放松,拍头自然摆动到头后。

图 6-9-25

（2）后退击球

成击球准备姿势站好。引拍向后上方，后腿向后跨一步，手臂靠近身体，头保持正直。前腿向后退一步，挥拍击球。击球时，两脚站稳。顺势挥拍向前上方（见图 6-9-26）。

图 6-9-26

（3）后退防守

成击球准备姿势站好。引拍向后上方，后腿向后跨一步，手臂靠近身体，头保持正直。前腿向后退一步，挥拍成竖直方向，用拍面挡球。拦击球时，两脚站稳。击球后身体保持不动（见图 6-9-27）。

图 6-9-27

（4）切球

成击球准备姿势站好。引拍向后上方，后腿向后跨一步，手臂远离身体，两手接近水平，头保持正直。两脚站稳，挥拍击球。击球时，球与板最先接触点在球越过身体，用握板手下面的手用力。顺势挥拍向 offside 方向横切球。

（5）横扫球

成击球准备姿势站好。引拍向后上方，后腿向后跨一步，手臂远离身体，两手接近水平，头保持正直。两脚站稳，挥拍击球。击球时，用握板手下面的手用力。顺势挥拍向腿侧扫球（见图 6-9-28）。

图 6-9-28

2. 击球练习方法

（1）徒手动作练习

教师讲解动作要领并示范。将全体学生分成两人一组，一组一支球拍。持拍人站成一排，练习挥拍击球。另一人站在同伴后面 2 米以外，注意观察同伴动作。练习 10 次徒手击球动作后换人，互相纠正动作。

（2）击固定在球托上的球

将全体学生分成多组，分别将球置于球托上，大家轮流击球，练习时要求击球的正前方有挡网或墙壁。

（3）实球练习

一支球拍一只球，练习者将球夹在下颌，做完引拍动作后，松开下颌，让球自由落下，待反弹起来后，用球拍向前击球。练习时要求击球的正前方有挡网。

（4）双人配合击球练习

一人持拍准备好，另一人将球从击球员前方垂直放下，待球反弹起来后，击球者用正确姿势击球。

3. 易犯错误与纠正方法（见表 6-9-2）

表 6-9-2

动作名称	易犯错误	纠正方法
前跨击球	握板下面的手发力，出球不直	强调握板上面的手发力，击球时板要垂直地面
后退击球	重心不稳，出球无力	强调双脚及时移动到位，握板上面的手发力

（续表）

动作名称	易犯错误	纠正方法
后退防守	漏球	手臂靠近身体，挥拍成竖直方向
切球	握板手上面的手用力	手臂远离身体，握板手下面的手用力
横扫球	重心不稳，击球无力	两脚站稳，用握板手下面的手用力

（三）投球

1. 动作要领

（1）投快球

1）一步投球：执球手靠近身体，球靠近下颌，不执球手臂上举，同侧腿抬起。前腿落地，执球手臂直臂向后、向上、再向前挥动，不执球手臂向前、向下压，身体保持正直。转肩，执球手臂迅速向前抛球，球出手后，手臂经过体前，向身体对侧挥动。眼睛注视目标，身体跟着向前顺势移动（见图6-9-29）。

图 6-9-29

2）三步投球：步法：不执球手臂同侧腿先迈出一大步，另一条腿向前上方抬起，脚横向落地，第三步落地时的脚尖朝向投球方向（见图6-9-30）。

图 6-9-30

（2）投旋转球

1）Legspin 旋转球技术要领。

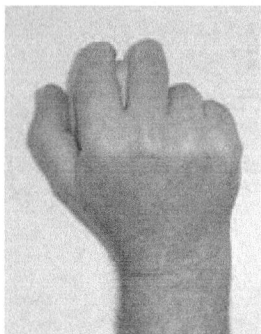

图 6-9-31

握法（见图 6-9-31）：用前面三个手指，绕球缝握住球，手指分开适当距离，感觉舒适。另外两个手指弯曲并拢收回。

后脚落地：脚横向着地，身体侧向投球方向，前面手臂上举，后手手腕向内曲锁住，手臂靠近身体，眼睛通过手臂一侧看准目标。

前脚着地：执球手臂向后向上摆动，手腕继续紧锁，拇指朝向斜前方，手掌朝上，身体半打开。

投球：前脚稍偏向右前方，球出手点要高，眼睛盯住球的落地点，身体完全打开。投球手臂从身体后外向前内侧挥出。

球出手：利用快挥臂动作向下投球，而不是缓慢的动作，让肩完全转向朝前，手臂经身体前方向对侧挥动，球在手臂经过头时出手，投球手的手掌面对击球者。

跟随：身体重量全部转移到前腿，左肩向后转，右臂继续前移，经过体前。右脚继续向前迈一步，右臂和右肩完全绕过身体，眼睛集中在击球员身上（见图 6-9-32、图 6-9-33）。

图 6-9-32

图 6-9-33

2）Offspin 旋转球技术技术要领。

握法（见图 6-9-34）：

后脚落地：脚横向着地，身体侧向投球方向，前面手臂上举，执球手臂靠近身体，眼睛通过手臂一侧看准目标。

前脚着地:执球手臂向后向上摆动,手腕继续紧锁,拇指朝向斜前方,手掌朝上,身体半打开。

投球:前脚稍偏向左前方,球出手点要高,眼睛盯住球的落地点,身体完全打开。投球手臂从后向前挥出。

球出手:球出手瞬间有些延迟,让肩完全转向朝前,手臂经身体前方向对侧挥动,球在手臂经过头时出手。

跟随:身体重量全部转移到前腿,左肩向后转,右臂继续前移,经过体前。右脚继续向前迈一步,右臂和右肩完全绕过身体,眼睛集中在击球员身上(见图 6-9-35、图 6-9-36)。

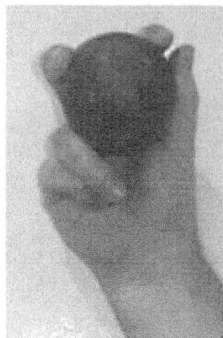

图 6-9-34

图 6-9-35

图 6-9-36

2. 投球练习方法

1) 两人一组,相距 20 米,中间放一个桩门。与对面的人互相投球,练习击桩柱(图 6-9-37 对面准确性击桩门)。

2) 六人一组,围一个桩站成一圈。与对面的人互相投球,练习击桩柱(图 6-9-38 围圈准确性击桩门)。

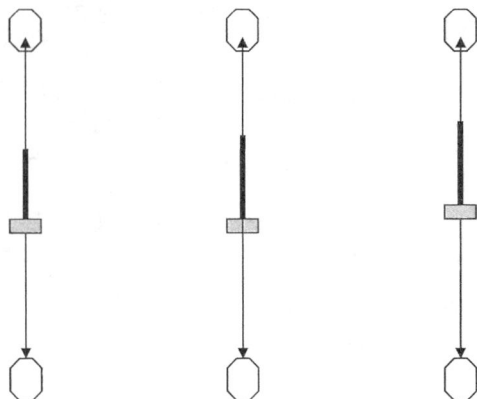

图 6-9-37　对面准确性击桩门练习示意图　　　　图 6-9-38　围圈准确性击桩门练习示意图

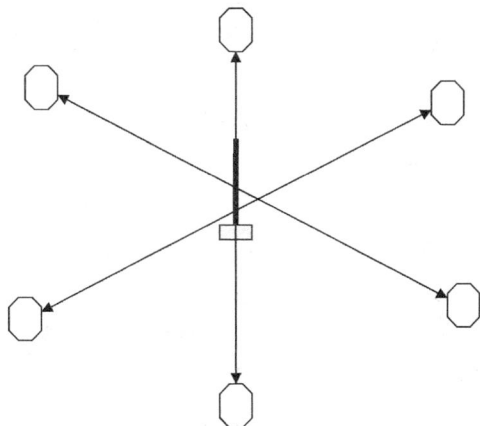

3. 易犯错误与纠正方法(见表 6-9-3)

表 6-9-3

动作名称	易犯错误	纠正方法
投快球	曲臂,出球无力	直臂协调发力,重复练习
投旋转球	重心不稳,出球无力	调整助跑距离,手腕、手指配合发力

三、基本战术

(一) 防守战术(见图 6-9-39)

1) 防守站位是板球比赛当中非常重要的一门学问,通常由队长去分配。
队长要根据每名防守队员的特点安排不同的位置,达到好的防守效果控制击球员得分。

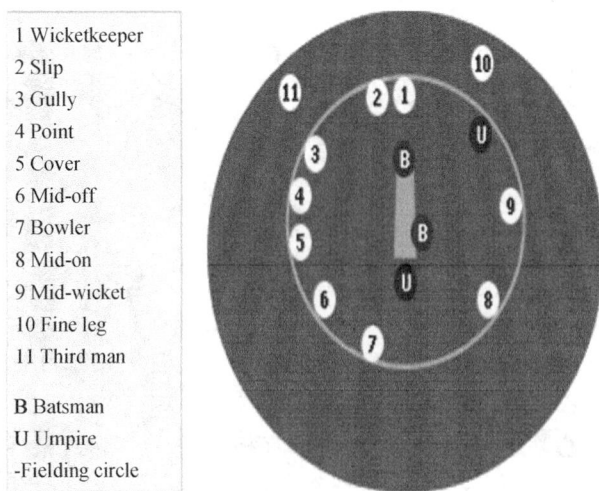

1 Wicketkeeper
2 Slip
3 Gully
4 Point
5 Cover
6 Mid-off
7 Bowler
8 Mid-on
9 Mid-wicket
10 Fine leg
11 Third man

B Batsman
U Umpire
-Fielding circle

图 6-9-39

① Slip-擦板：在比赛中接擦板球的位置，在外飘球，以及旋转球时要安排其存在，或针对击球能力较差的击球员可能安排很多的擦板防守队员，在比赛中要根据投手的投球能力以及击球员的击球能力进行设置。

② Gully：其站位位于守桩员与point防守位置中间，针对晚切球以及较远的擦板球以及近距离正后方的防守位置。

③ Point：主要针对击球员切球以及正侧面区域的防守而设置，防守位置特点大多数情况下球在落地后会向击球员后方变向-建议左手运动员站这个防守位置，可以高效传接。

④ Cover：是板球比赛中防守任务强度较大的位置，处于比赛场地中心的位置，一般会把队长放在这个位置，方便观察击球员的特点，找出针对的方式，以及全队防守阵形的变化。

⑤ MidOff、MidOn：针对前跨击球有效的防守位置，有高空球接杀，以及边界球防守，防守任务较重。

⑥ Midwicket：针对击球员擅长腿侧ondrive以及腿侧转板，有时也被设置协助防守拉球，如果投手投出的球偏向中桩、腿桩，MIDWICKET的防守就非常的重要。

⑦ Fineleg、ThirdMan：这两个位置主要针对击球员采用主动的击球方式，而利用来球的速度改变球板的角度的方式，同时守桩员的漏接，打腿漏接时，较多的球将由thirdman&fineleg进行防守。

⑧ Squareleg：主要针对拉球，扫球设置的防守位置，也可根据击球力量的大小调整水平位置。

2）对于投手来说要清晰自己的投球特点，了解适合自己的防守站位，在不同的时期采用不同的方式（见图6-9-40—图6-9-43）。

3）根据击球员每回合，每球平均得分安排防守阵容，如：对手每回合需要得3分即可获胜，限制其得一分非常重要，若每回合需要得8分，边界防守就更为重要。

如果当其球队需要1分即可获胜时，没有必要进行边线防守，如需要一个4分球获胜时，没有必要将过多防守队员安排在内场（见图6-9-44、图6-9-45）。

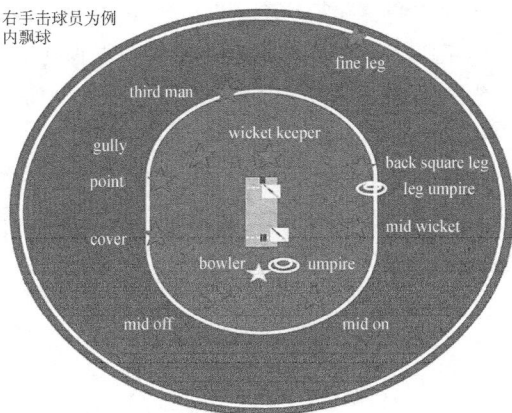

图 6-9-40

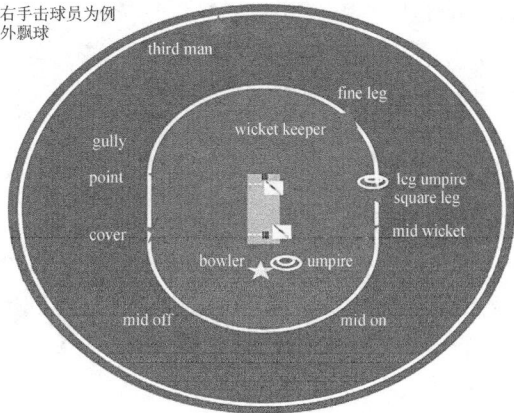

图 6-9-41

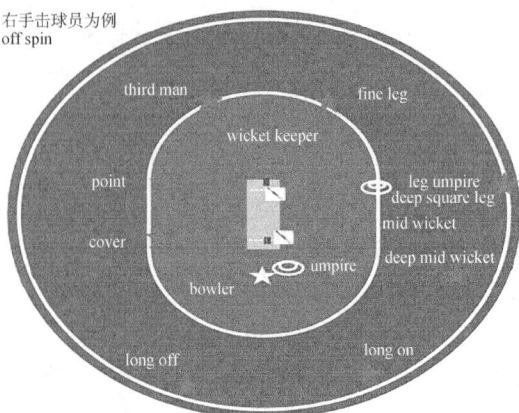

图 6-9-42

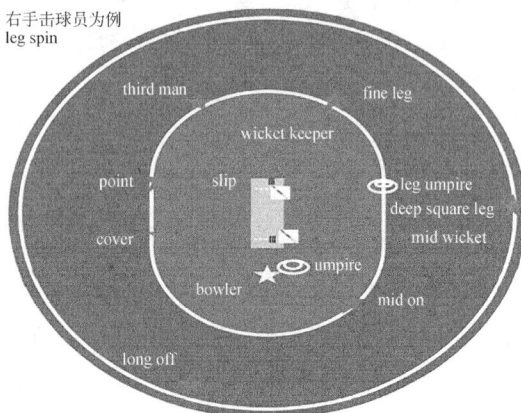

图 6-9-43

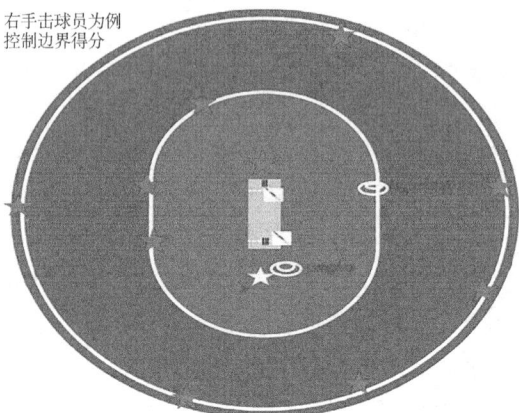

图 6-9-44

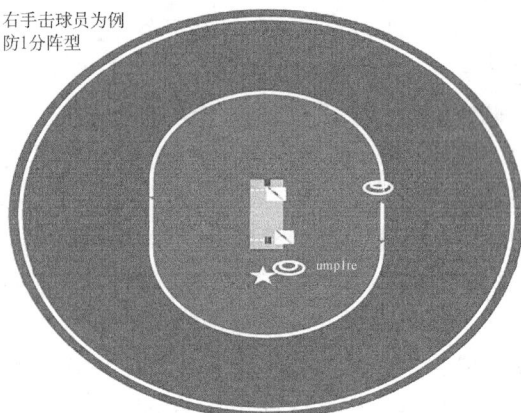

图 6-9-45

（二）进攻战术

板球比赛中,进攻战术错综复杂、瞬息万变,进攻战术的制订随机应变、机动灵活,防守方的防守布阵,击球手的击球特点,投球手的投球方式等综合因素,都是制订进攻战术需要考虑的各个因素。

参考文献

［1］马海峰,吴瑛.板球[M].北京:人民体育出版社,2008.

［2］冯坚,刘静民.板球规则[M].北京:人民体育出版社,2019.

［3］苏巍,钱啸寅,冯坚.板球游戏[M].上海:同济大学出版社,2022.

第十节　气　排　球

一、概述

(一) 起源与发展

气排球是我国土生土长的一项体育项目,是从排球项目衍生出来的群众性体育活动。1984 年,呼和浩特铁路局集宁分局为了开展老年人体育活动,丰富退休职工的业余生活,设计了一项集体性娱乐活动,通过简单借鉴 6 人排球规则,使用气球在羽毛球场地进行隔网对抗,由于气球过轻并且易爆,他们将两层气球套在一起打,后又改为用儿童软塑球,随后将这种活动形式取名为"气排球"。

1991 年 6 月,气排球运动推广小组在北京正式成立,火车头老年体协编制出第一本《气排球竞赛规则》并制作了比赛标准用球。1993 年 3 月,著名的中国火车头老年人气排球协会在北京正式成立。1998 年,全国老年体育工作会议决定要在全国推广气排球运动。1999 年,火车头气排协承办了全国老年气排球教练员、裁判员培训班。2003 年 11 月,在浙江省丽水市举办了华东地区首届老年人气排球比赛,标志着气排球运动的推广普及取得了实质性进展,气排球运动开始走出铁路系统,逐步面向全社会。同年,国家体育总局排球管理中心再次修订《气排球竞赛规则》,进一步规范气排球比赛。2005 年 7 月,中国老年人体育协会制订了《老年气排球竞赛规则》,进一步规范和指导气排球比赛,并在全国中老年人气排球比赛中施行。2013 年,中国排球协会、排管中心组织编写、出版了我国第一部《气排球竞赛规则》,进一步规范了气排球运动。2017 年在全国第十三届天津全运会上,气排球正式成为群众体育的正式比赛项目之一。中国教科文卫体工会全国委员会主席王科曾表示:"气排球是一项十分有利于健康的群众运动,走向全运会标志着气排球运动走上正规化,对于运动的普及推广和全民健康都有积极的促进作用"。

(二) 特点与作用

1. 气排球趣味性强,安全性高,容易学习

气排球运动既保留着排球运动原有的室内六人制硬式排球的比赛模式,又有不断推陈出新简便易上手的技术,使得初学者更易接纳。气排球具有颜色艳、质地软、弹性强的特性,这使得气排球手感舒适、不易伤人,安全性较强,初学者更易接受。气排球重量轻、体积大,因而飞行速度较慢,初学者对球更易操控,降低了学习难度,使得比赛中回合次数增多,中断少,初学者的自信心得到提高,趣味性更强;气排球运动强度适中、不激烈,不同人数、性别、年龄、技术水平的爱好者均可参加;相对于室内排球,气排球比赛对于场地、赛制、队员站位、发球、进攻的规则限制较低,更易学习和掌握,比赛难度降低,娱乐性增加。气排球运动的项目特点,给气排球运动爱好者带来了极大的兴趣和强烈的参与感,相对于其他种类的排球,更让人赏心悦目,乐在其中。

2. 气排球运动有较强的健身功效

气排球运动需要连续不断的移动、传球、垫球和进攻,是一项综合性的有氧运动,有助于增强呼吸系统和心血管系统的机能,健身功能显著。有研究表明,在比赛中,气排球比赛平均每得一

分来回球次数和双方触球次数明显优于六人制排球和软式排球,气排球每局比赛所用的时间、运动后即刻每分脉搏要高于室内六人制硬式排球和软式排气,由此说明,相对于室内排球和软式排球,气排球更容易让参与者"动"起来,更充分地调动参与者积极性,健身功效更强。除此之外,运动具有公认的健脑价值,气排球比赛中快速的攻防转换以及不同情景下的迅速反应,会不断刺激和调整大脑神经活动过程的强度、均衡性和灵活性,大脑神经系统的功能得以改善和增强。

3. 气排球的娱乐身心功效

气排球还具有较高的娱乐价值,气排球运动容易学习和掌握,安全性高,趣味性强,具有较强的亲和力,容易激发参与者的锻炼兴趣,深受各年龄阶层人群的喜爱。众多实验研究表明,相对于室内六人制排球和软式排球,气排球运动娱乐性更强,初学者对学习气排球的总体兴趣更高,总体愉悦感和新颖性表现更明显,气排球更容易激发锻炼的积极性,并且参与气排球运动对陶冶情操、缓解压力等方面具有一定的功效。气排球运动能够强身健体、陶冶情操、娱乐身心,这对于长期饱受工作压力、学业压力的人群来说,不失为一个放松和健脑的好方法。

4. 气排球的团队精神和集体主义精神

2016 里约奥运会女排夺冠,一瞬间,中国女排再次成为国人瞩目的焦点,女排姑娘们在赛场上表现出的勇气、坚持、激情四射、逢敌敢于亮剑、狭路相逢勇者胜的优秀品质也让大众再次谈起女排精神。气排球同大众排球,是一项团队运动,在比赛过程中非常需要队员整体之间的协调配合,通过不断的沟通交流、相互配合,团结一心并努力为队友创造进攻条件,全体成员彼此之间能够和谐相处,团结合作,有利于增强团队的凝聚力和战斗力。在气排球比赛中,队员在场上垫球、传球、跑动等都与全队的整体作战意图相符合,各个部分都充分体现出"心往一处想,劲往一处使"的思想意识。

(三) 比赛方法与规则简介

1. 比赛场地(见图 6-10-1)

(1) 场地大小

气排球是室内排球在中国大众运动中的衍生品,其场地大小比室内排球场地要小,按照现行的气排球规则,场地大小为 12 米×6 米的长方形,四周至少有 2—3 米宽的无障碍区。

(2) 场地构成

1) 进攻限制线:气排球源起于中老年群体,为减轻扣球威力、增加比赛连续性,而设置进攻限制线,比赛过程中所有进攻必须在进攻限制线后完成。按照规则,进攻限制线与中线相距2 米。与室内排球相比,气排球无前排进攻。

2) 跳发球限制线:跳发球限制线是气排球比赛中的特殊规定,设置在底线后 1 米处,要求跳发队员跳发球起跳时,脚不得踏及或超越跳发球限制线,起跳空中击球后,脚可以落在任何位置。跳发球限制线从 2017 年开始运用在全国气排球比赛中,它的设置增长了跳发距离,一定程度上降低跳发威胁性,提高接发球的起球率。

3) 网高:国内气排球比赛按现行标准,整体网高相较于室内排球更低,男女比赛网高分别为2.10 米和 1.90 米。现在社会上很多气排球比赛为男女混合制的,通常网高采用 2 米。由于网高较低,气排球对于运动员的身体素质门槛要求不高,有利于更多的人参与到气排球运动中来,提高娱乐性。

2. 比赛用球

气排球为圆形,球的面料由柔软的高密度合成革材质制成。颜色为彩色。圆周长为 72—

78 厘米,重量为 120—140 克,气压为 0.15—0.18 千克/平方厘米。气排球有重量轻、体积大的特点。

3. 比赛人数

(1) 总人数

气排球比赛中一个队由 10 人组成,其中有 1 名领队,1 名教练员,8 名运动员;领队、教练员可兼运动员。气排球比赛中不设自由防守队员,鼓励全攻全守。

(2) 场上人数

按照规则,气排球比赛可由组委会根据参赛人数的规模确定赛制,四人制或五人制均可。通常使用五人制,场上人数为五人,前排三人后排两人。如使用四人制,则前后排各两人。

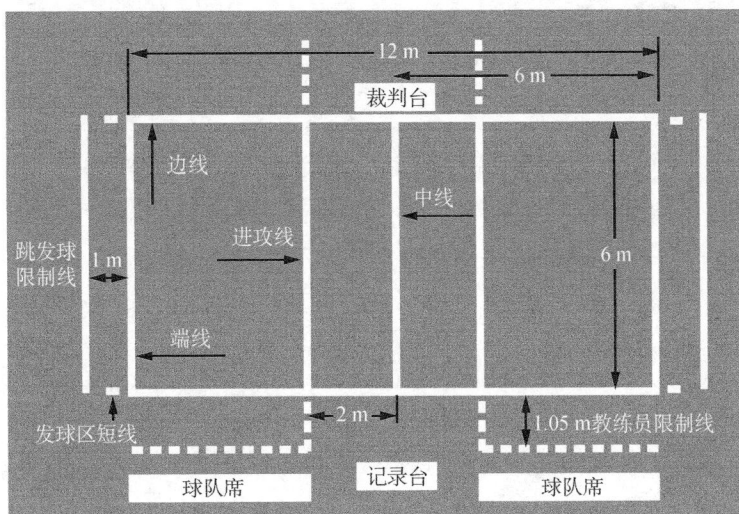

图 6-10-1 气排球场地示意图

4. 气排球运动的基本规则简介

(1) 轮次(见图 6-10-2)

1) 双方队员各分为前排三名,后排二名。前排左边为 4 号位,中间为 3 号位;右边为 2 号位,后排左边为 5 号位,右边为 1 号位。每局比赛开始,场上队员必须按位置表排定的次序站位,在该局中不得调换,4-3-2 号位肩距不得小于 50 厘米,手不得高于自己的肩膀,但可十指交叉抱于头后。发球时场上队员位置不能调整,前排队员可以站在限制线以外,但后排队员不能站在前排队员前面。(队员的位置是根据其脚的着地部位来判定的,每一名前排队员至少有一只脚的一部分,比后排队员的双脚距中线更近;每一名右边(左边)队员至少有一只脚的一部分,比同排中间队员的双脚距场地的右(左)边线更近。在发球队员击球的一刹那,场上队员脚的着地部位必须符合其位置要求。)

2) 球发出后,队员可以在本场区内的任何位置上,不受上述限制。

3) 在新的一局,每个队上场队员的位置可重新安排.登记在记分表上的队员都可被列入新的上场阵容。

4) 发球队胜一球或接发球队取得发球权时,该队队员必须按顺时针方向轮转一个位置,由轮转到 1 号位的队员发球,如没有按发球次序轮转发球,则为轮转错误,必须立即纠正,则判失去发球权。

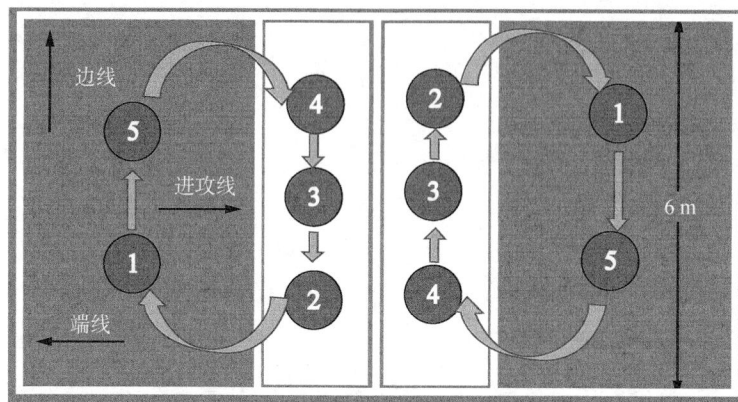

图 6-10-2　气排球站位轮转示意图

（2）发球

1）发球线与发球区。场地两端各画两条长 20 厘米，垂直并距离端线 25 厘米的短线叫发球线。发球线一条画在右侧边线的延长线上，另一条面在左侧边线的延长线上。发球线与端线间的区域为发球区，发球区向外是无限延长的。

2）发球对球必须清晰地离手抛出后用一只手或手臂击球，并使球由两标志杆内直接越过球网。

3）第一局和决胜局经抽签由取得发球权的队 1 号位队员首先发球。第二局由前一局末首先发球的队发球。

4）发球队员必须在端线发球区内发球。他可以自由移动或起跳，但当手击球时不得踏线或超过发球区，击球后可落在场内。

5）发球队员必须在第一裁判员鸣响发球后八秒钟内将球发出。球被抛出发球队员未击球，球也未触及发球队员而落地，第一裁判员应再一次鸣哨继续发球。

6）发球队的队员不得以任何方式阻挡对方观察发球队员和球的飞行路线。站好位后哨声吹响及未击发球前不得左右摇晃，不然裁判可判阻挡对方接球视线，发球方犯规。

7）在距短线后 1 米处画一条平行且与端线长度相等的平行线为跳发球限制线；跳发球必须在该线后完成起跳动作。

（3）连击与持球

连击：

1）一名队员连续触球多于一次时判为连击。

2）在第一次击球时，允许身体不同部位在同一击球动作中可以连续触球。

持球：凡是把球接住或把球顺势缓冲停留后再将球送出或顺球方向将球抛出的击球动作，应判持球犯规。

（4）四次击球

某队连续击球四次（拦网除外），则应判四次击球犯规。

（5）进攻

1）队员直接向对方击球即为进攻性击球（它包括扣球、吊球、传球和垫球）。

2）任何队员在后场区可以对任何高度的球做进攻性击球，扣球起跳时不得踏及或踏越限制线，否则即为犯规。

3）队员在前场区对高于球网上沿的球不准扣球，只允许将球传入对区并必须具有一定向上的弧度。

（6）拦网

1）对方进攻时前排三名队员可以进行单人或集体的拦网，球可迅速而连续触及一名或多名的拦网队员，拦网后的队员仍可击球。

2）拦网时球可以触及拦网队员的手以及身体任何部位。

3）拦网队员不得将手或手臂伸过球网进行拦网。

4）拦网不算一次击球，还可再击球三次。

5）不得拦对方的发球和前场区过网的球。

6）拦网犯规：a.后排队员完成拦网或参加完成拦网的集体；b.拦对方的发球；c.从标志杆以外伸入对方空间拦网；d.拦网队员过网拦网，在对方进攻性击球同时或之前触球；e.当球飞向过网而尚未过网，有同队队员准备击该球时完成拦网。

（7）中线

1）中线连接两条边线的中点。中线将比赛场区分为长6米，宽6米的两个相等的场区。

2）队员的一只（两只）脚部分越过中线触及对方场区的同时，其余部分接触中线或置于中线上空是允许的，不判为犯规。

3）队员除脚以外，身体任何部位触及对方场区为犯规。

4）比赛中断后队员可以进入对方场区。

5）在不干扰对方比赛的情况下，队员可以穿越进入对方的无障碍区，但不得击球。

（8）标志杆外球

1）标志杆：是用结实材料制作带有韧性的两根杆子，长1.8米，直径为1厘米，每10厘米应涂有红、白相间的颜色，分设在中线两侧的（外沿）边线上，并高出球网80厘米。标志杆被认为是球网的一部分，并作为球网两端界限的标志。

2）球触及标志杆、以及标志杆以外的球网做出界处理。

（9）换人与暂停

1）每局比赛中，每队最多请求两次暂停和4人次（四人制）或5人次（五人制）换人，所换队员不受位置限制。

2）每次暂停时间为30秒。

3）换人由教练员或场上队长请求，换人时，场外队员要做好上场的准备。

4）同一队未经过比赛过程不得连续提出换人请求。但在同一次换人请求中可以替换1人或多人。

5．竞赛常用赛制

1）比赛采用三局两胜制，胜两局的队为胜一场。如果1：1平局时，进行决胜局（第三局）的比赛。

2）第1、2局先得21分为胜一局，当比分为20：20时，比赛继续进行至某队领先两分（22：20、23：21……）为胜一局。决胜局，先得15分时超过对方2分的队获胜，当比分14：14时，比赛继续进行至某队领先两分（16：14、17：15……）为胜一局。决胜局8分时双方队员交换场地进行比赛，比赛按照交换时的阵容继续进行。

3）得分：球成功地落在对方场区；对方犯规；弃权与阵容不完整（某队被召唤后拒绝比赛，则宣布该队为弃权。对方以每局21：0的比分和2：0的比局获胜。某队无正当理由而未准时到达比赛场地,则宣布该队为弃权。某队被宣布一局或一场比赛阵容不完整时,则输掉该局或该场比赛,判给对方胜该局或该场比赛所必要的分数和局数。阵容不完整的队保留其所得分数和局数)。

二、基本技术

(一) 准备姿势与移动

准备姿势与移动是完成气排球发、垫、传、捧、扣、拦六大有球技术的前提和基础,对各项有球技术的运用起到了串联和纽带的作用。准备姿势与移动相辅相成,不能分割。

1. 准备姿势

为了便于完成各种技术动作而采取的合理的身体姿势被称为准备姿势。合理的准备姿势既要使身体重心处于相对稳定的状态,又要便于移动和完成各项击球动作,为迅速起动、快速移动及击球创造最好的条件。身体重心根据击球动作的需要将保持不同的高度,一般按重心高低来分准备姿势可为以下三种:稍蹲准备姿势、半蹲准备姿势和深蹲准备姿势。半蹲准备姿势是气排球比赛当中最常用的准备姿势,在接发球、防守和拦网中较常运用。

(1) 动作要领

两脚开立,稍比肩宽,两膝弯曲成半蹲状。脚跟自然提起,上身稍前倾,两臂放松自然弯曲置于腹前。身体适当放松,双眼注视来球,两脚始终保持微动(见图6-10-3)。

图 6-10-3

(2) 练习方法

1) 徒手模仿练习。

2) 学生两人一组,一人做准备姿势,另一人纠正其错误动作,交换进行。

3) 看手势做练习。根据教师手势:上举、平半、放下,学生做相应的直立、半蹲、摸地等动作。

4) 听哨音做动作。根据教师的哨音,一声哨做稍蹲、二声哨做半蹲、三声哨做低蹲准备姿势。

(3) 易犯错误与纠正方法(见表6-10-1)

表 6-10-1

易犯错误	纠正方法
曲膝未曲髋,重心未前倾	膝关节的投影点超过脚尖,肩关节的投影点超过膝关节
曲膝角度未达到,重心太高	多练半蹲和低蹲准备姿势,加强网下练习
全脚掌着地,重心后坐	脚后跟离地,强调含胸、收腹、重心前倾

2. 移动

移动是球员从起动到制动之间的位移和动作,其完整过程包括起动、移动、制动三个环节。球场上,根据移动距离、临场技术、组织战术的需要,灵活地运用多种步法进行移动。气排球的移动步法主要有跨步、并步、交叉步、后退步、跑步。本节重点介绍并步和交叉步。

(1) 动作要领

两脚开立,稍比肩宽,两膝弯曲成半蹲状。脚跟自然提起,上身稍前倾,两臂放松自然弯曲置于腹前。身体适当放松,双眼注视来球,两脚始终保持微动。

当来球距离身体较近、弧线较高时,可采用并步移动。其动作方法是向左滑步时,右脚蹬地,同时左脚先向左迈出一步,右脚迅速并上,落在左脚的右面。向右移动则相反(见图6-10-4)。

图6-10-4　并步移动(从左向右)

当来球距身体2米左右时,可采用交叉步移动。其动作方法是向右移动时,上体稍向右转,左脚从右脚前面向右迈出一步,右脚再迅速向右迈出一步落在左脚的右边,同时身体向来球方向转动,做好击球前的准备姿势。向左移动则相反(图6-10-5)。

图6-10-5　交叉步移动(从右向左)

(2) 练习方法

1) 镜面模仿练习,根据教师动作,做镜面练习。

2) 学生两人一组,一人做移动步法,另一人纠正其错误动作,交换进行。

3) 看手势、听哨音做练习。根据手势确定移动方向,手势向两侧用并步(一声哨)或是交叉步(两声哨),手势向前用跨步,手势向后用后退步。

(3) 易犯错误与纠正方法(见表6-10-2)

表6-10-2

易犯错误	纠正方法
反应速度慢,起动未及时	结合视觉和听觉,多做起动练习
移动过程中,重心起伏太大	强调移动过程中的重心控制,加强网下练习
移动过程中,双眼未视前方	提高步法熟练程度,强调移动过程中双眼注视来球方向

(二) 发球

发球是队员在发球区内,用一只手将自己抛起的球直接击入对方场区的一种击球动作。发球是比赛的开始,也是进攻的开始,是气排球比赛中一项重要的进攻性技术。攻击性强的发球,可以破坏对方的一攻,甚至可以直接得分,给对方造成强大的心理压力。

气排球发球方式有很多种,一般初学者在学习发球技术时,重点放在发球成功率和完成技术动作的合理化上,多用上手发飘球或旋转球。

1. 正面上手发飘球

正面上手发飘球是指发球队员站在发球区,面对球网站立,利用腰腹转体动作带动手臂加速挥动,在右(左)肩的前上方,用掌根击球,使发出的球不旋转但不规则地飘晃飞行的一种发球方法。这种球使一传队员难以判断其飞行路线和落点。正面上手发球技术动作较为简单易学,但要想加强攻击性,需要发球队员掌握正确技术动作,合理运用身体力量完成击球动作。

(1) 动作要领

以右手发球为例,队员面对球网,两脚自然开立,左脚在前,右脚在后,重心放在右脚上,左手或双手托球于身前。用左手或双手平稳垂直地将球抛向右肩前上方50—100厘米处,抛球的同时,右手曲肘拉臂,肘略高于肩,髋关节以上部位稍向右转动。手臂后引与肩齐平时,由后上方向前直线平击。发球过程重心由右脚转移至左脚(见图6-10-6)。

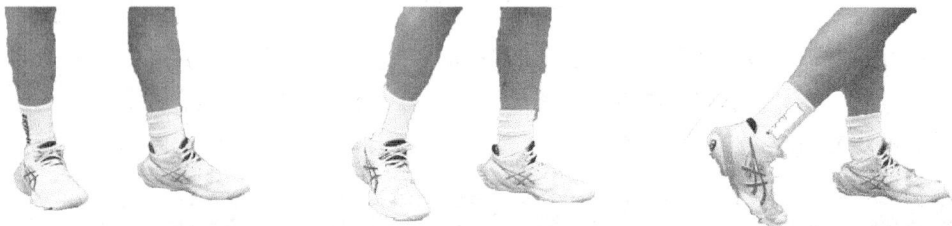

图 6-10-6　重心转移过程

图 6-10-7　正面上手飘球击球位置

击球时,肩、肘放松,五指并拢,手腕紧张稍向后仰,用掌根的坚实平面击球的中下部(见图6-10-7),挥臂动作小且快速,使作用力通过球体重心。击球面积要小,无多余动作,力量要集中。触球瞬间,手指、手腕要紧张,挥臂速度快,有明显击停动作(完整动作见图6-10-8)。

(2) 练习方法

1) 徒手模仿练习:徒手模仿抛球动作和挥臂击球动作,体会发球用力顺序和挥臂轨迹,掌握正确的挥臂方向和速度。

图 6-10-8　正面上手飘球完整动作

2）学生两人一组，一人做徒手动作，另一人纠正其错误动作，交换进行。

3）结合球的练习：循序渐进，从易到难，做抛球练习、击固定球练习、近距离发球练习、发球区内巩固和提高发球练习。

（3）易犯错误与纠正方法（见表6-10-3）

表 6-10-3

易犯错误	纠正方法
抛球不稳定，导致击球点不固定	规定抛球方向、高度和距离 反复做抛球练习和接固定球练习
挥臂匀速，身体未能协调用力	加快挥臂速度 通过重心向前脚转换借用身体力量
击球部位不固定，难以控制球的方向	用掌根平击球的中下部位 触球瞬间有明显击停动作

2. 正面上手发旋转球

正面上手发旋转球是指发球队员站在发球区，面对球网站立，利用腰腹转体动作带动手臂加速挥动，在右（左）肩的前上方，用全手掌击球过网，使发出的球旋转且具备一定力量。要想提高发旋转球的攻击力，要求发球队员具有较强的腰、腹、肩及手臂、手腕力量。

（1）动作要领

同正面上手发球，面对球网站立。左手或双手将球平稳地抛于右肩前上方，高度适中，同时右臂抬起，曲肘后引，肘略高于肩，上身稍向右侧转动，抬头、挺胸、展腹，手掌自然张开呈勺形。

蹬地使上身向左前转动，同时收腹，带动手臂快速向右前上方挥动，用全手掌击球的中下部位，手指自然张开包牢球，手腕有向前的包击推压动作，弧线挥臂，使击出的球呈上旋飞行过网。击球后，随着重心前移，迅速进入场地。

（2）练习方法

发旋转球的练习方法可参考正面上手发飘球。

（3）易犯错误与纠正方法（见表6-10-4）

表 6-10-4

易犯错误	纠正方法
抛球高度不够，导致击球点下降 拉臂不够，身体未能充分展开 只有挥臂动作，未能借助身体力量	发旋转球的抛球高度要略高于飘球，可将球抛至右肩前上方约1米的高度 右臂顺势向后拉臂，充分展开身体，将击球点保持在最高点，运用身体力量 以腰腹力量带动肩，肩向上提带动大臂、前臂、手腕，最后将力量传送到手上

（三）垫球

垫球是气排球的基本技术之一，是借助蹬地、跟腰、抬臂和手臂垫击平面将球击到预定目标的一种击球动作。垫球技术主要用于接发球、防守保护、垫调球，是组织进攻的第一步。

在气排球比赛中，常用垫球技术是正面双手垫球、双手捧球、单手挑球、挡球、体侧垫球、背垫球等，本书重点介绍前四种。

1. 正面双手垫球

正面双手垫球是身体正向来球，用双手在腹前垫击球的一种垫球方法，是垫球中最基本和常用的技术。

(1)动作要领

对来球的落点进行预判,迅速移动到位,做半蹲和稍蹲准备姿势。正面双手垫球的手形有叠掌式、抱拳式和互靠式。现运用较多的是叠掌式,手形为两手交叠护握,掌根并拢,两大拇指平行靠紧下压,两肩放松,双臂自然伸直,手腕下压形成一个平面(见图6-10-9)。

图6-10-9 叠掌式动作要领

前臂腕关节上10厘米左右桡骨内侧平面为触球部位,该处面积大而平,可适当缓冲来球力量,起球比较稳和准。击球点保持在腹前一臂处。该处便于控制用力的大小,调整手臂击球的角度及控制球的落点和方向,且身体用力更为协调(见图6-10-10)。

图6-10-10 正面双手垫球完整动作

(2)练习方法

1)单人对墙垫球,每人一球,距墙2米,连续对墙往前上方垫球。

2)学生两人一组,一人双手持于腹前,另一人做垫击动作。重点体会正确的击球点、手形及手臂用力时的肌肉感觉。

3)学生两人一组,一抛一垫,结合移动步法(2—4米)。

4)学生两人对垫,增加来回次数。

5)学生三人一组,距离5—6米,随球跑动垫球。

6)结合扣球和发球技术,可以进行打防、发接等练习。

(3)易犯错误与纠正方法(见表6-10-5)

表6-10-5

易犯错误	纠正方法
曲肘、两臂不平,击球部位不在前臂上	多做徒手、垫固定球、自垫球等练习
预判慢,脚下移动不及时,不能较好保持球与身体的距离	通过一抛一垫(结合移动步法)练习,加强身体与球的距离感,另外,强调在移动过程中不要抱臂,移动到位后再做垫球动作
两臂用力不当,摆动过大,用力过猛,身体动作不协调	垫固定球或连续自垫低、高球,体会用力大小,击球高度

2. 双手托捧

托捧球技术是气排球的创新击球动作。由于气排球质量轻、球体质地柔软而且富有弹性,在空中飞行时容易受到气流影响,速度变化大且方向易变,只有通过加大击球面积来克服控球稳定性差的状况。托捧球技术动作是面对球速较快、力量较大的来球时,比较容易起球和控制出球方向的一种击球动作,主要用于接发球和防守保护中。

双手托捧是指一手捧球、一手托球,能有效地接住球并控制出球方向的一种击球动作,也可称之为"插托球"。

（1）动作要领

根据来球,多采用半蹲姿势或稍蹲姿势,并随时调整姿势的高低,以适应托捧球的需要。不论采用哪种姿势,其要求是能保证托捧球时身体的稳定性和能迅速向各个方向移动。接球前,两手掌根相对,保持一只手五指分开,手心向上;另一只手五指分开,手心向着来球方向,位于体前（见图6-10-11）。

图 6-10-11   图 6-10-12

在接触来球的瞬间,一只手托在球的下部,另一只手同时触球的后中下部。双手托捧球的击球点相对来说不是很固定,在面对球速较快的来球时,可以快速伸手,在身体前方和侧上方快速伸手,挡击任何位置的来球。身体和手臂保持适当的紧张度,利用较小幅度的手臂抬送,两前臂同时上抬,利用手腕手指触球形成的弹力将球捧起（见图6-10-12）。

（2）练习方法

1）单人对墙练习,每人一球,距墙3米,发球或扣球,通过墙壁的反弹,采用双手托捧球动作将球接起。

2）学生两人一组,一人发球或扣球,另一人做双手捧球动作。重点体会托捧球手形及手臂用力时的肌肉感觉。

3）结合扣球和发球、传球技术,可以进行打防调、发接调等练习。

（3）易犯错误与纠正方法（见表6-10-6）

表 6-10-6

易犯错误	纠正方法
托捧手形未能及时摆好	多做徒手、固定球等练习

（续表）

易犯错误	纠正方法
预判慢，脚下移动不及时，不能较好保持球与身体的距离	通过一抛一托捧（结合移动步法）练习，加强身体与球的距离感
手臂过于紧张，没有抬送动作	通过自己抛球，而后将球用托捧动作将球送出，手臂适度紧张，做好抬送动作

3. 捧球

捧球是指队员用双手在腹前将离身体较远的来球，用双手将球捧起的技术动作，它的明显动作特征是：双手掌心朝上，十指微张开，形成一个弧形。捧球技术在气排球运动的接发球和防守中，有着广泛运用，也是气排球运动的特有技术动作。

（1）动作要领

1）准备姿势：面对来球，两脚分开与肩同宽，根据来球的速度和力量，呈半蹲或全蹲姿势站立，两肘弯曲，上臂与前臂夹角为90°左右，分别位于腰部两侧（见图6-10-13）。

图 6-10-13

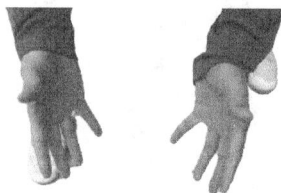
图 6-10-14

2）迎球动作：来球时，双手掌心向上，手指张开，十指朝前形成弧形，手指、手腕与前臂基本形成一个平面（见图6-10-14）。

图 6-10-15

3）击球动作：双手形成一个弧形，以全手掌触球的下部。双手捧球击球时，上臂夹紧身体，手指、手腕与前臂在一个平面上，靠手指、手腕与前臂上托的瞬间发力动作将球击出，其动作幅度较小（见图6-10-15）。

4）捧球一般为双手捧球，偶尔也会存在单手捧球动作。单手捧球方法基本与双手捧球方法相同，当对方来球低而远时，一只手向前或向左（右）伸出，插入接近地面球的下方，用手腕、手指的抖动，将球捧起。

（2）练习方法

1）单人对墙练习，每人一球，距墙3米，发球或扣球，通过墙壁的反弹，采用双手捧球动作将球接起。

2）学生两人一组，一人发球或扣球，另一人做双手捧球动作。重点体会捧球手形及手臂用力时的肌肉感觉。

3）结合扣球和发球、传球技术，可以进行打防调、发接调等练习。

（3）易犯错误与纠正方法（见表 6-10-7）

表 6-10-7

易犯错误	纠正方法
双手呈平面，未能形成一个弧形	多做徒手、捧固定球、自捧球等练习
手上触球面积不够，应全手掌触球	通过连续的自捧球练习，增加手上触球手感
捧球击球时，上臂摆动幅度过大，缺少瞬间发力动作	捧固定球或连续自捧低、高球，体会上臂夹紧身体，手指、手腕与前臂在一个平面上瞬间发力动作将球击出

4. 单手挑球

当来球快速飞向体侧较远距离，来不及用双手传、垫、捧球时采用。单手挑球（虎口、前臂、手背）动作快、手臂伸得远，击球范围大。但由于触球面积小、控制球的能力比双手差，故在能用双手垫球时，尽量不用单手挑球。

（1）动作要领

双眼注视来球，应迅速移动接近球。如球在体侧远处，来不及移动步法时，也可向击球方向跃出或侧向倒地，用前臂内侧、掌根或掌心击球的后下部。如来球很低，也可用前扑方式身体倒地，手背贴近地面插入球下，利用手指部分将球弹起。击球瞬间，手快速插入球下部，手指、手腕与前臂要保持一定的紧张度，手臂、手腕的用力大小和幅度都应根据来球力量的大小和目标点的位置来控制（见图 6-10-16）。

图 6-10-16

（2）练习方法

单手挑球的练习方法可参考正面垫球。

（3）易犯错误与纠正方法（见表 6-10-8）

表 6-10-8

易犯错误	纠正方法
挑球时重心太高，难以触球的下部，控制不好起球高度	面对来球，两脚分开与肩同宽，根据来球的速度和力量，呈半蹲和全蹲姿势站立
迎球动作运用不合理，手上很难发上力	两肘弯曲，上臂与前臂夹角为 90°左右，分别位于腰两侧。根据来球高度，合理利用前臂内侧、掌根、掌心和手指等部位将球挑起
手上用力动作不正确，难以控制球的飞行方向	击球瞬间，上臂要夹紧身体，手指、手腕与前臂要保持一定的紧张度，靠前臂、手腕、手指力量将球击出

5. 挡球

当来球较高、速度较快、力量较大时，便不适合运用传球和垫球两项技术，此时只能用双手或单手在胸部以上挡击来球，此项技术称为挡球。其特点是伸手动作快，挡击胸、肩以上高度的来球较方便。可扩大防守范围，是垫球的重要补充动作。挡球有双手挡球和单手挡球两种。

双手挡球多用于挡击胸部以上力量大、速度快的来球;单手挡球多用于挡击头部以上区域但力量不是特别大的高球。

(1) 动作要领

双手挡球的手形有抱拳式和并掌式。抱拳式是由两肘弯曲,一手半握拳,另一手外抱,两手掌外侧所组成的平面朝前上方。并掌式是由两肘弯曲,两虎口交叉,两手外侧合并成勺形,掌根小鱼际肌处形成击球面朝前。挡球时,手臂曲肘上举,肘部朝前,手腕后仰,以手掌外侧和掌根所组成的平面挡击球的后下部。击球瞬间,手腕要紧张,用适度的力量将球向前上方挡起,击球点一般在脸颊或两肩的前上方。

单手挡球手形用手掌或呈半握拳式,用掌根击球的后下部。

单手可将击球点升高,肘部微曲,手腕紧张,多用于挡头部上方或侧上方力量不是特别大的高球。如遇到即将飞向后方的高球,可跳起用单手将球挡回(见图 6-10-17)。

(2) 练习方法

图 6-10-17   挡球的练习方法可参考正面垫球。

(3) 易犯错误与纠正方法(见表 6-10-9)

表 6-10-9

易犯错误	纠正方法
做双手挡球时,未能形成抱拳或并掌	多练徒手动作,结合准备姿势,根据口令,快速做出垫球、挑球和挡球动作
击球瞬间,手腕没有紧张	增加两人一组固定球练习,体会手腕紧张,手上主动送力的感觉
击球部位和击球面积难以固定	在固定球的练习上,增加一抛一挡练习,体会身体和球的距离

(四) 传球

传球是气排球的基本技术之一,也是组织战术球的重要技术。传球借助蹬地、伸臂、手指手腕的弹送以及球的反弹力,将球传到预定目标的一种击球动作。

在比赛中主要用于二传组织各种进攻战术,同时也用于调整传球。按照传球的方向,基本上把传球动作分为正面传球、背面传球、侧传球。本书重点介绍前两种。

1. 正面传球

正面传球是指身体面对出球方向的传球动作。正面传球是最基本的传球方法,是其他各种传球技术的基础。

(1) 动作要领

多采用稍蹲准备姿势,当来球速度快、弧度低时则采用半蹲准备姿势。两脚左右开立与肩同宽,略有前后,后脚跟提起,中心落在两脚之间。两膝稍弯曲,双臂曲肘自然下垂,两手掌成半球状置于胸前。上体稍挺起,抬头注视来球。双手置于额头前上方,十指自然张开,使双手呈半球状;手腕稍向后仰,两拇指相对近"一"字形,十指与球吻合,触球的后下部。以拇指内侧,食指全部,中指的二、三指节托住球的后下部,无名指和小拇指在球两侧辅助控制球的方向(见图 6-10-18)。

图 6-10-18

击球点实际为额头前上方 15 厘米左右(见图 6-10-19)。当来球距接近额前时,则开始蹬地,双腿发力站直,手臂伸直,手指微张,经脸前向前上方迎出,手腕和手指要有前曲迎球的动作;当手和球接触时,手腕应稍后仰,以缓冲来球的力量。

一般情况下,短距离的传球靠手指、手腕的弹力将球传出。而长距离的传球,则要全身用力,由下而上,两脚蹬地,膝关节近于伸直,髋关节稍曲,含胸直立,最后用手指、手腕的弹力将球传出。手离球后,两臂要伸直,伴送球出手,全身各部位动作协调一致(见图 6-10-20)。

图 6-10-19

图 6-10-20

(2) 练习方法

1) 单人对墙传球,每人一球,距墙 2 米,连续对墙往前上方传球。

2) 学生两人一组,一人双手持于额前,另一人做传球动作。重点体会正确的击球点、手形及全身用力的协调动作。

3) 学生两人一组,一抛一传,结合移动步法(2—4 米)。

4) 学生两人对传,增加来回次数。

5) 学生三人一组,距离 5—6 米,随球跑动传球。

6) 结合扣球和发球技术,可以进行打防调、发接调等练习。

(3) 易犯错误与纠正方法(见表 6-10-10)

表 6-10-10

易犯错误	纠正方法
传球手形有前后、高低,未能同时触球	多做徒手、传固定球等练习,自纠或互纠传球手形
预判慢,脚下移动不及时,未能将击球点保持在额头前上方位置	通过一抛一传(结合移动步法)练习,加强身体与球的距离感
双手没有迎球动作,击球时手指不够紧张,全身未能协调用力	传固定球或连续自传低、高球,体会球落到额前一定高度,主动迎球。双手手指略微紧张,迎送球时有一定弹性

2. 背向传球

背对传球目标向后上方传球称为背传。背向传球是组织技战术的一种基本动作,在比赛中运用较多,二传队员必须掌握。

(1) 动作要领

背向传球时上身比正面传球时稍向后仰,双手自然抬起,置于额前。背向传球与正面传球相似,但触球时手腕要稍后仰,掌心向上,两拇指呈"一"字形,托在球的下部。看见来球,迅速移动到位,插入传球点下面,抬头挺胸,上身后展,双手上举。用力时以蹬地、伸膝、挺腰展腹向上伸时,同时以手指、手腕的弹力将球传出。与正传相比,背传手腕的用力幅度要小些,拇指向后上方用力较大,食指和中指向上辅助控制球的方向。

(2) 练习方法

1) 学生三人一组,一个同学抛球,一个同学背传,一个同学接球,轮流交换练习。

2) 学生三人呈一路纵队,两边同学采用正面传球,中间同学运用背传,轮流交换练习。

3) 结合扣球和发球技术,可以进行打防调、发接调等练习,调整球运用背向传球。

(3) 易犯错误与纠正方法(见表 6-10-11)

表 6-10-11

易犯错误	纠正方法
预判慢,脚下移动不及时,未能将击球点保持在头上方位置	通过三人一组抛传(结合移动步法)练习,加强身体与球的距离感
手腕后仰角度不够,上身过于紧张,背传有难度	尝试传背平快等背后低球,借助双腿蹬地、腰部发力送球
由于背对传球落点,传球方向难以控制	做各种移动步法后接住球,使双肩与传球目标平行,提高判断、取位能力

(五) 扣球

扣球是气排球的基本技术之一,是需要队员跳起在空中,将高于球网上沿的球击入对方场区的一种击球动作。扣球技术在比赛中占有重要的地位,是得分的主要手段,是全队进攻实力的综合体现。

1. 扣高球

扣高球是气排球技术中最基本的一种得分手段。由于球的高度较高,对于传球准确性要求较低,同时起跳前后便于观察,能根据对方防守情况随时改变扣球的路线和力量,控制落点,因此进攻效果较好。初学者必须掌握好扣高球技术后再学习扣快球技术。

(1) 动作要领

扣球助跑前采用稍蹲姿势,上体稍前倾,双臂放松自然下垂,站在离起跳线约 2 米后,身体转下来球方向,两眼注视来球,及时做好助跑距离、方向的调整。扣球中的助跑是为了及时接近球,在合理的起跳点完成助跑动作有助于增加弹跳高度和击球高度。

助跑的步法有一步、二步及原地起跳,最常用的是一步、二步助跑。第一步称为确定方向步,第二步称调整步或起跳步。因人或因球而异,选择合适的助跑步法。二步助跑方法为左脚先向前迈一步,紧接着右脚再快速跨出一大步,左脚及时并上,踏在右脚之前,两脚尖稍向来球方向转,两臂绕体侧向上引摆(见图 6-10-21)。

图 6-10-21　两步上步步伐

合适的起跳时机不仅能获得击球高度,还为了选择适当的击球时机和击球位置。在右脚助跑跨出最后一步(即第二步),左脚并上踏地制动的同时,双臂自后向前摆动,随着双腿蹬地向上起跳,双臂配合起跳有力地向上摆动,同时快速展腹带动身体腾空而起(见图6-10-22)。

图 6-10-22　助跑起跳动作要领

空中击球是扣球技术的关键环节。起跳后,挺胸展腹,上身稍后仰并稍向右转,右肘曲肘拉臂,肘高于耳,身体成反弓形。挥臂时,迅速转体、收腹发力,依次带动臂、肘、腕各部位关节向上方成摔鞭动作挥动,在右肩前上方击球。击球时五指微张,以掌心击球为主,全掌包满球,在手臂伸直最高点的前上方击球的后中部,同时主动用力甩腕,曲指控制住球,并向前下推压,使扣出的球下旋(推压动作见图6-10-23)。

图 6-10-23　挥臂击球动作要领

落地时两脚前掌着地,再迅速过渡到全脚掌着地,同时顺势曲膝、收腹,以缓冲下部的力量,做好下一个动作的准备(见图6-10-24)。

图 6-10-24　空中姿态及落地

(2)练习方法

1)对墙扣球练习,距离墙3米左右,对地扣球反弹到墙上,可根据手上控球能力,预判从墙上反弹回来球的落点,做到连续对墙扣球。

2) 两人一组,一扣一防。三人一组,一扣一防一调。

3) 徒手练习,结合助跑起跳,在网前空中完成扣球动作。

4) 网前扣球练习,由教师抛球,或是二传传球,完成网前扣球动作。

5) 结合拦网和防守,进行扣拦防练习。

(3) 易犯错误与纠正方法(见表 6-10-12)

表 6-10-12

易犯错误	纠正方法
助跑起跳时机未能很好掌握,出现早跳或是晚跳情况	通过扣乱球练习,在助跑起跳过程中学会"等"和"抢"
起跳位置离球过远或过近,未能将球保持在最高点击球	借助器材,进行助跑起跳后的击固定球练习,逐步提高击球点
扣球时,手臂没有鞭甩动作,全手掌没有包住球	通过双人对地扣球、低网原地扣球练习,增加手腕鞭甩动作

2. 扣快球

快球是需要攻手和二传相互配合默契的一种进攻方式。扣球队员在二传传球前或传球的同时起跳,在对方拦网队员还未完全准备好的情况下,将球扣入对方场区内。快球的特点是速度快,突然性大,牵制能力强,一个成功的快球可以达到突然袭击对手的目的。但因为气排球进攻线离网两米远,组织战术球对攻手的弹跳、滞空、手上掌握能力等均有一定要求,故在高水平男子气排球队伍中运用较多。

(1) 动作要领

快球主要为近体快球。

近体快球在二传队员前面 50 厘米处扣球。在气排球比赛中,一般采用一步助跑和原地起跳,队员助跑方向约与球网呈 45°。随一传助跑到进攻线前,当球到二传手中,扣球队员在二传身前迅速起跳,有一定冲跳动作,看准来球,当球出网后或达到一定高度时将球击入对方场区(见图 6-10-25)。

图 6-10-25　快球上步时机

击球时主要利用转体、收腹、提肩动作带动小臂和手腕甩鞭甩击球,以全手掌包住球的后中上部(见图 6-10-26)。

(2) 练习方法

1) 徒手练习,结合助跑起跳,在网前空中完成扣球动作。

2) 网前扣球练习,由教师抛球,或是二传传球,完成网前扣快球动作。

3) 结合拦网和防守,进行扣拦防练习。

图 6-10-26　快球空中完整动作

（3）易犯错误与纠正方法（见表 6-10-13）

表 6-10-13

易犯错误	纠正方法
助跑脚下过慢，手上挥臂动作未能及时完成	多做助跑起跳加徒手挥臂练习，加快助跑速度
扣球挥臂幅度过大，未能很好运用小臂、手腕力量	通过双人对地扣球、低网原地扣球练习，增加手腕鞭甩动作
击球点难以固定	增加二传和攻手之间的配合次数，使快球的击球点在起跳最高点和手臂甩直的最高点的前上方

（六）拦网

拦网是气排球的基本技术之一，是防守反击的第一道防线，也是一项重要的得分手段。拦网是指队员靠近球网，在起跳后将手伸向高于球网上沿阻挡对方来球（主要指进攻）的行动。

从拦网的人数上分，拦网可分为单人拦网和集体拦网，因气排球比赛分四人制和五人制，故集体拦网又分为双人拦网和三人拦网。

1. 单人拦网

（1）动作要领

队员面对球网，两脚左右开立与肩同宽，距离球网 20—30 cm，两膝微曲，两手自然弯曲置于胸前。气排球比赛中，常用的拦网步法有一步、并步、交叉步等。具体用哪种步法，视拦网队员与对方进攻点的距离而定。当距离较近时，可以采用面对球网并步移动的方式。当距离较远时，一般采用交叉步移动加大摆臂的方式（见图 6-10-27—图 6-10-29）。

图 6-10-27　原地起跳拦网完整动作

图 6-10-28　拦网并步步伐

图 6-10-29　拦网交叉步步伐

　　根据对方的进攻位置,拦网有原地起跳和移动起跳两种。原地起跳时,两腿曲膝,重心降低,随即用力蹬地,大臂发力,带动腿部发力。移动起跳时,腿上蹬跳动作与原地起跳一样,但可借助手臂前后摆动,帮助身体迅速跳起并增加弹跳高度(见图 6-10-30、图 6-10-31)。

图 6-10-30　并步移动拦网完整动作

图 6-10-31　交叉步移动拦网完整动作

　　取位是完成一次成功拦网的基础,其次是起跳时机的把握和运用。拦快球时,要早于或与对方扣球队员同时起跳;拦对手强攻时,在对方进攻队员空中曲肘拉臂时起跳。

　　起跳时,两手从额前沿球网向上方伸出,两臂伸直,两肩尽量上提。拦击时,两手五指自然张开,手腕稍紧张固定,两手中间的距离小于球体(见图 6-10-32)。在球触手的一瞬间,有压腕动作,盖帽捂住球的上方,把球拦下快速落入对方场区内(见图 6-10-33)。如拦远网高进攻点的球,也可采用手腕后仰方法,堵截拦球路线,将球向上撑起,减轻防守压力。拦网起跳后,含胸收腹的动作一直保持到落地,以保持身体平衡。曲膝缓冲,双脚同时落地,随即转身面向后场或两侧,准备接应球或做下一个动作。

图 6-10-32 拦网手形

图 6-10-33 拦网触球时手形

(2) 练习方法

1) 单人网前徒手练习,原地起跳完成拦网动作,落地后移动至下一个取位点完成拦网动作,左右移动循环练习。

2) 根据教师口令,学生进行移动拦网。

3) 两人一组,一人扣球,一人做拦网练习。

(3) 易犯错误与纠正方法(见表 6-10-14)

表 6-10-14

易犯错误	纠正方法
移动到位后未能做好制动,不能保持垂直起跳	做限制性练习,如在移动取位后的外侧增加障碍物或是站一名队员,让拦网队员做到垂直起跳
起跳位置离网过近或过远,容易造成触网或是漏球	做限制性练习,可在距离中线 30 厘米处画一条线,拦网队员在移动、起跳过程中,双脚不能踩线
拦网起跳时间未能把握好,造成早跳或是晚跳	以口令、信号限制起跳时间

2. 集体拦网

集体拦网包括双人拦网和三人拦网,在比赛中双人拦网最常用。双人拦网是在单人拦网的基础上通过两个人的积极配合组合而成的拦网技术。一般为本队一人原地或并步拦网(定为主拦队员),同伴采用并步或滑步、交叉步移动积极协助本队队员(辅助拦网队员),组织双人有效拦网屏障。

(1) 动作要领

准备姿势同单人拦网相同,根据对手二传传球落点,找准好起跳点。强攻时,进攻方二传队员通常把球传向 2 号、4 号位,防守方 4 号、2 号位队员人盯人紧盯球的落点,一般采用原地、并步或滑步移动技术封堵对方的直线(主拦队员距边线 30—50 cm);3 号位拦网队员采用快速的并步或小交叉步移动技术,与本方的 4 号、2 号位队员并上组成双人拦网(3 号位队员主拦对方进攻队员斜线扣球),根据对方进攻队员上步的时机和起跳点,眼睛注视来球,曲膝下蹲,选择好起跳点和起跳时机,同时垂直起跳。摆好拦网手形,两人在空中组成 1 m 左右宽度的有效拦网屏障,封阻对方扣球队员的进攻线路。注意:站在 2 号和 4 号位拦网的队员,外侧手臂拦网时应向内转,防止对手造打手出界。落地时队员前脚掌过渡到全脚掌着地,曲膝缓冲,迅速转体面向本方场内,准备下一个动作(见图 6-10-34、图 6-10-35)。

(2) 练习方法

1) 双人网前徒手练习,中间队员移动 2、4 号位完成配合拦网。

图 6-10-34　双人拦网完整过程

图 6-10-35　双人拦网实战效果

2）三人一组，一人扣球，双人做拦网练习。

3）拦网与后撤：一方进攻，一方拦网，同方队员不拦网者后撤防守保护。

（3）易犯错误与纠正方法（见表 6-10-15）

表 6-10-15

易犯错误	纠正方法
边拦网队员起跳时间过早，带动中间拦网队员早跳	根据对方球的高低，拦网队员一般较扣球队员稍晚起跳。边拦网队员可以喊口令，双人同时起跳
双人拦网时，中间没有并牢，导致打手破坏	增加徒手练习，提前沟通主拦线路，起跳后四手之间没有明显缝隙
因移动配合拦网，起跳过程中有并拦动作，身体失去平衡导致触网	多练网边快速移动起跳，学会最后一步制动和垂直起跳，掌握起跳空中含胸收腹，控制身体的平衡

三、基本战术

（一）阵容配备

1. 阵容配备的概念和目的

阵容配备是参赛队根据比赛的任务、本队战术组成的特点及队员的身体情况，有针对性、合理地安排出场队员及其位置分工，充分地调配本队所具备的基本技术，科学地组合人员的筹划过程。配备阵容时，要将全队的力量有效地组织起来，扬长避短，最大限度地发挥每一个队员的作用和特长，充分调动队员的精神力量、技术和战术水平，使队员更加积极主动地投入到比赛中。

2. 阵容配备的基本形式

（1）五人制阵容配备基本形式

1)"四一"配备:由四名进攻队员和一名二传组成(见图6-10-36)。其特点是二传队员与攻手分工明确,进攻点较多,进攻战术富于变化,全队只要适应一名二传队员的技术特点,相互间的配合更为默契,有利于教练对比赛的指挥与控制,以及队员领会与执行战术意图。不足之处:对二传队员的体能及分配球的能力要求较高;二传队员插上后,会出现后排防守薄弱问题,因此有些队伍会培养接应二传队员代替其中一名攻手的位置,以弥补后场防守与调整球的问题。

2)"三二"配备:由三名进攻队员和两名二传队员组成。又可根据二传队员的站位可分为两种阵形,其一为二传队员站于前排3号位和5号位(见图6-10-37),其二为二传队员站于前排3号位和后排1号位(见图6-10-37)。这种阵形在五人制中采用较多,特点是二传队员与攻手的数量及站位分布比较合理,每个轮次均能保证有一名二传队员,并且前后场均有二传队员调整球,保证了多点进攻,战术配合较稳定。不足之处:会出现两名二传队员同时在前、后区的情况,进攻点减少,降低了本方的进攻实力。理想阵容:二传队员具有较强的进攻和拦网实力。

图6-10-36　"四一"配备站位图　　　　　图6-10-37　"三二配备"站位图

(2) 四人制阵容配备基本形式

1)"三一"配备:由三名攻手和一名二传队员组成,其中有一名攻手或为接应二传(见图6-10-38)。这种阵形的特点与五人制的"四一"配备比较接近,虽然场上人数减少使队员之间的跑动交换较为容易,但对形成专为攻防布局所需的时间、位置要求更高,在速度变化时每名队员负责的区域也相对变大,增加了一定的技术配合难度。由于场地小、速度快,后排插上二传优势得不到体现。

图6-10-38　"三一"配备站位图　　　　　图6-10-39　"二二"配备站位图

2)"二二"配备:该阵形由两名二传队员与两名攻手组成(见图6-10-39),各轮次二传队员与攻手配置均衡,在两名二传队员具备一定的扣球、拦网实力的前提下,可以打出多点进攻战术。这种配备形式较容易掌握与应用,在高水平的气排球比赛中经常被采用。

(二) 个人战术

个人战术是根据气排球比赛中的临场变化,队员根据个人的特点和战术的需要,有目的、有针对性地运用个人的技术动作。其合理应用可弥补集体战术的不足。个人战术包括发球、二传、扣球、拦网、防守个人战术等。

1. 发球个人战术

(1) 找人

1) 把球发给对方接发球技术不稳定的队员。

2) 把球发给对方进攻强的队员,以发球破坏其进攻节奏。

3) 把球发给后排插上准备二传的队员。

4) 把球发给接发球连续失误而表现紧张、情绪明显低落的队员。

(2) 找区

1) 把球发到对方接发球队员之间的结合处,造成对方让球或抢球现象。

2) 把球发到对方端线和边线交界两侧死角或边线的两腰附近,给对方接发球带来不便。

3) 把球发到对方前场区。

(3) 发各种变化球

变化落点、节奏、性能、路线的发球,依据临场比赛的变化情况,做到攻击性发球、准确性发球相结合。一支队伍中,如能有多种发球形式,上手飘球、勾手大力球和跳发球穿插起来,对手将很难适应,从而打乱对手的一传节奏。

2. 二传个人战术

1) 依据本方队员的站位和进攻特点,在传球瞬间快速改变传球方向。

2) 将球传到对方前排拦网薄弱的队员区域,选择拦网突破口,提高全队攻击效果。

3) 根据对方的站位,将球传入对方无人防守的区域或空当较大的地方(注意队员在前场区时,传球的飞行轨迹应高于出手点)。

3. 扣球个人战术

1) 依据队员的个人身体素质,扣出各种不同线路的直线和斜线、长线与短线球。

2) 运用转体、转腕扣球技术,造成打手出界。

3) 运用平打技术使球触拦网手后出界或触手飞向后场。

4) 运用轻扣或吊球将球打到拦网手上,使球随对方拦网人一同下落。

5) 在高点改扣为吊,变化扣球节奏,将球吊入对方空当。

6) 避开身形高大和技术好的拦网队员,选择身材矮、弹跳差的队员作为突破口。

4. 拦网个人战术

1) 根据对方助跑方向和扣球手臂的挥动方向,拦其扣球主线。

2) 运用取位和空中变化的假动作迷惑对方,如取位直线拦斜线、取位斜线拦直线、拦直线时突然移动手臂拦斜线等。

3) 发现对方打手出界意图后,可在空中及时将手撤回,造成对方扣球出界。

4) 识破对方击球动作后,假拦真防,当对方吊球后,将球接起。

5. 接发球个人战术

1) 根据进攻战术需要确定接发球的方向、弧度、速度和落点。

① 组织快攻战术,要求接发球的弧度平、速度快,以加快进攻节奏。

② 组织 3 号、4 号位交叉战术,一传弧度适中,落点要靠近球网中间。

③ 组织 2 号、3 号位交叉战术,一传弧度适中,落点要在 2 号、3 号位之间。

④ 组织两次球战术,接发球的弧度要高,速度可慢,落点靠近进攻线附近,以便扣两次球或转移。

2)接发球站位时,有意在接发球技术好的队员身侧留出一块空隙,诱使对方发在空当。

3)接发球站位时,有意让接发球差的队员站在对方难以发到的位置上,由接发球技术好的队员多接球。

4)如遇对方发球攻击性不强或第三次传垫球过网,一传多采用上手传球,插托及捧球。

6. 防守个人战术

1)如遇对方进攻攻击性不强或第二、三次传垫球过网,一传多采用上手传球、插托球将球接起。

2)加强判断,根据本方队员拦网情况,及时移动到位,封堵对方的扣球线路,防起球。

3)防守取位原则:看得见球、卡住主线、取位稍后,不宜前冲。

4)根据全队防守布局的要求,在首先防守好自己区域的前提下,协同配合,主动出击,弥补空当,不让球落地。

5)防守应根据对方扣球队员的挥臂动作和手法的变化,及时改变身体重心的位置以便向相关方向快速移动。

6)防守也还要根据比赛时的比分情况,来分析和揣摩对方扣球队员的心理活动,以便采取有针对性的防守措施。

(三) 集体战术

1. 排球集体战术概念

在气排球比赛中,为战胜对手,队员之间合理地和运用各种攻防技术所采取的有目的、有组织、有针对性的集体行动。

2. 进攻战术

(1) 进攻阵形

1)"中一二"进攻阵形(见图 6-10-40):前排中间的 3 号位队员作二传,把球传给两边的 2 号、4 号位队员进攻,这种进攻的组织形式就叫"中一二"进攻阵形。

如果二传队员轮转到 2 号、4 号位时,可以在对方发球后换到 3 号位来,其站位方法,如图 6-10-40 所示(称边换中)。

优点:一传向网前中间 3 号位垫球,二传队员在网前接应一传的移动距离近,向 2、4 号位传球的距离较短,利于组成进攻。

图 6-10-40　"中一二"进攻阵形

缺点:战术变化少,进攻点容易暴露。

2)"边一二"进攻阵形(见图 6-10-41):前排 2 号位队员作二传,把球传给 3 号、4 号位队员进攻,这种进攻的组织形式就叫"边一二"进攻阵形(正"边一二")。反之,前排 4 号位队员作二传,把球传给 3 号、2 号位队员进攻,这种进攻的组织形式就叫"反边一二"进攻阵形。

优点:可采用快球掩护,拉开进攻、梯次进攻、交叉进攻战术,战术变化也多。

缺点:对一传要求较高,有时二传跑动距离长,接应球较困难。

图 6-10-41 "边一二"进攻阵形

图 6-10-42 "插上"进攻阵形

3)"插上"进攻阵形(见图 6-10-42):二传轮转到 1 号位和 5 号位位置上时,由后排插上到前排作二传,将球传给前排 4 号、3 号、2 号位队员进攻,这种进攻的组织形式即为"插上"进攻阵形。

优点:进攻战术变化多,能利用球网的宽度组织进攻。

缺点:对二传队员的插上接应球和后撤防守意识要求较高,队员之间要有良好的攻防战术素养。

由于气排球比赛攻防转换速度节奏较快,这种阵形一般在本方连续出现卡轮和前排队员无法组织进攻的前提下采用。

(2) 进攻打法

进攻战术打法是指二传队员与扣球队员之间所组织的各种进攻配合,包括强攻、快攻、一次球进攻和两次球进攻及其转移。

1) 强攻:强攻指在没有同伴掩护或掩护较少的情况下,主要凭借队员个人的身高、力量和扣球技巧,强行突破对方的防守而所采用的一种进攻手段,如图所示。

图 6-10-43 拉开进攻图

① 集中进攻:集中进攻是指组织比较集中的不拉开的高球进攻,扣球队员容易掌握这种打法,适合初学者和水平较低的队伍运用。

② 拉开进攻(见图 6-10-43):二传队员将球传到进攻线与边线附近进行扣球的打法就叫作拉开进攻。"拉开"进攻可以扩大攻击面,造成对方拦网困难。"拉开"进攻的扣球路线较广,能打直线和小斜线,有利于避开拦网,但也易于打手出界。

③ 调整进攻:当一传不到位时,需要二传队员或其他队员把球调整到有利于扣球的位置进行强攻的打法被称为调整进攻,在接扣球反击中运用较多。调整进攻要有一定的高度和力量,才能突破对方的拦防。

2) 快攻:快攻指利用各种快球以及快攻作掩护,由同伴或本人所实施的进攻。

① 快速进攻:二传队员将球快而平地传给扣球队员,扣球队员快速挥臂击球。特点是速度快、突然性大,掩护作用强。在气排球比赛中,常用的快球进攻有:近体快。

② 交叉进攻:交叉进攻是两名队员跑动进攻,助跑路线相交叉,起到互相掩护的作用,造成局部区域以多打少的局面,交叉进攻打法有多种。

前交叉:4号位队员内切做近体快或短平快掩护,3号位队员跑动到4号位附近扣半高球。两名进攻队员都站位于二传身前(见图6-10-44)。

图 6-10-44 前交叉战术

后交叉:3号位队员做近体快球掩护,二传队员身后的2号位队员跑动到二传队员前面扣半高球。其中两名进攻队员一人站位于二传身前,另一人处于身后(见图6-10-45)。

图 6-10-45 后交叉战术

背交叉:2号位队员做背快掩护,3号位跑动到二传背后扣半高球。

交叉进攻突然性大,攻击性强。运用交叉进攻时,交叉跑动的扣球队员在一传球即将到达二传队员手中时,开始上步为宜,起动过早,易被对方识破或影响快球队员的跑动。

3)梯次进攻:采用5或1号位做快球掩护,1或5号位队员在他身后扣半高球(见图6-10-46)。

图 6-10-46 梯次进攻战术

4)一次球进攻:在气排球比赛中,对方传垫球无攻过网,球在防守方网前区域2米线进攻适当位置,防守队员在进攻线后起跳,将球击入对方场区的一种进攻打法。

5)两次球进攻及其转移:本方队员一传来球弧度较好,又在网前适合扣球的位置时,本方队员在进攻线后跳起来直接准备将球击入对方场区;如遇对方拦网,就在空中改扣球动作为传球,把球转移给其他同伴队员进攻,这种打法就是两次球进攻及其转移。

特点:二次进攻及其转移利用二次进攻队员为核心展开(能进攻能调整球),引诱对方组织拦网和防守,起到一定的掩护作用,可以实施比较隐蔽的战术配合,能最大化地摆脱对方拦网,形成较高成功率的进攻战术。

3.防守战术

气排球的防守战术是组织进攻或反攻战术的基础,没有严密的防守,进攻就无从组织,一切防守战术都应站在积极为进攻和反攻创造条件的角度进行设计和考虑。

(1)接发球站位阵形

1)五人接发球站位阵形:这种站位阵形指适合于接发球能力较差,需二传下撤接球的情形。优点是多一人参与接发球,相对保证接发球的质量;缺点是不利于快速地组织进攻,一般为"W"形。

2)四人接发球站位阵形。

①"一三一"接发球站位阵形:除一名二传队员在网前不接发球外,其余 4 名队员都担负起接一传的任务。站位队形见图 6-10-47。

优点:队员均衡分布,分工明确。

缺点:2 号位或 4 号位位置上的队员身后空当较大。

图 6-10-47 "一三一"接发球站位阵形

图 6-10-48 "盆形"接发球站位

②"一"字形站位阵形:"一"字形站位阵形主要是对付对方的跳发球、大力发球时采用。该类发球的落点是落在中后场区,后场区 4 名队员"一"字排开,每人接发球守一条线。

③"盆形"站位阵形(见图 6-10-48):"盆形"站位主要是针对对方发球落点偏后或速度平快的发球。"盆形"站位分为"浅盆形"站位和"深盆形"站位。优点是有利于快速地组织进攻,缺点是场地中空当较大。

图 6-10-49 单人拦网的防守阵形

(2)接扣球防守阵形

1)单人拦网的防守阵形:当对方扣球威胁不大,扣球路线变化不多,轻打吊球较多时,可以主动采用单人拦网的防守阵形。

①与对方扣球队员相对应位置上的队员拦网阵形(见图 6-10-49)。

②固定由 3 号位队员拦网阵形。

2)双人拦网的防守阵形及其变化:对方水平较高,进攻力量较强,进攻线路变化较多时,多采用这种防守阵形,即两人拦网,3 人组成半圆弧形防守(见图 6-10-50)。

3)三人拦网时的防守阵形及其变化:在对方扣球队员攻击性强、线路变化多、吊球少的情况下,前排采取三人拦网。主要是拦对方的强攻(见图 6-10-51)。

图 6-10-50　双人拦网的防守阵形

图 6-10-51　三人拦网的防守阵形

拦网的基本要求：

① 集体拦网时，要确定拦网的主拦队员，如拦对方两翼进攻，本方分别以 2 号、4 号位队员为主拦，其他队员密切协同配合，组成拦网屏障。

② 起跳时，相互之间要保持一定的间距距离，并控制好身体重心，避免互相干扰和冲撞。

③ 拦网时，尽可能地扩大拦网阻截面，拦网队员手与手之间的距离不能太大，以免漏球。

（3）接拦回球防守阵形

1）"二二"阵形：4 号位扣球，3、5 号位队员负责前场区，2、1 号位队员负责中场区和后场区，如图所示。这种阵形在对方拦网一般，拦回球落点较分散时采用。

2）"三一"阵形：4 号位扣球，3、2、5 号位队员负责网前和前场区，1 号位主要负责后场区，如图所示。这种阵形在对方拦网能力强，拦回球落点在网前较集中时采用。

3）"一三"阵形：1 或 5 号位从场地中间扣球，5 号或 1 号位队员跟进保护，与 2、4 号位队组成半弧线，负责防守前场及中后场的拦回球。

接拦回球的基本要求：

① 本方扣球时必须加强保护，场上队员要形成"一人扣球，全体防拦回球"的整体防拦回球意识。

② 前场为重点防拦回球的区域，接拦回球的姿势采用低重心。

③ 二传队员传球后应及时参与接拦回球。

④ 接拦回球时的起球弧度要高一点，以便组成有效的进攻。

（4）接传、垫球的防守阵形

当对方无法组织进攻，被迫用传、垫球将球击入本方时，我方的防守便称之为接传、垫球的防守。

1）基本要求：由于来球的攻击性小，我方的防守阵形与不拦网情况下的防守阵形相同，即前排除二传队员外，其他的队员都迅速后撤到各自的位置，准备接球后组织进攻，需要注意的是在后撤和换位的过程中，动作要迅速并随时做好接球的准备。

2）多采用"中一二"和"边一二"阵形：目的在于便于本队组织防反。

4. 气排球进攻战术和防守战术的基本要求

（1）进攻战术的基本要求

1）"中一二"进攻：二传队员需具备正面一般传球和背面一般传球的能力，进攻队员应掌握

4、2 号位正面扣球能力。

2)"边一二"进攻:二传队员具有传快球和拉开球的能力,3 号位队员扣快球,4 号位队员扣拉开球。

3)场上队员具有接发球、接扣球的能力。

(2)防守战术的基本要求

1)接发球站位明确,强调各位置的作用和相互关系。

2)通过与拦网的配合,进行后排取位,并根据对方攻手进攻动作,提前摆位。

3)接机会球时,注重起球的弧度、落点,快速组织进攻战术。

四、专项身体素质练习方法

身体素质练习是指运用各种身体练习的方法与手段,全面提高与改善运动员的素质、形态、机能和健康水平的训练过程。

在气排球运动中,要想取得优异的成绩,不仅要具备良好的技术,而且还应具备良好的身体素质,气排球专项身体素质主要包括:力量(核心和上、下肢肌群),速度(反应和挥臂速度),耐力、弹跳力、灵活性和柔韧性等。

(一)发展力量素质的练习

1. 发展核心肌群力量的练习

1)平板支撑、侧面平板支撑。

2)俄罗斯转体。

3)"V"字直腿收腹。

4)死虫式。

5)臀桥。

2. 发展下肢肌群力量的练习

1)下肢爆发力:颈后深蹲,四分之一蹲或深蹲,以最大肌肉力量的 75%—85%,完成 3—5 次,共完成 3—5 组。

2)下肢肌肉耐力:四分之一蹲,以最大的肌肉力量 35%—50% 负重蹲起 20—30 次,完成 3 组。

3)壶铃硬拉。

4)杠铃弓步蹲、保加利亚单腿蹲。

5)杠铃提踵。

3. 发展上肢肌群力量的练习

1)俯卧撑或俯卧撑击掌。

2)对墙抛实心球或药球。

3)手指俯卧撑。

4)哑铃或轻杠铃片练习:起跳摆臂,臂绕环、侧平举。负重(杠铃、哑铃)手腕曲伸,手持哑铃腕绕环。

5)杠铃练习:快速挺举、卧推、连续快速推举、蹲举。

（二）发展速度素质的练习法

1．提高反应速度的练习

1）全队队员分两队站立,相距 1 米左右,看教练员手势做追逐跑。

2）躲避球击:全队队员分成两队,一队站半场界内,另一队站场外,场外队员用一球抛击场内队员,场内队员进行躲避,被击中者出场或加入场外队,直至全部被击中。

3）冲刺接球:教练员单手将球高举,队员在 3 米处准备,当教练员突然放手让球掉下时,队员在球落地之前格球接住。

4）垫墙上反弹球:队员面对墙 2—3 米站立并做好准备。教练员从队员身后突然将球扔到墙上,要求队员将反弹回的球垫起。教练员扔球的角度与速度要根据运动员的反应能力而定,并掌握好练习的难度。

5）两人隔网相对,一人做各种快速徒手移动及拦网动作,另一人力争同步跟随。

2．提高动作速度练习

1）快速挥臂以扣球动作击打固定球,球应在扣球手臂前上方最高处,击打时肩部向上伸展。

2）两人一组,相距 5—6 米,单手掷实心球。

3）助跑起跳网上甩垒球。

4）连续跳 3 个不同高度的栏架,可采用单脚或双脚起跳,要求落地后立即跳起,弹速快。

5）连续跳台练习,可选择从一个中等高度跳台双脚自由落地,然后立即摆臂起跳至更高跳台,弹速快,落地轻盈。

3．提高移动速度的练习

1）在中线与进攻线之间做 2 米快速往返移动(侧向或前后)。

2）网前结合拦网跳移动练习。

3）"米"字形快速往返移动。

4）结合球场移动步法练习,快速小步跑,快速交叉步跑,快速高抬腿跑,侧滑步跑,后退跑,各种移动方法的组合练习等。

5）气排球半场对角线冲刺。

（三）发展弹跳力的练习法

1）蛙跳:三级、五级或多级蛙跳。

2）跳绳:可采用双脚双摇形式。

3）单足交替向前跨跳。

4）连续移动后跳起用双手摸固定目标。

5）助跑起跳摸高。

（四）发展耐力素质的练习法

1．发展弹跳耐力的方法

1）用本人绝对弹跳高度的 80% 连续起跳摸高,以 6—10 次为一组,跳 3—5 组(组间休息 2—3 分钟)。

2）3 分钟跳绳练习:双脚双摇跳 30 秒,左脚单跳 1 分钟,右脚单跳 1 分钟,再双脚双摇跳 30 秒。

3) 连线跳高台,8—12 次一组,跳 3—5 组(组间休息 2—3 分钟)。

4) 连续扣球:3—5 人一组。每人扣 30 次。

5) 拦网跳后撤扣球练习,单人连续进行 5—8 次。

2. 发展移动耐力的方法

1) 看教练员手势向各个方向快速移动,2—3 分钟为 1 组。

2) 单人左右移动拦网各 10 次。

3) 全场单兵防守,要求以每防起 15 个好球为 1 组。

4) 网下 1 分钟连续左右并步移动练习。练习 3—5 组。

5) 三人一组,八字跑动防守。

3. 发展速度耐力的方法

1) YO-YO 跑,根据音乐节奏完成相应距离的跑动。

2) 气排球场地冲刺,间歇 8 秒,重复 10 次。

3) 5—25 米折返跑。

4. 发展比赛耐力的方法

1) 连续对攻 3 局。

2) 1 个一攻、3 个推攻、1 个反击,打轮次。

3) 连续比赛 3 局。

(五) 发展灵敏及协调能力的练习法

1. 手足协调练习

1) 两臂分别向前、后绕环。

2) 按教练员口令,两臂做同顺序不同起始节拍的动作。如左手前平举,右手在体侧不动—左手上举,右手前平举—左手侧平举,右手上举—左手放下体侧,右手侧平举—左手不动,右手还原。

3) 开合跳。

4) 绳梯类训练:前向一格一步、前向一格两步、前向双腿跳、前向单腿跳、侧向一格两步、侧向双腿跳、侧向单腿跳 1 级、侧向单腿跳 2 级、前向左右跳 1 级、前向左右跳 2 级、侧向前后跳 1 级、侧向前后跳 2 级等。

5) 小栏架类训练(12 个小栏架):前向一格一步、前向一格两步、前向双腿跳、前向单腿跳、侧向双腿跳、侧向一格两步、双栏架侧向往返移动。

2. 结合球的练习

1) 持球躺在地板上,自己向上抛球后立即起立将球接住。

2) 将球用力向地面击打,待其反弹后钻过,反弹一次钻一次,看最多能钻多少次。

3) 连续接教练员扣、吊和抛的各种来球。

3. 游戏性练习

1) 打手就跑游戏。

2) 贴膏药游戏。

3) 躲避球游戏。

4) 地滚球游戏。

(六) 发展柔韧性的方法

1) 利用自身体重做弹性下压,如直腿体前曲收摸底,可以加摆振几次,双手扶在墙上作压肩的弹振,跪坐脚跟上,压踝关节柔韧性练习,弓箭步压腿,拉肩等。

2) 两人一组,压肩、压腿等练习。

参考文献

[1] 曾黎,邹斌平,王金稳.气排球基础教程[M].成都:西南交通大学出版社,2018.

[2] 黎禾.大众气排球[M].北京:北京体育大学出版社,2015.

[3] 李莹.气排球[M].北京:中国人民大学出版社,2018.

[4] 中国排球协会,中国老年人体协气排球专项委员会.中国气排[M].北京:人民体育出版社,2015.

第十一节 高 尔 夫 球

一、概述

(一) 起源与发展

高尔夫运动的起源,据史料记载,概括起来有三种说法。始见于该运动的发祥地苏格兰,由放羊的牧童手持牧羊棍驱赶羊群时无意中打击到草地上的小石头,并偶然地将其击入兔子洞穴,从此成为一种游戏而广泛地流传开来。但早在苏格兰打高尔夫球之前,在中国和古罗马都曾流行过类似高尔夫球的以杆击球的游戏。公元前二三百年时,中国有种被形象地称为"捶丸"的球戏,盛行于宋、元、明朝。而公元前 100 年至公元 44 年,古罗马有一种用木杆击打用羽毛充塞制成的球的游戏,并盛行于古罗马军团中,有人认为是古罗马军团把原始的高尔夫球带到英格兰和苏格兰的。尽管人们对于高尔夫球运动的起源众说纷纭,但是我们今天看到并且参与的高尔夫球运动却有着浓重的苏格兰味。

世界上第一所高尔夫球俱乐部设立在苏格兰的爱丁堡,并制订了最初的高尔夫比赛规则。世界上第一家女子高尔夫俱乐部也建于苏格兰,而最有名气的圣安德鲁皇家古典高尔夫俱乐部就设在苏格兰。从 1445 年至今,高尔夫球运动已经从英伦三岛之一的苏格兰流传到世界各地,历时 500 年而不衰。目前,全世界已有 30 000 多家球场分布在 119 个国家,约有超过一亿的高尔夫爱好者。

高尔夫运动于 1916 年进入中国上海。1917 年上海虹桥高尔夫球总会成立。1984 年中国第一家高尔夫球俱乐部在广东中山诞生。1987 年中国高尔夫协会在北京成立。目前中国有球场400 余个,高尔夫球人口超过 100 万人。

随着社会发展进步,据 TheR&A 和体育市场营销调查(SMS)披露的最新研究数据显示,自2016 年以来,高尔夫球运动在全球范围内得到了显著的普及,超过 550 万新增高尔夫球手参与其中。并且其中亚洲高尔夫球手由 2 030 万人增长到 2 330 万人。

（二）特点与作用

高尔夫运动是一项在具有独特景观的户外场地上进行的球类运动。高尔夫(golf)运动中的"g"代表绿色(green)，寓意在大自然中的运动，回归自然。"o"代表氧气(oxygen)，氧气是人类生命活动所必需的，寓意这项运动让生命充满活力。"l"代表阳光(light)，寓意积极向上，乐观开朗。"f"代表友谊(friendship)，寓意鼓励与关怀。这也是高尔夫运动的魅力所在。

高尔夫运动不仅仅是一项体育运动，更是将来社会的一种社交方式。高尔夫比赛大多是在没有裁判员监督的情形下进行的，它依靠每个参与者主动为他人着想和自觉遵守规则的诚实和信用。不论对抗多么激烈，所有球员都自觉约束自己的行为，在任何时候都表现出礼貌谦让和良好的运动精神。其高尚礼仪更是规范人们道德行为的重要因素，其挑战性塑造了人们对待生活和人生态度的理念，球员在打球中自觉遵守高尔夫运动礼仪和礼貌，在比赛中建立高尚的人际关系。而且有研究表明，在新冠疫情大流行期间，高尔夫球运动的普及有着明显的提速，其主要原因是高尔夫球手能够在户外环境中保持安全的社交距离、保持运动量，促进他们的身心健康。并且在后疫情时代下，高尔夫由于其较高的安全距离，较空旷安全的运动场所，越来越受到更多人的青睐，高尔夫运动的精神和礼仪礼貌的融合将会为社会创造价值，为时代培养德智体美全方面发展的高素质人才。

（三）比赛方法与规则简介

1. 高尔夫球赛制

（1）比杆赛

以数天内每天完成18个洞所使用的总杆数之和来确定选手最后名次，是职业比赛的常用赛制。

（2）比洞赛

为一组中两人的对抗，参赛选手为两人一组或两队，进行一对一对抗，在每一洞根据杆数决出胜负，最后根据选手赢得的球洞数决定最终名次，除了少数比赛已不再被使用。

2. 规则简介

（1）球场

标准的高尔夫球场长约6 496—7 500码，共设18个球洞，每个球洞的距离约在100—600码，每个球洞都设有开球台、球道、障碍区、果岭（见图6-11-1）。

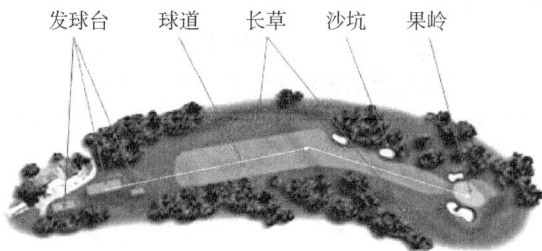

发球台　球道　长草　沙坑　果岭

图 6-11-1

（2）装备（见图6-11-2）

1）球：白色，质地坚硬，富有弹性，表面有凹坑，重量为45.93克，直径为4.27厘米。

2）杆：木杆、铁杆（劈起杆、沙坑杆）推杆（每位选手一场比赛中最多可以使用14支符合标准的球杆）。

3）鞋：软胶钉鞋。

4）球包。

图 6-11-2

（3）判罚

1）每位球手应在规定开球时间前到场，迟到者将受到罚杆甚至丧失比赛资格。

2）击沙坑球：在沙坑中正式挥杆前如果球杆碰到沙子罚两杆。

3）障碍区：如果将球击入红色或黄色木桩所围出的障碍区，可选择罚一杆并在规定区域内抛球或在障碍区内击球。在障碍区内击球时，击球前杆头不得触碰障碍区内的水面或地面。

4）遗失球：如果击出的球在三分内未找到，则判定为遗失。如果认为此次击出的球可能遗失，则可申明击打暂定球。如果找到第一颗球，则不罚杆。如果未找到，则可罚一杆，击打暂定球。如果未击打暂定球且遗失，则罚两杆回原地重打。

5）如果在果岭上推杆时未拔旗杆且球撞到了旗杆，则推球者罚两杆。

二、基本技术

（一）握杆

1. 棒球式握杆

这是一种适合于初学者的握杆方法。十指握住球杆，但不重叠，右手小拇指与左手食指紧密贴合。能有效的增加挥杆的稳定性。缺点是不易保持两手的一体感与均衡性（见图 6-11-3）。

图 6-11-3

图 6-11-4

2. 互锁式握杆

握杆时右手的小拇指与左手的食指相互交叉钩锁在一起。其特点是两手绞索在一起，易产生一体感，有利于手臂力量的发挥。此种握杆方法适合手小或力量较差的球员采用（见图 6-11-4）。

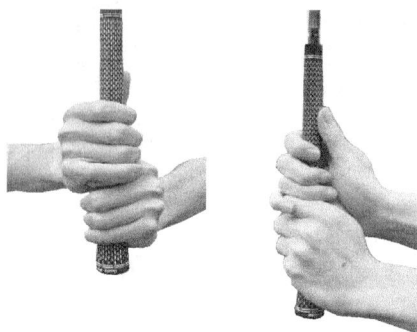

图 6-11-5

3. 重叠式握杆

握杆时把右手的小拇指搭在左手食指上面的握法。这种握法可以使双手与双臂形成一体,有利于控制左右手的用力平衡,手掌大或力量大的球员宜采用此握法(见图 6-11-5)。

(二)挥杆

挥杆是指通过挥动高尔夫球杆来击打静止于地面的高尔夫球的过程。挥杆击球是实现球向目标的远距离飞越,良好的挥杆动作是使球获得正确飞行方向和理想飞行距离的保证。挥杆的使用区域主要是在发球区和球道区。

1. 准备姿势

击球前的准备姿势是指球员握好球杆后准备击球时身体各部位所处的正确的位置,不同的球杆双脚之间的宽度也不尽相同。

1)动作要领:双脚内侧的宽度应与肩同宽,球杆越短双脚的宽度越窄。双脚的距离一定要适当,太窄稳定性降低,太宽限制了身体的转动,不利于力量的发挥。左肩略高于右肩,双臂伸直,肩、臂、手形成一个三角形并保持稳定(见图 6-11-6)。

2)练习方法:教师的示范领做,使学生正、侧面看清并提示要点,使学生通过练习能熟练掌握运用。

3)易犯错误与纠正方法(见表 6-11-1)。

图 6-11-6

表 6-11-1

易犯错误	纠正方法
肘关节外翻破坏三角形支撑	两臂肘关节伸直,手腕微上翘
腰背与膝关节弯曲过多	挺胸收腹,膝关节微曲

2. 引杆

引杆是上杆的起始动作,引杆过程中速度不能过快,要柔和与协调。

1)动作要领:引杆起动时,左臂与球杆成为一个整体,手腕和手臂不能曲弯曲,保持两臂与肩构成三角形的稳定,以左肩依次带动臂、手、球杆慢慢向球的正后方引动,此时杆面一定要保持正对球的方向(见图 6-11-7)。

2)练习方法:先按照动作要领进行徒手引杆模仿练习,动作熟练后持杆练习并着重体会引杆速度的慢与直(慢就是指杆头的向后运动要缓慢,直就是指杆头要直线向后摆动,并且杆面保持正对球)。

图 6-11-7

3）易犯错误与纠正方法（见表6-11-2）。

表6-11-2

易犯错误	纠正方法
曲肘引杆造成"鸡翅膀"的错误动作	两臂肘关节伸直并内夹
身体重心过早右移	注意保持身体的稳定性

3. 上杆

引杆和上杆之间没有明显界限也没有停顿，引杆是上杆的起始，上杆是引杆的延续。

1）动作要领：保持肩与两臂形成的三角形，以杆头带动两臂及左肩向右转动，在双手到达右腰部高度时，左腋稍夹住贴近身体，右肘关节随左臂的上举慢慢弯曲。左肩继续在左臂的带动下向右转动，同时带动左腰和左髋也向右扭转（见图6-11-8）。

2）练习方法：在上杆过程中，肘关节不能弯曲，手腕保持伸直并要保持头部、躯干、膝关节的稳定性。

3）易犯错误与纠正方法（见表6-11-3）。

表6-11-3

易犯错误	纠正方法
上杆过分依赖手部动作	双肩、双臂、双手与球杆一起运动

图6-11-8　　　　　　　　　　　　图6-11-9

4. 上杆顶点

通常把上杆与下杆两者转换的瞬间定为上杆顶点。

1）动作方法：在上杆要完成时，左手腕保持正直向拇指方向弯曲，右肘微向内扭，左肩右转位于下颚处与球对齐。腰部向右扭转，右膝保持稍向内扣，左膝向右膝靠近，体重主要由右足内侧支撑，完成上杆顶点（见图6-11-9）。

2）练习方法：头部相对于躯干保持不动，眼睛看球，肩部围绕脊柱旋转左肩转至下颚下方，身体重心移至右腿内侧。

3）易犯错误与纠正方法（见表6-11-4）。

表 6-11-4

易犯错误	纠正方法
右手肘弯曲角度过小	弯曲角度不得小于 90°
球杆上到头部上方	保持右肘关节指向地面

5. 下杆

通过腰、肩部的回转,将身体积蓄的力传递到手臂的过程。

1）动作要领:左肩在下肢和腰部的带动下,自然向左转动并使在上杆时被拉伸的左臂下引球杆,身体重心同时向左侧移动,两手拉引球杆至腰部的高度,腰部如同墙壁顶住身体的重量,保持身体的安稳(见图 6-11-10)。

2）练习方法:头部相对于躯干保持不动,眼睛看球,肩部围绕脊柱旋转,身体重心移至右腿内侧。

3）易犯错误与纠正方法(见表 6-11-5)。

表 6-11-5

易犯错误	纠正方法
上杆顶点后未按正确路线下杆	下杆时注意力集中在挥杆动作上而非击球上
杆面过于打开	保持手腕的稳定性不外旋

图 6-11-10　　　　　　　　　　　图 6-11-11

6. 击球后的顺势动作

是指击球结束后自生的惯性动作,球杆到此位置基本与引杆动作对称,它是良好击球的自然结果。

1）动作要领:击球结束后,身体重心由左腿支撑,右足跟提起,右膝向左膝靠拢,在右腿的推动下,腰部继续向左转动。在杆头的惯性作用下右臂伸直,左腋夹住,保持两臂与肩形成的三角形,两手到达左侧腰部位置,头部保持稳定,两眼仍然注视球的位置(见图 6-11-11)。

2）练习方法:击球进入顺势动作以后,右臂伸直,在向目标方向送出的杆头牵引作用下,带动右肩向左移动。特别要注意的是头部仍然要固定不动,两眼注视球所在位置。整个身体一起转动,由身体带动手臂和手释放杆头,并控制杆面角度使其方正。

3）易犯错误与纠正方法（见表 6-11-6）。

表 6-11-6

易犯错误	纠正方法
双臂肘关节弯曲导致动作变形	两臂肘关节夹紧绷直
身体过分侧移	将头部拉向左边身体以脊柱为轴一起转动并保持头部稳定

7. 送杆、收杆

送杆、收杆作为结束动作并不是有意做出来的，而是正确、流畅挥杆的自然结果，是最后的一个技术环节。

1）动作方法：顺势动作结束后，右臂继续带动右肩、杆头向左上方运动，腰和肩沿纵轴向左转动，身体重心全部由左腿左脚承担并保持固定，当持杆手到达肩部平行高度时，头部随着身体转向目标方向，此时杆头已达到最高点并继续向左后方运动。右臂稍自然弯曲，将球杆斜背在身体后面，完成送杆与收杆动作（见图 6-11-12）。

图 6-11-12

2）练习方法：送杆与收杆过程中左腿伸直，重心落在左脚跟，左脚尖略微离地。右脚尖着地，外旋 90°。右肩正对目标，球杆斜跨过后背，杆头指向地面。

3）易犯错误与纠正方法（见表 6-11-7）。

表 6-11-7

易犯错误	纠正方法
击球意识太强导致收杆姿势错误	通过大量的空挥杆练习来加强收杆动作的稳定性

（三）劈起球

劈起球是指部分上杆的击球方式，重点在于精准的距离控制，主要是进攻果岭的技术。

1）动作要领：采取略微开放的站姿，球位略往后移，引杆时通过曲碗使上杆比较陡峭，这样能使杆头在击球瞬间以正确的方向将球送出。下杆时将注意力放在平顺的加速上，通过释放杆头来加速，击球后要顺势送杆（见图 6-11-13）。

2）练习方法：略微开放的站姿，握杆稍短，球位后移重心放左脚，通过曲碗使上杆的角度陡

图 6-11-13

峭,轻松握杆顺势放杆。

3）易犯错误与纠正方法（见表 6-11-8）。

表 6-11-8

易犯错误	纠正方法
上杆时没有曲碗动作,导致下杆不稳定	通过大量的曲碗空挥练习,形成动作记忆
身体过分侧移	将头部拉向左边身体以脊柱为轴一起转动并保持头部稳定

（四）推杆击球

1. 握杆

反向重叠式握杆。

这种握法是左手食指搭在右手的小指与无名指之间,或伸直斜搭在右手小指、无名指与中指上,这是使用最广泛的握法（见图 6-11-14）。

图 6-11-14

图 6-11-15

2. 准备姿势

使用推杆时的站姿因人而异,通常站位时两足基本保持与推击线方向平行。

1）动作要领:站姿宽度以推击球时身体不左右晃动,能够保持身体平衡、舒适为宜,一般要与肩同宽或稍宽于肩,两手握杆,两膝稍弯曲,上体前倾背部挺直,使身体重心均匀的分布在两腿上(见图 6-11-15)。

2)练习方法:教师的示范领做,使学生正、侧面看清并提示要点,使学生通过练习能熟练掌握运用。

3)易犯错误与纠正方法(见表 6-11-9)。

表 6-11-9

易犯错误	纠正方法
两脚间距过窄,影响身体稳定性	多进行站位练习,形成动作记忆

3.推击球

根据球洞区表面状况和球与球洞之间的距离,确定推击线的方向和推击力量大小。

1)动作要领:手腕保持固定,保持手腕与臂部构成的三角形结构,两手手腕固定以两臂的钟摆式运动将球击出(见图 6-11-16)。

图 6-11-16

2)练习方法:教师的示范领做,使学生正、侧面看清并提示要点,使学生通过练习能熟练掌握运用。

3)易犯错误与纠正方法(见表 6-11-10)。

表 6-11-10

易犯错误	纠正方法
因紧张导致推杆抖动	深呼吸后将注意力集中在击球杆面上即可
推杆的力量控制不住	多进行推杆发力练习,形成动作记忆

三、基本战术

要想打好比赛,首先要掌握高尔夫的规则和基本的比赛方法,这是前提,只有熟悉了比赛的规则,才能运用好规则。高尔夫的规则是以最少的杆数完成比赛,大致可以分为开球、过渡、攻果岭、推杆四个过程,每个过程都有相应的策略。

（一）开球

开球前应先观察球道的走势,注意障碍区的位置和距离,测量风向并预想好球落地和滚动的位置,然后选择合适距离的球杆,瞄准设定的方向进行开球。

（二）过渡

当距离不够攻果岭时,应尽量寻找射程范围内的平地,将球打到容易攻果岭的位置。当前方有障碍区距离不够越过时,应先将球打到靠近障碍区之前。在沙坑中难以掌控击球质量时,应先选择切杆或 P 杆将球打回球道。

（三）攻果岭

攻果岭前应先观察果岭的地形和旗杆的位置,注意果岭周围的障碍区,预想好球的落点和滚动,测量风向并根据码标推算距离,选择合适的球杆将球打上果岭。尽量使球停于比球洞低的位置,留下上坡推杆更容易。

（四）推杆

推杆前应仔细观察果岭的走势并用步数测量球到洞的距离,用球上的线瞄准推出的方向,并和推杆上的线对准,力度尽量使球能刚刚过球洞。

四、专项身体素质练习方法

（一）力量素质

1) 哑铃弯举、曲肘下拉,发展手臂力量。
2) 卧推、哑铃飞鸟,发展胸部力量。
3) 平板支撑、俄罗斯转体,发展腰腹力量。
4) 深蹲、箭步蹲,发展臀部与腿部力量。

（二）灵敏素质

1) 杠铃转体、左右侧抛球,发展腰部灵活性。
2) 交叉步、纵跳转髋,发展髋关节灵活性。

（三）柔韧素质

伟大伸展、静力性俯卧燕飞,发展肩背柔韧性。

参考文献

［1］卓人刚,庄曹.高尔夫自学手册[M].沈阳:辽宁科学技术出版社,2004.

［2］陈晓,李兴林,杨仁伟.高尔夫球运动教程[M].上海:同济大学出版社,2006.

［3］康钧.大学高尔夫教程(第三版)[M].北京:首都经济贸易大学出版社,2018.

第七章　民族传统体育与武术

第一节　长　　拳

一、概述

长拳是中国传统拳派之一,属于一种北派武术。一般将查拳、华拳、炮拳、红拳等均列入长拳。中国古代也有专称长拳的拳种。长拳是以姿态舒展、动迅静定、劲力饱满、节奏鲜明为特点的一个武术拳种。

(一) 起源与发展

"长拳"一词最早记载于明朝戚继光《纪效新书·拳经捷要篇》中,以"长拳"命名的主要武术套路有长拳三十二势、太极长拳等。程子颐等人在《武备要略·长拳说》将"长拳"单独列为一节,并在文中写道:"谚云:'长拳兼短打,如锦上添花。'"唐顺之所著的《武编·拳》中谈到:"长拳变势,短打不变势。逼近用短打,若远开则用长拳。行着,既晓短打,复会行着,短不及长矣。"

1937 年,《国术大全》中将"长拳"作为一个独立的拳种,与燕青拳、二郎拳、行拳、六合拳等拳种并列叙述。

中华人民共和国国家体育运动委员会成立后,一批知名武术家、学者将查拳、华拳、红拳、炮拳、少林拳等拳种作为基础,以四击、八法、十二型为技术和技法标准,选取姿势舒展、大开大合、翻转腾跃的动作,进行重新编排,编创了"规定长拳"等套路,并得到了有效的推广,在此之后又编创了"自选长拳"。与此同时,逐渐形成了以拳、掌、勾为基本手形,以弓步、马步、仆步、歇步、虚步为基本步形,以腾空飞脚、腾空摆莲、旋风脚为基本跳跃动作,以提膝平衡、燕式平衡为基本平衡动作的长拳基本功,并形成了长拳项目的常规训练内容以及稳定的训练模式。以长拳徒手技术为基础,相应的剑术、刀术、棍术、枪术套路技巧也逐渐成熟起来。

至此,现代长拳已经形成了完备体系,已经成为全国性、国际性武术比赛的主要内容,同时,长拳也被全国各大高校、中小学选为体育课程、丰富校园文化生活的重要内容之一。

随着校园武术的发展,也为了更好地推广武术,鼓励人们学习武术,"段位武术"也应运而生。段位武术中就包括了"段位长拳",从 1998 年开始,试行《中国武术段位制》,根据个人从事武术活动年限、掌握的武术理论水平、研究成果、武德修养以及对武术做出的贡献,将段位武术分为"三档九段";2008 年北京奥运会后,武术段位制从"套段"评分变为了"考段"评分法,并朝着规范化、标准化方向发展。2011 年后,以"武术标准化年"的设立为标志,中国武术段位制进入了一个崭新的阶段。2014 年后《段位制推广十年计划》把学校当作武术段位制推广的重要阵地。2022 年 11 月,由中国大学生体育协会民族传统体育分会牵头编写了包括《段位长拳》初段位、中段位在内的"学校段位武术教学用书"系列教程,进一步推进了段位武术的规范化发展。

(二)特点与作用

1. 技法特点

一是手要快捷,长拳对掌法、拳法运动的要求是"拳如流星",手法要快捷、有力。练习长拳时首先要动作方法正确:动作方法正确是手法快捷的基础和保障。二是眼要明锐,即"眼似电",眼法要明快、锐利。眼法大体可分为两种:一种是"随视",要求"跟随手动";另一种是"注视",要求"目随势注"。三是身要灵活,即"腰如蛇行",身法要柔韧、灵活、自如。身法在长拳运动中有着不同变化,且多以腰为主宰。四是步要稳固,长拳对步法的要求是"步赛粘",脚步要像粘在地上一样稳固,以步快催动拳速,上下协调一致。五是精要充沛,长拳对精神的要求是:充沛、饱满、贯注。六是气要下沉,长拳对呼吸的要求是"气宜沉",气要沉丹田,要注意顺其自然。七是力要顺达,长拳对劲力的要求是"力要顺达"。发力顺达是动作间衔接的必备条件,否则会使动作僵硬、呆板,破坏动作结构与套路节奏;八是四击合法,"四击"指武术中的踢、打、摔、拿,四击合法指长拳中的动作方法要符合这四种技击法则,踢、打、摔、拿自成体系,各有各的具体内容与运动方法。长拳对踢、打、摔、拿具体内容的运动方法有非常严格的要求,即一招一式都要恪守"四击"法则,若背离这些技击法则,就不能真实地再现不同动作的攻防意义,也就失去了长拳技击动作的攻防意识与价值;九是以形喻势,长拳在运动时有动势、静势、起势、落势、立势、站势、转势、折势、轻势、重势、缓势、快势十二种态势。前人将此十二种态势以形象的比喻方法提示人们对长拳技术的追求,俗称"十二型""十二型",包括动、静、起、落、立、站、转、折、轻、重、缓、快。

2. 长拳的作用

(1)健身作用

提高素质,健体防身,武术套路运动其动作包含着曲伸、回环、平衡、跳跃、翻腾、跌扑等,人体各部位几乎都要参与运动。系统地进行武术训练,对人体速度、力量、灵巧,耐力、柔韧等身体素质要求较高,人体各部位"一动无有不动",几乎都参加运动,使人的身心都得到全面的锻炼。实践证明,对外能利关节,强筋骨,壮体魄;对内能理脏腑,通经脉,调精神。武术运动讲究调息行气和意念活动,对调节内环境的平衡,调养气血,改善人体机能,健体强身十分有益。

(2)观赏作用

无论是套路表演,还是散手比赛,历来为人们喜闻乐见。唐代大诗人李白好友崔宗字赞他"起舞拂长剑,四座皆扬眉",杜甫在《观公孙大娘弟子舞剑器行》著名诗篇中有"昔有佳人公孙氏,一舞剑器动四方。观者如山色沮丧,天地为之久低昂"的描绘。汉代打擂台,"三百里内皆来观"。都说明无论是显现武术功力与技巧的竞赛表演套路,还是斗智较勇的对抗性散手比赛,都会引人入胜,给人以美的享受,都具有很高的观赏价值。通过观赏,给人以启迪教育和乐趣。

(3)技艺交流,增进友谊

武术运动蕴含丰富,拳理相通,入门之后会有"艺无止境"之感。群众性的武术活动,便成为人们切磋技艺、交流思想、增进友谊的良好手段。随着武术在世界广泛传播,还可促进与国外武术爱好者的交流。许多国家武术爱好者喜爱武术套路,也喜爱武术散手,他们通过练武了解认识中国文化,探求东方的文明。武术通过体育竞技、文化交流等途径,在与世界各国人民友好交往中发挥着越来越大的作用。

（4）教育作用

磨炼意志，培养品德，练武对意志品质考验是多面的。练习基本功，要不断克服疼痛关，"冬练三九、夏练三伏"，要具有常年有恒、坚持不懈的意志品质。套路练习，要克服枯燥关，培养刻苦耐劳、砥砺精进、永不自满的品质。遇到强手，要克服消极逃避关，锻炼勇敢无畏、坚韧不屈的战斗意志。经过长期锻炼，可以培养人们勤奋、刻苦、果敢、顽强、虚心好学、勇于进取的良好习性和意志品德。

"教武育人"贯穿在武术教习全过程中，"未曾习武先学礼，未曾习武先习德"，传统中始终把武德列为习武教武的先决条件。武术在中国几千年绵延的历史中，一贯注重礼仪，讲道德，"尚武崇德"。诸如尊师爱友，包含了深刻广泛的道德内容，互教互学，以武会友，切磋技艺，讲礼守信，见义勇为，不凌弱逞强等品德，与激烈的攻防技术和人生修行结合起来，是中国武术传统道德观念的体现。在社会的发展中，武德的标准和规范也不尽相同，尚武而崇德不仅能很好地陶冶情操，还会大大有益于社会精神文明建设。

（三）比赛方法与规则简介

1. 场地与服饰

长拳场地主要分为训练场地和比赛长场地，场地要求长 14 米，宽 8 米，场地周围至少有 2 米宽的安全区；四周内应标明 5 厘米宽的边线；比赛场地应铺设地毯，以防止运动员受伤。

长拳服装要求具有传统的民族特色，长拳运动一般要求穿武术鞋，也可以穿软底运动鞋。

2. 评分标准

武术套路比赛按竞赛类型可分为：个人赛、团体赛、个人及团体赛。按年龄可分为：成年赛（年龄在 18 周岁以上，含 18 周岁）、青少年赛（年龄在 12—17 周岁）、儿童赛（年龄不满 12 周岁）。长拳比赛主要分为自选套路、规定套路、集体演练与对练。

武术套路竞赛 10 分为满分，以运动员现场发挥的技术水平为依据，根据竞赛规则要求，运用减分和给运动员创新难度动作加分的办法进行。武术套路比赛分别由 A 组裁判：从动作规格、演练中出现的错误或失误，如身体出界、失去平衡、器械碰身与掉地等错误进行扣分，总分值为 5 分；B 组裁判：从演练技巧、编排、布局等方面进行综合评分，总分值为 3 分；C 组裁判：根据运动员所报难度进行"是"与"否"的确认，总分值为 2 分。运动员申报创新难度动作，要求在正式比赛前，由裁判组根据申报材料确认该创新难度动作分值后，比赛中运动员按照要求完成了该动作，则由裁判长给予加分。

武术套路比赛，不同的项目有不同的时间规定，不足与超过都得扣分。一般自选套路时间不少于 1 分 20 秒，太极拳不少于 3—4 分钟，规定太极拳不少于 5—6 分钟，对练不少于 50 秒；时间不足与超过规定 2 秒，扣 0.1 分，不足与超过规定 2.1 秒扣 0.2 分，以此类推。

二、基本技术

（一）手形

1. 拳（见图 7-1-1）

动作说明：拳四指并拢卷握，拇指紧扣食指和中指的第二指节，拳面要平，拳心朝下为平拳，拳眼朝上为立拳。

2. 掌（见图 7-1-2）

动作说明：四指并拢伸直，拇指弯曲扣于虎口处，掌指尖朝上为立掌；掌心朝上为仰掌。

3. 勾（见图 7-1-3）

动作说明：五指第一指节捏拢在一起，曲腕。

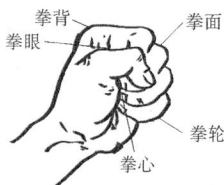
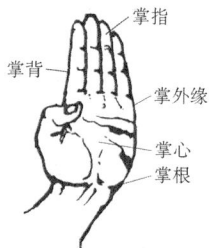
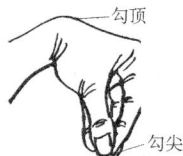

图 7-1-1   图 7-1-2   图 7-1-3

（二）步型

1. 弓步（见图 7-1-4）

动作说明：两脚前后站立，前腿曲膝半蹲，大腿接近水平，小腿与脚面垂直；后腿挺膝蹬直，脚尖内扣 45°，两脚全脚掌着地，前后距离约为本人脚长的 4—5 倍，横向距离约为 10 厘米。弓左腿为左弓步，弓右腿为右弓步。

动作要点：前腿弓，后腿绷，挺胸收腹不晃动。

2. 马步（见图 7-1-5）

动作说明：两脚左右开立，距离约为本人脚长的 3 倍，两腿曲膝半蹲，大腿接近水平，脚尖朝前，膝部内扣不超脚尖，全脚掌着地，身体重心落于两腿之间。

动作要点：挺胸立腰，膝盖内扣，脚跟外蹬。

3. 仆步（见图 7-1-6）

动作说明：一腿曲膝全蹲，大小腿贴紧，膝关节和脚尖外展约 45°；另一腿挺直平仆，脚尖里扣，两脚全脚掌着地；左腿平仆为左仆步，右腿平仆为右仆步。

动作要点：髋关节松沉，平仆腿伸直外蹬。

图 7-1-4   图 7-1-5   图 7-1-6

4. 虚步（见图 7-1-7）

动作说明：两脚前后站立，重心移至后腿并曲膝下蹲，大腿达水平，脚尖外展 45°；前腿微曲膝内扣，脚尖内侧虚点地面；左脚虚点地面为左虚步，右脚虚点地面为右虚步。

动作要点:头上顶,挺胸立腰,虚实分明。

5.歇步(见图7-1-8)

动作说明:两腿左右交叉,靠拢全蹲;前脚全脚掌着地,脚尖外展;后脚前脚掌着地,臀部坐于后腿小腿上,左脚在前为左歇步,反之为右歇步。

动作要点:前脚脚尖充分外展,两腿紧密折叠。

图 7-1-7　　　　　　　图 7-1-8

(三)身型

长拳身形以挺胸、塌腰、收腹要求为基础。

(四)手法

1.冲拳(见图7-1-9、图7-1-10)

动作说明:两脚左右开立,两拳收抱腰间,拳心朝上,目视前方。

动作要点:拳从腰间向前猛力冲出,肘关节过腰后,前臂内旋加速,拧腰顺肩,臂要伸直,高与肩平,力达拳面,拳心朝下。

图 7-1-9　(正面)　　　　　图 7-1-10　(侧面)

2.推掌(见图7-1-11、图7-1-12)

动作说明:一掌从腰间向前推出,肘贴肋运行,过肋时前臂内旋加速,臂伸直,高与肩平。

动作要点:拧腰、顺肩、旋臂,力达掌根。

图 7-1-11 （正面）　　　　　图 7-1-12 （侧面）

3. 架拳（见图 7-1-13）

动作说明：手臂曲肘内旋，经胸前向头上方划画架起，拳眼朝下。

动作要点：松肩、肘微曲，旋臂、翻腕要连贯。

图 7-1-13　　　　　图 7-1-14

图 7-1-15

4. 亮掌（见图 7-1-14）

动作说明：一掌经身体同侧向外、向上弧形摆至头部上方时抖腕翻掌，掌心朝上。

动作要点：抖腕要清晰迅速。

5. 劈掌（见图 7-1-15）

动作说明：两脚左右开立，两拳收抱腰间，直臂经体后向上、向前抡臂劈打，拇指一侧朝上，力达掌外沿。

动作要点：抡臂要立圆，力达掌外沿。

6. 格挡（见图 7-1-16、图 7-1-17）

动作说明：两脚左右开立，两拳收抱腰间，右手臂曲肘外旋（或内旋），经体前向内（或向外）快速平摆，拳面朝上，力达前臂内侧（或外侧）；向内格挡为里格挡，向外格挡为外格挡。

动作要点：转腰、曲肘、旋臂要连贯。

图 7-1-16　（正面）　　　　　图 7-1-17　（侧面）

（五）腿法

长拳中腿法主要分为直摆性腿法与曲伸性腿法,正踢腿属于直摆性腿法,弹腿、蹬踢、侧踹、鞭腿均为曲伸性腿法。

1. **正踢腿**（见图 7-1-18）

动作说明:身体直立,一腿伸直支撑;另一腿挺直,脚尖勾起向前额处猛踢。

动作要点:三直一勾(躯干挺直、支撑腿伸直、踢起腿膝盖挺直,脚尖勾紧),过腰加速。

2. **弹腿**（右腿为例,见图 7-1-19）

动作说明:两脚前后站立,两拳收抱腰间,目视前方;左腿支撑直立,右腿曲膝提起,脚面绷平;右腿用力向前挺膝弹出。

动作要点:大小腿折叠,挺膝快弹,高不过胸,力达脚尖。

3. **蹬腿**（左腿为例,见图 7-1-20）

动作说明:身体直立,一腿伸直支撑;另一腿曲膝提起,勾脚尖挺膝向前蹬出。

动作要点:挺膝快蹬,高不过胸、低不过腰,脚尖勾紧,力达脚跟。

图 7-1-18　　　　　　　图 7-1-19　　　　　　　图 7-1-20

4. **侧踹**（见图 7-1-21）

动作说明:支撑腿直立或稍曲,脚尖外展;另一腿曲膝提起,大小腿折叠,脚尖勾紧,大腿推动小腿由曲到伸挺膝踹出,上体向支撑腿侧倾。

　　动作要点:挺膝、开髋,踹出腿脚高过腰。

　　5. **鞭腿**(*左鞭腿为例,见图 7-1-22*)

　　动作说明:支撑腿直立或稍曲,脚尖外展;另一腿曲膝提起,扣膝翻脚,脚面绷直,以大腿带动小腿弧形摆动,向前鞭打。

　　动作要点:转腰、扣膝、翻脚、摆腿,动作连贯、迅速,力达脚背及小腿前侧。

图 7-1-21　　　　　　　　　　　　图 7-1-22

(六) 跳跃

1. **跃步**(见图 7-1-23—图 7-1-25)

　　动作说明:两脚前后站立,前脚蹬地,后脚向前跃起超过前脚后落于体前,随之前脚落于后脚前方。

　　动作要点:跳步轻快,两脚上步衔接紧密。

图 7-1-23　　　　　　图 7-1-24　　　　　　图 7-1-25

　　2. **翻身跳**(见图 7-1-26、图 7-1-27)

　　动作说明:两脚开立,曲膝向右拧转腰,右脚蹬地,身体向左上方翻转跃起旋转一周,两臂随体转抡臂摆动。

　　动作要点:借助蹬地的力量快速抡臂,带动身体转动,在空中要挺胯展身。

图 7-1-26　　　　　　　　　　　图 7-1-27

3. 腾空飞脚(见图 7-1-28、图 7-1-29)

动作说明:两腿前后开立,左脚在前,上右步(或助跑后上右步),脚跟先着地,迅速过渡到前脚掌。右脚蹬地,左腿向上高摆,同时两臂上摆至额前上方,以右手背迎击左手心。左腿曲膝上抬,脚面绷平,脚尖朝下;右腿挺膝绷脚上摆,身体腾空,以右掌击拍右脚面,左掌左摆(或变勾)至体侧,两脚依次或同时落地。

动作要点:起跳、提膝、摆腿要连贯,击拍要准确、响亮。

图 7-1-28　　　　　　　　　　　图 7-1-29

三、运动特点与要求

(一)舒展大方

舒展大方主要体现在动作的头、臂、腰的各部位在完成一个动作时,幅度要大。

(二)动作灵活

动作灵活体现在动作的头、臂、腰、腿的各部位在完成一个动作时,幅度要大、节奏变化要快。

（三）快速有力

快速与有力体现在两个方面，快速是体现动作的时间概念上所完成动作的时间越短越好，动作有力是体现劲力概念上所完成的力量大小。长拳的演练中，快速与有力是同源的，动作能快速也就是说能有力。因此，一个动作能有力地完成，其快速也同样能体现。

（四）节奏鲜明

节奏是指完成动作的时间变化。长拳的节奏有单个动作的节奏、组合动作的节奏、分段动作的节奏、半套动作的节奏、全套动作的节奏、动作的节奏包括轻、重、缓、急、抑、扬、顿、挫等。

（五）蹿蹦跳跃

随着武术套路的发展，武术套路竞赛中长拳内容对跳跃的要求也越来越高，武术竞赛中自选长拳的跳跃有 A 级、B 级、C 级难度、动动连接难度、动静连接难度。

四、功法

（一）柔韧

1）掌交叉前撑练习：4×8 拍/组，共 5 组，要求：身体立直，前撑充分。
2）扶墙侧压肩练习：每侧 4×8 拍/组，共 6 组，要求：拉伸充分。
3）侧压腿练习：每侧腿 60 秒/组，共 6 组，要求：支撑腿直立，达到最大限度后控制。

（二）速度

1）极速冲拳练习：30 秒/组，共 5 组，要求：站立姿态，两脚自然开立，冲拳到位，速度最大化。
2）快速里合腿、外摆腿练习：每侧腿 10 次/组，共 5 组，要求：动作连贯，摆腿充分。
3）快速轮臂砸拳练习：10 次/组，共 5 组，要求：动作流畅，砸拳有力。

（三）力量

1）俯卧撑练习：15 次/组，共 5 组，要求：身体保持平直，速度适中。
2）卷腹触膝练习：15 次/组，共 5 组，要求：每次手触碰到膝盖。
3）收腹举腿练习：30 次/组，共 5 组，要求：上身平躺，手可以抓握固定物辅助练习。

（四）灵敏

1）提膝平衡练习：每侧 60 秒/组，共 6 组，要求：两腿交替练习，要求身体保持直立，支撑腿不弯曲。
2）交叉步练习：10 次/组，共 5 组，要求：拧腰与交叉步协调一致。
3）叉步翻腰练习：10 次/组，共 5 组，要求：动作连贯，手臂与身体协调一致。

（五）耐力

1）蹲马步练习：1 分钟/组，共 5 组，要求：动作到位，大腿平行于地面。

2）连续弧形步练习:1分钟/组,共5组,要求:步频快速。

3）立卧撑练习:15次/组,共5组,要求:动作完整、到位。

参考文献

［1］岳言,格日乐图.长拳[M].长春:吉林出版集团有限责任公司,2008.

［2］华桦.武术长拳技术训练[M].武汉:湖北科学技术出版社,2015.

［3］国家体育总局武术研究院组.长拳[M].北京:高等教育出版社,2010.

［4］中国武术协会.武术套路竞赛规则与裁判法[M].北京:人民教育出版社,2012.

［5］中国大学生体育协会民族传统体育分会《段位长拳》编写组.段位长拳[M].北京:人民教育出版社,2022.

第二节 咏 春 拳

一、概述

咏春是一套"以柔制刚"的功夫,任何功夫的练习过程都是由固定形式练到无固定形式,亦即是由有形到无形。

（一）起源与发展

咏春拳,亦写为"永春拳"、"咏春拳"。"咏"是"咏"的简体字。是一个动作幅度小,强调近距离攻防、快速善变、消打同行的拳种。

据传,咏春拳源自南少林永春堂,故称"永春拳"。另一说,此拳首传于严咏春,因而取"咏春"二字为拳名。咏春拳经梁赞传入广东。梁赞(1826—1901),人称"佛山赞先生",以医为业,一生爱武,擅长实战。广东顺德人陈华顺(1849—1913),从其学,得传后,以传授咏春拳为职业,促进了咏春拳在广东一带的传承。佛山叶问(1892—1972)自幼投师陈华顺门下习艺,20世纪40年代末移居香港,以传授咏春拳为业。

叶问在香港授艺期间,力求动作精简,以增加习练者的锻炼时间。教授出了黄淳朴、徐尚田、李小龙等一批咏春拳名手。

李小龙(1940—1973),生于美国加州旧金山,祖籍广东顺德。中学时期,李小龙拜叶问为师入门学艺,得到师兄黄淳标手把手地教授。李小龙在美国曾教授咏春拳。李小龙将中国武术搬上银幕后,既展示了武术的风采和中华民族自强不息的精神,也宣扬了咏春拳,为咏春拳在全世界的普及和发展,起到了关键性的作用。

中国广东省顺德、佛山一带,一直盛传着咏春拳(或永春拳)。陈华顺传授的多位再传人都为咏春拳的普及和发展作出了积极的努力和贡献。

中国拳法特别之处就是在拳术中蕴含了中国哲学思想,特别是儒家思想,咏春拳法也是一样。咏春拳的哲理主张不与人硬碰,要做到舍己从人,借力打力,所以学习咏春拳,并不是单单学习拳脚上的功夫,更重要的是能够学习中国传统的哲学智慧。

（二）特点与作用

1. 咏春拳的特点

（1）简单实用性

咏春拳的内容比较简单,整个拳术只有小念头、寻桥、标指3个套路以及木人桩,每个套路都比较简短,并且所有的技术动作都包含在小念头套路中,共25手,5分钟就可以完成所有动作。咏春拳的手形主要是凤眼拳和柳叶拳,手法以三傍手为主,步形和步法也很简单。这些基本动作任意组合便构成了许多组合拳、组合手法、腿法等技击动作以及木人桩技术动作。此外,咏春拳擅长埋身搏击,其招式多变,运用灵活、善发寸劲,用最简单的动作完成最直接的进攻,因此,咏春拳具有很强的实用性。咏春拳马步灵活、起落快速、左右兼顾,善于以小挫大、以弱胜强,主要以双手整体进攻集中歼敌的"来留去送"和"甩手直冲"的打法给予对手制约和打击。这种双手兼顾、一鼓作气的快攻,手似刀剑,同出同入,连打带削形成多面手进攻优势,在一打多的形势下不落下风。后来李小龙创立的截拳道也吸纳了咏春拳简单实用的特点,具有很强的实战性,并传到海外,深受广大武术散打爱好者的喜爱。

（2）攻守兼备性

咏春拳讲究攻守兼备、守攻同期。在心法、手法方面注重左右兼顾以最短的距离和时间用寸劲进攻和防守。咏春拳的中线理论讲究在进攻方面要沿中线向对方做最短距离的攻击,防守方面守中线,以分水的方法消掉对手最短距离的进攻。"来留去送"心法讲究的是用桥手相接的感觉将对方的力控制住,然后借助方向的改变给对手以还击,这一守一攻是咏春拳典型的打法。"守攻同期"讲的是在消掉对方进攻强力的同时,在可能的范围内发招还击对手,变被动为主动而后发制人。此外,在攻防的时候还要注意以下几点,首先,消手时不能超过防守所需的范围,即对方不能击中便无需消手。其次,不能离开防守所需范围来追接对方的桥手。再次,出手时重心要稳,不需要借助位置来发力。"寸劲"是咏春拳用于攻防的最重要的发力方式,此力短暂且爆发性强,能在短时间、短距离内迸发出较强的杀伤力,在咏春拳的攻防体系中发挥重要的作用。

（3）科学完整性

咏春拳是一种科学化、人工化的拳术。其理论和心法具有一定的科学性,例如中线理论,讲究沿中线进攻敌人中线,同样也沿中线消解敌人的进攻,从而在最短的距离和最短的时间内猛攻。还有朝面追形、埋踭理论、收踭理论、来留去送以及甩手直冲心法等都符合一定的力学原理。咏春拳的手法快如闪电,防风雨而不透,这与其"四门"原理是密切相关的。所谓"四门"原理就是在身体正面画个四方形,然后将其分成4个面积均等的方形区域,以抵挡对手的进攻,"四门"的标准是低于眉、窄于肩、高于腿。此外,咏春拳是一种系统完整的拳术,主要是因为套路打法相配套的手训练。咏春拳徒手实战主要是迫使对手近身格斗,借助感知来做出快速的反应,黏手训练就是锻炼双手的触觉反应,达到"无招胜有招"。咏春拳的实战性很强,在战术上有一定的思想和哲理。

2. 咏春拳的作用

（1）促进全民健身,构建和谐社会

在我国逐步推行实施"全民健身计划纲要"的今天,咏春拳作为一项简单实用的民族传统体育项目,非常适合男女老少锻炼。对青少年而言,练习咏春拳可以促进他们的身体发育,提高各器官的功能;对中年男女而言,练习咏春拳可以在缓解他们紧张的工作压力,此外,还能在自卫的同时去见义勇为,维护社会的稳定;对老年人而言,练习咏春养生气功可以促进气血循环、调理五脏六腑,从而达到保健强身、延年益寿的目的。随着近年来"咏春"系列的电视剧和电影的热拍,咏春拳越来越受到人们的关注和喜爱,特别是广大青少年,受到剧中英雄人物的影响,掀起了一股学习咏春拳的浪潮,一方面可以强身健体,保护自己,另一方面可以"路见不平,拔刀相助",做一些见义勇为的事迹。如果越来越多的人学习咏春拳,并且合理地运用自己的所学,将会有助于我国社会的稳定,有助于和谐社会的构建。

(2)技术移植,促进搏击类项目发展

咏春拳的手法、打法以及战术思想对于散打、拳击等搏击类项目的发展有重要的促进作用。例如咏春拳中的藤圈手,可以增强练习者肩、肘、腕关节和韧带的柔韧性和灵活性以及双手配合的流畅性,掌握了藤圈手就能领会咏春拳的战术思想,从而在近身搏击中发挥最大作用。近几年,中国武术多次受到泰国泰拳、日本空手道、韩国跆拳道以及西方拳击的挑战,我们的优势正在逐步减退,因此,我国散打要不断吸收中国武术精华的拳术,集众家之长,使中国功夫不断发展壮大。咏春拳作为一项简单实用的拳术,其手法、打法符合中国人的生理特点,特别是遇到身材高、力量大的对手时,咏春拳"以小打大,以弱胜强"的战术思想会发挥重要的作用。因此,加强包括咏春拳在内的各拳派的技术移植,有助于中国功夫的可持续性发展。

(3)弘扬中华武术,传承民族精神

中华武术博大精深,派别众多,咏春拳是南少林拳术之一,20世纪四五十年代在广东、香港、中国台湾地区及世界各地得以发扬光大。咏春拳的兴盛是在叶问时期,他先是在佛山学习咏春拳,后来又到香港教授咏春拳,二十年来,经过叶问的不断改善和推广,咏春拳从一套女儿自卫术发展为实战性很强的拳术,被越来越多的人认识和学习,从佛山传到香港,从香港发展到世界各地,成为享负盛名的中国武术。香港著名影星李小龙早年跟随叶问学习咏春拳,后来创立截拳道,他的事业得到很大发展,逐渐从香港走向世界,同时也将中国武术带出了国门,一度在美国掀起了学习中国武术的浪潮。谦虚忍让是咏春人的性格特征,救死扶伤是咏春人的价值所在。梁赞大师行医习武救过无数伤病人员,叶问在20世纪战乱的年代用自己的所能捍卫了祖国的尊严,并广收弟子,在弘扬中国武术的同时,也进一步传承了我国的民族精神。在经济快速发展的今天,我国的民族精神有些跟不上时代的发展,咏春拳这一题材的影视剧凭借具有很高的关注度和票房成绩,无疑成为继承和发展我国民族精神的重要载体。

(4)发展影视业,创造商业价值

近两年,电影《叶问》以主人公叶问为主线,将咏春拳这一简单实用的拳术呈现在广大观众面前,咏春拳也以其独特的魅力吸引了数以万计的观众,电影上映后,受到了影迷和业内人士的高度评价,统计票房收入轻松突破亿元大关,为我国的国产电影发展做出了重大贡献。看到《叶问》的成功,制片方感受到了咏春拳这一题材的巨大潜力,他们决定拍续集,期待能带来更大的经济价值。接着,《叶问2》再次登上国内各大影院,凭借着主人公的精彩演绎和人们对咏春拳的热爱,其票房再次过亿,其实早在电影上映前,很多影迷就已经非常关注和期待《叶问2》的上映了,这种吸引力为电影取得高票房和好评奠定了基础。《叶问》3—4系列的拍摄,相信很多影迷都很期待。佛山是咏春拳的发源地,因此,这几部电影都是在佛山拍摄的,这给佛山带来了一定的经济收益。其实佛山还是黄飞鸿的故乡,是南方武术的重镇,因此,很多有关黄飞鸿的影视剧也都是在佛山拍摄的,目前,佛山已经形成了专门的影视剧拍摄基地,为当地的经济发展作出了很大的贡献。与此同时,制片方在制作过程中要注意对咏春拳民族文化的保护,不能因为这类的题材受到关注而滥拍,不能违背历史事实,要将历史的真实背景和咏春拳的真实情况呈现给观众,这样的东西才是人们想要看到的,一定也会带来可观的经济价值。

(三) 比赛方法与规则简介

1. 按竞赛性质分

1) 个人赛。

2) 团体赛。

2. 按年龄分

1) 成年赛(18 岁或以上)。

2) 青少年赛(14 至 18 岁以下)。

3) 儿童赛(9 至 14 岁以下)。

3. 按内容分

1) 套路(各不同咏春系统单练拳术和器械)单项比赛。

2) 对练(黐手表演、器械对练)赛。

3) 集体项目赛。

4. 竞赛项目

1) 各种咏春流派的拳术套路及兵器的个人和集体项目。

2) 拳术套路以小念头,寻桥,标指,木人桩(分空桩及连桩打两项)共五套。

3) 兵器则以八斩刀及六点半棍法为主。

5. 评分方法与标准

武术套路竞赛10分为满分,以运动员现场发挥的技术水平为依据,根据竞赛规则要求,运用减分和给运动员创新难度动作加分的办法进行。武术套路比赛分别由 A 组裁判:从动作规格、演练中出现的错误或失误,如身体出界、失去平衡、器械碰身与掉地等错误进行扣分,总分值为5分;B 组裁判:从演练技巧、编排、布局等方面进行综合评分,总分值为3分;C 组裁判:根据运动员所报难度进行"是"与"否"的确认,总分值为2分。运动员申报创新难度动作,要求在正式比赛前,由裁判组根据申报材料确认该创新难度动作分值后,比赛中运动员按照要求完成了该动作,则由裁判长给予加分。

武术套路比赛,不同的项目有不同的时间规定,不足与超过都得扣分。一般自选套路时间不少于 1 分 20 秒,太极拳不少于 3—4 分钟,规定太极拳不少于 5—6 分钟,对练不少于 50 秒:时间不足与超过规定 2 秒,扣 0.1 分,不足与超过规定 2.1 秒扣 0.2 分,以此类推。

二、基本技术

1. 基本手形

(1) 拳(见图 7-2-1)

动作说明:四指伸直,卷曲握紧,拇指回扣,贴于食指、中指第二关节处,手腕向拇指一侧微微上翘。

动作要点:四指握紧,拇指回扣,腕微上挺。

(2) 掌(见图 7-2-2)

动作说明:四指伸直并拢,拇指第一关节回扣、内合,贴于食指侧面。

动作要点:四指伸直,拇指回扣。

图 7-2-1　　　　　　　　　　图 7-2-2　　　　　　　　　图 7-2-3

2. 基本步形

二字柑羊马(见图 7-2-3)。

动作说明:抱拳直立:两脚并步站立,双手握拳收于身体两侧,拳心向上,拳面。

与胸平。双腿曲膝下蹲,膝与脚趾在一条垂直线上。内八字:保持重心不变,以脚掌为轴,两脚跟左右分开,成内"八"字形。双脚距离约 3 个脚掌宽度,两膝相扣,并含提肛之势。

动作要点:双脚掌向内不超过 45°,尾闾内收,重心落于两脚中间。

3. 基本手法

(1) 伏手(见图 7-2-4)

(正面)　　　　　　　　　(侧面)

图 7-2-4

动作说明:二字柑羊马站立。右手五指放松,掌背向前,肘推手出。手腕移至胸前中线后,以直线向前送出。到位后,肘置中线处,距胸一拳左右,腕略比肘高,右前臂向前,与肩成"T"字形。手指向左。

初练伏手时,手心向胸成勾手,使肘能靠中,亦含圈手变化之意。经过初段伏手练习,于三段以上进行变化,手腕内侧向地,意念向前,沉肘靠中。

动作要点:肘靠中,沉肩、坠肘、松腕,掌心向胸,意念向前。

（2）枕手（见图 7-2-5）。

（正面）　　　　　　　（侧面）

图 7-2-5

动作说明：二字柑羊马站立。右手五指伸直，自然靠拢，指、掌上挺，力达尾指，指、掌及前臂成一直线。肘推手出，中指移至胸前中线后，以直线向前送出，同时肘向中线贴靠。到位后，肘置中线处，距胸一拳左右，腕略比肘高，前臂向前，与肩成"T"字形。掌心向左，掌指向前上方，腕部上挺。

动作要点：肘靠中，沉肩、坠肘，手掌微微上挑，指以肘带动发力，意念向前。

（3）日字冲拳（见图 7-2-6）

动作说明：二字柑羊马站立。右拳由胸侧移至胸前中线，肘推手动，向前冲出。到位后，臂微曲，拳眼向上，力达拳尾指骨，高与肩平。

动作要点：肘靠中，沿中线冲出，臂微曲，挺腕，力达拳尾指骨。

（正面）　　　　　　　（侧面）

图 7-2-6

（4）摊手（见图 7-2-7）

动作说明：二字柑羊马站立。右手五指伸直，自然靠拢，中指移至胸前，以指尖带路，肘推手出，直线向前中线送出。到位后，肘置中线，距胸一拳左右，前臂向前，与肩成"T"字形。手掌摊平,掌心向上,指、掌、前臂成一条直线。

动作要点:肘靠中,以肘为动力点,掌心向上,四指自然合拢。

（正面）　　　　　　　　　（侧面）

图 7-2-7

（5）正掌(见图 7-2-8)

动作说明:二字柑羊马站立。右拳变掌经胸部侧面移至胸前中线,肘推手出,向前直线发掌。到位后,臂微曲,掌心向前,掌指向上,力达掌根。

动作要点:掌沿中线推出,力达掌根,腕与肩平。

（正面）　　　　　　　　　（侧面）

图 7-2-8

（6）膀手(见图 7-2-9)

动作说明:二字柑羊马站立。右手五指放松,肘底推动,将右臂向前滚动送出。到位后,臂与肩平,上臂与肩成 90°夹角,前臂与上臂成 135°夹角,前臂斜向下,手腕置于胸前中线,略低于肘,掌指及腕放松。

动作要点:臂沿 1/4 圆周滚动,到位后前臂与上臂夹角锁定。

（正面）　　　　　　　　　（侧面）

图 7-2-9

4. 基本步法

（1）左右转马

动作说明：

1）二字柑羊马站立（见图 7-2-10）。

2）重心保持不变，身体以脊椎为轴线、脚跟为轴心向右转动 45°，左大腿、右小腿约垂直于地面，前虚后实，重心约为三七比例（见图 7-2-11）。

3）重心保持不变，身体以脊椎为轴线、脚跟为轴心向左转动 90°，右大腿、左小腿约垂直于地面，前虚后实，重心约为三七比例（见图 7-2-12）。

动作要点：直腰，脊椎垂直于地面，为身体转动中轴，主干轴线不能飘移。

图 7-2-10　　　　　　　图 7-2-11　　　　　　　图 7-2-12

（2）击步进马退马

动作说明：两脚前后站立，右脚在前，左脚在后，前虚后实，重心约为三七比例。

1）两手握拳置胸部两侧，拳心向上（见图 7-2-13）。

2）右脚向前上步，左脚跟进，两脚间距保持不变（见图 7-2-14）。

3）左脚向后退步，右脚随退，两脚间距保持不变（见图 7-2-15）。

动作要点：直线前进或后退。进马时，前脚先上步，后脚跟进；退马时，后脚先退步，前脚随退。

　　　　图7-2-13

　　　　图7-2-14

　　　　图7-2-15

（3）弧步进马退马

动作说明：

1）二字柑羊马站立（图7-2-16）。

2）身体右转45°，右脚由内向外沿弧形上步，左脚跟进，前虚后实，重心约为三七比例（见图7-2-17）。

3）身体左转90°，左脚由内向外沿弧形上步，右脚跟进，前虚后实，重心约为三七比例（见图7-2-18）。

4）身体右转90°，左脚由内向外沿弧形撤步，右脚随退，前虚后实，重心约成三七比例（见图7-2-19）。

5）身体左转90°，右脚由内向外沿弧形撤步，左脚随退，前虚后实，重心约成三七比例（见图7-2-20）。

动作要点：弧形进步或退步。进马时，前脚先上步，后脚跟进；退马时，后脚先退步，前脚随退。

　　　　图7-2-16

　　　　图7-2-17

　　　　图7-2-18

图 7-2-19　　　　　　　　　　　　　　图 7-2-20

（4）圈腿退马

动作说明：

1）二字钳羊马站立（图 7-2-21）。

2）重心左移，身体右转 45°，右膝外展，右脚向左膝前上方提起（图 7-2-22）。

3）身体左转 90°，重心后移，同时右脚经左膝内侧向右后方撤步，左脚随退，两脚成前后站立，左前右后，前虚后实，重心约为三七比例图（7-2-23）。

动作要点：提膝外展，右脚高于左膝。

图 7-2-21　　　　　　　　　　图 7-2-22　　　　　　　　　　图 7-2-23

5. 基本腿法

（1）外门扫腿

动作说明：

1）二字钳羊马站立（见图 7-2-24）。

2）身体左转，重心前移；右脚提起弧形向左脚正前方一步距离处扫踢，停于左脚正前方，前虚后实，重心约为三七比例（见图 7-2-25）。

3）右脚微向右转动，右膝微外展；左脚提起弧形，向右脚正前方一步距离处扫踢，左脚停于右脚正前方，前虚后实，重心约为三七比例（见图 7-2-26）。

动作要点:扫腿时,脚底不能摩擦地面;一脚停留点必须在另一脚正前方,不能越位,前后距离不超过 3 倍脚长。

图 7-2-24　　　　　　图 7-2-25　　　　　　图 7-2-26

(2) 正蹬腿

动作说明:

1) 二字柑羊马站立(见图 7-2-27)。

2) 重心左移,右腿曲膝,向前弹蹬(见图 7-2-28)。

动作要点:脚尖回勾,力达脚跟。

图 7-2-27　　　　　图 7-2-28 (正面)　　　　　图 7-2-28 (侧面)

三、运动特点与要求

1. 运动特点

咏春拳的攻防技法,可以概括为中线理念、以手为主、连消带打、近打快攻。

1) 中线理念:所谓中线,既指人体的中轴,也指两人交手时相距的最短线路。咏春拳以中线为标准,将自身分为左右两边,同时亦将对方身体分为左右两边。对方向我方攻击,无非从左边或者右边打来,我方向对方进攻亦同。中线是敌我双方相互进攻的最短路线,沿中线攻防所需时间最短,而时间恰恰是格斗中最重要的资源,把握时机,就占有先机。

2）以手为主:手是人体最灵活的部位,能够做出最直接、简单、效率最高的动作。咏春拳在徒手格斗中,以双手为主,争取在最短时间内完成格斗过程。

3）连消带打:"消"指防守招法,"打"指进攻招法。练习咏春拳时强调"消打同时",即与人交手时,进攻动作与防守动作应配伍使用。例如,左手攻,右手则防,即便仅是一手进击,也要兼顾攻防。也就是"攻防互寓",没有绝对的防守或攻击招法,任何招法都可以攻或防。

4）近打快攻:咏春拳在中线理念、以手为主、连消带打等有利于近打快攻的技法基础上,还强调连击技术,追求"拳不一发"。这样,就能在对抗的过程中,以快速、直接的打法控制住对方,使对方不仅无法进攻,就连招架也难以应对。

2. 运动要求

咏春拳对人体动态技法的要求为严循中线、手与身体成"T"字形、稳中求快、寸劲短打。

1）严循中线:要求两臂出击和回收都要沿着体前中线出入,这样才能发挥出咏春拳强调攻中、守中、抢中、护中的特色。

2）手与身体成"T"形:当上肢出击时,手臂处于中线位置,前伸手臂与躯干形成"T"字形。

3）稳中求快:在运动中,先强调自身重心要稳定。稳的技法是,扎好二字钳羊马,挺直脊骨,切忌前倾或后仰,体重平均分配于两脚。在稳定身形的基础上强调快打。

4）寸劲短打:咏春拳强调简单直接的近打和快攻。得机得势时,以短促爆发的"寸劲"取胜。

5）50咏春拳要求手、腰、马、心、意、劲整体合一。强调以"心"指挥"意"(传达中枢思维),以意引导手、腰、马运动,从而形成整体合一。

四、功法

（一）柔韧

1）掌交叉前撑练习:4 * 8拍/组,共5组,要求:身体立直,前撑充分。

2）扶墙侧压肩练习:每侧4 * 8拍/组,共6组,要求:拉伸充分。

3）侧压腿练习:每侧腿60秒/组,共6组,要求:支撑腿直立,达到最大限度后控制。

（二）速度

1）极速日子冲拳练习:30秒/组,共5组,要求:二字钳羊马姿态,两脚自然开立,冲拳到位,速度最大化。

2）快速里合腿、外摆腿练习:每侧腿10次/组,共5组,要求:动作连贯,摆腿充分。

3）快速左右正脚练习:10次/组,共5组,要求:动作流畅,蹬踹有力。

（三）力量

1）俯卧撑练习:15次/组,共5组,要求:身体保持平直,速度适中。

2）卷腹触膝练习:15次/组,共5组,要求:每次手触碰到膝盖。

3）收腹举腿练习:30次/组,共5组,要求:上身平躺,手可以抓握固定物辅助练习。

（四）灵敏

1）提膝平衡练习：每侧 60 秒/组，共 6 组，要求：两腿交替练习，要求身体保持直立，支撑腿不弯曲。

2）交叉步练习：10 次/组，共 5 组，要求：拧腰与交叉步协调一致。

3）叉步翻腰练习：10 次/组，共 5 组，要求：动作连贯，手臂与身体协调一致。

（五）耐力

1）蹲马步练习：1 分钟/组，共 5 组，要求：动作到位，大腿平行于地面。

2）连续弧形步练习：1 分钟/组，共 5 组，要求：步频快速。

3）立卧撑练习：15 次/组，共 5 组，要求：动作完整、到位。

参考文献

［1］国家体育总局武术研究院组.咏春拳[M].北京：高等教育出版社,2011.

［2］中国武术协会.武术套路竞赛规则与裁判法[M].北京：人民教育出版社,2012.

［3］叶准教咏春木人桩法[M].北京：北京联合出版公司,2012.

［4］中国武术教程.上册[M].北京：人民体育出版社,2003.

第三节 太 极 拳

一、概述

中国的传统武术内容丰富,流派众多,其中太极拳是最主要的拳种之一。

"太极"一词源出《周易·系辞》："易有太极,是生两仪。"宋朝周敦颐《太极图说》："无极而太极。"意即"太极"是产生万物的本源,含有至高、至极、无穷大之意。太极拳这个名称是因为拳法变幻无穷,遂用中国古代的"阴阳""太极"这一哲学理论来解释拳理而被命名的。

究其起源,武术界普遍认为太极拳为明末清初河南温县陈家沟陈王廷所创。据《温县志》记载,明崇祯十四年(1641),陈王廷任河南温县"乡兵守备",明末隐居家乡耕田习拳,如《遗词》所说："闲来造拳,忙来时耕田,趁余闲,教下些弟子儿孙,成龙成虎任方便。"

太极拳的来源有下列三个方面：①综合吸收了明代的各家拳法。从陈王廷的《拳经总歌》中可以了解到,他所创造的太极拳受明朝将军戚继光所编著的《拳经》影响很大。陈王廷将《拳经三十二势》中的二十九势编入太极拳套路。甚至陈王廷的《拳谱》和《拳经总歌》的文辞也仿照《拳经》。②结合了道家导引、吐纳之术。陈王廷研究了道家的《黄庭经》,将拳术中手、眼、身、步的协调配合与导引、吐纳有机地结合起来,这就使太极拳成为内外统一的拳术运动。③运用了传统中医经络学说。如陈式太极拳要求以腰为轴,内劲发源于丹田,通过螺旋缠绕运动,达到任督两脉,从而达到以意行气、以气运身。

陈王廷还在太极拳套路基础上综合了擒、拿、跌、掷、打等技巧,创编了太极拳推手这一独具风格的锻炼方法和运动形式。初期的太极拳推手方法,虽然抛弃了硬打、猛踢等容易重创对手的方法,但仍注重提高攻防能力,技击性很强,而且对发展力量、速度、耐力、灵敏等身体素质具有很大的作用。陈王廷又据此理,还创编出了双人粘枪(杆)练习法。

太极拳在长期的演变中形成许多流派,其中流传较为广泛或特点较显著的有陈式太极拳、杨式太极拳、孙式太极拳、吴式太极拳、武式太极拳五大派系,誉称为"五式太极拳"。

中华人民共和国的建立,为太极拳的发展创造了条件。1956 年,为了倡导太极拳锻炼,国家体委组织专家整理、创编《简化太极拳》,积极推动了太极拳在全国的普及。1960 年,毛泽东关于卫生工作的指示:"凡能做到的,都要提倡做体操,打球类,跑跑步,爬山,游水,打太极拳及各种的体育运动。"太极拳由此更加蓬勃开展起来。中国的改革开放给太极拳的全面发展营造了巨大的空间,太极拳进入推广普及期。1978 年,邓小平同志为日本友人题词"太极拳好",小平同志的题词对太极拳事业的发展起到了极大的推动作用。1970 年以来,国家体委为了继承发展中华武术的技击属性,决定开展武术对抗运动项目,太极拳推手就列入了发展计划之中。1979 年,国家体委制订了第一部《太极拳推手竞赛暂行规则》。20 世纪 80 年代以来,太极拳在国外也得到广泛的传播,受到各国人民的喜爱。1994 年,太极推手成为全国武术锦标赛(太极拳、剑、推手)中的正式比赛项目,这标志着太极推手比赛进入了一个新的发展时期。1998 年 10 月 15 日,为了纪念邓小平题词"太极拳好"发表 20 周年,在北京天安门广场举行了盛大的万人太极拳表演。

2006 年 5 月,太极拳被中国政府公布为第一批国家级非物质文化遗产。

2020 年 12 月 17 日,联合国教科文组织保护非物质文化遗产政府间委员会第 15 届常会将"太极拳"项目列入联合国教科文组织人类非物质文化遗产代表作名录。

二、基本技术

(一)手形

1. 拳

四指并拢卷握,拇指紧扣食指和中指的第二指节,拳心略含空。

2. 掌

五指自然舒展,掌心微含,虎口呈弧形。陈式太极拳掌形要求拇指根部与小指根部微内合,中指、食指、无名指微向后伸张。

3. 勾

五指第一指节捏拢在一起,曲腕,须自然。

(二)步形

1. 弓步

动作:前腿曲膝前弓,大腿接近或稍高于水平,膝盖不超过脚尖;后腿自然伸直,脚尖内扣斜向前方约 45°。

要点:松腰、曲髋、敛臀;前后脚横向距离应保持在 20 厘米左右。

2. 仆步

动作:一腿曲膝全蹲,全脚着地,脚尖稍外展;另一腿自然伸直于体侧,全脚着地,脚尖内扣。

要点:前脚尖与后脚跟应在一条直线上。

3. 虚步

动作:后腿曲蹲,大腿高于水平,后脚尖斜向前,全脚着地;前腿曲膝,前脚掌、脚跟或全脚着地。

要点:曲髋、敛臀,虚实分明。

4. 歇步

动作:两腿交叉曲蹲,前后相叠,后膝接近前腘窝,前脚全脚着地,脚尖外展,后脚脚掌着地,脚尖向前。

要点:两腿靠拢全蹲,臀部坐于后腿接近脚跟。

5. 独立步

动作:一腿自然直立,另一腿曲膝提起,脚尖自然下垂,大腿高于水平。

要点:身体重心全部落在支撑腿。

(三) 身形

太极拳的身形要求如图示(见图 7-3-1)。

1) 头:虚领顶劲。

2) 肩:放松下沉。

3) 肘:自然下坠。

4) 胸:自然舒松,略向内含。

5) 背:自然舒展、拔伸。

6) 腰臀:腰松、直、沉,臀部稍做内收。

7) 裆胯:圆裆松胯。

8) 脊:自然伸直,做到尾闾中正。

图 7-3-1

(四) 手法

1. 掤法

动作:前臂由下向上、向外张架,后手可随之下按,两手臂成弧形(见图 7-3-2)。

要点:松肩沉肘,手臂保持弧形,劲力圆满有张力、有弹性。

2. 捋法

动作:通常一手在前一手在后,前手掌心向下,后手掌心向上,随腰旋转,两手向后下方画弧为捋。

要点:下捋要与腰脊旋转协调配合。同时注意保持躯干自然伸直、胸微含(见图 7-3-3)。

图 7-3-2　　　　图 7-3-3　　　　图 7-3-4　　　　图 7-3-5

3. 挤法

动作:通常以一手附于另一手的手腕内侧,双手向前方挤出(见图7-3-4)。

要点:手臂成弧形,前挤时两臂要撑圆。

4. 按法

动作:两手经身体前向下按,手心向斜前方,然后两手向下经腹前走弧线向前推出(图7-4-5)。

要点:松肩沉肘、两臂微曲,含胸拔背,舒指坐腕,力达掌根。

(五) 步法

1. 进步

动作:两腿成右弓步,两手背于身后(见图7-3-6)。重心后移,右脚外撇,重心再向前移,左脚自然提起经右脚内侧向前迈出,脚跟先着地,重心前移,左脚踏实,成左弓步(见图7-3-7—图7-3-10)。右脚向前迈步方法同左式,只是左右相反。可重复若干次。

要点:迈步时由脚跟先着地,随重心前移慢慢过渡到全脚掌着地,重心转换时,身体不要有起伏,弓步时两脚横向距离约10—25厘米。

图7-3-6　　　　　图7-3-7　　　　　图7-3-8　　　　　图7-3-9　　　　　图7-3-10

2. 退步

动作:两腿开立成左虚步,两手背于身后(见图7-3-11)。重心移到右腿,左脚提起经右脚内侧向左后退。前脚掌先落地,随重心慢慢后移过渡到全脚掌着地,成右虚步(见图7-3-12—图7-3-15)。右脚向右后退步方法同左式,只是左右相反。可重复若干次。

要点:退步时的运动轨迹呈弧形。虚步时虚实要分明,两脚横向距离保持10厘米左右。

图7-3-11　　　　　图7-3-12　　　　　图7-3-13　　　　　图7-3-14　　　　　图7-3-15

3. 横移步

动作:两腿成小开步,曲膝微蹲(见图7-3-16)。左脚自然提起向左横移一步,重心左移,右脚向左脚跟进一步,前脚掌先着地,然后过渡到全脚掌着地(见图7-3-17—图7-3-19)。可重复若干次。

要点:上体中正,腰髋放松,上体随着横移步灵活转动,动作连贯、柔和。

图7-3-16　　　　　图7-3-17　　　　　图7-3-18　　　　　图7-3-19

(六) 基础练习

1. 左揽雀尾与右揽雀尾

太极起势:身体自然直立,两脚开立,与肩同宽,脚尖向前;两臂自然下垂,两手放在大腿外侧;眼向前平视(见图7-3-20)。两臂慢慢向前平举,两手高与肩同平,与肩同宽,手心向下。两腿曲膝下蹲,同时两掌下按,两肘下垂与膝相对。目视前方(见图7-3-21、图7-3-22)。

图7-3-20　　　　　图7-3-21　　　　　图7-3-22　　　　　图7-3-23

收脚抱球:上体微向右转,身体重心移至右腿,左脚提收至右脚内侧,脚尖点地;同时右臂内旋于胸前曲肘平举,左手下落,臂外旋收于腹前,使两手掌上下成抱球状;眼看右手方向(见图7-3-23)。

弓步前掤:上体左转,左脚向左前方迈步,脚跟先着地,身体重心慢慢向前过度,左腿曲膝前弓,右腿自然蹬直,成左弓步;同时左手向前方掤出,手臂平曲成弓形,高与肩平,手心向内;右手向下按于右胯旁,手心向下,指尖问前;眼看左手方向(见图7-3-24、图7-3-25)。

图7-3-24　　　　　图7-3-25

坐身下挒:上体微向左转,左手随即前伸翻掌向下,右手经腹前向上、向前伸至左臂下方,掌心向上;然后上体稍右转,重心移至右腿,同时两手下挒,经腹前向右后上方画弧,直至右手臂拉至斜后方,高与肩平,左臂平曲于胸前,手心向内;眼看右手方向(见图7-3-26—图7-3-28)。

图 7-3-26　　　　　　　　　图 7-3-27　　　　　　　　　图 7-3-28

弓步前挤:上体微向左转,右臂曲肘折回,右手附于左手腕内侧;上体继续左转,右腿自然蹬直,左腿曲膝前弓,成左弓步;同时双手向前挤出,左手心向内,右手心向前,左前臂呈半圆形;眼看左手腕方向(见图7-3-29、图7-3-30)。

坐腿回按:左手内旋翻掌,手心向下;右手经左腕上方向前、向左伸出,手心向下,随之两手左右分开,宽与肩同;然后右腿曲膝,上体慢慢后坐,身体重心移至右腿,左脚尖翘起;同时两手曲肘回按至胸前,手心均向前下方;眼向前平视(见图7-3-31、图7-3-32)。

图 7-3-29　　　　　　图 7-3-30　　　　　　图 7-3-31　　　　　　图 7-3-32

弓步前按:上势不停,身体重心慢慢前移,右腿前弓成左弓步;同时两手向下、经腹前向上、向前按出,掌心向前,指尖向上;眼平视前方(见图7-3-33、图7-3-34)。

图 7-3-33　　　　　　　　　图 7-3-34

　　回身抱球：右腿曲膝，上体慢慢后坐，身体重心移至右腿，左脚尖翘起；然后身体右转，左脚尖内扣，身体重心再移至左腿，右脚随上体左转收至左脚内侧，脚尖点地；同时左手向右曲臂平举于胸前；右手向右画弧至右侧方，再向左上画弧至左肋前，两掌手心上下成抱球状；眼视左手方向（见图7-3-35—图7-3-37）。

　　　　图7-3-35　　　　　　　　　　图7-3-36　　　　　　　　　　图7-3-37

　　弓步前掤：同左揽雀尾掤式，只是左右相反（见图7-3-38、图7-3-39）。

　　　　　　图7-3-38　　　　　　　　　　　　图7-3-39

　　坐身下捋：同左揽雀尾捋式，只是左右相反（见图7-3-40—图7-3-42）。

　　　　图7-3-40　　　　　　　　　　图7-3-41　　　　　　　　　　图7-3-42

　　弓步前挤：同左揽雀尾挤式，只是左右相反（见图7-3-43、图7-3-44）。
　　坐腿回按：同左揽雀尾按式，只是左右相反（见图7-3-45、图7-3-46）。

图 7-3-43   图 7-3-44   图 7-3-45   图 7-3-46

弓步前按:同左揽雀尾按式,只是左右相反(见图7-3-47、图7-3-48)。

太极收势:上体后坐,重心移至左腿,上体左转,随体转右脚内扣,脚掌踏实;身体重心移至右腿,左脚提起向右收回,两脚距离与肩同宽,两腿自然伸直,成开立步;同时两手随体转向左画弧至体前平举,掌心向下;眼视两手方向(见图7-3-49)。两手慢慢下按,收至两腿外侧,两腿成开立步,身体直立;眼视前方(见图7-3-50)。

图 7-3-47   图 7-3-48   图 7-3-49   图 7-3-50

要点:前掤时,后脚蹬地前腿曲弓与一手臂前掤、另一手下采协调一致;两手下捋时,上体保持中正,两手沿弧线运动;前挤时,上体保持中正,向前挤与下肢的蹬伸、转髋、弓腿要协调一致;双手回按要与含胸、曲髋、敛臀动作协调一致,前按时两手须走弧线以及裆部应走下弧线。弓步时,两脚横向距离应保持在20厘米左右。

三、太极拳推手基本方法

(一) 单推手

1. 平圆单推手

1)预备姿势,甲乙两人相对站立,身体自然,两脚并拢,两手垂于大腿外侧。两人距离以双臂握拳前平举为准。目视对方(见图7-3-51,黑衣人为甲,白衣人为乙)。

2)虚步搭手势,甲乙两人左脚各左转约45°,身体稍左转,接着提起右脚向前上步,双方身体稍后坐,两腿微曲,重心偏于左腿,双方右脚相对,右脚间距约10—20厘米。同时双方右手前伸,双方右手交叉相搭呈掤劲,双方左手掌按于身体左侧。目视对方(见图7-3-52)。

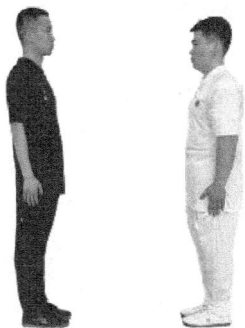

图 7-3-51　　　　　　　　　　　　　图 7-3-52

3) 甲身体重心前移,右腿曲膝前弓,同时甲右手内旋掌根按甲腕外侧,向前推按至甲右胸前,左手按于胯旁。乙重心后移,左腿曲膝成虚步,同时乙右手外旋曲肘至胸前,用掤劲承接甲按劲,左手按于胯旁。眼随手动(见图 7-3-53)。

4) 乙身体右转,右手内旋将甲右手,使甲按劲落空。甲身体稍左转,右手随乙将势外旋变掤。眼随手动(见图 7-3-54)。

图 7-3-53　　　　　　　　　　　　　图 7-3-54

5) 乙重心前移,右腿曲膝前弓,同时右手内旋掌根按甲腕外侧,向前推按至甲右胸前,左手按于胯旁。甲重心后移,左腿曲膝成虚步,同时右手外旋曲肘至胸前,用掤劲承接乙按劲,左手按于胯旁。眼随手动(见图 7-3-55)。

6) 甲身体右转,右手内旋将乙右手,使乙按劲落空。乙身体稍左转,右手随甲将势外旋变掤。眼随手动(见图 7-3-56)。

图 7-3-55　　　　　　　　　　　　　图 7-3-56

要点:搭手时,双方手相搭各有掤劲,做到不丢不顶。身体重心变化时,强调身体"不偏不倚""无过不及",保持身体的中正状态。身体转动时做到以腰为轴,以腰带手运动。手法、身法、眼法以及重心移动协调配合。推手时双方接触的手做到粘连黏随,不丢不顶。

练习要求:左式(左脚在前)和右式(右脚在前)可交替练习,方法相同,只是左右相反。平圆单推手循环反复练习若干次。

2. 立圆单推手

1) 虚步搭手势,同"平圆单推手搭手"。

2) 甲身体重心前移,右腿曲膝前弓,同时甲右手内旋掌根按乙腕外侧,向前推按至乙右面部,左手按于胯旁。乙身体重心后移,身体稍右转,右臂曲肘,右手粘黏甲右腕向后引化甲按劲,左手按于胯旁。眼随手动(见图7-3-57)。

3) 乙身体稍右转,右手掌内旋按甲右手腕,沿体侧弧线向下按至胯旁,使甲右手按劲落空,左手按于胯旁。甲随乙按势,右手粘黏乙右手至胯侧,掌心向下。眼随手动(见图7-3-58)。

图7-3-57   图7-3-58

4) 乙身体重心前移,身体稍左转,右腿曲膝前弓,同时右手按甲腕向甲腹部推按。甲重心后移,左腿曲膝后坐成虚步,同时右手向右胯侧引将乙按劲,左手按于胯旁。眼随手动(见图7-3-59)。

5) 甲身体稍右转,右手沿体侧向上弧线至右肩前上方,掌心斜向前,左手按于胯旁。乙随甲势,右手黏随甲右手向上至右肩前,掌心斜向下,左手按于胯旁。眼随手动(见图7-3-60)。

图7-3-59   图7-3-60

要点:同"平圆单推手",唯单推手的运动路线呈立圆形。

练习要求:左式(左脚在前)和右式(右脚在前)可交替练习,方法相同,只是左右相反。立圆单推手循环反复练习若干次。

3. 折叠单推手

1）虚步搭手势，同"平圆单推手搭手"。

2）甲身体重心前移，右腿前弓，同时右掌内旋向乙胸面部伸插。乙重心后移，身体右转，同时右手粘连甲右腕，右手外翻下压甲手背，弧线向右下方引化，使甲右手落空。眼随手动（见图7-3-61）。

图7-3-61

图7-3-62

3）乙身体重心不变，右手向右、向上画弧引至肩前，掌心斜向下。甲右手黏随乙右手腕随之向上画弧至肩前，掌心斜向上。眼随手动（见图7-3-62）。

4）乙重心前移，右腿前弓，同时右手向甲胸面部伸插。甲重心后移，上体右转，同时右手粘连乙右腕，右手外翻下压乙手背，弧线向右下方引化，使乙右手落空。眼随手动（见图7-3-63）。

5）甲身体重心不变，右手向右、向上画弧引至肩前，掌心斜向下。乙右手黏随甲右手腕随之向上画弧至肩前，掌心斜向上。眼随手动（见图7-3-64）。

图7-3-63

图7-3-64

要求：同"平圆单推手"，唯单推手的运动路线呈折叠形。

练习要求：左势（左脚在前）和右势（右脚在前）可交替练习，方法相同，只是左右相反。折叠单推手循环反复练习若干次。

（二）四正推手

四正推手是双人运用掤、捋、挤、按四种手法进行练习的技术方法。

1）预备姿势，甲乙两人面对面站立。两人间隔距离以双臂握拳前平举拳面接触为准（见图7-3-65）。

2）虚步搭手势（右势），甲乙两人左脚外摆45°—60°，双方右脚向前上步，两人右脚内侧相对，双方身体重心稍偏于左腿。同时双方右臂前伸右手背手腕交叉相搭，左手掌扶于对方右肘部，呈右掤搭手。目视对方（见图7-3-66）。

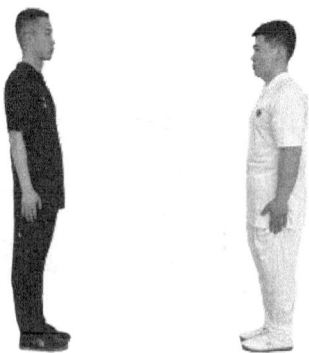

图7-3-65　　　　　　　　　　　　　图7-3-66

3．甲掤乙将

甲重心向前，右腿曲膝成右弓步，右手向前掤出，左手随之前按。乙同时重心后移，身体稍右转，左腿曲膝成右虚步，右手内旋，右手掌根粘连甲右手腕向右将，左手贴住甲右肘部随右手成将劲。眼随手动（见图7-3-67）。

4．甲挤乙按

甲顺乙将势，身体右转，右腿仍曲膝弓步，右臂曲肘，左手贴在右肘部辅助，向乙胸前挤出。乙顺甲挤势身体稍左转，左腿曲膝仍成虚步，同时两手贴住甲前臂向下按，甲挤劲落空。眼随手动（见图7-3-68）。

图7-3-67　　　　　　　　　　　　　图7-3-68

5．乙按甲掤

乙重心前移，两手按甲前臂向前推按，甲以掤劲承接乙按劲。甲重心后移，左腿曲膝成右虚步，同时上体稍右转，左手承接乙右手，右手向下旋转，托于乙左肘部，掌心斜向上。乙按劲落空，上体顺甲动作变化旋转，左手掤甲左手，左肘掤住甲右手，右手托住甲左肘部，掌心斜向上。目视对方（见图7-3-69）。

6. 乙捋甲将

乙重心向前,右腿曲膝成右弓步,左手向前掤出,右手随之前按。甲同时重心后移,身体稍左转,左腿曲膝成右虚步,左手内旋,左手掌根粘连乙左手腕向左捋,右手贴住甲左肘部随左手成捋劲。眼随手动(见图7-3-70)。

图 7-3-69　　　　　　　图 7-3-70

7. 乙挤甲按

乙顺甲捋劲,身体右转,右腿仍曲膝弓步,左臂曲肘,右手贴在左肘部辅助,向甲胸前挤出。甲顺乙挤劲身体稍右转,左腿曲膝仍成虚步,同时两手贴住乙前臂向下按,乙挤劲落空。眼随手动(见图7-3-71)。

8. 甲按乙掤

甲重心前移,两手按甲前臂向前推按,乙以掤劲承接甲按劲。乙重心后移,左腿曲膝成右虚步,同时上体稍左转,右手承接甲右手,左手向下旋转,托于甲右肘部,掌心斜向上。甲按劲落空,上体顺乙动作变化旋转,右手掤乙右手,右肘掤住乙左手,左手托住乙右肘部,掌心斜向上。目视对方(见图7-3-72)。

图 7-3-71　　　　　　　图 7-3-72

要点:搭手时,双方手相搭各有掤劲,做到不丢不顶。身体重心变化时,强调身体"不偏不倚"、"无过不及",保持身体中正状态。身体转动时,做到以腰为轴,以腰带手运动。手法、身法、眼法及重心移动协调配合。推手时,双方接触的手做到粘连黏随,不丢不顶。

练习要求:左势(左脚在前)和右势(右脚在前)可交替练习。合步四正手可循环反复练习若干次。

参考文献

［1］全国体育学院教材委员会审定.中国武术教程(上、下册).北京:人民体育出版社,2003.

［2］全国体育学院教材委员会.武术.北京:人民体育出版社,1989.

［3］徐伟军.二十四式太极拳.北京:华夏出版社,2004.

第四节　剑　术

一、概述

中华武术源远流长,剑术作为武术中一项强身健体的传统体育运动,深受中外人士的喜爱。沿着历史的脉络,可以发现剑术的发展根植于社会环境,从最初的防卫击杀,演变到集健身、自卫、娱乐、艺术的多功能于一体。剑术在长期的发展过程中,与诗、书、画、舞蹈、戏曲等形成了密切的内在联系,蕴含着丰富的艺术价值和文化价值。

武术器械按类可分为长、短、双、软器械等。武术器械主要由古代战场上部分胎兵器或生产工具、生活用具演变而来。由于各个历史时期的特殊性而物随时易,其会价值与功能也随之不断变化。

武术套路演练中的器被基本是以形制的特点,按照一定的劲力规律乃至模拟攻斗击法而形成的各种武术器械之术。

纵观中国武术发展史,剑术、刀术、棍术、枪术在众多兵械之中占据主体位置,在当今的国内外武术竞赛中,也属主要的竞技项目。下面分别简述剑术、刀术、根枪术及双器械、软器械的概说、技法特点、基本动作及方法、基础练习和教学要点。

(一)起源与发展

剑,是由古代兵器演化而来的常用武术器械。剑双面开刃,顶端锐尖,能劈、刺、斩、截。剑体轻便,可随身佩戴,是一种防范非常的卫体武器。在古史传说中,有"蚩尤受而制之以为剑"的记述。据考古发掘所获得的实物资料,剑产生在商代。商代晚期出土的人头纹铜剑全长 25.3 厘米。当时的剑制一般较短,约为 20—40 厘米,其特征是短茎无柄。

西周以前剑形短的原因是:第一,青铜质脆,剑身长则易折断;第二,战争以车战为主,所以剑在当时不是战争中的主要武器,主要用途是防身。

春秋时期,中原地区仍以车战为主,剑在战斗中不起大作用,然而在吴、越等地,由于山丘多、森林茂盛,战车难以驰骋,军队以步战为主,具有轻便锋利适于近战的剑,则成为军队的主要武器装备。这样,战争促进了吴越剑技、剑论和剑的形制的发展。如湖北江陵望山楚一号墓出土的越王勾践剑,剑刃锋利,全长 55.7 厘米。当时,越王勾践根据范蠡建议,聘请了一位民间女击剑家教授剑术,这位女击剑家回答越王勾践提出的有关剑戟之道时讲:"……凡手战之道,内实精神,外示安仪,见之似好妇,夺之似惧虎。"《吴越春秋》越女论剑之道反映了当时已在理论上对剑术进行了概括。同时击剑风靡朝野,社会上出现了许多轻生勇死、豪侠气度的职业剑士,也涌现出了如欧冶子、干将、莫邪等许多以铸剑、鉴剑闻名的能工巧匠。

战国、秦、汉时期,随着车战的衰落和步兵的兴起,加之冶炼技术、铸造技术的提高,尤其冶铁业的发展,剑在质、形、技术等方面得到了很大发展。战国后期铁剑普遍出现。汉代,铁剑已全部取代青铜剑,剑的长度超过 1 米,最长的达 1.4 米。剑锋的夹角逐渐由锐加大,刃部也由原来的两度弧曲而成平直。淬火技术的发展,使剑身柔韧,刃口坚硬,剑技由立刺向刺、劈、抹、斩等方面转化。汉代佩剑之风甚盛,据《后汉书·舆服志》载:"自天子至于百官,无不佩剑。"文人学士把学剑与读书同等重视。在使用剑的方法上,随着剑的形制改变,也明显提高,同时剑术理论也有很大的发展,汉代有《剑道》38 篇,总结了汉以前的剑术理论。剑术除了斗剑外,还出现了套路形式的"舞剑"。到了西汉晚期,骑兵大量涌上战场,环柄铁刀在骑兵中的普遍使用,剑在战场上逐渐为刀所代替,至唐代时军队武器装备中基本上没有剑。

两晋、南北朝时期,剑器成为道教的法器,一些道士在登上法坛请仙降妖、伏魔、收怪时,手执宝剑仗剑步罡,念咒作法,使剑成了战胜一切妖魔鬼怪的神物,于是人们往往在家里悬剑降魔为祥。隋、唐时期,佩剑成为时尚,"上至帝王将相,下至庶民百姓,概莫如此",佩剑与封建的伦理道德、等级观念融为一体。如《隋书·礼仪志》所载对佩剑的规定:"一品,玉器剑,佩山玄玉;二品·金装剑,佩水苍玉。"这些规定说明剑不但有防身、健身、娱乐作用,而且也成为地位尊严和超群脱俗的象征。同时,剑的形制到了唐代已基本定型,并延续至今。《中国兵器史稿》中考证:"唐剑形制则完全变更,失去周制而独树一帜,后人守之,数千百年,无所改变,此可谓剑至唐代即为后世统一模型矣。"

宋代剑舞有了新的发展,《文献通考》记载:"太宗(赵匡义)选军中勇士教以剑舞,皆能掷剑凌空,绕身承接,妙捷如神,每契丹使至赐宴乃出以示之。"说明剑术已出现了艺术舞的表现形式。宋代以后击剑之风渐为剑舞所代替。

明、清至近代,剑术的发展迅猛,各种剑术套路层出不穷,剑术和善剑的名人辈出,不仅有皇家御用的各式宝剑,而且各种武术流派也创造了不少不同风格特点的剑术。剑术套路繁若星河,如长拳类型剑,太极剑,武当剑,少林武术的达摩剑、少林十三剑,峨嵋山武术的峨嵋剑,通备拳的通备剑、螳螂剑,八卦剑,三才剑,七星剑,八仙剑,青萍剑,六合剑,昆吾剑,青龙剑等等,使剑术演练成为套路运动体系中优美潇洒、颇具魅力的项目之一。

中华人民共和国成立后,剑术被列为武术竞赛项目之一。现代武术用剑的剑身变薄,不开刃。剑术中的主要剑法有刺、点、劈、崩、撩、挂、抹、穿、截、斩、云、绞等,运动形式上有站剑、行剑、长穗剑、短穗剑及单剑、双剑。剑术的运动特点是轻快洒脱、身法矫捷、刚柔相兼、富有韵律。

(二) 特点与作用

1. 武术的特点

(1) 技击的特点

武术是由人的技击自卫术发展起来的,无论是套路和搏斗,单练与对练,无论什么民族使用何种器械,都保留了攻防技击的技术特点。

(2) 文化的特点

1) 武术产生、发展于中国,受中国传统文化影响,带有浓厚的中国传统文化色彩。

2) 奋发有为的民族精神,它是中华民族的心理要素,体现于自强不息和厚德载物两个方面。

3) 注重和谐。追求人己物我的和谐,注重人与自然的和谐、人与社会的和谐及人的自我身心内外的和谐。

4）注重形神兼备。武术在技术上不仅重视外在形的美,更追求内在神的美。

5）注重整体的思维方式。武术不仅注重单个动作与单个动作之间的衔接,而且要求整套的演练气韵生动、气势磅礴、一气呵成。

6）既重外练又重内练。外练指人体骨骼、关节、肌肉所组成的运动系统完成的各种动作;内练通过调整呼吸,掌握运气调息的方法,达到精、气、神、力、功的更高境界。

7）多种拳种并存。武术是个多拳种、多流派的传统体育项目。

2. **武术的作用**

(1) 健身作用

中国人历来重视运动,重视生命,注重养生之道,所以在武术的发展过程中与中国养生导引术相互影响、相互渗透。如轻柔缓慢的太极拳运动,不仅对心血管、呼吸系统有良好影响,而且对调节神经系统、陶冶性情、缓解压力都有其独到之处,因此受到海内外人群青睐。

(2) 技击作用

在以冷兵器为主要兵器的时代,武术的技击作用是非常突出的。到了现代,武术技击作用虽不如古代那样突出,但在战争中仍不可避免会遇到近距离的搏斗,尤其在公安战士执行公务时,娴熟的格斗技能对完成任务的作用仍然是非常重要的。

(3) 观赏作用

武术既是人的身体活动,又是一种武技,尤其是现代的套路运动:高、新、难、美的技术要求,使武术运动的观赏性得到更大幅度的提高。即使在人们进行攻防技击时表现出的神态与神秘技击色彩,也同样具有很高的观赏价值。

(4) 教育作用

武术教育作用主要体现在学校教育。明清之际的思想家、教育家颜元,他主持的漳南书院里就有武备课。现代学校体育课程中的武术课,其功能是通过武术向学生传授武技,更重要的是灌输武德思想,提高民族意识和奋发图强的精神。

(5) 经济作用

武术同其他体育运动一样,本身就是一种产业。如对国内外武术爱好者进行教学、训练,开办武术馆校,举行武术表演、比赛等这些活动,使武术以劳务的形式为社会提供了服务,加上武术器材、服装、教材、音像资料等用品的消费,充分发挥了武术的经济作用。

(三) 比赛方法与规则简介

武术套路比赛按竞赛类型可分为:个人赛、团体赛、个人及团体赛。按年龄可分为:成年赛(年龄在18周岁以上,含18周岁)、青少年赛(年龄在12—17周岁)、儿童赛(年龄不满12周岁)。

武术套路竞赛10分为满分,以运动员现场发挥的技术水平为依据,根据竞赛规则要求,运用减分和给运动员创新难度动作加分的办法进行。武术套路比赛分别由A组裁判:从动作规格、演练中出现的错误或失误,如身体出界、失去平衡、器械碰身与掉地等错误进行扣分,总分值为5分;B组裁判:从演练技巧、编排、布局等方面进行综合评分,总分值为3分;C组裁判:根据运动员所报难度进行"是"与"否"的确认,总分值为2分。运动员申报创新难度动作,要求在正式比赛前,由裁判组根据申报材料确认该创新难度动作分值后,比赛中运动员按照要求完成了该动作,则由裁判长给予加分。

武术套路比赛,不同的项目有不同的时间规定,不足与超过都得扣分。一般自选套路时间不少于 1 分 20 秒,太极拳不少于 3—4 分钟,规定太极拳不少于 5—6 分钟,对练不少于 50 秒:时间不足与超过规定 2 秒,扣 0.1 分,不足与超过规定 2.1 秒扣 0.2 分,以此类推。

二、基本技术及构造

(一) 剑的各部位名称(见图 7-4-1)

(1) 剑身:剑有刃的部分。

(2) 剑尖:剑身梢端尖锐之点。

(3) 剑锋:剑身稍端与剑尖相连的菱形刃。

(4) 剑脊:剑身中央凸起部位。

(5) 剑刃(锷):剑身锐利的两侧。

(6) 剑格(护手):剑身与握柄间的突出部分,也称护手或剑盘。

(7) 剑柄:手握部分,也称剑茎剑把。

(8) 剑首:剑茎底端的突出部分。

(9) 剑鞘:装剑的硬套。

(10) 剑穗:系于剑首后的装饰品。

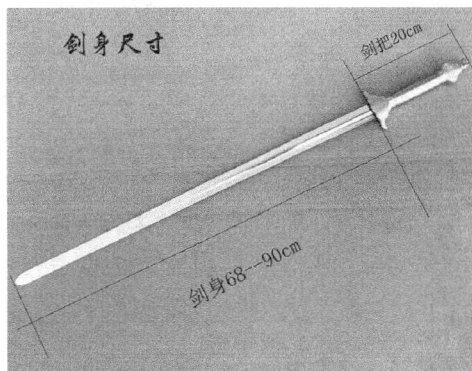

图 7-4-1

(二) 握剑方法(见图 7-4-2、图 7-4-3)

动作说明:一般将握剑分为正握、反握、俯握和仰握等。正握剑:立剑(剑刃朝上下为立剑),小指侧向下。反握剑:立剑,小指侧向上。

动作要点:虎口贴紧剑格,拇指与其余四指相对握拢剑柄。勿将食指扣于剑柄上端。

图 7-4-2

图 7-4-3

(三) 持剑礼节与持剑方法

1. 持剑礼(见图 7-4-4)

动作说明:并步站立,左手持剑,曲臂抬起,使剑身贴前臂外侧斜横于胸前;右手成掌,外沿附于左手食指银节,高与胸齐。两手与胸间距离为 20—30 厘米。

动作要点:挺胸抬头,双臂抱圆,目视前方。

图 7-4-4

图 7-4-5

2. 持剑方法（见图 7-4-5）

动作说明：常见于术套路的起收势。具体方法是：手心紧贴护手，食指扶于剑柄，拇指和其余手指分别紧扣于护手两侧，剑脊轻贴前臂后侧。

动作要点：顶头立腰，凝神聚气。

（四）基本剑法与要点

1. 刺剑（见图 7-4-6）

动作说明：立剑或平剑向前直出为刺，力达剑尖。

动作要点：剑与手臂成一直线。

2. 劈剑（见图 7-4-7、图 7-4-8）

动作说明：立剑，由上而下为劈，力达剑身。

动作要点：肘关节由曲至伸，剑由上至下，力达剑身。

图 7-4-6

图 7-4-7

图 7-4-8

3. 撩剑（见图 7-4-9）

动作说明：立剑，由下向上方为撩，力达剑身前部。

动作要点:贴身弧形撩出,力达剑身前部。

图 7-4-9　　　　　　　　图 7-4-10　　　　　　　　图 7-4-11

4. 挂剑(见图 7-4-10、图 7-4-11)

动作说明:立剑,剑尖由前向上、向后或向下、向后为挂,力达剑身前部。

动作要点:立剑贴身挂出,力达剑身前部。

5. 点剑(见图 7-4-12)

动作说明:立剑,提腕,使剑尖猛向前下为点,力达剑尖。

动作要点:提腕,力达剑尖。

6. 崩剑(见图 7-4-13、图 7-4-14)

动作说明:立剑,沉腕使剑尖猛向前上为崩,力达剑身前端和剑尖。

动作要点:沉腕有力,力达剑身前端和剑尖。

图 7-4-12　　　　　　　　图 7-4-13　　　　　　　　图 7-4-14

7. 截剑(见图 7-4-15、图 7-4-16)

动作说明:剑身斜向上或斜向下为截,力达剑身前部。

动作要点:剑身斜平。上截剑斜向上,下截剑斜向下。

图 7-4-15   图 7-4-16

8. 挑剑（见图 7-4-17、图 7-4-18）

动作说明：主要使用剑的上刃向前自下而上挑对方持剑的手腕。挑有里挑和外挑。

动作要点：立剑，由下向上为挑，力达剑锋。手臂形成一条直线。

图 7-4-17   图 7-4-18

三、运动特点与要求

剑术的技法特点是由剑的形制特征所决定的。在漫长的历史进程中，其形随时迁而变化，同时剑法技术也不断得到提高和发展，为了传承延续而模拟诸剑法构建了五彩缤纷、丰富多彩的剑术套路运动。尽管各门各派的剑术都有各自沿袭相传的技法内容，但一般技法特点可归纳为轻快敏捷、身活腕灵、刚柔兼备、气韵洒脱。

（一）轻快敏捷

剑器轻清两面刃，锋芒于尖。所以，它具有倏忽纵横、以短乘长的技击特点。剑术只有在轻快的行步、潇洒的腾跃中表现敏捷出击、纵横劈刺、锐利攻势、闪展避让，才能体现出"剑器轻清"

的特点。剑法演练时不能触身,要敏捷、轻巧、准确,力点多在剑尖或剑前端。

(二)身活腕灵

各种剑法的轻快、准确及剑法的衔接变化,都与身姿手腕的劲力运使技巧相关联。身姿俯仰吞吐、手腕灵活,能使身剑如一;手指、掌虚实灵巧变化,手腕的扣、旋展、转、收握,能使身法、劲力、协调地融入轻快、准确的剑法上。

(三)刚柔兼备

剑术劲力法则有柔有刚,具体表现在剑术运动及剑法的运使过程中。柔中有刚、刚中有柔、刚柔互渗运用。

(四)气韵洒脱

气韵,指剑术运动中的节奏和气度。而剑的节奏指剑法的刚柔、张弛、轻重、伸缩、起落,以及移步换形、招势迟速等等。韵律感是受剑法、战术、身法的制约与引动的。剑术气度,指剑术动作的起承转折、动静、疾缓等节奏变化的韵律感,受剑法、剑势、规格及手眼身法步、精神气力功的制约与引动。练剑时,要做到"单手独运捷于电""手眼清快身脚轻"(吴《手臂录》),使剑与手、眼、身、步通体轻快敏捷,同时还要做到内外贯通、身械和谐、气度宏大、洒脱自如。

四、功法

(一)柔韧

1)掌交叉前撑练习:4×8拍/组,共5组,要求:身体立直,前撑充分。
2)扶墙侧压肩练习:每侧4×8拍/组,共6组,要求:拉伸充分。
3)侧压腿练习:每侧腿60秒/组,共6组,要求:支撑腿直立,达到最大限度后控制。

(二)速度

1)连续刺剑练习:30秒/组,共5组,要求:力点准确,两脚自然开立,刺剑到位,速度最大化。
2)点崩练习:每8次/组,共5组,要求:剑法清晰,动作顺达。

(三)力量

1)俯卧撑练习:15次/组,共5组,要求:身体保持平直,速度适中。
2)卷腹触膝练习:15次/组,共5组,要求:每次手触碰到膝盖。
3)收腹举腿练习:30次/组,共5组,要求:上身平躺,手可以抓握固定物辅助练习。

(四)灵敏

1)提膝平衡练习:每侧60秒/组,共6组,要求:两腿交替练习,要求身体保持直立,支撑腿不弯曲。
2)交叉步练习:10次/组,共5组,要求:拧腰与交叉步协调一致。
3)翻腰挂剑练习:6次/组,共5组,要求:动作连贯,器械与身体协调一致。

（五）耐力

1）蹲马步练习:1分钟/组,共5组,要求:动作到位,大腿平行于地面。

2）连续弧形步练习:1分钟/组,共5组,要求:步频快速。

3）立卧撑练习:15次/组,共5组,要求:动作完整、到位。

参考文献

[1] 中国武术教程. 上册[M]. 北京:人民体育出版社,2003.

[2] 中国武术协会. 武术套路竞赛规则与裁判法[M]. 北京:人民教育出版社,2012.

第五节 龙 舞 运 动

一、概述

舞龙、舞狮是中国民间传统习俗,也是一项集娱乐、喜庆、竞技和健身多种功能为一体的体育活动。

（一）起源与发展

1. 舞龙的起源与发展

舞龙起源于中国的传统舞蹈。因舞蹈者持中国传说中的龙形道具而得名。龙的形象源于中国古代的图腾,被视为中华民族的象征,并把它看作能行云布雨、消灾降福的神物。因此有的地方久旱不雨时,便舞龙祈雨;有的地方插完秧,舞龙驱虫。龙舞历史悠久,汉代已有了形式比较完整的龙舞。据汉代董仲舒的《春秋繁露》记载,当时在四季的祈雨祭祀中,春舞青龙,夏舞赤龙和黄龙,秋舞白龙,冬舞黑龙。每条龙都有数丈长,每次5—9条龙同舞。经过劳动人民近两千年的创造发展,现在民间的龙舞不仅有很高的技巧性,而且表演形式越来越丰富多彩。

2. 舞狮的起源与发展

舞狮又称狮舞、狮子舞,耍狮子等,是起源于中国,广泛流行于东亚、东南亚各国和世界其他国家、地区的一种集娱乐、武术、杂技、音乐、信仰、竞技等为一体的综合性民间文化活动。舞狮由于历史悠久,流布广泛,形式多样,对其起源的说法历来众说纷纭,莫衷一是。

例如:东汉起源说,相传东汉汉章帝时,西域大月氏国向汉朝进贡了一头"金毛雄狮子",使者扬言,汉朝若有人能驯服此狮,便继续来进贡,否则从此断绝邦交。大月氏国使臣走后,章帝先后选派三位勇士驯狮,均未成功。后来此狮子在一次狂性发作时,被宫人乱棒打死,宫人为了逃避罪责,于是将狮皮剥下,由一宫人和他的兄弟装扮成狮子,并由一人逗引起舞。这不但骗过了大月氏国的使臣,连章帝也信以为真。此事后来传出汉宫,老百姓认为耍狮子为国争了光,是避凶趋吉的象征,于是仿作狮头、狮皮,表演狮子舞,自此狮子舞得以流行开来。

舞狮的传说中,有两个共同特征:第一,舞狮是一种面具文化;第二,舞狮的起源与避邪驱疫有关。

汉代以来,作为王权象征,护法灵兽的西域狮崇拜的传入为舞狮的产生创造了条件,但舞狮真正产生应与中国古老的傩舞有关。

一般认为,舞狮自唐代以来开始广泛流行,有关唐代舞狮的文献记载也较多。著名的如白居易的《新乐府·西凉伎》:"刻木为头丝作尾,金镀眼睛银帖齿。奋迅毛衣摆双耳,如从流沙万里来。"把一个酷似现代北狮的狮子形象勾勒得惟妙惟肖。唐代最著名的舞狮就是"五方狮子舞",该舞是盛唐时皇宫中专为皇帝准备的一种狮舞。宋代以后舞狮在各地更为普及,从宋代流传下来的《百子嬉春图》中的舞狮情景看,与现代舞狮已非常相似了。明、清以来随着华人的外迁,舞狮传到了世界各地,世界上凡有华人聚居的地方,几乎都有舞狮运动。近十多年来,许多东南亚国家将舞狮发展成为一项体育竞技活动,1995年1月"国际龙狮总会"在香港成立,同年12月,中国龙狮运动协会也加入了国际总会。随着中国逐步走向世界,舞狮这种集娱乐、竞技为一体的中国优秀传统国粹必将会有更大的发展。

(二)特点与作用

1. 舞龙、舞狮的特点

(1)鲜明的民族特色

舞龙、舞狮,原是一种以娱乐、表演为特点的民间传统习俗活动,发展成为一种现代的体育运动比赛项目,其无论是形式,还是内容都带有鲜明的民族特征。

(2)强调集体配合

舞龙、舞狮是两个人以及多人相互配合共同完成的一个集体表演项目,两人或多人通过龙、狮被联系在一起,来完成各种动作,因此,如果没有集体的智慧和力量,就不可能将龙狮舞好。

(3)鼓乐、音乐伴奏

鼓乐、音乐伴奏是舞龙舞狮运动不可分割的一个组成部分。但是舞龙、舞狮本身存在着地区差异,因此鼓乐、音乐配合上不尽相同,南狮有南狮的鼓乐风格,北狮则更多地融入了北方鼓乐的特点,舞龙既有鼓乐也有音乐伴奏。

(4)种类繁多、竞技性强

舞龙舞狮这两种形式的民俗民间体育活动,由于地区的不同,受当地传统文化和民间习俗的影响,其形式和种类也是丰富多彩的。龙狮表演,技巧性较高,因此也有着极强的竞技性。

(5)与节日娱乐密切联系

在华夏各民族的节日和庆典里,有许多传统节日和社会活动都与舞龙舞狮有着千丝万缕的联系。像北方地区正月十五各地举行的庙会上,自然少不了舞龙舞狮的队伍,由于舞龙舞狮表演热烈,加上人们对祥龙、瑞狮的崇敬,给节日增添了许多吉祥、喜庆的气氛。

2. 舞龙、舞狮的作用与功能

龙、狮传达着一种文化,更传达着一种精神,龙狮运动作为民族传统体育项目之所以能够在中国传承至今,说明了其有着特殊的价值功能与作用,这种价值功能也随着社会发展,在发生潜移默化的变化。

原始的价值功能主要包括了祈雨丰收、消灾纳福、旺丁兴族、节日欢庆等功能。随着社会发展,又产生了诸多的现代功能。

(1)文化传承功能

习近平总书记指出:"中华优秀传统文化是我们最深厚的文化软实力,也是中国特色社会主义植根的文化沃土。"中华文明是世界文明史上唯一的连续性文明,五千年的连续发展是中华文明的重要特征。我们今天的一个重要任务,就是大力传承发展中华优秀文化,坚定文化自能当起实现中华民族伟大复兴的历史使命。龙狮文化是中国优秀的民族文化,龙狮运动是龙狮文化的载体,这种运动也成了我们独特的行为方式,通过舞龙舞狮把中华民族几千年优秀文化传承下来,并不断地被后代复制,由此保持着华夏文明的延续性。

（2）教育功能

国家教委颁发的《全国普通高校体育课程教学指导纲要》之中明确指出:"汲取世界优秀体育成果与继承弘扬我国民族传统体育相结合,要注意教材的时代性,多样性。并充分体现教材的民族特色和中国特色。"龙狮运动作为一项典型的民族传统体育活动和宝贵的传统文化遗产,自问世以来,之所以一直深受各族人民的喜爱,是因为它具有显著的民族特色,它的产生与发展是与中华民族的传统文化一脉相承的,它与人们的生活息息相关,是历代劳动人民对自己的宗教信仰、民族文化、风俗习惯的一种寄托和表达方式。其文化内涵,既与民族思维方式有关,又与特定的文化氛围有直接的联系。2004年12月,中国大学生体育协会龙狮分会启动"百校龙脚进课堂"计划,现已有100多所高校,以及中小学校将舞龙引进课堂,对推动舞龙舞狮在校园的开展起到了积极的作用。

（3）健身娱心功能

龙狮运动是集健身和娱乐为一体的传统体育项目,具有较高的观赏性,同时还具有更大的锻炼价值。另外,通过舞龙舞狮也可以陶冶人的情操,磨炼人的意志,沟通人的情感,能够真正起到健身娱心的功能。

（4）审美功能

舞龙、舞狮有着相当的艺术性,舞狮运动是将狮子的各种神态表现得淋漓尽致,而舞龙运动则是在演练中将龙体舞动的流畅、自然,表现的龙的穿腾游弋,有着明显的节奏感,有动有静、有刚有柔、起伏融腾、形的律感给人以美的享受。

（5）民族凝聚功能

龙形象是由鹿、蛇、兔等多个动物身上的部位组成,这种形象与中华民族多元化是相吻合的,龙狮运动也是需要多人共同完成,这也反映了中华民族团结的精神内涵,所以无论从文化层面还是从运动层面,对于民族精神的凝聚都发挥了积极的作用。

（三）比赛方法与规则简介

1. 场地与器材规定

竞赛场地为边长20米的正方形场地(特殊情况,最小面积不得小于长18米的正方形),要求地面平整、清洁。场地边线宽0.05米,边线内为比赛场地。边线周围至少有1米宽的无障碍区。南狮竞赛场地上空从地面量起,至少有8米的无障碍空间。

舞龙道具中龙珠球体直径不少于0.33米,杆高(含珠)不低于1.7米,龙头重量不少于2.5千克,杆高不低于1.85米(含龙头),龙身(九节比赛龙)直径不少于0.33米,全长不少于18 m,龙身高度不低于1.6米,两杆之间距离大致相等。

南狮狮头正面宽不小于0.55米,高不小于0.5米,长不小于0.7米,大小匀称、协调。

2. 舞龙、舞狮动作分类

舞龙动作按动作的形态特征可分为8字舞龙动作、游龙动作、穿腾动作、翻滚动作、组图造型动作;按动作的难易程度舞龙动作与南狮动作可分为基本动作和难度动作。

3. 评分方法

舞龙自选套路满分为 10 分,动作规格分值为 5 分,艺术表现分值为 3 分,动作难度分值为 2 分。出现与规格要求不符,每出现一次轻微失误,扣 0.1 分,每出现一次明显失误,扣 0.2 分,每出现一次严重失误,扣 0.3 分。舞龙自选套路难度动作要求 10 个,完成套路难度动作给予 1.5 分,每少一个扣 0.1 分,超出难度动作要求十个以上者,每超出一个难度动作加 0.05 分,超出两个难度动作加 0.1 分,以此类推,最高加 0.5 分。龙珠单独表演时间每次不得超过 15 秒,违者按超时扣分,每 15 秒扣除 0.1 分。

舞龙规定套路共 10 分,动作规格分值为 7 分,艺术表现分值为 3 分,出现与规格要求不符,每出现一次轻微失误,扣 0.1 分,每出现一次明显失误,扣 0.2 分,每出现一次严重失误,扣 0.3 分。

舞龙传统套路 10 分有十项,分为礼仪、主题、神态、神态、音乐、特色、编排、效果、技巧、服装、器材等十项,每项各一分。

舞龙动作规格常见错误及扣分(见表 7-5-1)。

表 7-5-1

错误程度	舞龙动作规格失误情况	扣分
轻微失误	(1) 龙体轻微打折 (2) 龙体运动与人体动作轻微脱节 (3) 人体造型动作不到位 (4) 躺地、起立时有附加支撑 (5) 组图造型转换不够紧凑,解脱不够利索 (6) 静态造型,龙体不饱满、形象不逼真	0.1 分
明显失误	(1) 龙体运动各节速度不统一,出现塌肚或脱节现象 (2) 龙体运动幅度不统一,出现不合理地擦地 (3) 队员失误相撞、碰踩龙身、龙杆,龙体出现短暂停顿 (4) 队员上肩、上腿、搁脚、骑肩、叠背、滚背、挂腰等技术动作失误或滑落 (5) 龙体运动由动到静、由静到动转换松散 (6) 快舞龙力量不足、速度不快 (7) 单一动作次数不足	0.2 分
严重失误	(1) 龙体出现不合理打结 (2) 运动员动作失误倒地 (3) 运动员动作失误脱把	0.3 分
其他失误	(1) 器材落地或者损坏 (2) 服饰掉落 (3) 教练员以信号、叫喊等方式提醒本队场上队员	0.1 分
附注	没有完成套路,中途退场	不予评分

南狮自选套路满分为 10 分,动作规格 5 分,艺术表现分 3 分,动作难度分 2 两分。出现与规格要求不符,每出现一次其他失误,扣 0.1,每出现一次轻微失误,扣 0.3,每出现一次明显失误,扣 0.5,每出现一次严重失误,扣 1 分。自选套路难度动作要求 5 个完成套路难度动作要求给予 1.5 分,每少一个扣 0.1 分,超出难度动作要求五个以上者每超出一个难度加 0.1 分,最高加 0.5 分。

南狮规定套路共 10 分,动作规格分值为 7 分,艺术表现分值为 3 分,出现与规格要求不符,每出现一次其他失误,扣 0.1 分,每出现一次轻微失误,扣 0.3 分,每出现一次明显失误,扣 0.5 分,每出现一次严重失误,扣 1 分。

南狮传统套路10分有十项,分为礼仪、主题、神态、神态、音乐、特色、编排、效果、技巧、服装、器材等十项,每项各一分。

南狮动作规格常见错误及扣分(见表7-5-2)。

表 7-5-2

错误程度	扣分理由		扣分
没有完成套路	中途退场		不予评分
严重失误 (大跌)	(1) 狮头、狮尾俱跌于桩上或地上 (2) 狮头或狮尾其中一方跌于桩上或地上并且人狮分离 (3) 有青不采,不设青或无主题(没呈报比赛套路名称)		1 分
明显失误 (中跌)	(1) 狮头或狮尾其中一方跌于桩上或地上,但人狮没有分离 (2) 不能取回落青;没有完成主题 (3) 传统项目中,采青内容(主题、程序)违例:狮子出洞,无洞的形式;悬崖青,从高下跳;桥青,从桥底过;蛇、蟹、蜈蚣青从正面采青等		0.5 分
轻微失误 (小跌)	(1) 上腿出现滑足、失足;滑足超过膝盖以下 (2) 出现失衡,附加支撑 (3) 上、下器材时器材损坏或倒下 (4) 采青时狮青脱落,但以技巧取回 (5) 不合理采青(颈下采青、整个手掌以上伸出狮口外)		0.3 分
其他失误	(1) 上单腿不协调、不自然、滑足		每次扣0.1分
	(2) 上器材不稳而过位		每次扣0.1分
	(3) 狮头、狮尾非规定相撞		每次扣0.1分
	(4) 狮饰、服饰脱落		每次扣0.1分
	(5) 器材饰物、布景等脱落		每次扣0.1分
	(6) 任何乐器跌落地上(含鼓槌、锣槌)		扣0.1分
	(7) 采青过程中,狮青的碎件跌落(如:树叶、花瓣等)		扣0.1分

二、基本技术

(一) 舞龙

1. **基本手法**

(1) 擎龙(见图7-5-1)

动作说明:杆子竖直于身体前方,左手握于龙杆的把端,左右手距离与肩同宽或略宽于肩。把端置于胸前,相距10厘米至15厘米。

动作要点:杆子不可左右倾斜,保持龙形圆顺。

(2) 端龙(见图7-5-2)

动作说明:两手握距比肩宽,左手(或右手)握于把端,龙杆平放于身前,大臂位于身体两侧。

动作要点:龙体高度应一致,行进间保持稳定。

(3) 拖龙(见图7-5-3)

动作说明:握姿与端龙握姿相同,杆子斜向下,左肘上抬,并曲肘于胸前,右臂伸直。

动作要点:龙体高度应一致,龙体不擦地面。

图 7-5-1　　　　　　　图 7-5-2　　　　　　　图 7-5-3

2. 基本步法

(1) 矮步(见图 7-5-4、图 7-5-5)

图 7-5-4　　　　　　　图 7-5-5

动作说明:两腿半曲,两脚前后脚尖对脚跟,两脚滚动式行走,由脚跟逐渐过渡到脚尖,向前快速跑动。

动作要点:步频快,步幅小。

3. 基本动作

舞龙动作按动作的形态特征可分为 8 字舞龙动作、游龙动作、穿腾动作、翻滚动作、组图造型动作,这里将分别介绍其中相对基础的动作:原地八字舞龙、快腾进、快速曲线起伏行进、龙出宫造型、龙舟造型、中字造型。

(1) 原地八字舞龙(见图 7-5-6—图 7-5-13)

动作说明:"8"字舞龙是舞龙运动中的基础动作,是初学者必须掌握的动作之一。舞龙者将龙体在人体左右两侧交替做"8"字形环绕的舞龙动作,可快可慢,可原地可行进,也可利用人体组成多种姿态,多种方法做"8"字形状舞龙。

前后队员间保持一臂距离;左手握于龙杆的把端,右手握于杆子上端,与左手一臂距离。舞动时,重心左右移动;向左舞动时,左手位于腰的左侧,重心移至左脚,杆子到膝盖高度时,手腕迅速拧杆顺势经头顶移至右侧,重心移至右脚,此时左手位于小腹前,右手自然下放。龙头与龙珠动作与队员相似,面向队员,龙头与龙珠在身体左侧时逆时针拧干,身体右侧顺时针拧干。

图 7-5-6 　　　　图 7-5-7 　　　　　　　图 7-5-8 　　　　图 7-5-9

图 7-5-10 　　　　　　　图 7-5-11 　　　　　图 7-5-12

图 7-5-13　整体图

动作要点:前后队员的距离要适中,龙体运动轨迹圆顺、流畅,人体造型姿态要优美。快舞龙要突出速度、幅度、力度,给人以力量美的感受。每个动作左右舞龙各不少于 4 个。

易犯错误及纠正方法(见表 7-5-3)。

表 7-5-3

易犯错误	纠正办法
动作不够圆顺	加强力量训练及向左右两侧、增加跟进意识训练
龙体运动与人体脱节	加强对龙运动规律的认识以及基本功的训练
动作速度不统一	加强队员之间的配合训练
舞龙力量不足,速度不快	加强力量速度训练及重复训练
龙体擦地	加强 8 字舞龙动作基本动作,控制把位高

（2）快腾进（见图 7-5-14）

动作说明:龙珠引龙体举龙行进,左转穿过第 4 节龙身,当第 1 节龙身到达 6 把队员脚下时,6 把队员迅速腾空起跳跃过第 1 节龙身,随后 7、8、9 把队员顺势依次腾跃第 2、3、4 节龙身。

图 7-5-14

动作要点:龙体必须一环扣一环,保持一个半环状;腾跃起就果断,空中收腿,落地缓冲,随龙形轨迹前行;动作穿滕转换时,保持龙体顺畅、不碰踩龙体、不塌肚、不停顿、不擦地。

易犯错误及纠正方法（见表 7-5-4）。

表 7-5-4

易犯错误	纠正办法
穿龙身时拖龙动作过高或者拖地	及时口令提醒,加强徒手练习
做动作时队员相撞	设置标志,固定行进路线
跳跃时杆子前倾或者后倒	加强速度练习

（3）快速圆场起伏行进（见图 7-5-15、图 7-5-16）

动作说明:在龙珠的引导下,龙头带领龙身各把位逆时针(或顺时针)方向跑大圆场,行进中,通过各把位"直立高举龙""矮步端龙"的不断变化,龙体做上下流线状起伏行进。

动作要点:跑动中注意前后之间的距离和速度的变化;龙形轨迹顺畅,龙体饱满,不塌肚,不脱节。

易犯错误及纠正方法（见表 7-5-5）。

图 7-5-15

图 7-5-16

表 7-5-5

易犯错误	纠正办法
跑动时杆子前倾或者后倒	加强步法练习
转弯时"抄近道"	设立障碍物,绕桩练习;拐弯时形成桩—人—龙的空间关系,速度由慢到快。
龙形褶皱、不圆顺	加强速度与力量练习,增加队员配合练习

（4）龙出宫造型（见图 7-5-17）

动作说明:如图所示,第五节为最低点,龙尾为最高点,左右对称。

动作要点:造型形象逼真,饱满,以形传神,龙珠配合协调,组图造型连接、解脱紧凑、利索。

图 7-5-17

（二）南狮

1. 基本手形

（1）双阳手（见图 7-5-18）

双肩扛框,掌心朝上;拇指在上,四指托底。

（2）双阴手（见图 7-5-19）

双肩扛框,掌心朝下;拇指在内,四指在外。

（3）阴阳手（见图 7-5-20）

双肩扛框,一阴一阳。

（4）单扣手（见图 7-5-21）

双肩扛框,手握横杠;单手食指穿孔,拇指扣梁,三指托舌。

（5）双扣手（见图 7-5-22）

双肩扛框，手握横杠；双手食指穿孔，拇指扣梁，三指托舌。

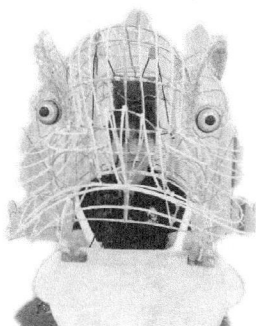
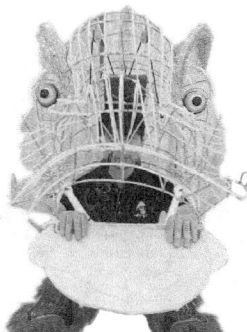
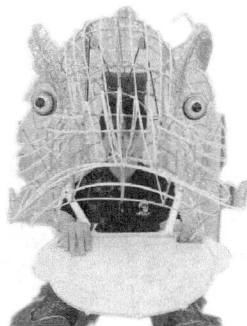

图 7-5-18　　　　　　　图 7-5-19　　　　　　　图 7-5-20

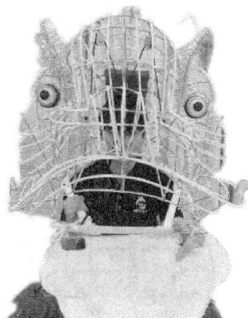
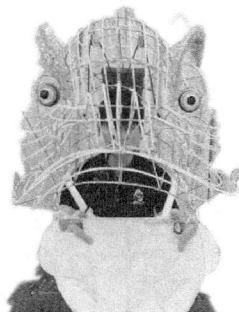

图 7-5-21　　　　　　　图 7-5-22

2. 基本身形及狮尾基本握法

（1）三弯（见图 7-5-23）

弯腰、弯膝、弯肘；身体前倾，挺胸塌腰，目视前方。

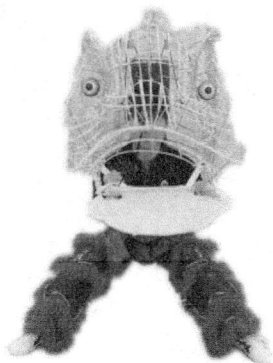

正面　　　　　　　　　　侧面

图 7-5-23

（2）狮尾单手握法（见图 7-5-24）

一手大拇指插入舞狮头者腰带一侧，虎口朝上，四指由外向内抓握腰带，另一手可做摇尾动作。

（3）狮尾双手握法（见图 7-5-25）

双手置于舞狮头者腰部两侧，握法与单手握法一致，做动作时必须用力握紧。

图 7-5-24　　　　　　　　　图 7-5-25　（局部）

3. 基本步形

（1）马步（见图 7-5-26）

两脚左右开立宽于肩膀，两腿弯曲，两大腿呈水平，身体保持直立，稍前倾，收腹挺胸。

（2）弓步（左弓步为例）（见图 7-5-27）

右腿弯曲，大腿与地面平行，身体正对前方，呈前弓后绷形。

（3）仆步（见图 7-5-28）

一腿曲膝全蹲，大小腿贴紧，膝关节和脚尖外展约 45°；另一腿挺直平仆，脚尖里扣，两脚全脚掌着地；左腿平仆为左仆步，右腿平仆为右仆步。

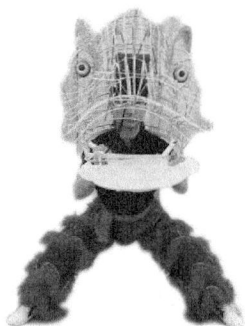  

图 7-5-26　　　　　　　　　图 7-5-27　　　　　　　　　图 7-5-28

（4）虚步（见图 7-5-29）

两脚前后站立，重心移至后腿并曲膝下蹲，大腿达水平，脚尖外展 45°；前腿微曲膝内扣，脚尖内侧虚点地面；左脚虚点地面为左虚步，右脚虚点地面为右虚步。头上顶，挺胸立腰，虚实分明。

（5）独立步（见图 7-5-30）

右腿伸直，左腿提起，脚面绷直，提膝过腰；支撑稳固，双臂前伸；身体前倾，目视前方。

（6）跪步（见图 7-5-31）

右脚向前，曲膝下蹲；臀坐小腿，双臂前伸，身体微倾，目视前方。

图 7-5-29　　　　　　　图 7-5-30　　　　　　　图 7-5-31

4. 基本步法

(1) 插步(见图 7-5-32—图 7-5-34)

动作说明:以马步为初始状态,重心移至左脚,右脚提起,从左脚后方下插,脚尖虚点滴,然后还原初始位置,左右反复,动作相同,方向相反。

动作要点:步法迅速,步法与身法协调一致。

图 7-5-32　　　　　　　图 7-5-33　　　　　　　图 7-5-34

(2) 麒麟步(见图 7-5-35—图 7-5-38)

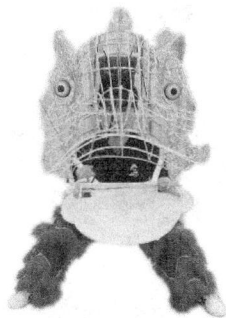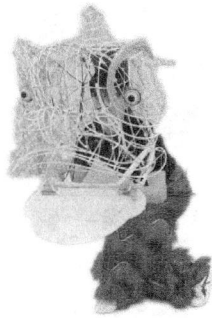

图 7-5-35　　　　　　图 7-5-36　　　　　　图 7-5-37　　　　图 7-5-38

动作说明:从基本站立姿态开始,重心移至右脚,左脚经右腿向右移步,左右交叉,两腿弯曲,重心在两腿之间,右与左相同,方向相反。

动作要点:落地稳健,动作清晰。

(3)小跑步(见图7-5-39、图7-5-40)

动作说明:从基本站立姿态开始,脚后跟提起,前脚掌着地,左右交替小跑前移。

动作要点:动作清晰、轻快;勾脚尖,上提脚后跟。

图7-5-39   图7-5-40

5. 基本动作

(1)高架舞动(见图7-5-41—图7-5-44)

动作说明:从基本站立姿态开始,高举狮头,狮头前倾45°,从前方看不到本人的脸部,狮子嘴巴闭合,狮头左右摆动,发力迅速。

动作要点:狮头高不露舞者头部,嘴巴闭合,动作迅速有力。

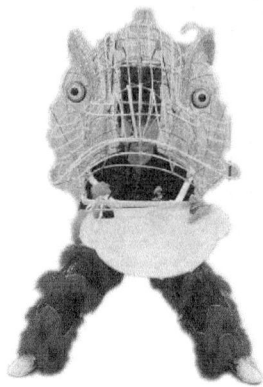   

图7-5-41   图7-5-42   图7-5-43   图7-5-44

(2)三抛狮(见图7-5-45—图7-5-48)

动作说明:三抛狮在插步的基础上舞动狮头,左脚向右插步,狮头高举向右摆动;右脚向左插步,狮头高举向左摆动,每次摆动后还原成马步姿态。

动作要点:动作上下配合协调一致,动作有力、迅速。

(3)三拜狮(见图7-5-49—图7-5-52)

动作说明:提膝并将狮嘴一端掀起,向前行进三步,成虚步低头叩拜;小步后退三步,回到原位。

动作要点:动作流畅,拜师顺序为左、右、中。

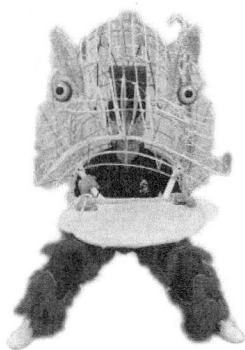  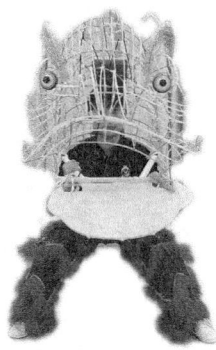 

图 7-5-45　　　　　图 7-5-46　　　　　图 7-5-47　　　　　图 7-5-48

  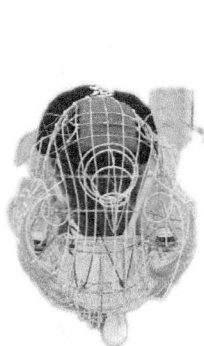 

图 7-5-49　　　　　图 7-5-50　　　　　图 7-5-51　　　　　图 7-5-52

三、运动特点与要求

(一) 舞龙运动特点与要求

舞得圆、舞得活、龙形饱满、神态逼真是舞龙运动技术基本的要求,利用人体多种姿态将力度、幅度、速度、耐力等应用于舞龙技巧之中。套路编排要求内容丰富,构思巧妙,结构新颖,风格别致。舞龙技巧难度和创新动作要符合龙的盘、游、翻、滚、穿、腾、缠、戏等形态,舞龙动作与动作之间要有机联系。

舞龙运动技术特点可分为:

1) 灵动龙珠,魁梧龙头,敏捷龙尾。

2) 龙姿优美,气质潇洒。

3) 人龙合一,节奏分明。

(二) 舞狮(南狮)运动特点与要求

南狮是一项综合性的人体运动。狮头、狮尾两人充分运用人体多种姿态,在或动或静中将力度、形神及传统舞狮艺术等糅合于南狮中,逼真地演绎出各种栩栩如生的姿态,表现狮子雄壮威武、豪放粗犷、顽皮活泼、谨慎多疑等习性。

南狮运动技术特点可分为:

1) 狮头神态逼真,狮尾活泼稳健。

2) 狮形栩栩如生,动作干净利索。

3) 配合默契,节奏变化分明。

四、功法

(一)柔韧

1) 双人压肩练习:30 秒/组,共 3 组;要求:持续、均匀发力,到达极限后保持幅度。

2) 仆步压腿练习:每侧 4×8 拍/组,共 6 组,要求:一腿曲膝全蹲,膝部与脚尖外展;另一腿伸直平仆,接近地面,两脚全脚着地。

(二)速度

1) 折返跑练习:10 米折返跑,10 次往返/组,共 5 组,要求:最快速度,每组不停顿,组间休息 5 分钟。

2) 快速高抬腿练习:30 次/组,共 5 组,要求:速度快,每组练习不间断。

(三)力量

1) 快舞龙练习:10 次/组,共 5 组,要求:速度快,每组练习不间断。

2) 推举狮头练习:20 次/组,共 5 组,要求:速度快,每组练习不间断。

3) 单腿深蹲练习:15 次/组,共 6 组,要求:前腿伸展,后腿下蹲至大腿平行于地面。

4) 俯卧撑练习:15 次/组,共 5 组,要求:身体保持平直,速度适中。

(四)灵敏

1) 双脚交替跳短绳练习:60 次/组,共 5 组,要求:双脚交替落地。

2) 蹲马步练习:1 分钟/组,共 5 组,要求:动作到位,大腿平行于地面。

(五)耐力

1) 持续 8 字舞龙练习:50 次/组,共 3 组,要求:速度适中,每组练习不间断。

2) 高架狮舞动练习:50 次/组,共 3 组,要求:速度适中,每组练习不间断。

参考文献

[1] 国际龙狮运动联合会审定.国际舞龙南狮北狮竞赛规则、裁判法[M].北京:人民体育出版社,2011.

[2] 雷军蓉.中国舞龙运动[M].北京:北京体育大学出版社,2018.

[3] 雷军蓉.舞龙运动[M].北京:北京体育大学出版社,2004.

[4] 吕韶钧.舞龙运动教程[M].北京:北京体育大学出版社,2006.

[5] 段全伟.舞狮运动教程[M].北京:北京体育大学出版社,2006.

第六节 木 兰 拳

一、概述

(一) 起源与发展

木兰拳的前身叫崆峒花架拳。创始人是杨文娣,她在崆峒花架拳的基础上,对其内容进行了不断的改编、充实,将巾帼英雄花木兰的舞台造型大胆融入了各种拳剑动作,形成了木兰拳发展的初创阶段。

她的弟子们秉承师教,在木兰花架拳的基础上,将武术、体操、舞蹈的基本功,太极气功的动作要领,以及舞台艺术造型等有机地结合在一起,终于形成了如今这一形式多样、造型优美、飘逸潇洒,富有现代气息的新颖的木兰花架拳。各流派风格特点争相辉映,各具特色。这些自发形成的流派,接受了上海武术院冯如龙先生的提议,把木兰花架拳简称为"木兰拳"。这就是木兰拳发展的第二个阶段即各流派形成并不断发展和完善的阶段。

为了进一步引导木兰拳运动向科学化、规范化方向发展,国家体育总局武术运动管理中心委托上海武术院组织有关专家编写了《木兰拳二十八式》《木兰拳单扇三十八式》《木兰拳单剑四十八式》三个规定套路和《木兰拳竞赛规则》的初稿。1999 年 5 月,在浙江省台州市举行了全国木兰拳规定套路比赛。

(二) 特点与作用

1. 特点

(1) 别具一格的新拳种

木兰拳区别于其他拳种的主要特点是拳舞相融、优美活泼。它是以武术、舞蹈、体操的基本功为基础,运用太极拳、气功等养生原理,把武术、舞蹈、体操动作与舞蹈的舞台艺术造型有机结合起来,形成似拳非拳、似舞非舞的独特风格。它的器械风格特点也有别于传统的武术项目。木兰扇与木兰剑更多包含着舞台上含蓄柔美的舞姿。木兰扇具有拳舞扇飞、开合随意、扇声鼓荡、飘逸等特点。木兰剑具有剑舞穗飞、剑法清晰、刚柔相济、轻灵稳重等特点。

(2) 动作美不胜收

木兰拳动作刚柔相济、柔缓轻灵、舒展大方、动静结合,习练中要求心静体松、以意引动,使运动中呈现出外柔内刚、端庄典雅、轻松柔和的特点。木兰拳不仅把中华民族传统舞蹈的优美舞姿与中国传统武术的刚与柔完美地结合在一起,更由于套路动作配有优雅的民族乐曲,演练中悠然生乐绕身形,拳曲相融如梦幻。因此,木兰拳不但有很高的健身价值,而且有很高的观赏价值,极具女性阴柔之美。不同于其他的健身模式,初学乍练就能有轻、柔、美、松、静的感受。能让人在美的感受中健身,在美的陶醉中养生。

(3) 内外合一、形神兼修

内:是指身体的内脏器官和内在的精、气、神;外:是指手、眼、身、步和外部的形体姿态、动作节奏等。内为本质,外为导引,练习时强调内外统一、协调配合、以意导动、以体导气、以气运身,将意识注于动作。这样内外相兼的练功,可达到内壮外强之目的。在强身健体的同时,又能塑造人的形体,陶冶人的情操,培养人的优雅气质。

（4）适应范围广

木兰拳在套路编排上根据各种不同层次锻炼者的需要,做到老少皆宜,男女皆宜。

2. 作用

木兰拳运动是以我国民族传统养生理论为指导,强调对人体身心的全面锻炼和培养,集强身健体、塑造形体、陶冶情操、审美娱乐于一体的民族传统健身项目。

（1）强身健体

木兰拳在演练时要求摒除杂念,全神贯注,把注意力集中在意静、意动、意境的意识活动上。通过以"意识"为基础的心志活动带动形体动作,在心理上对精神意志进行自我调节从而达到强身健脑的目的。在运动中要求松静自然,以腰为轴,带动四肢做旋绕、起落、伸曲、展收、顺逆、直横的圆弧动作。这种圆弧动作能使身体各关节韧带、深层肌肉、内脏器官得到很好的锻炼。

（2）塑造形体

木兰拳对身姿和整体动作均提出了要求。在身形上要求立身中正、自然放松;在手形、手法上要求圆弧饱满;在步形、步法上要求轻灵稳重;在动作上要求轻柔健美;在姿态上要求优美典雅。练习时要求上下配合、连贯圆滑、意领身随、舒展大方、手到眼到、协调完整、一气呵成长期从事木兰拳运动能使身体各部分得到均衡发展,使身体匀称协调、姿态轻盈柔美,对塑造良好的形体、培养高雅的气质、养成优雅的仪态有很大的作用。

（3）陶冶情操

木兰拳动作飘逸柔美、英姿飒爽,在清新悦耳的饱含民族神韵的传统乐曲伴奏下,使人们在一种恬静自如、轻松欢愉的氛围中体验旋转起伏、连贯流畅、和谐柔美的人体语言所带来的轻松愉悦的心境。在含蓄柔美、婀娜多姿的武舞中,释放情怀、塑造自我,使人陶醉在如诗如画的肢体文化中。

（4）审美娱乐

木兰拳动作美、姿态美、造型美,在优美动听的音乐中,随乐起舞,时而似行云流水;时而似彩蝶悠闲自如地在空中挥舞着翅膀;时而像舞台上的木兰从军英姿飒爽在战场上,具有很强的审美价值和艺术观赏价值。木兰拳有很强的表现力,可单独演练娱己,也可集体演练乐群。无论是练习者还是观赏者都会感受到情趣横生、兴致激发、娱乐无穷,具有一种独特的功效。

（三）木兰拳运动的竞赛分类与评分标准

1. 竞赛的分类

1）个人赛:以个人为单位,计算个人成绩,并在竞赛会上确定个人名次。

2）团体赛:以队为单位,计算全队成绩,并在竞赛会上确定团体名次。

3）个人及团体赛:运动员的成绩既是个人的又是团体的,并在竞赛会上确定个人及团体名次。

2. 评分的标准

木兰拳各项比赛的最高分值为 10 分。

1）动作规格的分值为 4 分。

2）演练水平的分值为 6 分。（其中神态、舞乐的分值为 2 分,协调、劲力的分值为 2 分,风格特点的分值为 2 分）

3. 完成情况的评分一般从以下几个方面来评定

1）动作的完成质量：动作不准确、不到位；肢体出现曲、弯；高度不够；遗忘；附加支撑；失去平衡、跳动、摇晃；器械掉地；身械配合不协调等都会相应扣分。

2）精神面貌及表现力：精神不饱满、不自信；表现平淡、呆滞、缺乏激情会相应扣分。

3）音乐与动作的配合：音乐与动作不协调会相应扣分。

4）出界：身体触及边线以外的地面，判出界，会相应扣分。

二、基本技术

木兰拳基本技术包括手形、步形、手法、步法、腿法、平衡与扇法。

（一）手形

手形有拳与掌之分。

1. 拳

（1）动作要领

四指卷曲，拇指扣压于食指、中指第二指节上。拳面要平，握拳不可太紧（见图7-6-1）。

（2）练习方法

四指卷曲时，应先从第一指节开始卷，然后再压拇指。

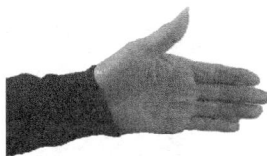

图 7-6-1　　　　　　　　　　图 7-6-2

2. 掌

（1）动作要领

五指自然伸直并拢、虎口撑圆，拇指根节微内扣（见图7-6-2）。

（2）练习方法

先将五指伸直、虎口张开，再考虑拇指根内扣而引起的掌心微内扣。

（二）步形

步形包括：弓步、歇步、虚步、前点步、坐莲步、坐盘、又步。

1. 以弓步为例

（1）动作要领

前腿曲膝半蹲、脚尖外展45°，全脚掌着地：后腿自然伸直，脚尖微内扣，全脚或前脚掌着地；两腿成一直线（见图7-6-3）。

（2）练习方法

两手叉腰，将一腿向前迈出，前腿曲膝半蹲，后腿蹬直成弓步，身体上起前腿伸直，以两脚掌为轴向后转体180°，做相反方向的弓步。

图 7-6-3   图 7-6-4

2. 以坐莲步为例

（1）动作要领

后脚前脚掌着地，曲膝全蹲，臀部坐于小腿上；前腿自然伸直，脚尖外展 45°，脚掌外侧着地，膝贴于支撑腿膝关节内侧（见图 7-6-4）。

（2）练习方法

初学可能全蹲有困难，可两人相互帮助或一手扶墙做。慢慢体会腿部肌肉用力的感觉。逐渐加强腿部力量及韧带的柔韧性，以后再放手单腿支撑练习。

（3）易犯错误与纠正方法（见表 7-6-1）

表 7-6-1

易犯错误	纠正方法
前腿过分弯曲	先扶墙反复练习，然后再放手体会动作
前脚全脚着地	
臀部未坐在后腿小腿	加强腰背肌力量与腿部力量

（三）步法

步法包括上步、退步、盖步、插步、后扫步、旋转步、展、转、扣步。

1. 以盖步为例

（1）动作要领

一腿支撑，另一腿经支撑腿前向侧横跨一步（见图 7-6-5）。

（2）练习方法

在重心几乎完全移至支撑腿时，另一腿经支撑腿前向侧横跨一步，以保证步法灵活。

（3）易犯错误与纠正方法（见表 7-6-2）。

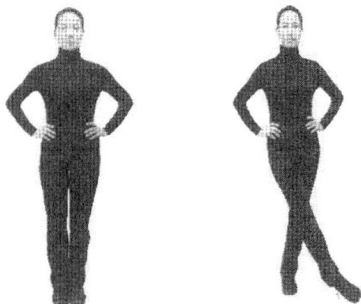

图 7-6-5

图 7-6-6

2. 以插步为例

（1）动作要领

一腿曲膝支撑，另一腿经支撑腿向侧后横插（见图 7-6-6）。

（2）练习方法

先学做一侧动作，熟练后再学做另一侧动作。

（3）易犯错误与纠正方法（亦见表 7-6-2）

表 7-6-2

易犯错误	纠正方法
做盖步时腿未经体前向侧横跨	确定某一腿为支撑腿后再做练习
做插步时腿未经体后向侧后插出	

（四）腿法

腿法包括上踢腿、前蹬腿、踩莲腿、勾踢。

1. 以上踢腿为例

（1）动作要领

一腿支撑,脚尖外展 45°;另一腿勾脚尖由下向上踢起,脚高于肩(见图 7-6-7)。

（2）练习方法

开始学练时,可两人相互帮助或一手扶墙进行快速的上踢练习。待熟练掌握后,再进行单腿独立支撑的上踢练习。

（3）易犯错误与纠正方法(见表 7-6-3)。

2. 以前蹬腿为例

（1）动作要领

一腿支撑,另一腿曲膝提起,脚尖自然下垂,小腿向上摆起至胸高时,勾脚尖向前上方踏出,脚高于胸(见图 7-6-8)。

图 7-6-7

图 7-6-8

（2）练习方法

开始学练时,可两人相互帮助或一手扶墙进行分解练习。待动作熟练掌握后再进行完整练习。

（3）易犯错误与纠正方法(见表 7-6-3)

表 7-6-3

易犯错误	纠正方法
前踢腿时踢腿膝关节弯曲	加强腿部力量
脚尖未勾	支撑腿膝关节用力后挺
前蹬腿时腿未由曲到伸	加强腿部力量
蹬脚时脚尖未勾	反复进行分解练习,动作熟练后再做完整练习

3. 以踩莲腿为例

（1）动作要领

左脚脚尖外展 45°站立，右腿曲膝提起，脚尖自然下垂，小腿向上抬起过腰后身体右转 90°，同时勾脚尖向外摆腿，脚高于胸（见图 7-6-9）。

图 7-6-9

（2）练习方法

开始学练时，可两人相互帮助或单手扶墙进行分解练习。上体正直，支撑腿伸直，腹部收紧；待动作熟练后，再进行完整练习。

（3）易犯错误与纠正方法（见表 7-6-4）

表 7-6-4

易犯错误	纠正方法
摆腿幅度不够	加强腰背肌力量与腿部力量
摆腿时脚尖未勾	熟悉动作，反复进行分解练习

（五）平衡

亚衡包括提膝平衡、后举腿平衡、燕式平衡、探海平衡、望月平衡。

1. 以提膝平衡为例

（1）动作要领

一腿独立支撑；另一腿在体前曲膝提起，脚尖自然下垂微内扣，大腿略高于水平（见图 7-6-10）。

（2）练习方法

图 7-6-10　　上体正直，支撑腿伸直站稳，做两手抱膝动作，重心稳定后再放手成提膝独立。

（3）易犯错误与纠正方法（见表 7-6-5）

2. 以燕式平衡为例

（1）动作要领

一腿支撑独立；上体前俯略高于水平，挺胸抬头；两手向身体两侧平行撑开；另一腿向后举起，膝部自然伸直，脚面绷平，高于水平（见图 7-6-11）。

（2）练习方法

初学时，可先做后摆腿练习；也可以两人手拉手，一人后举腿，

图 7-6-11

另一人保护,两人交替练习,体会动作。待熟练掌握后,再进行单腿独立支撑的练习。

(3) 易犯错误与纠正方法(见表7-6-5)

表7-6-5

易犯错误	纠正方法
提膝平衡时支撑腿膝弯曲提膝脚未向内扣 燕式平衡时勾脚尖	加强腰背肌力量和腿部力量及柔韧性 支撑腿先伸直站稳,待重心稳定后慢慢提膝独立,同时逐渐抬高大腿至一定高度
低头,弓腰 支撑腿和后举腿弯曲	可一手撑物多做几次,体会动作,动作巩固后再单腿独立支撑练习

(六) 扇法

扇法包括合扇握法、开扇握法、开扇法、合扇法、云扇、托扇、推扇、翻肩、撩肩。

1. 扇的部位名称(见图7-6-12)。

2. 以开扇握法为例(两种握法)

动作要领:

(1) 大拇指压在扇端和大扇骨上,食指、中指、无名指小指压于另一面小扇骨上(见图7-6-13)。

(2) 大拇指扣压在扇骨上,食指、中指、无名指、小指曲指扣压在另一面扇端上(见图7-6-14)。

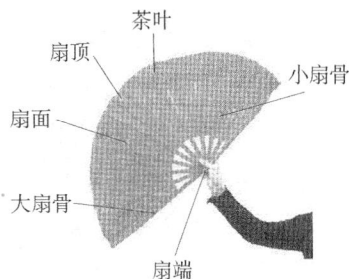

图7-6-12

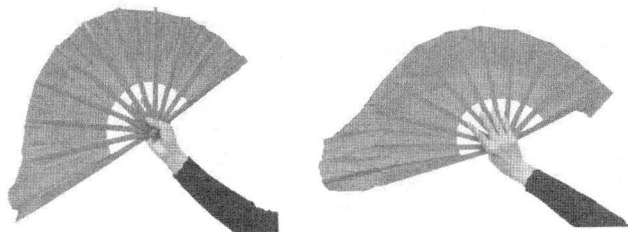

图7-6-13

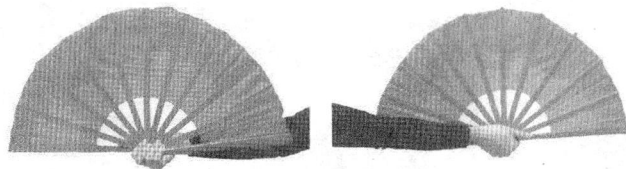

图7-6-14

3. 以合扇握法为例

动作要领:

拇指、中指、无名指、小指曲指握扇,食指伸直贴于小扇骨(见图7-6-15)。

4. 以开扇法为例

(1) 动作要领:

甩腕至扇面开平,扇面要求平整不能折叠(见图7-6-16)。

图7-6-15

(2)练习方法：

反复练习,体会用抖手腕,松指开扇。

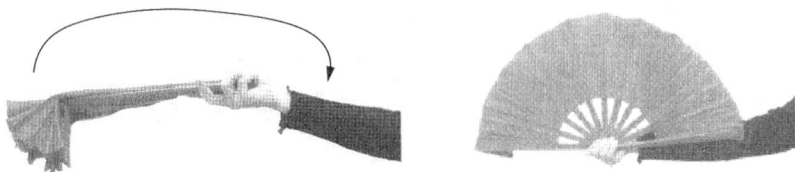

图 7-6-16

5. 以合扇法为例

(1)动作要领：

甩腕至扇骨合拢,握于虎口中(见图 7-6-17)。

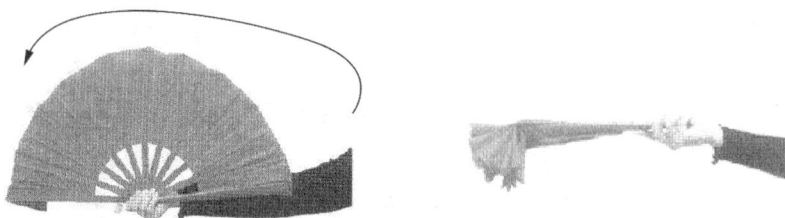

图 7-6-17

(2)练习方法：

反复练习,体会甩抖手腕,手腕应放松。

6. 以云扇为例

(1)动作要领：

扇以腕关节为轴向内或向外转动(见图 7-6-18)。

(2)练习方法：

反复练习、手腕放松,体会以腕为轴平行转动。

7. 以推扇为例

(1)动作要领：

立扇,扇面朝前,手臂由弯曲到伸直推出(见图 7-6-19)。

图 7-6-18 图 7-6-19

（2）练习方法

反复练习，扇面垂直，学会立腕臂由弯曲到伸向前推出。

三、练习的基本要求

木兰拳分徒手与器械两部分，属缓慢、柔和性的肢体运动。习练木兰拳与从事其他体育运动项目一样，要经过一个由生到熟、由熟到巧的逐步提高的过程。练习者在习练中应注意以下几个方面。

（一）对身形的要求

以站姿为例，木兰拳要求自然站立、两肩外展、背部肌肉向下舒松。胯以上劲往上顶，胯以下劲往下沉，上下对拔用劲。练习时要求人体保持"松静"状态，头脑中消除杂念，用意识指导动作，整个身体保持端庄稳重，松而不塌，静而不能萎靡不振，身体要避免挺胸、凸肚、弯腰、弓背、突臀等现象。

（二）对呼吸的要求

练习时呼吸应自然，做到深、长、缓、匀，动作熟练后，可逐渐做到呼吸与动作相配合

（三）对手臂的要求

两手臂运动时始终保持圆而不直、圆而不曲、舒展大方、上下相随、动作之间相互协调，不要断断续续、僵硬、挺直，练习时手臂动作应走各种弧形曲线。

（四）对腰腹的要求

要求"收腹立腰"。腰是上下体转动的关键，对全身运动的变化，调整重心的稳定以及使劲力到达肢体各部分都起着主要的作用。木兰拳运动在练习中应遵循"反律"原则，即手、眼、身步的身法都运用一切从反面做起的方法。如：欲左先右、欲开先合、欲冲先靠、欲冲先提等这些都称之为"反律"，所有的动作都是由腰来调节的。在练习中腰和胯应保持微微松沉，做到"气沉丹田"，使带脉（腰部周围一圈）充实，骶骨有力，从而形成腹实，下部充实稳固。腰部动作的得法对整套拳的连贯流畅起着主宰的作用。

（五）对腿部的要求

两腿应"虚实分明"。实的动作和部位，用力要沉着、充实；虚的动作和部位，要轻灵含蓄。一般先将重心坐稳于一腿，股部呈坐盘式、不能外突。臀部与足跟齐、臀部之力要贯穿到足跟。站掌的腿要稳固，身体微向下蹲，然后另一腿缓缓伸出。膝关节不能挺直，随着重心移向另一腿，身体重心也随之移向前，两足交替支持重心，以保持全身的平衡。平时应加强腿力，使姿势在任何角度上都能平衡、稳定，而又能随时灵活变化。

（六）配乐时的动作要求

木兰拳演示配上音乐，要熟悉套路，以音乐的旋律为灵魂。打拳时动作应连绵不断，应根据音乐的节奏，张弛有致，快慢结合，做到点中有线、线中有点。

（七）总体要求

木兰拳有其独特的动作韵味与风格,只有行拳中的一招一式符合动作要领,才能打出木兰拳的味道,较好地起到增强体质、增进健康的功效。

四、功法

（一）新编木兰拳十二式

预备势
第 1 式:舒燕展翅
第 2 式:请拳起舞
第 3 式:弹雪金莲
第 4 式:凤凰出巢
第 5 式:彩袖翻飞
第 6 式:鹞子翻身
第 7 式:龙飞凤舞
第 8 式:落花流水
第 9 式:孔雀开屏
第 10 式:嫦娥奔月
第 11 式:巧坐金莲
第 12 式:请拳谢礼
收势

预备势
动作说明:面向正前方自然站立。
动作要领:两脚跟并拢,脚尖外展 6—8 厘米。收腹敛臀,微挺胸。两臂自然下垂于体侧,四指并拢,自然伸直;头颈正直,下颌微收,眼平视。精神集中,呼吸自然。（见图 7-6-20）。

第 1 式:舒燕展翅
第 1 动:两臂平举
动作说明:
1）两脚不动,上体稍向右转。
2）两臂随身体同时向体侧 3—7 位抬起,掌心朝下,与

图 7-6-20

肩同高。
3）头向右转,目平视 2 号位方向(见图 7-6-21)。
动作要领:
1）上体右转,同时稍向上拔,吸气,带动两臂向体侧抬起。
2）两臂放松,主动点在肩关节。
3）上体偏向 2 号位时,两臂控制在 3—7 位方向内。

图 7-6-21

第 2 动:两手前举

动作说明:

1) 上动不停。两腿微曲,上体左转至 8 号位方向。

2) 两手经上向后画小弧外旋腕,继而向前平摆至同肩高、同肩宽,掌心朝上。

3) 目平视前方 8 号位(见图 7-6-22)。

图 7-6-22

动作要领:

1) 上体先向后再向前稍微晃动,带动两手先向上再向后画小弧外旋至掌心朝前,两肘放松微下沉。

2) 上体向左转动时,两膝稍曲,身体重心下降,同时带动两手边外旋边向体前 8 号位平摆,两掌心转朝上。

3) 眼随身体左转,转为平视 8 号位方向。

第 2 式:请拳起舞

第 1 动:腹前托掌

动作说明:

1) 两脚不动,上体右转 90°至 2 号位方向。

2) 两手画弧下落收至腹前,掌心朝上,指尖相对。

3) 头随身体转动,目平视 2 号位方向(见图 7-6-23)。

图 7-6-23

动作要领:

1) 上体右转带动两臂下落。两臂下落时,肘部先下落,同时曲肘,带动两手向腹部回收。

2) 上体右转时两腿稍曲膝,微含胸,要有身体往下沉的感觉。

第 2 动:虚步抱拳

动作说明:

1) 身体左转 90°至 8 号位方向。左脚上步,脚尖点地成左虚步。

2) 两手同时分别经身体两侧向前、向上内旋画弧。右手变为握拳,与左手掌在胸前相抱,成请拳式。

3) 目平视 8 号位前方(见图 7-6-24)。

图 7-6-24

动作要领:

1) 两手经体侧向胸前画的弧要连续、圆滑,逐渐升高。同时应边画弧边内旋,至抱拳时,掌心斜朝前。右手经前向上画弧时,掌逐渐变成拳。

2) 身体左转带动两臂画弧。

3) 左脚上步虚点地和两手相抱应同时完成。

4) 身体向左转、两手向体侧拉开时,身体稍微向上提升。当左脚上步,两手相抱时,身体重心移至右脚,右腿稍曲膝,使身体重心下降。

第 3 式:弹雪金莲

第 1 动:抱拳上提

动作说明:

1) 身体重心前移至左脚,左腿伸直,右脚跟离地。

2) 两手抱拳上提至额前,两臂稍外旋,掌心斜朝下。

3) 目视两手(见图 7-6-25)。

图 7-6-25

动作要领:

1) 身体重心前移时,左腿要蹬直,身体向上拔,挺胸吸气,带动两臂向上提起。

2) 两臂上提和外旋应同时进行,动作应连贯。

第2动:轻拍右腿

动作说明:

1) 动不停。左腿稍曲膝;右腿向体前8号位曲膝提起,脚尖放松。

2) 两手经体前外旋下落,掌心翻朝上。以两手背轻拍右大腿(见图7-6-26)。

图7-6-26

动作要领:

1) 左腿稍曲膝,身体往下沉,带动两臂曲肘下落,肘部应先下沉,两手随之边外旋边下落。

2) 两手下落和右腿提起应随身体下沉同时进行。

3) 手背拍右大腿应轻快,要用两手的指背部位拍击。拍腿时不能向下拍,而应向外侧拍。

第3动:伸腿侧举

动作说明:

1) 上动不停。左腿自然伸直;右小腿前伸,脚背绷直。

2) 左臂向8号位、右臂向4号位同时抬起,高与肩平,掌心朝下。

3) 目平视前方8号位(见图7-6-27)。

动作要领:

1) 左腿伸直,身体向上拔,同时上体稍向右转,带动两臂向体侧抬起,右脚同时向前伸展。

2) 上一动的拍腿和本动的两臂上抬是连续的。两臂侧举应自然伸直,放松,要有升起的感觉。

图7-6-27

第4动:虚步沉肘

动作说明:

1) 左腿稍曲膝;右脚向8号位落步,脚尖外展,前脚掌着地,成右虚步。

2) 两肘随体稍下沉,带动两手坐腕,掌心翻朝外。

3) 目视左手前方8号位(见图7-6-28)。

动作要领:

1) 左腿曲膝,身体往下沉,带动两臂稍曲肘,沉肘坐腕。右脚前脚掌随身体重心下降,顺势着地。

2) 左腿曲膝、两臂沉肘坐腕和右脚着地应同时完成。

图7-6-28

第5动:叉步推掌

动作说明:

1) 身体重心前移,右脚跟落地,右腿曲膝向前弓;左腿自然伸直,脚后跟离地。

2) 左手向8号位前方平推掌;右手同时向4号位平推掌。

3) 目视左手方向(见图7-6-29)。

动作要领:

1) 身体重心向右脚前移时,上体要挺,要有向前冲的感觉,以胸带动左手向前轻推掌,右手同时向后轻推掌。两手掌对拔外推,但手臂不能伸直。

图7-6-29

2) 左手随身体向前推掌时,先是两腿曲膝,身体架势较低;随着左脚跟离地,右腿稍微伸直,身体逐渐升高。整个推掌过程身体是逐渐升起的。

第4式:凤凰出巢

第1动:左手外旋

动作说明:

1) 上体稍微右转,两脚动作不变,身体重心不变。

2) 左手外旋至体前,掌心斜向上,高于颈平;右手动作不变。

3) 目随左手移动(见图7-6-30)。

图 7-6-30

动作要领:

1) 上体向右转时稍微向上提,挺胸,右腿自然伸直,左手随体转顺势外旋右摆至体前。

2) 整个动作应自然随意,以身体带动手。

第2动:后坐曲肘

动作说明:

1) 上动不停。身体重心后移至左脚;左腿曲膝,脚后跟落地。

2) 左手曲肘稍微下落至胸前。掌心斜向内;右手动作不变。

3) 目视左手(见图7-6-31)。

图 7-6-31

动作要领:

1) 身体后移时,身体要下沉,松腰微含胸,呼气自然。

2) 身体重心后移的同时,上体应稍左转,带动左臂曲肘下落。

第3动:扣脚转体

动作说明:

1) 上动不停。右脚尖离地内扣,身体左转约180度至5号位方向。

2) 左手随体转内旋画弧,经胸前上提至头额前,掌心朝前;右手曲肘,经体侧下落,收至右髋旁,掌心翻朝上。

3) 目视右前方(见图7-6-32)。

图 7-6-32

动作要领:

1) 身体左转带动右脚尖内扣至5号位,重心仍在左脚上,右脚虚、左脚实要分明。

2) 右手下落时掌心朝下,当靠近右髋旁时,前臂向左下画小弧稍提起,掌心转朝上。

3) 左手内旋上提、右手下落和右脚尖内扣均随身体左转同时进行。

第4动:独立穿掌

动作说明:

1) 身体重心移至右脚,左腿曲膝提起成提膝平衡。

2) 左手继续上提至头额左上方架掌;右手虎口向右侧7号位斜上方穿出,掌心朝上,略高于肩。

3) 目视右手(见图7-6-33)。

图 7-6-33

动作要领:

1) 身体重心右移时,右腿先稍微曲膝,随左腿曲膝前提,右腿逐渐伸直,身体上拔,上体挺胸,有向上升起的感觉。

2) 两手随身体上拔,左手架掌,右手同时穿掌。眼随右手移动。

3) 两臂应放松,微曲肘。右手腕应保持自然,避免扣腕现象。

第5式:彩袖翻飞

第1动:摆腿搬拳

动作说明:

1) 身体左转90°至3号位方向,右腿独立不变,左腿伸膝外摆90°。

2) 左手边外旋边握拳,手背转朝上,经左向下搬拳;右手掌经上向左画弧至左拳上方,间距15厘米左右。

3) 目视左手(见图7-6-34)。

图7-6-34

动作要领:

1) 腰髋向左转,带动左腿向左摆。摆腿时,小腿向前伸,随身体左移。实际上左腿仍在身体前方,都转朝3号位。

2) 左手外旋,握拳、搬拳应连贯进行。右手掌向左拳靠近,有推压左拳的感觉。左手腕稍内扣,使手臂与手背成圆弧形。右手掌自然伸直,避免翘腕。

3) 上体向左转,带动右手向左拳靠近;带动左手外旋握拳和搬拳。两手移至身体前方,而不是身体左侧。

4) 左腿伸膝、左手外旋握拳时,身体稍向上升。上体左转、左手搬拳时,右腿稍曲膝,身体往下沉。

第2动:左脚落地

动作说明:

1) 右腿稍微曲膝;左脚3号位落步,脚后跟着地。

2) 两手继续向下画弧,相对位置保持不变。

3) 目视左手(见图7-6-35)。

动作要领:

1) 右腿曲膝,身体重心下降,沉气放松,左脚顺势落步。

2) 身体下沉,同时稍向左转,带动两手从体前下落,两手动作保持不变,好似被绳牵的感觉。

图7-6-35

第3动:外展转体

动作说明:

1) 身体左转45度至2号位方向。左脚尖外展落地,身体重心移至左脚,右脚跟离地。

2) 两手向下画弧至髋旁后,左拳变掌,继续向左后7号位方向画弧至略高于肩;右手向上画弧至腹前,掌心朝里。

3) 目视2号位前下方(见图7-6-36)。

动作要领:

1) 身体左转,带动左脚尖外展和两手向下画弧,身体仍保持下沉状态。两手动作与上一动相同,保持相对的不变。

图7-6-36

2) 左腿微曲膝,右脚前脚掌蹬地,身体重心前移至左脚。身体前移时,稍带向上提升和右转,带动两手向上画弧。

第 4 动:独立穿掌

动作说明:

1) 左腿直立支撑;右腿向后曲膝抬起,成后举腿平衡。

2) 左手上抬,架于头额左上方,掌心斜朝上;右手虎口穿向 2 号位前上方,掌心朝上,略高于肩。两臂微曲肘。

3) 目视右手(见图 7-6-37)。

图 7-6-37

动作要领:

1) 左腿独立时,腿应蹬直,上体向上拔,挺胸立腰。右大腿尽量向后抬起,使背部和右腿成一圆弧形。

2) 身体上升带动右腿后抬。同时上体挺胸上拔,带动右手穿掌和左手架掌。

3) 右腿后抬、右手穿掌和左手架掌应随身体的提升同时完成。

第 6 式:鹞子翻身

第 1 动:落步按掌

动作说明:

1) 左腿曲膝,身体右转 45°至 3 号位方向,同时右脚向前方 3 号位落步,脚跟着地。

2) 左手由额上方经左向下按至左胯旁,掌心朝下,指尖朝前,肘向后曲;右手随身体右转的同时微微下按,约与肩高。

3) 目视右手(见图 7-6-38)。

图 7-6-38

动作要领:

1) 左腿曲膝右脚跟前伸落地时应保持住身体的重心。

2) 两手下按时左手略快于右手。

第 2 动:虚步推掌

动作说明:

1) 左手动作不变

2) 两腿动作不变

3) 右手随体转向右、向后画平弧至 5 号位后,手臂内旋立掌,掌心斜朝前,向 3 号位平推掌。手腕与肩同高;左手动作不变。

4) 目视右手(见图 7-6-39)。

图 7-6-39

动作要领:

1) 右手臂随上体右转向右平摆,身体转至 3 号位偏 4 号位方向。

2) 身体向左回转至偏 2 号位,同时左腿曲膝,身体下沉,带动右前臂内旋前推。

第 3 动:转体摆动

动作说明:

1) 身体左转 90°至 1 号位方向,右脚尖内扣落地,膝稍曲。身体重心移至右脚;左脚跟离地内转。

2) 左手随体转向右侧画弧上摆至右肩前,掌心斜朝下,指尖斜朝上;右手稍微向右平伸。

3) 目视右手(见图 7-6-40)。

动作要领:

图 7-6-40

1）身体左转,带动右脚尖内扣约90°。右手顺势略向右侧3号位伸展。

2）身体重心右移,同时向上提升,右脚尖落地,左脚跟顺势离地向内转。

3）身体升起和重心右移,带动左手向右上摆,右手同时继续向右伸展。左手摆至右肩与右上臂前方。

（4）眼随右手移动。

第4动:右脚插步

动作说明:

1）右腿稍微曲膝;左脚向右侧3号位方向插步,前脚掌着地。

2）两手动作不变。

3）目视右方(见图7-6-41)。

动作要领:

身体稍微下沉,左脚后插的步幅要略微大些,左膝放松,两腿均应微曲膝。

图 7-6-41

第5动:翻身托掌

动作说明:

1）身体重心移至两脚上,以两脚前脚掌为轴,身体向左上方翻转180°至面朝5号位,重心落至右脚,右腿稍曲膝。

2）两手随翻身经下向右侧5号位沿逆时针方向划立圆弧,右手托于体右侧,掌心朝上,高与肩平;左手上架于头额左前上方,掌心斜朝前上方。

3）目视右手(见图7-6-42)。

动作要领:

1）身体重心向两脚间后移时,两腿曲膝,身体往下沉,同时拔左腰、扣右腰,上体向右侧身,带动两手下落。

图 7-6-42

2）身体向上拔,两脚跟离地,向左转体。上体以腰为轴先向右扣腰,随身体左转逐渐向上挺胸腰,上体稍向后仰,带动两臂向左、向上直立画弧。画弧时两掌心向前。

3）随身体左转,右脚跟外转落地,重心顺势落至右脚,身体略微下沉。

4）两手下落时,眼看下方,手经左向上时,眼随右手方向移动。

第7式:龙飞凤舞

第1动:右脚上步

动作说明:

1）身体左转45°至4号位方向,重心移至左脚,右脚向4号位上步,前脚掌着地。

（2）左手外旋经左(3号位)、向下、向后(8号位)、向上画弧至体左侧,掌心朝上;右手经上向前(4号位)画弧至体前,掌心朝下。

3）目视前方(见图7-6-43、图7-6-44)。

动作要领:

1）身体左转,带动左脚跟内转落地,左手同时向左外旋下落。

2）左腿伸直,身体边向上升重心边向左脚前移,上体继续向左转至2—3号位。转体时带动两手画弧,右手

图 7-6-43

图 7-6-44

下落、左手上抬。右脚随重心向前上步。左手外旋后掌心始终朝上,右手画弧时掌心前行。

第2动:两手画弧

动作说明:

1)右脚跟内转落地,身体重心向右脚前移;左脚跟离地。

2)右手继续向下画弧,落至左胯前,掌心朝里;左手由后经上向体前4号位画弧,掌心朝下。

3)目视前方(见图7-6-45)。

图7-6-45

动作要领:

1)两手画弧时均为掌心前行。

2)身体向上提升,有上飘的感觉。

第3动:蹬腿按掌

动作说明:

1)右腿独立;左脚向前方4号位蹬腿,脚高于胸。

2)左手向下按至左髋左前方,掌心向下,指尖朝左前方;右手同时向右上方斜穿掌,掌心斜朝上,虎口朝上。

3)目平视4号位方向(见图7-6-46)。

图7-6-46

动作要领:

1)右手上穿、左手下按和左脚前蹬应同时进行。

2)右腿蹬直,身体向上提升,上体挺胸上拔,带动右手上穿和左腿前蹬。

(3)左腿先以大腿带动小腿提起,再以小腿带动大腿蹬向前上方。蹬脚稍带爆发力。

4)右手上穿和左手下按应有对拔的感觉。

第8式:落花流水

第1动:左脚落地

动作说明:

1)身体左转90°至2号位方向。左脚向前方2号位落步,前脚掌着地,右腿曲膝。

2)左手下落至左髋旁,掌心朝后;右手同时内旋经体右侧下落至右髋旁,掌心朝后。

3)目视前下方(见图7-6-47)。

图7-6-47

动作要领:

1)左脚尖自然伸直,随身体左转,从体前下落。转体结束,脚刚好落地。

2)向左转体时,右腿曲膝,身体下沉,松腰松髋,两手顺势下落,收至胯旁。

第2动:两臂前举

动作说明:

1)左脚跟内转落地,身体重心前移至左脚,左腿自然伸直;右脚跟离地。

2)两臂同时向前方摆起,自然伸直。两手与肩同高,与肩同宽,掌心朝下。

3)目视两手前方(见图7-6-48)。

图7-6-48

动作要领:

1)身体重心前移时,左脚跟顺势内转落地。

2)右脚前脚掌向后蹬地,左腿自然伸直,推动身体边向前移边向上升起。

3）身体上升时，上体挺胸立腰向上拔，带动两臂向前摆起。有向前飘起的感觉。

4）眼随两手移动。

第3动：右臂曲肘

动作说明：

1）身体重心稍后移，同时微向右转体。

2）左手动作不变，右臂向下曲肘。

3）目视右手（见图7-6-49）。

图 7-6-49

动作要领：

1）两腿稍曲膝，身体往下沉，重心落于左脚和右脚前脚掌处。

2）身体向后移的同时，上体向右转约45°带动右手回抽，右臂放松向下曲肘，掌心转朝斜下方。

第4动：后坐推掌

动作说明：

1）身体重心后移至右脚。上体向左转至1—2号位方向。

2）右手向2号位平推掌；左手同时回收至右胸前。

3）目平视前方（见图7-6-50）。

图 7-6-50

动作要领：

1）身体边下沉边向后移重心边向左转体，松腰松胯。

2）上体左转，带动右臂向前推掌，带动左臂回收。两手放松，随体摆动。右手向前推时，掌跟用力，手指拖行，顺势扣腕，掌心转朝左前方上立掌。

3）右腿曲膝，身体重心落于右脚，左腿放松，右膝紧贴于左膝后，左脚跟稍微离地。

4）眼随两手移动。

第5动：两手抱球

动作说明：

1）身体右转朝3号位方向。两脚动作基本不变。

2）右臂向右曲肘，掌心转朝下，高略过肩，左手外旋，掌心转朝上，略低于肩。两手于体前上下相对，成抱球式。

3）目视两手（见图7-6-51）。

图 7-6-51

第6动：旋腕云手

动作说明：

1）身体左转至2号位方向，左脚跟内转落地，身体重心前移至左脚；右脚跟离地。

2）右手经左向里、向右、向外云手旋腕，指尖朝上，掌心朝左前方，略高于肩；左手同时经左向里云手旋腕，指尖朝上，掌心朝右前方，高与肩平。

3）目随手移（见图7-6-52）。

图 7-6-52

动作要领：

1）本动中身体有一个起伏和上体的旋腰过程。先是身体左转上升，上体略向左方侧身，同时重心移向左脚，左腿自然伸直，右脚跟离地，右手向左、左手外旋向左云手。接着，上体向后旋腰略向后仰挺胸，带动两手向里云手，右手动作幅度略大些,最后身体稍右转,上体略向右侧身,两腿曲膝,身体微下沉,带动左手向里。右手向右向外继续云手。

2）云手时两臂自然曲肘,两掌心保持相对,始终在面前云手旋腕。眼随两手移动,当右手向外云手时,头向左转,眼转视左前方。

第7动:歇步砍掌

动作说明:

1）身体边向左转边曲膝下蹲成歇步。上体左转拧腰,向右侧身。

2）左手收至胸前立掌,掌心朝右下方;右手外旋向左下方8号位砍掌,掌心斜朝左上方。

3）目视右手前方8号位(见图7-6-53)。

图 7-6-53

动作要领:

1）身体向左螺旋下降,带动右手向左下方画一斜线。实际上右手没有明显移动,而是随身体转动下降的。

2）歇步下蹲时,上体向左转拧腰,略向右扣腰,使上体向右前方倾斜。

3）身体左转下蹲时,身体重心主要集中在左脚,右脚前掌着地,脚后跟随体转稍向外转,右膝应从左大腿后方穿出。

4）上体应自然挺直,不能含胸拔背。

5）眼随右手方向移动。

第9式:孔雀开屏

第1动:按掌起立

动作说明:

1）两脚蹬地,身体起立成半蹲式。

2）左手稍向下按至腹前;右手内旋向上画弧至胸前,掌心朝下。

3）目视前下方(见图7-6-54)。

图 7-6-54

动作要领:

1）以右脚前脚掌和左脚蹬地,身体重心前移至左脚起立,上体直起。

2）上体直起和起立带动右臂内旋向上提,左手顺势下落按掌。两手同时上下交错进行。

第2动:两手上架

动作说明:

1）身体直立。左腿蹬直,右脚尖虚着地。

2）两臂内旋交叉,向上画弧至头额上方后,外分至左右两侧,掌心斜朝前,指尖相对。

3）目视左前8号位方向(见图7-6-55)。

动作要领:

1）身体由半蹲继续向上提升,带动两臂边内旋边向上画弧。左臂上提速度快于右臂,至面前时两前臂相交,左臂在右臂前方,两掌心均朝外。

2）身体直立时,身体稍右转,挺胸上拔,略微后仰,带动两臂向上画弧分离。

图 7-6-55

3）两臂向上内旋画弧时,手臂始终坚持微曲的圆弧形。

4）两手画弧上提时,眼随手移动,至两手外分时,眼随左手转视左前方。

第3动:右脚盖步

动作说明：

1）左腿曲膝，右脚朝 7 号位盖步，前脚掌着地。然后左脚跟离地，身体以两脚前脚掌为轴向左转 90°至 7 号位方向，重心落于左脚。

2）两手同时向体侧画弧下落至平举，掌心朝外，高与肩平。

3）目视前方（见图 7-6-56）。

图 7-6-56

动作要领：

1）身体下沉，稍往左转，同时左腿曲膝，带动右腿经前向左摆动盖步，两臂随体略向体侧下落。

2）身体稍前移，重心移至两脚之间，左脚跟稍离地，身体继续左转，带动右脚跟朝外、左脚跟朝内同时转动，接着重心后移，落于左脚，左腿曲膝，脚跟落地，身体稍微下沉。带动两臂继续向两侧下落至平举。

3）两臂画弧的动作应连续缓慢对称，手臂仍微曲成弧形，主动点在肩关节。

第 4 动：弓步托掌

动作说明：

1）右脚跟着地，右腿曲膝，身体重心前移成右弓步。

2）两手同时经下向前画弧至体前托掌，掌心朝上，与肩同宽，与肩同高。

3）目平视前方 7 号位（见图 7-6-57）。

图 7-6-57

动作要领：

1）身体边下沉边前移，右脚跟顺势落地，两腿曲膝，松胯松腰，带动两臂继续画弧下落，至胯两旁外侧时，两前臂外旋，掌心转朝前。

（2）左脚向后蹬地，右腿向前曲膝，身体重心前移，稍微上提，上体立腰挺胸，带动两臂向前撩掌托起。左腿自然伸直，脚跟微离地。

第 10 式：嫦娥奔月

第 1 动：两手内收

动作说明：

1）上体稍微右转至偏 8 号位方向，右腿略微伸直，重心落于右脚。

2）两臂向下曲肘，两手回收至面前。

3）目视两手（见图 7-6-58）。

图 7-6-58

动作要领：

1）身体边向上升边向右转，上体挺胸向上拔，带动两臂向下曲肘，两手向上画弧内收于面前，掌心前行。左脚跟顺势离地，脚尖虚着地，左腿放松。

（2）眼随两手移动。

第 2 动：内旋按掌

动作说明：

1）右腿稍曲膝；左脚向左前 45°至 6 号位上步，前脚掌着地。

2）两臂内旋向胸前按掌，掌心斜朝下。

3）目视前下方（见图 7-6-59、图 7-6-60）。

动作要领：

图 7-6-59

图 7-6-60

1) 身体塌腰松胯,带动两臂曲肘下落。肘向外曲,两手内旋向下按掌。

2) 身体下降时,应沉气放松。眼随两手向下移动,眼随两手前方。

第 3 动:独立推掌

动作说明:

1) 身体左转至 6 号位方向。左脚跟内转落地,重心前移至左脚;右腿曲膝向后抬起,成后举腿平衡。

2) 左手内旋向上,架于左额前上方,掌心斜向上;右手向 6 号位前方平推掌,高与肩平。

3) 目平视 6 号位方向(见图 7-6-61)。

动作要领:

图 7-6-61

1) 身体边左转边向左脚移重心,带动左脚跟内转落地,带动两臂继续内旋至掌心朝前,左手高右手低。身体重心向左脚移动时,左腿慢慢曲膝,保持身体平衡移动。

2) 重心移至左脚时,左腿伸直,身体慢慢升起,立腰挺胸,上体略微前倾左转,带动左手上提架掌、右手向前推掌。两手运移时虎口相对,有对拉的感觉。推掌的右臂稍曲肘,推掌的力点应在掌根至外掌侧。

3) 右腿向后抬起时应提胯,大腿尽量抬高,脚背要有绷力。上体、臀部和右腿形成向下凹的圆弧形。

第 11 式:巧坐金莲

第 1 动:右脚落步

动作说明:

1) 左腿稍曲膝,身体向右转 45 度至 7 号位方向,右脚向 7 号位前方落步,脚后跟着地,重心在左脚。

2) 两手动作不变。

3) 目视前方(见图 7-6-62)。

动作要领:

曲膝落步时应保持身体平稳下降。

图 7-6-62

第 2 动:转身画弧

动作说明:

1) 身体左转 180°至 3 号位方向,转身的同时右脚跟转动,右脚尖内扣重心移至右腿,左脚跟离地,左前脚掌继续内转,成右腿曲膝左腿直膝点地的站位;两手臂随转身逆时针画立圆,左手至于小腹前,手心朝右,手指斜朝下;右手至额前上方,手心朝左,手指斜朝上;两手臂微曲。

2) 眼随身体的转动而变化,目平视前方(见图 7-6-63)。

动作要领:

身体的转动带动手臂画弧成立圆。

图 7-6-63

第 3 动:歇步推掌

动作说明:

1) 两腿曲膝下蹲成歇步。上体直立,略微向左转。

2) 左手内旋向上画弧,架于头额左前下方,掌心斜朝上,指尖朝右上方;右手同时内旋下落,收至胸前,掌心朝左前方,再经左前臂下方,立掌向 3 号位平推,掌根与肩同高。

（3）目视右手前方（见图7-6-64）。

动作要领:

1）两腿曲膝下蹲时,身体重心稍微前移,主要集中在左脚上,右脚前脚掌也承受部分体重。当曲膝全蹲时,身体重心再稍微后移,主要落于右脚前脚掌上。

2）身体下降半蹲,带动右手边内旋边曲肘下落至胸前;左手同时内旋向上画弧。

身体继续下降至全蹲,上体同时稍微向左转,挺胸、立腰,带动左手内旋架掌和右手向前推掌。

图7-6-64

3）左手内旋过程中,应先稍微向下,再经前向上画弧;右手同时内旋落下的速度比左手快,要经左手内侧下落。

4）右手经左手臂下方向前推掌,推掌的力达掌根至外掌侧,手臂应稍微弯曲。

第12式:请拳谢礼

第1动:身体起立

动作说明:

1）两脚蹬地,身体起立,上体稍向左转至 2 号位方向。

2）左手外旋下落至左胯旁,掌心朝上,稍微曲肘;右臂外旋,掌心转朝上。

3）目平视前方（见图7-6-65）。

动作要领:

1）右脚前脚掌蹬地,身体重心前移至左脚,再以左脚蹬地,右脚前脚掌辅助蹬地,两腿逐渐伸直,身体起立。

图7-6-65

2）身体起立时,上体挺胸向左转,带动右臂边外旋边向前伸,掌心转朝上。左手顺势边外旋边曲肘下落。

3）身体起立时,重心移至左脚,左腿应自然伸直;右腿放松,前脚掌虚着地。

第2动:右脚上步

动作说明:

1）左腿曲膝;右脚向 3 号位前方上步,前脚掌着地。

2）左手经左向上画弧,掌心朝上,略高于肩,手臂自然伸直;右手向左下方画弧下落,曲肘收至腹前。

3）目视左前方（见图7-6-66）。

动作要领:

1）身体往下沉,上体同时稍向左转,腰胯放松,带动右臂向左下方画弧下落;左手顺势向左侧摆动。右臂下落时,有向下甩动的感觉。左臂应边摆动边伸直。两手在运移过程中,掌心始终朝上。

图7-6-66

2）右脚随身体下沉和转体,顺势向前上步。

3）右手运移速度应比左手快,而且右手应比左手稍微先动,左手随后。

第3动:向右转体

动作说明:

1）身体右转 90°至 4 号位方向,右脚内转落地,重心前移至右脚;左脚跟离地。

2）左手向体前画平弧;右手动作基本不变。

3）目视 4 号位前方(见图 7-6-67)。

动作要领:

1）身体边向右转边向上提升边向前移重心,上体挺胸立腰,带动左臂平摆,手臂保持自然伸直,右手顺势稍微向右抽动。

图 7-6-67

2）身体向左转,带动右脚跟向内转。随体重心前移,右脚跟落地,右腿慢慢伸直,左脚跟顺势离地向外转,腿自然放松。

3）左臂随体转向前平摆,要有向前甩动的感觉,以身体带动上臂,上臂再带动前臂。

（4）头随身体转动,眼向右环视。

第 4 动:左脚上步

动作说明:

1）右腿曲膝;左脚向 3 号位前方上步,前脚掌着地。

2）左臂稍微曲肘,右手向右移至右腰前。

3）目视 4 号位前方(见图 7-6-68)。

动作要领:

1）右腿曲膝,身体往下沉,同时继续向右稍微转体,带动右臂向右后方抽移,肘曲向右后方;左臂顺势略微向下曲肘。

图 7-6-68

（2）身体在下沉前,先向上提,带动左脚离地。接着身体边下沉边稍微右转,左脚顺势上步,前脚掌虚着地。

第 5 动:向左转体

动作说明:

1）身体左转 90°至 2 号位方向。左脚跟内转落地,身体重心移向左脚,右脚跟离地。

2）左手内旋曲肘,掌心斜朝前下方,指尖朝右上方;右手握武曲握拳经右向前内旋腕画弧,提至胸前,拳眼斜向左下方,掌心朝前。

3）目平视左前方(见图 7-6-69)。

动作要领:

图 7-6-69

1）身体边向左转边向左脚移重心,带动左脚跟内转落地,左腿稍微曲膝,右脚跟顺势离地。

2）身体向前移动时应有一个起伏,先是略微下沉,再慢慢升起,动作要连贯、圆滑。

（3）身体向左转,带动左臂曲肘内旋,肘应自然向左曲。右手顺势握拳,随体转经右向前边内旋边螺旋上升,手臂由曲到自然伸直再到稍向右曲。

第 6 动:独立抱拳

动作说明:

1）左脚独立,腿蹬直;右腿曲膝向后抬起,成后举腿平衡。身体稍微向左转。

2）右拳和左掌移至胸前相抱,成请拳式。

3）目视左前偏 1 号位方向(见图 7-6-70)。

动作要领:

图 7-6-70

1）左脚独立时腿应蹬直，上体向上拔，挺胸、立腰。右大腿尽量向后抬起，使背部和右腿成一圆弧形。

2）右腿向后抬起时不能明显开胯，以保证脚掌心尽量朝上。同时胯应适当上提，以防止撅臀现象。

3）上体向上拔的同时应略微向左转，并稍微向左扣腰，使上体直立，上体和右腿产生对拧的感觉。

（4）身体左转带动右拳向左手平摆，左手顺势与右拳相合。

收势

第1动：右脚落步

动作说明：

1）右脚向右前偏3号位方向落步，前脚掌着地；左腿稍微曲膝。

2）两手外旋腕，掌心转朝斜上方。

3）目视2号位前方（见图7-6-71）。

图7-6-71

动作要领：

1）左腿稍微曲膝，身体往下沉，同时略向右转至2号方向，松腰、松胯、沉气，右腿顺势下落，右脚向前虚着地。

2）身体下沉，带动两臂沉肘外旋，右拳顺势变为掌，两掌心转朝斜上方。

第2动：两手外分

动作说明：

1）身体稍微左转，右脚跟外转着地，右腿稍曲膝，身体重心移向右脚；左脚跟离地内转。

2）两手同时经下向身体两侧外分下落。手臂自然伸直，斜朝下，掌心朝前，掌高与胯平。

3）目视右下方（见图7-6-72）。

图7-6-72

动作要领：

1）身体边向左转边向右脚移重心，带动右脚跟外转落地。身体转至接近1号位方向，右脚尖朝1—2号位方向。

2）身体向右转移重心时，右腿应稍微曲膝，身体略微下沉，两臂顺势向斜下方画弧下落。两臂下落应该以肩关节为活动点，肘先下落，手臂慢慢伸直。眼随右手方向移动。

第3动：并步上举

动作说明：

1）身体向左转朝1号位回正，左脚跟并向右脚跟内侧，脚尖略外展。两腿并拢，两膝稍微弯曲。

2）两手经身体两侧向上画弧，抬至头额前上方，掌心斜相对，指尖斜朝上，手臂稍曲肘。

3）目视前上方（见图7-6-73）。

图7-6-73

动作要领：

1）身体稍微向上提升，立腰、挺胸、吸气，带动两臂边外旋边画弧上抬，至侧平举后，两臂慢慢弯曲，手臂与手掌成一圆弧形。

2）左脚随身体上提，顺势向右脚回收，脚尖朝向1—8号位方向。接着身体稍微下沉,重心左移至两脚之间,左脚跟落地,与右脚跟相靠。

（3）左脚并向右脚时,两腿应并拢,微微弯曲。

4）眼随右手方向移动。

第4动:直立还原

动作说明:

1）两腿自然伸直,身体直立。

2）两手经体前下落至身体两侧,手臂自然伸直,掌心朝里。

3）目平视前方(见图7-6-74)。

图7-6-74

动作要领:

1）身体放松,沉气,松胯、松腰,两手顺势经体前自然下落。两手下落时,手臂保持圆弧姿态不变,以肩关节为活动点移动。眼随两手运移。

2）手落至体侧时,手臂自然伸直下垂,两腿同时伸直,身体升起、敛臀、立腰、自然挺胸,眼平视前方,还原为预备式。

（二）新编木兰扇十二式

预备势

第1式:神龙昂首

第2式:龙飞凤舞

第3式:燕子探海

第4式:金龙穿心

第5式:推云播雨

第6式:风卷残叶

第7式:神女挥扇

第8式:挥舞彩扇

第9式:拔云见日

第10式:彩云飘荡

第11式:仙人指路

第12式:飞燕扑蝶

收势

预备势动作说明:

1）身体直立。两脚跟并拢,脚尖外展成八字形。

2）右手握扇,扇顶朝下。两手自然垂于身体两侧。

3）目平视前方(见图7-6-75)。

图7-6-75

动作要领:

1）收腹、敛臀。微挺胸,两肩自然放松、下沉,头上顶。

2）两脚尖间距约一横拳,两膝内侧靠拢,两手掌心朝内,贴住裤缝。

3）颈直,下颌微收。

第1式:神龙昂首

第1动:左手侧举

动作说明:

1）身体微向左转。两脚动作不变。

2）左臂向左侧抬起，掌心朝下，高与肩平，手臂自然伸直；右臂稍曲肘，扇顶微向左扣。

3）目视左手前方（见图7-6-76）。

动作要领：

1）身体先略微左转，带动左臂向左侧7号位抬起，活动点在肩关节，要以上臂带动前臂运动。

2）右臂随身体左转同时稍微向右曲肘，前臂略向左摆扣腕，使扇顶转向左下方，手臂和扇体成一向右凸的圆弧。

图7-6-76

3）随左臂抬起，头向左转，眼视左手方向。

4）两臂和头部动作均应随身体的左转同时进行。

第2动：左手推掌

动作说明：

1）身体微向右转。两脚动作不变。

2）左臂先曲肘坐腕，使指尖转朝上，再以掌根向左侧7号位平推，手臂自然伸直；右手动作不变。

3）目视左手方向（见图7-6-77）。

动作要领：

1）身体先稍微向左转，带动左臂向下曲肘，左手顺势稍微回收，同时坐腕使掌心转朝左立掌，腕高于肩。

图7-6-77

（2）身体向右转，以左肩推动左臂向前伸。左手推掌时，手腕上翘，使手掌直立，掌心斜朝左前方，力点在掌根至外掌侧。

3）眼随左手移动。

第3动：左手平摆

动作说明：

1）身体右转约90度至2号位方向。两脚动作不变。

2）左掌心转朝下，随手腕外旋，掌心转朝前，再随身体右转向右前2号位平摆，掌心朝右，横掌；右手动作不变。

3）目视左手前方（见图7-6-78）。

动作要领：

1）上体微左转，带动左手腕伸平，掌心转朝下。

图7-6-78

2）上体左转至8号位，带动左上臂向左平摆，上臂带动前臂左摆，手腕顺势略内旋，掌心斜朝后下方。

3）身体向左回转至2号位，带动左臂外旋至掌心横朝前，随体向左平摆至体前。摆动时手臂基本不动，活动点在左肩关节。

4）眼随左手方向移动。

第4动：左手推掌

动作说明

1）身体左转45°回正，两脚动作不变。

2）左臂随体转先曲肘坐腕，使指尖转朝上，再以掌根向前平推，与胸同高；右手动作继续不变。

3）目平视正前方（见图7-6-79）。

动作要领：

1）身体边左转边略微后坐，带动左臂向下曲肘，左手顺势向胸前回收，同时坐腕，掌心转朝右前方。

2）身体以踝关节为动点向前移，胸向前挺推动左手稍向前伸。接着，身体后坐，左手继续向前推，力在掌根至外掌侧。胸部与左手要有对拔的感觉。左臂不宜伸直，应稍微曲肘。

图7-6-79

第2式：龙飞凤舞

第1动：两手相对

动作说明：

1）两脚动作不变。

2）左手下落至腹前，掌心斜朝右下方；右手握扇向左上方画弧至右小腹前，掌心朝左下方。

3）目视两手（见图7-6-80）。

动作要领：

1）左手下落和右手握扇上提要同时进行，左手快，右手慢，两手在腹前掌心斜相对。

2）左手下落时，身体稍微下沉，上体同时略微左转。

3）头稍微下低，眼随左手下移。

图7-6-80

第2动：右臂内旋

动作说明：

1）两脚动作继续不变。

2）左手画弧下落至左胯前，掌心斜朝下，指尖朝右前方；右手握扇经体前向上画弧，至脸前时，前臂内旋，掌心转朝前，继续上提至头额前上方，扇骨水平。

3）目随右手移动（见图7-6-81）。

动作要领：

1）身体上拔，挺胸立腰，带动右臂上提，左手顺势同时下落。

2）右手提至脸前时，上体稍向右转，边微下沉，带动右手边内旋反掌同时向右上方提，手中的扇骨应水平翻转。左手同时稍向左移。

图7-6-81

第3动：两手画弧

动作说明：

1）上动不停。两脚动作不变。

2）左手经左向上画立圆至右前臂上方，掌心斜朝下；右手同时继续经右向下画圆弧至身体左前下方，掌心朝左，扇顶朝左前下方。

3）目视扇顶方向（见图7-6-82）。

动作要领：

1）两手同时在3—7号位垂直面内沿顺时针方向画立圆，眼随右手运移。

2）上体先向右稍微转体并向上拔，带动右手经右下落，左手顺势上抬。

3）上体向左回转，同时身体稍微下沉，带动右手经下向左画弧，左手顺势落至

图7-6-82

右前臂上方,掌心朝向右臂,相距5厘米左右,肘微曲。

第4动:右手侧举

动作说明:

1)上体右转45°至2号位方向。两腿伸直,脚跟离地。

2)右手随转体向右上方画弧抬起,扇顶朝向4号位斜上方,扇骨与右臂成一斜直线;左手同时上提至右胸前立掌,掌心朝右。

3)目视右手(见图7-6-83)。

动作要领:

1)上体边右转身体边上升,有螺旋升起的感觉。身体尽量抬高,上体向上挺胸拔起。两脚跟抬高,以脚趾和趾根支地。

图 7-6-83

2)右臂与扇骨保持一直线,随上体右转和升高,向右上方约45°方向斜向抬起,注意要以身体带动右手上抬。左手顺势曲肘上提至右胸前。眼随右手扇运移。同时注意下颌微抬,作为手运行中的连接线。

3)两手动作应随提踵转体同时进行。

第5动:重心右移

动作说明:

1)上体左转45度回正。两腿稍曲膝,右脚跟着地,身体重心移至右脚。

2)左手左移至胸前立掌,掌心朝右;右手右上举动作不变。

3)头向左转回正,目平视正前方(见图7-6-84)。

动作要领:

1)上体边左转边螺旋下降,同时身体重心移至右脚,左腿松弛,前脚掌虚着地。两腿向前曲膝。

图 7-6-84

(2)右手置于右上方相对位置保持不变,随上体左转,由4号位转向3号位。左手随体转顺势向左移至胸前。

3)上体保持正直,松胯。

4)上体左转的同时,头向左转至正前方;眼向前平视。

第6动:右脚独立

动作说明:

1)右腿伸直,右脚独立;左腿曲膝向前提起,脚尖自然下垂稍内扣。

2)两手动作不变。

3)目视左前8号位方向(见图7-6-85)。

动作要领:

1)右腿伸直,身体上升,立腰、提胯,带动左腿曲膝提起。身体升起要缓慢连续,左腿提起应同时进行。

图 7-6-85

2)左腿以大腿主动,带动小腿前提。

第7动:左腿上抬

动作说明:

1)右脚动作不变;左腿小腿上抬,脚背朝上。

2)两手动作继续不变。

3)目视左脚方向(见图7-6-86)。

动作要领：

1）左小腿向上抬，脚背自然伸直，带动左大腿继续抬起。

2）左脚向左前15°方向(1—8号位之间)抬起，高度过胸，眼看左脚。

第8动：左脚蹬脚

动作说明：

1）右脚动作继续不变；左腿挺膝，脚尖内勾，以脚跟蹬向左前15度前上方。

2）两手动作不变。

3）目视左脚方向(见图7-6-87)。

图7-6-86

动作要领：

1）身体向上拔，左胯上提，带动左脚上蹬。

2）蹬脚时脚背勾起，以脚跟发力，要有爆发力。

3）蹬脚和挺膝同时进行，动作应干脆有力。

4）第6—8动为一完整动作，应连续进行。

第3式：燕子探海

第1动：左脚落步

动作说明：

1）右腿曲膝；左脚体前下落，脚跟着地。

图7-6-87

2）两手动作依旧不变。

(3）目视左前方(见图7-6-88)。

动作要领：

1）身体下沉，松胯、松腰，右腿稍微曲膝，左腿顺势下落放松，脚跟自然落于体前稍偏左。

2）右臂略微曲肘放松。

第2动：右脚退步

动作说明：

1）身体右转90°至3号位方向。左脚尖内扣约60°落地，身体重心移至左脚；右脚提起向体后7号位退步，前脚掌着地。

图7-6-88

2）右手握扇向体前下落，同时外旋，掌心翻朝上；左手向下按至腹前，掌心朝下。

(3）目平视3号位前方(见图7-6-89、图7-6-90)。

动作要领：

1）身体右转，带动左脚尖内扣至3号位方向着地。头随身体转动，眼环视前方。

2）身体重心移向左脚，左腿同时曲膝，使上体保持平稳。

3）身体重心左移时，上体稍微前倾，右手顺势边外旋边向体前下落，左手顺势下按，右脚同时离地向后退，前脚掌着地。

图7-6-89　　　图7-6-90

第3动：重心后移

动作说明：

1）身体重心后移。右腿曲膝，脚跟着地；左脚跟离地，成虚步。

(2) 右手握扇曲肘回收,落至腹前,掌心朝上,扇顶朝左;左手同时外旋至虎口朝前,经右手下方向前穿。

3) 目视两手(见图 7-6-91)。

动作要领:

1) 身体重心后移的过程中应先升后降,有一小起伏,同时上体先稍微向右转,再微向左转。当上体边右转边升起时,带动右手曲肘回收,左手同时外旋向前穿;当上体微左转下沉时,右手画弧落至腹前,左手同时稍微上提,两手上下交错打圆。

2) 身体后坐时应含胸、松腰往下沉。

3) 眼先随扇运移,再视两手。

图 7-6-91

第 4 动:右手上抬

动作说明:

1) 身体重心前移。左腿伸直,脚跟着地;右脚跟离地。

2) 右手握扇经前向上画弧,抬至右肩上方,扇顶斜朝右上方;左手同时曲肘坐腕,手掌内旋至右胸前立掌,掌心朝右。

3) 目平视 3 号位前方(见图 7-6-92)。

动作要领:

1) 身体重心向左脚前移时,左腿应先微曲再伸直,身体逐渐升起。带动右臂经前上抬,左手同时曲肘收至右胸前。

2) 重心前移时,身体应先略微朝下,手臂自然伸直,向前画弧。

3) 随身体重心左移,右腿放松,脚跟离地,上体挺直、立腰、挺胸。

图 7-6-92

第 5 动:独立开扇

动作说明:

1) 左脚独立;右腿曲膝向后方 7 号位抬起,脚掌斜朝上,高与臀平。

2) 右手向前方 3 号位甩腕开扇,扇顶朝上,掌心朝左;左手动作不变。

3) 头向左转,目平视正前方 1 号位(见图 7-6-93)。

动作要领:

1) 右臂稍向后弯,右手倒腕,然后右臂挺肘,手腕向前甩,扇面打开,以中指、无名指和小指控制扇面,上臂贴近右耳旁。

2) 右手开扇、右腿后抬和头向左转要同时完成,动作干脆快速,三点并发在一个节奏上(舞台造型的亮相法)。

图 7-6-93

(3) 独立开扇时左腿蹬直,身体向上拔高,右手向前开扇时,要有向上的力,上体稍微向左转,但不能向前倾斜。

第 4 式:金龙穿心

第 1 动:右脚上步

动作说明:

1) 左腿稍曲膝;右脚向右前 45°至 4 号位落步,脚跟着地。

2) 右手内旋腕,掌心转朝前,向右前方按扇微下落,手略高于肩;左手动作不变。

3) 目视扇面(见图 7-6-94)。

图 7-6-94

动作要领:

1) 左腿稍微曲膝,身体下沉,带动右手边内旋边向右前方按扇,右脚顺势下落向右前方虚落步。

2) 身体下沉时,上体略微右转,头同时右转,面朝 4 号位,眼转视右手扇面。

第 2 动:右手合扇

动作说明:

1) 上动不停。两脚动作不变。

2) 右手外旋腕,掌心斜朝上,向前甩腕,扇闭合于虎口中;左手动作不变。

3) 目视右手扇(见图 7-6-95)。

图 7-6-95

动作要领:

1)上体略微左转,带动右手外旋腕,扇面翻转约 270 度,而后上体略右转,带动右手向右前上方甩腕,扇面向前闭合,扇骨与右臂成一斜线。甩腕要有力,但动作幅度要小。在扇面闭合的一瞬间,五指紧握扇骨,动作干净有力,速度要快。

(2) 本动与上一动是连续的,右手按扇和右脚落步应同时进行,而按扇、外旋腕和合扇要一次完成。

第 3 动:右手平摆

动作说明:

1) 上体左转 45°至 2 号位方向。两脚动作不变。

2) 右手握扇随体转向左下方画弧平摆至胸前,掌心朝上,手臂自然伸直,扇顶朝左;左手随体转同时移至胸前立掌。

3) 目随扇移,注视扇顶前方(见图 7-6-96)。

图 7-6-96

动作要领:

1) 上体左转,同时略往下沉、含胸,带动右手向左偏下方向平摆。右手稍微外旋,使掌心转朝上,扇骨与手臂基本上保持一条线,肘部自然放松。

2) 左手与右手同时随体向左移,但左手只是顺势稍微移动.眼随右手扇运移。

3) 上体左转带动腰胯稍微左转,右脚尖顺势稍向内扣。

第 4 动:左手平穿

动作说明:

1) 上体右转 45°至 3 号位方向。两脚动作不变。

2) 左手稍外旋,掌心转朝上,指尖朝左,经右前臂上方向左侧 1 号位平穿,手臂自然伸直,高与肩平,右手握扇,曲肘回收至胸前,掌心朝上,扇顶朝左。

3) 目平视 3 号位前方(见图 7-6-97)。

图 7-6-97

动作要领:

1) 身体右转,带动右臂向右曲肘,右手回收至胸前。

2) 右手回抽的同时,左手经右臂内侧边外旋边向上穿到前臂上方,再继续向左平穿。两手有对拔的感觉。

3) 两手对拔时要立腰、挺胸。

4) 身体右转,带动右脚尖稍微外摆。

第 5 动:两手抱球

动作说明:

1）身体左转约45°。两脚动作不变。

2）右手扇顶经腹前向左穿至左腹前,掌心朝上,扇顶朝左;左手内旋曲肘回收至左胸前,掌心朝下,与右手扇上下相对,似抱球状。

3）目视右手(见图7-6-98)。

动作要领:

1）身体左转,松腰,微含胸,带动右手扇顶向左下方穿至小腹前(1号位方向),左手同时随体转顺势向左曲肘内旋腕,收至左胸前。

2）随身体左转,稍微低头,眼转视右手。

3）两手上下要有抱球的感觉。右手扇顶向左穿时应有刺的意念。

图7-6-98

第6动:弓步推掌

动作说明:

1）身体右转90°至4号位方向。重心前移至右脚,右腿曲膝半蹲;左腿自然伸直。

2）右前臂内旋上提,扇骨横架于头额右前上方,掌心朝前;左手沉肘坐腕立掌,接着向4号位平推,臂微曲,掌根与胸同高。

3）目平视4号位前方(见图7-6-99)。

动作要领:

1）身体边右转重心边右移,带动右臂内旋向上架扇和左手向前推掌。

2）身体右转带动右脚尖外展至4号位方向。

图7-6-99

3）身体右转前移时,先稍微下沉,带动左手沉肘坐腕,右手同时向前画弧内旋。

4）随身体重心前移,右腿逐渐曲膝,以保持上体的平稳。

5）左手推掌、右手扇上架,重心前移和身体右转应同时进行。挺胸、立腰,略微向右拧腰。

第5式:推云播雨

第1动:右脚独立

动作说明:

1）右腿伸直,右脚独立;左腿曲膝向前提起,脚尖自然下垂稍内扣。

2）两手动作基本不变。

3）目平视前方(见图7-6-100)。

动作要领:

1）身体重心置于右脚,右腿伸直,身体上升,立腰、提胯,带动左腿曲膝提起。身体上升和左腿提起应同时进行,动作应缓慢。

图7-6-100

2）左腿以大腿主动,带动小腿提起。

第2动:左腿上抬

动作说明:

1）上动不停。左小腿上抬,高与腰平,脚背朝上;右脚动作不变。

2）两手动作基本不变。

3）目视脚尖前方(见图7-6-101)。

动作要领:

1）左小腿向上抬,脚背自然伸直,带动左大腿继续抬起。

2）左脚向左前45°至3号位方向抬起。

图7-6-101

第 3 动:左脚上蹬

动作说明:

1) 上动不停,左腿挺膝,脚尖勾起,脚跟向 3 号位斜上方蹬出,脚高过胸;右脚动作不变。

2) 两手动作不变。

3) 目视左脚前方(见图 7-6-102)。

动作要领:

1) 身体向上拔,左胯上提,带动左脚上蹬。

2) 蹬脚时脚背勾起,以脚跟发力,要有爆发力。

3) 蹬脚和挺膝同时进行,动作应干脆有力。

4) 第 1 至 3 动为一完整动作,应连续进行。

图 7-6-102

第 4 动:左脚落步

动作说明:

1) 右腿稍曲膝;左脚向左前 45°至 3 号位落步,脚跟着地。

2) 两手同时向右斜后方(偏 7 号位)下落至右腰侧,掌心均朝下,扇顶指向斜后方。扇骨水平。

3) 目视扇顶方向(见图 7-6-103)。

动作要领:

1) 右腿微曲,身体下沉,同时上体稍右转(偏 5 号位)拧腰,带动两手向右后画弧。

2) 随身体下沉,左脚顺势下落。

3) 眼随右手扇运移。

4) 两手与左脚的动作应随上体右转同时进行。

5) 右臂与扇骨保持一自然直线。

图 7-6-103

第 5 动:右手撩扇

动作说明:

1) 身体左转约 90°(偏 2 号位),左脚尖外展落地,重心左移;右脚向右前 45 度 4 号位方向上步,脚跟着地。

2) 随身体左转,左手向左上画弧至头额左前上方架掌,掌心朝上,指尖朝右;右手同时由后经下向右脚前上方撩扇。手略高于肩,掌心朝上,扇顶斜朝上。

3) 目视扇顶方向(见图 7-6-104)。

动作要领:

图 7-6-104

1) 身体左转,带动两手同时沿顺时针方向画弧撩扇和架掌。

2) 身体边左转重心边前移,左脚尖顺势外展。

3) 随重心左移,左腿逐渐曲膝,右腿顺势上步。上体保持平稳,立腰、挺胸。

4) 眼随右手扇运移。右臂和扇骨基本保持一条直线。

5) 右手扇向下画弧时,前臂稍外旋使掌心转朝上。

第 6 式:风卷残叶

第 1 动:右手平摆

动作说明：

1）身体左转180°至7号位方向。右脚尖内扣，重心右移；左脚尖外展至6号位着地。

2）右手随体转向左平摆至体右前方，掌心朝上；左手同时下落至体左侧，掌心斜朝下。

3）目视右手（见图7-6-105）。

图7-6-105

动作要领：

1）身体左转带动右脚尖内扣。随右腿曲膝身体重心移向右脚，左脚尖顺势外展。

2）身体左转带动右手向左平摆，左手顺势经体前画弧下落。

3）右脚尖内扣、重心右移、左脚尖外展要连续。跟随右手运移。

第2动：右脚上步

动作说明：

1）身体重心移至左脚，左膝稍曲；右脚向7号位上步，脚跟着地。

2）右手握扇曲肘收至腹前，掌心朝上，扇顶朝右；左手同时经左向后附于腰背后，掌心朝后。

3）目视左前方（4号位）（见图7-6-106）。

图7-6-106

动作要领：

1）重心左移，身体同时稍向左转约45°带动右手握扇向左曲肘回收，右脚顺势上步。

2）随右手曲肘回收左手同时向后画弧曲肘附于背后。

3）重心前移时，身体先略提起，右脚顺势离地，再随左腿曲膝，身体下沉。

第3动：重心前移

动作说明：

1）右脚尖外展45°至8号位方向着地，身体重心移至右脚。

2）两手动作不变。

3）目视前方7号位（见图7-6-107）。

图7-6-107

动作要领：

1）身体右转带动右脚尖外展。

2）重心向右脚移动时，身体略微升起，左脚跟顺势离地。

第4动：右脚独立

动作说明：

1）右腿伸直，右脚独立；左腿曲膝提起，脚尖自然下垂。

2）两手动作不变。

3）目视前方7号位（见图7-6-108）。

图7-6-108

动作要领：

1）身体重心置于右脚，右腿伸直，身体上升，立腰提胯，带动左腿曲膝提起。身体上升和左腿提起应同时进行，动作应缓慢。

2）左腿以大腿主动，带动小腿提起。

第5动：左腿上抬

动作说明:

1) 上动不停,左小腿上抬至平腰高,脚背朝上;右腿动作不变。

2) 两手动作不变。

3) 目视前方 7 号位方向(见图 7-6-109)。

动作要领:

1) 左小腿向上抬,脚背自然伸直,带动左大腿继续抬起。

2) 左脚向前方 7 号位方向抬起。

第 6 动:左脚蹬脚

图 7-6-109

动作说明:

1) 上动不停。左腿挺膝,脚尖勾起,以脚跟向 7 号位斜上方蹬出,脚高过胸;右脚动作不变。

2) 两手动作不变。

3) 目视左脚前方(见图 7-6-110)。

动作要领:

1) 右腿蹬直,左胯上提,带动左脚上蹬。

2) 蹬脚时脚背勾起,以脚跟发力,要有爆发力。

3) 蹬脚和挺膝同时进行,动作应干脆有力。

4) 第 4 至第 6 动为完整的动作,应连续进行。

第 7 动:左脚落步

图 7-6-110

动作说明:

1) 右腿稍曲膝;左脚向体前 7 号位落步,脚跟着地。

2) 两手动作不变。

3) 目视前下方(见图 7-6-111)。

动作要领:

右腿曲膝,身体下沉,松胯、塌腰,左脚顺势下落。

第 8 动:向右转体

动作说明:

1) 身体右转 180°至 3 号位方向,左脚尖内扣,重心移至左脚;右脚尖外展至 4 号位方向着地。

图 7-6-111

2) 随身体右转,左手从背后抽出,两手同时向右后下方画弧摆至体前,左掌心斜朝下,右掌心斜朝上,扇顶朝斜下方。

3) 目视前下方(见图 7-6-112)。

动作要领:

1) 身体右转带动两手向右后画弧。

2) 身体右转约 90°,带动左脚尖内扣。随重心左移,左脚尖着地,身体继续右转约 90°,带动右脚尖外展。

3) 身体右转过程中,两腿保持微曲,眼随右手运移。略微含胸。上体保持平稳。

第 9 动:叉步立掌

动作说明:

图 7-6-112

1) 身体右转,重心前移,右腿曲膝;左腿自然伸直,脚跟离地。

2) 右手握扇向右后 6 号位斜上方画弧抬起,掌心斜朝上,扇顶斜向右后上方,扇骨与右臂成一斜线;左手同时向右画弧至右胸前坐腕立掌,掌心朝右。

3) 目视扇顶方向(见图 7-6-113)。

动作要领:

1) 上体右转,向右拧腰,略微前倾,带动右手向右后方画弧抬起,左手同时顺势曲时提至右胸前坐腕立掌。

图 7-6-113

2) 身体边向前移重心,上体边向右转。

3) 随重心前移,右腿逐渐曲膝,左脚跟顺势离地向外转,使两大腿前后交叉。

4) 眼随右手扇运移。

第 7 式:神女挥扇

第 1 动:右手撩扇

动作说明:

1) 上体左转至 3 号位方向。身体重心移至右脚;左脚向 3 号前方上步,脚跟着地,脚尖外展约 90°朝 1 号位方向。左腿曲膝,重心移向左脚;右脚跟离地,腿自然伸直。

2) 右手经下向前撩扇,手高平肩,掌心朝上,扇顶朝前;手同时经下向前画一小弧,于右胸前立掌。

3) 目视前方 3 号位(见图 7-6-114)。

图 7-6-114

动作要领:

1) 身体边左转边向前移重心,带动右手经下向前撩扇。右臂与扇骨应始终保持一自然直线,左手同时顺势在胸前画一与右手同向的小圆弧。

2) 重心移往右脚时,身体稍下沉,松胯、松腰、含胸,带动右手向下画弧,左脚顺势离地上步。

身体边左转边向左脚移重心时,上体立腰、挺胸,带动左脚尖外展着地。左腿曲膝和右腿伸直同时进行,右脚跟顺势离地。

3) 眼随右手扇运移。

第 2 动:叉步开扇

动作说明:

1) 上体左转至偏 2 号位方向,两脚动作基本不变。

2) 右手腕上翘向内甩腕、开扇,扇顶朝上,扇面朝 1 号位;左手同时收至右胸前坐腕立掌,掌心朝右。

3) 头向左转,目平视 1 号位正前方(见图 7-6-115)。

动作要领:

1) 身体左转带动右脚跟外转,使两大腿前后交叉。

2) 上体左转同时略向前倾带动右手甩腕开扇,手臂保持自然

图 7-6-115

伸直;左手同时顺势坐腕立掌。

3) 右手开扇、左手坐腕立掌、头向左转和右脚跟外转应随上体左转同时完成。

4) 动作要干脆利索,要有一定的爆发力。(三点并发在一个节奏上属舞台造型的亮相法)

第 8 式:挥舞彩扇

第1动:扇面翻平

动作说明:

1) 两脚动作不变。

2) 右前臂内旋,扇面翻朝下,落至腹前,扇顶朝左(1号位);左前臂外旋,掌心转朝上。

3) 目视扇面(见图7-6-116)。

动作要领

1) 身体略微下沉,松腰含胸,两腿自然弯曲,带动右臂内旋下落,左手同时顺势外旋。

图 7-6-116

2) 身体下沉同时,上体略微右转,带动头部向右下略微转动,眼转视扇面。

第2动:扇面内旋

动作说明:

1) 两脚动作不变。

2) 右手腕内旋至掌心反手斜朝上,带动扇面逆时针翻转;左手同时下落至腹前,掌心朝上。

3) 目视扇面(见图7-6-117)。

动作要领:

身体立腰上升,略向左扣腰,带动右臂提升内旋,同时左手顺势下落,实际上左手并无明显移动。

图 7-6-117

第3动:右脚盖步

动作说明:

1) 左腿蹬直,右脚向左侧7号位盖步,前脚掌着地。

2) 右手继续外旋抬至头上方扇面反向上,扇顶朝7号位:左手同时内旋至右腹前,掌心朝下。

3) 头向上抬,目视扇面(见图7-6-118)。

动作要领:

1) 左腿蹬直,身体继续上拔,立腰挺胸,略向后仰,带动右手继续外旋上抬,左手顺势内旋腕。头随仰体向上抬起。

2) 上体后仰,同时略向右转、扣腰,右脚顺势向左盖步:上体的右转和右脚盖步要有对拧的感觉。

图 7-6-118

3) 右脚的盖步要盖足,胯略往左拧。

第4动:右手云扇

动作说明:

1) 两脚动作不变。

2) 右手继续经右向下外旋云扇至右胯旁,扇顶朝偏2号位;左手同时经左(7号位)向上架于头额左上方,掌心斜朝上。

3) 目视右手扇面(见图7-6-119)。

动作要领:

1) 上体继续向右转扣腰,带动右手继续外旋经3号位下落,眼随扇面运移;左手同时顺势经左向上画弧,右手与左手刚好对错。

图 7-6-119

2）以上体的后仰、右转、扣腰，保证右手外旋时扇面的水平。

3）右手外旋下落时，身体略微下沉。

第5动：两手左摆

动作说明：

1）两脚跟离地，以两前脚掌为轴身体向左转至8号位时，重心落至左脚，右脚向右前45°（4号位）上步，脚跟着地。

2）右手内旋平云扇至掌心反向上后继续内旋向左前方平摆，掌心朝右，扇顶朝左，手略过肩；同时左手外旋下落至胸前，再向左平摆至左前方（2号位），略高于肩。

3）目视左前方2号位（见图7-6-120）。

图 7-6-120

动作要领：

1）身体重心先移至两脚中间，重心下降。上体以腰为轴经前向左略微旋转，同时逐渐升起，带动两手同时外旋平摆。

2）两手向左平摆和右脚上步同时进行。

3）两手向左平摆时腕微向左翘，至左前方后两腕展平，掌心朝前。

4）当左手外旋下落、右手内旋上提时，上体略微前倾含胸；当两手向左平摆时，上体挺胸向左扣腰，同时略向上升。

5）身体要有螺旋升起的感觉。眼随右手运移。

第9式：拨云见日

动作说明：

1）两脚动作不变。

2）右手握扇经上向右沿顺时针方向外旋腕云转画立圆，收至左腰腹前，掌心朝上，扇顶朝左（偏2号位）；左手同时经上向右画弧云转至左胸前，肘稍曲，掌心朝下，两掌心上下相对，成抱球状。

3）目视两手（见图7-6-121）。

图 7-6-121

动作要领：

1）上体以腰为轴由左经后，再向右、向前稍微旋转，带动两手同时经上向右，再经前向左云转。

2）两手在云转时，右手应外旋腕，使扇面由朝前逐渐转朝上；左手同时稍内旋，使掌心转朝下。

3）两手由左侧向上云转时，上体略向左转，同时立腰挺胸向上拔；当两手继续向右云转下落时，上体稍向右转，同时逐渐松胯、松腰往下沉，略微含胸。

4）应利用腰的旋转和上体的转动，使两手的云转尽量在体前进行。云转幅度不宜过大。眼随右手扇运移。

第10式：彩云飘荡

第1动：右转摆扇

动作说明：

1）右脚尖外展45°至偏4号位方向落地，身体重心前移至右脚；左腿自然伸直，脚跟离地。

2）两手同时以腕为轴沿逆时针方向在面前云转至左胸前，掌心均转朝右，横掌，扇顶朝左。

3）目视两手（见图7-6-122）。

图 7-6-122

动作要领：

1）两脚动作先不变。上体先向右转，同时挺胸立腰向上升，略微后仰抬头，带动两手经右向上画弧云转；接着上体回向左转，同时下沉放松，带动两手继续向左画弧云转。两手云转时，左手外旋，右手内旋，两手一左一右同时进行，距离靠近，右手画的圆比左手稍大。但都应是小云手。

2）身体边右转边向右脚移重心边向上升起，立腰挺胸，带动右脚尖外展落地，右腿伸直，左脚跟顺势离地。两手随身体移动，肘保持微曲，腕稍向右翘。

3）眼随两手运移，主要注视扇面。

第2动：左脚上步

动作说明：

1）身体稍向右转，右腿微曲膝；左脚向3号位前方上步，脚跟着地。

2）两手随体转略向右平摆。右手摆至胸前。两手指尖朝左，掌心朝前，肘微曲，腕微向右翘。

3）目视右手扇面（见图7-6-123）。

图7-6-123

动作要领：

1）身体边右转边稍往下沉，带动两手同时向右平摆。摆动时，两手间距保持不变，两手臂姿态也不变，要以肩关节为主动点。

2）左脚随体右转和下沉顺势上步。

第3动：右转背扇

动作说明：

1）身体向右转180°至7号位方向。左脚尖内扣约90°（5—6号位），重心移至左脚，，左腿稍曲；右脚跟离地稍向内转，成右虚步。

2）两手同时随体转继续向右平摆，右手收至右腰背后，背扇，手背朝后，扇顶朝上，扇面朝后；左手曲肘收至右肩前，掌心朝里。

3）目视左手（见图7-6-124）。

图7-6-124

动作要领：

1）身体先向右转至6号位方向，带动两手继续向右平摆，带动左脚尖内扣至偏6号位方向。此时两手平摆至身体右前方，仍保持相对距离基本不变。眼随右手扇运移。

2）身体边继续右转边向左脚移重心，左脚尖顺势着地，右脚跟顺势离地向内转。重心左移时，左腿稍曲，以保持身体微沉状态的平稳。

3）身体重心的左移和转体，带动右手向右后方画弧下落，曲肘附至右腰背后，手腕稍内扣，使扇面紧贴背部，扇顶正朝上；左手同时顺势曲肘收至右肩前，肘稍下沉，手腕展平。眼转视左手。

第4动：独立架掌

动作说明：

1）身体重心前移至右脚，右腿蹬直，右脚独立；左脚向后曲膝抬起，成后举腿平衡。

2）左手经下向左画弧，上抬至头额左前上方翻腕架掌。掌心斜朝上，指尖朝右；右手动作不变。

3）目平视右侧2号位前方（见图7-6-125）。

图7-6-125

动作要领：

1）重心前移时，身体先往下沉，松腰、略含胸，同时稍向右转体，右脚跟顺势内转落地，脚尖朝向8号位，两腿自然稍曲膝；左手同时顺势外旋下落，掌心转朝上。略微低头，眼看左手。

2）重心移至右脚时，右腿自然伸直，身体升起，直立，左脚跟顺势离地。同时，上体略微左转，带动左手经左侧6号位边外旋，边画弧上抬，掌心斜向右上方。眼随左手运移。

3）身体上拔，挺胸立腰，略提左胯，上体稍右转扣腰，带动左手内旋翻掌，掌心转朝左上方。左脚顺势向后抬起。头向右转，转视2号位前方。

4）左手翻掌时，应带扣腕动作。臂应稍微弯曲。

5）左手翻掌、左脚后抬和头向右转应随身体上拔和转体同时完成，动作应干脆、利落、快速，舞台造型的亮相法（三点并发在同一个节奏上）。

第11式：仙人指路

第1动：左脚落步

动作说明：

1）右腿稍微曲膝；左腿向左前方7号位落步，脚后跟着地。

2）右手握扇下落至右胯旁，前臂外旋至掌心朝前，再向前托起，高与肩平，扇顶朝前；左手同时经前方下落，附于右前臂上，掌心朝下。

3）目视前方7号位（见图7-6-126）。

图 7-6-126

动作要领：

1）身体下沉，松胯、松腰，上体稍向左转，带动右手从背后抽出向前托起，左手顺势下落。左脚同时顺势向前落步。右手托扇时，手腕稍上翘，使扇面水平。

2）右手从背后落下时，腕先展平，再外旋前臂，使掌转朝前，继续不停地向前托扇。

3）右手向前托扇、左手下落，左脚落步和头向左回转应随身体同时进行。

第2动：向右转体

动作说明：

1）身体向右转180°至3号位方向。左脚尖内扣着地，重心左移；右脚尖外展着地。重心再移至右脚，左脚根离地。

2）右前臂稍内旋，扇面转朝左上方，右手随体转向右平摆至右前4号位方向；左手附右前臂动作不变。

3）目视扇顶前方4号位（见图7-6-127）。

图 7-6-127

动作要领：

1）当右手开始随体左摆时，前臂立即内旋约45°，略微扣腕，使扇面斜朝左上方。

2）身体右转，带动左脚尖内扣朝2号位方向。随重心左移，身体继续右转，带动右脚尖外展至4号位方向。转体过程中，两腿始终保持微曲，使上体平稳。

3）当身体向右转，重心往左脚移动的过程中，两手动作不变，始终在体前托扇。当重心移向右脚时，右腿稍微伸直，上体升高，略向右转，带动两手向右平摆至4号位方向。

4）眼随体转环视前方。

第3动：右手上抬

动作说明：

1）身体重心置于右脚；左脚向2号位上步，前脚掌虚着地。

2) 右手握扇经右向上抬至右上方后,前臂稍内旋,掌心转朝2号位,扇顶朝上;左手同时向左下方画弧,至左腹前按掌。

3) 目视2号位前方(见图7-6-128)。

动作要领:

1) 右腿蹬直,身体向上拔,提胯、立腰、挺胸,上体同时略微往右转,带动右臂上抬,左手顺势下落按掌。眼随右手上移。

2) 接着上体右转至2号位方向,带动右前臂内旋至右肩上方,掌心转朝2号位,左脚顺势上步。眼随体转,平视2号位前方。

图7-6-128

第4动:向前推扇

动作说明:

1) 两脚动作基本不变,右腿稍微曲膝。

2) 右手扇面略向2号位前方平推,扇顶朝上;左手继续下按至左胯旁,肘微曲。

3) 目平视2号位前方(见图7-6-129)。

动作要领:

1) 身体稍下沉,松胯、松腰,上体稍向左转,微含胸,带动右手扇向前推,推扇时,力在掌根,稍翘腕,使扇面直立。左手同时继续顺势下落。

2) 推扇时,右腿稍曲膝,左脚尖顺势贴地微向前伸。

图7-6-129

第5动:向后抽扇

动作说明:

1) 右腿蹬直;左脚尖略向后回收,成左前点步。

2) 右手腕上提向内扣,扇顶转朝前,掌心朝下。

3) 目平视前方2号位(见图7-6-130)。

动作要领:

1) 身体拔高,立腰挺胸,胸腰向上提,右腰侧拉伸,左腰侧内扣,带动右手上提扣腕向后抽。

2) 随身体上拔,右腿蹬直,左脚尖顺势贴地略回收,脚背和腿自然伸直。

图7-6-130

3) 右手扣腕要干脆,同时向后抽时,要有力度,使扇面有平抽的感觉。

4) 第1至第5动应连续进行,至第5动时动作应干脆,带一定的力度。

第12式:飞燕扑蝶

动作说明:

1) 左腿曲膝下蹲;左腿自然伸直,以脚尖外侧向2号位擦地前伸,成坐莲步。上体前倾,胸部靠近左腿。

2) 右臂曲肘,扇顶朝下,经胸腹前沿左腿上向前穿,掌心朝下;左臂同时向后上方反手抬起,掌心斜朝上,两臂成一直线。

3) 目视扇顶前方(见图7-6-131)。

图7-6-131

动作要领:

1) 上体先略微上提转下沉,含胸、松腰,带动右手扣腕使扇顶转朝下,随右臂曲肘,扇顶经胸前下穿,左手顺势向后摆,手臂自然伸直,手腕展平使掌心朝后。

2) 随重心下降坐莲,上体向前倾,立腰挺胸,略向左转,带动右臂逐渐伸直,同时下颌随手向前,展平手腕穿扇,胸口尽量贴近左大腿,使右手超出左脚尖。左手顺势反手向后抬起。

3）左脚前伸时，脚尖稍外展，使脚外侧斜向左前方，重心置于右脚上。右腿曲膝前伸，右脚跟离地，重心落于两脚之间，以右脚前脚掌和左脚外侧组成的面支撑。

4）头先稍低，然后逐渐抬起，使眼随扇面运移。

收势

第1动：起身上步

动作说明：

1）起身成半蹲，重心在左腿，右脚跟向前上步。

2）右手臂随起身的同时向上抬起至额的前上方，扇顶斜朝上，掌心斜向下；左手边起身边下按，掌心斜向上，手臂微曲与髋同高（见图7-6-132）。

第2动：转身收扇

动作说明：

图7-6-132

1）身体左转45度至1号位方向，右脚跟转动，脚尖微扣，重心移至右腿，左脚跟离地，左腿伸直。

2）右手臂旋腕快速收扇，手臂上举，手心朝左，扇顶朝上（见图7-6-133）。

第3动并步上举

动作说明：

1）右手动作不变。

2）左手成上举，手心朝右，两手臂微曲成抱球状；同时左腿并步，两腿微曲。

3）两腿自然伸直，两手经体前下落至身体两侧，手臂自然放松，掌心朝内，扇顶朝下。

4）目平视前方，还原成预备势（见图7-6-134、图7-6-135）。

图7-6-133　　　　　图7-6-134　　　　　图7-6-135

参考文献

［1］周香妙.国家规定套路学练教程［M］.北京：北京体育大学出版社,2004.

［2］李钢.中国木兰拳［M］.上海：上海科学普及出版社,1999.

［3］应美凤.中华武术木兰拳［M］.上海：同济大学出版社,1995.

第七节 传统体育养生

一、概述

传统体育养生是以中国古代的养生学说为理论基础,以强身健体的锻炼方法为基本技术动作的一种民族传统体育运动。它是依靠人体自身的能力来发挥主观能动作用,把姿势的调整,呼吸的锻炼,意念的运用加以整合,来调理和增强人体各部分机能,激发、强化人体的固有功能,起到防治疾病、保健强身、延年益寿的作用。

(一)特点作用

1. 可养生能治病

所谓"养生",古代又称"摄生",是护养、保养性命的意思,其目的是"为寿"及"治未病"。旨在通过调养精神和形体,来增强体质、治疗疾病、保持健康,达到延年益寿的目的。

2. 强调整体观

发展身体某部分的技能或治疗某种疾病的同时,还通过调身、调息、调心的综合锻炼,达到调整中枢神经系统,增强机体的抵抗和适应能力,从而改善整个机体的功能。

3. 内外合一,形神兼备的练功方法

所谓"内",指的是心、意、气等内在的情意活动和气息运动;"外"是手、眼、身、步等外在的形体活动。练功时要求动作的姿势、意念的运用、呼吸的调整密不可分,达到形、意、气的统一,使"心与意合,意与气合,气与力合"。

4. 广泛的适应性

不同的功法有着不同的动作结构、技术要求、风格特点和运动量及强度,其不受年龄、性别、体质、季节、时辰、场地、和器械的限制,人们可以根据自己的需要和条件,选择合适的项目来进行锻炼,这都十分有利于传统保健体育的普及和开展。

(二)作用

1. 培补元气

练功使元气充沛后,则可更好地激发与推动脏腑进行正常有效的生理活动,这对维持机体的健康具有重要的意义。

2. 平衡阴阳

养生治病的机理,是寓于阴阳的变化之中的。如对阴盛阳虚的人,就应选择练习动功,以求助阳胜阴;而对阴虚阳亢的人,则应选择练习静功,以求养阴助阳。夏季练功以静功为主,以防耗阳;而冬季练功则以动功为主,以防阴盛。病势向上(如肝阳上亢),则意念向下;而病势向下(如气虚脱肛),则意念向上。诸如此类,皆为平衡阴阳。

3. 疏通经络

练功时,意识关注的部位,大多是腧穴的部位。以意引气,多见循经络运行,这种经气传感现象,通过锻炼可以获得;肢体的活动或按摩拍打,触动气血循经络互流,可使得百脉皆通,气血充盈。

4. 调和气血

"意守",能起到调和气血的作用。练静功时,有意守病灶的方法,即病灶在那里,以意领气至病灶,气能推动血液至病灶,从而改善病灶部位的血液供应,加强营养和滋润作用,是病灶组织得以修复,恢复气血调和的状态。

5. 调理脏腑

练功时动作主要是以腰为主宰,腰部命门是其主要锻炼之处,命门相火旺盛,肾气则充溢。肾阳相火是其他脏腑生理活动的原动力,命门元阳之火充足,则脾阳得资,脾气充足健运,后天水谷得以消化,精微物质得以运化,从而为人体脏腑、经络乃至四肢百骸的正常活动提供了物质基础。"调心",就是调心神,心清神凝,则身安气和,并使魂、魄、意、志处于协调安定状态,这样即能使五脏安和,身心健康。

二、基本技术

(一) 八段锦

八段锦是中国古代导引术中的一个重要组成部分,由八节动作组成,是一套针对一定的脏腑调理、病疾治疗而设计的功法。因其简便易学,历来深受人们的喜爱,被比喻成"锦"(精美的织品),故名八段锦。

1. 运动特点

(1) 柔和缓慢,圆活连贯

柔和,是指习练时动作不僵不拘,轻松自如,舒展大方。缓慢,是指习练时身体重心平稳,虚实分明,轻飘徐缓。圆活,是指动作路线带有弧形,不起棱角,不直来直往,符合人体各关节自然弯曲的状态。连贯,是要求动作的虚实变化和姿势的转换衔接,无停顿断续之处。既像行云流水连绵不断,又如春蚕吐丝相连无间,使人神清气爽,体态安详。

(2) 松紧结合,动静相乘

松,是指习练时肌肉、关节以及中枢神经系统、内脏器官的放松。紧,是指习练中适当用力,且缓慢进行,主要体现在前一动作的结束与下一动作的开始之前。动与静主要是指身体动作的外在表现。动,就是在意念的引导下,动作轻灵活泼、节节贯穿、舒适自然。静,是指在动作的节分处做到沉稳,动作在外观上看略有停顿之感,但内劲没有停,肌肉继续用力,保持牵引抻拉。

(3) 神与形合,气寓其中

神,是指人体的精神状态和正常的意识活动,以及在意识支配下的形体表现。"神为形之主,形乃神之宅"。神与形是相互联系、相互促进的整体。气寓其中,是指通过精神的修养和形体的锻炼,促进真气在体内的运行。

2. 练习要领

(1) 松静自然

松,是指精神与形体两方面的放松;静,是指思想和情绪要平稳安宁,排除一切杂念。自然,是指形体、呼吸、意念都要顺其自然。"自然"决不能理解为"听其自然""任其自然",而是指"道法自然"。

(2) 准确灵活

准确,主要是指练功时的姿势与方法要正确,合乎规格。灵活,是指习练时对动作幅度的大小、姿势的高低、用力的大小、习练的数量、意念的运用、呼吸的调整等,都要根据自身情况灵活掌握。

（3）练养相兼

练，是指形体运动、呼吸调整与心理调节有机结合的锻炼过程。养，是通过上述练习，身体出现的轻松舒适、呼吸柔和、意守绵绵的静养状态。

（4）循序渐进

初学阶段，首先要克服体的不适感，只有经过一段时间和数量的习练，才会做到姿势逐渐工整，方法逐步准确，动作的连贯性与控制能力得到提高等等。并要求采取自然呼吸方法。待动作熟练后，逐步对呼吸提出要求，在掌握正确的呼吸方法后，开始注意与动作进行配合，不可急于求成。最后，逐渐达到动作、呼吸、意念的有机结合。

3. 手形、步形

1）拳：大拇指抵掐无名指根节内侧，其余四指曲拢收于掌心。

2）掌：掌一、五指微曲，稍分开，掌心微含。掌二、拇指与食指竖直分开成八字状，其余三指第一、二指节曲收，掌心微含（见图 7-7-1）。

3）爪：五指并拢，大拇指第一指节，其余四指第一、二指节曲收扣紧，手腕伸直（图 7-7-2）。

4）握固：拇指抵掐无名指根节内侧，其余四指曲拢收于掌心（图 7-7-3）。

5）马步：开步站立，两脚间距约为本人脚长的 2—3 倍，曲膝半蹲，大腿略高于水平。

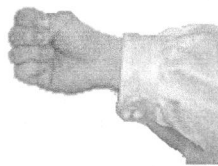

图 7-7-1　　　　　　　　图 7-7-2　　　　　　　　图 7-7-3

4. 动作图解

预备势

动作：

1）两脚并步站立；两臂垂于体侧；身体中正，目视前方。

2）重心移至右腿；左脚向左侧开步，脚尖朝前，约与肩同宽。

3）两臂内旋，两掌分别向两侧摆起，约与髋同高，掌心向后。

4）两膝关节微曲；同时，两臂外旋，向前合抱于腹前呈圆弧形，与脐同高，掌心向内，两掌指间距约 10 厘米。

要点：

1）头上顶，下颏微收，舌抵上腭，双唇轻闭；沉肩坠肘，腋下虚掩；胸部宽舒，腹部松沉；收髋敛臀，上体中正。

2）呼吸徐缓，气沉丹田。

功理与作用：宁静心神，调整呼吸，内安五脏，端正身形，从精神与肢体上做好练功前的准备。

第一式：两手托天理三焦（见图 7-7-4、图 7-7-5）

动作：

1）两臂外旋微下落；两掌五指分开在腹前交叉，掌心向上；目视前方。

2）两腿伸直；同时两掌上托至胸前，随之两臂内旋向上托起，掌心向上；抬头，目视两掌。

3）两臂继续上托,肘关节伸直;同时,下颏内收,动作略停。

4）重心下降;两膝关节微曲;同时,十指分开,两臂分别向身体两侧下落,两掌捧于腹前,掌心向上。

要点:

1）掌上托时舒胸展体,略有停顿,保持抻拉。

2）掌下落时松腰沉髋,沉肩坠肘,松腕舒指,上体中正。

功理与作用:使"三焦"①通畅、气血调和。防治肩部疾患,预防颈椎病。

图 7-7-4   图 7-7-5   图 7-7-6

第二式:左右开弓似射雕(见图 7-7-6)

动作:

1）重心右移;左脚向左侧开步站立,两膝关节伸直;同时,两掌向上交叉于胸前,左掌在外,两掌心向内;目视前方。

2）两腿曲膝半蹲成马步;同时,右掌成"爪",向右拉至肩前;左掌成八字掌,左臂内旋,向左侧推出,与肩同高,坐腕,掌心向左;动作略停;目视左掌。

3）重心右移;同时,右手成掌,向上、向右画弧,与肩同高,指尖朝上,掌心斜向前;左手成掌,掌心斜向后;目视右掌。

4）重心继续右移;左脚回收成并步站立;同时,两掌分别由两侧下落,捧于指尖相对,掌心向上。

5）至 8）同动作 1）至(4),惟左右相反,最后一动时,重心继续左移;右脚回收成开步站立,与肩同宽,膝关节微曲;同时,两掌分别由两侧下落,捧于腹前,指尖相对,掌心向上;目视前方。

要点:

1）侧拉之手五指要并拢曲紧,肩臂放平。八字掌侧撑需沉肩坠肘,曲腕,竖指,掌心涵空。

2）根据身体状况可自行调整马步的高度。

功理与作用:

1）展肩扩胸,可刺激督脉②和背部俞穴③;同时刺激手三阴三阳经等,可调节手太阴肺经等经

---

① 三焦:为六腑之一,主要功能为疏 通水道与主持气化。其位置是在胸腹之间,胸膈以上为上焦,脐以上为中焦,脐以下为下焦。

② 督脉:奇经八脉之一。起于胞中,下出会阴,经尾闾,沿脊柱上行,至项后风池穴进入脑内,沿头部正中线经头顶、前额、鼻至龈交穴止。

③ 俞穴:即穴位,为各条经脉气血聚会出入、流注的处所。每条经脉的穴位多寡各不相同。俞穴与经络脏腑有密切的关系,当脏腑机能变化时,可通过经脉到俞穴而反映于体表、四肢;同样,外部刺激因素也可通过俞穴、经脉而影响脏腑的功能。

脉之气。

2）可有效发展下肢肌肉力量,提高平衡和协调能力;同时,增加前臂和手部肌肉的力量,提高手腕关节及指关节的灵活性。有利于矫正不良姿势,能有效的预防肩、颈疾病等。

第三式:调理脾胃须单举(见图 7-7-7)

动作:

1）两腿挺膝伸直;同时左掌上托,左臂外旋上穿经面前,随之臂内旋上举至头左上方,肘关节微曲,掌心向上,掌指向右;同时右掌微上托,随之臂内旋下按至右髋旁,肘关节微曲,掌心向下,掌指向前,动作略停;目视前方(二同)。

2）重心下降;两膝关节微曲;同时,左臂曲肘外旋,左掌经面前下落于腹前,掌心向上;右臂外旋,右掌向上捧于腹前,两掌指尖相对,相距约 10 厘米,掌心向上。

3）、4）同动作 1）、2）,惟左右相反,最后一动时,两膝关节微曲;同时,右臂曲肘,右掌下按于右髋旁,掌心向下,掌指向前;目视前方。

要点:力在掌根,上撑下按,舒胸展体,拔长腰脊。

功理与作用:

图 7-7-7

1）通过一松一紧的上下对拉(静力牵张),可以牵拉腹腔,对脾胃中焦肝胆起到按摩作用;同时可以刺激位于腹、胸胁部的相关经络以及背部俞穴等,达到调理脾胃(肝胆)和脏腑经络的作用。

2）可使脊柱内各椎骨间的小关节及小肌肉群得到锻炼,从而增强脊柱的灵活性与稳定性,有利于预防和治疗肩、颈疾病等。

第四式:五劳七伤往后瞧(见图 7-7-8)

动作:

1）两腿挺膝伸直;同时,两臂伸直,掌心向后,指尖向下,目视前方。上动不停。两臂充分外旋,掌心向外;头向左后转,动作略停;目视左斜后方。

2）重心下降;两膝关节微曲;同时,两臂内旋按于髋旁,掌心向下,指尖向前。

3）同 1）,惟左右相反。

4）同 2）,最后一动时,两腿膝关节微曲;同时,两掌捧于腹前,指尖相对,掌心向上;目视前方。

要点:头向上顶,肩向下沉。转头不转体,旋臂,两肩后张。

功理与作用:

图 7-7-8

1）通过上肢伸直外旋扭转的静力牵张作用,可以扩张牵拉胸腔、腹腔内的脏腑。往后瞧的转头动作,可刺激颈部大椎穴[①],达到防治"五劳七伤"的目的。

2）可增加颈部及肩关节周围参与运动肌群的收缩力,活动眼肌,预防眼肌疲劳以及肩、颈与背部等疾患,同时改善颈部及脑部血液循环,有助于解除中枢神经系统疲劳。

第五式:摇头摆尾去心火(见图 7-7-9—图 7-7-11)

动作:

1）重心左移;右脚向右开步站立,两膝关节伸直;同时,两掌上托与胸同高时,两臂内旋,上托至头上方,肘关节微曲,掌心向上,指尖相对;目视前方。

---

① 大椎穴:位于背上部,第一胸椎棘突之上与第七颈椎棘突之间的凹陷处。

图 7-7-9   图 7-7-10   图 7-7-11

（2）两腿曲膝半蹲成马步；同时两臂向两侧下落，两掌扶于膝关节上方，肘关节微曲，小指侧向前。

3）重心向上稍升起，而后右移；上体先向右倾，随之俯身；目视右脚。

4）重心右移；同时上体由右向前、向左旋转。

5）重心右移，成马步；同时头向后摇，上体立起，随之下颌微收。

6）至8）同3）至5），惟左右相反，最后一动完成后，重心左移，右脚回收成开步站立，与肩同宽；同时，两掌向外经两侧上举，掌心相对；目视前方。随后重心下降。两膝关节微曲；曲肘，两掌经面前下按至腹前，掌心向下，指尖相对；目视前方。

要点：

1）下蹲要收髋敛臀，上体中正。摇转时，颈部与尾闾①对拉伸长，好似两个轴在相对运转，速度应柔和缓慢，动作圆活连贯。

2）根据身体状况注意动作幅度，不可强求。

功理与作用：

1）下蹲，摆动尾闾，可刺激脊柱、督脉等；通过摇头，可刺激大椎穴，从而达到疏经泄热的作用，有助于去除心火。

2）在摇头摆尾过程中，可使整个脊柱的头颈段、腰腹及臀、股部肌群参与收缩，既增加了颈、腰、髋的关节灵活性，也增强了这些部位的肌力。

第六式：两手攀足固肾腰（见图 7-7-12、图 7-7-13）

图 7-7-12   图 7-7-13

---

① 尾闾：在尾骶骨末节。

动作：

1）两腿挺膝伸直站立；同时两掌指尖向前，两臂向前、向上举起，肘关节伸直，掌心向前；目视前方。

2）两臂外旋至掌心相对，曲肘，两掌下按于胸前，掌心向下，指尖相对。

3）两臂外旋，两掌心向上，随之两掌掌指顺腋下向后插。

4）两掌心向内沿脊柱两侧向下摩运至臀部；随之上体前俯，两掌继续沿腿后向下摩运，经脚两侧置于脚面；抬头，动作略停；目视前下方。最后一动完成后，上体立起；同时两臂向前、向上举起，肘关节伸直，掌心向前；目视前方。随后重心缓缓下降；两腿膝关节微曲；同时两掌向前下按至腹前，掌心向下，指尖向前；目视前方。

要点：

1）反穿摩运要适当用力，至足背时松腰沉肩，两膝挺直，向上起身时手臂主动上举，带动上体立起。

2）根据身体状况自行调整动作幅度，不可强求。

功理与作用：

1）前曲后伸可刺激脊柱、督脉以及命门、阳关[①]、委中[②]等穴，有助于防治生殖泌尿系统方面的慢性病，达到固肾壮腰的作用。

2）脊柱大幅度前曲后伸，可有效发展躯干前、后伸曲脊柱肌群的力量与伸展性，同时对腰部的肾、肾上腺、输尿管等器官有良好的牵拉、按摩作用，可以改善其功能，刺激其活动。

第七式：攒拳怒目增气力（图 7-7-14—图 7-7-16）

图 7-7-14　　　　　　　图 7-7-15　　　　　　　图 7-7-16

重心右移，左脚向左开步；两腿曲膝半蹲成马步，同时两掌握固，抱于腰侧，拳眼朝上；目视前方。

动作：

1）左拳缓慢用力向前冲出，与肩平，拳眼朝上；瞪目，视左拳冲出方向。

2）左臂内旋，左拳变掌，虎口朝下；目视左掌。左臂外旋，肘关节微曲；同时左掌向左缠绕，变掌心向上后握固；目视左拳。

3）曲肘，回收左拳至腰侧，拳眼朝上。

4）至 6）同 1）至 3），惟左右相反，最后一动完成后，重心右移，左脚回收成并步站立；同时两拳变掌，垂于体侧；目视前方。

---

①　阳关：在第十六椎节下间，位于腰部后中正线上，第四与第五腰椎棘突之间的凹陷处。

②　委中：在膝关节部后面，横纹之中点处。

要点:

1) 马步的高低可灵活掌握。

2) 冲拳时要怒目瞪眼,注视冲出之拳,同时脚趾抓地,拧腰顺肩,力达拳面;拳回收时要旋腕,五指用力抓握。

功理与作用:

1) "怒目瞪眼"可刺激肝经,使肝血充盈,肝气疏泄,有强健筋骨的作用。

2) 十趾抓地、双手攒拳、旋腕、手指逐节强力抓握等动作,可刺激手、足三阴三阳十二经脉的俞穴和督脉等;同时,使全身肌肉、筋脉受到静力牵张刺激,长期锻炼可使全身筋肉结实,气力增加。

第八式:背后七颠百病消

动作:

1) 两脚跟提起;头上顶,动作略停;目视前方。

2) 两脚跟下落,轻震地面。

要点:

1) 上提时脚趾要抓地,脚跟尽力抬起,两腿并拢,百会穴①上顶,略有停顿,要掌握好平衡下落时,咬牙,轻震地面,动作不要过急。

2) 沉肩舒臂,周身放松。

功理与作用:

1) 十趾抓地,可刺激足部有关经脉,调节相应脏腑的功能;同时,颠足可刺激脊柱与督脉,使全身脏腑经络气血通畅,阴阳平衡。颠足而立可发展小腿后部肌群力量,拉长足底肌肉、韧带,提高人体的平衡能力。

图 7-7-17

2) 落地震动可轻度刺激下肢及脊柱各关节内外结构,并使全身肌肉得到放松复位,有助于解除肌肉紧张。

收势(见图 7-7-17)

动作:

1) 接上式。两臂内旋,向两侧摆起,与髋同高,掌心向后;目视前方。

2) 两臂曲肘,两掌相叠置于丹田处(男性左手在内,女性右手在内);目视前方。

3) 两臂下落,两掌轻贴于腿外侧;目视前方。

要点:体态安详,周身放松,呼吸自然,气沉丹田。

功理与作用:气息归元,放松肢体肌肉,愉悦心情。进一步巩固练功效果,逐渐恢复到练功前安静时的状态。

(二) 五禽戏

是东汉名医华佗根据导引、吐纳、熊经、鸟伸之术,研究了虎、鹿、熊、猿、鸟五禽的活动特点,并结合人体脏腑、经络和气血的功能,编成的一套导引术。

1. 特点

(1) 安全易学,左右对称

动作简洁,左右对称,平衡发展,既可全套连贯习练,也可侧重多练某戏,还可只练某戏,运动

---

① 百会穴:在前预后一寸五分,顶中央旋毛中。简易取穴法:两耳尖在连与头部正中线之交点处。

量较为适中,属有氧训练,个人可根据自身情况调节每势动作的运动幅度和强度,安全可靠。

(2)引伸肢体,动诸关节

动作体现了身体躯干的全方位运动,以腰为主轴和枢纽,带动上、下肢向各个方向运动,以增大脊柱的活动幅度。还特别注意手指、脚趾等关节的运动,以达到加强远端血液微循环的目的。同时,还注意对平时活动较少或为人们所忽视的肌肉群的锻炼。

(3)外导内引,形松意充

是以模仿动物姿势、以动为主的功法,根据动作的升降开合,以形引气。虽然"形"显示于外,但为内在的"意""神"所系。外形动作既要仿效虎之威猛、鹿之安舒、熊之沉稳、猿之灵巧、鸟之轻捷,还要力求蕴含"五禽"的神韵,意气相随,内外合一。

(4)动静结合,练养相兼

模仿"五禽"的动作和姿势,舒展肢体,活络筋骨,同时在功法的起势、收势以及每一戏结束后,配以短暂的静功站桩,诱导习练者进入相对平稳的状态和"五禽"的意境,以此来调整气息、宁心安神,起到"外静内动"的功效。

2. **练习要领**

1)形:即练功时的姿势。开始练功时,头身正直,含胸垂肩,体态自然,使身体各部位放松、舒适,不仅肌肉放松,而且精神上也要放松,呼吸要调匀,逐步进入练功状态。开始习练每戏时,要根据动作的名称含义,做出与之相适应的动作造型,动作到位,合乎规范。特别是对动作的起落、高低、轻重、缓急、虚实要分辨清楚,不僵不滞,柔和灵活,以达到"引挽①腰体,动诸关节,以求难老"的功效。

2)神:即神态、神韵。养生之道在于"形神合一"。所谓"戏",有玩耍、游戏之意,这也是"五禽戏"与其他健身功法不同之处。只有掌握"五禽"的神态,进入玩耍、游戏的意境,神韵方能显现出来,动作形象才可能逼真。虎戏要仿效虎的威猛气势,虎视眈眈;鹿戏要仿效鹿的轻捷舒展,自由奔放;熊戏要仿效熊的憨厚刚直,步履沉稳;猿戏要仿效猿的灵活敏捷,轻松活泼;鸟戏要仿效鹤的昂首挺立,轻盈潇洒。

3)意:即意念、意境。在习练中,要尽可能排除不利于身体健康的情绪和思想,创造一个美好的内环境。开始练功时,可以通过臆想腹部下丹田②处,使思想集中,排除杂念,做到心静神凝。习练每戏时,逐步进入"五禽"的意境,模仿不同动物的不同动作。练"虎戏"时,要意想自己是深山中的猛虎,伸展肢体,抓捕食物;练"鹿戏"时,要臆想自己是原野上的梅花鹿,众鹿戏抵,伸足迈步;练"熊戏"时,要意想自己是山林中的黑熊,转腰运腹,自由漫行;练"猿戏"时,要意想自己是置于花果山中的灵猴,活泼灵巧,摘桃献果;练"鸟戏"时,要意想自己是江边仙鹤,抻筋拔骨,展翅飞翔。意随形动,气随意行,达到意、气、形合一,以此来疏通经络,调畅气血。

4)气:即指练功时对呼吸的锻炼。习练"五禽戏"时,呼吸和动作的配合有以下规律:起吸落呼,开吸合呼,先吸后呼,蓄吸发呼。其主要呼吸形式有自然呼吸、腹式呼吸、提肛呼吸等,可根据姿势变化或劲力要求而选用。要求松静自然,不能憋气。同时,呼吸的"量"和"劲"都不能太过、太大,以不疾不徐为宜,逐步达到缓慢、细匀、深长的程度。

3. **手形、步形**

1)虎爪:五指张开,虎口撑圆,第一、二指关节弯曲内扣(见图7-7-18)。

---

① 挽:即"牵""拉"之意。

② 下丹田:一般指脐下小腹中心部位。

2）鹿角：拇指伸直外张，食指、小指伸直，中指、无名指弯曲内（见图7-7-19）。

3）熊掌：拇指压在食指指端上，其余四指并拢弯曲虎口撑圆（见图7-7-20）。

4）猿钩：五指指腹捏拢，曲腕（见图7-7-21）。

5）鸟翅：五指伸直，拇指、食指、小指向上翘起，无名指、中指并拢向下（见图7-7-22）。

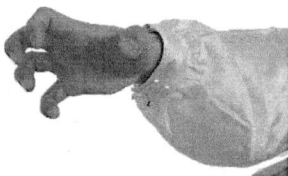 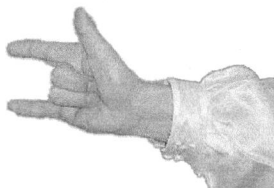 

图 7-7-18　　　　　　　　　图 7-7-19　　　　　　　　　图 7-7-20

 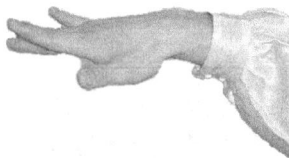

图 7-7-21　　　　　　　　　　　图 7-7-22

6）弓步：两腿前后分开一大步，横向之间保持一定宽度，右（左）腿曲膝前弓，大腿斜向地面，膝与脚尖上下相对，脚尖微内扣；左（右）腿自然伸直，脚跟蹬地，脚尖稍内扣，全脚掌着地。

7）虚步：右（左）脚向前迈出，脚跟着地，脚尖上翘，膝微曲；左（右）腿曲膝下蹲，全脚掌着地，脚尖斜向前方，臀部与脚跟上下相对。身体重心落于左（右）腿。

8）丁步：两脚左右分开，间距约10—20厘米，两腿曲膝下蹲，左（右）脚脚跟提起，脚尖着地，虚点地面，置。于右（左）脚脚弓处，右（左）腿全脚掌着地踏实（见图7-7-23）。

9）提膝平衡：左（右）腿直立站稳，上体正直；右（左）腿在体前曲膝上提，小腿自然下垂，脚尖向下（见图7-7-24）。

10）后举腿平衡：右（左）腿蹬直站稳，左（右）腿伸直，向体后举起，脚面绷平，脚尖向下（见图7-7-25）。

图 7-7-23　　　　　　　　图 7-7-24　　　　　　　　图 7-7-25

4. 动作图解

预备势：起势调息

动作:

1) 两脚并拢,伸直,垂于体侧;胸腹放松,头项正直,下颏微收,舌抵上腭;目视前方。

2) 左脚向左平开一步,稍宽于肩,两膝微曲站立;调息数次,意守丹田。

3) 肘微曲,两臂在体前向上、向前平托,与胸同高。

4) 两肘下垂外展,两掌向内翻转,并下按于腹前。重复三、四动两遍后,两手垂于体侧。

要点:

1) 两臂上提下按,意在两掌劳宫穴①,动作柔和、均匀、连贯。

2) 动作也可配合呼吸,两臂上提时吸气,下按时呼气。

功理与作用:排除杂念,诱导入静,调和气息,宁心安神。吐故纳新,升清降浊,调理气机。

第一戏虎戏:要体现虎的威猛。神发于目,虎视眈眈;威生于爪,伸缩有力;神威并重,气势凌人。动作变化要做到刚中有柔、柔中生刚、外刚内柔、刚柔相济,具有动如雷霆无阻挡、静如泰山不可摇的气势。

第一式:虎举(见图7-7-26)

动作:

1) 两掌心向下,十指撑开,弯曲成虎爪状;目视两掌。

2) 两手外旋,由小指先弯曲,其余四指依次弯曲握拳,两拳沿体前上提。至肩前时,十指撑开,举至头上方再弯曲成虎爪状。

3) 两掌外旋握拳,拳心相对;目视两拳。

4) 两拳下拉至肩前时,变掌下按。沿体前下落至腹前,十指撑开,掌心向下;目视两掌。最后一动完成后,两手垂于体侧;目视前方。

要点:

1) 十指撑开、弯曲成"虎爪"和外旋握拳,三个环节均要贯注劲。两掌向上如托举重物,提胸收腹,充分拔长躯体;两掌下落如拉双环,含胸松腹,气沉丹田。

2) 眼随手动。动作可配合呼吸,两掌上举时吸气,下落时呼气。

图7-7-26

功理与作用:两掌举起,吸人清气;两掌下按,呼出浊气。一升一降,疏通三焦气机,调理三焦功能。手成"虎爪"变拳,可增强握力,改善上肢远端关节的血液循环。

第二式:虎扑(见图7-7-27)

动作:

1) 两手握空拳,沿身体两侧上提至肩前上方。

2) 两手向上、向前画弧,十指成"虎爪",掌心向下;同时上体前俯,挺胸塌腰;目视前方。

3) 两腿曲膝下蹲,收腹含胸;同时,两手向下画弧至两膝侧,掌心向下;目视前下方。两腿伸膝,送髋,挺腹,后仰;同时,两掌握空拳,沿体侧向上提至胸侧;目视前上方。

图7-7-27

4) 左腿曲膝提起,两手上举。左脚向前迈一步,脚跟着地,右腿曲膝下蹲,成左虚步;同时上体前倾,两拳变"虎爪"向前、向下扑至膝前两侧,掌心向下;目视前下方。随后上体抬起,左脚收回,开步站立;两手下落于体侧;目视前方。

---

① 劳宫穴:在掌中央,第二、三掌骨之间;握拳,中指尖所点处。

5)至8)同1)至4),唯左右相反。最后一动完成后两掌向身体侧前方举起,与胸同高,掌心向上;目视前方。两臂曲肘,两掌内合下按,垂于体侧;目视前方。

要点:

1)上体前俯,两手尽力向前伸,而臀部向后引,充分伸展脊柱。曲膝下蹲、收腹含胸,要与伸膝、送髋、挺腹、后仰动作过程连贯,使脊柱形成由折叠到展开的蠕动,两掌下按上提要与之配合协调。

2)虚步下扑时,速度可加快,先柔后刚,配合快速深呼气,气由丹田发出,以气催力,力达指尖,表现出虎的威猛。

3)可根据身体状况适当减小动作幅度。

功理与作用:

1)虎扑动作形成了脊柱的前后伸展折叠运动,尤其是引腰前伸,增加了脊柱各关节的柔韧性和伸展度,可使脊柱保持正常的生理弧度。脊柱运动能增强腰部肌肉力量,对常见的腰部疾病,如腰肌劳损、习惯性腰扭伤等症有防治作用。

2)督脉行于背部正中,任脉[①]行于腹部正中。脊柱的前后伸展折叠,牵动任、督两脉,起到调理阴阳、疏通经络、活跃气血的作用。

第二戏鹿戏:鹿喜挺身眺望,好角抵,运转尾闾,善奔走,通任、督两脉。习练"鹿戏"时,动作要轻盈舒展,神态要安闲雅静,意想自己置身于群鹿中,在山坡、草原上自由快乐地活动。

第三式:鹿抵(见图7-7-28)

动作

图7-7-28

1)两腿微曲,重心移至右腿,左脚经右脚内侧向左前方迈步,脚跟着地;同时身体稍右转;两掌握空拳,向右侧摆起,拳心向下,高与肩平;目随手动,视右拳。

2)重心前移;左腿曲膝,脚尖外展踏实;右腿伸直蹬实;同时身体左转,两掌成"鹿角",向上、向左、向后画弧,掌心向外,指尖朝后,

左臂弯曲外展平伸,肘抵靠左腰侧;右臂举至头前,向左后方伸抵,掌心向外,指尖朝后;目视右脚跟。随后身体右转,左脚收回,开步站立;同时两手向上、向右、向下画弧,两掌握空拳下落于体前;目视前下方。

3)、4)同1)、2),惟左右相反。

5)至8)同1)至4)。

要点:

1)腰部侧曲拧转,侧曲的一侧腰部要压紧,另一侧腰部则借助上举手臂后伸,得到充分牵拉。后脚脚跟要蹬实,固定下肢位置,加大腰、腹部的拧转幅度,运转尾闾。

2)动作可配合呼吸,两掌向上画弧摆动时吸气,向后伸抵时呼气。

功理与作用:

1)腰部的侧曲拧转,使整个脊椎充分旋转,可增强腰部的肌肉力量,也可防治腰部的脂肪沉积。目视后脚脚跟,加大腰部在拧转时的侧曲程度,可防治腰椎小关节紊乱等症。

2)中医认为,"腰为肾之府"。尾闾运转,可起到强腰补肾、强筋健骨的功效。

---

① 任脉:奇经八脉之一。起于胞中,下出会阴,上至毛际而入腹内,沿的正中线到达咽喉,上行至下唇内,环绕口唇,在龈交穴接于督脉,并络于两目下。

第四式:鹿奔(见图 7-7-29)

动作

1) 左脚向前跨一步,曲膝,右腿伸直成左弓步;同时,两手握空拳,向上、向前画弧至体前,曲腕,高与肩平,与肩同宽,拳心向下;目视前方。

2) 重心后移;左膝伸直,全脚掌着地;右腿曲膝;低头,弓背,收腹;同时,两臂内旋,两掌前伸,掌背相对,拳变"鹿角"。

3) 重心前移,上体抬起;右腿伸直,左腿曲膝,成左弓步;松肩沉肘,两臂外旋,"鹿角"变空拳,高与肩平,拳心向下。

图 7-7-29

4) 左脚收回,开步直立;两拳变掌,回落于体侧。

5)至 8)同 1)至 4),惟左右相反。最后一动完成后,两掌向身体侧前方举起,与胸同高,掌心向上;目视前方。曲肘,两掌内合下按,自然垂于体侧;目视前方。

要点:

1) 提腿前跨要有弧度,落步轻灵,体现鹿的安舒神态。身体后坐时,两臂前伸,胸部内含,背部形成"横弓"状;头前伸,背后拱,腹收缩,臀内敛,形成"竖弓"状,使腰、背部得到充分伸展和拔长。

2) 动作可配合呼吸。身体后坐时,配合吸气。重心前移时,配合呼气。

功理与作用:两臂内旋前伸,肩、背部肌肉得到牵拉,对颈肩综合症、肩关节周围炎等症有防治作用;躯干弓背收腹,能矫正脊柱畸形,增强腰、背部肌肉力量;向前落步时,气充丹田。身体重心后坐时,气运命门,加强了人的先天与后天之气的交流。尤其是重心后坐,整条脊柱后弯,内夹尾间,后凸命门,打开大椎,意在疏通督脉经气,具有振奋全身阳气的作用。

第三戏熊戏:要表现出熊憨厚沉稳、松静自然的神态。运势外阴内阳,外动内静,外刚内柔,以意领气,气沉丹田;行步外观笨重拖沓,其实笨中生灵,蕴含内劲,沉稳之中显灵敏。

第五式:熊运(见图 7-7-30)

动作

1) 两掌握空拳成"熊掌",拳眼相对,垂于下腹部;目视两拳。

2) 以腰、腹为轴,上体做顺时针摇晃;同时,两拳随之沿右肋部、上腹部、左肋部、下腹部画圆;目随上体摇晃环视。

3)、4)同 1)、2)。

5)至 8)同 1)至 4),惟左右相反,上体做逆时针摇晃,两拳随之画圆。最后一动完成后,两拳变掌下落,垂于体侧;目视前方。

要点:

1) 两掌画圆应随腰、腹部的摇晃而被动牵动,要协调自然。两掌画圆是外导,腰、腹摇晃为内引,意念内气在腹部丹田运行。

2) 动作可配合呼吸,身体上提时吸气,身体前俯时呼气。

图 7-7-30

功理与作用:

1) 活动腰部关节和肌肉,可防治腰肌劳损及软组织损伤。

2) 腰腹转动,两掌画圆,引导内气运行,可加强脾、胃的运化功能。运用腰、腹摇晃,对消化器官进行体内按摩,可防治消化不良、腹胀纳呆、便秘腹泻等症。

图 7-7-31

第六式:熊晃(见图 7-7-31)

动作

1) 重心右移;左髋上提,牵动左脚离地,再微曲左膝;两掌握空拳成"熊掌";目视左前方。

2) 重心前移;左脚向左前方落地,全脚掌踏实,脚尖朝前,右腿伸直;身体右转,左臂内旋前靠,左拳摆至左膝前上方,拳心朝左;右拳摆至体后,拳心朝后。

3) 身体左转,重心后坐;右腿曲膝,

左腿伸直;拧腰晃肩,带动两臂前后弧形摆动;右拳摆至左膝前上方,拳心朝右;左拳摆至体后,拳心朝后。

4) 身体右转,重心前移;左腿曲膝,右腿伸直;同时,左臂内旋前靠,左拳摆至左膝前上方,拳心朝左;右拳摆至体后,拳心朝后。

5)至 8)同 1)至 4),惟左右相反。最后一动完成后,左脚上步,开步站立;同时两手垂于体侧。两掌向身体侧前方举起,与胸同高,掌心向上;目视前方。曲肘,两掌内合下按,垂于体侧;目视前方。

要点:

1) 用腰侧肌群收缩来牵动大腿上提,按提髋、起腿、曲膝的先后顺序提腿。

2) 两脚前移,横向间距稍宽于肩,随身体重心前移,全脚掌踏实,使震动感传至髋关节处,体现熊步的沉稳厚实。

功理与作用:

1) 身体左右晃动,意在两胁,调理肝脾。

2) 提髋行走,加上落步的微震,可增强髋关节周围肌肉的力量,提高平衡能力,有助于防治下肢无力、髋关节损伤、膝痛等症。

第四戏猿戏:猿生性好动,机智灵敏,善于纵跳,折枝攀树,躲躲闪闪,永不疲倦。习练"猿戏"时,外练肢体的轻灵敏捷,欲动则如疾风闪电,迅敏机警;内练精神的宁静,欲静则似静月凌空,万籁无声,从而达到"外动内静""动静结合"的境界。

第七式:猿提(见图 7-7-32)

动作

1) 两掌在体前.手指伸直分开,再曲腕撮拢捏紧成"猿钩"。

2) 两掌上提至胸,两肩上耸,收腹提肛;同时脚跟提起,头向左转;目随头动,视身体左侧。

3) 头转正,两肩下沉,松腹落肛,脚跟着地;"猿钩"变掌,掌心向下;目视前方。

4) 两掌沿体前下按落于体侧;目视前方。

5)至 8)同 1)至 4),惟头向右转。

要点:

1) 掌指撮拢变钩,速度稍快。按耸肩、收腹、提肛、脚跟离地、转头的顺序,上提重心。耸肩、缩胸、曲肘、提腕要充分。

图 7-7-32

2) 动作可配合提肛呼吸。两掌上提吸气时,稍用意提起会阴部;下按呼气时,放下会阴部;

功理与作用：

1）"猿钩"的快速变化，意在增强神经—肌肉反应的灵敏性。提踵直立，可增强腿部力量，提高平衡能力。

2）两掌上提时，缩项，耸肩，团胸吸气，挤压胸腔和颈部血管；两掌下按时，伸颈，沉肩，松腹，扩大胸腔体积，可增强呼吸，按摩心脏，改善脑部供血。

第八式：猿摘（见图7-7-33）

动作：

1）左脚向左后方退步，脚尖点地，右腿曲膝，重心落于右腿；同时左臂曲肘，左掌成"猿钩"收至左腰侧；右掌向右前方自然摆起，掌心向下。

2）重心后移；左脚踏实，曲膝下蹲，右脚收至左脚内侧，脚尖点地，成右丁步；同时右掌向下经腹前向左上方画弧至头左侧，掌心对太阳穴；目先随右掌动，再转头注视右前上方。

图 7-7-33

3）右掌内旋，掌心向下，沿体侧下按至左髋侧；目视右掌。右脚向右前方迈出一大步，左腿蹬伸，重心前移；右腿伸直，左脚脚尖点地；同时右掌经体前向右上方画弧，举至右上侧变"猿钩"，稍高于肩；左掌向前、向上伸举，曲腕撮钩，成采摘势；目视左掌。

4）重心后移；左掌由"猿钩"变为"握固"；右手变掌，自然回落于体前，虎口朝前。随后左腿曲膝下蹲，右脚收至左脚内侧，脚尖点地，成右丁步；同时左臂曲肘收至左耳旁，掌指分开，掌心向上，成托桃状；右掌经体前向左画弧至左肘下捧托；目视左掌。

5）至8）：同1）至4），惟左右相反。最后一动完成后，左脚向左横开一步，两腿直立；同时两手垂于体侧。两掌向身体侧前方举起，与胸同高，掌心向上；目视前方。曲肘，两掌内合下按，自然垂于体侧；目视前方。

要点：

1）眼要随上肢动作变化左顾右盼，表现出猿猴眼神的灵敏。

2）曲膝下蹲时，全身呈收缩状。蹬腿迈步，向上采摘，肢体要充分展开。采摘时变"猿钩"，手指撮拢快而敏捷；变握固后，成托桃状时，掌指要及时分开。

3）动作以神似为主，重在体会其意境，不可太夸张。

功理与作用：

1）眼神的左顾右盼，有利于颈部运动，促进脑部的血液循环。

2）动作的多样性体现了神经系统和肢体运动的协调性，模拟猿猴在采摘桃果时愉悦的心情，可减轻大脑神经系统的紧张度，对神经紧张、精神忧郁等症有防治作用。

第五戏鸟戏：鸟戏取形于鹤。鹤是轻盈安详的鸟类，人们对它进行描述时往往寓意它的健康长寿。习练时，要表现出鹤的昂然挺拔、悠然自得的神韵。仿效鹤翅飞翔，抑扬开合。两臂上提，伸颈运腰，真气上引；两臂下合，含胸松腹，气沉丹田。活跃周身经络，灵活四肢关节。

第九式：鸟伸（见图7-7-34）

动作：

1）两腿微曲下蹲，两掌在腹前相叠。

2）两掌向上举至头前上方，掌心向下，指尖向前；身体微前倾，提肩，缩项，挺胸，塌腰；目视前下方。

3）两腿微曲下蹲；同时，两掌相叠下按至腹前；目视两掌。

图 7-7-34

4）重心右移；右腿蹬直，左腿伸直向后抬起；同时两掌左右分开。

掌成"鸟翅"，向体侧后方摆起，掌心向上；抬头，伸颈，挺胸，塌腰；目视前方。

5）至8)同1）至4），惟左右相反。最后一动完成后，左脚下落，两脚开步站立，两手垂于体侧；目视前方。

要点：

1）两掌在体前相叠，上下位置可任选，以舒适自然为宜。两臂后摆时，身体向上拔伸，并形成向后反弓状。

2）注意动作的松紧变化。掌上举时，颈、肩、臀部紧缩；下落时，两腿微曲，颈、肩、臀部松沉。

功理与作用：

1）两掌上举吸气，扩大胸腔；两手厂按，气沉丹田，呼出浊气，可加强肺的吐故纳新功能，增加肺活量，改善慢性支气管炎、肺气肿等病的症状。

2）两掌上举，作用于大椎和尾闾，督脉得到牵动；两掌后摆，身体呈反弓状，任脉得到拉伸。这种松紧交替的练习方法，可增强疏通任、督两脉经气的作用。

第十式：鸟飞(见图 7-7-35)

两腿微曲；两掌成"鸟翅"合于腹前，掌心相对；目视前下方。

动作：

1）右腿伸直独立，左腿曲膝提起，小腿下垂，脚尖朝下；同时两掌成展翅状，在体侧平举向上，稍高于肩，掌心向下；目视前方。

2）左脚下落在右脚旁，脚尖着地，两腿微曲；同时两掌合于腹前，掌心相对。

3）右腿伸直独立，左腿曲膝提起，小腿自然下垂，脚尖朝下；同时两掌经体侧，向上举至头顶上方，掌背相对，指尖向上。

4）左脚下落在右脚旁，全脚掌着地，两腿微曲；同时两掌合于腹前，掌心相对。

图 7-7-35

5）至8)：同1）至4），惟左右相反。最后一动完成后，两掌向身体侧前方举起，与胸同高，掌心向上；目视前方。曲肘，两掌内合下按，自然垂于体侧；目视前方。

要点：

1）两臂侧举，动作舒展，幅度要大，尽量展开胸部两侧；两臂下落内合，尽量挤压胸部两侧。手脚变化配合协调，同起同落。

2）动作可配合呼吸，两掌上提时吸气，下落时呼气。

功理与作用：

1）两臂的上下运动可改变胸腔容积，若配合呼吸运动可起到按摩心肺作用，增强血氧交换能力。拇、食指的上翘紧绷，意在刺激手太阴肺经①，加强肺经经气的流通，提高心肺功能。

2）提膝独立，可提高人体平衡能力。

收势：引气归元

---

① 手太阴肺经：为人体十二经脉之一。起于中焦，体表部分循行于上肢内侧前缘，止于拇指和食指端。

动作：

1）两掌经体侧上举至头顶上方，掌心向下。

2）两掌指尖相对，沿体前下按至腹前；目视前方。

3）两手在体前画平弧，掌心相对，高与脐平。

4）两手在腹前合拢，虎口交叉，叠掌；眼微闭静养，调匀呼吸，意守丹田。

5）数分钟后，两眼慢慢睁开，两手合掌，在胸前搓擦至热。

6）掌贴面部，上、下擦摩，浴面。

7）两掌向后沿头顶、耳后、胸前下落，垂于体侧。

8）左脚提起向右脚并拢，前脚掌先着地，随之全脚踏实，恢复成预备势。

要点：

1）两掌由上向下按时，身体各部位要随之放松，直达脚底涌泉穴①。

2）两掌腹前画平弧，衔接要自然、圆活，有向前收拢物体之势，意将气息合抱引入丹田。

功理与作用：引气归元就是使气息逐渐平和，意将练功时所得体内、外之气，导引归入丹田，起到和气血、通经脉、理脏腑的功效。通过搓手、浴面，恢复常态，收功。

参考文献

［1］国家体育总局健身气功管理中心.健身气功·八段锦［M］.北京：人民体育出版社，2003.

［2］国家体育总局健身气功管理中心.健身气功·五禽戏［M］.北京：人民体育出版社，2003.

［3］白晋湘，宋加华，等.民族传统保健学［M］.北京：民族出版社，2002.

［4］虞定海.中国传统保健体育与养生［M］.上海：上海科技出版社，2001.

第八节 防 身 术

一、概述

防身术，从广义上讲，是在法律法规允许的范围内运用各种格斗技法保护自身和他人安全的行为，从狭义上讲，是指在某种特定环境下，针对某一特定人群（安全保卫）和特殊任务而形成的一种实用格斗术。

（一）特点

1. 融合性

对传统武术中技击方法和现代格斗、及军警格斗的一招制敌技术等进行整合，形成一种简单、全面的击打技术。

---

① 涌泉穴：在足底第二、三蹠骨之间。

2. 实用性

以迅速摆脱危险境地,一招制敌,以捍卫自身安全和特殊情况下保护他人及公共安全为目的,避免多回合的争斗,可以无限制运用一切可用的技战术进行防守和反击,争取最高效率的击打,具有技术的简洁、明快和战术上简明、实用的特点。

3. 科学性

是以人体解剖学、人体生理学、生物力学、社会心理学等知识为理论基础,以中国传统武术和现代技击技术为实践蓝本的综合技术,具有一定的科学性。

(二)作用

1. 防身自卫,促进社会稳定

一个社会是否稳定,最主要的就是组成社会的每个人的安全是否有保障,人与人和睦相处、互不侵害,是促进社会稳定和发展的因素之一。学习防身术,通过锻炼掌握防身技能,提高自我保护和保护他人的能力,增加不法之人行不法之事的成本,起到稳定社会的作用。

2. 强健身体,增进智力

防身术学习、训练可以提高自身的速度、力量、耐力、灵敏、柔韧等身体素质,增强人体内脏器官、各系统的功能,特别对提高人的神经系统的灵敏性和传导的精确性有良好的促进的作用。在运动时人体气血充沛,使分布在大脑的毛细血管大量开放,增强脑部血液循环,从而加强脑细胞的供能条件,改善大脑功能,增进中枢神经系统的灵活性和稳定性,同时,四肢的各种不规则运动可以刺激左、右大脑细胞,达到益智的作用。

3. 提升自信,稳定心理

防身术专项技术的学习、功力训练和模拟演练,可以提高习练者的自信心和发展稳定的心理素质及保持冷静的判断,在危急时刻不至于陷入慌乱和失去正常的理智,以达到遇事不惊、临阵不乱的作用。

二、基本技术

(一)警觉应对和防备姿势(见图 7-8-1)

又称格斗势、实战姿势,是临战动作姿势。它不仅能使身体处于强有力的"激发"状态,利于快速移动发起攻击或防御,而且暴露面积小,能有效地防护自己的要害部位,分"正势"和"反势"两种,左手左脚在前,右手右腿在后的为"正势";右手右腿在前,左手左腿在后的为"反架"。本书中,除特别说明外,均以"正势"的实战姿势为所有技术的起始和结束动作。

动作:双脚前后开立,距离与肩同或稍宽于肩。前脚尖稍内扣,后脚跟稍离地面,双腿微曲。身体与对手成45°角,头颈部正对前方,稍收腹、含胸,双拳提起至肩高,双肘弯曲下垂,肘尖向下,前肘弯曲约90°,前拳拳眼向后侧上方。后肘弯曲小于90°,后手大小臂护住肋部。后拳拳眼向后侧上方,拳面指向对手,身体重心居中。

要点:两腿弹性站立,两脚横向距离约15厘米,下颌微收,松肩,坠肘,全身要放松,勿僵硬(见图7-8-2、图7-8-3)。

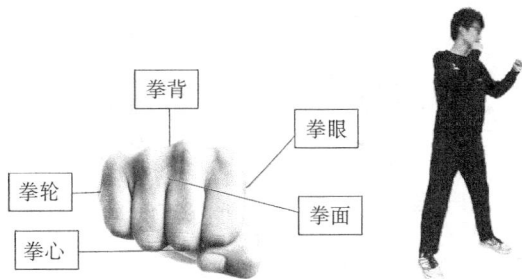

图 7-8-1

图 7-8-2

图 7-8-3

图 7-8-4

（二）基本步法

1. 进步

动作:右脚蹬地,左脚向前进半步,右脚迅速向前跟进半步。

要点:步幅适中;动作轻快,重心平稳,上体姿势不变。

2. 退步

动作、要点同"进步",左右脚运动顺序交换,动作方向相反。

3. 上步（见图 7-8-4）

动作:右脚向前一步;身体左转。左脚以前脚掌为轴内扣。同时左、右拳前后交换成右实战姿势。

要点:右脚擦地前行,重心平稳,两手交换与上步同时进行。

4. 撤步

方法、要点:同"上步",左右脚运动顺序交换,动作方向相反。

5. 横步（以左横步为例,见图 7-8-5、图 7-8-6）

动作:左脚向左侧横跨一步,右脚脚掌内侧蹬地迅速向左侧跟进同样距离。右横步同"左横步",左右脚运动顺序交换,动作方向相反。

要点:动作快速敏捷,重心起伏小,上体姿势不变,步幅可根据需要调节大小

6. 闪步（以左闪步为例,见图 7-8-7、图 7-8-8）

动作:左脚向左侧或左斜前方上半步,前脚掌支撑;随即身体向右后拧转,右脚迅速蹬地向左后方弧形移动跟上一步。右闪步同"左闪步"左右脚交换,动作方向相反。

要点:小上步,转腰快,以腰带腿。

图 7-8-5 　　　　　 图 7-8-6 　　　　　 图 7-8-7 　　　　　 图 7-8-8

7. 插步(见图 7-8-9)

动作:右脚经左脚后向左前上步,脚跟离地;同时左脚以前脚掌为轴外转,两腿成交叉状,动作完成后还原到实战姿势。

要点:步幅适中;重心平稳,上体姿势基本不变。

8. 盖步(见图 7-8-10)

动作:右脚向左脚前上步,脚尖外摆;同时左脚跟离地,两腿成交叉状,动作完成后还原到实战姿势。

要点:上体勿转动;重心平稳,盖步后及时还原成实战姿势。

9. 换步

动作:两脚同时蹬地并前后交换,同时两拳也前后交换成右实战姿势。

要点:重心起伏小,身体上下协调一致。

10. 垫步

(1) 前垫步(见图 7-8-11、图 7-8-12)

动作:右脚蹬地向左脚内侧跃进落步,同时左脚蹬地曲膝向前上提起。

要点:快速连贯,重心起伏不大,身体尽量向前或向后移动。

(2) 后垫步

动作、要点:同"前垫步",左右脚交换,动作方向相反。

图 7-8-9 　　　　　 图 7-8-10 　　　　　 图 7-8-11 　　　　　 图 7-8-12

(三) 基本击打技法

1. 头击法:前额撞(见图 7-8-13)

动作:以前额(眼睛以上的面部)为着力点,由后向前发力,攻击对方眼、鼻等部位的近距离攻击技术。

要点:收腹、勾头、收下颌。

2. 拳击法

(1) 直拳

1) 左直拳(见图 7-8-14)。

动作:后脚蹬地,同时重心前移,前脚掌微内扣。在捎右转体的同时,左手臂内旋,拳面向前直线击出,拳心向下,拳背与腕平,发力于腰,力达拳面。目视攻击方向,右手保持原有的姿势不变。

要点:蹬腿、转髋、击打协调连贯;弹性击打,快打快收。

2) 右直拳(见图 7-8-15)。

图 7-8-13

动作:后脚掌蹬地内旋,然后拧腰顺肩,上体稍左转,同时右手臂内旋,拳面向正前方直线击出,拳心向下,力达拳面。目视击打方向,左拳自然护于下颌前方,肘部自然下垂于肋部。

要点:快速连贯,用力顺达;上体不可过于前倾,注意保持身体平衡。

(2) 摆拳

1) 左摆拳(见图 7-8-16)。

动作:前脚掌微内扣,上体微向右转,随即转腰发力,左拳由外向前、向内成平面弧线横击,臂微曲,肘关节夹角约为135°,拳心向下,力达于拳面。

要点:力从腰发,上体绕身体纵轴向右转动肋力。击至身体正中线时"制动"并快速回收。

2) 右摆拳(见图 7-8-17)。

动作:同"左摆拳",左右脚交换,动作方向相反。

要点:右脚蹬地内扣、转腰、合胯与摆击要协调一致;快速连贯,用力顺达。

图 7-8-14　　　　图 7-8-15　　　　图 7-8-16　　　　图 7-8-17

(3) 勾拳

1) 左勾拳(见图 7-8-18)。

动作:上体微向左转动,同时重心略微下沉,左手臂回收贴于左肋部,左拳自然置于面部侧下方,重心略偏左腿;随即左脚蹬地,向右转髋、挺腹,左拳向前上方击出,大小臂之间的夹角为90°—120°,拳心向内,力达拳峰,动作完成后肩、臂部自然放松。

要点:蹬地、转髋、挺腹与勾击动作连贯;爆发式发力。

2) 右勾拳(见图 7-8-19)。

动作:同"左勾拳",左右脚交换,动作方向相反。

(4) 横扣拳(见图 7-8-20、图 7-8-21)

动作:以左横扣拳为例,左拳向外约30°向前、向里横摆扣击,拳眼向上,拳心向右,力达拳心。右横扣拳与左横扣拳动作方法相同,动作相反。

要点:动作幅度小,速度快。

图 7-8-18　　　　　图 7-8-19　　　　　图 7-8-20　　　　　图 7-8-21

(5) 劈拳(图 7-8-22、图 7-8-23)

动作:以右劈拳为例,后脚蹬地,向左转动髋、肩,右拳由上向前下方击打,拳眼向上,左拳自然护于下颌前方,肘部自然下垂于肋部。

要点:蹬地转腰,发力协调。

(6) 弹拳(见图 7-8-24、图 7-8-25)

动作:以左弹拳为例,左拳以伸肘弹腕的力量反臂向前弹击,力达拳背,击出后迅速回收。右手弹拳与左手弹拳方法相同,动作相反。

要点:臂部肌肉要放松。发力时要含胸拔背、顺肩、甩手腕,放长击远。

图 7-8-22　　　　　图 7-8-23　　　　　图 7-8-24　　　　　图 7-8-25

3. 指击法

(1) 单指(见图 7-8-26、图 7-8-27)

动作、要点同"直拳",拳成单指,指微曲紧张,掌心向下或向内侧。

(2) 双指(见图 7-8-28、图 7-8-29)

动作、要点同"单指拳",单指成分开双指。

图 7-8-26　　　　　图 7-8-27　　　　　图 7-8-28　　　　　图 7-8-29

4．掌击法

（1）插掌（见图7-8-30、图7-8-31）

动作、要点同"直拳"，拳成掌，掌心向下或向内侧，手腕直，四指紧张微曲并拢，以指尖为着力点前插。

（2）推掌（见图7-8-32、图7-8-33）

动作、要点同"直拳"，拳成掌，曲腕，掌心向前，力达掌跟前推。

| 图7-8-30 | 图7-8-31 | 图7-8-32 | 图7-8-33 |

（3）弹掌（见图7-8-34、图7-8-35）

动作、要点同"弹拳"拳成掌，舒指，力达手指。

（4）砍掌（见图7-8-36、图7-8-37）

动作：右手臂向斜前上举，同时利用拧腰、沉肩的力量由斜上向斜下猛力砍击，力达掌外沿向内仰掌横砍，或由里向外俯掌横砍。

要点：手腕紧张，五指并拢，要借助转体拧腰的合力。

| 图7-8-34 | 图7-8-35 | 图7-8-36 | 图7-8-37 |

5．肘击法

（1）顶肘（见图7-8-38）

1）左顶肘。

动作：左臂内旋平曲抬起，身体微向右转，左手平于胸前，拳心向下，肘尖向前撞击，身体顺势微左转，力达肘尖。

要点：以腰带肘，协调连贯；爆发式用力。

2）右顶肘。

动作：右脚上步或左脚撤步，右手平曲抬起，拳心向下，以肘尖直线向前撞击，力达肘尖，或躯干向右后转体，同时右手向后曲曲抬起，拳心向内，直线向后撞击，力达肘尖。

图7-8-38

要点：上步或撤步与肘击要协调连贯；以腰带肘，爆发式用力。

（2）扫肘（见图7-8-39）

动作：以右扫肘为例，实战姿势站立，右脚蹬地，扣膝合胯，身体向左转的同时，右臂曲肘夹紧，握拳，随转体之势以肘关节前臂端为着力点，向左前方横向击打；左拳自然收于腮部。

左扫肘与右扫肘方法相同，动作相反。

要点：肩要松沉，充分利用转体拧腰的力量，以腰带肩、带肘发力。

（3）挑肘（见图7-8-40）

动作：以右挑肘为例。右脚蹬地，扣膝合胯，身体向左拧转的同时，右臂曲肘夹紧，拳心向左，以肘部前臂端为着力点由下向前上方挑击，左手自然回收于腮部。

要点：挑肘时要挺腰，发力要协调、顺达。

（4）砸肘（见图7-8-41、图7-8-42）

动作：以右砸肘为例。右臂曲肘夹紧，随即以肘尖为着力点由上垂直向下砸击，同时上体微向左拧转，右腰部侧曲，曲膝重心下沉，以助劲力，左手不动。

要点：拧腰、曲膝、重心下沉与砸肘要协调一致。

图7-8-39　　　　　图7-8-40　　　　　图7-8-41　　　　　图7-8-42

6. 膝击法

（1）前顶膝（见图7-8-43）

动作：以右前顶膝为例，两手自然前伸，重心移至左脚，右腿曲膝上提，脚尖自然下垂，含胸收腹，以膝关节为着力点向前上方顶击，同时两手成拳向下按压。

要点：收腹提膝迅速，双手按压、冲膝形成合力。

（2）横撞膝（见图7-8-44、图7-8-45）

动作：以右横撞膝为例，左脚向左斜上方上半步，重心前移，左腿微曲支撑，上体微向左侧倾；右腿曲膝、展髋侧抬腿，随即利用上身向右拧转、两手向后拽拉之合力，以右膝关节为着力点向左前画弧横向顶击。

要点：大小腿夹紧并尽量抬平，将膝关节突出，拧腰、转髋，双手向侧面拽拉协调、力猛。

图7-8-43　　　　　　图7-8-44　　　　　　图7-8-45

7. 腿击法

(1) 弹踢腿(见图7-8-46)

动作:以右弹踢腿为例,左腿微曲支撑,身体微左转,右腿曲膝提起,脚尖下压,以大腿带动小腿向前猛力弹踢,力达脚尖或脚背。左弹踢腿与右弹踢腿方法相同,动作相反。

要点:以膝带腿,猛弹快收。

(2) 前蹬腿(见图7-8-47)

动作:以右前蹬为例身体重心前移,左腿微曲支撑,右腿曲膝抬起,膝关节对准目标,勾脚;以大腿推动小腿,脚跟领先向前蹬出,力达脚跟;亦可送髋,脚掌下压,力达前脚掌。

要点:两手与躯干始终保持对上体的防守,曲膝抬腿与蹬出要快速连贯。

(3) 侧踹腿(见图7-8-48)

动作:以右侧踹腿为例,右腿微曲支撑,左腿曲膝抬起,脚掌对准目标,并勾起向外翻;展髋挺膝向前踹出,力达脚掌,上体自然侧倾。

要点:按照提膝、翻胯、踹腿、收回、还原的动作要领进行,踹出时以大腿推动小腿成一直线向前发力。

图7-8-46　　　　　　　图7-8-47　　　　　　　图7-8-48

(4) 截腿

1) 左截腿(见图7-8-49)。

动作:右腿微曲撑,左腿曲膝抬起,脚尖内扣随即挺胯伸膝向前下截击,力达脚外沿。

要点:展髋,支撑脚脚跟内扣。

2) 右截腿(见图7-8-50)。

动作:重心前移,左腿微曲支撑,右腿曲膝侧抬,小腿外旋,脚尖外摆;随即右腿由曲到伸以脚掌内侧为着力点向前下方猛力截击。

要点:发力快、准,支撑腿微曲,重心稳。

图7-8-49　　　　　　　图7-8-50

8. 防护法

(1) 接触性防守

1) 推拍(见图 7-8-51)。

动作:左手以掌心(或拳心)为着力点向里横向推拍。右手推拍与左手推拍方法相同,动作相反。

要点:前臂尽量伸直,推拍幅度小,发力短促。

2) 挂挡(见图 7-8-52)。

动作:身体微左转同时,左手曲臂成三角形夹角,向同侧做头部。右挂挡与右挂挡方法相同,动作相反。

要点:前臂与上臂紧贴于头侧,要含胸侧身,暴露面小。

3) 格挡(见图 7-8-53、图 7-8-54)。

动作:里格挡(拳心向内转同时以前臂内侧为接触点做内旋格挡动作,拳约与眼睛平行),外格挡(以前臂外侧桡骨为接触点向头侧做上挡外拨动作,拳约与头同高)。

要点:格挡准确有力,发力要短促,动作幅度不宜过大。

图 7-8-51　　　　　图 7-8-52　　　　　图 7-8-53　　　　　图 7-8-54

(2) 非接性防守

1) 后躲闪(见图 7-8-55)。

动作:上体略后仰,右脚后滑一步,重心后移,腿微曲,同时耸肩收下颏,左手微下落,右手置于下颏前。

要点:不可仰头放松,上体后仰幅度不宜过大。

2) 潜闪(见图 7-8-56)。

动作:曲膝沉胯,重心下降,缩颈,弧形向下闪躲,两手紧护胸。

要点:下躲闪时,膝关节、髋关节和颈部要同时含胸收缩,目视对方。

图 7-8-55　　　　　　　　图 7-8-56

9．反擒拿

（1）掐、锁颈

1）单、双手掐颈（见图7-8-57、图7-8-58）。

动作：用单掌或指击打对方眼睛、双掌拍击对方耳朵、脚踢对方裆部。

要点：快、狠、准。

2）后方单臂锁颈（见图7-8-59）。

动作：用后顶肘击打对方腹部或肋骨、用拳击打对方裆部。

要点：快速击打后朝被锁侧反方向转身分离。

图7-8-57　　　　　　　图7-8-58　　　　　　　图7-8-59

（2）熊抱

1）前方不连臂熊抱。

动作：用单掌或指击打对方眼睛、双掌拍击对方耳朵、膝顶对方裆部。

要点：快、狠、准。

2）前方连臂熊抱。

动作：用拳击打或用手抓捏对方裆部、用前额撞击对方面部。

要点：快速击打后挣脱分离。

3）后方不连臂熊抱（见图7-8-60）。

动作：用顶肘击打对方头部。

要点：左右肘配合，虚实相间。

4）后方连臂熊抱（见图7-8-61、图7-8-62）。

动作：用拳击打或用手抓捏对方裆部、用头撞击对方面部。

要点：动作短促有力。

图7-8-60　　　　　　　图7-8-61　　　　　　　图7-8-62

（3）倒地:被骑乘(见图7-8-63)

动作:抬起右手使大臂靠近腋窝处贴紧对方手腕,曲右腿,然后向左转动同时右手大臂按压对方手腕。

要点:动作连贯,抬臂按压、曲膝转动同时进行。

图7-8-63

图7-8-64

图7-8-65

10. 要害点击打

（1）头部

1）耳(见图7-8-64):耳廓神经离大脑较近,受到击打后可损伤脑膜中的动脉。

方法:两掌同时拍击双耳。中国传统武术中称"双峰贯耳"。

2）太阳穴(见图7-8-65):此部位骨质脆弱。在眼角后约5厘米、向上约25厘米处,有一根颞神经,向内朝颅骨方向击打。

方法:用掌外侧、拳、肘等击打,如对方倒地,则用足尖。

3）眼睛(见图7-8-66)。

方法:用食指、中指猛刺敌双眼,中国传统武术称"双龙取珠"。

4）鼻(见图7-8-67)。

方法:用掌外侧或拳横击鼻梁。

图7-8-66

5）上唇(见图7-8-68):此处是鼻软骨与硬骨的连接处,神经接近皮层。

方法:拳抡砸击。

6）下巴(见图7-8-69)。

方法:用掌根向斜上推击。

7）喉结(见图7-8-70):喉结处有气管、颈动脉,还有迷走神经。

击打方法:用八字掌卡或用掌外侧硬击,也可用手指抓。

图7-8-67

8）咽喉(见图7-8-71)。

方法:用手指猛戳咽喉下部的凹处。

9）颈外侧(见图7-8-72)。

方法:用掌外侧猛砍。

10）颈后部(见图7-8-73)。

方法:用掌或拳抡砍劈。

图7-8-68

（2）躯干

1）肩部(见图7-8-74):有"肩井穴",用掌外侧砍劈后,伤及"云门""中府"两穴;直接击打锁骨,也可收到良好的效果。

方法:用掌外侧向下猛砍或拳抡砸击。

图 7-8-69

图 7-8-70

图 7-8-71

图 7-8-72

图 7-8-73

2）心窝（见图 7-8-75）。

方法：用尖拳猛戳。

3）腹部（见图 7-8-76）：腹部包括胸腔剑突以下肚脐以上的部位，肝、脾、肾、胃重要器官密布其中。

方法：拳打、膝顶、肘击、脚踢。

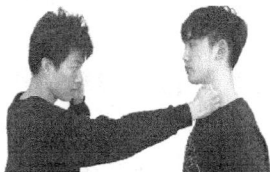
图 7-8-74

图 7-8-75

图 7-8-76

4）挡部（见图 7-8-77）：人体神经末梢最丰富、敏感的地方。

方法：膝顶、脚踢，手抓。

（3）四肢

1）指关节（见图 7-8-78）：都是单轴关节，活动范围较小，只能伸曲。伸直时，往后或往两侧猛折会造成脱白或骨折。

方法：反关节猛折。

图 7-8-77

图 7-8-78

2）腕关节（见图 7-8-79）：腕关节有 8 块腕骨，骨小、易碎。

方法：用掌外侧扣压。

3）肘关节（见图 7-8-80）：由桡骨、尺骨和肱骨连按而成，完全伸直后不能过度伸展。

方法：用拳或掌击肘后部，膝盖猛击或用小臂压打。

4）膝关节(见图7-8-81)：膝关节由两个关节复合而成,有髌骨、腓骨、胫骨、半月板和股骨。

方法：伸直时,从前方、侧方用脚猛力蹬、端。

图7-8-79　　　　　　　　　　图7-8-80　　　　　　　　　　图7-8-81

三、功力

（一）击打功

击打功力是指进攻动作的力度或称"攻击力",通过练习可以有效提高拳、掌、肘、腿、膝等部位的韧性和击打力度。

1）沙包：用拳、掌、肘、腿、膝等技法进行击打沙包进行练习。

动作方法、要求同基本技术。力点准确,动作由慢到快,发力由轻到重。

2）拳、脚靶：两人一组,相互配合进行击打拳靶和脚靶练习,一人持靶给对方喂靶,另一人用拳、掌、肘、腿、膝等技法进行击打练习。练习时可原地击打固定的"死靶",也可移动步法、变换角度击打不固定的"活靶"。

动作方法、要求同基本技术。力点准确,动作由慢到快,发力由轻到重,随时调整击打距离。

（二）靠背功

两人以背相对约30厘米距离开步站立,两手臂曲肘抱于胸前,同时发力用背部相互撞击。发力要沉实,相撞的瞬间背部肌肉紧张,屏息。

（三）跌倒功

1）前滚翻：在自然站立的基础上,并腿全蹲,两臂前伸,手撑地,两脚蹬地,含胸收头,身体蜷曲成球形,借助惯性以肩、背、腰、臀部的顺序依次着地向前团身滚动,随即双手抱腿成并步全蹲。后滚翻方法相同,方向相反

2）肩颈滚翻：由自然站立开始,向前上一步,同时手臂向前下伸着地,随后借助惯性按照手臂外侧、肩、头、背、腰、臀的顺序依次着地向前滚动,顺势起立,滚动时一脚弯曲着地,另一脚曲膝随滚动抢踢。

参考文献

［1］张凤雷.武术防卫实战技术精粹［M］.北京：人民体育出版社,2018.

［2］何剑.防卫与控制［M］.北京：中国人民大学出版社,2015.

［3］周直模.徒手擒拿格斗术［M］.北京:人民体育出版社,2016.
［4］张付.以色列格斗全书［M］.北京:人民邮电出版社,2018.

第九节　射　艺

一、概述

（一）起源与发展

早在我们的祖先还在茹毛饮血的时代,就已经开始使用弓箭来狩猎了,弓箭是人类手部的延续,突破了手的生理长度和物理空间限制,可以由近及远,长距离打击。我国最早出土的弓箭,是山西的峙峪遗址出土的一批距今2.8万年的石箭头,后羿射日的传说,就反映了早期先民的英雄崇拜和弓箭的使用。战国时期的弓箭,弓身用竹子制成,中间一段由4层竹片叠合而成,外缠胶质薄片,再用蚕丝绕紧,表面涂漆。《周礼·考工记》记载做弓材料一般由兽角、筋、竹木材、丝、漆、胶等复合而成。在唐代,弓种分长弓、角弓、稍弓和格弓四种。长弓步兵用,角弓骑兵用,稍弓、格弓皇朝禁卫军用。宋代记载有黄桦弓、黑漆弓、白桦弓、麻背弓。明代的主流弓形为小稍弓,清代为长稍清弓,一把好的弓制作工序多达230道之多。古代世界上其他著名的弓种还有英国长弓,英国中世纪的长弓用榆木、棒木和罗勒木制成,后来主要用紫杉木制造。射程最远达400码,有效射程接近250码,长弓穿透铠甲的杀伤力,在英法百年战争中,对法国骑士造成了毁灭性的杀伤。日本弓道这种古老的武道也跟空手道、柔道一样有很多流派。现存的弓道流派尚有小笠原流、日置流、本多流、大和流等,现代弓道更多的是发展了礼仪活动系统,称为"礼射系"。日本弓道所使用的一类长弓。标准的和弓长度大概有2.2米(七尺三寸)。使用者执弓的位置主要是弓的下弧部分,长度比例是全弓的三分之一。现代射箭运动起源于14世纪英国,现代奥运会所使用的弓形为反曲弓(准确地说应该叫反曲竞技弓或竞技射准弓),奥运会使用的弓形以射准为目标,会有很多配件,如下面的结构图。除此之外还有复合弓,现代复合弓最大的特点就是运用了滑轮来达到省力的效果,威力巨大,可以用来打猎。

中国传统射艺很早就从实战的技术,向具体文化教育方向的"礼"演进,商周时期学校便有专门的习射场所,在《周礼》中记载,天子祭祀有大射,诸侯朝拜有宾射,狩猎军演有燕射,官员选拔有乡射。那时,君子所应该具备的"六艺"既是:礼、乐、射、御、书、数。射艺正是君子六艺之一。春秋、战国时期,孔子、孟子都推崇通过习射达到修身修德的目的,孔子说:"君子无所争,必也射乎。"孟子说:"发而不中,反求诸己。"传统弓是一张裸弓,不像现代弓那样有许多可供参照的配件,这就要求射手在射每一支箭的过程中,必须注意力高度集中,任何环节的注意力分散,都会对最终结果造成影响,身心浑然一体,高度配合,心念专一,万缘放下,是射艺中需要锻炼出来的精神境界,所以射艺追求的不仅仅是射中目标,而是在射中目标的过程中,对内心和精神的修养与磨炼。正是这一特点,赋予了射艺深厚的文化内涵,这是传统射箭的魅力之一。

（二）特点与文化内涵

传统射箭受儒家文化的影响,主张"射以观德",在这项运动中深深蕴含着中华民族谦让、仁爱等优良美德。射箭的全过程就是陶冶情操、反复自省、不断进取的过程。因此,通过强调射箭的仪式化来体现射手的德行,表现了传统射箭的复兴应非常重视其道德修养的教化。清华大学彭林教授提出"中国弓箭文化的最大亮点在于,西周以后,弓箭逐步转化为礼乐活动的器具,进入文化教育的层面,成为一个全新的发展方向。"射箭的每一个环节都体现着射手的道德修养。其一,尊重对手。《礼记·射义》中提倡"进退周还必中礼",即在射箭过程的每个环节都要以礼相待你的对手,每位射手都彬彬有礼,拱手谦让,请对方先行,这都是表示对对手的尊重之意。这是东方体育文化的独特之处,以展示射手大气之风范。其二,淡泊名利的心境。在早期的儒家教育很强调射箭的仪式化内容,作为"六艺"的组成部分,孔子在《论语·八佾》中提倡"君子无所争,必也射乎!揖让而升,下而饮,其争也君子"。在人与人的相处中,难免会有口角之争,但是孔子提倡用射箭来代替争斗,但在射箭的过程中又必须保持彼此揖让,互相尊重,做到淡泊名利。其三,正确对待成败。《礼记·射义》中所说"发而不中,则不怨胜己者,反求诸己而已矣",在射箭过程中没有一帆风顺的,即使你很努力了,也总会出现"发而不中"的状态,这便是对一个人在面对失败时心态的考验,其关键在于反躬自问,找出自己失败的原因,调整好心志与体态,百折不挠,才能反败为胜。

(三)比赛方法与规则

1. 比赛用靶为侯靶

"侯"的大小为五十厘米的正方框(白色区域),内有二十五厘米的正方框(黑色区域),称为"鹄";"鹄"内有十五厘米的正方框(红色区域),称为"正";"正"内有六厘米的正方框(黄色区域),称为"的"。压线矢计为相关内框内的命中。

2. 成绩判定方法

最终成绩由靶上成绩和裁判判罚两部分构成。靶上成绩为射中"正"和"的"均计为五分,射中"鹄"计为三分,射中"侯"计为一分。如得分相同,中"的"多者排名靠前或获胜。

二、基本技术

(1)站位

射箭时应侧对箭靶(惯用右手者通常为左侧对靶),两脚开立与肩同宽,跨线而立,重心在两脚之间。箭插在箭筒或系于腰间(见图7-9-1)。

(2)搭箭

左手执弓,右手取箭。将箭尾之箭括在适宜位置扣入弓弦,使得箭杆垂直于弓把,且经过弓右侧出箭点。箭主羽水平向右。可在左手执弓右手扣弦后,将双臂向前平伸,弓臂在左、弓弦在右放于面前检查搭箭。

(3)扣弦

右手以拇指第一指关节隔扳指扣弦,拇指第一指节与弓弦垂直,和地面保持水平。右手食指第一指节或指关节轻扣于拇指上,食指向左抵于箭上,在弓弦右侧,与弓弦平行,垂直于拇指。食指拇指形成"凤眼",在虎口与箭括之间留有空隙,右手另外三指放松(见图7-9-2—图7-9-4)。

图 7-9-1

图 7-9-2

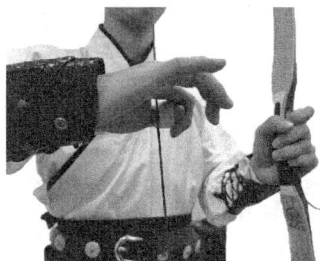
图 7-9-3

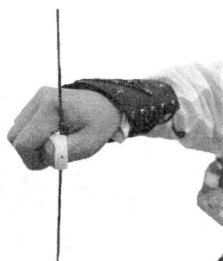
图 7-9-4

（4）推弓及预拉

左手以虎口推弓，手指放松，不要握弓。推弓位置应在弓把上，紧靠出箭点（见图 7-9-5）。左臂伸直、内旋，左肘向左并固定好。右手勾弦并抬起右肘，将弓微微拉开以为进一步拉满弓做好准备（见图 7-9-6、图 7-9-7）。

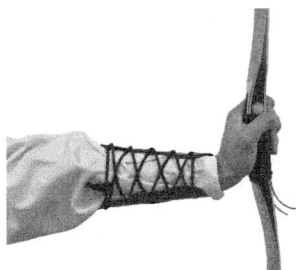
图 7-9-5

图 7-9-6

图 7-9-7

（5）开弓及靠位

左手推弓，右手扣弦，将弓平行上举，左臂保持在身体左侧正对目标，右臂弯曲，右小臂贴额头（见图 7-9-7）。转头至左侧，身体保持正直。左臂伸直推弓，右手扣弦拉弓，将弓从上至下拉开，并在此过程中保持弓把垂直于地面，弓箭平行于地面。弓引开后保持头部平直，不要前后仰或左右倾斜；保持左右肘、左右肩平直，不要耸肩；身体正直，不要向任何方向倾斜，保持直立姿势（见图 7-9-8—图 7-9-10）。

靠位以小架为例，右手引弓至下弦贴胸，上弦贴脸，箭羽贴嘴角（见图 7-9-11）。其他靠位方式亦可，但应保持身体正直，且靠位方式不会带来人或弓的损伤。

图 7-9-8

图 7-9-9

图 7-9-10   图 7-9-11

(6) 瞄准

射手在开弓的过程中同时将眼、弓臂上任一点和靶上的黄心连成一线,以弓臂上该点为基准瞄点,其后根据箭的落点不断调整瞄点,直到箭的落点稳定于靶面上。

(7) 撒放

待开弓、瞄准后右侧背部肌肉继续加力同时扣弦的右手两指迅速张开,箭即射出(见图7-9-13)。

图 7-9-12   图 7-9-13

三、运动特点与要求

(一) 安全要求

1) 射箭之前要检查弓、箭、扳指、护具是否有破损,射箭环境是否安全。靶周围不能有会反弹箭矢的硬物等。

2) 搭箭的弓不可对人。周围有人或动物可能走到箭路上时亦不能开弓。

3) 在训练场上应注意安全,所有射箭的人应在同一条线上。有人在射箭时不得处在其与其目标之间。听从指挥统一拔箭。

(二) 训练技巧

1) 应在动作正确的前提下,保持训练量。一周至少应进行一次训练。身体和时间允许的情况下多多益善。

2) 每次训练的时候要劳逸结合,不应一次训练过量。当感到疲劳或者疼痛的时候应当暂停训练。容易磨损的地方应戴好护具,或用医用胶布、创可贴等进行保护。

3）除了射箭之外,可以辅助一些力量和耐力方面的训练,增强上肢力量、背部力量等。

4）弓应选用自己能够驾驭的磅数,可以以多次满开后仍能够较轻松控制、不会抖动为标准。宁可人欺弓,不可弓欺人。箭应选择一致度较强的,和自己的弓磅数匹配的。扳指也应购买适合自己尺寸,不会疼痛的。有条件的话,最好有自己专门的弓箭和扳指。

5）射箭之初应当以动作正确,保持一致性为目的。用任何适合自己的方式瞄准目标,将箭都打到一个范围里即可,不必以黄心为目的。当一致性相当高之后,再更改瞄点才有意义。

6）初学者可以面对镜子进行练习,以检查自己的动作。亦可以请人帮忙在旁拍摄自己射箭动作的视频,以供自己检查。在没有弓的时候,可以使用皮筋扎成环形,左手套在虎口上,右手以扣弦方式拉动橡皮筋,也可以起到训练作用。皮筋以输液前扎手腕的那种即可。

7）射箭应从近距离开始,如五米、十米为宜。当在近距离可以射到相当高的环数,并且成绩稳定之后,再移动到下一个较长的距离。不必急于求成。

8）如果要练习对距离的感知和瞄准的能力,可以通过在靶子随机悬挂气球并射击的方式,训练自己脱离固定瞄点进行瞄准的能力。不过不推荐新手过早进行,没有意义。

参考文献

[1] 徐开才.射艺[M].桂林:广西师范大学出版社,2015.

[2] 佘丽容,罗川.从文化回归的视角看中国传统射箭运动的复兴——读徐开才《射艺》有感[J].武术研究,2016,1(06):107-110.

第八章　形体运动

第一节　健　美　操

一、概述

健美操是在音乐伴奏下运用各种不同类型的操化动作,融体操、舞蹈、音乐为一体的通过徒手和使用健美器械的身体练习。它既是健身美体、陶冶情操的大众健身方式,又是竞技运动的一个项目。健美操起源于传统的有氧健身运动,有氧运动的形式很多,如:慢跑、快走、游泳等等,其运动特征是持续一定的时间、中低强度的全身性运动,主要锻炼练习者的心肺功能。健美操具有趣味性、娱乐性的特点,同时它把人的安全、健康放在一个重要位置。近几年来,一些新的健身形式使健美操内涵更丰富,呈现出多样化和科学化的发展趋势。健美操这项既美丽又健康的有氧运动项目正吸引着越来越多的人投入进去,让我们大家都来关心自己的健康;塑造自己,完善自己,使生活充满阳光,充满活力。

(一)起源与发展

健美操项目,从古代到近代,从外国到中国,健美操的产生和发展都源于生活及人们对人体健美的追求,其历史源远流长。现代健美操的内容是在欧洲体操流派的基础上,吸收了东方体操的基本动作和非洲舞蹈中优美、有节奏的动作而产生和发展起来的。

有氧健美操起源于1968年,由美国医学博士库珀研究和设计,并形成了独特体系的运动。健美操的代表人物——美国影星简·方达。她根据自己的健身体会和经验,编写了《简·方达健美操》一书和录像带,自1981年公之于世后,很快被译成20多种文字,在世界30多个国家发行,她以健美操锻炼来保持身体健康和体态苗条的成功经验,倡导健美操,使健美操风行世界。同时,她又推出一种利用专门器械进行健美操锻炼的新方法,称之为"踏板健美操"。简·方达对健美操在世界范围内的流行与发展起到了巨大的推动作用,健美操不仅在美、英、法等国家迅速发展,在其他国家也相当普及。

1983年在美国举办了第1届国际健美操比赛。以后美国正式举行一年一度的健美操锦标赛,确立了竞赛项目和规则,使健美操发展成为竞技性运动项目。

我国现代健美操的发展起步时间很短,但是发展还是很快的,从1983年《健与美》杂志创刊,开始介绍和宣传健与美,拉开了中国健美操发展的序幕。1986年4月在广州举办了我第一次健美操比赛"全国女子健美操表演赛",引起了观众的浓厚兴趣。整个20世纪80年代是中国健美操经历探索—规范—发展的一个重要时期。1992年2月,中国大学生体协健美操、艺术体操协会在北京成立,这标志着我国大学生健美操运动的开展进入一个新阶段。1992年9月中国健美操协会在北京成立,1995年我国首次组队参加了在法国举行的第1届世界健美操锦标赛。

1997 年,我国又分别组队参加了在日本举行的世界杯赛、在意大利举行的第 2 届世界锦标赛等赛事,近几年来我们与国际的交流和比赛日益增多。2004 年,第 8 届世界锦标赛中国男子六人操项目获得铜牌,取得了历史性的突破,为健美操的蓬勃发展掀开了新篇章。在 2006 年中国第九届世界健美操锦标赛中获得了男子单人、六人操冠军;女子单人、三人操亚军;混合双人操第五的优异成绩。实现了我国竞技健美操项目金牌的零突破。

国际三大赛事:

1) 健美操世界锦标赛。国际体操联合会(FIG)的正式比赛项目,总部设在法国。成立于 1981 年,从 1995 年开始每年举办一次。从 2000 年起,每逢双数年举办一次。

2) 健美操世界杯赛。国际健美操联合会(IAF),总部设在日本。成立于 1983 年每年举办健美操世界杯赛。

3) 健美操世界冠军赛。世界健美操冠军联合会(ANAC),总部设在美国。成立于 1990 年,每年举办世界健美操冠军赛。

(二) 分类、特点与作用

1. 健美操的分类

根据当今世界和我国健美操的发展状况和未来的发展趋势,按照不同的目的和任务,健美操可分为健身健美操和竞技健美操两大类(见表 8-1-1)。

表 8-1-1

健美操	健身健美操	按人体解剖结构分为:胸部健美操、腰部健美操等
		按练习形式分为:徒手健美操、持器械健美操等
		按目的任务分为:姿态健美操、形体健美操等
		按年龄结构分为:中老年健美操、青年健美操
		操等按性别分为:女子健美操、男子健美操
		按人数分为:单人、双人、三人和集体健美操
	竞技健美操	男子单人操
		女子单人操
		混合双人操
		三人操
		五人操
		有氧舞蹈
		有氧踏板

(1) 健身健美操

健身健美操练习的主要目的是"锻炼身体、保持健康"。它的动作简单,实用性强,音乐速度也较慢,且为了保证一定的运动负荷和锻炼的全面性,动作多有重复,常以对称的形式出现。在练习的要求上根据个体情况而变化,严格遵循"健康、安全"的原则,防止运动损伤的出现,在保证安全的基础上,达到锻炼身体的目的。

(2) 竞技健美操

竞技健美操的主要目的是"竞赛",竞技健美操在参赛人数、比赛场地、成套动作的时间等方面都必须严格按照规则进行,规则对成套动作的编排、动作的完成、难度动作的数量等也都有严格的规定。由于竞赛的主要目的就是要取胜,因此在动作的设计上更加多样化,并严格避免重复动作和对称动作。近年来,运动员为争取好成绩,均在比赛的成套中加入了大量的难度动作,如各种大跳成俯撑、空中转体成俯撑等,这样对运动员的体能、技术水平和表现力均提出了更高的要求。

2. 健美操的特点与作用

(1)健身、健美和健心的实效性

健美操具有明确促进人体健美锻炼的目的性和实效性。健美操动作讲究造型美,动作美观,完成动作有力度、准确到位,能使人体均匀、和谐地发展,有利于培养健美的姿态,塑造健美的体形。健美操能调动人的精神力量,培养和帮助人们进入一种最佳的心理状态,在欢乐的环境中自我陶冶。

(2)动作简单易学,形式多样并具有安全性

健美操不仅使用徒手体操中各类基本动作,又从各种舞蹈及武术中吸收了诸多动作,经加工提炼成为健美操的特有动作,即操化了的动作。在成套动作中,不断地改变动作速度、动作幅度、方向和开始姿势,使成套动作丰富而多变。

(3)鲜明的节奏和韵律感,体现高度的艺术性

健美操音乐旋律优美,具有鲜明的节奏感和韵律感,音乐节拍层次分明,不同的动作和风格,配上适宜的音乐,更能体现出健美操的节奏感、韵律感和风格特征。动感的音乐可使练习者情绪增强,达到锻炼身体,陶冶情操的目的。

(4)具有广泛的群众性

健美操是一种有意识和有组织的社会文化活动,它主要运用于集体练习中,大家相互交流、相互鼓舞、不知不觉调动全部力量去完成动作,获得莫大的乐趣。健美操符合现代人追求健美、自娱自乐的需求,同时又能增进健康、培养正确体态、塑造美的体形、陶冶美的情操,因此深受广大群众的喜欢。

二、基本技术

健美操的基本技术主要有弹动技术和身体控制技术。基本技术的掌握直接体现了健美操的基本特征,也是用以区别其他运动项目的重要因素之一。基本技术的形成从防止身体损伤出发,保证健美操项目的安全性。

(一)弹动技术

1. 弹动技术的形成

弹动技术主要依靠踝关节、膝关节、髋关节的曲伸缓冲而产生。通过腿部各曲伸肌肉群协调力,形成弹动动作。弹动技术是健美操动作在明显的音乐节奏下,各参与运动的肌肉有控制地完成,使动作更流畅而具有动感,同时也能减少运动对人体造成的损伤。

2. 弹动技术的练习方法

(1)踝关节的曲伸动作的练习

可以做并腿直立,身体保持正直,做立踵和落踵的动作。熟练以后做膝关节与髋关节的弹动练习,双腿原地并拢伸直,身体保持正直,曲膝半蹲,膝关节不要超出脚尖的位置,同时髋关节稍曲。完整的弹动动作可把以上两个方法连起来练习。

(2)落地动作的练习

在做走步和腾空落地时的脚跟过渡到全脚掌或由前脚掌过渡到全脚掌。

（3）半蹲动作的练习

弹动动作的过程都是通过曲膝半蹲的技术来实现的。半蹲练习时，应注意膝关节不应超过脚尖，在分腿半蹲时，膝关节弯曲的方向要与脚尖的方向保持一致，例如开合跳。

（二）体控制技术

1. 身体姿态的控制

健美操是一项塑造人体的较有效的运动项目。健美操的身体控制技术为建立人体美与行为美创造了条件。在整个非特殊条件下的运动过程中，身体应保持自然挺拔，头部稍稍昂起，使颈椎、胸椎、腰椎处于正常生理曲线的位置。始终保持腰腹的背部肌肉的协调收缩，无论肢体的位置如何变化都应有控制。

2. 身体控制技术的作用

1）在身体活动时，如身体处于无控制状态，将破坏人体的正常生理结构，造成某部位"过伸"现象，便易造成运动损伤。

2）健美操练习过程中身体姿态取决于肌肉用力的感觉和程度，正确的身体控制能使动作不僵硬、松弛而不松懈。

（三）动作强度术语

人体运动时对地面产生一定的作用力，同时地面也给予人体相应的反作用力，即冲击力。在某种程度上体现了动作的强度。

1. 无冲击力动作

指两脚始终接触地面，身体重心在两腿之间，没有腾空的动作。如蹲、移重心等动作，适合在练习的准备和结束部分使用。

2. 低冲击力动作

指总有一脚接触地面。如踏步及踏步的变化动作。

3. 高冲击力动作

指两脚都离开地面，即有腾空的动作。一般指有跑跳的动作形式。

（四）易犯错误与纠正方法

1）下肢动作僵硬。需加强髋、膝、踝关节的自然曲伸练习，体会弹性，减少冲击力。

2）步伐幅度小，不规范。需多练习每一种步伐，掌握正确要领。

3）上体缺乏控制。需保持躯干部位的直立，收腹立腰。

4）上肢动作松、慢、无力。练习需由慢到快，掌握加速到制动的要领。体会用力到手指尖或拳面的感觉。

5）含胸、塌腰、动作不舒展。需保持躯干的直立，肩打开，动作到位，线路清晰。

6）动作无节奏感。需多听节奏感强的音乐，并练习简单动作，提高律动。

三、基本动作和动作组合

（一）基本动作

健美操的基本动作是动作中最基础的部分，所有的动作都以此为核心加以扩展和变化。将健美操的基本动作按一定的需要进行不同的组合和编排,可以产生不同难度、不同强度、不同风格及不同视觉的健美操动作。

1. 健美操常用手形(见图8-1-1)。

1) 握拳:五指用力握紧成实心拳,拇指扣于食指第二指节外。

2) 并掌:五指并拢,拇指平行于其他四指。

3) 分掌:五指用力张开,并有一定的张力。

4) 花掌:五指伸直打开,从拇指到小指层次性由外向里旋转。

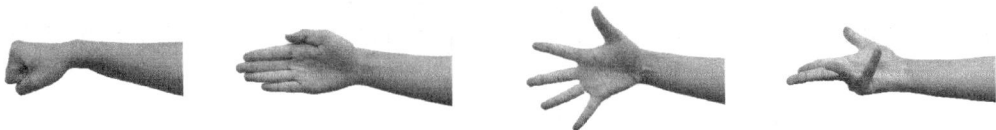

图 8-1-1

2. 七种基本步伐

(1) 踏步(及踏步类动作)

两腿依次曲于体前抬起,在下落时足尖过渡到脚跟,同时,膝、踝关节保持弹性以利缓冲。踏步动作变化有:走步、一字步、V字步、漫步、并步、侧交叉步、迈步曲腿、迈步吸腿、脚尖或脚跟点地等等(见图8-1-2)。

(2) 开合跳(分并跳)

分腿跳时两腿自然外开,大于肩宽,膝关节沿脚尖方向弯曲,起跳落地控制有力,踝关节有缓冲动作(见图8-1-3)。

图 8-1-2   图 8-1-3   图 8-1-4

(3) 吸腿跳(抬膝跳)

大腿上抬超过平行,小腿自然下垂并垂直地面,脚面绷紧,落地时由脚尖过渡到脚跟(见图8-1-4)。

(4) 后踢腿跳

两腿依次经腾空落地,摆动腿的膝关节垂直于髋关节,在髋关节后弯曲(见图8-1-5)。

(5) 弓步跳

一腿曲膝,脚尖与膝盖垂直,另一腿伸直,重心落在两脚之间(见图8-1-6)。

图 8-1-5　　　　　　　　　　　　　　图 8-1-6

（6）弹踢腿跳

一腿跳起，另一腿膝踝后曲近臀部，然后向前下方弹踢。弹踢时须表现出动作的制动（见图 8-1-7）。

图 8-1-7

（7）大踢腿跳

一腿加速前踢至一定高度时，膝盖伸直，收腹立腰脚面绷紧（见图 8-1-8）。

图 8-1-8

3. 上肢与躯干动作

（1）上肢动作

健美操手臂动作类型丰富，变化多样，它有臂的举（直臂、曲臂、单臂、双臂），臂的曲伸（同时、依次），臂的摆动（同时、依次、交替），臂的绕和绕环（同时、单臂、双臂、小绕、中绕、大绕），臂的振动等动作组成,上肢动作的不同变化大大丰富了健美操的动作内容。

（2）躯干动作

肩部动作由提肩、沉肩、绕肩、肩绕环等动作组成。

胸部动作由含胸、挺胸、移胸等动作组成。

腰部动作由曲、转、绕和绕环等动作组成。

髋部动作由顶髋、提、绕髋和绕环等动作组成。

（二）动作组合

1. 动作解析

本组合共有 4 个八拍(高低冲击力动作)。此组合以跳跃类的动作为主,由后踢腿跑、吸腿跳、弓步跳等步伐组成,动作舒展有力,可以提高学生的协调性和灵活性。

第一个八拍:

1—8 拍,左脚开始做四次吸腿跳。1—2 拍,两臂胸前平曲。3—4 拍,两臂上举。5—6 拍,两臂前平举,同时向左转身 90°。7 拍,左臂前平举,右臂胸前平曲,头向右转 90°。8 拍,还原。手形:拳。

第二个八拍:

1—4 拍,左脚开始向前走三步。4 拍,向右跳转 180°。1 拍,两臂经胸前至前平举。2 拍,两臂胸前平曲。3 拍同 1 拍。4 拍,体前击掌。手形:拳。5—8 拍,同 1—4 拍,方向相反。第 8 拍向左跳转 90°,还原到正前方。

第三个八拍:

1—4 拍,左脚开始向前后踢腿跑。1 拍,两臂侧上举,分掌。2 拍,体前交叉,握拳。3 拍,向外绕至侧上举,分掌。4 拍,还原。5—8 拍,左、右腿依次向前弹踢腿跳。5 拍,两臂前上举,握拳。6 拍,胸前交叉,握拳。7 拍,两臂侧平举,分掌,掌心向前。8 拍,还原。

第四个八拍:

1—4 拍,左脚开始后踢腿跑,向左后转身 360°。1—3 拍,两臂侧下举控制,握拳。4 拍,体前击掌。5—8 拍,左、右依次做弓步跳。5 拍,两手互握前平举。6 拍,两手互握上举。7 拍,左臂侧上举,右臂侧下举,并掌。8 拍,还原。

2. 练习方法

1）分解法和完整练习法。对多关节、多部位的复合性动作,常采用由下肢到上肢最后全身配合。同时听口令从慢速逐渐加速到常速,再配音乐进行完整练习。

2）"一对一"练习法。激发练习者的积极性,提高和改进动作技能。

3）领操练习法。由练习者互相带操,完成组合动作。提高动作的熟练性、节奏及连接方法。

4）表演与比赛法。分组进行展示,体现团队的协作、互助精神和竞争意识。

3. 易犯错误与纠正方法（见表 8-1-2）

表 8-1-2

易犯错误	纠正方法
动作不到位	加强单个动作的规范练习
动作不连贯	注意身体重心转换时的控制
动作与音乐不一致	多听、多练,提高乐感和动作的协调性

四、裁判规则与比赛欣赏

竞赛,是一种重要的体育活动形式,是根据一定规则进行的竞技性娱乐活动。健美操的观赏在满足人们审美需求方面起着特殊的作用。在竞技健美操比赛中不仅运动员能体验到美,旁观者也能获得美感。欣赏比赛能调节情感,愉悦身心,陶冶情操,是人们文化生活的重要组成部分。那么我们怎样来评判和观赏健美操呢?

首先,我们要在了解一定的评分方法的基础上从动作的完成情况来评价。一套竞技健美操包括造型托举动作、操化动作和难度动作。

1) 造型托举动作包括开场结束造型,以及两人以上项目的托举。在做托举动作时主要看动作的新颖性、难度及姿态,如展现柔韧时一定要挺拔,腿尽量伸直。而五人、有氧舞蹈、有氧踏板等集体项目同时完成多个托举时,不仅要看以上内容,而且还需整体的一致性、整齐性,这样才能给观众一种和谐统一的感觉。

2) 操化动作指的是成套动作中要有站立式连续多个八拍的动作组合,组合动作要有空间、方向、方位的变化,在集体项目中应相映、相间、相背。

3) 对于难度动作的鉴赏相对比较复杂。难度动作很多,可分为动力性、静力性、跳与跃、平衡与柔韧四类。单人项目做这些动作时,主要看完成的质量腾空的高度、幅度,动作的舒展大方,支撑动作的持续时间变化及稳定性,平衡、控腿的控制能力、稳定性,劈叉、俯卧撑的质量。不能只看到运动员所做的难度多大,应该更注意动作的质量和运动员自身的能力。集体项目做难度动作时,还应该达到整齐一致。

在观赏竞技健美操时,不仅要看动作的难度,而且要求动作有力、幅度大、动作的准确性、轻巧性、熟练性和协调性。竞技健美操动作幅度大,具有向空间充分延伸的美为特征。运动员完成动作整齐画一、协调一致,是健美操集体项目评判和观赏的重要方面。

"力度"是健美操的重要特点之一,与成套动作质量密切相关,它区别于人们对力量的理解,它是运动时力的速度变化,是通过加速到短暂制动来体现的。僵直、笨拙的动作不是力度的表现。

竞技健美操分为单人(男单、女单)、双人、三人、五人、有氧舞蹈、有氧踏板项目,其特点各不相同。男单动作应豪放,体现男子的阳刚之气。女单动作应优美,刚柔结合。双人项目要突出男、女运动员的协调配合和情感交流,动作、音乐情绪自然流畅。多人项目强调动作的协调一致。我们在观赏一套竞技健美操时还应结合音乐、运动员的表情、形体等。

音乐是健美操的灵魂,音乐赋予了健美操特有的活力。但要合理选择音乐,使动作与音乐风格统一,通过动作来表现音乐的内涵,才能给观众以赏心悦目的感觉。运动员的表现力也是我们观赏健美操的一个重要方面,优秀运动员在场上会合理地结合动作,与裁判和观众有所交流,运动员在场上表现自然、有激情。在集体项目中运动员的表现应强调一致性,场上队员之间也应有交流。一般来说健美操运动员的体形都是肩宽腰细,臂薄肢长,形体较优美,集体项目中男运动员之间的身高与女运动员之间的身高、形体应尽量接近这样才能给裁判和观众产生和谐的感觉。

整体评价:成套动作应体现健美操的本质特征,通过所用动作、音乐、表现的完美结合,突出健美操风格,富有创造性。动作连接巧妙、流畅、连贯。套路有起伏,动作节奏有变化,充满感染力,具有良好的表现力。

在着装和仪容方面,设计新颖、得体统一的健美操服装、鞋子和整洁的发式,展现了运动员的精神面貌,使运动员的形体更加优美,为比赛增添了魅力。

当前健美操的发展很快,技术动作难度大,连接新颖独特,与音乐配合紧密,动作更加舒展,协调美观,轻松自如,具有丰富的艺术表现力。它充分表现了各种优美的人体造型,体现青春活力,有较高的审美价值,一套好的健美操,集健身、艺术表现为一体,使人赏心悦目,振奋精神,给人以美的享受。

参考文献

[1] 季克异.形体健美与健美操[M].北京:高等教育出版社,1995.
[2] 肖光来.健美操[M].北京:人民体育出版社,2004.

第二节 艺术体操

一、概述

什么是艺术体操(Rhythmic Gymnastics),这是学习艺术体操首先要了解的最基本的问题。艺术体操是一项以塑造健美体形、形成优美体姿、培养高雅气质为主旨,在自然体操的基础上,融入音乐、舞蹈、轻器械等元素,运用体育与艺术相结合的手段,在一定空间和时间内,完美表现女性身心与气质美的体育运动项目。它既是一项具有创新空间的高难度、高水平的竞技体育项目,也是一项适合女子生理、心理和身体练习特点,能有效增进女性身心素质的大众性体美练习与体美表演活动。因此,无论是在体育与艺术相融发展的今天,还是在竞争与创新发展的未来,艺术体操运动始终会在人们对艺术体操核心价值越来越精辟的梳理与认识中,在现代女性对健美体形、优美体姿和高雅气质越来越炙热的崇尚与追求中,彰显出无限美好的前景。

(一)艺术体操的起源与发展

在现代奥林匹克竞赛项目中,艺术体操是一个优美而极具创新潜质的项目。然而,要透视艺术体操的起源、形成与发展,就需要追溯至18世纪末、19世纪初的欧洲。

18世纪末19世纪初,是欧洲继文艺复兴、宗教改革及法国大革命之后思想创新非常活跃的时期。在这个特殊的历史时期中,各种思想、各种学派、各种争论、各种变革和创新都能得以自由发展,许多划时代的教育家、哲学家、文学家、音乐家、艺术家和体育学家以及他们的经典作品都相继诞生在这一时期。以追求女性健美体形、优美体姿和高雅气质、探索体育与艺术相融发展为宗旨的艺术体操,正是在欧洲这样一个特殊的历史文化背景下孕育的。

1. 艺术体操的起源

艺术体操的起源是以德尔沙特自然体操体系为标志,而艺术体操的形成则是一个逐渐完善的历史过程。从19世纪中叶起,在艺术体操起源思想与实践的基础上,一些生理学家、音乐家、舞蹈家和体操家们又不断地对其进行探索、改革、完善和创新。

艺术体操起源于欧洲,20世纪40年代影响、传入美洲,50年代传入亚洲。然而,真正影响世界并快速发展却是从60年代初艺术体操以一个独立、新型的体育项目列入国际体联的发展体系后至21世纪的今天。可概括地将其分为国际化发展阶段和现代发展阶段。

2. 艺术体操的发展

1963 年,在匈牙利首都布达佩斯举行的首届锦标赛是国际体联对这项新型女子体操项目的首次尝试。同时决定每两年举办一次世界锦标赛。共 10 个欧洲国家派出的包括欧洲以外国籍的 28 名运动员参加了本届比赛,集中展示了代表当时最高水平,苏联运动员柳得米娜·萨文科娃获得了个人全能冠军,成为历史上第一位艺术体操世界锦标赛的冠军。

1996 年,艺术体操集体项目也被列入奥运会比赛项目并在第 26 届亚特兰大奥运会上举行了首次比赛。这意味着艺术体操国际化发展目标阶段性的实现。同时,国际体联艺术体操技术委员会相继公布的几项重大决定,也对艺术体操进入现代发展阶段有着重要的推动与指导作用。

1987 年:艺术体操集体项目比赛由一套动作增加为两套动作。

1989 年:艺术体操比赛音乐只能一名乐师使用一种乐器伴奏改为可用多种乐器伴奏。

1992 年:艺术体操世界锦标赛和欧洲锦标赛由每两年改为每一年举行一次。

1996 年:艺术体操集体项目由 6 人减为 5 人。

1997 年:正式将沿用了 22 年之久的艺术体操英文名称 Rhythmic Sportive Gymnastics(竞技韵律体操)改为 Rhythmic Gymnastics(艺术体操)并沿用至今。

艺术体操现代发展阶段(1997 年至今)

20 世纪 90 年代末至今,是艺术体操的现代发展阶段。高水平、创新性发展是本阶段最主要的特征。俄罗斯在艺术体操领域中持续不断的努力和卓越的成就,为现代艺术体操高水平、创新性的发展起到了至关重要的推动和引领作用。

3. 中国艺术体操的发展

对中国而言,艺术体操是一项全新的引进型体育项目。将艺术体操全面传入中国的是苏联。艺术体操在我国的发展是与时代和国家的发展紧密相关的,它的发展可以概括为三个主要的历史时期。

1981 年中国艺术体操队第一次参加在德国慕尼黑举行的第十届世界艺术体操锦标赛,1982 年艺术体操被列入全国大学生运动会竞赛项目,1983 年首届中国艺术体操锦标赛在湖南邵阳举行,同年,艺术体操项目首次被列入全运会竞赛项目。1984 年在第 23 届(洛杉矶)奥运会上艺术体操首次成为奥运竞赛项目。

(二) 分类、特点与作用

艺术体操是一项近代形成与发展的女子体育运动,在不断创新、不断完善、不断发展的历史进程中,逐步形成了艺术体操项目的特点、种类和内容。

1. 艺术体操的特点

与其他体育项目相比,艺术体操不但具有适应女子心理和生理特征及在音乐伴奏下持器械运动的特点,同时,更具有体育与艺术相融发展、合理运用多种轻器械和完美展现女性优美体姿的本质特点。

(1) 体育与艺术相融发展的项目特点

在现代体育发展时代,艺术体操更广泛地借鉴和融入了古典芭蕾、现代芭蕾、现代舞、民族民间舞等不同种类的舞蹈元素,更广泛地借鉴和运用了古典音乐、民族民间音乐、现代音乐、流行音乐等不同风格、不同节奏的音乐旋律,刻意更宽泛地追求所有舞蹈类型中的体美表现元素,所以,在全世界 224 个国家和地区的 1 883 个民族中,不同类型、不同风格、不同形式、不同时代和不同文化背景的舞蹈类型中的体美表现元素,都是艺术体操学习、借鉴、汲取和相融的对象。由此,构成了现代艺术体操广袤无垠的体美表现的资源平台,加之体育元素、器械元素、音乐元素的叠加,艺术体操成为现代体育中,体育与艺术结合最紧密,体美表现和创新资源最丰富的女子体育项目。

(2)合理运用多种轻器械的运动特点

运用多种轻器械是艺术体操的运动特点。

1962年,艺术体操被国际体联确定为独立的女子运动项目后,手持轻器械的运动特点又得到更充分、更广域的体现和发展。在竞技艺术体操领域中,轻器械种类从早期的绳、藤圈、彩球、纱巾等轻器械中,逐步地进行优存劣汰,发展成统一的、规范的、相对固定的5种轻器械,即:绳、圈、球、棒、带,形成了在音乐旋律中身体动作与器械动作融为一体的,合理运用多种轻器械的运动形式及特点。

更引人注目的是,在大众艺术体操领域中,除包括竞技艺术体操中绳、圈、球、棒、带5种轻器械外,还涵盖了以纱巾、花环、彩球、哑铃、扇、手鼓等为代表的几乎所有的有助于身体练习和体美表现的、不同国家与民族风格的各类手持轻器械。因此,在音乐旋律中身体动作与器械动作融为一体,合理运用多种轻器械的运动特点,在大众艺术体操中就体现地更为突出。

(3)完美表现女性优美体姿的美感特点

完美表现女性优美体姿,是艺术体操运动的美感特点。

在艺术体操形成时期,艺术体操就是一项适合女性生理、心理和身体特点,以形成并完美表现女性优美体姿为突出特点的女子练习项目。在现代艺术体操理论与训练体系中,无论是体育与艺术相融,还是多种轻器械的合理运用,也无论是各种类型的把杆练习、地面练习、中间舞姿练习、韵律节奏练习等为代表的艺术素质训练,还是以柔韧练习、转体练习、跳跃练习、平衡练习、灵敏性练习为基础的体育素质训练,都延续更丰富了形成和完美表现女性优美体姿的运动本质与特征。正是由于艺术体操刻意的全面追求对女性健美体形塑造、优美体姿形成和高雅气质培养的独特的训练体系,形成了与健美操、花样游泳、花样滑冰等为代表的体美类体育项目迥然不同的、重在女性优美体姿和体美表现的美感特点。矫健柔美、高贵高雅是艺术体操美感特点的表现主体,而美感特点的审美客体则是艺术体操中无处不在的健美体形、优美体姿和高雅气质。

2. 艺术体操的分类

艺术体操分为竞技艺术体操和大众艺术体操两大类型,则是基于竞技体育运动与大众普及运动的类型划分。

(1)竞技艺术体操

竞技艺术体操是以竞技比赛为目的,有统一、规范的比赛程序和评分规则,其重大的国际赛事有:奥运会、世界锦标赛、世界杯赛、欧洲锦标赛、四大洲锦标赛(亚洲、大洋洲、北美洲、拉丁美洲)、亚洲锦标赛、青奥会和世界大学生运动会等。在国内重大的艺术体操赛事有:全运会、全国锦标赛、全国冠军赛、全国青少年锦标赛。

(2)大众艺术体操

大众艺术体操是以提高身体素质、培养女性优美体姿和高雅气质为目的大众性体育活动。根据内容、形式和受众群体的类型,大众艺术体操中又包括:教学类、表演类、健身类和康复类艺术体操。

(3)教学类艺术体操

教学类艺术体操以学校体育课程或课间教育为主体,是大、中、小学及幼儿园中体育教学的手段之一。根据各院校的具体情况,艺术体操设置为专修、普修、选修、公共体育课程和课间体育练习。

教学类艺术体操分为理论学习与身体训练两部分,通过课程的学习,较系统地掌握艺术体操的基础知识、基本原理、基本训练方法和基本技能。为今后更高水平的学习、训练和从事艺术体操教学、训练与管理等工作奠定坚实的知识与技能基础。

(4)表演类艺术体操

表演类艺术体操是以表演为目的,具有突出舞蹈的韵律与美感,偏重艺术编排和艺术表现,不受规则、人数、器械种类和规模限制的特点。因此,无论是重大庆典活动、舞台表演、比赛与娱乐交流都是表演类艺术体操施展的平台。

(5)健身类艺术体操

健身类艺术体操是以增强身心健康为目的。与其他健身类体育运动相比,健身类艺术体操更注重对健美体形、优美体姿、高雅气质的培养。

健身类艺术体操突出艺术体操中柔韧性、协调性、灵敏性、平衡性和韵律性练习,突出基于健康的体形、体姿的培养。由于健身类艺术体操具有动作流畅、难度适中、节奏明快、活泼有趣、针对性强等特点,因此不同职业、不同年龄结构的人员都可以参加学习和练习,并能取得明显效果。

(6)康复类艺术体操

康复类艺术体操是以改善和矫正身体不良姿态为目的,通过康复类艺术体操有针对性地组合练习,预防、纠正某些习惯性错误姿势引起的身体形态结构的改变,达到改善身体不良姿态和身体康复的目的。

3. 艺术体操的作用

艺术体操核心价值就是对艺术体操运动存在与发展的本质因素的提炼,同样,也是对艺术体操功用本质的理性认识。

(1)健美体形的塑造

艺术体操练习不仅对人体大的关节和肌肉群有练习作用,还对各小关节(脚趾、手指、胸腔肋骨)、脊柱(颈椎、胸椎、腰椎、骶椎)的专门练习,这有别于其他体育项目的最大不同点。长期从事艺术体操练习会促使四肢肌肉群有延伸感并富有弹性;可避免脚掌凹陷,增强脚趾、脚弓力量;促使臀部肌肉上提,提高身体重心,注重身体的直立和挺拔感,这些都是经过长期的科学训练得以证实。其中有许多内容和方法,已逐步被运用在其他运动项目、舞蹈为代表的体育与艺术领域中;同时,在大、中专院校及中、小学的形体训练课程、各类健身俱乐部中也被广泛地运用。由此,看到艺术体操经数百年发展的训练体系,对塑造、发展女子健美体形的绩效,看到在人类对健美体形永无止境的向往与追求中,艺术体操存在必然的发展价值。

(2)优美体姿的形成

体姿是指人体的行为姿态,除包括坐、卧、站立、行走、跑跳等身体行为外,更无处不在地表现在举手投足的意识行为中。优美的体姿,是良好素质的形体表现,需要通过后天的教育和培养才能逐渐地形成,艺术体操基于体美表现的训练体系,就包含了丰富的促进优美体姿形成与发展的内容、方法及功能。

具有美感的人体线条始终是倾向于动心的,即使在静态中也如此。然而真正具有美感的线条又始终是倾向静态和动态的,即使在最快速的运动中也如此。就是这种动态中的静态,使运动有了永恒的性质,有证据表明,两种不同的美,即人体的理想美和运动的理想美是可以完美地结合在一起的。

构成艺术体操体美表现的核心要素有三点:健美体形、身体能力素质和艺术表现力。艺术体操站在科学、系统、完整的训练体系的高度,将对体形美、体态美、体姿美、动作表现美和情绪表现美精致的培养和苛刻的要求,渗透在形体训练、能力素质训练尤其是艺术表现力训练的每一个细节中。

(3)高雅气质的培养

艺术体操对高雅气质严格其至苛刻地培养,始终融会贯穿在艺术体操学习与训练的全部过程中。例如:在从形体训练开始就始终融贯全程的芭蕾基训中,在极其严格、规范的"开、绷、直、立"和从脚尖、脚背、髋部、肩部、躯干、手臂、头、方向、舞姿、表情、连接技术等古典芭蕾舞体系的素质训练中,尤其注重对高雅气质的熏陶与培养,强化对古典芭蕾中所蕴含的法国古典主义经典内涵的领悟和理解。

在艺术表现力训练阶段乃至精心提炼、编排的成套表演中,艺术体操会极其广泛地接触到不同种类、不同表现特点和不同民族的舞蹈风格与音乐旋律,包含古典的、现代的、流行的、民间的艺术风格。在借鉴、学习、练习与运用它们的过程中,艺术体操同样刻意与提炼并理解其深刻的文化与精神内涵,从中吸取并丰富基于美的、有助于高雅气质培养与形成的核心要素,包括健康的、愉悦的、欢快的、纯朴的、开朗的、向上的、不同文化内涵、真善美的要素。

艺术体操表现美、体现美、追求美的运动本质,是艺术体操高雅气质培养与形成的最本质、最永固的基石。

二、基本技术

舞台、教室方位图

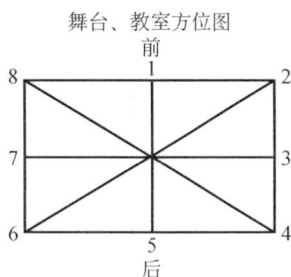

图 8-2-1

(一)舞台方位(见图 8-2-1)

为了表明人的身体在场地上所处的方位,把开始确定的某一方面(舞台、教室)定位基本方位的第 1 点,按顺时针方向,每 45°为一个基本方位。将场地划分为 8 个基本方位。即 1,2,3,4,5,6,7,8 点。

(二)基本体态

艺术体操素称"地毯上的芭蕾",其基本体态与芭蕾舞基本相同——开、绷、直、立、轻、高、快、稳。其中开、绷、直、立是基本体态,轻、高、快、稳则是具体动作要求。

1. **基本站姿**

自然站立(小八字立),二脚后跟靠拢,双膝并拢,立腰拔背,两肩下沉,双手垂于体旁,重心略向前,目视前方,保持稳定的重心和挺拔的姿势(见图 8-2-2)。

易犯错误与纠正方法(见表 8-2-1)。

图 8-2-2

表 8-2-1

易犯错误	纠正方法
重心后倒	头顶一物、站立
腰部未挺立、塌腰	靠墙站立

2. 基本手形

在艺术体操动作中,手臂可保持伸展弧形或曲臂的形状。手的基本形状是手指并拢拇指与中指向里合。当手臂伸展时手指和手腕随之伸展,在手背处呈反弓形。当手臂成弧形时,手指、手腕放松(稍曲),使整个手臂从肩至手指尖成一柔和的弧线(见图8-2-3)。手形随手臂姿态而灵活变换,在某些具有特殊风格的动作中,手掌伸展成五指分开或曲成半握拳的形状。

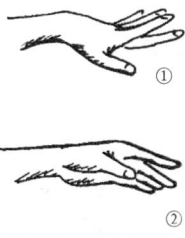

①

②

图 8-2-3

3. 芭蕾手位(见图8-2-4)

身体面向1点方位,双脚小八字站立。

(1) 一位手

双臂自然弯曲在身前,胳膊肘和手腕稍圆一些。手臂与手成椭圆形,放在身体的前面,两手的中指相对,并留有一拳的距离。

(2) 二位手

保持弧线,慢慢抬到腰上平行(上半身的中部,腰以上、胸以下的位置),手心向内对着自己。但在动作过程中,要注意保持胳膊肘和手指这两个支撑点的稳定。

(3) 三位手

保持弧线继续上抬至额头前上方,不要过分向后摆。不抬头用眼睛余光就能看见手指的位置。

(4) 四位手

左手不动,右手切回到二位,形成四位手。

(5) 五位手

左手不动,右手保持弯曲成椭圆形,从手指尖开始慢慢向旁打开。在过程中胳膊肘和手指两个支撑点要保持在一个水平面上,手要放在身体的前面一点,不要过分向后打开,起到延续双肩线条的作用。

(6) 六位手

右手不动,左手从三位手切回到二位,组成六位,形成舞姿。

(7) 七位手

右手不动,左手打开到旁边,双手放在身体的两边呈半弧形姿态。

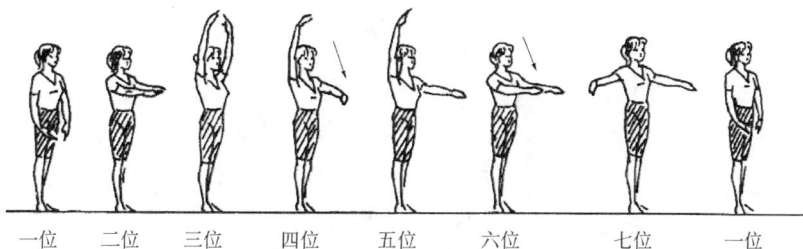

| 一位 | 二位 | 三位 | 四位 | 五位 | 六位 | 七位 | 一位 |

图 8-2-4

易犯错误与纠正方法(见表8-2-2)。

表 8-2-2

易犯错误	纠正方法
肘关节位置不正确	手臂控制练习耸肩
肩胛骨向脊柱夹紧活动线路不到位	在最长的运动路线

4. 芭蕾脚位(见图 8-2-5)

1)一位:双脚自然站立(小八字位),脚跟并拢,两脚尖向外打开 180°,两脚跟紧靠在一直线上。

2)二位:双脚在同一直线上打开,脚跟之间相距一脚距离。

3)三位:类似于中国舞丁字步,前脚跟靠后脚中点。

4)四位:两脚前后平行,脚尖对脚跟中间保持一脚的距离。

5)五位:前脚尖与后脚跟对齐相靠。

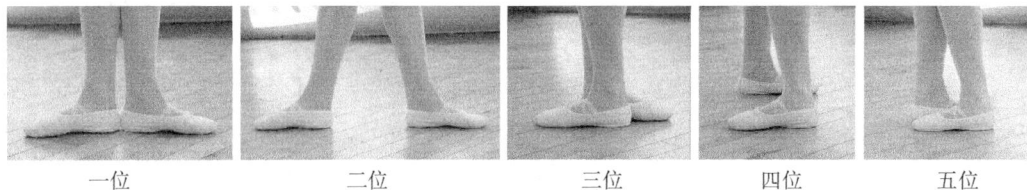

| 一位 | 二位 | 三位 | 四位 | 五位 |

图 8-2-5

易犯错误与纠正方法(见表 8-2-3)。

表 8-2-3

易犯错误	纠正方法
内倒脚	不过分要求脚外升
重心掌握不正确	要求重心放在脚掌

(三) 基本步法与舞步

1. 柔软步(见图 8-2-6)

动作做法:

由自然站立开始左腿脚面和膝关节绷直向前伸出,脚面向外,由脚尖过渡到全脚掌着地,身体重心随之前移,接着换右脚向前,两腿交替行进,两臂自然前后摆动。柔软步还可向后、向侧或沿弧线行进。

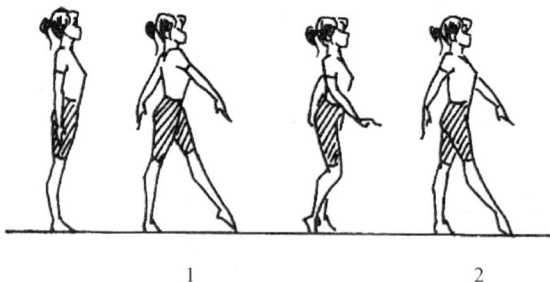

图 8-2-6

动作要领:

摆动腿经曲膝向前伸出时脚面、膝关节绷直并外旋,经脚尖过渡到全脚掌着地时,脚尖向外,脚跟主动向前顶,重心随之前移,髋部随两腿的位移而转动。

教学步骤:

◎ 两手叉腰进行柔软步的分解慢动作练习(两拍一动)。基本掌握要领后加快速度(一拍一动)。

◎ 配合手臂动作练习柔软步。

◎ 掌握了向前柔软步之后,练习向后、向侧以及沿弧线行进的柔软步。

易犯错误与纠正方法(见表8-2-4)。

表8-2-4

易犯错误	纠正方法
出腿时膝盖未顶直	要求膝盖向后发力
脚跟先落地	脚尖主动着地

2. 足尖步(见图8-2-7)

动作做法:

预备姿势:起踵立,两手叉腰.

左腿脚面、膝关节绷直向前伸出(脚面稍向外),由脚尖过渡到前脚掌着地,同时重心前移,两腿交替行进(1 拍 2 步)。足尖步可向前、向后、向侧行进。在足尖步的基础上加快节奏(1 拍 4 步)缩小步幅(两大腿靠拢)做成足尖碎步。

动作要领:

始终高起踵,摆动腿充分绷直,步幅小,重心平稳。

教学步骤:

◎ 练习起踵立,掌握支撑技术。

◎ 两手叉腰练习向前向后的足尖步。

◎ 结合简单的手臂动作练习足尖步。

◎ 练习向侧的足尖并步以及原地足尖步转体 360°。

◎ 练习足尖碎步。

易犯错误与纠正方法(见表8-2-5)。

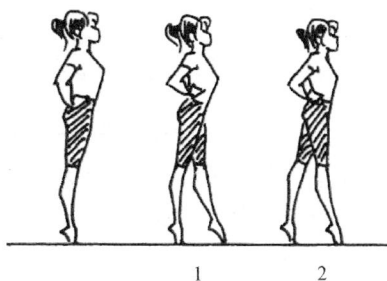

1　　2

图 8-2-7

表8-2-5

易犯错误	纠正方法
身体重心有高低起伏	头顶一物
身体有晃动	收腹立腰

3. 弹簧步(见图8-2-8)

动作做法:

以左脚为例

预备姿势:起踵立。

(1) 左脚向前柔软步并稍曲膝,重心移至左脚。

(2) 左腿伸直成起踵立,同时右腿脚面和膝关节绷直向前下方伸出,两臂自然前后摆动。

弹簧步可向后、向侧行进,还可在第 2 拍做举腿或原地小跳动作。

动作要领:

摆动腿脚着地前充分绷直,脚着地时由脚尖过渡到全

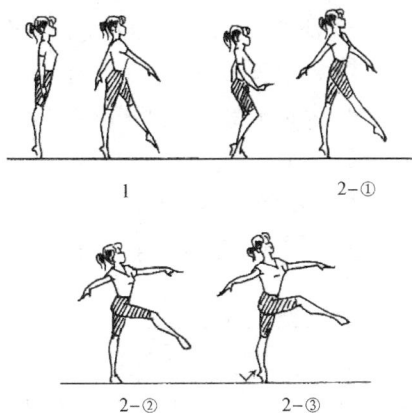

1　　　　　2-①

2-②　　2-③

图 8-2-8

脚掌滚动式着地,并有控制地依次曲踝、曲膝,接着依次有力地伸直膝、踝关节,成起踵立,整个蹲起过程保持稳定的重心动作要柔和、连贯、有弹性。

教学步骤:

◎ 在掌握柔软步、足尖步的基础上学习弹簧步。

◎ 练习曲膝弹动和起踵弹动。

◎ 扶把杆练习弹簧步。

◎ 两手叉腰或前后摆动做普通弹簧步。

◎ 练习前曲膝举腿的弹步和跳的弹簧步。

易犯错误与纠正方法(见表8-2-6)。

表8-2-6

易犯错误	纠正方法
身体重心不稳定	加强核心控制

4. 滚动步(见图8-2-9)

滚动步是两脚交替进行的、脚掌滚动式着地的动作,是表现柔软和弹性的步法,可原地或行进间练习。

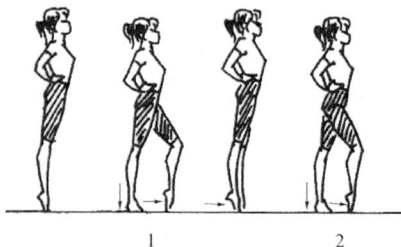

图8-2-9

动作做法:

预备姿势:起踵立。

(1)右脚由前脚掌滚动至全脚掌着地,重心移至右脚,同时左腿曲膝向前由前脚掌滚动至脚尖并向前滑动一小步,脚面绷直,脚尖点地。

(2)经双脚起踵立重心左移,左脚滚动至全脚掌着地,同时右腿曲膝向前,由前脚掌滚动至脚尖着地,脚面充分绷直向前滑动一小步。

滚动步可原地进行,也可向前、后行进,还可配合部的扭转及手臂的各种动作变化。

动作要领:

经两脚起踵立的过程,重心在两脚间移动。向前曲膝时小腿、脚面与地面垂直,动作连贯、柔和、有弹性。

教学步骤:

◎ 扶把,通过慢节奏的动作体会滚动步的要领,逐步加快速度,变换节奏。

◎ 两手叉腰由慢(2拍1动)到快(1拍1动)练习滚动步。

◎ 变换节奏或配合不同的手臂动作练习滚动步。

◎ 向后做滚动步。

◎ 向内做拧膝滚动步。

易犯错误与纠正方法(见表8-2-7)。

表8-2-7

易犯错误	纠正方法
动作过程中二腿没有同时立踵的过程	双手扶把立踵

5. 华尔兹

华尔兹是常用的 3/4 节拍的步法。可向前、后、侧进行,也可做华尔兹转体。

动作做法(以左脚为例):

(1) 向前华尔兹(见图 8-2-10)

预备姿势:起踵立,两臂侧举。

1) 左脚向前做柔软步并稍曲膝,重心随之前移,右臂经下向左绕。

图 8-2-10

2) 右脚开始向前做两次足尖步,同时右臂经上绕至右侧举。

(2) 向后华尔兹

动作同向前华尔兹、方向向后行进做,第一步可稍大些,身体随之转动。

(3) 向侧华尔兹(见图 8-2-11)

预备姿势:起踵立,两臂侧举。

1) 左脚向侧做柔软步并稍曲膝,重心随之移至左腿,上体向左转动两臂随身体在水平面上做波浪摆动。

2) 右脚在左脚跟后做足尖步,同时左腿伸直至起踵立。

3) 左脚在右脚旁并步起踵立。

(4) 华尔兹转体 180°

预备姿势:起踵立,两臂侧举。

1) 左脚向前柔软步,稍曲膝,同时右臂经下向前摆。

2) 右脚向前足尖步,同时向左转体 90°两上举。

3) 左脚做足尖步与右脚并拢,同时继续向左转体 90°。

4) 右脚向后做柔软步,稍曲膝,同时左臂经前向下。

5) 左脚向后做足尖步同时向左转体 90°,右臂经侧摆至上举。

6) 右脚做足尖步与左脚并拢,同时继续向左转体 90°。

图 8-2-11

图 8-2-12

(5) 华尔兹转体 360°(见图 8-2-12)

动作方法同(4),2—3 拍各转 180°。

动作要领:

柔软步曲膝时脚尖、膝盖向侧,足尖步高起踵,动作起伏自然,重心随出步而移动。转体的华尔兹在 2—3 拍边走边转。

教学步骤:

◎ 在掌握柔软步、足尖步的基础上学习华尔兹步。

◎ 做三拍的节奏练习"低、高、高",重复练习,并灵活变换方向。

◎ 慢速体会动作细节,逐步变换成正常速度。

◎ 基本掌握步法后,可配合手臂波浪或绕摆动作练习。

◎ 在前、后华尔兹的基础上学习转体的华尔兹。

易犯错误:第三拍的时候身体重心发生变化、出现低、高、低的错误动作。

6. 波尔卡(见图 8-2-13)

波尔卡舞步轻快活泼,可向前、后、侧或转体做。以向前波尔卡为例。

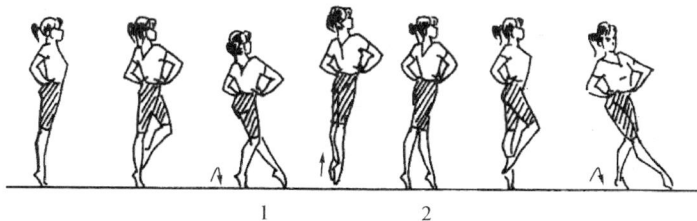

图 8-2-13

动作做法:

预备姿势:自然站立,两手叉腰。

节前拍:右脚原地轻跳,左腿经屈膝向前伸直至前下举,上体稍向左转。

(1) 左脚向前一步,右脚随之向左脚并步。

(2) 左脚再向前一步,接着左脚原地小跳,右腿伸直前下举,上体稍向右转 3—4 同 1—2.换右脚开始。

动作要领:

节前小跳是波尔卡舞步的特点,小跳并步要蹬起来,在地面上滑动,重心随之移动。

教学步骤:

◎ 原地练习节前小跳动作,掌握波尔卡步的基本方法。

◎ 两手叉腰练习,向前、后、侧移动的波尔卡基本步法。

◎ 变换手臂动作进行练习。

◎ 将向前、向后、向侧波尔卡串联练习。

易犯错误:节前拍.没有原地轻跳。

7. 卡洛步(见图 8-2-14)

图 8-2-14

卡洛步俗称并步跳。

动作做法:

预备姿势:自然站立,两臂侧举。

（1）前半拍：左脚向前一大步，重心随之前移成小马步，接着左脚蹬地跳起，右脚在空中与左脚并拢。

（2）后半拍：右脚落地并稍曲膝，左腿前下举。

动作要领：

经弓步前腿蹬地跳起，空中两腿绷直夹紧，脚尖向下，上体正直。

教学步骤：

◎ 慢节奏练习经弓步向前并步成起踵立。

◎ 完整动作练习（左、右腿交替在前）。

◎ 练习向侧或向后的卡洛步。

8. 波浪动作

波浪形动作是艺术体操的典型动作，可发展身体的柔韧、灵活及协调运动的能力。有手臂波浪、躯干波浪和全身波浪。

（1）手臂波浪

动作做法：以左臂向前波浪为例（见图 8-2-15）。

左肩向前转动，以左肩向上带动上臂、前臂、手腕、手指依次向上移动，肩、肘、腕、指关节依次弯曲，并随之依次向下伸展。在波浪过程中形成曲肘伸腕和伸肘曲腕的反向弯曲姿态。手臂波浪动作幅度可大可小，可在不同位置、向不同方向进行，两臂可同时或依次进行，可同方向或相反方向进行。

动作要领：

各关节弯曲与伸展要依次、连贯地进行，由近侧端开始发力，向远端传递形成浪峰推移。在手臂波浪中肘关节随手臂上下摆动而转动。

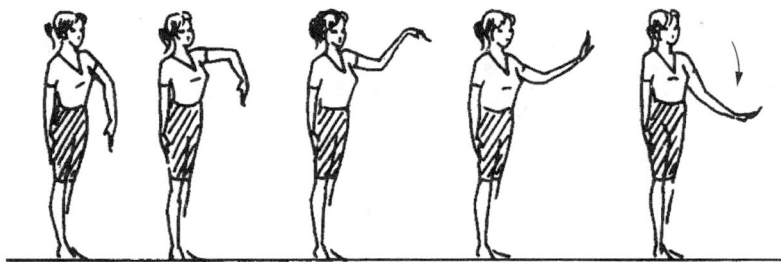

图 8-2-15

教学步骤：

◎ 练习手指、手腕的小波浪动作。

◎ 分解练习提肘压腕、沉肘提腕反向弯曲的动作。

◎ 完整练习手臂波浪，先做单臂波浪，再做双臂波浪。

◎ 改变手臂位置练习不同方向的波浪。

（2）躯干波浪（见图 8-2-16）

动作做法（以跪坐波浪为例）：

由跪坐开始，腰、胸、颈各关节依次前挺后曲，上体前倾使胸贴大腿，接着腰、胸、颈依次后移前曲，经弓背、含胸、低头的过程依次还原成上体正直。躯干波浪还可在跪立、坐卧以及站立的条件下进行。

图 8-2-16

动作要领:

躯干部位腰、胸、颈各关节依次后曲、前曲或侧曲,随之依次伸展,各关节依次动作要连贯、充分,以形成波浪的推移运动。在躯干波浪中头部积极参与,下须画立圆躯干呈现出 S 形弯曲。

教学步骤:

◎ 慢动作分解练习,体会躯干反向弯曲的姿态和依次用力的感觉。

◎ 由慢到快练习完整动作。

◎ 改变支撑条件练习躯干波浪。

(3) 全身波浪

动作做法:

全身波浪指从脚至头,全身参与的身体波浪,有向前、后、侧或边绕环边进行的螺旋形波浪。

1) 身体向前波浪:由半蹲上体前曲开始,膝、髋、腹、胸、颈依次向前上方挺出,经含胸、低头、挺髋的反向弯曲,上体大幅度后曲,两腿积极蹬伸,身体各关节由下至上依次伸展还原成直立。动作中两臂由前经下向后绕至上举,全身协调配合(见图 8-2-17)。

图 8-2-17

2) 身体向后波浪:由站立开始,上体后曲,膝、腰、胸、颈各关节依次前曲,经挺胸抬头、曲髋的反向弯曲姿势,依次弓背、含胸、低头至上体前曲姿势,同时手臂经后下绕至前下方(见图 8-2-18)。

图 8-2-18

3）身体向侧波浪(以左侧波浪为例)：由左脚尖侧点地、两臂右侧上举、上体左侧曲开始,右腿、左腿依次曲膝向左侧移重心的同时,髋、腰、胸、头依次经前曲向左侧上方挺出至左腿直立,右脚尖侧点地,上体右侧曲,两臂随之经下摆至右上方(见图8-2-19)。

图 8-2-19

4）螺旋波浪(以左侧为例)：上体向左做水平绕环的同时完成全身向后波浪接向前波浪的动作。两臂随上体的绕动完成体前水平中绕环接头上水平大绕环动作(见图8-2-20)。

图 8-2-20

动作要领：

由腿部开始发力,膝、髋、腰、胸、头依次向波浪方向挺出。上体和下肢反向位移,保持动作平衡,形成 S 形弯曲。全身各关节由下至上依次弯曲随之依次伸展的动作要连贯、松弛,幅度大。

教学步骤：

◎ 在躯干波浪的基础上学习全身波浪。

◎ 手扶把杆练习,由分解动作到完整动作,体会反向弯曲和依次用力的顺序及重心的控制。

◎ 徒手练习全身波浪,幅度由小到大。

◎ 在掌握了前、后、侧全身波浪的基础上学习螺旋波浪。

9. 平衡动作(见图 8-2-21)

平衡动作是指以身体某部位(脚、膝、臀)支撑地面,配合手臂、躯干和腿构成平衡姿态,保持一定的时间。一般常见的平衡用单脚支撑,另一腿举起。通过平衡动作的练习,可发展肌肉力量,增强控制重心稳定性的能力。以曲膝前(侧、后)举腿平衡为例：

动作做法：

左脚站立或起踵立,右腿曲膝前举(或侧举、后举),两手叉腰(或上举、侧举)。保持 2—3 秒不动。

动作要领：

支撑腿充分伸直,脚掌及跟部用力使重心控制在支撑面之内。举起的腿及腰部肌肉用力控制姿态造型。

教学步骤：

◎ 扶把练习单脚站立,另一腿曲膝前(侧、后)举,保持 2—

图 8-2-21

3 秒不动,左右腿交替进行。

◎ 熟练掌握后,要求支撑腿起踵立。

◎ 变换手臂位置进行练习

◎ 在曲膝举腿的基础上练习直腿前、侧、后举的平衡动作。

10. 转动和转体动作(见图 8-2-22)

身体某部分绕自身的纵轴可向左、右或内、外做转动。整个身体以一脚或两脚为支撑点,绕垂直轴做各种转体动作。

(1) 转动

动作做法:

头部或躯干绕身体纵轴向左右转动,转动时,相邻的部位固定,以形成稳定的支点(例如转头固定肩、转上体固定),肢体平行拧动。

图 8-2-22

动作要领:转动时相邻的部位固定,相邻的关节放松,转动的肢体要平行拧动。

教学步骤:

◎ 幅度由小到大、节奏由慢到快练习转动。

◎ 在上体弯曲的同时转头或转胸。

(2) 双脚转体(见图 8-2-23)

动作做法:

1) 双脚转体 180°:由自然站立开始,左脚向前一小步,双脚起踵向右转体 180°,同时两臂经侧至上举。

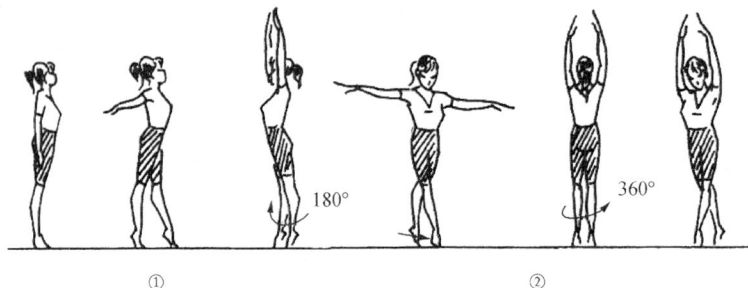

图 8-2-23

2) 双脚转体 360°:由自然站立开始,右脚向左脚左侧交叉一步,双脚起踵向左转体 360°同时两臂经侧至上举。

动作要领:

转体时高起踵,两腿夹紧,紧腹收臀,挺胸立腰,以领肩、转髋带动整个身体转动,头随之迅速转动。

教学步骤:

◎ 练习双脚起踵立。

◎ 练习上步起踵转体 180°退步起踵转体 180°。

◎ 练习两脚交叉转体 270°、360°。

3）单腿后举转体 360°(见图 8-2-24)。

图 8-2-24

动作做法：

由右脚站立、左脚前点地、两臂右侧举开始,左腿曲膝成弓步,左臂经前向左摆动带动上体向左转动,此时蹬腿移重心成左脚起踵立、右腿后举、左臂左前上举、右臂右后下举的姿态,保持这一姿态向左转体 360°。

动作要领：

以手臂的水平圆周摆和蹬腿、立踵为转体动力,蹬摆动作要在保持身体重心平稳的前提下进行。转体时高起踵,支撑腿充分伸直,立腰,背部肌肉收紧控制后腿姿态。

教学步骤：

◎ 练习经弓步至起踵立、另一腿后举的动作,体会正确姿态和对重心的控制。

◎ 练习摆臂拧转上体的动作。

◎ 练习完整动作,由转体 180°到 360°,逐步增加度数。

4）平转(见图 8-2-25)。

动作做法：

预备姿势:起踵立,两手叉腰,目视左侧目标。

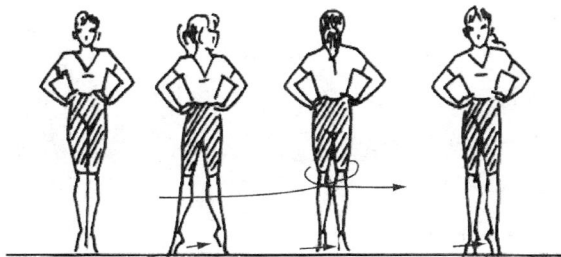

图 8-2-25

前半拍:左脚向侧一小步,同时向左转体 180°,右脚以前脚掌在右侧着地,目视右侧目标。

后半拍:以右脚为轴向左转体 180°左脚向侧一步前脚掌着地,同时头部迅速向左转动(平甩),目视左侧目标。

动作要领：

平转时高起踵,两大腿夹紧,步幅小,两脚在一条直线上移动,身体正直,重心在两脚上转换,头部动作(留头、平甩)与转体协调配合,两眼始终注视目标,转体快速连贯。

教学步骤：

◎ 原地练习足尖踏步，体会两脚前脚掌依次支撑转换重心的感觉。

◎ 练习向侧足尖并步连续进行。

◎ 两手叉腰或两臂侧举做平转接侧点步的动作，4 拍 1 次，左右交替进行，即"左转左点，右转右点"，可连续进行。

◎ 熟练掌握后，可连续向一个方向平转 2—3 次。

11. 跳跃动作

艺术体操中常见的跳跃动作包括双脚小跳、单脚小跳和技术比较简单的大跳。跳跃动作对增强下肢力量、发展弹跳力、增强下肢的灵活性有特殊效果。

（1）双脚小跳（见图 8-2-26）

动作做法：

1）并步小跳。

预备姿势：并步站立，两手叉腰。

节前拍：两腿半蹲。

前半拍：两脚蹬地跳起。

后半拍：落地或半蹲。

此动作可原地进行，也可蹬地向前、后、左、右移动跳，还可在脚落地时加扭髋转膝动作。

图 8-2-26

2）双跳单落（见图 8-2-27）。

预备姿势：并步站立，两臂侧举。

两腿经曲膝蹬地跳起。

左脚落地，右腿后举（或侧举、前举），手协调配合。

换右脚落地，左腿举起呈反向姿态。

动作要领：

两腿经半蹲蹬直，两脚掌用力蹬地向上跳起，膝和脚面绷直，脚尖向下，紧腹、收臀，身体正直，脚着地时以前脚掌过渡至全脚掌并稍曲膝缓冲，动作连贯、轻盈。

教学步骤：

◎ 在曲膝弹动和起踵弹动的基础上学习双脚小跳。

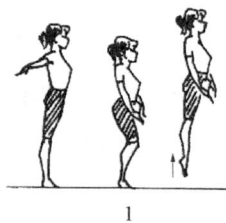

图 8-2-27

◎ 在并步小跳的基础上练习向前、后、侧的并步双脚小跳和扭髋转膝双脚小跳。

◎ 扶把练习双跳单落体会单脚落地的姿态。逐步过渡到离把练习。

（2）原地双脚大跳

分腿跳：由站立开始，经曲膝两腿用力蹬地跳起，在空中向两侧分腿，同时两臂摆至侧上举，挺身。并腿落地稍曲膝。

曲腿跳：由站立开始，经稍曲膝两腿用力蹬地跳起，空中两腿曲膝左前举，并向右拧身，左臂侧上举，右臂侧举，眼看右前方。

动作要领：

双脚用力蹬地跳起时，手臂配合向上摆起以增加起跳高度。空中腿部和腰部快速用力形成姿态，落地时曲膝缓冲。

教学步骤：

◎ 练习原地纵跳，增加弹跳高度。

◎ 进行完整动作练习，幅度由小到大。

（3）跨跳（见图 8-2-28）

跨跳是单脚起跳、单脚落地的大幅度跳跃动作。

动作做法：

以右腿跨跳为例。

预备动作：节奏步或卡洛步 2—3 步。

图 8-2-28

左脚向前一步蹬地跳起，同时右腿伸直向前上方摆动跨出，左腿随即向后摆起，空中两腿绷直，前后分开，同时左臂前举，右臂侧举，接着右脚以前脚掌先着地，迅速过渡到全脚掌着地，并稍曲膝。

跨跳在空中可以变换各种姿势，比较简单的如前腿曲、后腿直——鹿跳。

动作要领：

蹬地有力，摆腿动作应超过水平面，在空中快速完成紧腰伸腿的制动技术，使身体腾空到最高点时达到最大幅度。跨跳动作要做得高而远。

教学步骤：

◎ 进行腿的柔韧性练习。做垫上劈叉。

◎ 做连续的小跨跳体会离地绷腿的技术。

◎ 结合 2—3 卡洛步或节奏步练习跨跳的完整动作，体会技术细节。

◎ 逐步增加跨跳的高度和两腿的开度。

三、器械基本动作和动作组合

手持轻器械做动作是进行艺术体操教学训练和竞赛的重要内容。除竞赛规定的绳、圈、球、棒、带五种器械外，作为大众艺术体操的开展和表演，还可以使用纱巾、扇、旗、手鼓等器械。各种轻器械都具有不同的形态与性能特征，有其各自的运动规律以及不同的基本动作。然而，每一种器械都应视为肢体的延伸，与身体构成统一协调的运动整体。

通过持器械练习，可以增加练习者的学习兴趣；可以增进肌肉用力的灵敏、准确和控制力；进一步发展动作的协调性。只有在掌握各种器械基本动作的基础上，才能与身体动作协调配合，进一步发展身体与器械结合的难度动作。

艺术体操器械绳、圈、球、棒、带的形状、质地、大小、长短、软硬等各方面都具有不同的特点，因此，各有其不同的性能特征，也形成了丰富多变的运动形式。

1. 圈

圈在艺术体操中属于幅度最大，动作变化最多的一种轻器械，根据圈器械本身的特点，除了可以做摆动、绕环、8字绕之外，还可以转动圈、翻转圈，垂直旋转圈及在地面上或身体上做各种滚动及钻过圈或跳过圈等技术动作，在抛接技术上可以使用不同的器械面，如垂直面上抛、水平面上抛、斜面上抛等，还可以用不同的旋转方法上抛，如向前或向后转动圈上抛、以圈的直径为轴的向前或向后的翻转圈上抛及旋转圈上抛等。

(1) 持圈方法(见图 8-2-29)

持圈的方法有双手持圈外缘、单手持圈外缘、双手持圈的内缘等方法。

图 8-2-29

(2) 圈的基本动作(见图 8-2-30)

圈可以做摆动、绕环、8字、在地面上或身体上做各种滚动、穿过圈、抛接。

图 8-2-30

1) 摆动(见图 8-2-31)。

动作做法：一手或两手持圈，手臂以肩为轴在不同面上向不同方向所做的幅度小于 360°的钟摆式弧形动作。也可两手换握摆动。做摆动动作时，圈面要保持平稳与准确，动作连贯，流畅、舒展。

图 8-2-31

摆动动作主要由一手持圈体前向左右垂直接摆动；体侧向前后垂直摆动；两手持圈体前向左右水平摆动；体后两手换握摆动等等。

2) 转动:圈围绕通过圈面的中心轴转动,它可以在正面、侧面和水平面上向不同方向做各种转动。转动圈动作可以在手上、腰上、腿上、踝上及身体其他部分转动。

例:右手持圈体侧向后转动圈(见图 8-2-32)。

图 8-2-32

动作描述:

右手持圈于虎口,掌心向前,圈内缘靠在右手虎口上。先将圈前后摆动,手臂伸直,拇指张开,其余四肢并拢,使圈在虎口处绕着通过圈面的中心轴连续地进行圆周运动。左手侧平举或前举。

技术要点:

以虎口为轴,转动圈起动时,圈与地面垂直,其一侧的内缘贴于虎口,转动时,手臂自然伸直,虎口用力,四指并拢,掌心正对前方。

教学步骤:

◎ 完整练习,转动速度可稍慢。

◎ 根据技术要点改善圈面方向和保持稳定。

◎ 完整动作练习。

◎ 左右手交替练习,并变换转动方向。

3) "8"字动作(见图 8-2-33)。

图 8-2-33

动作描述:

右手持圈,以右肩为轴,体前由左经前向右侧头上大绕环一周至体后换左手持圈,顺势摆至体前。圈的"8"字动作非常丰富,可根据身体的面的改变,形成前后和左右及上下不同面的"8"动作;同时,还可分别以肩、肘、腕为轴而形成大、中、小的"8"字动作。

技术要点:

右手持圈做头上大绕环时,手臂伸直,圈面运行的幅度要大,并与地面平行。

教学步骤:

◎ 先徒手练习,结合不同方位的"8"动作分别练习。

◎ 先右手持圈的练习,后左手持圈练习。

◎ 学习大、中、小不同完成方式的"8"字动作。

◎ 左右手结合或交替练习,并结合不同的身体动作。

旋转:旋转圈是圈以自身的直径为轴的转动,它可以在手上旋转,也可以在地面或身体上某一部分旋转,还可以在空中旋转。

例1:地上旋转圈

动作描述:

将圈垂直置于地上,一手握圈上缘,利用拇指与其余四肢相向用力拧动,接着放开手使圈绕其垂直轴在地上似陀螺般自由旋转。

技术要点:

拧动力应柔和,不宜发力过猛,用力方向应与圈的转轴相垂直,以保证圈在旋转中的正直及不移动。

教学步骤:

◎ 圈垂直置于地上,手持圈做手腕向外,向内的拧动动作。

◎ 完整练习。

例2:绕手指旋转圈

动作描述:

右脚站立,左脚后点地,右手体前正握圈,右手体前正握圈,旋转圈时,手腕发力,让圈随着惯性沿手指逆时针旋转一圈后再握住圈。

技术要点:

拨转圈时借向外推动的力量,使手臂和圈的旋转轴连成一条直线,圈保持在手指上的旋转,然后手再转回到原来的部位迅速抓住圈。

教学步骤:

◎ 手握圈先前下举练习旋转动作。

◎ 完整练习。

例3:手心上的陀螺

动作描述:

右脚站立,左脚后点地,右手体前上举握圈,右手体前上举握圈,旋转圈时,手腕发力,圈面按顺时针方向旋转同时右手五指打开,手心朝上,让圈垂直于手掌旋转,保持圈面的平衡,旋转完后再由右手接住圈。

技术要点:

手指拨圈动作要快而有力,拨动圈动作与掌心向上动作连接要紧。旋转圈以后,圈面要像陀螺一样垂直旋转于掌心,旋转过程中五指分开,圈面保持平衡。

教学步骤:

◎ 徒手练习。

◎ 右手体前上举握圈,练习手腕发力后五指分开,让圈立于掌心上。

◎ 完整练习动作。

4) 滚动:圈的滚动包括在地面上的滚动和身体某一部分上的滚动,地上的滚动有直线滚动、弧线滚动和倒回滚动(见图 8-2-34)。

图 8-2-34

例1:地面直线滚动圈

动作描述:

左脚站立,右脚侧点地,右手握圈上缘垂直于地面,左手侧上举。开始拉圈时,右手先用一点力向下压住圈同时往右方轻拉一下圈,使圈沿直线从左边过渡到右边,再用左手接住。

技术要点:

右手拉圈时,应使圈压住地面,根据所需要的距离长短决定起动时拉圈的力量大小。圈紧贴地面呈直线滚动,圈面与地面保持垂直。

教学步骤:

◎ 左脚站立,右脚侧点地,右手握圈垂直于地面,左手侧上举。

◎ 练习拉圈时的力量大小所决定的距离长短。

◎ 完整练习。

例2:地面倒回滚圈

动作描述:

自然站立,右手体前正握圈,圈面与矢状面平行。右臂先向后摆,接着迅速向前下摆,手腕向下,向后用力拉压圈,使圈沿地面向前直线滚出,滚至最大距离后由沿直线倒回滚动,再用手接住。

技术要点:

在圈前摆将离手的瞬间手腕向后拉压,同时向后拨圈。为了避免圈的跳动,往回的拉压力量要大。手腕控制圈面,保持圈面与地面垂直,圈紧贴地面滚动。

教学步骤:

◎ 先练习徒手单臂前摆,压腕后拉的动作。

◎ 完整动作练习,距离逐渐加长。

◎ 掌握技术后可从圈中穿过或从圈上跳过。

例3:两臂侧举,长臂滚圈。

动作描述:

自然站立,左臂侧举,右臂侧举圈持圈。右手持圈向内转动1—2周后,右臂伸直侧举,掌心向上,使圈从右手经右臂、胸、左臂滚动至左手握圈。

技术要点：

利用转动圈的惯性力，用手指将圈拨至掌心上，圈从右手掌开始经右臂滚动，当圈滚至胸前时应抬头，再滚至左臂后左手握圈。长臂滚圈时应注意保持圈要紧贴手臂和胸，不要出现跳动圈的现象，圈面要沿直线滚动。

教学步骤：

◎ 先练习由胸前经肩至后背的滚动圈动作。

◎ 结合器械练习，圈可经肩背或胸前滚动。

5）抛接：圈的抛接形式多种多样，它可以用单手或两手向不同方向、不同面抛。如垂直面上抛、水平面上抛、斜面上抛等，还可以用不同的旋转方法上抛，如向前或向后转动圈上抛、以圈的直径为轴向前或向后的翻转圈上抛及旋转圈上抛等（见图 8-2-35）。

例 1：单手持圈向前垂直转动向上抛圈，单手接圈。

动作描述：

图 8-2-35

自然站立，右臂前举手心向前握圈，圈面与矢状轴平行，左臂侧举。右手持圈，稍向前摆，接着快速回摆，顺势向前转动圈，同时手臂自然伸直，向前垂直转动 2—3 周后向前上抛出，同时两腿曲膝用力蹬地、立踵、接着右臂前上举迎接圈，右手接圈的后下方的内侧缘再顺势向前摆动。

技术要点：

转动时手心手背紧贴圈的内缘，当圈向上旋的瞬间右臂经曲肘向上伸直，将圈向前上方抛出；右臂伸直前上举，手心向前插入圈的后下缘，并随圈的转动惯性继续向前转动。

教学步骤：

◎ 持圈转动，速度由慢逐渐加快。

◎ 右手向前转动圈，向前上方低抛圈，接圈。

◎ 完整动作练习，高抛圈。

例 2：翻转圈抛（见图 8-2-36）

动作描述：

自然站立，两手持圈位于胸前。两腿曲膝的同时两手持圈下摆，两腿蹬地直膝立踵，同时两手同时用力将圈往正上方摆动抛圈，手指手腕向后上方稍用力翻圈，使圈沿横轴面翻转，然后两手或单手向前举迎接圈并下摆缓冲。

图 8-2-36

技术要点:

翻抛圈时注意两腿的蹬伸与两手同时用力向上协调配合,两臂伸直,让圈经过手指尖出手。手腕不能勾得太厉害,否则翻圈的速度太快不容易被接住还有可能受伤。

教学步骤:

◎ 两手持圈翻转圈,先从翻半圈或一周开始。

◎ 结合两腿的蹬伸练习翻抛圈,注意抛圈时的力度以及圈在空中的稳定性。

◎ 完整练习。

从圈中通过或圈上跃过:穿过圈的形式多种多样,可以是身体某一部分、两个部分或整个身体穿过,还可结合滚圈、抛圈、跳过圈等方法来完成。同样,从圈上跃过,也可以是身体的一部分或整个身体从圈上跃过,并可结合身体各部位的各种摆动、跳步等动作。

例1:从圈中通过(见图 8-2-37、图 8-2-38)

动作描述:

右手持圈向右侧摆动至上举时,五指松开,使圈沿手臂自然顺势下落,经头、肩、躯干、腿依次从圈穿过。

技术要点:

右手持圈上举时,手臂主动给圈一个动力,使圈沿身体由上至下穿过身体。

图 8-2-37

图 8-2-38

教学步骤:

◎ 练习右手持圈松手,使手臂穿过圈。

◎ 完整的穿过圈的练习。

◎ 左右手交替进行和结合不同的身体动作从圈中通过。

2. 球

球是艺术体操中容易普及的一种器械,它具有滚动、反弹等特性。在球的教学中,应注意球与各种身体动作的紧密结合,球的动作幅度要大,使球处于运动状态。

(1) 持球方法(见图8-2-39)

球呈圆形,持球时手指与掌根紧贴球面,根据不同动作需求,可以单手持球,也可以双手持球。

图 8-2-39

(2) 球的基本动作(见图8-2-40)

球呈圆形且具有弹性,可以做各种摆动、绕环、"8"字、滚动、拍球和抛接动作。

图 8-2-40

1) 摆动:摆动动作是球最基本的运动形式,是单手或双手持球以肩为轴在身体的各个方向做的钟摆式弧形运动。做摆动动作时肩放松,不能抓球。

例1:单手持球摆动

动作描述:

右手持球以肩为轴向前、后、前上摆动球至头上换握球,左手持球经下向后摆动。

技术要点:

摆动时,肩放松,伸直手臂。注意不要抓球。

教学步骤:

◎ 手持球做摆动练习。

◎ 手持球做摆动接换握练习。

◎ 结合腿部移重心练习。

◎ 做身体各个方向(左、右)的摆动完整练习。

2)"8"字绕环:两手或一手持球,以肩或肘为轴,在身体的不同方向上连续做方向相反的两个绕环动作,构成一个"8"字。"8"字动作主要有两手持球体侧或体前绕"8"字;单手向内或外螺形绕"8"字。做时应注意"8"字的两个圆环大小一致,动作连贯流畅、幅度大。

例:单手持球向外螺形绕"8"字(见图8-2-41)

动作描述:

右手持球前举,向外经右上、头后呈反托球绕至左侧,再经前到右侧时,曲肘,转动腕关节呈正托球,伸直手臂前举。

技术要点:

做绕环动作时注意手臂的伸展与延伸,反托球时掌心朝上。

图 8-2-41

教学步骤:

◎ 徒手掌握"8"字绕环的路线。

◎ 右手持球完整练习。

◎ 配合各种姿势,如跪立、移动中练习。

3)拍球:用身体某部位拍压球上部,使球从地上反弹起来再次拍压的过程。拍球可以用单手、双手拍,还可以用胸、膝、肘及身体其他部位拍球,也可以在原地,或在移动中拍,还可以变换节奏拍(见图8-2-42)。

例:并步拍球接原地变换节奏拍球

动作描述:

左腿向前并步跳一次,左腿着地,同时右手持球体右前方向拍球两次,右腿向前一步,左腿在右腿后曲膝点地,同时右手连续快速拍球三次。

技术要点:

手形与球形吻合,手随球动。并步跳与拍球动作协调一致。

教学步骤:

◎ 原地拍球练习。

◎ 变换节奏拍球练习。

◎ 并步跳拍球练习。

◎ 完整练习。

图 8-2-42

4) 滚动:球呈圆形,因此滚动球是其典型的动作之一。球的滚动动作变化多样,可分为地上的滚动和身上的滚动。身上的滚动最为多见,球可以在身体上任何部位滚动,滚动动作又可分为扶持滚动、拨球滚动以及自由滚动等(见图 8-2-43)。

图 8-2-43

例1:两手胸前拨球滚动接双臂上滚动

动作描述:

两手胸前向上拨滚球,手离开球,球滚至颈下时,两臂迅速向外伸展至合并前举,球自由滚动至手指。

技术要点:

胸上拨滚球时要挺胸抬头,球离开手后两臂要迅速伸展。

教学步骤:

◎ 胸前拨滚球练习。

◎ 球在手臂上的自由滚动练习。

◎ 徒手练习手臂动作。

例2:两臂依次胸前滚球

动作描述:

右手持球前举,左手后斜上举,球从右手经臂滚至胸时,左手向下摆动至前举,球经胸、左臂滚至左手,同时,右手经下向后摆动至后斜上举。

技术要点:

右臂伸直稍抬起,手指轻微拨动球,球沿着手臂内侧中线滚动,滚至上臂时,挺胸迎球,左臂及时摆动至前举。

教学步骤:

◎　球从右手滚至胸前,左手接住球,再换右手胸前扶住球,左臂前举,右手拨球滚至左手。

◎　球从右手滚至胸前左手扶住球,拨球后前举,使球滚至左手。

5) 抛接:抛球是用手、脚或身体其他部位将球抛向空中。抛球时可以向不同的方向抛;可以在原地或移动中抛;抛球有高、中、低不同程度地抛。接球时可以用手、脚或身体其他部位接(见图 8-2-44)。

图 8-2-44

例:单手抛、接球。

动作描述:

自然站立,右手持球前举,左手侧举。两腿曲膝同时右手持球向下预摆,两腿蹬地,同时右手向前上方摆动抛球,向前跑 2—3 步,同时右手接球。

技术要点:

利用两腿蹬地的力量向前上方直臂摆动抛球,球经手指尖抛出;接球时,判断好落点,伸直手臂迎球,球经指端滚至手掌,手臂顺势向下缓冲。

教学步骤:

◎　原地向上低抛球,接球。

◎　逐渐增加抛球的高度。

◎　向前跑动 2—3 步接球。

3. 带

带是五项器械中最长、最柔的一种,带的动作特点主要是流动多变,可形成丰富多彩各种不同的图案,非常适合表现女性的柔美感觉,由于彩带较长,为尽量避免在练习过程中出现带打结、缠身等问题,练习者须从带的基本动作开始,如摆动、绕环、蛇形、螺形、"8"字动作等开始练习,只有掌握了正确、规范的动作技术要领之后,才能将动力传递到带尾,使带不停地运动,才能形成连贯、准确、清晰的图案。

图 8-2-45

(1)持带方法(见图 8-2-45)

一般手握带棍进行练习,也可出现短暂的握带头或带尾的动作,棍要握紧,手腕放松,使带转动灵活。

单手固定正握:带棍握于掌心,食指贴在棍上,其余四指握紧带棍,手心向下。

单手固定反握:握法与正握一样,只是带棍向后,贴于手臂下。

(2)带的基本动作

带的基本动作有摆动、绕环、"8"字动作、蛇形、螺形抛接、从带上跃过或从带中穿过动作等。

1)摆动:单手持带棍,以肩为轴,在不同的部位、不同的方向做钟摆式运动。

例 1:前后摆动

动作描述:

右手持带棍自然下垂,左腿向前一步移动重心,同时两臂向前上方摆动,然后向后移动重心,左手前上举不动,右手经下向后下方摆动。

技术要点:

以肩为轴直臂摆动,棍与手臂成直线。

教学步骤:

◎ 练习两腿前后移动重心。

◎ 练习原地持带手臂的摆动。

例 2:左右摆动(见图 8-2-46)

动作描述:

右手持带棍,两臂同时向左侧做一次摆动,同时左腿向左侧一步移动重心,然后两臂经下向右侧摆动,同时两腿经过曲膝向右侧移动重心。

技术要点:

以肩关节为轴直臂摆动,棍与手臂成直线。

教学步骤:

◎ 两手叉腰练习左右移动重心。

◎ 此动作可以在头上向左右摆动。

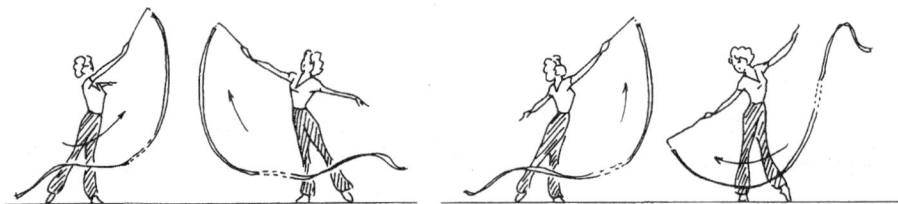

图 8-2-46

绕环(见图8-2-47):

绕环动作可分别以肩、肘、腕关节为轴做圆周运动,可在不同部位、不同平面和不同方向完成。

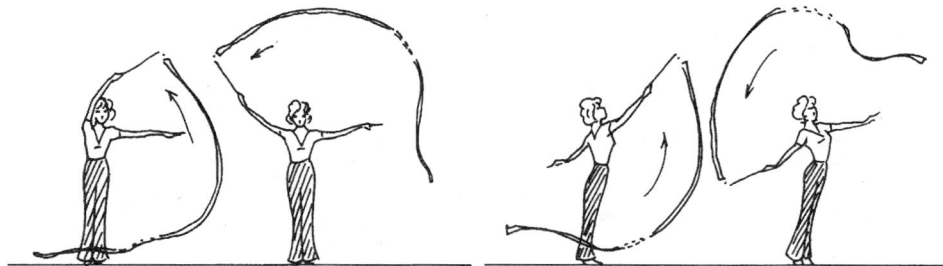

图 8-2-47

例1:体侧大绕环

动作描述:

自然站立,右手持带棍竖直下垂,以右肩为轴,右臂从前向后做连续的圆周运动。

技术要点:

右臂直臂做大绕环,棍与手臂成直线,使带的运动轨迹呈最大的圆形。

教学步骤:

◎ 徒手练习手臂大绕环动作。

◎ 持带练习,可向相反方向绕环。

◎ 左、右交替练习。

例2:体前大绕环

动作描述:

右手持带棍做从左向右的大绕环。

技术要点:

以肩关节为轴直臂绕环,带棍与手臂成直线。

教学步骤:

◎ 持带进行练习。

◎ 可向相反进行练习。

◎ 结合头上水平大绕环练习。

◎ 换另一手臂进行练习。

2) "8"字动作:带的"8"字动作可以肩、肘、腕为轴,向内、向外地转动,在不同部位、不同面上或不同方向连续做两个方向相反的绕环,使带形成大(肩)、中(肘)、小(腕)"8"字形状(见图8-2-48)。

例1:体侧"8"字

动作描述:

右手持带棍自然下垂,右臂在身体左侧由前向后大绕环一周,接着在身体的右侧由后向前大绕环一周,使带形成"8"字图形。

技术要点:

以肩为轴,直臂做两个相反方向的大绕环,棍与手臂成直线。

图 8-2-48

教学步骤：

◎ 徒手练习两个相反方向大绕环的动作。

◎ 持带进行练习。

◎ 身体前后的"8"动作。

例 2：持带尾上下"8"字绕环

动作描述：

右手持带棍,左手握带尾,右臂开始在体前做一次向内的小绕环,接着顺势在头上做一次水平面的向外的大绕环,左手持带尾协调地配合右臂做绕环动作。

技术要点：

体前做向内的小绕环时曲肘含胸,头上大绕环以肩为轴直臂大绕环,带棍与手臂成直线,上下绕环之间无停顿,连贯。

教学步骤：

◎ 徒手练习上下"8"字绕环。

◎ 持带进行练习。

◎ 进行相反方向的"8"动作练习。

例 3：体前小"8"字

动作描述：

右手持带棍自然下垂,足尖步向后退,同时左臂侧平举,右臂前平举,以腕为轴做向左、向右连续"8"字绕环,使带形成水平"8"字。

技术要点：

手腕动作快速灵活,带形连贯,带尾不拖地。

教学步骤：

◎ 徒手练习手腕"8"字动作。

◎ 在身体不同方位和面的"8"字动作。

◎ 左、右手交替练习"8"字动作。

3）蛇形：蛇形动作是彩带的典型动作之一,它是以手腕为轴,连续而快速地做上下或左右的小摆动,使带形成 4—5 个幅度相等、距离均匀的波浪图形（见图 8-2-49）。

图 8-2-49

例 1:体前水平蛇形

动作描述:

右手持带棍臂下垂,两腿起踵直立,左手叉腰,右手前平举,手腕向左向右做连续、快速的小摆动。

技术要点:

以腕关节为轴,肩放松,手臂伸直,手腕灵活、快速、连贯,带形不能有重叠,带尾不能拖地,形成 4—5 个幅度相等,距离均匀的蛇形。

教学步骤:

◎ 徒手练习手腕小摆动动作。

◎ 持带练习。

例 2:头上水平蛇形

动作描述:

右手持带棍向右侧摆动至上举,手腕稍向后倒,在头上从后向前做一串水平蛇形,左臂侧平举,同时足尖步向前。

技术要点:

以腕关节为轴做一串连续的水平蛇形,不曲肘,蛇形从后逐渐向前移动至体前,手腕、手指灵活,带形连贯,不能有重叠,形成 4—5 个幅度相等,距离均匀的蛇形。

教学步骤:

◎ 原地练习头上蛇形。

◎ 配合足尖步练习。

◎ 结合不同面、不同方向的蛇形动作练习。

4) 螺形:螺形动作是彩带的典型动作之一,是以手腕为轴,连续向顺时针或向反时针做小绕环动作,使带形成一连串螺旋状的小圆形,形成 4—5 个幅度相等,距离均匀的蛇形。可在不同的部位、不同的面、不同的方向上做(见图 8-2-50)。

例 1:体前水平螺形

动作描述:

右手前平举,手腕向顺时针方向做连续快速的小绕环,使带形成螺形,左臂侧平举。

技术要点:

以手腕为轴,肩放松,手臂伸直,手腕灵活、快速、连贯,带形不能重叠,带尾不能拖地,形成

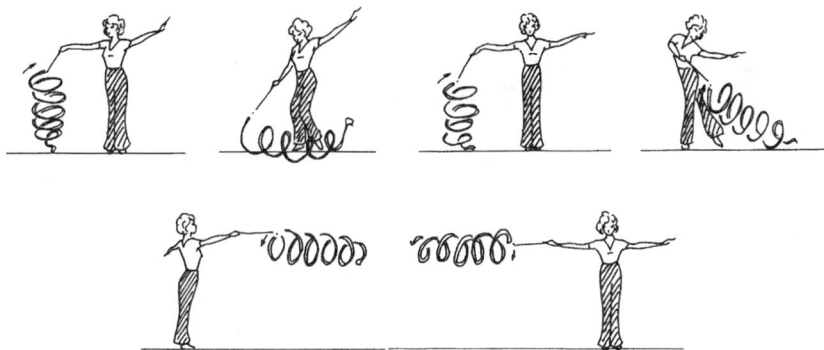

图 8-2-50

4—5 个幅度相等,距离均匀的圆环图形,环面与地面垂直。

教学步骤:

◎ 徒手练习手腕小绕环动作。

◎ 先原地,然后结合足尖步后退练习。

例 2:身体旋转,空中移动的螺形

动作描述:

右手持带棍,原地起踵碎步向右转体一周,同时,左臂三位,右臂前平举做一串连续的螺形动作。

技术要点:

以腕为轴做小绕环动作,手腕、手指灵活、快速、连贯,手臂伸直,螺形动作以练习者为中心,绕圆周运动,带尾不拖地,形成 4—5 个幅度相等,距离均匀的圆形图形,环面与地面垂直。

教学步骤:

◎ 持带原地练习螺形动作。

◎ 配合身体动作综合练习。

例 3:身体旋转,地面移动的螺形

动作描述:

右手持带棍,起踵碎步向右转体一周,同时,左臂三位,右臂直臂体前顺时针做连续的小绕环动作,带沿地面形成一串连续的螺形。

技术要点:

以腕关节为轴做小绕环动作,手腕、手指灵活、快速、连贯,手臂伸直,绕圆周运动,在地面形成 4—5 个幅度相等,距离均匀的图形。

教学步骤:

◎ 徒手练习。

◎ 持带练习。

四、艺术体操竞赛规则

(一)比赛和项目

(1)正式艺术体操锦标赛和比赛项目:

个人、集体和团体赛。

个人项目的比赛：通常包括四套动作——圈、球、棒、带。

◎ 资格赛——决定全能赛、团体赛和单项决赛的参赛资格。

◎ 全能赛——4项器械。

◎ 单项决赛——4项器械。

团体赛：团体排名由个人运动员完成最高的8套成套动作得分加上2套集体成套动作得分。

集体项目的比赛：通常包括两套成套动作。

◎ 全能赛和单项决赛、团体赛的资格赛：2套成套动作。

◎ 同种器械成套动作(5)。

◎ 不同种器械成套动作(3＋2)。

FIG器械项目表决定了本年度每套动作所需的器械。

(2) 个人项目每套成套动作的时间长度为 $1'15''$—$1'30''$。

(3) 成年集体和少年集体项目每套成套动作的时间长度为 $2'15''$—$230''$。

(二) 计时

(1) 计时秒表从个人运动员开始做动作时开始计时，至该运动员完全静止时停表。

(2) 允许不超过4秒的短暂的音乐前奏，4秒内无身体和/或器械动作。

(3) 成套动作(开始动作，运动员成套动作的持续时间)的计时将以1秒为计量单位。

计时裁判扣分：超过或少于规定的时间，每秒扣 0.05 分。以完整的 1 秒计算，例如 $1'30.72$＝不扣分；$1'31$＝扣 0.05 分。

(三) 集体运动员数量

(1) 艺术体操集体项目正式比赛：每个国家协会可以派5—6名运动员参加集体项目的比赛。如果是6名运动员，所有运动员都必须至少参与1项成套动作。

(2) 集体项目每套成套动作须由5名运动员完成；剩余的运动员允许在比赛进行时站在比赛场地区域(以备同伴有突发情况)。

(四) 裁判组的构成和职责：

(1) 难度裁判组(D)：4名裁判，分成2组：

◎ 第一小组(D)：2名裁判(DB1,DB2)独立评分，之后给出一个共同的 DB。

◎ 第二小组(D)：2名裁判(DA1,DA2)独立评分，之后给出一个共同的 DA。

(2) 艺术裁判组(A)：4名裁判(A1,A2,A3,A4)，评判艺术错误并进行扣分。

独立评判和确定扣减总数，去掉最高分和最低分，保留2个中间分的平均分为 A 为艺术扣分。艺术 A 的最后得分：从 10.00 分中减去艺术扣分的总和。

(3) 完成裁判组(E)：4名裁判(E1,E2,E3,E4)，评判技术错误并进行扣分。

独立评判和确定扣减总数，去掉最高分和最低分，保留2个中间分的平均分为 E 为技术扣分。完成 E 的最后得分：从 10.00 分中减去技术扣分的总和。

(五) 计时裁判和边线裁判的职责

计时裁判和边线裁判应从具有裁判资格的裁判中抽签选出。

(1) 计时裁判(1或2名)要求：

◎ 记录成套动作的时间。

◎ 如果没有电脑输入,记录违规行为并记录超出或不足的时间。

◎ 签署并向裁判长提交所有违规或扣分的书面记录。

◎ 如果运动员在成套结束时失去器械,且由于音乐结束而没有回到比赛场地,计时裁判将以该运动员取回器械的最后一个动作为结束时间。

(2) 边线裁判(2名)要求:

◎ 判定器械、单脚、双脚或身体任何部分是否出界。

◎ 器械和/或身体出界或离开比赛场地时,举一面旗。

◎ 如果运动员更换比赛场地或在成套中离开比赛场地,举一面旗。

◎ 签署并向裁判长提交相应的书面记录。

(六) 计算最后得分

(1) 确定最后得分的规则适用于所有比赛场次(个人资格赛、全能赛、单项决赛)

(2) 成套动作的最后得分为难度分(D)、艺术分(A)和完成分(E)的总和。

(3) 任何判罚后的扣分将从最后得分中扣除。

(七) 场地

(1) 正式比赛场地面积是 13 米×13 米(包括边线的外沿),场地必须符合 FIG 标准。

(2) 任何身体或器械部分触碰到比赛场地边线以外的地面,将被扣分:

边线裁判扣分:运动员或器械出界,每次扣 0.30 分。

(3) 运动员或器械离开正式比赛场地,将被扣分:

边线裁判扣分:运动员离开比赛场地,扣 0.30 分。

分边线裁判扣分:器械离开比赛场地,扣 0.30 分。

参考文献

[1] 全国体育院校教材委员会审定.大众艺术体操[M].北京:人民教育出版社,2015.

[2] 马桂霞.形体训练[M].北京:高等教育出版社,2016.

第三节　体育舞蹈

一、概述

(一) 体育舞蹈的起源与发展

交谊舞起源于英、法、意、德等欧洲国家,但许多新型的交谊舞起源于非洲、美洲各国。也有不少舞蹈行家把交谊舞的起源说成是非洲黑人的民间土风舞,因为不少拉丁舞的胯部摆动作,都是从土风舞演变而成的。从资本主义社会开始,民间舞便进入宫廷,由群舞演变为双人舞,由宫廷舞演变成舞厅舞,所以交谊舞是西方社会发展的产物。20世纪初,交谊舞步入一个崭新时期,1924年,由英国皇家交际舞专业教师协会召集了各国舞蹈专家对交谊舞进行了整理,将各个舞种、舞步、舞姿、步法进行分类并加以规范化,同时制定了便于交谊舞比赛的一系列规则,此后相继制定七种交谊舞为"国际标准交际舞",简称"国际标准舞"。随着时代的发展和变化,国际标准舞也在发展和变革,从1960年开始,拉丁舞也被列为世界国际标准舞比赛的项目。至此,国际标准舞已形成两大类10个舞种。国际标准舞与过去的社交舞有了很大的不同,它虽然保留了"舞"的基本特性,但淡化了"社交"的作用,而增加了竞技和表演的内容。进入20世纪80年代后,国际标准舞的规则越来越严格,标准越来越统一,其竞技性也越来越强,体育舞蹈家认为它是融体育与舞蹈于一体的新型的体育运动项目,因此给予它一个新的名称——体育舞蹈。因此,世界上有两大此类舞蹈协会,一个是世界体育舞蹈联合会(WDSF),另一个是世界国际标准舞总会(WDC),对应的国内舞蹈协会分别是中国体育舞蹈联合会(CDSF)和中国国际标准舞总会(CBDF)。所以我们通常说的体育舞蹈就是国际标准舞,两者名称可以互换,只是所属协会不同,叫法也不同。1995年4月,国际奥委会正式将体育舞蹈列为奥运会"观察项目"。1997年9月5日国际奥委会在洛桑召开的执委会上正式承认国际体育舞蹈联合会。

自20世纪初以来,世界上每年都举办各种各样的体育舞蹈比赛,如世界锦标赛等已连续举办了半个世纪。其中最有影响的是每年在英国黑池和德国斯图举办的舞蹈大赛,犹如体育舞蹈的"奥运会"和"奥斯卡评选",格外为体育舞蹈选手关注。

英国是体育舞蹈的发源地,近百年来,人才济济,强手迭出,一直傲立于世界体育舞蹈潮头,是公认的世界体育舞蹈的中心。日本是亚洲发展体育舞蹈较早的国家。20世纪80年代以来,体育舞蹈在中国的发展极为迅速,中国人民有一种强烈的对新生活的追求和向往,体育舞蹈所体现的对美的追求和陶冶情操、锻炼身体的特征,正好满足了人民的这一需要,因此,体育舞蹈在中国很快风行起来。1987年举办首届全国国际标准交谊舞比赛。1991年举行了首届全国体育舞蹈锦标赛。如今,体育舞蹈已经成为一项喜闻乐见、广泛开展的体育运动。

1991年5月成立了中国体育舞蹈运动协会,制定了竞赛规划草案,培训体育舞蹈骨干,考核了大批体育舞蹈教师和技判。协会每年举办一届全国体育舞蹈锦标赛。中国体育舞蹈运动协会于1991年成为世界舞蹈及体育舞蹈理事会(WDDSC)准会员。

自2000年以来,我国的体育舞蹈得到了飞速的发展,每年都要举行全国性的体育舞蹈锦标赛、青少年锦标赛,以及各省市地区的一系列比赛,在一些赛事中还会邀请国外的知名选手进行同场竞技、表演、授课、交流,从而使我国的体育舞蹈水平得到了很大的提高,在1999年中国选手历史性地进入英国黑池舞蹈大赛职业新星组前48名后,不到几年时间,在2004年,中国选手就在同样的比赛中勇夺桂冠获得拉丁舞第一名和摩登舞第三名。在之后的二十年,中国选手已在无数的国际赛事中取得了优异的成绩,其中有2010年的亚运会上中国选手包揽体育舞蹈全部10块金牌、2018年北京舞蹈学院派出的摩登团体舞和拉丁团体舞在黑池舞蹈大赛中夺得双冠等等,中国选手在国际赛事上的不断突破,让世界同行刮目相看,为之惊叹。

(二)体育舞蹈的分类、特点与作用

1. **分类与特点**

体育舞蹈经过了将近一个世纪的演变和发展,形成了两大类即摩登(modern)和拉丁舞(latin),共10个舞种。

(1)摩登舞包括华尔兹、狐步舞、快步舞、维也纳华尔兹、探戈5个舞种,它是男、女舞伴由贴身握抱的姿势开始,沿着舞程线逆时针方向绕场行进。步法规范严道,上体和胯部保持相对稳定挺拔,完成各种前进、后退、横向、旋转、造型等舞步动作。它动作流畅,典雅大方,雍容华贵,是体育舞蹈中的"绅士"和"贵族"。曲调大多抒情优美,旋律感强。服饰雍容华贵,一般男着燕尾服,女者过膝蓬松长裙。

1)华尔兹舞(waltz)

华尔兹舞也称"慢三步",它起源于维也纳,是奥地利古老的"兰德勒"舞发展而成的。19世纪中叶,维也纳华尔兹(快三步)传到美国,当时美国崇尚舒缓、优美的舞蹈和音乐,于是将快节奏的维也纳华尔逐渐改变成悠扬而缓慢、有抒发性旋律的慢华尔兹舞曲,舞路也改变成连贯滑动的慢速步形,即今之华尔兹舞。华尔兹舞曲旋律优美抒情,节奏为3/4的中慢板,每分钟28—30小节。每小节三拍,第一拍为重拍,第二拍为次重拍,第三拍为弱拍,三步一起伏循环。通过膝、踝、足底、跟掌趾的动作,结合身体的升降、倾斜、摆荡,反身带动舞步移动,使舞步起伏连绵,飘逸舒展,舞姿华丽典雅,秀美潇洒,因此华尔兹有"舞中皇后"的美称。

2)狐步舞(foxtrot)

狐步舞起源于美国黑人舞蹈,1914年夏,美国演员哈利·福克斯创编、设计出了一种含有美国新黑人爵士节奏的舞蹈,一经推出,在美国及欧洲一些国家迅速风行。其称为"福克斯"舞,由于"福克斯"英文翻译是狐狸,因此称之为"狐步舞"。舞曲抒情流畅,节奏为4/4拍,每分钟28—30小节,每小节为四拍,第一拍为重拍,第三拍为次重拍。基本步伐是四拍走三步,每四拍为一循环。分快、慢步,第一步为慢步(S),占二拍;第二、三步为快步(Q),各占一拍。基本节奏为慢、快、快(S、Q、Q)。以足踝、足底、掌趾的动作,完成升降起伏,注重反身、肩引导和倾斜技术。舞步流畅平滑,步幅宽大,舞态优雅从容飘逸,似行云流水。

3)快步舞(quick step)

快步舞在摩登舞中也可称作"欢乐"舞,它起源于美国,20世纪流行于欧美和全球。狐步舞流传后,逐渐分为慢、快两种,慢狐步舞就是当今的狐步舞,快狐步舞吸收原有狐步舞的动作逐渐演变成为快步舞,后又是引入芭蕾的小动作,使舞蹈动作更显轻快灵巧。节奏为4/4拍,每分钟50—52小节。每小节四拍,第一拍为重拍,第三拍为次重拍。舞步分快步和慢步。快步(Q)占一拍;慢步(S)占二拍。基本节奏是慢、慢、快、快、慢(S、S、Q、Q、S)。它的舞曲明亮欢快,跳跃感强,给人一种愉快、轻盈、优雅、甜美的感觉。风格特点轻快活泼,富于激情,舞步洒脱自由,饱含动力感和表现力。

4)维也纳华尔兹(Viennese waltz)

维也纳华尔兹是源于奥地利的一种农民舞蹈,由男女成对扶腰搭肩共同围成一个圆圈而舞,故被称为"圆舞",后来流行于奥地利的首都维也纳,因此而得名。又因它比一般的华尔效快,故又称"快三步"。奥地利著名作曲家约翰·施特芳斯谱写了许多著名的圆舞曲,使快节奏的华尔兹得到空前的发展。舞曲旋律流畅华丽,节奏轻松明快,为3/4拍节奏,每分钟56—60小节,每小节为三拍,第一拍为重拍,第四拍为次重拍。基本步伐是六拍走六步,二小节为一循环,第一小节为一次起伏。基本动作是左右快速旋转步,完成反身、倾斜、摆荡、升降等技巧。舞步平稳轻快,翩跹回旋,热烈奔放。舞姿高雅庄重。

5)探戈舞(tango)

探戈舞由阿根廷的民间舞米龙加(Milonga)演变而成。19世纪中叶传到法国,20世纪传入欧洲上层社会,后流行于世界各国。2/4抽节奏,每分钟30—34小节。每小节二拍,第一拍为重拍。舞步有快步和慢步,快步(Q)占半拍,慢步(S)占一拍,基本节奏是慢、慢、快、快、慢(S、S、Q、Q、S)。舞曲节奏带有停顿并强调切分音;舞步顿挫有力,潇洒豪放;身体无起伏、无升降、无旋转;表情严肃,有左顾右盼的头部闪动动作。

(2)拉丁舞分为伦巴、恰恰恰、桑巴、斗牛舞、牛仔舞5个舞种,舞伴之间可贴身,可分离。各自在固定范围内辐射式地变换方向角度,展现舞姿。步法灵活多变,各舞种通过对胯部及身体摆动不同的技术要求,完成各种舞步,表现各种风格。它婀娜多姿,节奏明朗,热情奔放,充满朝气和活力。曲调缠绵浪漫,活泼热烈,节奏感强。着装浪漫洒脱,男着上短下长的紧身或宽松装,女着紧身裙子,显露女性曲线的美。

1)伦巴舞(rumba)

其产生与西班牙和非洲的舞蹈有密切关系,后在古巴得到发展,因为古巴人民有将物品顶在头上行走的习惯,移动时胯部就会向两侧扭动来保持身体平稳,伦巴舞步就秉承了这一特点演化而成。因此古巴是伦巴舞的发源地。其节奏为4/4拍,每分钟27—29小节。每小节四拍。乐曲旋律的特点是强拍落在每小节的第四拍。舞步从第4拍起跳,由一个慢步和两个快步组成。四拍走三步,慢步占二拍(第4拍和下一小节的第一拍),快步各占一拍(第二拍和第三拍)。胯部摆动三次。胯部动作是由控制重心的一脚向另一脚移动而形成向两侧作"∞"形摆动。伦巴舞大多是表现男女之间的爱情,因此它的音乐缠绵深情,舞步舒展优美,婀娜多姿,风格柔媚抒情,舞蹈充满浪漫情调,令人陶醉。

2)恰恰恰(cha-cha-cha)

源于非洲,后传入拉丁美洲,和伦巴一样也起源于古巴。节奏为4/4拍,每分钟30—32小节。每小节四拍,强拍落在第一拍。四拍走五步,包括两个慢步和三个快步。第一步踏在第二拍,时间值占一拍;第二步占一拍;第三、四两步各占半拍;第五步占一拍,踏在舞曲的第一拍上。舞曲热情奔放,舞步花哨利落,步频较快,诙谐风趣。

3)桑巴舞(samba)

源于巴西,是巴西一年一度狂欢节的舞蹈。舞曲欢快热烈,节奏为2/4拍,每分钟52—54小节。强拍落在每小节的第二拍。每小节完成一个基本舞步。舞步在全脚掌踏地和半脚掌垫步之间交替完成,通过膝盖上下曲伸弹动,使全身前后摇摆,并沿着舞程线绕场行进,属"游走形"舞蹈。桑巴舞流动性大,律动感强,步法摇曳紧凑,风格热烈奔放。

4)斗牛舞(paisobopli)

源于法国,盛行于西班牙,系据西班牙斗牛场面创作而成。音乐为旋律高昂雄壮、鲜明有力的西班牙进行曲。节奏为2/4拍,每分钟60—62小节。一拍一步,八拍一循环,它的舞步流动大,沿着舞程线绕场行进。舞姿挺拔,无胯部动作及过分膝盖曲伸。用踝关节和脚掌平踏地面完成舞步。动静鲜明,力度感强,发力迅速,收步敏捷顿挫。男士代表斗牛士,因此男舞者的角色尤其重要,斗牛舞也被称为"男人的舞蹈",要求表现出斗牛士的刚劲威猛、气宇轩昂;女士象征斗牛士用以激怒公牛的红色斗篷,女舞者要突出线条优美,自由流畅,要有大幅度的旋转动作及跳跃,英姿飒爽,柔美多变。

5)牛仔舞(jive)

源于美国,是由吉特巴发展起来的,吉特巴原是美国西部牧人跳的一种带有跳跃性动作的舞蹈,20世纪50年代爵士乐的流行,加速和完善了这种舞蹈,但风格上还保持美国西部牛仔刚健、浪漫、豪迈的气派。它的旋律欢快,强烈跳跃,节奏为4/4拍,每分钟42—44小节。要求脚掌踏地,腰和胯部作钟摆式摆动。牛仔舞舞步敏捷、跳跃、舞姿轻松、热情、欢快、俏皮。

2. 体育舞蹈的作用

(1) 体育舞蹈对身体的良好影响

1) 通过体育舞蹈练习提高身体直立感、身体稳定、身体控制。经过体育舞蹈训练,能使受训者站得更直,形体优美。在每次进行舞蹈练习时老师总会反复提醒受训者注意自己的姿态,以及保持姿态时肌肉的用力方法,长此以往,肌肉形成记忆,动力定型就能纠正驼背,端肩等形体问题。

2) 通过体育舞蹈练习可以发展记忆力,提高本体感觉、协调性、灵活性、柔韧性等。因为跳舞跟着音乐摆动身体,大脑思维活动变得清晰灵活,可以有效消除脑力疲劳,提高学习工作效率,并且可以减缓记忆力减退,达到健脑效果。有关专家测试,每周跳舞三次,每次一小时,练习 4 个月与不运动的人相比,视觉和记忆力均占优势。本体感觉是指肌、腱、关节等运动器官本身在不同状态(运动或静止)时产生的感觉。因为体育舞蹈需要全身各部位的配合,头、四肢、躯干,我们通过体育舞蹈的长期练习可以让我们身体各个部位能更好地接受大脑发出信号的支配,提高本体感觉。本体感觉发展良好,大脑功能能发挥自如,观察力敏锐、反应迅速、人生最重要的想象创造能力才能丰富地发展起来。另外,经常进行体育舞蹈基本功的练习,还能够很好的锻炼我们身上的肌腱韧带,提高躯干和四肢的柔韧性。

(2) 体育舞蹈调节情绪,有益心理健康

1) 体育舞蹈练习都是在音乐的伴奏下进行的,体育舞蹈有十个舞种,不同舞种音乐风格各不相同,有抒情的、欢快的、动感的、激昂的等等,不同的音乐可以带给练习者不同的情感体验,随着音乐起舞,可以让我们忘记烦恼;随着音乐起舞也可以给我们的生活增添更多的情趣。这种活泼愉快的练习方式,调节了人的心理活动,使紧张的神经得到松弛、转移和消除。

2) 体育舞蹈可以培养自信心,通过体育舞蹈学习,能够培养人的表演能力,参加一些体育舞蹈表演或比赛可以使我们不怯场,增强表现力,从而增强自信心,得到心理素质的锻炼。

(3) 培养团队合作的精神、融洽的人际关系

1) 在进行体育舞蹈的练习中大家的团结协作和互帮互助的精神能够得到锻炼,我们知道体育舞蹈是一个双人舞蹈,相互之间只有配合默契才能更好地完成练习。

2) 学习体育舞蹈舞,可以增强人们的社会交往能力,改善人们的人际关系。随着社会竞争的加剧,我们承受着越来越大的来自于社会、家庭以及学业上的压力,人与人之间缺乏必要的了解和沟通,较易产生孤独感与人际关系障碍,而通过体育舞蹈的练习,可以满足人们社会交往的需求,丰富人们的业余文化生活,消除人与人之间的隔阂与戒心,加强相互了解与合作,提高公关、社交能力。

(4) 体育舞蹈陶冶情操 提高个人艺术素养

体育舞蹈是通过音乐、动作、表情、姿态来表现内心世界的,舞蹈中的一个手势、一个动作、一个造型,流动的舞蹈中的速度、控制、延伸等等都让我们能时刻获得美的享受,在学习舞蹈的过程中我们潜移默化地就受到了艺术的熏陶,使我们体验美、欣赏美、享受美,将我们的审美素质,艺术修养提高到一个较高的层次。

二、基本技术

考虑到本书针对的大学生不是专业的体育院校或舞蹈院校的学生,因此在本书中我们有针

对性地选择了摩登舞两个舞种——华尔兹和探戈,拉丁舞两个舞种——伦巴和恰恰恰来进行基本技术的讲解。

体育舞蹈8个方位(见图8-3-1)。

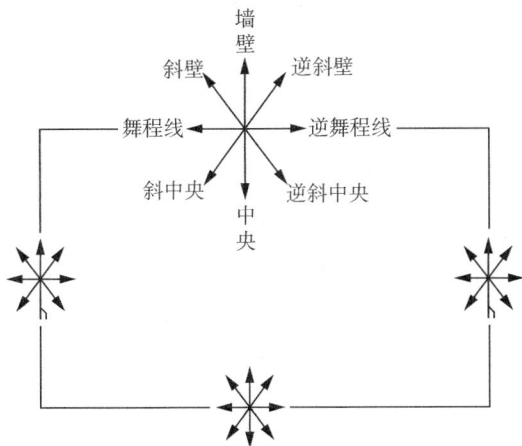

图 8-3-1

(一)华尔兹

1. 华尔兹的基本扶抱位置

华尔兹闭式舞姿(见图8-3-2)。

1)动作要领:男士重心右脚,女士左脚,膝盖自然松弛,身体中段接触靠近,感觉有力量对抗,臀部适当向后使腹股沟部分稍分离开;男士右臂抬起(肩肘抬平)和女士抬起的左臂形成弧形扶抱,另一侧手虎口相交握住;女士身体向左后打开。

2)练习方法:对镜子按照要领练习、纠正。

3)易犯错误:身体中段无接触和力量对抗。

纠正方法:身体中段可以夹一张纸,使纸不要掉下来。

华尔兹开式舞姿(见图8-3-3)。

图 8-3-2

图 8-3-3

1)动作要领:身体一侧打开,另一侧身体中段接触对抗,手臂肘关节抬起,手臂架形同闭式舞姿。

2）练习方法：对镜子按照要领练习、纠正。

3）易犯错误：手肘关节没有抬起。

纠正方法：负重练习，两个手拿重物把手肘抬起。

2. 升降练习

1）动作要领：上升顺序从头开始，依次为头、肩、髋、膝、踝、脚跟；下降顺序倒过来，依次为脚跟、踝、膝、髋、肩、头。

2）练习方法：双脚平行站立，重心在中间进行练习；单腿重心练习，主力腿做升降，另一只脚依次向前、向侧、先后伸。

3）易犯错误：膝盖还没升，脚跟就先离地升起。

纠正方法：借助旁边同学帮助提醒或控制膝盖部位。

3. 摆荡、倾斜练习

（1）动作要领：(伴随升降进行练习)向一侧摆荡时，通过主力腿的推动使身体向一侧移动同时产生身体的摆荡，比如通过左腿推动，身体向右移动，产生摆荡，而产生摆荡时又要形成身体向左边的倾斜。

（2）练习方法

1）上半身保持扶抱造型进行单人练习，重心左脚向右做动作，然后再反过来做。

2）同侧手臂带动进行摆荡练习。

（3）易犯错误

1）摆荡过程中脚跟着地。

纠正方法：通过提踵练习，加强脚踝力量，以达到控制脚跟不着地。

2）在做向左倾斜时，向左边倾倒；反方向亦如此。

纠正方法：想象右侧身体被左斜上方绳子拉住，使右侧身体线条延伸，不能做成左侧线条挤压。

4. 反身练习

（1）动作要领

左脚向前，向左做反身；右脚向前，向右做反身；左脚后退，向右做反身；右脚后退，向左做反身。

（2）练习方法

单腿向前、向后出腿反身练习。

（3）易犯错误

出步无反身动作。

纠正方法：面对镜子找反向体转的感觉。

5. 基本动作和基本组合

（1）基本动作

1）左足并换步。

男士（见表8-3-1）。

表 8-3-1

步序	步位	脚底动作	方位	转度	升降	倾斜	反身动作	节奏
1	左脚前进	跟—尖	面向斜壁		降,结尾开始升		轻微	1
2	右脚向侧并稍向前	尖	面向斜壁		继续升	左		2
3	左脚并右脚	尖—跟	面向斜壁		继续升,结尾下降	左		3

女士(见表 8-3-2)。

表 8-3-2

步序	步位	脚底动作	方位	转度	升降	倾斜	反身动作	节奏
1	右脚后退	尖—跟	背向斜壁		降,结尾开始升,脚不升		轻微	1
2	左脚向侧并稍向后	尖	背向斜壁		升	右		2
3	右脚并左脚	尖—跟	背向斜壁		继续升,结尾下降	右		3

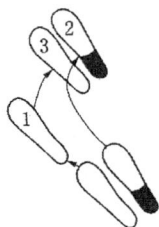
男步

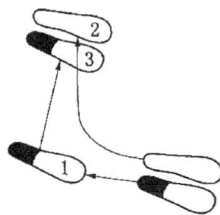
女步

2) 右足并换步。

男士(见表 8-3-3)。

表 8-3-3

步序	步位	脚底动作	方位	转度	升降	倾斜	反身动作	节奏
1	右脚前进	跟—尖	面向斜中央		降,结尾开始,		轻微	1
2	左脚向侧,并稍向前	尖	面向斜中央		升	右		2
3	右脚并左脚	尖—跟	面向斜中央		继续升位,结尾下降	右		3

女士(见表 8-3-4)。

表 8-3-4

步序	步位	脚底动作	方位	转度	升降	倾斜	反身动作	节奏
1	左脚后退	尖—跟	背向斜中央		降,结尾开始升,脚不升		轻微	1
2	右脚向侧并稍后退	尖	背向斜中央		升	左		2
3	左脚并右脚	尖—跟	背向斜中央		继续升,结尾下降	左		3

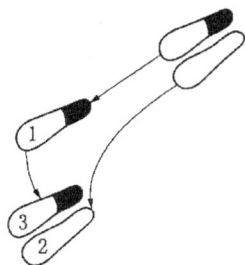

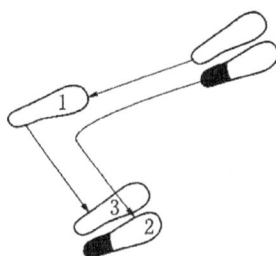

男步 女步

3）右转步。

男士（见表 8-3-5）。

表 8-3-5

步序	步位	脚底动作	方位	转度	升降	倾斜	反身动作	节奏
1	右脚前进	跟一尖	面向斜壁	开始右转	降，结尾开始升		有	1
2	左脚向侧	尖	背向斜中央	1—2 右转 1/4	继续升	右		2
3	右脚并左脚	尖一跟	背向舞程线	2—3 右转 1/8	继续升，结尾下降	右		3
4	左脚后退	尖一跟	背向舞程线	继续右转	降，结尾开始升，脚不升		有	1
5	右脚向侧	尖	指向斜中央	4—5 右转 3/8 身体少转	继续升	左		2
6	左脚并右脚	尖一跟	面向斜中央	身体完成转动	继续升，结尾下降	左		3

女士（见表 8-3-6）。

表 8-3-6

步序	步位	脚底动作	方位	转度	升降	倾斜	反身动作	节奏
1	左脚后退	尖一跟	背向斜壁	开始右转	降，结尾开始升，脚不升		有	1
2	右脚向侧	尖	指向舞程线	1—2 右转 3/8	继续升	左		2
3	左脚并右脚	尖一跟	面向舞程线	身体完成转动	继续升，结尾下降	左.		3
4	右脚前进	尖一跟	面向舞程线	继续右转	降，结尾开始升		有	1
5	左脚向侧	尖	背向中央	4—5 右转 1/4	升	右		2
6	右脚并左脚	尖一跟	背向斜中央	5—6 右转 3/8	继续升，结尾下降	右		3

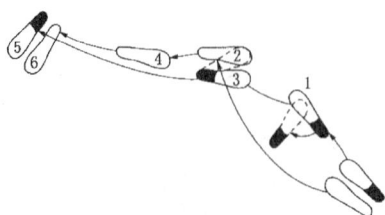

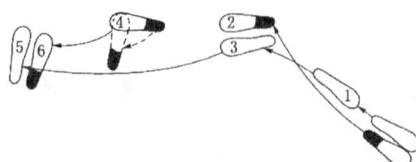

男步 女步

4）左转步

男士（见表8-3-7）。

表 8-3-7

步序	步位	脚底动作	方位	转度	升降	倾斜	反身动作	节奏
1	左脚前进	跟—尖	面向斜中央	开始左转	降,结尾开始升		有	1
2	右脚向侧	尖	背向斜壁	1—2 左转 1/4	继续升	左		2
3	左脚并右脚	尖—跟	背向舞程线	2—3 左转 1/8	继续升,结尾下降	左		3
4	右脚后退	尖—跟	背向舞程线	继续左转	降,结尾开始升,脚不升		有	1
5	左脚向侧	尖	指向斜壁	4—5 左转 3/8 身体少转	继续升	右		2
6	右脚并左脚	尖—跟	面向斜壁	身体完成转动	继续升,结尾下降	右		3

女士（见表8-3-8）。

表 8-3-8

步序	步位	脚底动作	方位	转度	升降	倾斜	反身动作	节奏
1	右脚后退	尖—跟	背向斜中央	开始左转	降,结尾开始升		有	1
2	左脚向侧	尖	指向舞程线	1—2 左转 3/8 身体少转	继续升	右		2
3	右脚并左脚	尖—跟	面向舞程线	身体完成转动	继续升,结尾下降	右		3
4	左脚前进	跟—尖	面向舞程线	继续左转	降,结尾开始升		有	1
5	右脚向侧	尖	背向墙壁	4—5 左转 1/4	继续升	左		2
6	左脚并右脚	尖—跟	背向斜壁	5—6 左转 3/8	继续升,结尾下降	左		3

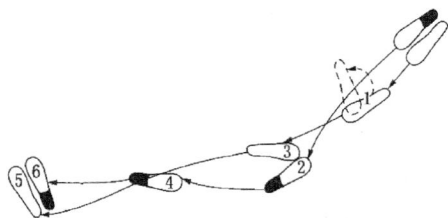

男步

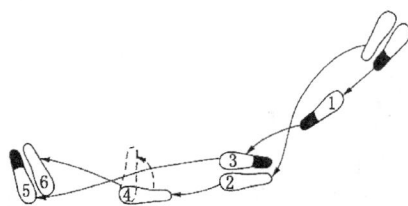

女步

5）外侧换步

男士（见表8-3-9）。

表 8-3-9

步序	步位	脚底动作	方位	转度	升降	倾斜	反身动作	节奏
1	在反身动作位置中,左脚后退	尖—跟	背向斜中央		降,结尾开始升,脚不升			1
2	右脚后退	尖	背向斜中央	开始左转	继续升		有	2

（续表）

步序	步位	脚底动作	方位	转度	升降	倾斜	反身动作	节奏
3	左脚向侧,并稍向前	尖—跟	指向斜壁	2—3 转 1/4 身体少转	保持升位,结尾下降			3
4	在反身动作位置和外侧舞伴中,右脚前进	跟	面向斜壁				有	1

女士（见表 8-3-10）。

表 8-3-10

步序	步位	脚底动作	方位	转度	升降	倾斜	反身动作	节奏
1	在反身动作位置和外侧舞伴中,右脚前进	跟—尖	面向斜中央		降,结尾开始升,脚不升			1
2	左脚前进	尖	面向斜中央	开始左转	继续升		有	2
3	右脚向侧,并稍后	尖—跟	背向斜壁	2—3 转 1/4 身体少转	保持升位,结尾下降			3
4	在反身动作位置中,左脚后退	尖	背向斜壁					1

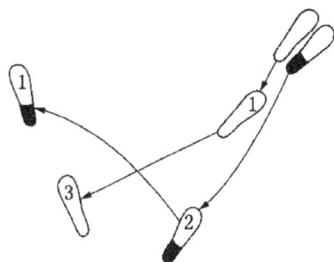

男步

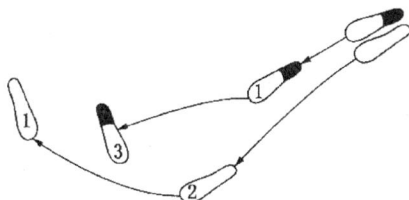

女步

6）左截转步。

男士（见表 8-3-11）。

表 8-3-11

步序	步位	脚底动作	方位	转度	升降	倾斜	反身动作	节奏
1	右脚后退	尖—跟	背向舞程线	开始左转			有	1
2	左脚并右脚,不置重量	左脚跟—双脚尖	背向逆斜中央	1—2 左转 3/8	升	右		2
3	保持第二步位置	右脚尖—跟	背向逆斜中央		保持升位,结尾下降	右		3

女士（见表 8-3-12）。

表 8-3-12

步序	步位	脚底动作	方位	转度	升降	倾斜	反身动作	节奏
1	左脚前进	跟—尖	面向舞程线	开始左转	结尾开始升		有	1
2	右脚向侧	尖	面向中央	1—2 左转 1/4	继续升	左		2
3	左脚并右脚	尖—跟	面向逆斜中央	2—3 左转 1/8	继续升,结尾下降	左		3

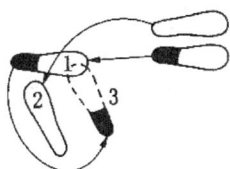

男步

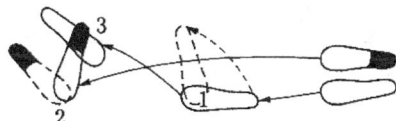

女步

7) 后退扫步。

男士(见表 8-3-13)。

表 8-3-13

步序	步位	脚底动作	方位	转度	升降	倾斜	反身动作	节奏
1	在反身动作位置中,左脚后退	尖—跟	背向逆斜中央		结尾开始升,脚不升		有(轻微)	1
2	右脚斜退	尖	背向逆斜中央		继续升	左		2
3	在侧行位置中,左脚交叉于右脚后	尖—跟	面向斜壁		保持升位,结尾下降	左		3

女士(见表 8-3-14)。

表 8-3-14

步序	步位	脚底动作	方位	转度	升降	倾斜	反身动作	节奏
1	在反身动作位置和外侧舞伴中,右脚前进	跟—尖	面向逆斜中央	开始右转	结尾开始升		有	1
2	左脚向侧	尖	面向中央	1—2 右转 1/8	继续升	右		2
3	在侧行位置中,右脚交叉于左脚后	尖—跟	面向斜中央	2—3 右转 1/8	保持升位,结尾下降	右		3

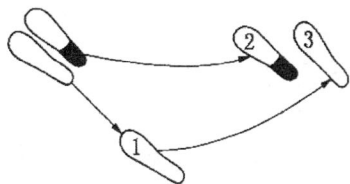

男步

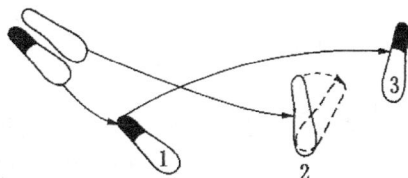

女步

8) 犹豫换步。

男士(见表 8-3-15)。

表 8-3-15

步序	步位	脚底动作	方位	转度	升降	倾斜	反身动作	节奏
123	与右转步相同							
4	左脚后退	尖—跟	背向舞程线	继续右转			有	1
5	右脚小步向侧(脚跟拖步)	跟—脚内缘—全脚	面向斜中央	4—5 右转 3/8		左		2
6	左脚并右脚,不置重量	尖内缘	面向斜中央			左		3

女士(见表 8-3-16)。

表 8-3-16

步序	步位	脚底动作	方位	转度	升降	倾斜	反身动作	节奏
123	与右转步相同							
4	右脚前进	跟—尖	面向舞程线	继续右转			有	1
5	左脚向侧	尖—跟	背向斜中央	4—5 右转 3/8		右		2
6	右脚并左脚,不置重量	尖—内缘	背向斜中央			右		3

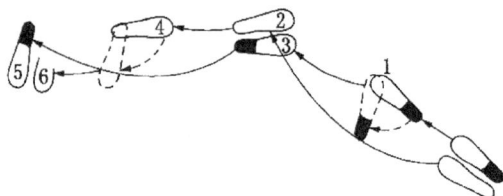

男步

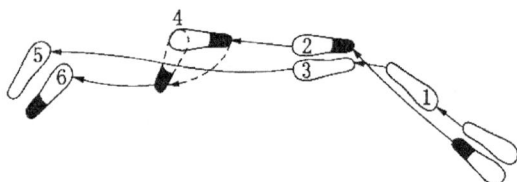

女步

9) 侧行追步。

男士(见表 8-3-17)。

表 8-3-17

步序	步位	脚底动作	方位	转度	升降	倾斜	反身动作	节奏
1	在反身位置和侧行位置中,右脚交叉前进	跟—尖	面向斜壁,沿舞程线移动		结尾开始升		有(轻微)	1(1)
2	左脚向侧,并稍前进	尖	面向斜壁		继续升			2(1/2)
3	右脚并左脚	尖	面向斜壁		继续升			&(1/2)
4	左脚向侧,并稍前进	尖—跟	面向斜壁		保持升位,结尾下降			3(1)

女士(见表 8-3-18)。

表 8-3-18

步序	步位	脚底动作	方位	转度	升降	倾斜	反身动作	节奏
1	在反身位置和侧行位置中,左脚交叉前进	跟—尖	面向斜中央,沿舞程线移动	开始左转	降,结尾开始升		有	1(1)
2	右脚向侧	尖	背向墙壁	左转1/8	继续升			2(1/2)
3	左脚并右脚	尖	背向斜壁	左转1/8,身体少转	继续升			&(1/2)
4	右脚向侧,并稍后退	尖—跟	背向斜壁		保持升位,结尾下降			3(1)

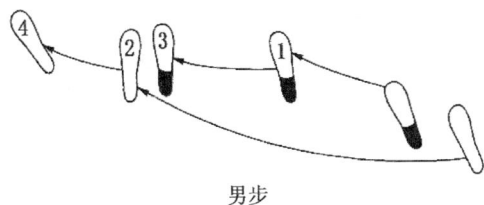

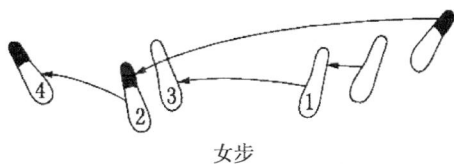

男步　　　　　　　　　　　　　　女步

(2) 动作组合

左足并换步(123)、右转步(123,456)、右足并换步(123)、左转步(123,456)、左足并换步(123)、右转蹯蹋步(123,456)、左转截步(123,456)、后退扫步(123)、前进追步(123)、右转步(前123)。

(二) 探戈

1. 探戈基本扶抱位置

探戈闭式舞姿(见图 8-3-4)。

(1) 动作要领

双膝弯曲,男士重心右脚,女士左脚,身体中段接触靠近,感觉有力量对抗,臀部向后使腹股沟部稍分离开,分离程度稍大于华尔兹舞姿,男、女伴身体均要向自己的左侧延伸出去;男士右臂抬起(肩肘抬平)和女士抬起的左臂形成弧形扶抱,另一侧手虎口相交握住。

(2) 练习方法

对镜子按照要领练习、纠正。

(3) 易犯错误

身体无向左延伸。

纠正方法:尽量感觉用身体去碰左侧墙壁。

探戈开式舞姿(见图 8-3-5)。

(1) 动作要领

曲膝,身体一侧打开,另一侧身体中段接触对抗,手臂肘关节抬起,手臂架形同闭式舞姿。

(2) 练习方法

对镜子按照要领练习、纠正。

图 8-3-4　　　　　　　　　　　图 8-3-5

（3）易犯错误

手肘关节没有抬起。

纠正方法：负重练习，两个手拿重物把手肘抬起。

2. 探戈步伐

动作要领

探戈不同于华尔兹，它没有升降、起伏、倾斜；探戈以行走和转动为主，运动时双膝弯曲，到位快速，刚劲有力；舞蹈时男女舞伴压住地板进行推动。

易犯错误

（1）有起伏，没有推动只走步伐，架形控制不好，速度慢，转动慢，重心比较高压不住地板。

纠正方法：注意控制身体高度，降低重心。

（2）男、女舞伴身体过于集中对齐，甚至重叠。

纠正方法：男、女舞伴要感觉自己身体的左侧去碰侧面的墙壁，尽量打开。

3. 基本动作和动作组合

（1）基本动作

1）常步。

男士（见表 8-3-19）。

表 8-3-19

步序	步位	脚底动作	方位和朝向	转度	反身动作	节奏
1	在反身动作位置中，左脚前进	脚跟	面向斜壁	稍左转		S
2	右脚前进	脚跟	面向斜壁	稍左转		S

女士（见表 8-3-20）。

表 8-3-20

步序	步位	脚底动作	方位和朝向	转度	反身动作	节奏
1	在反身动作位置中，右脚后退	脚掌—脚跟	背向斜壁	稍左转		S
2	左脚后退	脚掌—脚跟	背向斜壁	稍左转		S

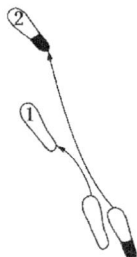

男步 女步

2）前进侧步。

男士（见表8-3-21）。

表 8-3-21

步序	步位	脚底动作	方位和朝向	转度	反身动作	节奏
1	在反身动作位置中，左脚前进	脚跟	朝斜壁	不转或向左曲转		Q
2	右脚前进，并稍向后移	脚之内缘	面向斜壁			Q
3	在反身动作位置中，左脚前进	脚跟	朝斜壁			S

女士（见表8-3-22）。

表 8-3-22

步序	步位	脚底动作	方位和朝向	转度	反身动作	节奏
1	在反身动作位置中，右脚后退	脚掌—脚跟	朝斜壁	不转或向左曲转		Q
2	左脚向侧并稍向前	脚掌—脚跟内缘	背向斜壁			Q
3	在反身动作位置中，右脚后退	脚掌—脚跟	朝斜壁			S

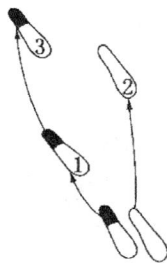

男步 女步

3）直行连步。

男士（见表8-3-23）。

表 8-3-23

步序	步位	脚底动作	方位和朝向	转度	反身动作	节奏
1	在反身动作位置中，左脚前进	脚跟	朝斜壁			Q
2	在侧行位置中，右脚向侧，并稍后	右脚掌内缘与左脚掌内缘	面向斜壁	身体向右转		Q

女士(见表 8-3-24)。

表 8-3-24

步序	步位	脚底动作	方位和朝向	转度	反身动作	节奏
1	在反身动作位置中,右脚后退	脚掌—脚跟	朝斜壁	右转 1/4		Q
2	在侧行位置中,左脚向侧,并稍后	左脚掌内缘—脚跟与右脚掌内缘	面向斜中央			Q

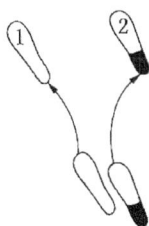

男步　　　　　　　　　　　女步

4) 侧行并合步。

男士(见表 8-3-25)。

表 8-3-25

步序	步位	脚底动作	方位和朝向	转度	反身动作	节奏
1	在侧行位置中,左脚向侧	脚跟	沿着舞程线,指向斜壁	不转		S
2	右脚前进,并交叉于反身动作位置与侧行位置中	脚跟	沿着舞程线,指向斜壁			Q
3	左脚向侧并稍前	脚内缘	指向斜壁			Q
4	右脚并左脚并稍后	整只脚	面向斜壁			S

女士(见表 8-3-26)。

表 8-3-26

步序	步位	脚底动作	方位和朝向	转度	反身动作	节奏
1	在侧行位置中,右脚向侧	脚跟	沿着舞程线,指向斜中央			S
2	左脚前进,并交叉于反身动作位置与侧行位置中	脚跟	沿着舞程线,指向斜中央	2—3 步间左转 1/4	有	Q
3	右脚向侧并稍后	脚掌内缘—脚跟	背向斜壁			Q
4	左脚并右脚并稍前	整只脚	背向斜壁			S

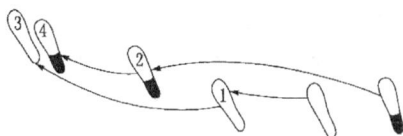

男步　　　　　　　　　　　女步

5) 分式左转步(女士同侧并步结束)。

男士(见表 8-3-27)。

表 8-3-27

步序	步位	脚底动作	方位和朝向	转度	反身动作	节奏
1	在反身动作位置中,左脚前进	脚跟	斜中央	左转 3/4	有	Q
2	右脚向侧并稍后	脚掌—脚跟	背向舞程线			Q
3	左脚后退,左肩引导	脚掌—脚跟内缘	顺着舞程线			Q
4	在反身动作位置中,右脚后退	脚掌—脚跟	斜中央		有	S
5	左脚向侧并稍前	脚内缘	指向斜壁			Q
6	右脚并左脚并稍后	整只脚	面向斜壁			S

女士(见表 8-3-28)。

表 8-3-28

步序	步位	脚底动作	方位和朝向	转度	反身动作	节奏
1	在反身动作位置中,右脚后退	脚掌—脚跟	斜中央	左转 3/4	有	Q
2	左脚跟并至右脚跟	整只脚	指向舞程线			Q
S	右脚前进,右肩引导	脚跟	顺着舞程线		有	
4	在反身动作位置中,左脚前进	脚跟	斜中央			Q
5	右脚向侧并稍后	脚掌—脚跟内缘	背向斜壁			Q

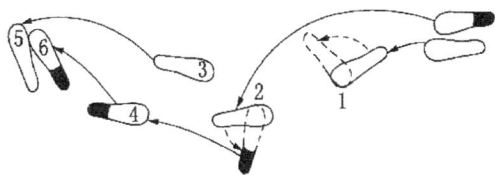

男步

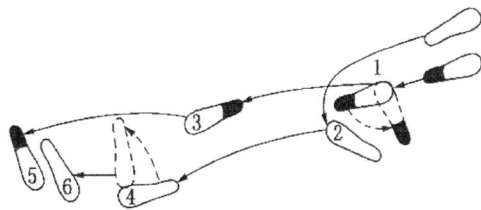

女步

6) 分式左转步(女士外侧分式结束)。

男士(见表 8-3-29)。

表 8-3-29

步序	步位	脚底动作	方位和朝向	转度	反身动作	节奏
1	在反身动作位置中,左脚前进	脚跟	朝斜中央	左转 3/4	有	Q
2	右脚向侧	脚掌—脚跟	背向斜壁			Q
3	在反身动作位置中,左脚后退	脚掌—脚跟	顺着舞程线			S
4	右脚后退	脚掌—脚跟	顺着舞程线		有	Q
5	左脚向侧并稍前	脚内缘	指向墙壁与斜壁之间			Q
6	在反身动作位置与外侧舞伴中,右脚前进	脚跟	朝墙壁与斜壁之间			S

女士(见表 8-3-30)。

表 8-3-30

步序	步位	脚底动作	方位和朝向	转度	反身动作	节奏
1	在反身动作位置中,右脚后退	脚掌—脚跟	朝斜中央	左转 3/4	有	Q
2	左脚向侧并稍前	整只脚	指向舞程线			Q
3	在反身动作位置与外侧舞伴中,右脚前进	脚跟	顺着舞程线			S
4	左脚前进	脚跟	顺着舞程线		有	Q
5	右脚向侧并稍后	脚掌—脚跟内缘	背向墙壁与斜壁之间			Q
6	在反身动作位置中,左脚后退	脚掌—脚跟	朝墙壁与斜壁之间			S

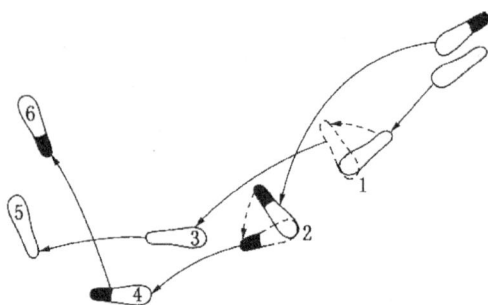

男步

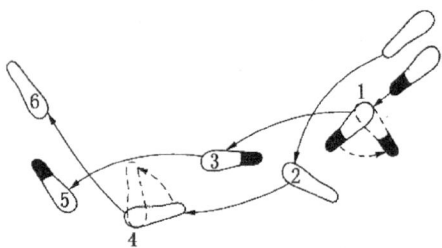

女步

7）摇摆转步。

男士(见表 8-3-31)。

表 8-3-31

步序	步位	脚底动作	方位和朝向	转度	反身动作	节奏
1	右脚前进,右肩引导	脚跟	斜壁	1—3 步间右转 1/4		S
2	左脚向侧并稍后	脚掌内缘—脚跟	背向中央			Q
3	重心向前移至右脚,右肩引导	脚掌内缘—脚跟	朝向逆斜壁			Q
4	左脚小步后退,左肩引导	脚掌内缘—脚跟	朝斜中央	不转		S
5	在反身动作位置中;右脚后退	脚掌—脚跟	朝向中央	5—6 步间左转 1/4	有	Q
6	左脚向侧并稍前	脚的内缘	指向斜壁			Q
7	右脚并左脚,稍后	整只脚	面向斜壁			S

女士(见表 8-3-32)。

表 8-3-32

步序	步位	脚底动作	方位和朝向	转度	反身动作	节奏
1	左脚后退,左肩引导	脚掌内缘—脚跟	朝向斜壁	1—3 步间右转 1/4		S
2	右脚前进并稍向右	脚跟	面向中央			Q

（续表）

步序	步位	脚底动作	方位和朝向	转度	反身动作	节奏
3	左脚后退并稍向左,左肩引导	脚掌内缘—脚跟	朝向逆斜壁			Q
4	右脚小步前进,右肩引导	脚跟	朝斜中央	不转		S
5	在反身动作位置中,左脚前进	脚跟	朝向中央	5—6步间左转1/4	有	Q
6	右脚向侧并稍后	脚掌内缘—脚跟	背向斜壁			Q
7	左脚并右脚,稍前	整只脚	背向斜壁			S

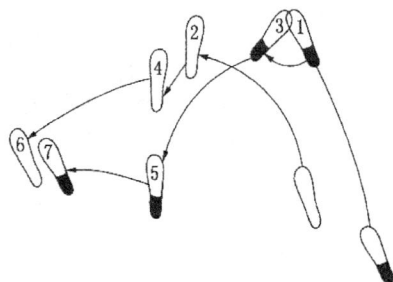 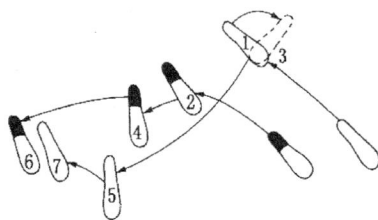

男步　　　　　　　　　　　　　　　　女步

8）右扭转步。

男士（见表8-3-33）。

表8-3-33

步序	步位	脚底动作	方位和朝向	转度	反身动作	节奏
1	在侧行位置中,左脚向侧	脚跟	沿舞程线,指向斜壁	向右转一周		S
2	右脚前进并交叉于反身动作位置与侧行位置中	脚跟	沿舞程线,指向斜壁		有	Q
3	左脚向侧	脚掌—脚跟	背向斜中央			Q
4	右脚交叉于左脚之后	脚掌	背向舞程线			S
5	开始向右扭转,两脚解开交叉	右脚脚掌和左脚脚跟	朝向第六步方位转动			Q
6	双脚几乎合并在侧行位置中,重心在右脚	右整只脚和左脚掌内缘	面向斜壁			Q

女士（见表8-3-34）。

表8-3-34

步序	步位	脚底动作	方位和朝向	转度	反身动作	节奏
1	在侧行位置中,右脚向侧	脚跟	沿舞程线,指向斜中央	向右转一周		S
2	左脚前进并交叉于反身动作位置与侧行位置中	脚跟	指向舞程线			Q
3	右脚前进至男伴双脚之间		顺着舞程线		有	Q
4	左脚前进,左肩引导准备步向外侧舞伴	脚跟	顺着舞程线指向斜壁			S

（续表）

步序	步位	脚底动作	方位和朝向	转度	反身动作	节奏
5	在反身动作位置,外侧舞伴中,右脚前进	脚跟—脚掌	朝向墙壁		有	Q
6	左脚在侧行位下,合并至右脚,稍后	左脚脚掌—右脚掌内缘	面向斜中央			Q

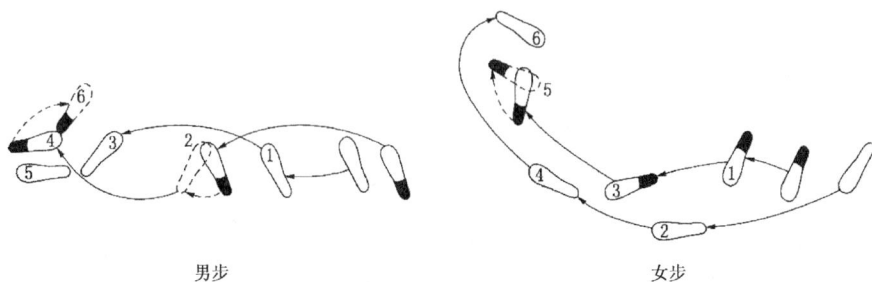

男步　　　　　　　　　女步

9）四快步。

男士（见表8-3-35）。

表 8-3-35

步序	步位	脚底动作	方位和朝向	转度	反身动作	节奏
1	在反身位置中,左脚前进	脚跟	朝斜壁	不转		Q
2	右脚向侧并稍后	脚掌—脚跟	背向逆斜中央			Q
3	在反身动作位置中,左脚后退	脚掌—脚跟	朝逆斜中央			Q
4	在侧行位置中,右脚并左脚	脚掌—脚跟	面向斜壁			Q

女士（见表8-3-36）。

表 8-3-36

步序	步位	脚底动作	方位和朝向	转度	反身动作	节奏
1	在反身动作位置中,右脚后退	脚掌—脚跟	朝斜壁			Q
2	左脚向侧并稍前	整只脚	面向逆斜中央			Q
3	在反身位置、外侧舞伴中,右脚前进	脚跟—脚掌（脚平伏）	朝逆斜中央	3—4 步间右转1/4	有	Q
4	在侧行位置中,左脚并右脚	脚掌—脚跟	面向斜中央			Q

男步　　　　　　　　　女步

（2）动作组合

二常步（SS）、直行侧步（QQS）、常步（S）、分式左转步（女士外侧）（QQSQQS）、常步（S）、摇摆转步（SQQSQQS）、直行连步（QQ）、侧行闭合步（SQQS）、四快换步（QQQQ）、侧行连步（SQQ）。

（三）伦巴

1. 伦巴基本扶抱位置

闭式舞姿（见图8-3-6）。

图8-3-6

（1）动作要领

（闭式）男女相对站立，男士右臂呈圆弧形，肘关节外展，右手放在女士后背左侧肩胛骨的下半部，轻轻托住女伴左臂，女士左臂顺此曲线靠在男士右臂上面，手掌虎口分开并且放在男士右大臂上；另一侧，男士的左手和女士的右手虎口分开相握住，手的高度在男女舞伴同侧耳朵之间的范围，根据男女舞伴高度调整确定。舞伴间要保持一定距离，闭式舞姿形成后身体之间要有一定的空间范围。

分式舞姿（见图8-3-7）。

图8-3-7

动作要领：（分式）男女相对站立，男士的左臂肘关节下沉，靠近侧腰的位置，左手掌心朝上，女士的右臂同样沉肘，靠近侧腰位置，右手与男士左手相握，男士大拇指压住女士右手手背；另一侧的手臂侧举。舞伴间保持一定距离。

（2）练习方法

可以单人根据要领对镜子进行练习，然后再进行双人配合练习。

（3）易犯错误

1）（闭式）男士右臂肘关节没有外展。

纠正方法：男士可以尝试双手肘关节外展把一个大盒子抱在胸前，保持一定时间，反复练习。

2）舞伴间没有保持距离空间，从而影响双人之间的动作。

纠正方法：舞伴可以围绕着一把适当大小的椅子进行扶抱，多次练习让舞伴间形成肌肉和空间感的动作记忆。

2."∞"字胯(见图8-3-8)

图 8-3-8

(1)动作要领

上半身保持控制,相对静止,胯部重心移到右斜前,右侧髋骨从右斜前经过右侧到右斜后,然后通过胯部的摆荡,把胯部中心移到左斜前,左侧髋骨从左斜前经过左侧到左斜后,循环动作,形成"∞"字胯。

(2)练习方法

想象一个时钟在自己的胯部,自己是时钟的中心点,胯部是时针,用自己的右髋骨分别去指向时钟的1、3、5点,然后左髋骨分别去指向11、9、7点。

(3)易犯错误

1)在做胯部转动时肩部不能够很好地控制,会随着胯部转动而晃动。

纠正方法:双手可扶住把杆或者墙壁以固定肩部,控制住身体。

2)转动胯部时身体不垂直。

纠正方法:保持直立,想象头顶被一个绳子拉住。

3.基本动作和动作组合

(1)基本动作

基本动作(BASIC MOVEMENT)、原地左转步(SPOT TURN TO LEFT)、原地右转步(STOP TURN TO RIGHT)、纽约步(NEW YORK)、手对手(HAND TO HAND)、库克拉恰(CUCARACHA)。

1)基本动作(见表8-3-37)。

表 8-3-37

步序	男士			女士			节奏	图片	身体方向与相关位置
	步位	脚底动作	转动度	步位	脚底动作	转动度			
1	左脚前进，脚尖外转（抑制前进起步），重心左脚	掌平		右脚后退，重心右脚	掌平		2&		
2	重心转移到右脚	掌平	左转1/8	重心转移到左脚	掌平	左转1/8	3&		
3	左脚向左横步，稍后，重心左脚	掌平		右脚向右横步，稍前，重心右脚	掌平		4.1&		闭式位
4	右脚后退，重心右脚	掌平		左脚前进、脚尖外转（抑制前进走步），重心在左脚	掌平		2&		
5	重心转移到左脚	掌平	左转1/8	重心转移到右脚	掌平	左转1/8	3&		
6	右脚向右横步，稍前，重心右脚	掌平		左脚向左横步，稍后，重心在左脚	掌平		4.1&		

2）原地左转步（见表8-3-38）。

表8-3-38

步序	男士			女士			节奏	图片	身体方向与相关位置
	步位	脚底动作	转动度	步位	脚底动作	转动度			
1	右脚越过左脚前进并开始左转	掌平	左转1/8	左脚越过右脚前进并开始右转	掌平	右转1/8	2		
2	继续左转，重心移到右脚	掌平	左转3/8	继续右转，重心移到左脚	掌平	右转3/8	&		
3	继续左转，重心回到左脚	掌平	左转1/4	继续右转，重心回到右脚	掌平	右转1/4	3		分式位两手分开
4	继续左转，右脚并步于左脚右侧	尖	左转1/4	继续右转，左脚并步于右脚左侧	尖	右转1/4	&		
5	右脚向右横步，重心回到右脚	掌平		左脚向左横步，重心回到左脚	掌平		4.1		

3）原地右转步（略）。

与原地左转步动作相同，但方向相反。

4) 纽约步(见表 8-3-39)。

表 8-3-39

步序	男士			女士			节奏	图片	身体方向与相关位置
	步位	脚底动作	转动度	步位	脚底动作	转动度			
1	右转,左脚前进,	掌平	右转1/4	左转,右脚前进,	掌平	左转1/4	2&		闭式双手扶抱开始,转反侧行位
2	重心回到右脚,左转	掌平	左转1/4	重心回到左脚,右转	掌平	右转1/4	3&		
3	左脚向左横步,重心左脚	掌平		右脚向右横步,重心右脚	掌平		4.1&		分式位
4	左转,右脚前进,	掌平	左转1/4	右转,左脚前进,	掌平	右转1/4	2&		反侧行位
5	重心回到左脚,右转	掌平	右转1/4	重心回到右脚,左转	掌平	左转1/4	3&		
6	右脚向右横步,重心右脚	掌平		左脚向左横步,重心左脚	掌平		4.1&		分式位

5) 手对手(见表8-3-40)。

表 8-3-40

步序	男士			女士			节奏	图片	身体方向与相关位置
	步位	脚底动作	转动度	步位	脚底动作	转动度			
1	左转,左脚后退	掌平	左转1/4	右转,右脚后退	掌平	右转1/4	2&		双扶抱的闭式位开始转成反侧行位
2	重心回到右脚右转	掌平		重心回到左脚左转	掌平		3&		双扶抱的闭式位
3	左脚前进一步	掌平	右转1/2	右脚前进一步	掌平	左转1/2	4.1&		
4	右转,右脚后退	掌平		左转,左脚后退	掌平		2&		反侧行位
5	重心回到左脚左转	掌平	左转1/4	重心回到右脚右转	掌平	右转1/4	3&		双扶抱的闭式位

（续表）

步序	男士			女士			节奏	图片	身体方向与相关位置
	步位	脚底动作	转动度	步位	脚底动作	转动度			
6	右脚向右横步	掌平		左脚向左横步	掌平		4.1&		

6）库克拉恰（见表 8-3-41）。

表 8-3-41

步序	男士			女士			节奏	图片	身体方向与相关位置
	步位	脚底动作	转动度	步位	脚底动作	转动度			
1	左脚向左横步（部分重心）	掌内侧		右脚向右横步（部分重心）	掌内侧		2&		闭式位（使用强烈的臀部扭摆）
2	重心回到右脚	掌平		重心回到左脚	掌平		3&		
3	左脚并步右脚左侧	掌平		右脚并步左脚右侧	掌平		4.1&		闭式位

（2）动作组合

基本动作（左右 2 小节）、纽约步（2 小节）、臂下右转（1 小节）、原地左转步（1 小节）、前进后退三连步（6 小节）、基本动作（前进后退 1 小节）、臂下左转（1 小节）、时间步（2 小节）。

(四) 恰恰恰

1. 恰恰恰基本扶抱位置(同伦巴)

2. "∞"字胯(同伦巴)

3. 右追步

1) 动作要领:(横向)右脚向右一步(全脚掌或前脚掌),左脚快速跟进,两脚跟内侧靠拢,通过身体引导,左脚脚掌推地板带动右脚再一次向右一步(见图 8-3-9)。

图 8-3-9

(纵向)右脚向前进一步,左脚快速跟进,形成拉丁交叉(拉丁交叉步:双腿膝盖松弛,后一条腿的膝盖藏在前一条腿的膝盖窝处,两只脚尖均外开,前脚脚跟延长线和后脚脚尖延长线成 90°,并且前脚跟和后脚尖相距 15 cm 左右),通过身体引导,左脚脚掌推地板带动右脚再一次向前进一步(见图 8-3-10)。

图 8-3-10

2) 练习方法:①慢做,注意每步的重心。②先练习脚步动作,再逐步配合身体的律动。

3) 易犯错误:①前进时,右脚脚尖内扣。②做拉丁交叉时重心下蹲。

纠正方法:多进行扶把脚尖外开练习;头上放一本书,使身体不能随意起伏。

4. 左追步

1) 动作要领:(横向)左脚向左一步(全脚掌或前脚掌),右脚快速跟进,两脚跟内侧靠拢,通过身体引导,右脚脚掌推地板带动左脚再一次向左一步(见图 8-3-11)。

图 8-3-11

(纵向)左脚向后退一步,右脚快速跟进,形成拉丁交叉,通过身体引导,右脚脚掌推地板带动左脚再一次向后退一步(见图 8-3-12)。

图 8-3-12

2)练习方法:①慢做,注意每步的重心。②先练习脚步动作,再逐步配合身体的律动。

3)易犯错误:做最后一步横步后,脚背对着前方。

纠正方法:多进行扶把脚尖外开练习,使最后一步脚背外开,尽量对着侧面。

5.基本动作和组合

(1)基本动作

基本动作(BASIC MOVEMENT)、原地左转步(SPOT TURN TO LEFT)、原地右转步(SPOT TURN TO RIGHT)、纽约步(NEW YORK)、手对手(HAND TO HAND)、三个恰恰恰(THREE CHA CHA CHA)、肩对肩(SHOULD TO SHOULD)

表格图片

1)基本动作(见表 8-3-42)。

表 8-3-42

步序	男士			女士			节奏	图片	身体方向与相关位置
	步位	脚底动作	转动度	步位	脚底动作	转动度			
1	左脚前进（抑制步）	掌平		右脚后退	掌平		2&		
2	重心回到右脚	掌平		重心回到左脚（抑制步）	掌平		3&		
3 4 5	左追步（向左）（向后）	掌，掌，掌平		右追步（向右）（向前）	掌，掌，掌平		4&1		闭式位或分式位
6	右脚后退	掌平		左脚前进（抑制步）	掌平		2&		
7	重心回到左脚	掌平		重心回到右脚	掌平		3&		

（续表）

步序	男士			女士			节奏	图片	身体方向与相关位置
	步位	脚底动作	转动度	步位	脚底动作	转动度			
8 9 10	右追步（向右）（向前）	掌，掌，掌平		左追步（向左）（向后）	掌，掌，掌平		4&1		闭式位或分式位

2）原地左转步（见表8-3-43）。

表8-3-43

步序	男士			女士			节奏	图片	身体方向与相关位置
	步位	脚底动作	转动度	步位	脚底动作	转动度			
1	右脚越过左脚前进并开始左转	掌平	左转1/8	左脚越过右脚前进并开始右转	掌平	右转1/8	2		
2	继续左转，重心移到右脚	掌平	左转3/8	继续右转，重心移到左脚	掌平	右转3/8	&		分式位两手分开
3	继续左转，重心回到左脚	掌平	左转1/4	继续右转，重心回到右脚	掌平	右转1/4	3		

（续表）

步序	男士			女士			节奏	图片	身体方向与相关位置
	步位	脚底动作	转动度	步位	脚底动作	转动度			
4	继续左转，右脚并步于左脚右侧	尖	左转1/4	继续右转，左脚并步于右脚左侧	尖	右转1/4	&		
5 6 7	右追步（向右）	掌，掌，掌平		左追步（向左）	掌，掌，掌平		4&1		分式位两手分开

3）原地右转步（略）。

与原地左转步动作相同，但方向相反。

4）纽约步（见表8-3-44）。

表8-3-44

步序	男士			女士			节奏	图片	身体方向与相关位置
	步位	脚底动作	转动度	步位	脚底动作	转动度			
1	右转，左脚前进（抑制步），重心在两脚之间	左脚掌平，右脚脚趾球	右转1/4	左转，右脚前进（抑制步），重心在两脚之间	右脚掌平，左脚脚趾球	左转1/4	2&		闭式双手扶抱开始，转反侧行位
2	重心回到右脚，左转	掌平	左转1/4	重心回到左脚，右转	掌平	右转1/4	3&		分式位

步序	男士			女士			节奏	图片	身体方向与相关位置
	步位	脚底动作	转动度	步位	脚底动作	转动度			
3 4 5	左追步(向左)	掌,掌,掌平		右追步(向右)	掌,掌,掌平		4&1		分式位
6	左转,右脚前进(抑制步),重心在两脚之间	掌平	左转1/4	右转,左脚前进(抑制步),重心在两脚之间	掌平	右转1/4	2&		反侧行位
7	重心回到左脚,右转	掌平	右转1/4	重心回到右脚,左转	掌平	左转1/4	3&		
8 9 10	右追步(向右)	掌,掌,掌平		左追步(向左)	掌,掌,掌平		4&1		分式位

5) 手对手(见表 8-3-45)。

表 8-3-45

步序	男士			女士			节奏	图片	身体方向与相关位置
	步位	脚底动作	转动度	步位	脚底动作	转动度			
1	左转, 左脚后退	掌平	左转 1/4	右转, 右脚后退	掌平	右转 1/4	2&		双扶抱的闭式位开始转成反侧行位
2	重心回到右脚右转	掌平	右转 1/4	重心回到左脚左转	掌平	左转 1/4	3&		双扶抱的闭式位
3 4 5	左追步 (向左)	掌, 掌, 掌平		右追步 (向右)	掌, 掌, 掌平		4&1	同基本动作(BASIC MOVEMENT) (左、右追步)	
6	右转, 右脚后退	掌平	右转 1/4	左转, 左脚后退	掌平	左转 1/4	2&		反侧行位
7	重心回到左脚左转	掌平	左转 1/4	重心回到右脚右转	掌平	右转 1/4	3&		双扶抱的闭式位
8 9 10	右追步…… (向右)	掌, 掌, 掌平		左追步 (向左)	掌, 掌, 掌平		4&1	同基本动作(BASIC MOVEMENT) (左、右追步)	

6) 三个恰恰恰(见表 8-3-46)。

表 8-3-46

步序	男士			女士			节奏	图片	身体方向与相关位置
	步位	脚底动作	转动度	步位	脚底动作	转动度			
1	左脚前进(抑制步)	掌平		右脚后退	掌平		2&		
2	重心回到右脚	掌平		重心回到左脚	掌平		3&		
3 4 5	左追步(向后)	掌,掌,掌平		右追步(向前)	掌,掌,掌平		4&1		分式位
6 7 8	右追步(向后)	掌,掌,掌平		左追步(向前)	掌,掌,掌平		2&3		

（续表）

步序	男士			女士			节奏	图片	身体方向与相关位置
	步位	脚底动作	转动度	步位	脚底动作	转动度			
9 10 11	左追步（向后）	掌，掌，掌平		右追步（向前）	掌，掌，掌平		4&1	同步序3、4、5	
12	右脚后退	掌平		左脚前进（抑制步）	掌平		2&		
13	重心回到左脚	掌平		重心回到右脚	掌平		3&		
14 15 16	右追步（向前）	掌，掌，掌平		左追步（向后）	掌，掌，掌平		4&1		分式位
17 18 19	左追步（向前）	掌，掌，掌平		右追步（向后）	掌，掌，掌平		2&3		

（续表）

步序	男士			女士			节奏	图片	身体方向与相关位置
	步位	脚底动作	转动度	步位	脚底动作	转动度			
									分式位
20 21 22	右追步（向前）	掌，掌，掌平		左追步（向后）	掌，掌，掌平		4&1	同步序 14、15、16	

7）肩对肩（见表 8-3-47）。

表 8-3-47

步序	男士			女士			节奏	图片	身体方向与相关位置
	步位	脚底动作	转动度	步位	脚底动作	转动度			
1	右转，左脚向女士左外侧前进	掌平	右转1/8	右转，右脚后退	掌平	右转1/8	2&		闭式位或分式位不扶抱
2	重心回到右脚	掌平		重心回到左脚	掌平		3&		
3 4 5	左追步（向左）	掌，掌，掌平	左转1/8	右追步（向右）	掌，掌，掌平	左转1/8	4&1	同基本动作（BASIC MOVEMENT）（左、右追步）	
6	左转，右脚向女士右外侧前进	掌平	左转1/8	左转，左脚后退	掌平	左转1/8	2&		

步序	男士			女士			节奏	图片	身体方向与相关位置
	步位	脚底动作	转动度	步位	脚底动作	转动度			
7	重心回到左脚	掌平		重心回到右脚	掌平		3&		闭式位或分式位不扶抱
8 9 10	右追步（向右）	掌,掌,掌平	右转1/8	左追步（向左）	掌,掌,掌平	右转1/8	4&1	同基本动作(BASIC MOVEMENT)（左、右追步）	

（2）动作组合

基本动作（左右2小节）、纽约步（2小节）、臂下右转（1小节）、原地左转步（1小节）、三个恰恰恰（6小节）、基本动作（前进后退1小节）、臂下左转（1小节）、肩对肩（2小节）、时间步（2小节）。

三、体育舞蹈裁判规则

此书着重介绍体育舞蹈裁判规则中的评分规则。体育舞蹈比赛的评分方法在国际上有日式顺位法和英式顺位法两种。两种方法在初赛、复赛、半决赛中是一样的。用淘汰法，裁判员用"√"的办法标出你认为应进入下一轮比赛的选手（一般是根据当次赛事规则确定进入下一轮选手的数量），只有在决赛时用顺位法。

1. 基本规则

1）评判工作自选手进入比赛位置时开始，只有当音乐停止时方告结束。在整个舞蹈表演过程中，裁判必须不断地给选手打分并在必要时修正分数。

2）如果音乐尚未结束而选手停止表演，则其该项舞蹈的分数列最后一位。如果在决赛中发生这种情况，处理同上。

3）裁判必须在规定时间内对选手的特定舞种的表演进行单独评判。考虑任何其他因素，诸如选手的名气、以往的表现或在其他舞种中的表现，都是不允许的。

4）裁判无须向选手解释评分结果。在比赛过程中或两轮比赛之间，不允许裁判和任何人讨论参赛选手或他们的表现。

5）对于所有舞种，选手的时值和基本节奏是我判打分的首要因素。因此，如果选手重复犯此错误，那么其该项舞蹈的分数列最后一位。

"时值"是指每一舞步的时间正好与音乐合拍。

"基本节奏"是指舞步在规定时间内完成并且保持舞步之间正确的时间关系。

选手的时值和基本节奏错误时，其该项舞蹈的所得分数必须是最低的。这种错误不能通过其在评判内容的其他几点的良好表现来弥补。

2. 评判内容

(1) 足部动作

1) 各种步伐的方位、角度准确。

2) 脚和地面接触部位准确。

3) 舞步的时间值准确。

(2) 姿态

1) 各个不同舞种的握持动作准确。

2) 运步过程中的身体线条,姿态准确、漂亮,应表现出优美的舞姿,包括:A. 手臂线条 B. 背部线条 C. 肩部线条 D. 胯部线条(骨盆姿势) E. 腿部线条 F. 颈部和头部线条 G. 左侧和右侧线条。

(3) 平衡和稳定

1) 舞伴之间力的使用得当,在完成一般动作,或高难动作时能保持身体平衡、稳定。

2) 只有在控制和平衡掌握良好的情况下,动作幅度越大,评分越高。

(4) 移动

1) 移动是由身体带动的,不只是脚的动作。

2) 移动要流畅,根据不同舞种的移动特性,给予正确判断。

(5) 对音乐的表现力

1) 对各种不同舞种的节奏要求清晰、表现准确。

2) 对各种不同音乐的风格有很好的理解,并能很好的体现音乐的风格与情调。

3) 脚步应踩在节拍上,身体应流动在旋律中,要求舞者能跳出音乐的境界。

(6) 对体育舞蹈风格的体现

1) 能细致区别出各种不同舞种之间在风格、韵味上的差别。

2) 在表现出各舞种风格的同时,还能体现出舞者个人的风格。

(7) 舞蹈的编排

1) 动作编排流畅新颖、运用自如。

2) 舞蹈的编排既能体现出舞种的基本风韵,又含有一定的技术难度。

3) 动作编排有章法,并符合音乐的风格及结构。

(8) 临场表现

1) 比赛现场遇到意外情况有应变能力。

2) 比赛时能保持良好的竞技状态,专心,自信并有控制,临场发挥好。

(9) 赛场效果

舞者的气质、风度、仪表、仪态、进退场的总体形象。

参考文献

[1] 吴谋,张海莉,等. 体育舞蹈的理论与实践. 上海:复旦大学出版社,1999.

第四节　形体健美

一、概述

(一)起源与发展

形体健美是属于健身运动的一种,它是在以健康为原则的基础上使自己身体曲线变得更完美,体重更趋于标准。形体健美不同于健美操、艺术体操、健美运动,它集中了现代人对美和健康追求的多方面的需要。它不仅适合社会各阶层人士的需要,同时又是对体形、姿态、仪表有高标准要求的当代大学生热爱的项目,形体健美课程正迎合了当代大学生生理、心理以及对形体美的要求,可以帮助大学生树立正确的审美观,科学地改善形体,达到形体美与气质美统一,塑造新一代有文化,有气质、有品位的大学生。因此,从21世纪初开始,形体健美课程开始走向高校,作为体育教学改革中的一项新兴的运动项目。

(二)特点和作用

1. 特点

形体健美是指具有强壮的体魄、健美的体形、良好的姿态、高雅的气质和风度的一种综合性的人体美。

(1)健康是形体健美的基础

健康是形体健美的首要条件,主要指人体有端正的五官、匀称的体形、发育良好的系统以及有光泽的肤色,只有在健康的基础上,采用有利于塑造形体的专门性和综合性练习,才能使形体更加健美。

(2)良好的体形是形体健美的基本特征

体形是指人体的外形特征与体格类型,体形受遗传因素影响,有性别差异,随年龄而变化,但可以通过后天锻炼矫正和完善,良好的先天体型为形体健美锻炼提供了有利条件,良好的后天体形是健美锻炼的结果,也是形体健美的基本特征。

(3)姿态美为形体健美增姿添色

姿态美是人们在长期工作、学习、生活过程中形成的一种习惯的姿势,它主要受后天环境和个人知识水平、文化素养的影响,从一个或几个简单的坐、立、行、走的动作中,即可看出一个人的基本身体姿态和风度,优美的动作姿态、潇洒的风度,可为形体健美增姿添色,通过形体健美运动,可以改善各种体形,培养良好的体态。

(4)高雅的气质风度是形体健美的核心

形体健美不仅对形体标准要求较高,而且对人的思想品德,精神风貌的要求也较严格。因此,在追求形体健美的同时不能忽视心灵美的塑造。只有具备高尚的情操,经常注意自身的修养,才能形成高雅的气质风度,而高雅的气质风度又往往影响着人体良好姿态的体现,它是形体健美的核心。

2. 作用

形体健美锻炼是人们为达到形体健美的目的,运用徒手或器械等专门手段和综合性的锻炼方法,达到增强体质、完善体形、端正姿态、培养风度的一种体育锻炼形式。它不像健美动那样强调发达肌肉,而是在先天体型的基础上,通过形体练习使体形匀称发展,使仪表姿态变得更加健美端正。因此,它是适应大学生特点和需要,借鉴和综合了健美运动和体操、舞蹈等形体练习的内容,而提出的一项具有较新内涵的体育锻炼形式。

(1)塑造健美的体形,培养正确的体态

人的体形主要是由骨骼、关节和肌肉组成。骨骼、关节和肌肉发育正常与否,将改变一个人的体形,由于形体健美练习内容丰富,能全面发展身体,因而经常进行形体锻炼能使骨密质增厚、骨骼变粗、骨周围的血液循环得到改善,加强了骨的新陈代谢,从而在形态结构上趋于理想化,形体健美锻炼可使关节周围的肌肉发达,力量增强,从而增强了关节的稳固性;同时由于形体健美锻炼有许多伸展性练习,它可使关节囊、韧带和关节周围肌肉伸展性增大,因此可提高关节的灵活性。

(2)培养高雅的气质和风度

气质是人的个性特征之一,主要表现在情绪发生的快慢、强弱以及动作的灵敏或迟钝方面。风度是指人的言谈、举止、态度的良好表现。

不同的运动项目对于人的气质、风度的形成有不同的影响,形体健美锻炼能培养高雅的气质和风度,这是因为形体健美本身包含着人的精神、气质、风度,人们在形体健美锻炼中,把握住精、气、神就会逐渐形成一种高雅的气质和风度。

(3)提高身体素质

形体健美锻炼属于多种形式的综合性体育锻炼方式,它有专门训练形体姿态的把杆练习,有利用重物发展身体肌肉力量的练习,有发展柔韧、力量,提高协调性和增强心肺功能的有氧操练习,也可利用日常生活用其全面锻炼身体或身体某一部分的练习等,可达到提高身体素质的目的。

(4)缓解精神压力、娱乐身心

随着时代的发展和社会的进步,人们在享受科学技术带来的舒适生活和各种便利的同时,受到了来自各方面的精神压力,研究证明,长期的精神压力不仅会引起各种心理疾患,而且许多躯体疾病也与精神压力有关。体育运动可缓解精神压力,预防各种疾病的产生,形体健美作为一项体育运动,以其动作优美、协调、全面锻炼身体,同时有节奏的音乐伴奏是缓解精神压力的一剂良方,在轻松优美的锻炼中,练习者的注意力从烦恼的事情上转移开,忘掉失意与压抑,尽情享受运动带来的欢乐,获得内心的安宁,从而缓解精神压力,使人具有更强的活力和最佳的心态。

二、基本技术

(一)基本技术名称

1. 身体的八个基本方位(见图8-4-1)

为了表明人的身体在场地上所处的方位,我们一般采用瓦冈诺娃体系的固定编号。把开始确定的某一方面(舞台、教室)定位为基本方位的第1点,按顺时针方向,每45°为一个基本方位。将场地划分为8个基本方位。即1、2、3、4、5、6、7、8点。

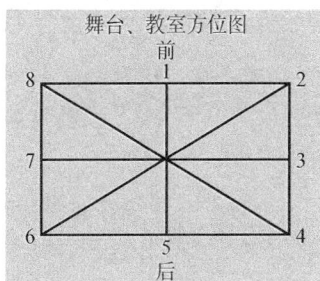

图 8-4-1

2. 基本站立姿势

人的仪态美、气质美,是可以通过优美的形体姿态训练来体现的,而优美的姿态又是通过正确的站立姿态而表现出来的,它是人们生活中最基本的举止,是形体美的基础和起点。(见图 8-4-2、图 8-4-3)

 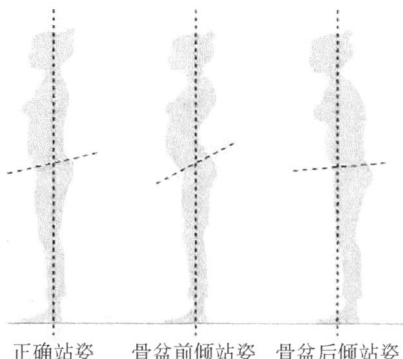

正确站姿　骨盆前倾站姿　骨盆后倾站姿

图 8-4-2　　　　　图 8-4-3

(1)动作要领

1)站立时,双腿的内侧肌肉收紧,提膝盖骨,收紧臀大肌。

2)保持人体重心的绝对垂直,两脚平均地支持人体重心。

3)双肩放松并稍向下用力收压,两块肩胛骨向脊柱方向夹。

4)头部保持自然的正直,双眼平视前方。

(2)练习方法

1)靠墙站立。

2)头顶一重物、站立。

(3)易犯错误与纠正方法(见表 8-4-1)

表 8-4-1

易犯错误	纠正方法
重心后倒	头顶一物、站立
腰部未挺立、塌腰	靠墙站立

3. 芭蕾五种基本脚位

图 8-4-4

芭蕾脚位:

一位——两脚的脚后跟靠在一起,两脚的脚尖向外打开呈"一"字形,使双脚与肩成上下平行。属闭位或称合位(见图 8-4-4)。

二位——同一位相同,只是两脚的脚跟不要靠住,要分开,分开的距离约一只脚的长度,成分开的"一"字形。属开位或分位(见图 8-4-5)。

三位——两脚仍旧保持外开,分前后不对齐地紧贴在一起,即前脚的脚跟贴靠在后一只脚的脚心侧凹处。属闭位或称合位(见图 8-4-6)。

四位——两脚保持外开,一脚放在另一脚的正前方或正后方,成两条平行线,前后两脚相距一只脚的长度。四位属开位或称分位(见图8-4-7)。

五位——两脚外开,前后脚紧紧贴住,前脚的脚尖同后脚脚跟对齐,即四位脚位的合拢。

五位属闭位或称合位(见图8-4-8)。

图8-4-5　　　　　　　图8-4-6　　　　　图8-4-7　　　图8-4-8

(1) 动作要领

1) 站立时,注意脚形的规格。

2) 重心放在脚的掌上。

3) 不论站双脚式或站单脚,五个脚趾都要扎实地抓牢地面。

(2) 练习方法

1) 双手扶把练习。

2) 组合练习。

(3) 易犯错误与纠正方法(见表8-4-2)

表8-4-2

易犯错误	纠正方法
内倒脚	不过分要求脚外升
重心掌握不正确	要求重心放在脚掌

◎ 手的形态

双手处于放松状态,大拇指向中指贴近,食指自然微微翘起,大拇指与中指之间像是轻轻捏着一粒黄豆,中指和拇指略微贴近,食指、无名指和小指呈弧形舒展。像这样,一个完美的芭蕾手形。在初学时,可要求学生把拇指贴着中指的第二骨节,以避免学生的拇指僵硬地张开。

需要特别强调的是,手心的朝向非常重要,它的准确度能配合手臂的整体感。在做每个手臂位置的时候,手心的朝向都要严格到位。(见图8-4-9)

图8-4-9

◎ 手臂的形态

手臂的形态应呈弧形,大臂和肘部基本与肩持平,小臂到手指尖略低、略前于大臂,肌肉舒展,气息流畅,感觉"让一滴水沿肩部、手臂、手指,并从指尖滴下。"

手臂的正确姿势的形成是一项艰巨工作。手臂动作应从肩部开始,平稳流畅,保持手臂的柔和线条,两臂微微圆曲,不要过于弯曲,手形优美自然。在初学阶段,由于肢体运动的负担,最容易出现的问题是因肘部下塌造成的不良形态,使双臂失去了应有的柔软线条。手腕不应过于伸直,那样手臂就会显得紧张、僵硬。手臂应保持在略低于肩的高度,这样的手臂高度能很好地帮助躯干的肌肉伸展。

手臂的训练和腿部的训练一样,也需要做一些控制的练习,使之逐渐变得自如起来,生机勃勃,富有表现力。

4. 芭蕾舞手臂的七个基本位置

一位手——在基本站立要求的基础上二,双手在身前下垂,手臂略呈弧形,两臂合成一个圆形,肘关节略用力前倾,手心朝上,两手手指相距一拳,手掌与身体也相距一拳(见图8-4-10)。

二位手——保持一位手的形态,两手臂平平地向上端起,手心对着胸口约第三个纽扣处,使肩到手指有一个下坡度,双臂仍保持一位时的弧度,有一种合抱大树的感觉(见图8-4-11)。

三位手——保持二位手的形态,双臂同时向头顶鼻子的上方抬起,掌心相对,肘关节略向后用力掰开,双臂仍保持弧形(见图8-4-12)。

四位手——臂保持在三位手位置上,另一臂保持原有形态下降到二位手位置(见图8-4-13)。

五位手——停留在三位手的手臂仍保持不动,下降至二位手的手臂向外向旁扩张出去到正旁稍靠前,肘关节向上抬起,手心向另一侧的斜前,从肩到手指也略有一点坡度(见图8-4-14)。

六位手——已打开到旁的手臂保持不动,另一手臂从三位手的位置上,下降到二位手的位置上(见图8-4-15)。

七位手——原已打开在旁的手臂仍保持不动,下降到二位的手臂向外向旁扩张出去到正旁,此时双臂都到了身旁。严防肘关节下坠,感觉上好像几个人在围抱一棵更大的大树一样(见图8-4-16)。

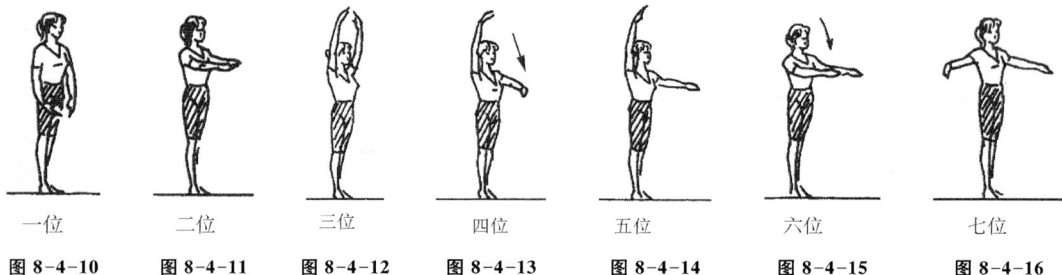

| 一位 | 二位 | 三位 | 四位 | 五位 | 六位 | 七位 |
| 图8-4-10 | 图8-4-11 | 图8-4-12 | 图8-4-13 | 图8-4-14 | 图8-4-15 | 图8-4-16 |

从七位回到一位的做法:七位手随吸气使手心朝下,然后双手稍往上抬,略高于肩,随着呼气用手腕下沉来带动手臂轻柔地下降,逐渐回到原一位的手位上。

(1)动作要领

1)手臂从肩至手指尖成一柔和的弧线。

2)感受手臂运动的内在力的运用。

3)手位在活动变化中,途经的手位必须清楚到位。

(2)练习方法

1)单一的手位练习。

2)组合练习。

手臂组合练习是手臂、脚、上身、头、眼睛的综合练习,它是芭蕾手臂训练的基础,是身体协调配合的经典。

(3)易犯错误与纠正方法(见表8-4-3)

表8-4-3

易犯错误	纠正方法
肘关节位置不正确	手臂控制练习耸肩
肩胛骨向脊柱夹紧活动线路不到位	在最长的运动路线

（二）芭蕾把杆基本训练

形体训练的基础,重点在于各个关节的直、立、开、绷,平衡、协调地训练。因此,芭蕾的把杆无疑是最切实际的形体基本训练之源。

1. 双手扶把

（1）动作要领

1）手轻轻地放在把杆上,肘关节自然下垂。

2）身体离把杆的距离,正好是自己前臂的长度。

3）重心垂直稳定。

（2）练习方法

扶把站立（见图 8-4-17）。

（3）易犯错误与纠正方法（见表 8-4-4）

图 8-4-17

表 8-4-4

易犯错误	纠正方法
拉把、压把	重心垂直稳定
抬肘	扶把手离身体远一点,上体保持松弛、不过分紧张

2. 擦地

它是芭蕾基训入门的最基础的动作之一。一般全脚直立支撑（见图 8-4-18）,另一腿伸直向前,后方向绷脚擦出,再擦地收回脚位。

图 8-4-18

（1）动作要领

1）身体重心必须始终落在支撑腿的脚掌上。

2）坚持收膝关节使腿始终保持伸直。

3）坚持在地面上擦,脚趾从来没有离地的时候。

（2）练习方法

1）双手扶把单一动作练习。

2）单手扶把复合式练习。

（3）易犯错误与纠正方法（见表 8-4-5）

表 8-4-5

易犯错误	纠正方法
动作腿一侧的肩和胯外掀	双肩、双胯始终对准
动作腿脚尖与支持腿的脚跟保持一条直线	两腿相夹收紧

3. 德米·普利也(见图 8-4-19)

普利也是芭蕾舞蹈中的舞步、旋转、跳跃等等动作中不可缺少的一个运动过程,训练有素的普利也是精湛的旋转和跳跃以及流畅的舞步的根基。

图 8-4-19

蹲分半蹲和全蹲,它是一个非常实用而又非常有效的基训工作,能促使胯和腿的外开,同时对腿部肌肉,关节韧带的训练有很好的作用。

半蹲

半蹲主要训练髋、膝、踝部关节的曲和直。半蹲时脚跟始终不离开地面,训练重点是加大髋、膝、踝关节韧带的伸展强度。

(1)动作要领

1)蹲要注意外开,膝盖对着脚尖的方向。

2)全脚着地,五趾抓地,两脚平均负担重心。

3)上体保持正直,臀部用力前顶。

4)在下蹲和直立的过程中,始终要有一种对抗力。

(2)练习方法

1)双手扶把单一动作练习。

2)单手扶把复合式练习。

(3)易犯错误与纠正方法(见表 8-4-6)

表 8-4-6

易犯错误	纠正方法
小脚趾外侧翘起,把重心压向脚心内侧	五趾抓地,重心移到两脚脚掌
大蹲时,翘臀部	后背和臀部要像贴着墙一样地下蹲

4. 小踢腿(见图 8-4-20)

它在芭蕾基训中是一种力度训练的动作,幅度不大离地只有 25°左右,但要求动作做短促而有力,是舞蹈基础训练所必不可少的一个基本动作。

1)动作要领动作腿必须一下子就停在 25°。

2)支撑腿和胯保持稳定。

3)小踢腿收回时,一定要经擦地再收回。

图 8-4-20

(2)练习方法

1)单手扶把复合式练习。

2)组合练习。

(3)易犯错误与纠正方法(见表 8-4-7)

表 8-4-7

易犯错误	纠正方法
小踢腿经过擦地在 25°空间未作作停留	迅速短促而有力
小踢腿收回时,未经过擦地收回	脚尖绷直,经擦地收回

5. **画圈**(见图 8-4-21)

画圈的动作是在地面上用脚尖进行画圈周的练习。是把杆训练中十分重要的组成部分。

(1) 动作要领

1) 动作腿严格地绷脚,用脚尖在地面上画半个圆。

2) 动作腿在运动时,支撑腿的胯关节和膝不能乱动。

图 8-4-21

(2) 练习方法

1) 单一复合式练习。

2) 组合练习。

(3) 易犯错误与纠正方法 (见表 8-4-8)

表 8-4-8

易犯错误	纠正方法
动作腿在划动中出胯	脚尖用力画圈
动作腿在划动中弯膝	膝盖骨用力上提脚尖用力

6. **大踢腿**(见图 8-4-22)

(1) 动作要领

1) 后背、腰部固定、挺立支撑腿保持稳定。

2) 大踢腿必须有高度、有速度。

3) 大踢腿的发力点应放在绷脚的脚背和脚尖部位。

4) 上踢时速度快,下落时稍慢一点。

(2) 练习方法

1) 单一复合式练习。

2) 组合练习。

图 8-4-22

（3）易犯错误与纠正方法（见表 8-4-9）

表 8-4-9

易犯错误	纠正方法
动作腿出胯、压胯	动作腿胯部松弛、自然
动作腿发力点放在胯根部	重心放在脚背脚尖上
姿态难看，形态散乱	立腰拔背，支撑腿稳定

（三）组合练习

1. 手位基本组合

第一个八拍：

身对 8 点，右前五位，一位手准备。

1—2　右前擦地蹲，二位手。

3—4　左脚跟上右前五位并立，三位手。

5—6　落右前五位半蹲，打开七位手。

7—8　半蹲直起，手回一位。

第二个八拍：

1—2　左后擦地蹲，二位手。

3—4　右脚退一步右前五位并立三位手。

5—6　落右前五位半蹲，打开七位手。

7—8　半蹲直起，手回一位。

第三个八拍：

1—2　身对 1 点，右旁擦地蹲七位手。

3—4　左脚向右脚靠左前五位并立。

5—6　落左前五位半蹲。

7—8　半蹲直起，七位手回一位。

第四个八拍：

1—2　左旁擦地蹲七位手。

3—4　右脚向左靠右前五位并立。

5—6　落右前五位半蹲。

7—8　半蹲直起同时右脚旁擦收右后五位,并向 2 点转,手回一位。

1—32　身对 2 点,从左脚开始把上面的动作全部反过来重复一遍。

2．垫上基本组合

第一个八拍(见图 8-4-23):

预备姿势:面向 1 点坐,双臂伸直分别放于体侧,双手中指点于地面,挺胸拔背(图 8-4-21)。

1—4 拍:上体保持直立,双脚勾脚。

5—8 拍:双脚绷脚。

图 8-4-23

第二个八拍动作同第一个八拍。

第三个八拍(见图 8-4-24):

1—2 拍:右脚勾脚。

3—4 拍:双脚绷脚。

5—6 拍:左脚勾脚。

7—8 拍:同 3—4 拍,双脚绷脚。

图 8-4-24

第四个八拍:动作同第三个八拍。

第五个八拍(见图 8-4-25):

1—2 拍:右脚勾脚。

3—4 拍:双脚勾脚。

5—8 拍:双脚绷脚。

图 8-4-25

第六个八拍：

预备姿势：动作同第五个八拍。

第七个八拍（见图 8-4-26）：

1—4 拍：双脚勾脚。

5—8 拍：双脚绷脚。

第八个八拍：动作同第七个八拍。

图 8-4-26

（四）纱巾

在教学中除了徒手形体舞蹈组合学习，还有轻器械的舞蹈学习，如纱巾、扇子、彩旗等运用到教学中去。轻器械练习可以丰富练习内容、改变练习形式、提高练习强度和难度，有效地促进身体的全面发展，培养良好的身体姿势，提高内脏器官的功能，增强肌肉的力量，发展动作协调能力，取得良好练习效果的目的。

在纱巾的教学中，应注意纱巾形状的美观，运用发力的惯性使纱巾在动作中能展开到最大幅度，根据纱巾的特点，动作要尽量设计得轻盈飘逸，在此基础上提高动作的艺术感染力。

（1）持纱巾方法：根据纱巾的形状，分为宽面和窄面及角，在此基础上可以变换不同的握法，在这里主要介绍：单手持纱巾窄面一角、双手持纱巾宽面、双手持纱巾窄面。（见图 8-4-27）

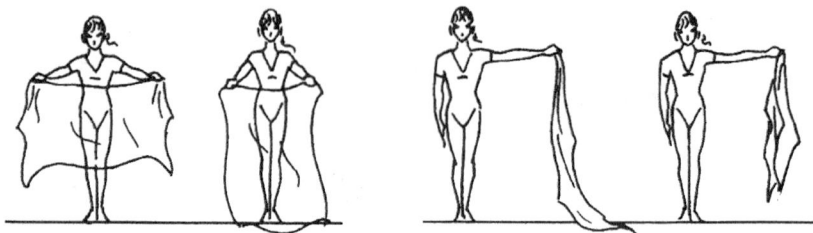

图 8-4-27

（2）纱巾的基础动作：纱巾可以做摆动、绕环、八字、纱巾各种图形的脚尖碎步、小抛等动作。

摆动：可做不同方向的摆动，在做摆动动作时，要特别注意在摆动中保持纱巾的形状，需要运用到身体发力的延伸性和惯性才能使纱巾尾部不落地。

例 1：单手持纱巾体侧摆动（见图 8-4-28）

动作描述：自然站立，单手持纱巾，两臂在体侧做前后不同方向的摆动，膝盖配合手臂做自然弹动，身体随之自然转动。

技术要点：以肩为轴，手臂伸直，经体侧向前后挥摆，持纱巾的手要注意将力量延伸发力到纱巾，以保持纱巾尾部有一定的形状，身体的摆动以保证手臂能最大幅度地前后延伸。

教学步骤：

持纱巾的手臂练习前后摆动，体会力量延伸发力。

持纱巾练习前后摆动，交替进行。

结合膝盖的弹动和身体转动练习。

◎ 单手持纱巾体前向上摆动，结合身体波浪动作练习。

图 8-4-28　　　　　　　　　　　　　图 8-4-29

例 2：两手持纱巾体前摆动(见图 8-4-29)

动作描述：自然站立,两手持纱巾宽面自然下垂。经体前向右摆动,接着经体前自右向左摆动,身体重心随摆动的方向移动。

技术要点：右臂伸直,力量延伸,摆动之前要做一个小的预摆,摆动中尽量保持纱巾的形状。

教学步骤：

持纱巾练习摆动,体会延伸发力及摆动之前的预摆。

持纱巾练习左右连贯地摆动。

结合重心移动练习。

双手持纱巾宽面体前向上摆动,结合身体波浪动作练习。

结合重心移动练习。

绕环：可做单手与两手持纱巾的体前、体侧、头上水平大绕环动作,配合不同的步伐和身体动作,丰富绕环动作的形式。在练习绕环动作时,发力的练习是最重要的,发力延伸至纱巾,才能使纱巾融入动作中,纱巾才有飘逸感。

例：手持纱巾体侧绕环(见图 8-4-30)

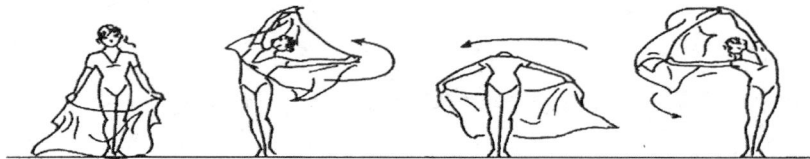

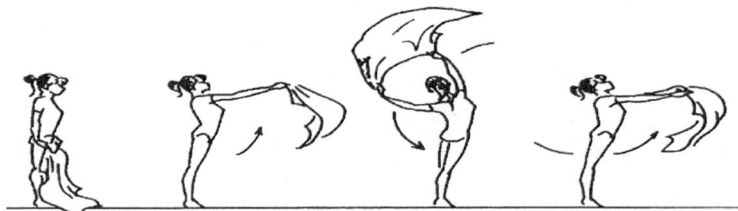

图 8-4-30

动作描述：单手持纱巾,以肩为轴,两臂在体侧由前经上至后的大绕环至斜前上方,脚下配合向前的并步跳一次。

技术要点:尽量加大绕环动作幅度,持纱巾的手臂延伸发力,带动纱巾尾部,动作要连贯。

教学步骤:

原地持纱巾练习大绕环。

徒手练习向前并步跳。

结合单手持纱巾体前绕环练习。

结合在不同面和向不同方向的绕环动作练习。

"8"字动作:纱巾可在不同面和向不同方向做"8"字动作,结合多种步伐变化。

例:两手持纱巾宽面向上水平"8"字动作(见图8-4-31)

动作描述:双手持纱巾宽面,体前自然下垂,右手先于左手,在头上方做水平八字,完成后两臂回到前平举位置,上体和头部随手臂的动作做环动和低头、抬头的配合。

技术要点:左手紧跟右手后,左手动作路线跟右手动作路线形成一个水平的八字,动作连贯,动作幅度尽量大,使纱巾尾部能带动起来,上体和头部的动作配合纱巾要协调。

教学步骤:

徒手练习动作路线。

持纱巾练习。

两手持纱巾宽面,向上水平"8"字接足尖碎步练习。

结合足尖碎步转体。

结合体后手臂波浪加足尖碎步的练习。

图 8-4-31

抛:纱巾质地轻柔,空中有飘逸感,可持纱巾的不同面,可单手或双手,可结合不同的身体动作完成纱巾的抛接的动作。

例1:两手持纱巾宽面抛起,落下时双手接纱巾窄面

动作描述:两手持纱巾宽面于头顶,纱巾置于体后,向前下预摆纱巾,向上抛起,在纱巾落下时在头顶接住纱巾窄面,纱巾在头后展开。

技术要点:两手抛起时发力要延伸至手指,尽量保持纱巾抛起后在空中展开的幅度,这样更便于接纱巾时能准确地接住纱巾的窄面。

教学步骤:

练习抛纱巾前的预摆。

徒手练习抛纱巾的手臂动作,体会发力。

交换持纱巾的宽、窄面练习抛和接动作。

例2:两手持纱巾窄面,抛起后自然落于单肩,舞姿造型。(见图8-4-32)

动作描述:两手持纱巾的窄面,向上抛起,让纱巾自然落于右肩上,交换舞姿。

技术要点:预摆幅度要大,抛起时整个手臂的力量向上延伸至指尖,让纱巾尽量抛高,当纱巾自然落下的过程中,随纱巾的位置改变身体位置,使纱巾自然落在肩上。

图 8-4-32

(五) 形体礼仪仪态

礼仪是对礼节、仪式的统称,是以约定俗成的程序、方式表现的律己、敬人的完整行为,是人们文明程度和道德修养的一种外在表现形式。对个人而言,是一个人的思想水平、文化修养、交际能力的外在表现。其核心是尊重,既对别人,也是对自己的尊重。

1. 微笑

发自内心的,微笑从眼神开始。

2. 礼仪站姿

(1) 礼仪站姿

站姿规范

站立时脊背挺直,挺胸抬头,肩平收腹。

女士右手在外放于左手上,自然下垂置于腹前,双脚并拢。

(2) 常用手势

右手(左手)做动作,以肩关节为轴,将手臂抬起,掌心向内手掌与地面成一定角度,四指并拢,拇指微内收,指向目标方向。

(3) 欠身致意(鞠躬)

在规范的站姿基础上(女士选择前搭手位),以髋关节为轴,上身前倾30度左右,目视对方,面带微笑。

3. 礼仪坐姿

(1) 入座时要轻缓,落座后双腿并拢,双腿放在正中,或微向前伸展。

(2) 女士交叉式坐姿

入座时,右手轻抚后裙摆(手心向外),左手自然放于体侧。

落座后双腿在踝关节处交叉,上身挺直,坐于椅面的 2/3 处。

4. 礼仪蹲姿

下蹲时,双膝一高一低,上身保持垂直。

女士双膝并拢。做到轻蹲轻起。

5. 礼仪行姿

(1) 行姿规范

在标准站姿的基础上迈步前行,收腹收臀提气目视前方,双臂自然摆动,步幅要适当,脚步不可过重、过急。

(2) 女士行姿

腿部内侧要有擦动的感觉,手臂的摆动幅度约为 30 度,身体重心前移,要求直膝,立腰,收腹,收臀,挺胸,行走步幅不宜过大(一个脚长的距离),两脚内侧落在一条线上,脚尖略外开。

三、形体舞蹈组合基本编排技巧

形体舞蹈编排是通过音乐和肢体动作的融合对整套舞蹈进行编排设计。无论是背景音乐和肢体动作,每一个细节的完美配合,才更能体现一个舞蹈作品的主题和意境。从而将舞蹈者的思想表达传播给大家并从中享受到艺术表现的美感。

(一) 编排的步骤

1. 找主题、音乐

主题和音乐哪个步骤先开始都可以。有时候可能我们听了哪首音乐就有了创编舞蹈的灵感,然后根据这个音乐的主题进行编排。

但不管是哪种步骤,一定要注意主题的确定。所以必须了解音乐的背景及表现的情感再将其以舞蹈的形式展现,而音乐就是舞蹈灵魂所在,一个没有主题的舞蹈,就像一篇没有中心思想的文章,是没有灵魂的。

(1) 找主题动作

找到合适的主题,合适的音乐之后,常常会陷入无动作填充舞蹈的困境。这个时候,我们需要确定一个或几个主题动作。这个主题动作可以是从舞蹈确定的主题上来,也可以是来自对音乐的感受。

切忌将没有主题的一个动作又一个动作串连起来。不仅创作出来的舞蹈会空泛,而且也缺乏连贯性和可看性。

(2) 创编小节动作

找到主题动作之后,根据主题动作的运动规律我们可以继续创编出几个小节动作。通常几个小节动作加上队形的变换,一个简单的舞蹈就基本成型了。

(3) 串联小节动作

串连小节的动作可以是队形的变换,可以是主题动作的再创造,也可以是符合这个舞蹈特征的技巧动作。

(4) 在排练中修改

接下来,就需要在排练的过程中不断的修改了。因为有时候想象中的动作通过排练会发现有一些问题。比如部分成员不能胜任这个动作或这组动作;又比如想象中的顺畅连接在实际中不能实现等等。

（5）基本编舞技巧——构图

构图是舞蹈编排中一个重要组成因素。构图是随着舞蹈者的行为和感情发展而设计的,没有固定的"程式"。其关键是要通过队形图案的排列和舞蹈空间运动路线的变化,形成不断变换的舞蹈画面,把舞台衬托成作品所需要的环境。构图包括队形构造和舞台调度。

不同的队形构造会给观众留下不同的感觉:圆形使人感觉丰满;方形显得严肃整齐;三角形介于两者之间,较灵活,易组成多种图形的小单位;弧形有纵深的感觉;纵队有逼近、压迫的感觉;横排让人感觉平和,而斜排则让舞台具有延伸感。

舞台调度中,舞蹈的空间运动路线的选取要根据不同线条所能引起人的审美情感的体验为其标准。比如,直线运动所形成的斜线( )和竖线,都能表现出强劲有力的动势,横线则比较平稳、缓和;而有棱角的曲折线则给人一种游移跳荡和不安定的感觉;以曲线运动所形成的圆线、弧线和蛇形线,则能表现出流畅、圆润和柔和的情调。

除此之外,舞蹈的队形构造和舞台调度还要结合舞蹈情节和舞蹈者的情感需要灵活选择,灵活运用各种程式。舞蹈队形是千变万化的。应该根据舞蹈主题、情节、结构来设计舞蹈队形。在变化中一定要做到合理、有序。

（二）队形编排要求

最基本的要求是队形构图成形要清晰。切忌杂乱无章。前一个队形是后一个队形的基础,而后一个队形则是前一个队形的连续和升华,多个队形之间的递进变化要连接流畅、转换迅速,使队形变化过程时间缩短、再成队形的时间增加。

1. 跑动变化和队形变化

在集体队形的编排上,应充分考虑场地的空间使用,使每个方位都得到充分利用,在移动路线的编排上保持多样性和均衡性,提高不规则队形、移动性队形的使用比例,使得队形构图更具欣赏性常用的队形有单直线、平等线、三角形、正圆形、矩形、梯形、菱形、十字形、箭头形等队形及其变化,除此之外,还有一些非常规的、不规则的、非对称的队形及其变化.不同的队形变化及其路线跑动的合理运用具有不同的形式美。为了增加成套动作的强度和观赏性,尽可能通过队员的流动、穿插、跟随、交替、跑位等不同变换方式的灵活运用以及有机合理地搭配,产生让人目不暇接的队形变化效果。

2. 队形对比多样原则

队形变化的根本是为了突出成套动作效果。队形的变化要求充分为动作服务,烘托整体实力,因此队形设计时要与动作创编密切配合,根据队员的特点、个人身体素质以及动作表现力等综合能力方面进行扬长避短的编排,编排中应尽可能考虑用队形的变化来掩盖队员动作上的缺陷,包括舞蹈动作以及过渡与连接等动作。

四、形体美的评价与标准

（一）形体美的内涵

形体指人身体的形态、体态,由体格、体型、姿态三个方面构成。体格指标包括人的身高、体重、胸围等。其中,身高主要反映骨骼的生长发育状况,而体重反映骨骼、肌肉、脂肪等重量的综合变化状况,胸围则反映胸廓的大小及胸部肌肉的生长发育状况。所以,身高、体重、胸围被列为人体形态变化的三项基本指标。

体型是指身体各部分的比例。如躯干上下之间的比例,身高与肩宽的比例,胸围、腰围、臀围之间的比例等。体型主要决定于骨骼的组成与肌肉的状况。体型主要取决于身体各部分发展的均衡与整体的和谐统一。

姿态是指人坐、立、行等各种基本活动的姿势。人体的姿势主要通过脊柱弯曲的程度、四肢、手足以及头的部位等来体现。正确、优美的姿势不仅影响着人的形体美,还能反映出一个人的精神面貌与气质。可以说姿态是展现人的"内在美"的一个重要窗口。

普列汉诺夫说过:"绝对的美的标准是不存在的,并且也不可能存在。"这是因为,在人类历史的发展过程中,形体美的标准是变化的,即使是同一时代的人,由于民族特点、种族差异、地理环境、审美习惯的不同,标准也不尽相同。所以,只能根据国内外专家、学者对形体美的研究成果,提出相对的评价标准。

(二) 形体美定量测量的方法

测量方法是指使用测量仪器和工具测量形体的具体方法。测量方法又分为静态测量和动态测量。静态测量是人体处于固定标准状态下进行的测量。目前广泛采用的是马丁测量法,它是国际通用的人体测量法。动态测量是人体在进行某种功能活动状态下进行的测量,主要是对运动轨迹、运动关节角度大小、身体素质等的测量下面介绍形体训练中常用的测量方法。

1. 身体姿势的检查方法

直立姿势检查:是对人体静态的观察。通过检查获取形态结构方面的相关信息,主要有正面观察、后面观察和侧面观察。

(1) 正面观察

检查是否有足内翻、扁平足、足大趾外翻,检查腓骨头及髌骨是否同高,是否有膝反张、膝内外翻情况,骨盆是否对称,肩锁及胸锁是否等高,头部有无倾斜。正常形体表现为双足内侧弓对称、髌骨位于正前面、双腓骨头及骨盆同高、肋弓对称、肩峰同高、斜方肌发育对称、肩锁和胸锁关节等高对称、头颈直立、咬合正常。

(2) 后面观察

检查头、颈、脊柱和两足跟是否立在一条垂直线上,两肩的高度和两髋是否高度一致。正常形体是跟骨底与跟腱在同一条线上并与地面垂直,双侧内踝在同一高度,胫骨无弯曲,双侧腘窝在同一水平线上,股骨大转子和臀横纹同高,双侧骨盆同高,脊柱无侧弯,双侧肩峰及肩胛下角平行,头颈无侧倾或旋转,两横一竖。

(3) 侧面观察

检查头顶、耳前、肩、髋、膝外侧、外踝尖各点应在同一垂直线上。

(三) 影响形体美的主要因素

1. 身高和体重

人的体型美,主要取决于身高与体重的比例是否协调。一般说来,身高较多地依赖于遗传,而体重以及受体重制约的胸围、腰围、臀围等则受后天的影响较大。因此,塑造体型美,就必须遵循人体生长发育的规律,在遗传因素所允许的范围内,根据自身的条件,通过控制肌肉和脂肪这两个可变的因素,使身体各部分的多余脂肪得以消除,从而使身体协调、匀称。

2. 姿态

姿态美与体型美关系密切。在日常生活中,体型美需要通过优美的姿态来展现。例如,躯干正直的人与腰部松垮的人自由站立时给人的观感就有明显差异,前者由于良好的姿态可以充分表现体型美,而后者由于腰部塌下,腹部挺出,肌肉松弛只会给人体型不美的感觉。

形态姿态美,脊柱是关键。因此,应特别注意脊柱形态的形成,

芭蕾基础练习、有氧舞蹈训练等能够达到改善形体姿态,健美身材并身心愉悦。

(四) 衡量形体健美的一般标准

1. 形态美

身体的上、下肢及躯干等各部位结构的比例是否协调匀称、简单地说,肩宽细、躯干短,上体呈"V"字形,下肢修长,整个形体有明显的女性曲线。

一般形体美属于大众范畴,更强调以健康为主,体现综合素质,它是一种生活的美。一般形体美的标准是建立在人体正常发育基础上的,身体没有畸形、没有缺陷没有变形,举止和谐、肌肉圆润、骨骼匀称,身体各部分比例匀称,全身协调。通过一般形体美的定量评价能够了解因各种因素造成的不良体形,并有针对性地进行矫正与塑形,达到去脂减肥,美化形体。

标准体重计算公式如下:

女性标准体重(千克)＝[身高(厘米)－105]×0.95
肥胖度(％)＝(实际体重－标准体重)/标准体重×100％

肥胖度在"±10％"范围内为正常,在 10.1％—20％为过重,超过 20.1％则为中度肥胖。

女性身材标准:

以肚脐为界,上下身比例 5∶8,符合"黄金分割"定律。

骨骼匀称、适度。头颈、躯干和脚的纵轴在同一垂直线上,肌肉富有弹性和协调。肤色细腻有光泽。

2. 姿态美

1) 立姿:挺拔、亭亭玉立。要求两腿直立并拢,双肩平而放松,两臂自然下垂,挺胸收腹,夹臀,立腰,立背,立颈,下颌微收,双目平视。

2) 坐姿:端庄优美,温文尔雅。女子两膝并拢,要求腰背挺直,肩放松,挺胸,脊椎与臀部成一直线,微收下颌,两眼平视前方。

3) 走姿:自然稳健,风度翩翩,以标准立姿为基础。走时头与躯干成一直线,目视前方,步位正确,步幅基本一致,双臂自然摆动,重心平稳。

3. 动作美

轻——轻盈体态,翩翩起舞,大跳也要有一种轻盈的感觉。

稳——稳如泰山,两三个技巧性动作,变成舞姿,必须有一个稳定感,中心必须有平稳感。

准——动作的规范性必须要准确,有分寸感,动作、舞姿、造型,这一切都要精确。

洁——干干净净,没有拖泥带水的东西,清脆利落,使人豁然开朗,心情愉快。

敏——舞蹈要敏捷,需要核心力量以及极高的灵活性和相应的运动范围。

4. 气质美

气质神韵美是一种内、外结合之美。它既包括了健康的身体,优美的形体,自然的微笑,富有弹性的肌肉,光洁无瑕的肌肤、挺拔秀美的姿态,又包含着一个人的文化修养,知识水平、言谈举止,精神面貌等。是社会因素和自然因素的一种综合的高层次的评价,也是形体训练所追求的最终目标,只有达到了这一点,形体健美才得到了充分的展示。

参考文献

[1] 王方橡.高校体育选修课理论教程[M].上海:复旦大学出版社,2005.

[2] 蒙小燕.芭蕾舞教学法[M].北京:中央民族大学出版社,2006.

[3] 全国体育院校教材委员会.大众艺术体操[M].北京:人民教育出版社,2015.

[4] 马桂霞.形体训练[M].北京:高等教育出版社,2016.

第五节　有氧塑身

一、概述

本课程主要是通过功能性训练来系统地增加运动参与者的肌力,提高运动参与者的运动表现能力。同时,通过有氧舞蹈动作的练习,起到燃脂塑身,提升形体美,也在一定程度上起到陶冶情操的作用。本课程是力量与美育的融合教学,可兼并发展运动健身中的五大基本训练元素:力量、心肺、核心、平衡和柔韧。长期坚持锻炼,可有效改善身体的基本素质,为更快地掌握新的运动技术与技能奠定一定的体能基础。如果我们都拥有良好的身体形态及体质体能,就能提高身体活力,更好地投入到自己的学习与工作中。

(一) 功能性训练

1. 功能性训练的概念

功能性训练就是有目的地进行提升自身身体能力的训练,它是将"专门用的功能"进行一个针对性的强化训练。即紧密围绕提高运动参与者的某一或某项运动能力,而设定的一套有针对性的系统而完整的训练方法,这种方法几乎适用于所有人群。如通过模仿日常生活、工作及运动中的一些动作来进行练习与训练,通过这种练习与训练,可以提高人们在完成日常生活、工作或体育运动时,参与各关节运动的肌肉配合更加协调,完成动作的质量更高。

功能性训练是一种全方位的运动,即一个训练动作可能同时运用到人体某一肢体或全身多个环节的协作运动,通过训练能有效提高人体某一肢体或全身众多肌肉的力量,还可以锻炼和改善神经与肌肉之间的传导能力,达到增强身体的运动平衡性和稳定性,使日常活动变得更加自如,从而提高运动参与者的生活、工作或体育运动时的行动能力与运动质量。因此,经常参与功能性训练,不论做家务或完成日常生活的动作时都会变得更加轻松,也会让你在参与运动时表现得更加优秀,还可以优化你的身体结构,提高自身对运动参与者体内外各种刺激的应急能力,从而有效减少日常生活、工作或体育运动时的受伤概率,达到预防运动损伤的效果。

功能性训练是有目的性的训练,重在练习动作运动模式的优化,提高运动参与者肌肉的整体肌力与协调能力,而不是为了单独发展某块肌肉;不是为了发展健美型肌肉,而是更好地满足和服务日常生活中的繁复工作;强调完成动作的质量,而不是为了动作的数量。功能性训练的焦点是使身体能够在真实的运动情境中,进行符合日常生活的练习活动方式,而不是仅仅能够将固定的重量举到健身机械设定的某个位置。功能性训练就是注重于改善人们每日生活中身体本应该做的动作,让人们更安全、有效地进行各项身体活动。

2. 功能性训练的起源与发展

功能性训练起源于理疗和康复领域,理疗师在患者进行完手术后,通过设计一些模仿患者在家中或工作中的练习,来对患者进行训练,让患者的某一肢体功能恢复正常,以便尽快地回到正常生活和工作岗位中去。相关专家指出,功能性训练应注重身体运动链的作用,避免单一针对某一环节的训练。要将人的身体运动看作是一个运动链,如网球中的挥拍动作就是肩带、肩关节、肘关节、腕关节及其手部各关节联合运动的一个运动链。在功能性训练前,首先要通过对人体的不同动作进行分析,寻找其薄弱环节,并进行有针对性的强化练习与训练,使人体的运动链完成的更加顺畅。

功能性训练是目前世界健身领域的研究热点,在大众健身领域应用越来越广泛,这种健身训练在改善普通人日常生活质量方面发挥着重要的作用,这种健身方法给传统的健身方法带来了深刻的变革。有专家认为,功能性训练的流行已经影响到了整个健身行业。功能性训练其实是竞技体育中功能性训练在普通人健身领域的应用,这种新颖的健身方法在我国已得到越来越多学者的重视。美国的功能性训练大师 JC Santana 在他的书中写到:"功能性训练(Functionaltraining,简称 FT)是以与身体的功能和针对目标运动的专项性相一致的方式进行的练习方法。功能性训练的发展,已经对健身和竞技体育领域产生了巨大影响。"

功能性训练其实与传统的力量训练没有任何矛盾,而是相互补充、相互统一的关系。对于健身人群来说,传统力量训练改善了人体的结构与局部功能,而功能性训练则改善了目标功能和整体功能,两者相互补充,共同提高健身者的日常生活质量。它安全、高效、适用面广,方法具有多样性和趣味性,场地和器械都非常简单,这些优势让功能性训练在欧美和日本等国家迅速发展,成为众多健身人群的最爱。

最近几年,功能性训练的方法和理念开始引入我国,也逐渐引起竞技体育和健身行业专家的重视。有些运动科学研究机构已经建立了专业的实验室,开始着手研究针对于普通大众的功能性训练,有针对性地解决日常生活中常见的一些问题。相信随着功能性训练的发展,这种新颖、高效的健身方法将会被越来越多的人群所接受!

3. 功能性训练的特点

(1)练习方法与目标运动方式的一致性

功能性训练的目的不是单纯为了发展肌肉,而是更好地满足日常生活所需的能力。传统的力量练习是通过不断增加重量,对单块肌肉或某一肌群进行疲劳刺激来提高肌肉的力量,但这常常会因肌肉体积增大太多,而导致人体各关节灵活度的下降。我们经常会看到一些爱好健美的肌肉男,这类人虽然外观发达,但却削弱了人体本身的部分功能,如走起路来较为僵硬,干起活来也并不灵巧,这就是因为过度发展肌肉力量,使肌肉体积增大,导致肌肉的弹性和关节的灵活下降。而功能性训练则避免了这一不足,可以提高人体整体的运动能力。

（2）强调动作的整体性

功能性训练强调全身动作的一体化和控制下的动态平衡性。在我们日常生活中，没有一个动作是单独由一块或一群肌肉发力完成的。人体运动作为一个完整的运动链，通过运动相关的肌群协同作用共同完成减速、加速和维持稳定的动作。通过功能性训练，可以使人体的动作更加整体化，增加了人体的活动力，从而降低运动损伤的风险。

（3）强调身体核心部位①的作用

功能性训练更加强调人体躯干核心部位的控制、平衡和稳定。优先提高身体躯干的平衡与稳定性，再发展身体四肢的力量。人体核心部位的平衡控制和本体感受是功能性训练的重要内容，身体核心的平衡与稳定性必须优先于身体四肢力量的发展。在人体运动过程中，核心区域既是发力的源点，又发挥着承上启下的力量传导作用，该环节的稳定与否，不但影响四肢动作用力的支点是否牢固，还控制着动作表现和身体姿态的稳定性。核心区力量可以改善关节的稳定性，提高肌肉的发力效率，改善不同肌肉之间的协作能力，以及动员全身不同环节的力量有序地参与运动，从而加大了总体能量的输出。

（4）强调本体感觉②与神经控制能力

功能性训练的重要观点之一，在于练习本体感觉和提高神经系统对肌肉的控制能力，达到提高练习者目标动作的协调性，这是提高日常生活工作能力的重要途径。

功能性训练可以提高完成动作的效果和控制动作能力。如除了对肌肉的简单收缩和放松加以控制外，还可以加强人体内本体感受器的功能，从而提高不同肌肉间协调工作的能力。在功能性训练的过程中，由于专注于动作的质量和感受，大脑能够发出正确的指令，让肌肉学会正确理解这些指令，最终提高肌肉协同工作的能力。

功能性训练通过平衡性和稳定性的练习，改善练习者的整体运动表现力。功能性训练在提高身体稳定性的同时，也使身体能够更清楚地感知即时的变化，从而及时对身体进行调整，以适应各种不同的内外环境的变化。

（5）在多维平面内进行练习

传统的力量练习往往是在一个平面内进行运动，而功能性训练强调在多维平面的练习。由于传统的力量练习更加关注独立肌肉的发展，单一肌肉的用力使练习动作发生在一个平面内，而在真实的日常生活中，运动形式在本质上都是同时发生在三个基本的解剖平面内，经常以对角线转体的形式表现出来，传统的力量练习很少涉及这些功能性的运动方式。

功能性训练关注的是整体运动效率，是多关节与多肌群的联合性协调运动动作，并且在多维平面内进行，这种用力方式和动作表现形式都更加接近于真实的运动形式，这也是功能性训练区别于非功能性训练的一个重要特征。

4. 功能性训练与传统体能训练相比有哪些好处

传统体能训练的运动轨迹固定，动作维度单一，身体部位孤立（削弱动力链传导），不注重神经控制，且训练动作与日常实际生活动作差异较大。功能性训练虽始于运动医学领域，但现在更多被认为：符合日常生活，没有脱离实际，实用性强。人们在日常生活中完成的动作就是真正的功能性动作。

---

① 身体核心部位：指的是位于腹部前后环绕着身躯，负责保护脊椎稳定的重要肌肉群。
② 本体感觉：是指肌、腱、关节等运动器官本身在不同状态（运动或静止）时产生的感觉（例如，人在闭眼时能感知身体各部的位置）。

（1）效果更明显

功能性训练的目标在于提高人体各肌群之间的整合能力,提高运动链的工作效率,使动作的神经传导通路更加顺畅,练习者在完成动作时更加有效,这些都有利于提高练习者日常生活的质量。相对于传统力量训练,功能性训练对于提高人们的日常生活质量显然更有帮助。

（2）安全更可靠

进行力量练习时,人们总是以不断增加的负荷来刺激肌肉生长。当负荷过大时,许多动作都存在风险,如果没有妥善地保护或者安全措施,受伤概率较大。而功能性训练在大多数情况下,都是以自身体重和较轻的负荷进行循序渐进的练习,它通过本体感觉的调节,人体的平衡与稳定能力都会增加,神经系统也会得到强化,使练习安全可靠。

（3）地点更灵活

传统的力量训练必须在有健身资质的健身房里进行,并借助杠铃、组合器械等设备进行即可完成训练。而功能性训练则完全可以在家或办公室里进行,只需要一小块空地和一些便携的小器械即可完成训练。

（4）器械更简单

传统力量训练受场地制约,需要笨重的金属大器械配合锻炼。而功能性训练则更多地使用些小巧、日常常见且方便使用或携带的"运动装备",如椅子、箱子、书包、毛巾、绳子、墙壁、水瓶、书籍等(见图 8-5-1、图 8-5-2)。当身体能够驾驭自身重量进行训练,并希望完成进阶挑战时,也可以采用专门的健身小器材来调整运动的强度和难度,完成负重训练及抗阻力训练,如药球、弹力带、壶铃、哑铃、绳梯等,甚至可以请你的训练同伴作为训练的"辅助道具"来增加运动的趣味性。

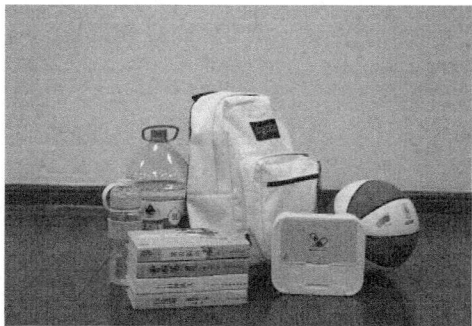

图 8-5-1　可以作为器械使用的日常用品

图 8-5-2　利用日常生活中的物品
代替器械进行练习

二、基本技术

1.基础动作姿势

（1）握法

1）正握。

动作要领:双手掌心朝下,手背朝上(见图 8-5-3)。

2）反握。

动作要领：双手掌心朝上，手背朝下（见图8-5-4）。

3）相对握（直握）。

动作要领：双手掌心相对，手背朝外，左右虎口朝上（见图8-5-5）。

图8-5-3　正握　　　　　　图8-5-4　反握　　　　　图8-5-5　相对握（直握）

4）旋外握。

动作要领：双手虎口朝外斜上方，手背朝外斜下方（见图8-5-6）。

5）旋内握。

动作要领：双手虎口朝内斜上方，手背朝内斜上方（见图8-5-7）。

（2）卧姿

1）俯卧——双肘双脚撑（正桥、俯桥）。

动作要领：俯卧四点（双肘和双脚）支撑时，背部保持平直，并与大腿及小腿呈一条直线，肘部在肩部垂直线的正下方，前臂与地面紧贴，曲肘呈90°夹角，两手握拳相对。双腿伸直，双脚分开，趾端撑地（见图8-5-8）。

  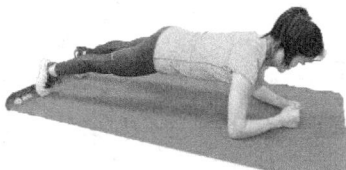

图8-5-6　旋外握　　　　图8-5-7　旋内握　　　图8-5-8　俯卧——双肘双脚撑（正桥、俯桥）

2）俯卧——双手双脚撑（平板支撑）。

动作要领：俯卧四点（双手和双脚）支撑时，背部保持平直，并与大腿及小腿呈一条直线。手在肩部垂直线的正下方，肘关节伸直，腕关节伸，全掌撑地，指端向前。双脚分开，双腿伸直，趾端撑地（见图8-5-9）。

3）俯卧——双手双膝撑。

动作要领：俯卧四点（双手和双膝）支撑时，背部保持平直，并与大腿呈一条直线。肘关节伸直，腕关节伸，手在肩部垂直线的正下方，全掌撑地，指端向前。双膝并拢着地支撑，小腿曲，并与大腿约呈90°夹角（见图8-5-10）。

4）仰卧——肩双脚撑(臀桥)。

动作要领:仰卧支撑,头部和肩部贴地,腹部收紧,背部、髋部与大腿呈一条直线,脚跟着地,脚尖勾起,大腿与小腿夹角呈90°(见图8-5-11)。

图 8-5-9　俯卧——双手双脚撑　　图 8-5-10　俯卧——双手双膝撑　　图 8-5-11　仰卧——肩双脚撑(臀桥)
　　　　　（平板支撑）

5）仰卧——双肘双脚撑。

动作要领:仰卧四点(双肘和双脚)支撑时,腹部收紧,腰背部与大腿及小腿呈一条直线,双脚跟着地,勾脚尖可增加动作难度。肘部与前臂撑地,曲肘呈90°夹角(见图8-5-12)。

6）侧卧——单肘双脚撑(侧桥-分脚)。

动作要领:侧卧三点(单肘和双脚)支撑时,背部保持平直,腹部和臀部收紧,身体呈一条直线。一侧肘部在肩部的正下方撑地,前臂与地面紧贴,曲肘呈90°夹角。另一侧手臂上举,垂直于地面。双腿伸直,双脚前后分开支撑于地面(见图8-5-13)。

7）侧卧——单手单脚撑(并脚)。

动作要领:侧卧两点(单手和单脚)支撑时,背部保持平直,腹部和臀部收紧,身体呈一条直线。支撑侧的手在肩部的正下方,肘关节伸直,全掌支撑,另一侧手臂上举,并垂直于地面。双腿伸直,双脚并拢支撑于地面(见图8-5-14)。

图 8-5-12　仰卧——双肘双脚跟　　图 8-5-13　侧卧——单肘双脚撑　　图 8-5-14　侧卧——单手单脚撑
　　　　　　　　　　　　　　　　　　　　　（侧桥-分脚）　　　　　　　　　　（并脚）

(3)跪姿

1)直立伸髋双膝跪姿。

动作要领:跪姿(双膝)直立跪于地面,抬头挺胸,目视前方,背部保持平直,腹部和臀部收紧,两臂自然下垂放于身体两侧。曲膝约呈90°夹角,脚尖勾起,双膝与双脚趾端支撑于地面(见图8-5-15)。

2)前后分腿单膝跪姿(半跪姿)。

动作要领:跪姿(单脚和单膝)分腿跪于地面,抬头挺胸,目视前方,背部保持平直,腹部和臀部收紧,两臂自然下垂放于身体两侧。前支撑腿曲膝曲髋,全脚掌着地。后支撑腿曲膝跪地,臀部收紧,大腿垂直于地面,并与小腿约呈90°夹角,勾脚尖趾端支撑于地面(见图8-5-16)。

3)侧弓步单膝跪姿。

动作要领:侧跪姿(单脚和单膝)分腿跪于地面时,抬头挺胸,目视前方,背部保持平直,腹部和臀部收紧,两臂自然下垂放于身体两侧。一侧腿曲膝伸髋跪地,臀部收紧,大腿与地面垂直,并与小腿约呈90°夹角,勾脚尖趾端支撑于地面。另一侧髋外展,腿伸直,全脚掌支撑于地面(见图8-5-17)。

图 8-5-15　直立伸髋双膝跪姿　　　图 8-5-16　前后分腿单膝跪姿　　　图 8-5-17　侧弓步单膝跪姿
　　　　　　　　　　　　　　　　　　　　　　　　　　(半跪姿)

　　4)俯身曲髋双手双膝跪姿(跪撑)。

　　动作要领:跪姿(双手和双膝)俯身曲膝曲髋跪于地面,背部保持平直,腹部和臀部收紧。肘关节伸直。手在肩部的正下方,全掌撑地,指端向前。曲髋曲膝约呈90°夹角,双腿分开与髋同宽,勾脚尖趾端支撑于地面(见图8-5-18)。

　　(4)站姿

　　1)直立姿(正常站位)。

　　动作要领:双脚平行站立,与肩同宽,髋部与膝部保持直立姿势,脚尖向前。腹部与臀部收紧,抬头挺胸,目视前方,下颌微收,两臂自然下垂于身体两侧(见图8-5-19)。

　　2)运动(基本)姿(双脚站立)。

　　动作要领:曲膝曲髋,双脚平行站立,与肩同宽。左右膝盖不要超过脚尖,身体重心移向脚掌的前部,脚后跟略微抬离地面,躯干前倾,俯身呈半蹲姿势。背部保持平直,腹部收紧。大腿与躯干约呈90°夹角(见图8-5-20)。

图 8-5-18　俯身曲髋双手双膝　　　图 8-5-19　直立姿(正常站位)　　　图 8-5-20　运动(基本)姿
　　　　　　　跪姿(跪撑)　　　　　　　　　　　　　　　　　　　　　　　　　　(双脚站立)

　　3)运动(基本)姿(前后分腿站立)。

　　动作要领:曲膝曲髋,双脚前后分开,前支撑腿膝盖不要超过脚尖,俯身呈跑步半蹲姿势。背部保持平直,腹部收紧,躯干前倾。双臂可呈跑步摆臂姿势,曲肘约呈90°夹角(见图8-5-21)。

　　4)俯身姿。

　　动作要领:双脚平行开立,与肩同宽,曲膝曲髋,膝盖不要超过脚尖,俯身呈半蹲姿势。背部保持平直,躯干与地面平行,腹部收紧,双臂置于体侧(见图5-8-22)。

　　5)低分腿姿。

　　动作要领:前后分腿站立,前腿曲膝曲髋呈90°夹角,全脚掌着地。后腿曲膝离地约一拳距离,臀部收紧,大腿垂直于地面,与小腿呈90°夹角,勾脚尖趾端支撑于地面。抬头挺胸,目视前方,背部保持挺直,腹部收紧,两臂自然下垂于身体两侧(见图8-5-23)。

图 8-5-21　运动(基本)姿　　　图 8-5-22　俯身姿　　　图 8-5-23　低分腿姿
　　　　　　(前后分腿站立)

　　6)弓步姿。

　　动作要领:前后分腿站立,前腿曲膝曲髋,小腿与地面垂直,全脚掌着地。后腿伸直,臀部收紧,趾端支撑于地面。抬头挺胸,目视前方,腹部收紧,背部保持挺直,两臂自然下垂于体侧(见图8-5-24)。

　　7)侧弓步姿。

　　动作要领:左右侧弓步站立,一侧腿曲膝曲髋,大腿与小腿间约呈135°夹角,全脚掌着地。另一侧腿向身体外侧方向伸直,全脚掌着地,脚尖外开45°。抬头挺胸,目视前方,腹部收紧,背部保持平直,两臂自然下垂于体侧(见图8-5-25)。

图 8-5-24　弓步姿　　　　　　图 8-5-25　侧弓步姿

　　2.瘦手臂、上身肌肉的练习方法

　　上肢练习着重锻炼三角肌、肱二头肌、肱肌、肱三头肌、前臂屈肌群及前臂伸肌群来塑造优美的手臂曲线。紧实的肩臂能使运动参与者看起来更加富有年轻人的健美型体魄。同时上身练习还包括众多上身肌肉练习,尤其是上背部及胸部肌肉。上背部练习有助于颈肩部的塑形,能消耗囤积在肩背部内衣之下肥厚的脂肪。胸部的练习着重训练胸大肌和胸小肌,通过练习胸部自然上提等动作,可塑造更加年轻完美的胸形。

(1) 持哑铃曲肘过肩

动作要领:躯干挺直,两眼平视。双脚平行站立,与肩同宽,双膝微曲。双臂下垂,双手反握哑铃位于体前。练习时,控制身体稳定,缓慢地弯举右侧小臂,将哑铃举过肩膀,并停顿2秒。当开始放低右侧前臂时,同时举起左侧前臂,重复并交替完成弯举动作。每组两臂各完成15次,练习2—3组(见图8-5-26)。

练习方法:初学者可以先进行徒手练习,掌握动作要领后,再选择合适重量的哑铃进行锻炼。

图8-5-26 持哑铃曲肘过肩

易犯错误与纠正方法(见表8-5-1)。

表8-5-1

易犯错误	纠正方法
弯举或还原动作完成速度太快	调整发力和卸力速度
身体前后晃动明显	注意控制核心部位,加强核心力量练习
弓背、缩脖子	抬头挺胸,目视前方,肩胛后缩

(2) 弹力带过头上推

动作要领:躯干挺直,目视前方。两脚前后站立,前脚脚掌踩弹力带。后脚前脚掌撑地,脚跟离地。双手握持弹力带,手臂上曲位于体侧。练习时,手臂缓慢上举,双臂伸直举过头顶,停顿2秒后,手臂还原至初始位。每组重复15次,共练习2—3组(见图8-5-27)。

(1)　　　　　　　　　(2)

图8-5-27 弹力带过头上推

练习方法:初学者可以先进行徒手练习,掌握动作要领后,再选择合适磅数的弹力带进行锻炼,也可以用重量合适的哑铃替代。

易犯错误与纠正方法(见表8-5-2)。

表 8-5-2

易犯错误	纠正方法
大小臂没有呈 90°夹角,双臂位于体前	对照镜子纠正手臂角度,双臂于体侧
向上推举时身体晃动明显	核心收紧,后背挺直

（3）持哑铃胸前交替推

动作要领:两腿前后站立,前臂与大臂曲呈 90°,肩关节外展呈水平位,双手各握哑铃,拳心向下。练习时,两臂持哑铃胸前水平交替推出。每组两臂交替各完成 15 次,练习 2—3 组(见图 8-5-28)。

(1)　　　　　　　　(2)

图 8-5-28　持哑铃胸前交替推

练习方法:初学者可以先进行徒手练习,掌握动作要领后,再选择合适重量的哑铃进行锻炼。

易犯错误与纠正方法(见表 8-5-3)。

表 8-5-3

易犯错误	纠正方法
手臂未抬至肩高	选择适当重量的哑铃,加强肩部发力
耸肩,缩脖子	肩部下沉,肩胛骨内收,耳朵远离肩膀

（4）直立拉弹力带扩胸

动作要领:两脚平行站立,与肩同宽,双膝微曲。将弹力带缠绕于双手,并保持拳心相对。两手臂前平举至水平高度,双肘微曲。练习时,手臂缓慢扩胸发力,至两臂侧平举位,停顿 2 秒后,缓慢还原至初始位,注意不要将力卸掉。每组完成 15 次,练习 2—3 组(见图 8-5-29)。

练习方法:初学者可以先进行徒手练习,掌握动作要领后,再选择合适磅数的弹力带进行锻炼,也可以用重量合适的哑铃替代。

易犯错误与纠正方法(见表 8-5-4)。

表 8-5-4

易犯错误	纠正方法
用爆发力拉扯弹力带完成扩胸动作	调整发力和卸力速度与力量
手臂未抬至肩高	后背挺直,肩部发力将手臂抬至肩高
耸肩,缩脖子	肩部下沉,肩胛骨内收,耳朵远离肩膀

(1)   (2)

图 8-5-29　直立拉弹力带扩胸

（5）持哑铃俯身展臂

动作要领：两脚平行站立，与肩同宽，俯身并微曲膝盖。两手相对握哑铃于体前外侧，肘微曲。练习时，双臂于体侧缓慢向上举至肩高，停顿 2 秒后回到初始位。每组完成 15 次，练习 2—3 组（见图 8-5-30）。

(1)   (2)

图 8-5-30　持哑铃俯身展臂

练习方法：初学者可以先进行徒手练习，掌握动作要领后，再选择合适重量的哑铃进行锻炼。

易犯错误与纠正方法（见表 8-5-5）。

表 8-5-5

易犯错误	纠正方法
含胸驼背	抬头挺胸，保持背部挺直
手臂打开和还原速度太快	发力时动作要缓慢，还原时仍要对抗哑铃阻力

（6）持哑铃颈后臂曲伸

动作要领：两脚平行站立，与肩同宽。双手相对握持哑铃，曲肘至最小角度于头部枕后，上臂夹紧头部。练习时，两臂同时上举至头顶最高位，继而还原至初始位，如此反复动作。每组完成 15 次，练习 2—3 组（见图 8-5-31）。

(1)　　　　　　　　　　　(2)

图 8-5-31　持哑铃颈后臂曲伸

练习方法:初学者可以先进行徒手练习,掌握动作要领后,再选择合适重量的哑铃进行锻炼。

易犯错误与纠正方法(见表8-5-6)。

表 8-5-6

易犯错误	纠正方法
弯举或上举动作完成速度太快	调整发力和卸力速度,手臂始终保持对抗哑铃阻力
身体前后晃动明显	注意核心部位控制,加强核心力量练习
弓背、缩脖子	抬头挺胸,目视前方,肩胛骨后缩

(7) 持哑铃斜上举

动作要领:两脚平行站立,与肩同宽,双膝微曲。左手叉腰,右手持哑铃置于对侧髋部前外侧。练习时,右手持哑铃直臂挥向同侧的体侧斜上方45°,拳心朝前。停顿2秒后回到初始位,左右手的动作要求相同,但方向相反。每组两臂各完成15次,练习2—3组(见图8-5-32)。

(1)　　　　　　　　　　　(2)

图 8-5-32　持哑铃斜上举

练习方法:初学者可以先进行徒手练习,掌握动作要领后,再选择合适重量的哑铃进行锻炼。

易犯错误与纠正方法(见表 8-5-7)。

表 8-5-7

易犯错误	纠正方法
动作完成速度太快	调整发力和卸力速度,手臂始终保持对抗哑铃阻力
手腕松弛无力	手腕内扣发力,练习时手腕具有一定发力感

(8) 持哑铃直臂后伸

动作要领:两脚平行站立,与肩同宽,双膝微曲,躯干略向前倾。双臂弯曲,肘关节夹紧身体,两手持哑铃于髋部两侧。练习时,两侧小臂缓慢向斜后 45°方向伸直至最远端,停顿 2 秒后,缓慢回到初始位。每组完成 15 次,练习 2—3 组(见图 8-5-33)。

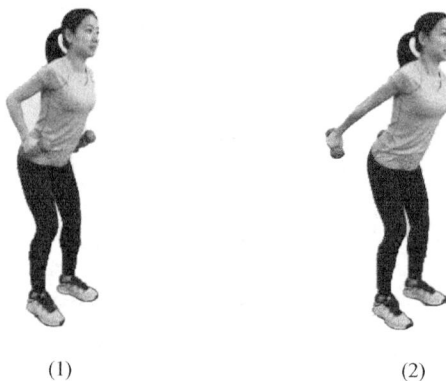

(1)   (2)

图 8-5-33 持哑铃直臂后伸

练习方法:初学者可以先进行徒手练习,掌握动作要领后,再选择合适重量的哑铃进行锻炼。

易犯错误与纠正方法(见表 8-5-8)。

表 8-5-8

易犯错误	纠正方法
双臂没有夹紧身体,肩关节不稳定	肩胛骨后缩,双肘始终夹紧身体两侧
低头,含胸驼背	抬头挺胸,背部挺直,目视前方

(9) 跪姿开式俯卧撑

动作要领:俯卧跪撑于垫上,身体保持一直线,掌距略大于肩宽,双肘内收。练习时,吸气后慢慢吐气,并伴随躯干下降,当胸部下降至地面约一拳时停止。大臂与躯干的内收夹角约呈 70°,大臂与前臂夹角约 90°,停顿 1—2 秒后,上肢做胸前推起动作,将上身推至初始位。每组完成 8 次,练习 2—3 组,间歇 30 秒(见图 8-5-34)。

练习方法:可以先从站姿推墙俯卧撑动作开始练习,当找到上肢发力感和掌握身体控制技术后,再回到地面上完成跪姿俯卧撑。进阶练习时,可以伸直一条腿单膝跪姿或两脚尖点地完成俯卧撑。

易犯错误与纠正方法(见表 8-5-9)。

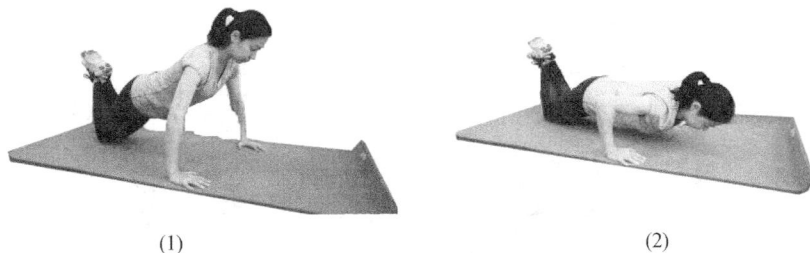

(1)　　　　　　　　　(2)

图 8-5-34　跪姿开式俯卧撑

表 8-5-9

易犯错误	纠正方法
重心后移,臀部翘起	重心前移,肩膀位于手腕正上方
塌腰	上提并收紧腹部肌肉,保持后背一直线

（10）俯卧上提躯干

动作要领:俯卧于垫上,曲肘肩内收,手臂夹紧两肋,左右手掌撑于胸部两侧的垫上,脚背绷直,两腿分开与髋同宽。练习时,吸气的同时双脚按压地面,双手臂撑起,使上体充分伸展,颈部伸长,头微抬,目光凝视前上方,背部与躯干呈弧形。大腿肌肉收紧,尾椎骨朝耻骨方向收紧。动作保持 15—30 秒,呼气并放松身体,缓慢还原至初始位,完成 6—8 次(见图 8-5-35)。

(1)　　　　　　　　　(2)

图 8-5-35　俯卧上提躯干

练习方法:上身抬起有困难时,可以调整手掌支撑的位置。

易犯错误与纠正方法(见表 8-5-10)。

表 8-5-10

易犯错误	纠正方法
撑起上身时耸肩、缩脖子	掌根前移,微曲双肘,挺胸抬头

（11）椅子上双臂曲伸

动作要领:上身直立,背对椅子呈下蹲位。两手直臂向后,手指抓住后方椅子近身的边缘。练习时,臀部缓慢下沉,两臂曲肘并夹紧身体,停顿 2 秒后手臂向上撑起至初始位。每组完成 10—15 次,练习 2—3 组,间歇 30—60 秒(见图 8-5-36)。

练习方法:可先小幅度地尝试做曲臂下蹲动作,当掌握了动作要领后,可下蹲直至手臂弯曲呈 90°。进阶练习时,可以将双腿向前伸直,让脚跟落地的同时完成动作,也可以将一条腿抬起至地面平行的高度完成练习。

易犯错误与纠正方法(见表 8-5-11)。

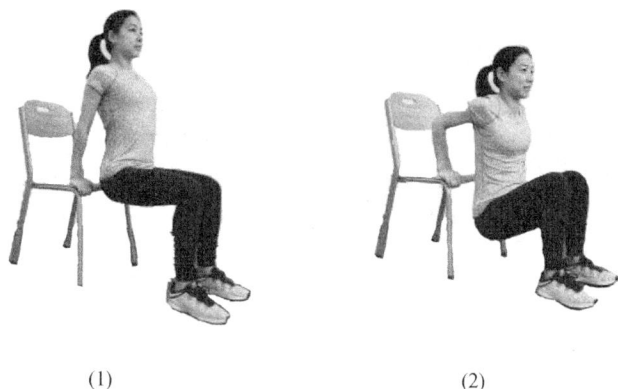

(1)   (2)

图 8-5-36　椅子上双臂曲伸

表 8-5-11

易犯错误	纠正方法
下蹲时手肘向外分开	始终保持肘关节向身体中间夹紧
含胸驼背	抬头挺胸,背部挺直,目视前方

3. 塑臀、下肢肌肉的练习方法

下肢练习重点强化腰部、臀部以及腿部的肌肉力量。腰部与臀部肌肉控制着骨盆、臀部,臀部与腿部肌肉控制着双腿。加强锻炼腰部、臀部以及腿部肌肉的力量,可有效帮助你完成走、跑、跳、蹲等动作,还可起到防止腰背部及下肢的损伤。臀部主要肌肉有臀大肌、臀中肌和臀小肌。训练这些肌肉,有美臀的功效;大腿前面有股四头肌,后面有股后肌群,训练这些肌肉,可提高髋膝的蹲伸功能;小腿主要肌肉有小腿三头肌(腓肠肌和比目鱼肌),训练该肌肉,不但能够提高踝关节的蹲伸能力,还可帮助你塑造一双美腿。

(1)   (2)

图 8-5-37　原地直立半蹲

(1) 原地直立半蹲

动作要领:双脚开立,比肩稍宽,脚尖向外呈 45°,手持药球于胸前。练习时,动作要缓慢,曲髋曲膝下蹲至大腿与地面平行。下蹲时并将药球推向前方,至手臂接近伸直位,停顿 1—2 秒后,两脚蹬地起立,还原至初始位。每组完成 12 次,练习 2—3 组,间歇 30—60 秒(见图 8-5-37)。

练习方法:可先徒手练习,掌握动作要领后,再取合适的重物完成训练。初学者腿部力量较弱,下蹲至腿部颤抖并伴有酸疼感即可停止,随着腿部力量的提升,逐步加大下蹲幅度。

易犯错误与纠正方法(见表 8-5-12)。

表 8-5-12

易犯错误	纠正方法
脚尖方向向内,膝盖内扣	半蹲,膝与踝关节向外呈 45°
膝盖超过脚尖,脚跟离地	上身挺起,重心后移,全脚掌踩地

（2）侧弓箭步蹲

动作要领：双脚开立略大于肩宽，双手置于胸前呈抱球状。练习时，左脚向左侧迈步，重心左移至左脚，左腿曲膝下蹲，右腿伸直，停留 1—2 秒后，回到初始位。右侧弓步动作的要求与左侧弓步动作相同，但动作的方向相反。每组双脚交替各完成 12 次，完成 2—3 组，间歇 30—60 秒（见图 8-5-38）。

（1）　　　　　　　　　（2）　　　　　　　　　（3）

图 8-5-38　侧弓箭步蹲

练习方法：练习时动作速度要缓慢，且力量要柔和。初学者下蹲至大腿有酸痛感即止，待肌肉内力量提升后，再逐步增加下蹲幅度。进阶练习时，可以手持重物，做侧弓步时，双臂同时水平前伸，腿部还原时，手臂收回至胸前。

易犯错误与纠正方法（见表 8-5-13）。

表 8-5-13

易犯错误	纠正方法
含胸驼背	抬头挺胸，加强背部力量练习
下蹲时支撑腿膝关节超过脚尖、脚跟离地	上身挺起，重心后移，支撑腿全脚掌踩地

（3）交叉弓步蹲

动作要领：双脚平行站立，与肩同宽，双手叉腰，保持两脚尖向前。抬头挺胸，目视前方。练习时，将右脚后撤呈前后交叉步站立，身体重心在两腿之间。随之双膝弯曲呈弓步蹲，保持 1—2 秒后回到初始位。每组两腿交替各完成 12 次，完成 2—3 组，间歇 30—60 秒（见图 8-5-39）。

（1）　　　　　　　　　（2）

图 8-5-39　交叉弓步蹲

练习方法:练习时动作速度要缓慢。下蹲时,身体前倾,重心在前脚。进阶练习时,可手持重物完成负重交叉弓步蹲。

易犯错误与纠正方法(见表 8-5-14)。

表 8-5-14

易犯错误	纠正方法
下蹲时身体晃动	加强核心肌群发力,集中注意力
含胸驼背	挺胸抬头,展肩同时后缩肩胛骨

(4)前侧后弓步

动作要领:双脚平行站立,与肩同宽。腰背部收紧,抬头挺胸,保持身体稳定,目视前方。练习时,手臂自然摆动,同时抬起右脚,分别向前、向侧、向后连续完成 3 个方向上的弓步。弓步每换一个方向,右脚需还原至初始位,右腿完成一轮后,换左腿练习。做弓步时膝盖不超过脚尖,尽量做到大腿与地面平行。每组两腿交替各完成 6 轮,练习 2—3 组,每组间歇 30—60 秒(见图 8-5-40)。

(1)   (2)   (3)

图 8-5-40　前侧后弓步

练习方法:初学者可双手叉腰完成训练,待掌握动作要领后,再逐步加大步幅和下蹲幅度。进阶练习时,可以手持哑铃完成动作,每侧腿在做弓步前,可先将膝盖抬高至胸前,再完成三个方向的弓步练习。

易犯错误与纠正方法(见表 8-5-15)。

表 8-5-15

易犯错误	纠正方法
弓步换方向时,重心移动不及时	加强核心肌群的力量练习

(5)手持哑铃直腿硬拉

动作要领:双脚平行站立,与肩同宽。抬头挺胸,目视前方。双手正握哑铃自然下垂于体前外侧,背部挺直。练习时,曲膝曲髋,同时上身前倾,手持的哑铃下移至小腿前外侧,在接近脚背处停顿 1—2 秒后,下肢和躯干分别做缓慢的蹬伸和展体挺直动作至初始位。每组完成 15 次,练习 2—3 组,每组间歇 30—60 秒(见图 8-5-41)。

(1)   (2)

图 8-5-41　手持哑铃直腿硬拉

练习方法:初学者可徒手完成动作,掌握正确动作要领后,再增加负重完成训练。

易犯错误与纠正方法(见表 8-5-16)。

表 8-5-16

易犯错误	纠正方法
身体前倾时弯腰驼背	背部挺直,始终保持头、颈、背一直线
硬拉时手臂前后晃动	哑铃贴着腿部前侧上下移动

(6)贴墙蹲

动作要领:背靠墙壁,双脚平行站立,与肩同宽。两手自然下垂于躯干两侧,抬头挺胸,目视前方。练习时,双手缓慢抬起至前平举,掌心向下。同时收腹,靠墙的后背腰部沿着墙面缓慢下滑,两脚同时曲膝曲髋,马步式向前滑动,前移至大腿与小腿呈 90°夹角止。动作保持 30 秒—1 分钟,重复完成 3—5 次(见图 8-5-42)。

图 8-5-42　贴墙蹲

练习方法:腿部力量较弱的初学者,可以在同伴辅助或手臂扶墙的情况下慢慢抵墙下蹲。

易犯错误与纠正方法(见表 8-5-17)。

表 8-5-17

易犯错误	纠正方法
贴墙下蹲时臀部离开墙壁	下蹲时双脚缓慢前移,时刻保持腰背部与墙面紧贴

(7)站姿后曲腿

动作要领:双脚平行站立,与肩同宽。抬头挺胸,目视前方。将弹力带绑在右腿脚踝处,左脚踩住弹力带。练习时,先左侧腿支撑,右侧腿缓慢向后,极限曲膝拉伸弹力带。保持静力性收缩 2—3 秒后,缓慢还原至初始位,该动作重复完成数次后,换对侧脚完成练习。每组两腿各完成 12 次,练习 2—3 组,间歇 30—60 秒(见图 8-5-43)。

练习方法:初学者可以徒手练习,待掌握了动作要领后,再加入合适磅数的弹力带进行练习。

易犯错误与纠正方法(见表 8-5-18)。

(1)　　　　　　　　　　　(2)

图 8-5-43　站姿后曲腿

表 8-5-18

易犯错误	纠正方法
无法保持身体平衡	注意力集中,加强身体控制
曲膝伴曲髋	大腿后伸,避免曲髋抬大腿

(8) 单腿画圈

动作要领:仰卧于垫上,双腿伸直,两臂置于体侧。练习时,一腿直腿抬起至地面垂直位后,匀速将腿摆至身体同侧,并向下画圆直至对侧肩膀后缓慢回到与地面垂直的位置,重复动作数次后,换对侧腿完成反方向的上述动作。两腿每组各完成 5—8 次,练习 2—3 组,每组间歇 30—60 秒(见图 8-5-44)。

(1)　　　　　　　　　　(2)　　　　　　　　　　(3)

图 8-5-44　单腿画圈

练习方法:初学者可以将双手垫在腰部下方或抓紧垫子两边来控制身体平衡与稳定,单腿画圈的幅度应随身体控制力的增强而逐步加大。进阶练习时,可以举起单腿后向顺时针或逆时针方向分别画圈完成练习。

易犯错误与纠正方法(见表 8-5-19)。

表 8-5-19

易犯错误	纠正方法
摆腿时膝关节弯曲	勾脚尖,膝盖伸直
骨盆左右翻转	减少画圈幅度,加强身体的控制力,将背部、臀部贴紧垫子

（9）蚌式

动作要领：身体曲膝侧卧，将环形弹力带绷在膝盖上方，用前臂支撑起上半身，使躯干、髋关节与脚踝在一基本平面上。练习时，保持背部挺直，两脚跟贴紧，用髋部的外展肌肉发力，将膝盖打开至最大，停顿2—3秒后，缓慢卸力，还原至初始位置。每组完成12次，练习2—3组，每组间歇30—60秒（见图8-5-45）。

(1)　　　　　　　　　　　　　　　　(2)

图 8-5-45　蚌式

练习方法：初学者可以先进行徒手练习，掌握动作要领后，再选择适合磅数的弹力带进行练习。

易犯错误与纠正方法（见表8-5-20）。

表 8-5-20

易犯错误	纠正方法
双腿过于伸直	充分曲膝，将脚跟靠近臀部
膝盖外展时伴随躯干晃动	集中注意力，加强上身控制，明确发力部位在臀部

（10）肩肌举桥

动作要领：仰卧曲膝曲髋，两臂伸直置于身体两侧，掌心向下，两脚跟撑地，与肩同宽。练习时，脚跟、肩部、手臂同时向下按压垫子，臀部向上抬起，直到肩膀至膝盖呈一条直线止。臀部保持抬高位，一条腿曲膝朝胸部方向提拉至极限，保持10—15秒后，呼气并缓慢地还原至初始位，重复动作数次后，换腿同法运动。每组两腿各完成6—8次，练习2—3组，每组间歇30—60秒（见图8-5-46）。

(1)　　　　　　　　　　　(2)　　　　　　　　　　　(3)

图 8-5-46　肩肌举桥

练习方法：初学者可以无须抬腿，先用掌根托住下背部辅助完成抬臀动作，待掌握动作要领后，再逐步增加动作难度。

易犯错误与纠正方法(见表 8-5-21)。

表 8-5-21

易犯错误	纠正方法
抬臀抬起的位置太低	脚跟尽量靠近臀部,手臂、肩部向下发力同时臀部、核心用力向上抬起

4. 核心肌群的强化练习方法

核心肌群是身体的力量源泉,日常生活中的提拉、弯腰、拿等动作,以及每个训练动作都源于核心肌群的力量。当核心肌群得到强化锻炼后,不仅可以提高训练者的身体素质,还可以矫正训练者的不良姿势,让人看起来更显健康、更富有质感,在日常生活或运动中也会大大降低运动损伤的概率。

(1) 单侧摆腿提踵

动作要领:双脚平行站立,与肩同宽,抬头挺胸,目视前方。练习时,抬右腿,曲髋曲膝呈90°,俯身前倾。右腿勾脚尖向后直腿后摆至与地面平行,右臂自然下垂。动作停顿1—2秒后,匀速提膝并抬起上身,左脚同时直立蹬伸提踵,手臂前后自然摆臂,重复完成动作数次后,换腿同法运动。每组两腿各完成12次,练习2—3组,每组间歇30—60秒(见图 8-5-47)。

(1)　　　　(2)　　　　(3)

图 8-5-47 单侧摆腿提踵

练习方法:初学者腿部力量薄弱,在完成动作时,可微曲支撑腿,并减少上身前倾的幅度,待掌握动作要领后,再逐步增加动作幅度。

易犯错误与纠正方法(见表 8-5-22)。

表 8-5-22

易犯错误	纠正方法
身体前倾时低头弓背	腰背挺直,始终保持挺胸姿态
难以保持身体平衡	集中注意力,加强身体控制,核心发力

(2) 卷腹摸膝

动作要领:仰卧于垫上,双腿曲膝曲髋踩于垫上,膝关节夹角小于90°。两臂伸直,手掌贴于大腿前侧。练习时,腹部发力,上体离地,手掌沿着大腿摸至膝盖,下颌微收,眼睛看向两手运动方向,停顿1—2秒后缓慢回到初始位。每组完成15次,完成2—3组,每组间歇30—60秒(见图 8-5-48)。

(1)   (2)

图 8-5-48　卷腹摸膝

练习方法:初学者,可以在肩胛骨下方垫上毛巾或瑜伽砖来降低动作难度,待掌握动作要领后,再逐步增加动作幅度。

易犯错误与纠正方法(见表 8-5-23)。

表 8-5-23

易犯错误	纠正方法
卷腹后整个后背抬起	腹部内收,下背部贴地,仅将肩胛骨抬起
手臂悬空	双掌始终紧贴大腿上滑、下落
脖子位置不固定	始终保持低头,下巴内收

(3) 坐式俄罗斯转体

动作要领:抬头挺胸,双手胸前抱药球,曲膝坐于垫上。小腿依次抬至与地面平行,躯干后仰45°。练习时,上身缓慢且匀速转向左侧,将药球轻轻触地后,转体回到中点,然后转向右侧。动作左右交替,各完成 8 次,练习 2—3 组,每组间歇 30—60 秒(见图 8-5-49)。

(1)   (2)   (3)

图 8-5-49　坐式俄罗斯转体

练习方法:初学者,可以将双腿脚跟着地,徒手完成动作,待掌握动作要领后,再将小腿抬至水平位,并手持重物完成训练。

易犯错误与纠正方法(见表 8-5-24)。

表 8-5-24

易犯错误	纠正方法
转体时驼背耸肩、缩脖子	微抬下巴,沉肩挺胸,肩胛骨夹紧
身体难以保持平衡	加强核心发力,找到身体平衡点

(4) 半船式至船式

动作要领:曲膝曲髋坐在垫上,抬头挺胸,身体后仰 45°,两臂自然置于体侧。练习时,勾脚尖依次缓慢地抬起小腿至水平高度,同时两臂前平举,两掌心相对,停顿 2—3 秒。随后双臂侧平举,掌心向前。同时,双腿勾脚尖向前伸直,在坐骨和尾椎骨之间找到身体的平衡点,保持身体平衡,停顿 2—3 秒。每组重复动作完成 8—12 次,练习 2—3 组,每组间歇 30—60 秒(见图 8-5-50)。

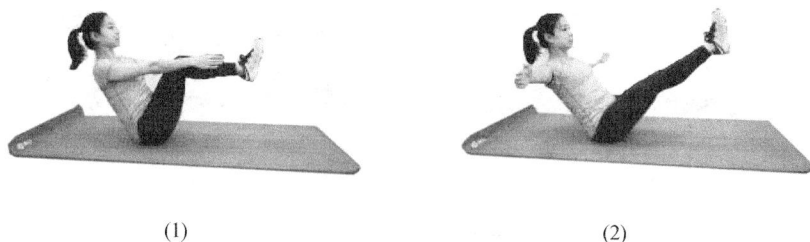

(1)   (2)

图 8-5-50   船式至半船式

练习方法:初学者,可以先尝试从坐姿到半船式,待掌握动作要领后,再尝试动态完成半船式至船式的练习。

易犯错误与纠正方法(见表 8-5-25)。

表 8-5-25

易犯错误	纠正方法
身体后仰时含胸弓背	微抬下巴,沉肩挺胸,肩胛骨夹紧

(5)仰卧举腿

动作要领:仰卧直腿平躺于垫上,双臂放于身体两侧,双腿并拢,脚尖向上。练习时,勾脚尖直腿抬起至与地面垂直,停顿 1—2 秒后,保持并腿缓慢下落至初始位,重复完成数次。每组动作完成 8—12 次,完成 2—3 组,每组间歇 30—60 秒(见图 8-5-51)。

(1)   (2)   (3)

图 8-5-51   仰卧举腿

练习方法:初学者可以将双手垫于下背部或抓紧垫子两侧以保持身体稳定,也可通过减少摆腿幅度来降低动作难度。

易犯错误与纠正方法(见表 8-5-26)。

表 8-5-26

易犯错误	纠正方法
膝盖弯曲、依次举腿	股四头肌发力绷紧大腿,膝盖并拢且伸直
无法匀速落腿	腹部、腿部发力,控制腿部下落速度

(6)仰卧转髋

动作要领:仰卧平躺于垫上,双腿抬起,曲膝曲髋呈 90°,双手侧平举,掌心向下。练习时,手臂和肩部位置保持不动,双腿并拢,同时向一侧有控制地摆动至离地一拳距离,停顿 2—3 秒还原至中点后再摆向对侧。动作左右交替,各完成 8—12 次,练习 2—3 组,每组间歇 30—60 秒(见图8-5-52)。

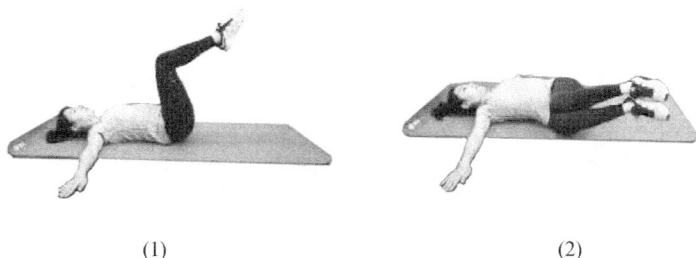

(1)　　　　　　　　　　　　　　　　　　(2)

图 8-5-52　仰卧转髋

练习方法:初学者,可以减少左右转髋的幅度来降低动作难度,待掌握动作要领后,再逐步加大动作幅度。进阶练习时,可以将双腿伸直,加大左右摆腿幅度来增加动作的难度。

易犯错误与纠正方法(见表 8-5-27)。

表 8-5-27

易犯错误	纠正方法
转髋时膝盖分开	保持曲髋曲膝 90°,膝盖并拢

(7) 平衡板式支撑

动作要领:俯卧位,双肘双脚呈平板支撑姿势,两脚分开与肩同宽。练习时,先将右侧手臂呈侧平举,再将左侧腿直腿勾脚尖离地后伸 45°左右,停顿 5—10 秒后,还原至起始位。随即换另一侧手臂和腿练习,方法同上。整个动作保持后背挺直,收腹收臀。每组交替完成 3—5 次,练习2—3 组,每组间歇 30—60 秒(见图 8-5-53)。

(1)　　　　　　　　　　　　　　　　　　(2)

图 8-5-53　平衡板式支撑

练习方法:初学者可以先练习手肘平板支撑动作,待掌握动作要领后,再逐步增加动作难度,可尝试抬起一侧手臂或抬一侧腿进行练习,待手臂力量及身体核心力量加强后,再尝试同时抬起对侧手脚完成练习动作。

易犯错误与纠正方法(见表 8-5-28)。

表 8-5-28

易犯错误	纠正方法
平板支撑时臀部位置太高	身体重心前移,降低臀部高度,加强核心发力

(8) 眼镜蛇式平板撑

动作要领:俯卧位,双腿伸直,趾端着地,直臂呈平板支撑姿势。练习时,躯体缓慢下沉至腹部贴地,背肌收紧后,四肢同时伸展抬离地面至最高点,即双臂与双腿尽量向前和向后伸展,保持2—3 秒。随后手臂收回,手掌位于胸部两侧、脚尖点地,同时将身体抬起到初始位,停顿 2—3 秒后重复动作。每组做 8—12 次,完成 2—3 组,每组间歇 30—60 秒(见图 8-5-54)。

(1)　　　　　　　　　　　　　　　　(2)

图 8-5-54　眼镜蛇式平板撑

练习方法:完成动作时始终保持背肌收紧、腹部上提。

易犯错误与纠正方法(见表 8-5-29)。

表 8-5-29

易犯错误	纠正方法
头部后仰	下颌微收,眼睛看向斜下方地面,保持颈部与后背呈一直线
四肢抬起时膝盖弯曲	膝盖伸直,大腿肌肉绷紧

(9) 动态侧向平板支撑

动作要领:侧卧于垫上,双腿并拢伸直,一侧肘部支撑在肩的正下方,前臂与地面贴紧并曲肘呈 90°,另一侧手叉腰部。练习时,缓慢抬起胯部,腹部和臀部收紧,保持躯干与下肢平直,身体呈一直线,停顿 1—2 秒后,有控制地还原至初始位。每组每侧各完成 12 次,完成 2—3 组,每组间歇 30—60 秒(见图 8-5-55)。

(1)　　　　　　　　　　　　　　　　(2)

图 8-5-55　动态侧向平板支撑

练习方法:初学者腰腹力量薄弱,可以将双腿伸直,双脚分开支撑于地面后再完成练习。

易犯错误与纠正方法(见表 8-5-30)。

表 8-5-30

易犯错误	纠正方法
抬臀时臀部曲髋向后	伸膝挺髋,核心收紧,使身体呈一直线

(10) 旋转式

动作要领:侧坐于垫上,左侧臀部着地,双手在胸前撑地,保持身体稳定,双脚前后分腿着地。练习时,左手单臂支撑,位于肩的正下方。臀部抬高,背部挺直,身体呈一直线。右臂直臂上举,垂直于地面。转头看向右手方向,保持 1—2 秒。随后身体向左下方旋转,同时右臂下移穿过身体下方的空隙,保持 1—2 秒后,右手原路返回指向天花板,连续完成数次后,缓慢还原至初始位。每组每侧各完成 6—8 次,完成 2—3 组,每组间歇 30—60 秒(见图 8-5-56)。

(1)　　　　　　　　　　(2)　　　　　　　　　　(3)

图 8-5-56　旋转式

练习方法:初学者可以将双腿曲膝约呈 90°夹角,双膝并拢支撑于地面后再完成动作。

易犯错误与纠正方法(见表 8-5-31)。

表 8-5-31

易犯错误	纠正方法
单臂支撑时手臂颤抖,肘超伸	手肘微曲支撑,或降低难度用肘撑
身体旋转时无法保持平衡	集中注意力,始终保持腰、臀、腹的发力

5. 提高全身运动效率的练习方法

运动参与者可采用提高全身运动效率的功能性训练方法来提高日常生活质量或提升运动表现能力。练习时需注意:第一,注重平衡控制和本体感受,强调身体躯干核心部位的控制、平衡和稳定;第二,强调全身动作的一体化和控制下的动态平衡能力;第三,强调多平面多维度的运动形式。若通过健身器械孤立地练习单块肌肉或某一肌群,结果往往使局部的肌肉过于发达,这不利于运动链的流畅用力,还有可能降低日常生活活动的质量,表现出肌肉僵硬和动作不协调。

(1) X 形上拉

动作要领:双脚平行站立,与肩同宽,曲膝曲髋呈半蹲位,左右脚各踩弹力带,后背挺直,躯干前倾,双手抓住交叉的弹力带。练习时,双腿蹬伸,展体至躯干伸展位,双手直臂向斜上方拉弹力带至上限,停顿 1—2 秒后缓慢还原至初始位。重复完成 8—12 次,练习 2—3 组,每组间歇 30—60 秒(见图 8-5-57)。

(1)　　　　　　　　　　(2)

图 8-5-57　X 形上拉

练习方法:腰背挺直,臀腿发力,曲髋做下蹲,膝关节不能超过脚尖。向斜上方拉时,从下至上匀速发力,即"蹬伸展举"为一个完整的联合动作,还原时要缓慢卸力来对抗弹力带的阻力。上拉时吸气,回放时呼气。

易犯错误与纠正方法(见表8-5-32)。

表 8-5-32

易犯错误	纠正方法
下蹲时膝盖内扣	膝与踝关节向外打开
斜向上拉时站不稳	拉起时腹部收紧后背发力,控制身体平衡,保持前后稳定

(2)臂腿相向运动

动作要领:双脚平行站立,与肩同宽,左脚向前跨半步,双手胸前抱药球,双手直臂举球于头顶。练习时,右腿提膝至90°,同时双臂持球下放至前平举位置,保持1—2秒后,右脚后撤,双手举球还原至头顶,动作重复数次后,换另一侧。每组每侧完成8—12次,完成2—3组,每组间歇30—60秒(见图8-5-58)。

(1)   (2)

图 8-5-58 臂腿相向运动

练习方法:初学者可先徒手完成练习,待掌握动作要领后,再加入药球进行训练。进阶练习时可以将提膝变成直腿前踢,这样可增加动作难度,也可以在脚踝处绑上适合重量的沙袋,以提高运动强度。

易犯错误与纠正方法(见表8-5-33)。

表 8-5-33

易犯错误	纠正方法
单腿提膝时站不稳	腰背发力核心收紧,支撑腿膝盖伸直,提膝腿大腿用力上抬,膝盖保持稳定

(3)斜向上挑下劈

动作要领:双脚平行站立,与肩同宽,双手持球呈自然下垂。练习时,先向左侧转身,重心移至左脚,同时双手持球向左斜上方上举,停顿1—2秒后,双腿屈膝屈髋下蹲并持球向右斜下方下劈,连续完成数次后换另一侧。每组左右各完成 8—12 次,练习 2—3 组,每组间歇 30—60 秒(见图 8-5-59)。

(1)　　　　　　　　　　　(2)

图 8-5-59　斜向上挑下劈

练习方法:初学者可以先徒手完成动作,待掌握动作要领后,再完成负重练习。斜上挑时,对侧脚提踵,并充分伸展身体。下蹲转体时两脚跟不能离地,身体充分扭转。

易犯错误与纠正方法(见表 8-5-34)。

表 8-5-34

易犯错误	纠正方法
斜上挑时转体不充分	转体时重心完全移动到同侧腿,同时抬起对侧脚脚跟,手臂伸直,充分展体

(4) 高抬腿跑

动作要领:身体正直,髋部向前,双腿原地站立。练习时,双腿先原地提踵,随后双腿同时完成曲髋提膝与蹬地伸膝伸髋动作,手臂自然摆动。每组连续完成 30 次高抬腿,练习 2—3 组,每组间歇 30—60 秒(见图 8-5-60)。

练习方法:练习时需保持身体重心向上,原地提踵并快速将膝盖向上提起,手臂摆动节奏与抬腿节奏一致。抬头挺胸,目视水平方向,保持颈部与身体呈一直线。

易犯错误与纠正方法(见表 8-5-35)。

图 8-5-60　高抬腿跑

表 8-5-35

易犯错误	纠正方法
身体重心太低,膝盖抬不高	加强身体控制,背部挺直,脚踝立高,提膝时下肢发力大腿尽量靠向腹部

(5) 跳起伐木

动作要领:人体自然站立,双腿靠近,双手持药球上举至头顶。练习时,双腿快速分腿下蹲,同时收腹立腰、直臂快速向胯下摆动至双腿中间,停顿 1—2 秒。随后并腿跳起,持球上举至头顶,落地还原到初始位。每组重复完成 12 次,完成 2—3 组,每组间歇 30—60 秒(见图 8-5-61)。

(1)   (2)

图 8-5-61　跳起伐木

练习方法:初学者可以徒手完成练习,用依次迈步分腿动作替换跳跃动作,待掌握动作要领后,再加大练习强度。

易犯错误与纠正方法(见表 8-5-36)。

表 8-5-36

易犯错误	纠正方法
向下伐木时弓背低头	全程保持挺胸抬头,背肌始终收紧
下蹲时膝盖超过脚尖	重心后移,全脚掌着地,感受臀腿部发力
双手拿不住球	向下伐木时双臂夹肘,始终抱紧药球

(6) 前爬平板俯卧撑

动作要领:双脚平行站立,与肩同宽,曲髋伸膝,背部挺直,双掌依次触地。练习时,两脚位置不动,双手向前爬行至平板支撑姿势,随后原地完成一次俯卧撑,保持双腿双脚姿势与位置不变,重心后移,臂部上抬,双手向后爬行至脚尖,停顿 1—2 秒后挺身还原至初始位。每组完成 8 次,练习 2—3 组,每组间歇 30—60 秒(见图 8-5-62)。

(1)   (2)   (3)   (4)

图 8-5-62　前爬平板俯卧撑

练习方法:初学者在俯身爬行时,膝盖可以适当弯曲,并可用跪姿俯卧撑代替直腿俯卧撑,掌握动作要领后,再加大动作幅度与难度。

易犯错误与纠正方法(见表 8-5-37)。

表 8-5-37

易犯错误	纠正方法
爬行时髋关节左右摇摆	保持髋部稳定,核心肌群发力
完成俯卧撑时臀部位置太高	身体重心前移,肩膀在手腕的正上方,腹部收紧核心发力
爬行及支撑时手肘超伸	微曲肘关节,分掌用指腹、掌根按压地面支撑

(7) 平板开合跳

动作要领:俯卧位,双手双脚着地,双手直臂支撑于垫上,躯干与下肢保持相对平直。练习时,双脚脚尖同时完成开合跳跃动作。目视下方,全程保持腹部收紧,背部挺直,躯干与双腿呈一直线。每组完成开合跳 8—12 次,完成 2—3 组,每组间歇 30—60 秒(见图 8-5-63)。

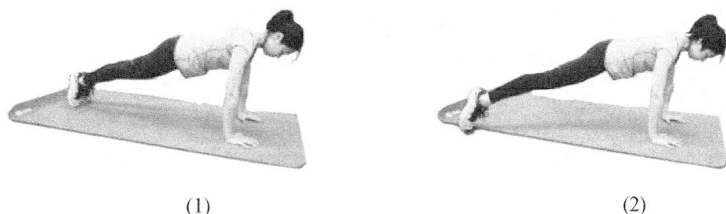

(1)　　　　　　(2)

图 8-5-63　平板开合跳

练习方法:初学者,可以用踏步代替开合跳动作,待掌握动作要领后,再加大练习强度。

易犯错误与纠正方法(见表 8-5-38)。

表 8-5-38

易犯错误	纠正方法
平板支撑时臀部位置太高	降低臀部位置,加强核心力量训练
开合跳时肩关节支撑不稳定	加强上肢和躯干的肌力训练

(8) 登山跑

动作要领:俯卧位,双手双脚着地,双手直臂支撑于垫上。练习时,双脚快速做前后蹬摆交替动作,摆动腿尽量提膝至胸。目视下方,全程保持后背挺直,腹部收紧,臀部下沉。两脚交替各完成 15 次,练习 2—3 组,每组间歇 30—60 秒(见图 8-5-64)。

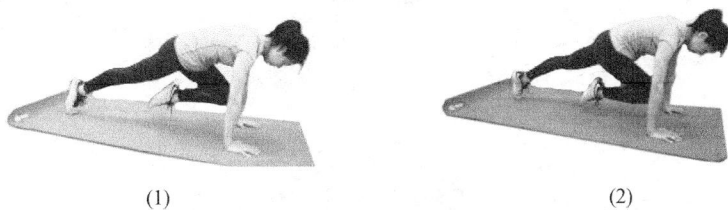

(1)　　　　　　(2)

图 8-5-64　登山跑

练习方法:初学者可以用单腿蹬地提膝动作代替双腿连续交替动作,待掌握动作要领后,再加速完成完整动作的练习。

易犯错误与纠正方法(见表 8-5-39)。

表 8-5-39

易犯错误	纠正方法
交替提膝时身体上下起伏明显	加强上肢和躯干的肌内训练

（9）俯撑拍肩

动作要领：俯卧位，双手双脚着地，直臂支撑于垫上。练习时，原地完成一次曲臂俯卧，快速撑起后，单臂支撑，另一侧手提起并轻拍对侧肩膀，随后手掌还原至支撑位，停顿 1—2 秒后重复完成一次俯卧撑，并换对侧手拍肩。每组两臂各完成 6 次，练习 2—3 组，每组间歇 30—60 秒（见图 8-5-65）。

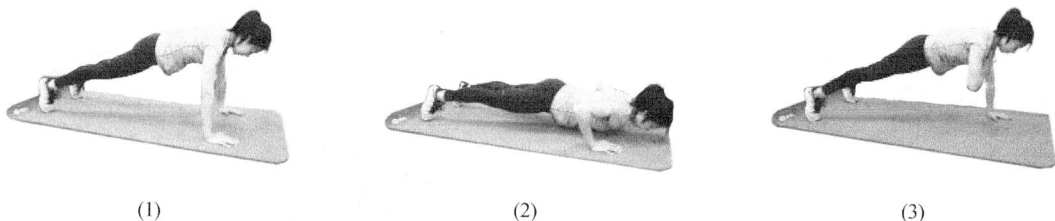

(1)　　　　　　　　　　(2)　　　　　　　　　　(3)

图 8-5-65　俯撑拍肩

练习方法：初学者可以用跪姿俯卧撑代替直腿俯卧撑，待掌握动作要领后，再加大动作难度。

易犯错误与纠正方法（见表 8-5-40）。

表 8-5-40

易犯错误	纠正方法
平板支撑时臀部位置太高	降低臀部位置，加强核心力量训练

（10）俯撑跨跳

动作要领：俯卧位，双手双脚着地，直臂支撑于垫上。练习时，右脚向体侧跨步，脚掌落于右手外侧，小腿垂直于地面，随即右脚还原的同时左脚向左侧跨步，两脚连续交替完成跨跳动作。每组两侧各完成 6 次，练习 2—3 组，每组间歇 30—60 秒（见图 8-5-66）。

(1)　　　　　　　　　　(2)　　　　　　　　　　(3)

图 8-5-66　俯撑跨跳

练习方法：初学者可以用单腿依次跨步代替双腿连续交替跨跳动作，待掌握动作要领后，再加大动作强度和难度。

易犯错误与纠正方法（见表 8-5-41）。

表 8-5-41

易犯错误	纠正方法
跨跳时脚跟离地,落地点靠后	加强髋、膝、踝三关节的柔韧性练习

6. 放松、压力缓解的练习方法

适度的拉伸能够缓解训练带给身体的疲劳感,同时增加关节的灵活度,塑造肌肉线条,预防肌肉粘连,还可提高肌力。伸展放松还可以放松筋膜(肌肉周围的结缔组织),促进血液和淋巴液回流,并能中和运动过程中产生的乳酸,缓解延迟性酸痛。除此以外,伸展放松运动还可以使人产生一种松懈舒缓的幸福感。拉伸动作,一般可以放在训练结束后作为整理运动,也可以在训练前作为准备运动,还可以进行单独练习。

(1) 颈部侧弯

动作要领:自然站立,两脚分开,与肩同宽。一侧手掌经过头顶轻轻抓住对侧头部,另一只手的肘关节弯曲,手背置于同侧腰部后方。练习时,抓住对侧头部的手向同侧慢慢拉伸按压,直至颈部肌肉有牵拉感时止,动作保持 15 秒左右,随后松手,还原至初始位,然后换对侧拉伸,每侧各完成 3 次。完成动作时,注意保持呼吸平稳,双肩放松。缓慢地拉伸肌肉,感觉舒适,有牵拉感即可(见图 8-5-67)。

(2) 肱三头肌伸展

动作要领:人体自然站立,两脚分开,与肩同宽,颈部与躯干保持挺直。左手上提,并弯曲于颈背部。右手上举,手握左肘。练习时,右手慢慢地将左肘部向后板压,直到左臂后侧肌肉有牵拉感止,持续板压 15 秒左右后松手,然后换对侧拉伸,每只手臂做 3 次。在拉伸过程中,注意头部自然摆放,上体正直,缓慢地拉伸肌肉,感觉舒适即可(见图 8-5-68)。

(3) 胸部肌肉拉伸

动作要领:人体自然站立,两脚分开,与肩同宽。两手置于背后,手指交叉相握。练习时,直臂向后上方缓慢抬起,保持 10—20 秒后放松,重复练习 3 次。练习时,抬头挺胸,颈部放松(见图 8-5-69)。

图 8-5-67　颈部侧弯　　　　图 8-5-68　三头肌伸展　　　　图 8-5-69　胸部肌肉拉伸

(4) 侧弓步压腿

动作要领:自然站立,两脚并拢。练习右侧弓步压腿时,右腿向右侧跨出一大步,两脚尖呈45°夹角,全脚掌支撑。躯干挺直,右腿缓慢曲膝,逐渐降低身体重心,直到大腿内侧肌肉有牵拉感止,保持 10—20 秒后放松还原,每侧腿练习 3 次(见图 8-5-70)。

（5）站姿腘绳肌伸展

动作要领:两腿并拢站立。练习时重心后移,将一侧腿向后撤做曲蹲,另一侧腿伸直且勾脚尖。上身前倾并保持抬头挺胸姿势,双手按于伸直腿上,身体前倾感觉腘绳肌有明显的牵拉感即可,持续30秒后缓慢卸力,每侧腿练习3次。注意练习时避免身体耸肩弓背(见图8-5-71)。

图 8-5-70　侧弓步压腿　　　　　图 8-5-71　站姿腘绳肌伸展

（6）鸽子式伸展

动作要领:双臂将上身支撑抬起,俯卧于垫上。练习该动作时,身体向上伸展,胸腰部下沉,一腿曲膝横放于体前。身体重心尽量靠近前腿,该动作可拉伸和松懈臀部的梨状肌、臀中肌和臀小肌,动作保持15秒后换另一侧腿,每侧腿练习3次(见图8-5-72)。

（7）股四头肌伸展

动作要领:双腿并拢,挺髋侧卧于垫上,近垫子侧的肘部做垂直支撑。上方的手抓住同侧曲膝腿的脚踝,向臀部方向扳拉,动作保持15秒后换另一侧腿,每侧腿练习3次。注意膝盖放松,避免曲髋低头(见图8-5-73)。

图 8-5-72　鸽子式伸展　　　　　图 8-5-73　股四头肌伸展

（8）仰卧交叉腿抱膝拉伸

动作要领:仰卧于垫上,曲膝曲髋位。练习时,双腿离地,右腿髋关节外旋并将踝部置于左腿膝部前面。双手团身抱左膝,下颚微收,上半身与膝部相向靠近,动作保持15秒后换另一侧腿,每侧腿练习3次。注意放松臀部,以达到更好的拉伸效果(见图8-5-74)。

（1）　　　　　　　　　　（2）

图 8-5-74　仰卧交叉腿抱膝拉伸

(9) 下背部伸转

动作要领:仰卧于垫上。练习时,一侧腿曲膝曲髋摆动至对侧,上背部尽量不离开垫子,充分旋转腰部,动作保持15秒后换另一侧腿,每侧腿练习3次。此动作可拉伸下背部、臀部和大腿外侧肌肉。注意腰臀部放松,充分地扭动胯部而不是扭动整个下半身,以得到更好的伸展效果(见图8-5-75)。

图 8-5-75　下背部伸转

(10) 下犬眼镜蛇式

动作要领:俯卧位,双手双脚着地,直臂支撑于垫上。练习时,臀部抬高并将重心后移,脚跟压地同时手掌推地,使肩膀和躯干下压,缓缓伸展整个背部及肩部。可逐渐加大曲髋伸膝及踝背曲的力度,该动作保持5—10秒后,身体重心下沉,并前移过渡到眼镜蛇式姿势,双臂伸直并夹紧,躯干渐渐上抬至腹部与胯前部肌肉有牵拉感,保持5—10秒后重复完成3—5次(见图8-5-76)。

(1)　　　　　　　　　　(2)　　　　　　　　　　(3)

图 8-5-76　下犬眼镜蛇式

(11) 泡沫轴股四头肌松解

动作要领:俯卧位,肘关节俯撑于垫上,将泡沫轴置于大腿前侧,双脚远端游离。练习时,整个躯体与下肢为一个整体,通过肩关节的前后曲伸动作来带动躯体缓慢地前后移动,使大腿压在泡沫轴上来回滚动。练习者在痛点处可以进行来回的滚动,这样可增加按摩放松的强度(见图8-5-77)。

(12) 泡沫轴股后肌群松解

动作要领:仰卧位,双手在躯干两侧支撑起身体,将泡沫轴置于双腿大腿(后部)。练习时,保持身体平衡,缓慢地前后移动来滚动泡沫轴。也可以让两腿上下交叠来加强下压的强度(见图8-5-78)。

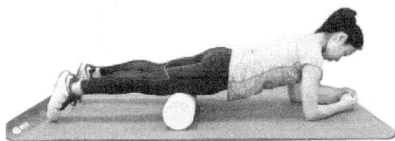

图 8-5-77　泡沫轴股四头肌松解　　　　图 8-5-78　泡沫轴股后肌群松解

(13) 泡沫轴髂胫束松解

动作要领:侧卧位,双手在胸前撑地保持身体稳定,双脚前后分腿着地,将泡沫轴置于左侧大腿侧面。练习时,来回滚动泡沫轴,以达到松解髂胫束的目的。也可以将双腿交叠放置在泡沫轴上,来增加下压的强度。还可以通过双手支撑地面的力量,来调整身体压在泡沫轴上的压力(见

图 8-5-79)。

图 8-5-79 泡沫轴髂胫束松解

（14）泡沫轴臀肌松解

动作要领:身体侧坐在泡沫轴上,双臂侧撑,保持身体稳定。练习时,抬起一条腿架于对侧膝盖上,并让臀肌充分地接触泡沫轴。臀部在泡沫轴上缓慢地来回滚动,以达到松解臀肌的目的。也可以通过双手支撑地面的力量,来调整身体压在泡沫轴上的压力(见图 8-5-80)。

(1)　　　　　(2)

图 8-5-80 泡沫轴臀肌松解

（15）泡沫轴上背部松解

动作要领:曲膝坐于泡沫轴前,上背部置于泡沫轴上方,下颚微收,弓背含胸,双手曲肘抱肩。练习时,保持身体平衡,缓慢地上下移动来滚动泡沫轴,以达到松解上背部肌肉的目的(见图 8-5-81)。

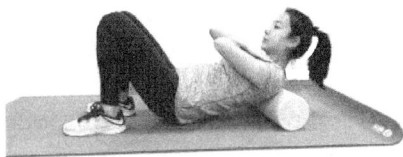

图 8-5-81 泡沫轴上背部松解

（16）泡沫轴下背部松解

动作要领:曲膝坐于泡沫轴前,身体后倾将下背部置于泡沫轴上方。练习时,保持身体平衡,缓慢地上下移动来滚动泡沫轴,以达到松解下背部的目的(见图 8-5-82)。

(1)　　　　　(2)

图 8-5-82 泡沫轴下背部松解

三、功能性训练的计划

运动计划也叫运动处方,是以提高身体体能、促进身心健康、预防运动缺乏症为目的,针对个人身体状况而制定的一种科学的、定量化的周期性运动锻炼方案。即根据锻炼者的身体状况、体能水平及运动目的,而确定其适当的运动方式、强度、频率及时间,成为锻炼者进行有计划的、周期性运动的指导方案。

制定运动计划是功能性训练不可缺少的重要环节。制定系统而周密的运动计划时,要有锻炼目标和锻炼任务才能使训练得以保障,这是练习者避免锻炼的盲目性和随意性,以及保证身体全面发展的必备条件。

在进行计划制定前,应在医生或健身教练的指导下进行身体健康测试和评估,在了解了身体和体能状况后,再进一步明确健身的目的,如为强身健体、减脂塑形、健美体格等目标的锻炼。在这里,我们将计划分为三个部分,锻炼者可以根据自己的情况选择进行锻炼。

1. **生活中每日都可以随时进行的练习**

每日用5—10分钟,练习正确的站姿、坐姿和走姿,体验正确姿势的感觉,让身体逐渐适应正确的姿势,渐渐融入日常生活中去。可以在学习、生活间隙时间,做简单的练习。参考放松、压力缓解的练习方法,可以选择站立或在垫上完成动作,针对感到紧张和疼痛的部位选择1—3个动作进行练习。

2. **每周进行2—3次的专门性练习**

一般来讲,一个完整的功能性健身计划至少要包括:

1) 热身。5—10分钟。用原地的摆臂、踏步来加快心跳和提高体温;轻缓地伸展肢体和关节活动来激活肌肉和关节。

2) 功能性训练。30—40分钟。根据需要锻炼的目标肌群,选择相应的功能性训练。如若想改善身体某个部位的疼痛感,想强化此部位的肌肉力量,可从上肢、下肢或核心肌群的练习中选择3—5个合适的动作进行组合练习。若为了提高身体力量和运动能力,可从提高全身运动效率的练习中选择3—5个动作进行练习。选择动作时,需注重全面性,针对一个部位肌肉的动作不要超过2个。每个动作的运动量可以依照个人体能情况进行2—3组练习,运动强度尽量做到动作标准,并能保证运动效果即可。

3) 伸展与放松。5—10分钟。在每次功能性训练完成后进行,可以参考压力缓解练习的内容。在每次的肌肉伸展后,可以做5—10分钟的调吸练习,坐下或躺下以放松全身。

3. **提高运动能力的训练计划**

本计划主要针对健身爱好者。通过功能性训练可预防或减轻运动损伤的发生,提高运动表现能力。该计划适用于连续训练2—3个月及以上的人群。根据训练负荷选取适合自己的重量及训练元素加入到自己的训练中。在功能性训练中,没有最好的训练计划,只有最合适的训练计划。

1) 热身。5—10分钟。合理的热身能够松解肌筋膜,降低肌肉粘滞性,激活深层肌肉,促进血液循环,提升关节活动度。因此,训练前适度热身十分有必要。本次我们的热身部分主要采用泡沫轴进行松解,重点区域:颈肩部的颈夹肌、斜方肌;胸腰背部的背阔肌、竖脊肌;臀部的臀大肌、臀中肌;大腿后部的股后肌群、前部的股四头肌;小腿后面的小腿三头肌等。

2) 功能性训练。30—40分钟。主要是为了增强核心力量,纠正身体偏差,提升肌肉力量和肌肉耐力,塑造线条,提高基础代谢和加强脂肪的代谢,增强骨密度。可在上肢、肩胸、腹背、髋、下肢部位各选择3—5个动作进行穿插练习,每个动作完成后间隔1分钟。在上述动作中,可以根据个人体能情况选择退阶或进阶动作。

3)伸展与放松。5—10分钟。安排动作时,尽量考虑到将身体大肌肉或全身主要肌群进行充分的伸展。

四、有氧舞蹈

有氧舞蹈具有"有氧运动"的特点,是配合音乐有节奏地舞动的有氧运动。有氧舞蹈能把许多舞蹈动作健美操化,动作上除了具有健美操的力度与幅度等特点外,同时也包含了很多舞蹈中的胸腰与髋部动作,动作自由多变且灵活、潇洒。有氧舞蹈通过有氧健美操的锻炼形式,反复进行组合练习,不仅能塑形肌肉线条,培养人体的正确姿态,使人体的外形更匀称、健美外,还能起到燃脂塑身的运动效果。有氧舞蹈结合功能性训练,两者同时进行锻炼可更好地提升练习者运动时的摄氧量,从而提高呼吸系统的机能水平和机体的有氧代谢能力。

有氧舞蹈动作有许多风格,根据有氧舞蹈的动作、音乐的不同特点,主要分为健身健美操、有氧搏击操、拉丁健身操、健身街舞、踏板操等。其音乐与舞蹈结合紧密,增加了健身的娱乐性、趣味性,同时也具有较强的艺术性、观赏性,锻炼时能使人身心愉悦,缓解压力,同时人的创造、想象、表现和艺术修养等综合能力都能获得提高。

有氧舞蹈动作自然、协调。经常参加锻炼能使身体各部位器官、系统的功能以及各种身体素质和身体活动能力得到均衡的发展,使体质不断增强。尤其对促进人体骨骼、肌肉、内脏器官、神经系统的正常发育以及形成正确的身体姿态有良好的效果。同时,有氧舞蹈能有效地提高练习者的柔韧、协调、灵敏、力量、有氧耐力等身体素质,对于保健康复也有一定的积极作用,长期坚持锻炼可使锻炼者终身受益。

参考文献

［1］国家体育总局编.功能性健身方法——激活你的身体[M].北京:人民体育出版社,2013.

［2］国家体育总局训练局国家队体能训练中心编著.身体功能训练动作手册[M].北京:人民体育出版社,2014.

第六节　健　美

一、概述

(一)起源与发展

1.起源

2 000多年前,古奥林匹克竞技会上,古希腊人在全身涂上橄榄油裸体进行角逐,以显示其身体的健美。不同时代对美的追求是不一样的,古代的健美观念以古希腊比较具有代表性。公元前8—6世纪,氏族社会解体以后的古希腊,形成了数以百计的城邦国家,他们把战争作为攫取财富的重要途径,为了战胜敌人,就需要强壮、矫健和耐久的斗士。于是身体结实、身手矫健的人物,就成了人们崇拜的对象。因此也就形成了他们特殊的健美观念。

古希腊人认为:健美的人体是呼吸宽畅的胸部,灵活而强壮的脖子,虎背熊腰的躯干和块块隆起的肌肉。

著名的古希腊哲学家苏格拉底(公元前469—前399)认为,人的一切活动不能脱离身体,身体必须保持高效率地工作,力量与肌肉的美只有通过身体才能得到,衰弱是耻辱。他这样说也这样做,一生都坚持运动。另一位希腊哲学家,苏格拉底的学生柏拉图(公元前427—前347)也提出,要为保卫城乡而练就体魄刚健的战士,为造就完美和发展的人而献身。柏拉图的学生著名哲学家亚里士多德(公元前384—前322)更提出:要养成健美的体格而不是野蛮的兽性的性格。

古希腊人主要是通过体育运动来塑造和培养健美人物的,四年一届的古代奥林匹克运动会等场所,就是炫耀力量和人体健美的场合。运动会桂冠获得者将受到英雄般的欢迎。国家出资修建健身场,青年人在那里练习跳跃、拳击、奔跑、投枪、掷铁饼,系统地锻炼身体和各部肌肉,把身体练得强壮、轻灵和健美。古希腊人还风行裸体艺术,在运动场上从事裸体运动,喜欢欣赏裸体人力量、健康、活泼的形态和姿势;在艺术上如绘画和雕塑,则塑造健、力、美三结合的人体。著名的《掷铁饼者》雕塑,就是这一时期的健美代表作,那灵活跳动的肌肉,充满了生命的活力。

2. 发展

近代健美运动是在欧洲兴起的。生于1868年的山道(Sandow)先生,是健美运动的创始人,他是德国的体育家,当时欧洲最著名的大力士,集健、力、美精华于一身。1901年9月4日在英国举办了世界第一次健美比赛。1902年以后,山道先生先后到美国、澳大利亚、新西兰等国家表演并宣传健美锻炼的好处,又在英、澳、新、印度和美洲等地设立了体育学校,还开办了函授部,对健美运动起到了很大的推动作用。山道先生被后人称为"健美运动的鼻祖"。

20世纪40年代初,加拿大人本·韦德发起创建了国际健美协会,现已有128个会员协会。80年代以来,健美运动在世界上发展很快。女子健美比赛则始于40年代初的美国。1977年举行了首次女子健美比赛,并规定运动员必须穿比基尼运动服。近几年,女子健美风行东欧国家。20世纪30年代末,被誉为我国健美运动的开山人赵竹光先生将健美运动引进我国。1944年6月10日在上海市举行了我国首次男子健美比赛。在"文革"期间,健美运动一度停止。80年代以来,我国的健美运动开始迅速发展。

(二) 特点与作用

健美运动国际上也叫健身运动,在我国称之为练肌肉或叫作练身体,是以徒手(利用人体自身重量)或利用杠铃、哑铃、壶铃、拉力器以及特制的综合力量练习架等器械,采用专门动作方式和方法进行锻炼的,用以锻炼身体、发达肌肉、增强体力、改善身体形态的一种运动项目。

健美运动的动作方式也是多种多样,既有成套的各种徒手健美体操,也有球、棒等轻器械体操,这些主要用于女子健美训练,借以减肥和改善体形体态,提高韵律感。更有许多能发达身体各部位肌肉的举重练习动作和其他动作,这些动作主要用于男女竞技健美训练。

健美运动作为一个运动项目,除了具有一般体育活动所共有的能锻炼身体、增进健康、增强体质的作用外,还特别能发达全身各部位的肌肉,增长体力,改善体形体态,以及陶冶美好的情操。它不仅强调"健",而且强调"美",把体育和美育融为一体。

健美运动是举重运动的一个分支。在长期的发展过程中,广义的举重运动已经一分为三,发展成为三个相对独立的运动项目。即竞技举重,又称奥林匹克举重,通称举重;健美运动,又称健身运动;力量举重。其中健美运动也是一个独立的竞赛项目,它有自己的竞赛动作,世界锦标赛和国际组织。健美运动不仅包括以比赛为目的的竞技健美,也包括以减肥或改善体形体态为目的的群众性健美操活动。

健美运动是增强体质、美化人体的一门体育科学,它是根据人体解剖学、运动生理学、运动医学结合而发展起来的,能培养健康的体格和塑造优美的体型,使两者同时得到发展的一项运动。

健美运动练习的器材设备繁多。在没有专门器材设备的条件下,也可见物即用,也可用自身体重进行练习达到锻炼的目的。由于健美运动所使用的器械可以自由增减,对不同的体质、不同的年龄、不同的性别和不同的要求都可以收到不同的锻炼效果。

(三)比赛欣赏与规则简介

马雅可夫斯基有一句名言:"世界上没有一件衣裳比健美的皮肤和强健的肌肉更美丽。"观看健美比赛,从某种意义上说,是观赏运动员最大限度地表现强健的肌肉,来欣赏"肌肉的美丽"。比赛中运动员通过艺术造型为主要表现形式。运动员造型动作新颖、独特,从不同角度、不同方向清晰地表现肌肉,而且还展示随意控制肌肉的能力,在突出表现某部肌肉的同时,还要从整体上展示各部肌肉。

在健美比赛中,作为观众,如何赏析健美比赛,现提供几方面的介绍,供大家在观赏健美竞赛时参考。

1. 竞赛性质

1)国际健美比赛有职业健美运动员和业余健美运动员两种比赛。这些比赛包括:①世界和亚洲健美锦标赛;②奥林匹亚先生比赛;③奥林匹亚小姐比赛。

2)我国健美比赛:①全国健美锦标赛;②全国健美冠军赛;③全国健美精英大赛;④中国健美先生、健美小姐大赛。

2. 竞赛级别

1)男子按体重分为下列八个级别。

羽量级:体重在60千克以下;

雏量级:体重在60.01—65千克;

轻量级:体重在65.01—70千克;

轻中量级:体重在70.01—75千克;

次中量级:体重在75.01—80千克;

中量级:体重在80.01—85千克;

轻重量级:体重在85.01—90千克;

重量级:体重在90千克以上。

2)女子按体重分为下列四个级别。

雏量级:体重在48千克以下;

轻量级:体重在48.01—52千克;

中量级:体重在52.01—57千克;

重量级:体重在57千克以上。

3）男子青年分三个级别。

轻量级:体重在 65 千克以下;

中量级:体重在 65.01—70 千克;

重量级:体重在 70 千克以上。

4）男女混合双人和元老赛不分体重级别。

3. 竞赛动作

1）男子个人的七个规定动作:

① 前展双肱二头肌;

② 前展双背阔肌;

③ 侧展胸部(左右侧不限);

④ 后展双肱二头肌;

⑤ 后展双背阔肌;

⑥ 侧展肱三头肌(左右不限);

⑦ 前展腹部和腿部。

2）女子个人的五个规定动作:

① 前展双肱二头肌;

② 侧展胸部(左右不限);

③ 后展双肱二头肌;

④ 侧展肱三头肌;

⑤ 前展腹部和腿部。

3）男女混合双人的五个规定动作:要求与男子个人和女子个人规定动作类同。

4）自由造型:

① 动作:自由造型运动员应从前、后、左、右四个面来显示体形和肌肉。

② 动作数量:男子不得少于 15 个;女子不得少于 20 个。每个造型应有短暂的停留。

自由造型是运动员能否表现出艺术化及舞台舞蹈化动作,来展示其肌肉发达程度的表演。

4. 竞赛时间

1）"自选动作"(即自由选型)比赛时间。

男子个人、集体造型为 60 秒;

女子个人为 90 秒;

男女混合双人、女子双人为 120 秒。

2）其他各项比赛时间。根据裁判长的信号开始、转换或结束动作。一般在 1.5 分钟左右,最多不超过 2 分钟。运动员走上比赛台后,应有礼貌地自然站直,面向裁判员。表演结束后,仍应是自然站立姿势,向裁判员鞠躬示礼后,立即离开赛台。

5. 女子健美比赛评分方法

(1) 骨架比例

从前后面观察运动员身体脊柱的左右比例对称,同时对比整体骨架与局部的协调。如脊柱两侧比例的对称,上体呈"V"字形,重心高,上体与四肢的长短比例协调。

从左右面观察运动员上下肢体的比例对称,同时对比整体骨架与肢体形态的协调。如重心高,臂部和腿部长短的协调,整体的美观。

（2）肌肉轮廓

从前后面观察运动员身体各部位肌肉的松紧度及轮廓。如肩、背、髋、腿部肌肉轮廓的清晰，整体的美观。

从左右面观察运动员身体上下肢肌肉的松紧度、轮廓比例，以及胸、臀弧度。如臂部腿部的围度比例协调，肌肉轮廓的清晰，以及胸部和臀部的"S"形曲线明显，臀部的上翘，整体的美观。

6. 男子健美比赛评分方法

（1）骨架比例

观察运动员身体的左右对称比例，四肢与躯干的比例。如双肩高低、宽窄对称，脊柱无病理性弯曲，无"鸡胸"，无"O"形或"X"形腿等。

（2）肌肉轮廓

从前后面观察运动员身体各部位肌肉大小和肌肉轮廓的清晰度。如肩部、背部、髋部、腿部肌肉的围度要大，轮廓要清晰，整体要美观。

从左右面观察运动员身体上下肢肌肉围度大小的比例及整体肌肉轮廓。如臂部和腿部的围度比例的协调，肌肉轮廓的清晰，整体的美观。

二、基本技术

（一）发展胸部肌肉的基本技术

胸大肌是胸部最大的一块肌肉，也是人体最能显露出健美的部位。胸肌包括位于胸前皮下的胸大肌，位于胸廓上部前外侧胸大肌深层的胸小肌、和位于胸廓外侧面的前锯肌，其功能是使上臂向内、向前、向下和向上；臂部向内旋转（见图8-6-1）。

可通过所有角度的卧推；所有角度的飞鸟；双杠臂曲伸；仰卧上拉；俯卧撑；重锤双臂侧下拉来训练。

1. 俯卧撑

（1）动作要领

两臂同肩宽撑地，两脚并拢点地，身体保持正直，手臂弯曲时肩平于肘关节，撑起时肘关节伸直。

（2）练习方法

练习时可采用高位和低位练习法。高位即两手撑点高于两脚（一般初学者练习法），低位则反之；当练习者有一定基础后，两臂可分开，两手之间可达两肩宽，并可在肩背上放重物（见图8-6-2）。

图 8-6-1

图 8-6-2

（3）易犯错误与纠正方法（见表8-6-1）

表8-6-1

易犯错误	纠正方法
在练习中主要是出现身体躯干有起伏动作	加强本体感觉的控制能力或旁人提示
在曲臂时肩部下沉不够，没有使胸大肌充分伸展，影响练习效果	适当从高位练习过渡到低位练习

2. 仰卧推举

（1）动作要领

仰卧在宽凳上，两脚分开踏地上，两臂伸直分开握杠铃开始，然后曲臂使杠铃下降至胸骨部，再憋气上推至肘关节伸直（见图8-6-3）。

图8-6-3

（2）练习方法

一是杠铃重量可由轻至重；二是两手握点可从肩宽到大于肩宽（或两肩宽）。如有卧推架可独立进行练习，没有卧推架可帮助练习。

（3）易犯错误与纠正方法（见表8-6-2）

表8-6-2

易犯错误	纠正方法
曲臂角度不够，杠铃下降不到位	练习时重量由轻到重
上推时左右摇摆	由一人（在练习者后站立）或二人（在杠铃两侧站立）进行保护和帮助练习

3. 仰卧飞鸟

（1）动作要领

两手持哑铃或重物，两臂伸直或微曲仰卧在长凳上，然后两臂做扩胸动作（见图8-6-4）。

图8-6-4

（2）练习方法

主要是练习者掌握哑铃的重量，开始可以轻一些；两臂微曲可避免肘关节疼痛；有一定基础后可加大扩胸幅度和重量。

（3）易犯错误与纠正方法（见表8-6-3）

表 8-6-3

易犯错误	纠正方法
没有做扩胸动作,而且曲肘过多,使两肘下沉变为卧推动作	还是以小重量多做练习,体会扩胸动作要领

（二）发展臂部肌肉的基本技术

臂肌群分上臂肌和前臂肌。上臂肌群(曲肘群)最明显的是位于上臂前面的肱二头肌;后群(伸肌群)最突出的是上臂后面的肱三头肌(图8-6-5)。

肱二头肌最主要功能是弯曲肘部。通过各种方式的弯举、划船动作可以发达肱二头肌。

肱三头肌最主要功能是使手臂伸直和拉向后方。通过臂曲伸、曲臂下拉、窄握仰推等动作可发达该肌群。

1. **杠铃弯举**

（1）动作要领

两手握重物(如杠铃)分腿直立,上臂紧贴两腋,利用肱二头肌的收缩力使前臂举起至胸前,再慢慢下至两肘伸直(图8-6-6)。

图 8-6-5　　　　　　　　　　图 8-6-6

（2）练习方法

主要是重量由轻至重,以不断提高肱二头肌的收缩能力,体会动作要领。

（3）易犯错误与纠正方法（见表8-6-4）

表 8-6-4

易犯错误	纠正方法
上臂紧贴两腋不够,练习时两肘有向后动作以肩关节运动使前臂上举	有人帮助夹住两肘以防向后移动
练习时有俯背及曲髋动作,借助俯背肌使前臂上举	练习时重量由轻至重加强自控能力;背靠墙站立练习防止曲髋动作

2. 颈后臂曲伸

(1) 动作要领

两手握哑铃上举分腿直立,上臂夹紧始终保持上举姿势,前臂向下弯曲至最小角度,然后利用肱三头肌收缩使肘关节伸直至原位(图 8-6-7)。

图 8-6-7

(2) 练习方法

主要是重量由轻至重(先可徒手练习),体会正确的动作要领。

(3) 易犯错误与纠正方法(见表 8-6-5)

表 8-6-5

易犯错误	纠正方法
练习曲肘时,上臂没有保持上举姿势,造成肘关节前落动作	徒手练习加强自控能力; 有人帮助把上臂夹住头部两侧,保持上举姿势进行练习

(三) 发展肩部肌肉的基本技术

肩部是否健美,主要看三角肌的发达程度。三角肌由前、中、后三部分肌肉组成(见图 8-6-8)。主要功能是使手臂举到水平位置;手臂分别向前、中、后举到一定方向的高度。

通过各种哑铃和杠铃推举、卧推(前束),哑铃上举到前、后和背后,引体向上等练习可发达三角肌。

1. 侧平举练习

(1) 动作要领

两手持哑铃或重物,两臂下垂,分腿直立或坐,然后做侧平举练习(见图 8-6-9)。

图 8-6-8

图 8-6-9

（2）练习方法

先以徒手练习，体会要领，然后逐渐增加重量。

（3）易犯错误与纠正方法（见表8-6-6）

表 8-6-6

易犯错误	纠正方法
练习时身体有曲伸动作现象	背靠墙练习 重量由轻至重

2. 颈前、颈后椎举

（1）动作要领

两手分开握住杠铃置于颈前或颈后，分腿直立或坐，然后把杠铃推起至肘关节伸直（颈前推举见图8-6-10、颈后椎举见图8-6-11）。

（2）练习方法

1）练习者两手握距可由小至大；

2）杠铃重量可由轻至重。

图 8-6-10

图 8-6-11

（3）易犯错误与纠正方法（见表8-6-7）

表 8-6-7

易犯错误	纠正方法
上推时有曲膝蹬地或起蹲动作	控制杠铃重量 加强自控能力保持直立姿势

图 8-6-12

3. 直立提肘

（1）动作要领

两手并拢握住杠铃，两臂下垂并腿直立，然后把杠铃提至胸前，两肘高于握点，再还原至开始姿势（见图8-6-12）。

（2）练习方法

先做徒手练习，体会两肘高于握点动作，然后逐渐增加重量。

（3）易犯错误与纠正方法（见表8-6-8）

表 8-6-8

易犯错误	纠正方法
杠铃上提时有俯背后曲动作	加强本体感觉,控制直立姿势
高肘动作不明显	多做徒手练习体会高肘动作;杠铃重量由轻到重

(四) 发展背阔肌的基本技术

位于腰背部和胸部后下侧的皮下,是全身最大的阔肌(见图 8-6-13),上部被斜方肌遮盖。

其功能是使手臂拉向下和后;肩带下压;躯干侧向一边。练习动作是各种方式的引体向上;重锤下拉;划船动作;仰卧上拉。

1. 俯立划船

(1) 动作要领

两手握杠铃(握点比肩稍宽),两臂下垂成分腿俯立姿势(上体与地面平行)。然后提铃经小腿、膝盖、大腿至胸前最高点。上体始终保持俯立姿势,再从原来路线还原至准备姿势(见图 8-6-14)。

图 8-6-13

图 8-6-14

(2) 练习方法

主要以徒手练习动作体会要领,再逐渐增加杠铃重量。

(3) 易犯错误与纠正方法(见表 8-6-9)

表 8-6-9

易犯错误	纠正方法
杠铃上提时,身体有起伏动作	通过徒手练习,加强本体感觉;同伴帮助压住肩部,不让上体有起伏动作
两腿太直	适当曲膝,让腿后肌群放松

2. 引体向上

(1) 动作要领

两手正握单杠,然后引体使下额过杠面,再控制身体逐渐放下伸直手臂(见图 8-6-15)。

(2) 练习方法

①利用低杠做仰卧斜方向引体向上,两脚点地(初学者练习);②练习者曲膝分腿,另一人在身后托住练习者的脚背进行帮助练习,使练习者借助脚尖点举力量向上引体;③有人帮助托腰腹部、膝部向上引体;④有一定基础后可握点加宽,做颈前、颈后引体向上练习、或在小腿上负重。

图 8-6-15

（3）易犯错误与纠正方法（见表8-6-10）

表 8-6-10

易犯错误	纠正方法
向上引体时有摆动曲膝蹬踏动作和利用单杠反弹的外力来完成动作	主要是加强保护与帮助练习,以增加引体次数,同时有意识地控制错误动作。

（五）发展腰腹部肌肉的基本技术

腰腹部肌肉介于骨盆和胸廓之间（见图8-6-16）,主要包括腹直肌、腹内外斜肌等。腹直肌由上腹肌和下腹肌两部分组成,位于腹前壁正中线的两侧。其功能是使脊柱向前弯曲;压缩腹部;压迫肋骨。

图 8-6-16

练习方法,是各种仰卧起坐;直腿上举等。

1. 仰卧举腿

（1）动作要领

仰卧举腿时两臂曲肘,两手握住头侧固定物,直腿仰卧在垫子上,然后两腿并拢直腿上举至垂直部位再慢慢落下（见图8-6-17）。

图 8-6-17

（2）练习方法

初学者可先仰卧在垫子上做练习并可适当曲膝,有一定基础后不仅在长凳上独立完成或在小腿上负重,还可有人在两侧当两腿举至垂直部位时向下加压力,而练习者要适当保持腹肌收缩能力,使两脚跟不触地。

（3）易犯错误与纠正方法（见表8-6-11）

表 8-6-11

易犯错误	纠正方法
举腿时有曲膝分腿现象	加强仰卧在垫子上的练习以增强腹肌的力量
两脚放下时腹部肌肉放松有脚跟打地现象	用意志品质来加强自控能力

2. 仰卧起坐

（1）动作要领

两手抱头成仰卧或曲膝状,两脚钩住固定物或有人按住脚背,然后抱头坐起成坐姿再还原成仰卧(见图 8-6-18)。

图 8-6-18

(2)练习方法

初学者练习时可先不抱头,两臂放在体侧或后上举,随同身体做动作;有一定基础者可两手在脑后握重物练习或进行斜板练习(即头部位置低于两脚,不在同一水平面上)。

(3)易犯错误与纠正方法(见表 8-6-12)

表 8-6-12

易犯错误	纠正方法
仰卧起坐幅度不够即倒下	先不做抱头的练习或有人帮助坐起,反复地多做练习增加次数,以达到增强腹部肌肉的收缩能力

3．仰卧折体

(1)动作要领

仰卧,两臂靠耳伸直,然后上体和腿同时收起,两手触及脚踝部(上体和腿收起角度相等),再回复至仰卧姿势(见图 8-6-19)。

图 8-6-19

(2)练习方法

初学者可先进行曲膝和两手置于体侧的练习,开始时可先触膝,有一定基础后再过渡到触踝的练习。

(3)易犯错误与纠正方法(见表 8-6-13)

表 8-6-13

易犯错误	纠正方法
上体和腿起角度不同	注意同时发力;可先做仰卧举腿、起坐练习
上体和下肢不是同时还原	注意控制,加强自控练习

(六)发展腿部肌肉的基本技术

双腿是整个人体的支架、支撑并保持人体的直立,也是使身体产生移动——走、跑、跳跃——

的重要器官。腿部肌肉主要由位于大腿前面的股四头肌、大腿后面的股二头肌和小腿三头肌组成。

腿部肌肉的主要功能是:①股四头肌:伸直腿,弯曲髋关节;曲腿;腿向内和向外转。②股二头肌:弯曲大腿;大腿向内和向外旋转;伸腿。③小腿三头肌:伸直腿;弯曲膝盖等。

可通过各种方式的深蹲、推举、腿曲伸;腿弯举、直腿硬拉;各种方式的举踵来发达腿部肌肉(见图8-6-20)。

图8-6-20   图8-6-21

1. 负重下蹲

(1) 动作要领

两手握杠铃置于颈后分腿站立,然后下蹲再起立(见图8-6-21)。

(2) 练习方法

可先做徒手练习体会动作要领(脚跟可适当抬高,踩一铃片),始终保持挺胸塌腰姿势,然后杠铃逐渐加重进行练习;下蹲动作可做半蹲练习也可做半蹲静止动作练习。

(3) 易犯错误与纠正方法(见表8-6-14)

表8-6-14

易犯错误	纠正方法
下蹲起立时易犯含胸弓背动作错误	做徒手的挺胸塌腰练习; 杠铃重量逐渐加大,做中等负荷重量练习

2. 腿弯举

(1) 动作要领

俯卧在卧凳上,两手握住凳前端两侧扶手。集中以股二头肌的收缩力使小腿向上弯起至股二头肌彻底收紧,保持静止默数1、2。然后,循原路慢慢回到起点。重复做(见图8-6-22)。

图8-6-22

（2）练习方法

弯起小腿时，大腿平贴凳面。如没有专用的腿弯举凳，可俯卧在普通的长凳上，脚系哑铃、杠铃片做。

（3）易犯错误与纠正方法（见表8-6-15）

表 8-6-15

易犯错误	纠正方法
股二头肌没有完全收缩	小腿尽量弯曲，减轻负荷重量，练习时由轻到重

3. 负重起踵

（1）动作要领

两手握杠铃置于颈后分腿站立，然后不断地做起踵（提起脚跟）着地的练习（见图8-6-23）。

图 8-6-23

（2）练习方法

做徒手练习体会动作要领，再逐渐加大杠铃重量。

（3）易犯错误与纠正方法（见表8-6-16）

表 8-6-16

易犯错误	纠正方法
起踵高度不够并且频率太快	做徒手练习体会动作要领，并尽力提高脚跟离地高度

三、练习方法和计划

（一）健美运动的基本练习方法

因组数、强度、动作组合形式和练习程序的不同，健美锻炼有如下几种练习方法。

1. 定量练习法

指把运动方式、器材重量、运动次数、练习组数和间歇时间等作出数量上适合规定的一种练习方法。具体明确，容易掌握，又是其他练习方法的基础。

初级阶段的定量训练模式为：$\{(8-12RM)+(1-2')\}\times(3-5)$ 每次练习 5—7 个动作，大约用时 1—1.5 个小时，每隔两三个月可针对自身情况更换一小部分动作，使计划更符合自身发展的需要。

2. 金字塔形法

一个动作练若干组,重量逐组增加,次数逐组减少,直到重量加到预定的最高点,次数降到预定的最低点。还可在到达顶点后逐组减轻重量,增加次数,直到预定的最轻重量和最多次数。此法对增大肌肉的体积和力量有较大作用,但它使局部肌肉群负担较重。因此要求练习者具有较好的身体素质。适合于有一定基础的人采用。

3. 组合练习法

是根据发达肌肉的需要,把一个以上的动作组合起来合并为一组,中间不间歇进行训练的一种方法,它大大增强了训练方式的立体性和训练效果的全面性。对中、高级健美训练者来说,都应在单个动作定量训练的基础上,逐步进行组合训练,以拓宽训练方式,取得更好的训练效果。

同位组合,组合的动作是同一块肌肉。异位组合,将不同肌肉的动作组合在一起练习,如将主练肱二头肌的站立弯举和主练肱三头肌的颈后臂曲伸合在一起。混合组合练习:将主练和次练某块肌肉的动作组合起来练习,如将主练胸肌的仰卧飞鸟同兼练胸肌的仰卧推举组合起来进行练习。

4. 循环练习法

在每次锻炼时,把多个练习身体不同部位的动作,及练习器械按一定的秩序编排好,练习者按事先编排的内容程序,依次练习每个动作至完成所有动作,这样就完成了一个循环的练习。

循环通常应包括6—14个身体不同部位的练习,每个运动练习间歇为45—60秒钟,每个循环间歇为2—3分钟。一次训练课可安排一个或几个循环训练。这种练法对初练者较为适宜。

其特点是:能全面地影响身体各器官系统,提高身体素质,增长肌肉力量和耐力。还可消除枯燥感。肌肉的局部负担不重,不易疲劳,能调动训练者的积极性,激发训练的兴趣。可根据各人的体质和练习水平逐渐增加运动量。开始时先练一个循环,过2—3周再增加一个循环,逐渐增加到3—4个循环,但最多不得超过5个循环。

(二)健美锻炼计划

根据在校大学生的身体状况、锻炼水平和不同的练习要求,健美锻炼计划作以下安排。

1. 男子健美锻炼计划

男子健美锻炼应以器械练习为主,结合健美操来进行锻炼。一般安排1/3的形体健美操与2/3的杠铃、哑铃等器械练习。这样既能发达肌肉、健美体型又能使身体柔软、协调、匀称,以达到健、力、美的锻炼目标。

初学者在半年内的安排,主要是掌握动作技术、要领和体会肌肉的感觉,具有健美运动的基本知识,掌握各项基本动作的正确做法。要求在半年内健康水平和体力有明显的提高,体格形态有所改进,各部肌肉有所增强,为健美体格练习打下基础。

内容安排:每周锻炼三次,或每隔一天锻炼一次,每次约60—90分钟,以后逐步延长。每次锻炼应包括准备活动约5—10分钟;健美操10—15分钟;锻炼性活动45—60分钟;整理(放松)活动5—10分钟。锻炼性运动应包括约10个动作,并能练到全身各部位。每个动作可练1—2组。可编排2—3个全身性锻炼的初级课程。具体锻炼动作要各不相同。每练1—2月换练一个课程,使锻炼有所变化以增进效果。

半年后到一年的锻炼安排:在肌肉群初步得到发展的基础上,必须加大运动量,加深对肌肉群的刺激,并适当增加蛋白质丰富的食物,以加速肌肉的增长。逐步提高全身各部位肌肉的均匀发展程度,注意避免并纠正发展偏向,设法突破停滞不前的胶着点,力求正确掌握更多的可锻炼身体各部位的动作,还要通过自身实践来确定锻炼效果。

内容安排:每周锻炼三次,对重点部位、局部肌肉群安排两个动作,其他部位均需增加1—2组,每次安排9—11个动作。

一年以后:体型已初具"健美",主要肌肉线条比较明显。每周锻炼四次(星期一、四和二、五)或每练两天休息一天。把全身分成两个分部,一次编订两个课程,各练一个分部。每星期练四次者,星期一、四练一个分部,星期二、五练另一个分部。连续两天休息一天者,第一天练一个分部,第二天练另一个分部。

2. 女子健美锻炼计划

女子健美锻炼的任务是使体态正常发展,增强肌肉力量,减少皮下脂肪含量,使身体匀称、结实、体格健美。宜采用形体操和器械相结合的方法。以增强和发展全身肌肉群为基础。根据女性的生理特点,一般应加强胸部、背部,符合臀、腿部肌肉的锻炼。每次练习应包括形体健美操20—30分钟,安排器械练习5—7个动作,每个动作练2—3组,每组练8—10次。每周练2—3次,三个月后,通过体围、体重的复测和自我感觉,适当调整运动量。可从体操、舞蹈基本动作和小重量的轻器械练习开始。

四、专项身体素质练习方法

专项身体素质是指直接促进掌握专项技术与提升专项成绩及能力的身体素质。不同运动项目运动员所需要的身体素质有其各自不同的特征。

(一)健美操

作为一项有氧运动,能提高呼吸系统的机能水平,增强心肺功能。同时健美操动作有比较大的力度和幅度,进行练习可使肌肉力量得到增强,肌腱韧带和肌肉的弹性得以提高。另外,在音乐的伴奏下练习,健美的动作充满青春气息,使人心情轻松愉快,陶冶了心情,对因与"铁打交道"所带来的不良情绪得以放松和缓解。

健美操在健美教学课上,又能起到较佳的热身作用。以下介绍两套健美操。

1)搏击健美操:是结合音乐、舞蹈、拳击、搏击等特点而形成的健美操。该操遵循了有氧运动的锻炼原则,能使循环系统得到锻炼,从而加强其功能。它结合了拳击、武术等的搏击动作为基本内容,伴随中速的节奏音乐,动作有力、简单易学,有利于增强肌肉力量、弹性以及柔软性,它保持了中低强度的运动量,对希望减脂的练习者是有利的,特别是针对腰腹的发力,起到特殊的锻炼效果。还能使身体素质得到发展,具有活力与自信,释放压抑的情绪、放松身心。

2)踏板健美操:该操由于跳动中要克服重力,比平时地上跳动消耗能量会更大,随运动负荷增加,有利于心肺功能的提高。完成上下踏板的动作主动肌是大腿前面的股四头肌、臀部的臀大肌,它们要克服阻力,起到消耗腿、臀部的多余脂肪,塑造腿、臀部的肌肉线条。由于踏板的作用,动作多变,加上横竖板以及高低位的变化,形成一个立体的全方位的动作空间,更能提高兴趣。

(二)跳绳

跳绳,是一人或众人在一根环摆的绳中做各种跳跃动作的运动游戏。跳绳的好处比较多,常见的有提高身体素质、增强心肺功能、减肥塑身等。

国外一些健身运动专家格外推崇跳绳运动。因为它具备众多优点:①简单易行。跳绳花样繁多,可简可繁,随时可做,一学就会,特别适宜在气温较低的季节作为健身运动,而且对女性尤为适宜;②跳绳能增强人体心血管、呼吸和神经系统的功能;③跳绳还兼有放松情绪的积极作用,因而也有利于锻炼人群的心理健康;④跳绳不受场地条件的限制,便于开展。

跳绳主要有:单摇、双摇、花式跳绳等方式;从速度上看,有短时间快速跳绳、长时间的耐力跳绳等。

跳绳小贴士:

- 应穿质地软、重量轻的运动鞋,避免脚踝受伤。

- 绳子软硬、粗细适中。初学者通常宜用硬绳,熟练后可改为软绳。

- 选择软硬适中的草坪、木质地板和泥土地的场地较好,不要在硬性混凝土地面上跳绳,以免损伤关节,引起脑部震荡。

- 跳绳时须放松肌肉和关节,脚尖和脚跟须用力协调,防止扭伤。

- 体重较重者宜采用双脚同时起落。同时,上跃也不要太高,以免关节因过分负重而受伤。

参考文献

[1] 乔威德.威德健美训练法——现代健美之父[M].娄琢玉,田里,编译.海口:海南出版社,1993.

[2] 上海市高等教育局.高校体育教程[M].上海:华东师范大学出版社,1988.

[3] 卢晓文,程路明.健美[M].北京:高等教育出版社,2004.

[4] 全国体育学院教材委员会.健美运动[M].北京:人民体育出版社,1990.

[5] 中国健美协会审定.健美健身竞赛规则及裁判法,2015.

[6] 相建华,等.中国健美运动教学模式[M].北京:北京体育大学出版社,2012.

第九章　游泳与救生

第一节　游　泳

一、概述

（一）起源与发展

游泳运动是人类有意识、有目的地运用自身肢体与水的相互作用力在水中进行的技能性运动，是人类在自然界中谋求生存与发展的产物。

游泳运动起源于英国。1828 年，英国在利物浦乔治码头建造了第一个室内游泳池。1837 年，在英国伦敦成立了第一个游泳组织，同时举办了英国最早的游泳比赛。1869 年 1 月，在伦敦成立了大城市游泳俱乐部联合会(现英国业余游泳协会前身)并把游泳作为一个专门的运动项目正式固定下来，继而传遍世界。

1887 年，广州沙面修建了 25 米长的室内游泳池，以后逐渐有了游泳比赛。中国参加了自 1913 年至 1934 年共 10 届远东运动会，游泳成为中国首次参加在国外举行的国际体育比赛项目。由于当时中国特有的历史环境及政治背景，游泳运动的发展非常缓慢，水平也十分落后。

中华人民共和国成立后，在党和国家的重视下，游泳运动得以迅速发展。1952 年，第一次全国游泳比赛大会有 106 名男子运动员以及 59 名女子运动员参赛，比赛共设 17 个项目。吴传玉成为新中国游泳运动员参加国际比赛的第一人，在 1952 年芬兰赫尔辛基奥运会上，吴传玉代表中国参赛。此后，他在 1953 年 8 月举行的第 1 届国际青年友谊运动会上以 1 分 06 秒 40 的成绩，获得男子 100 米仰泳冠军，使五星红旗首次伴随《义勇军进行曲》在国际泳坛升起，这也是中国体坛首次在国际体坛升起五星红旗。1957 年至 1960 年间，我国著名游泳运动员戚烈云、穆祥雄、莫国雄三人，先后 5 次打破男子 100 米蛙泳世界纪录。其他项目，如男子 100 米自由泳、100 米蝶泳、200 米蛙泳也先后分别达到世界前 6 名、前 10 名的水平。1992 年，第 25 届巴塞罗那奥运会游泳比赛中，中国游泳队的巾帼英雄庄泳、杨文意、林莉、钱红等名将，一举夺得 4 枚金牌、5 枚银牌、两项第 4、一项第 6 和一项第 8 名的好成绩，同时还创造了两项世界纪录，以骄人的成绩迈入世界先进行列。

进入 21 世纪，中国游泳运动事业更是蓬勃发展，向更快、更高、更强、团结的奥林匹克精神奋勇前进，几乎在每一届奥运会上，我国游泳健儿都能够站上最高领奖台，升国旗、奏唱国歌。2004—2021 年，在参加的 5 届夏季奥林匹克运动会期间，中国游泳代表队累计获得 10 枚金牌、11 枚银牌与 8 枚铜牌(见表 9-1-1)。

表 9-1-1

年份	举办地	参赛选手	性别	参赛项目	奖牌
2004 年	第 28 届雅典奥运会	罗雪娟	女子	100 米蛙泳	金牌
		朱颖文、徐妍玮 杨 雨、庞佳颖	女子	4×200 米自由泳接力	银牌
2008 年	第 29 届北京奥运会	刘子歌	女子	200 米蝶泳	金牌
		焦刘洋	女子	200 米蝶泳	银牌
		张 琳	男子	400 米自由泳	
		杨 雨、朱倩蔚 谭 淼、庞佳颖	女子	4×200 米自由泳接力	
		庞佳颖	女子	200 米自由泳	铜牌
		赵 菁、孙 晔 周雅菲、庞佳颖	女子	4×100 米混合泳接力	
2012 年	第 30 届伦敦奥运会	孙 杨	男子	400 米自由泳	金牌
		孙 杨	男子	1 500 米自由泳	
		叶诗文	女子	200 米混合泳	
		叶诗文	女子	400 米混合泳	
		焦刘洋	女子	200 米蝶泳	
		孙 杨	男子	200 米自由泳	银牌
		陆 莹	女子	100 米蝶泳	
		唐 奕	女子	100 米自由泳	
		李玄旭	女子	400 米混合泳	铜牌
		郝 运、李昀琦 蒋海琦、孙 杨	男子	4×200 米自由泳接力	
2016 年	第 31 届里约奥运会	孙 杨	男子	200 米自由泳	金牌
		孙 杨	男子	400 米自由泳	银牌
		徐嘉余	男子	100 米仰泳	
		汪 顺	男子	200 米混合泳	铜牌
		傅园慧	女子	100 米仰泳	
		史婧琳	女子	200 米蛙泳	
2021 年	第 32 届东京奥运会	汪 顺	男子	200 米混合泳	金牌
		张雨霏	女子	200 米蝶泳	
		杨浚瑄、汤慕涵 张雨霏、李冰洁	女子	4×200 米自由泳接力	
		张雨霏	女子	100 米蝶泳	银牌
		徐嘉余、闫子贝 张雨霏、杨浚瑄	男女	4×100 米混合泳接力	
		李冰洁	女子	400 米自由泳	铜牌

（二）特点与作用

游泳是在水中进行的一项体育运动项目,运动时,身体在水中没有固定支撑,需要运用水的浮力作用支撑身体,通过水对人体运动动作所形成的支撑反作用力和升力推动身体向前游进。与陆地上进行运动的其他项目相比,游泳运动在练习环境、呼吸方式、运动姿势、动力状况等方面存在明显区别。

1. 练习环境

游泳运动的练习大部分在水中进行,水的压力、阻力、浮力对人体所产生的作用,时常会影响练习者在水中的平衡感,部分初学者会产生胸闷、呼吸困难、呛水等现象,严重时甚至会导致溺水事故发生。在学习某一项特定泳姿之前,练习者可以先通过熟悉水性找到学习游泳的正确方式,克服"怕水"的心理障碍,收获学习效果。

2. 呼吸方式

游泳时,身体在水中成俯卧姿势(仰泳成仰卧自然呼吸姿势),其呼吸方式与陆地上进行运动的其他项目存在本质区别。吸气时,头部抬出水面张口快吸;吐气时,低头在水中使用口或鼻进行有控制地吐气。吸气和吐气之间有一段闭气的过程,同时,呼吸动作还必须在一定动作配合的条件下有节奏地进行。

3. 运动姿势

陆地上进行的体育运动项目,身体时常以直立姿势进行运动。在游泳项目中,练习者则需要采用俯卧或仰卧姿势在水中进行运动。由于运动姿势的改变,人体空间定向、定位的感觉以及大脑前庭分析系统也随之发生改变,使得人们在日常生活中与生俱来地行走、跑跳等身体运动的基本技能在水中无法得到合理运用,从而为学习游泳增加了难度。

4. 动力状况

游泳运动的发力逻辑与陆地上进行的体育运动是有显著区别的。通常,在陆地上发力依靠手部的肘关节,或是腿部的膝关节进行发力,如跑跳动作、投掷动作等。水中的用力方式要求学习者有意识地克服本能去使用手肘或膝盖的发力习惯,取而代之的,是以动力链中由近端至远端、再由远端至近端将各个环节依次串联地发力和制动。以自由泳腿部技术为例,学习者通过大腿向上抬腿,脚背向下打水的鞭状发力形态以及能量的依次传递,使学习者通过左右交替打腿在水中产生动力。采用这样的发力方式,是为了让学习者在向前游进的同时,不会破坏与水平面的一致性,使身体能够始终保持良好的位置与平衡。

（三）比赛欣赏与规则简介

1. 比赛欣赏

游泳比赛是男、女按照不同的游泳姿势和长短距离,在规定泳道线内,比赛游泳速度的一项体育运动项目。在符合游泳竞赛规则的情况下,最先触壁抵达终点者即为获胜者。

（1）赛程设置与名次录取

重大比赛的赛程设置有预赛、半决赛和决赛。预赛成绩前 16 名进入半决赛,半决赛前 8 名进入决赛。决赛中,第一名即为该项目的冠军,其他名次均以此类推。

（2）项目设置

随着世界游泳大会对竞赛管理的不断完善,近年来为了增加游泳比赛的观赏性,曾增设男、女共同参赛的接力项目等,即每队选派 2 男、2 女完成 4×100 米自由泳和混合泳的接力比赛。目前,游泳竞赛男、女可设项目总和为 42 项,根据不同赛事的类型,竞赛组委对竞赛项目会进行有选择的设置。比如在奥运会或国内综合性赛事中,50 米的蛙泳、仰泳和蝶泳不作为竞赛项目;而在一些短池世界杯或世锦赛、国内的游泳单项锦标赛中,则会增设所有泳式的 50 米项目。

（3）泳池规格

游泳比赛的泳池规格分为 50 米(长池)和 25 米(短池)两种。奥林匹克运动会、世界锦标赛、全国综合运动会、全国锦标赛等比赛通常使用 50 米长池;世界杯系列赛、全国短池游泳锦标赛则通常使用 25 米短池进行比赛。两者的比赛速度不能等同,在项目与距离相同的情况下,25 米短池的速度会快于 50 米长池的速度,这是由于转身趟数的增加会为运动员提供更多助力。所以,世界纪录、全国纪录、运动员等级评定也分为 25 米池和 50 米池两种标准。

2. 规则简介

2022 年 12 月 12 日,经投票表决,FINA 国际泳联(Fédération Internationale de Natation)更名为世界泳联(Word Aquatics)。世界泳联于 1908 年创立至今,与 209 个成员协会一直承担着对游泳、跳水、水球、花样游泳、公开水域游泳、高台跳水运动员的责任。

（1）参赛办法

1）参加奥运会、世锦赛运动员最小年龄为 14 岁,按照自然年计算。

2）参赛单位应在规定时间内办理报名手续,每项参加人数和每人参加项数等必须符合竞赛规程的规定。在报名单上要注明指定期限内的最好竞赛成绩。

3）除竞赛规程另有规定外,在报名后不得替换运动员或更改项目。

4）接力比赛以队为单位,每支接力队应有 4 名运动员,在男女混合接力项目中,每队由 2 男 2 女组成,每单位可在报名参加比赛的同组运动员中任意选 4 人参加比赛。在预、决赛中,只要是所在单位正式报名的运动员,接力队成员可以不同。预赛和决赛均须将按接力棒次顺序排列的运动员名单在每场比赛开始前递交检录处,否则判罚弃权。在接力比赛中,如颠倒棒次顺序或冒名顶替应判为犯规。

（2）编排

1）只有 1 组时,应作为决赛编排,并只能安排在决赛时段进行比赛。在设有 8 条泳道的游泳池内比赛时,同一组成绩最好的运动员或接力队,应安排在第 4 泳道。其他运动员或接力队按成绩优、次,以 5、3、6、2、7、1、8 泳道顺序进行编排(见表 9-1-2)。

表 9-1-2

泳道	一	二	三	四	五	六	七	八
优次	7	5	3	1	2	4	6	8

2）2 组或 3 组时(400 米、800 米和 1 500 米项目除外),报名成绩最好的运动员或接力队,应编排在最后一组,次好的编排在倒数第二组,从最后一组编到第一组后,再以同样的方法编排每组的第二位运动员或接力队,以此类推,把所有的运动员或接力队编排完毕(见表 9-1-3)。

表 9-1-3

组别/泳道	一	二	三	四	五	六	七	八
1	21	15	9	3	6	12	18	24
2	20	14	8	2	5	11	17	23
3	19	13	7	1	4	10	16	22

3）4组或4组以上时(400米、800米和1500米项目除外)，最后3组按"表2"的方法编排。倒数第4组应包含所剩运动员中的报名成绩最好者，倒数第5组再包含所剩运动员中的报名成绩最好者，以此类推(见表9-1-4)。

表 9-1-4

组别/泳道	一	二	三	四	五	六	七	八
1		37	35	33	34	36	38	
2	31	29	27	25	26	28	30	32
3	21	15	9	3	6	12	18	24
4	20	14	8	2	5	11	17	23
5	19	13	7	1	4	10	16	22

4）400米、800米和1500米项目，最后2组应按(表9-1-3)的方法编排。从倒数第3组开始，应包含所剩运动员中的报名成绩最好者，倒数第4组再包含所剩运动员中的报名成绩最好者，以此类推。

5）当一个项目产生2组或更多组数时，任何一个预赛组内至少应编入3名运动员。但若编排后有人弃权，则该预赛组内可少于3人。如报名人数为25人，编排方法(见表9-1-5)。

表 9-1-5

组别/泳道	一	二	三	四	五	六	七	八
1			25	23	24			
2	21	15	9	3	6	12	18	
3	20	14	8	2	5	11	17	
4	19	13	7	1	4	10	16	22

(3) 出发

1）自由泳、蛙泳、蝶泳及个人混合泳的各项目比赛必须从出发台起跳出发，仰泳项目在水中出发。

2）任何运动员如果在"出发信号"发出前出发，应判犯规，取消其比赛资格或录取资格。如果在"出发信号"发出后发现运动员抢跳犯规，应继续比赛，在该组比赛结束后取消犯规运动员的录取资格。

(4) 比赛通则

1）游出本泳道阻碍其他运动员或以其他方式干扰其他运动员者，应判犯规。

2）由于某运动员犯规而影响其他运动员获得优异成绩时，执行总裁判有权允许被干扰的运动员参加下一组预赛。如在决赛或最后一组预赛中发生上述情况，可令该组重新比赛(犯规运动员除外)。

3）在所有项目中，运动员转身时必须按各泳式的规定触及池壁，不允许在池底跨越或行走。

4）在自由泳项目和混合泳项目的自由泳段比赛中，允许运动在池底站立，但不得行走。

5）不允许拉分道线。

6）比赛中，运动员不得使用或穿戴任何有利于其速度、浮力、耐力的器材或泳衣，但可戴游泳镜。不允许在身上使用任何胶带，除非得到组织委员会(竞赛委员会)指定的医疗机构同意。

7）在一项比赛进行过程中，当所有比赛的运动员还未游完全程前，未参加比赛的运动员如果下水，应取消其原定的下一次的比赛资格。

8) 接力比赛中,在各队的所有运动员还未游完之前,除了接棒的运动员之外,任何其他接力队员如果进入水中,应判犯规。

9) 接力比赛中,如本队的前一名运动员尚未触及池壁,后一名运动员的脚已蹬离出发台,应判犯规。

(5) 各项泳式比赛的规定

1) 自由泳。

① 自由泳比赛中,可采用任何泳式。但在个人混合泳及混合泳接力比赛中,自由泳是指除蝶泳、仰泳、蛙泳以外的泳式。

② 每次转身和到达终点时,运动员身体的某一部分必须触及池壁。

③ 在整个游程中,运动员身体的某一部分必须露出水面。在出发和转身时,允许运动员身体完全没入水中。出发和每次转身后,在 15 米前(含 15 米)运动员头的一部分必须露出水面。

2) 仰泳。

① 在"出发信号"发出前,运动员面对出发端,两手抓住握手器。当使用仰泳出发器时,两脚脚趾必须与池壁或触板接触,严禁脚趾勾在触板上沿。

② 出发时和每次转身后,运动员应以仰卧姿势蹬离池壁,除在做转身动作外,在整个游进过程中应始终保持仰卧姿势。允许身体做转体动作,但最大转动幅度不得达到与水平面呈 90°的角度。头部位置不受此限。

③ 在整个游程中,运动员身体的某一部分必须露出水面。在出发和转身时,允许运动员身体完全没入水中。出发和每次转身后,在 15 米前(含 15 米)运动员头的一部分必须露出水面。

④ 在转身过程中,运动员必须在各自泳道内用身体的某一部分触壁。转身过程中允许肩的转动超过垂直面至俯卧姿势,之后立即做 1 次连贯的单臂划水或双臂同时划水动作,并以此动作作为转身动作的开始。

⑤ 运动员到达终点时,必须在各自泳道内以仰卧姿势触壁。

3) 蛙泳。

① 出发和每次转身后,运动员身体可没入水中并可做 1 次手臂充分划至腿部的动作。出发和每次转身后,在第 1 次蛙泳蹬腿动作之前,允许做 1 次蝶泳打腿动作。在第 2 次两手划臂至最宽点开始向内划水前,头的一部分必须露出水面。

② 在出发后的整个游程中,动作周期必须是以 1 次划臂和 1 次蹬腿的顺序完成。两臂的所有动作应同时并在同一水平面上进行,不得有交替动作。

③ 两手应同时在水面、水下或水上由胸前伸出。除转身前的最后一次划水动作、转身过程中及抵达终点前的最后一次划水动作外,肘部不得露出水面。两手应在水面或水下向后划水。除出发和每次转身后的第 1 次划水动作外,两手向后划水不得超过臀线。

④ 在每个完整动作周期内,运动员头的一部分必须露出水面。两腿所有动作应同时并在同一水平面上进行,不得有交替动作。

⑤ 在蹬腿过程中,两脚必须做外翻动作。不允许做交替打腿或向下的蝶泳打腿动作。只要不做向下的蝶泳打腿,允许两脚露出水面。

⑥ 在每次转身和到达终点时,两手应分开(见图 9-1-1)在水面、水上或水下同时触壁。转身和到达终点前的最后一次手臂动作后可不接蹬腿动作。在触壁前的最后一次划水动作结束后,头可以没入水中。但在触壁前最后一个完整或不完整的动作周期中,头的一部分必须露出水面。

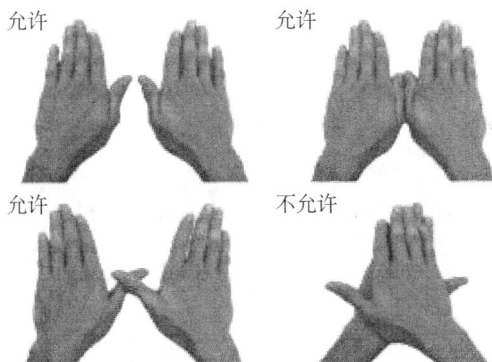

图 9-1-1　两手分开触壁示意图

4）蝶泳。

① 从出发和每次转身后的第 1 次手臂动作开始,身体应保持俯卧。除触壁后的转身动作外,任何时候不允许呈仰卧姿势。只要身体呈俯卧姿势蹬离池壁,允许运动员在触壁后用任何方式转身。

② 两臂应在水面上同时向前摆动,并在水下同时向后划水。

③ 所有腿部的上下打腿动作应同时进行。两腿或两脚可不在同一水平面上,但不允许有交替动作,不允许蹬蛙泳腿。

④ 在每次转身和到达终点时,两手应分开(见图 9-1-1)在水面、水上或水下同时触壁。

⑤ 在出发和每次转身后,允许运动员在水下做 1 次或多次打腿动作和 1 次划水动作,这次划水动作应使身体升至水平面。在 15 米前(含 15 米)运动员头的一部分必须露出水面。运动员应使身体保持在水面上,直至下次转身或到达终点。

5）混合泳。

① 个人混合泳必须按照蝶泳、仰泳、蛙泳、自由泳的顺序进行比赛。每种泳式必须完成赛程四分之一的距离。

② 在自由泳泳段,除做转身动作外,身体须保持俯卧。转身后,在做任何打腿或划手动作前必须恢复俯卧姿势。

③ 混合泳接力必须按照仰泳、蛙泳、蝶泳、自由泳的顺序进行比赛。每种泳式必须完成赛程四分之一的距离。

④ 在个人混合泳和混合泳接力项目的比赛中,每一泳式都必须符合对应泳式的有关竞赛规则要求。

二、基本技术

(一) 蛙泳技术

蛙泳是模仿青蛙游泳动作的一种泳姿。在游进过程中,两臂和两腿的动作在同一水平面上同时、对称进行,允许身体位置伴随抬头换气与手腿动作不断变化。作为入门级的泳姿,蛙泳既实用又易学会,是初学游泳者的首选。但也因其缺乏持续的动力,整体配合节奏千变万化且动作结构较为复杂,亦属于易学难精的一种泳姿。

1. 动作要领

(1) 身体姿势

每一次动作周期的初始与结束状态要求全身呈水平流线形俯卧于水中。游进时,身体位置随着上体的上台、前压以及两腿的后蹬动作而不断变化。

(2) 腿部技术

蛙泳的腿部技术动作是推动身体前进的主要动力,在竞速蛙泳中,冠军选手80%的推进力主要来源于腿部,出色的腿部技术是掌握蛙泳技术的前提和基础。蛙泳的腿部技术由收腿、翻脚、蹬腿和滑行4个部分组成,它们之间是紧密相连的完整动作。

1) 收腿:边分边收慢收腿。准备收腿前,两腿先慢慢分开一点缝隙,需要主动收小腿,将小腿和脚跟折叠于大腿和臀部后面。收腿过程中,需要注意脚踝放松,膝盖自然向下弯曲,膝盖不要向前移动。脚跟靠近臀部后,开始翻脚(见图9-1-2)。

2) 翻脚:向外翻脚对准水。在收腿动作脚踝放松的前提下,翻脚时,脚掌能够轻松地外翻使脚尖朝外,脚掌内侧对水,翻脚时膝盖相对固定不要横向移动。完成翻脚后,两膝之间的间距不应宽于脚跟的间距(见图9-1-3)。

图 9-1-2　　　　　　　　　　　　　　图 9-1-3

3) 蹬腿:向外(弧形)向后蹬夹水。蹬腿时,依然需要注意控制好膝盖,不要使用膝盖去发力,应以脚掌内侧作为发力原点,引导两脚向侧、向后做逐渐加速的弧形蹬夹腿动作,直至两腿并拢(见图9-1-4)。

图 9-1-4

4) 滑行:并拢伸直漂一会儿。完成蹬腿后,两腿并拢伸直呈水平流线形俯卧于水中,身体借助蹬腿后产生的动力惯性向前滑行(见图9-1-5)。

图 9-1-5

5) 腿部技术要领:收腿要慢,翻脚要充分,使脚掌、小腿和大腿内侧形成最理想的对水角度,并依次向外、向后、向内形成弧形蹬夹水动作效果。

6) 腿部技术口诀。边分边收慢收腿,向外翻脚对准水,向外(弧形)向后蹬夹水,并拢伸直漂一会儿。

(3) 手臂技术

蛙泳手臂技术也可以产生较大的推进力,现代蛙泳技术更强调手臂的作用,运动员需要具备快速划手的能力才能够与快速蹬腿技术相互作用配合。对于初学者而言,蛙泳手臂技术中的高肘划水,可以帮助学习者稳定抬头换气时的身体位置,合理掌握手臂技术对于学好蛙泳同样至关重要。蛙泳臂部技术可以分为5个步骤:开始姿势、分掌、划水、收手和移臂。

1) 开始姿势:两臂前伸,拇指相靠,掌心向下,身体保持流线形姿势(见图9-1-6)。

2) 分掌:掌心由向下转变为手背相对,两手继而向两侧分开(见图9-1-7)。

图9-1-6　　　　　　　　　　　　图9-1-7

3) 划水:两手继续外分,由掌心引导手腕、前臂、上臂内侧和肘关节同时向外、向下、向后运动,从而形成高肘抱水。当掌心由向外转变为向后时,划水动作结束(见图9-1-8)。

4) 收手:当双臂划至肩下方时,划水动作完成。此时继续由掌心带动手腕、前臂、上臂内侧和肘关节依次合十,完成收手动作(见图9-1-9)。

图9-1-8　　　　　　　　　　　　图9-1-9

5) 移臂:蛙泳移臂技术是四种泳姿中唯一在水下完成的技术。移臂时,由手掌带动两臂自然前伸。两臂伸直后,掌心由相对转为向下,身体姿态回归流线形漂一会儿(见图9-1-10)。

图9-1-10

(4) 配合技术

1) 手腿配合技术:蛙泳手腿配合技术口诀:划手腿不动,收手再收腿,先伸胳膊再蹬腿,并拢伸直漂一会儿。

2) 完整配合技术:学习者需要思考头部(换气)动作在蛙泳手腿配合中的介入时机,从而掌握蛙泳完整配合技术。

① 平式蛙泳动作顺序:分掌(抬头)→划水→收手→低头→收腿(移臂)、翻脚、蹬腿→滑行(漂)。

② 快速蛙泳(波浪式)动作顺序:分掌→划水→抬头→收手→收腿(移臂)、翻脚、蹬腿(低头)→滑行(漂)。

③ 完整配合技术要领:臂的划水动作先于腿,即先臂后腿。平式蛙泳中,分掌时抬头吸气,收手时低头呼气;快速蛙泳中,收手时抬头吸气,伸臂时低头呼气。收腿要慢,蹬夹腿略快,保证动作节奏(见图9-1-11)。

2. 练习方法

(1) 熟悉水性练习方法

"水性"是指在游进过程中控制身体流线形、保持身体平衡的一种可以通过反复练习而获得的能力。熟悉水性是游泳教学中不可逾越的环节。对于初学者而言,可以帮助克服恐惧心理、激发学习兴趣,为之后尽快领悟专项技术的动作要领打下良好基础;对于已经掌握一定游

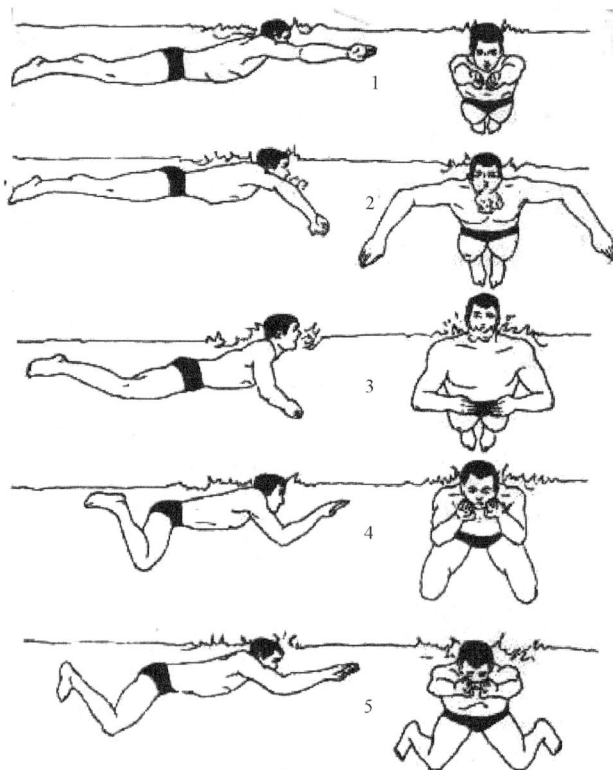

图 9-1-11

泳技能的学习者而言,通过这个环节的练习可以有效提高控制力,这会对精进技术动作带来积极影响。

1)水中行走:双臂位于胸前,由掌心进行向外、向内对称拨水的动作。双脚交替向前迈出,在水中向前行走(见图 9-1-12)。

图 9-1-12

2)水中呼吸。

① 水中闭气:双手扶池壁、泳道线或同伴的手,双脚站立池底略微分开;张大嘴巴深吸一口气后闭气,将面部与后脑勺完全浸入水中;闭气 3—5 秒后抬头,在水面上进行换气。

② 水中呼气:双手扶住池壁、泳道线或同伴的手,双脚站立池底略微分开;张大嘴巴深吸一口气后闭气,将面部与后脑勺完全浸入水中;闭气 3—5 秒后,用鼻子(或嘴)慢慢呼气,当感觉气息即将呼尽时,抬头在水面上进行换气。

③ 连贯呼吸:双手扶住池壁、泳道线或同伴的手,双脚站立池底略微分开;张大嘴巴深吸一

口气后闭气,将面部与后脑勺完全浸入水中;闭气 3—5 秒后,用鼻子(或嘴)慢慢呼气;当感觉气息即将呼尽时,从额头开始缓慢抬头直至嘴巴露出水面;此时,需要用嘴巴用力地将剩余气息迅速吐尽,紧接着快速吸气;闭气后再次把头部埋入水中,作连贯的水中呼吸练习(见 9-1-13)。

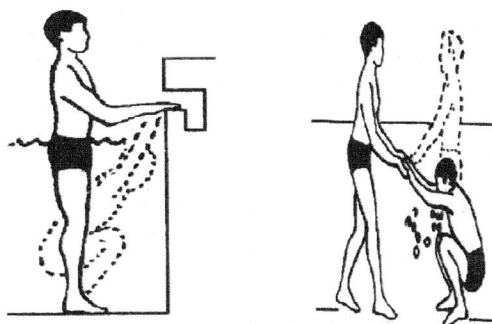

图 9-1-13

3) 水中浮体。

① 抱膝浮体:水中原地站立,双腿略下蹲使肩部位置处于水平面;深吸气后低头把面部埋入水中并闭气;双脚轻轻蹬离池底并屈膝,双手手指交叉抱膝团身。浮体时,尽量使下颌贴近膝盖、双膝贴近胸部,让身体自然漂浮于水中。站立时双臂同时向下、向后压水,双腿同时向前、向下迈出,双脚接触池底站稳后再抬头(见图 9-1-14)。

② 展体浮体:双脚水中前后站立,双腿略下蹲使肩部位置处于水平面;双手可扶住池壁(泳道线),两臂放松自然前伸,深吸气后把面部埋入水中并闭气;双脚先后轻轻蹬离池底,两腿上摆自然伸直并拢;腰、腹部肌肉保持适度紧张,使身体呈俯卧姿势漂浮于水中。站立时,双臂向下、向后压水的同时,曲膝曲腿双腿向前下方迈出,双脚接触池底站稳后再抬头(见图 9-1-15)。

图 9-1-14

图 9-1-15

4) 水中滑行。

① 助力滑行:两人一组,一人做练习另一人进行辅助。练习者需要根据展体浮体的要求进行助力滑行练习;练习开始时辅助者站在侧前方,先用左手手掌托住练习者的手掌,随即提醒其"吸气、低头、抬腿";当练习者浮起来之后,左手抽离并立即用自己的右手抓住其手腕将其用力向前拉,也可再进一步握住脚腕向前推,通过给予动力帮助练习者延长滑行距离,在体会流线形的基础上提高平衡能力(见图 9-1-16)。

② 依次提腿蹬壁滑行:背对池壁站立水中,先调整身体重心,使肩部位置处于水平面;一只脚站于池底,另一只脚用前脚掌抵住池壁,大腿与小腿尽量收紧并使臀部靠近池壁;手掌上下交叠平放于水平面,双臂自然前伸;深吸一口气之后低头把面部埋入水中并闭气;此时,将站于池底的这条腿上抬,并注意调整臀部位置至水平面;两脚随即同时用力蹬离池壁进行滑行;当滑行速

度减慢时,停止并站立(见图9-1-17)。

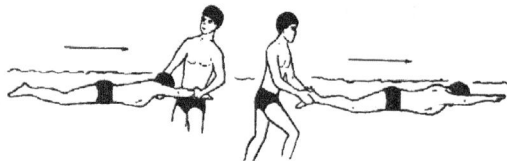

图 9-1-16

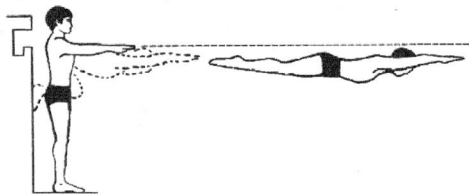

图 9-1-17

③ 提双腿蹬壁滑行:身体右侧对池壁站立水中,右手拉住跳台出发器(或池漕),左右侧平

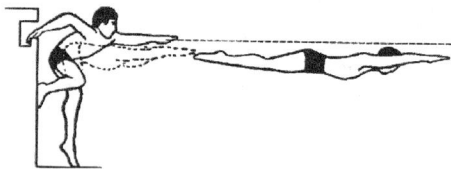

图 9-1-18

举;两只脚脚趾可指向右侧,曲膝,用前脚掌抵住池壁;在吸气、低头的过程中将右手手掌放到左手手掌上面,身体随即从右面转为正面(此时注意臀部位置应始终靠近池壁,臀部高度应在水平面处);身体转正后再移动重心,两脚同时用力蹬离池壁进行滑行;滑行速度减慢后,停止并站立(见图9-1-18)。

(2) 腿部技术练习方法

1) 半陆半水模仿练习:练习者俯卧于池(岸)边,让将近髋关节的部位对准池(岸)边沿,根据口令进行收腿、翻脚、蹬夹水、并拢伸直的分解动作练习。

2) 水中抓握池边蹬腿练习:三人一组,一人做练习,另外二人进行辅助。练习者手扶池壁(泳道线)先完成展体浮体的动作,此时一名辅助者托住其腹部帮助稳定身体位置,另一名辅助者根据老师口令帮助练习者在水中完成"边收边分慢收腿、向外翻脚对准水、向外向后蹬夹水、并拢伸直漂一会"的蛙泳腿模仿练习。

3) 蹬壁滑行接1至3次连续蹬腿练习:采用"提双腿蹬壁滑行"或"依次提腿蹬壁滑行"的水中出发技术,当滑行速度减弱后,开始做第一次蛙泳腿,连续做1至3次蛙泳蹬腿练习后停止并站立。

4) 扶打水板蹬腿练习:扶打水板蹬腿的同时与抬头换气动作进行配合练习。练习者双手扶打水板,2—3次蹬腿抬头换1次气,需要注意控制好换气后收腿的手机:抬头腿不动,低头再收腿。

(3) 手臂技术练习方法

1) 陆上模仿练习。

① 双脚原地左右站立,或者前后开立,上体前倾,根据口令进行"分掌、划水、收手、移臂"的陆上模仿练习。

② 按上述动作配合抬头换气进行蛙泳手臂技术练习。

2) 水中模仿练习。

① 双脚原地左右站立,或者前后开立,上体前倾,做蛙泳手臂技术模仿练习。可配合抬头换气动作进行练习。

② 由同伴抱住练习者双腿,练习者俯卧于水中做上述练习。

③ 练习者双腿夹打水板进行上述练习。

(4) 手腿配合技术练习方法

1) 陆上模仿练习:两臂伸直上举,一脚站立,一脚抬起,做手臂与腿部的配合技术模仿练习。

2)蹬壁滑行接手腿配合技术练习:采用"提双腿蹬壁滑行"或"依次提腿蹬壁滑行"的水中出发技术,当滑行速度减弱后,开始进行手腿配合练习,连续做 3 次配合后停止并站立。

(5)完整配合技术练习方法

1)水中模仿练习:两人一组,辅助者站立于练习者的身侧,用双手托住练习者腹部。练习者俯卧于水平面,进行完整配合技术的原地模仿练习。

2)蹬壁滑行接完整配合技术练习。

① 采用"提双腿蹬壁滑行"或"依次提腿蹬壁滑行"的水中出发技术,做连续多次蛙泳腿衔接 1 次划臂呼吸配合技术练习。

② 按上述动作,增加呼吸次数,逐渐过渡到 1 次呼吸、1 次划臂、1 次蹬腿(1:1:1)的完整配合技术。

③ 增加练习距离,巩固提高蛙泳技术水平。

易犯错误与纠正方法(见表 9-1-6)。

表 9-1-6

易犯错误	纠正方法
(1)水中行走时,未能保持平衡	注意调整重心,将肩膀位置调整至位于水平面。
(2)未能熟练掌握呼吸技巧,换气时间太长	水面上换气时,要使用嘴巴进行猛吐、快吸。
(3)未能熟练掌握呼吸技巧,假呼吸(气没有呼尽)	水面上换气时,注意要使用嘴巴先呼再吸。
(4)未能熟练掌握呼吸技巧,水中憋气,或换气前"憋一下"	在水面进行换气前,在水中先要使用鼻子或嘴巴持续呼掉一部分气。
(5)未能熟练掌握呼吸技巧,口中含水	初学者,建议使用鼻子在水中呼气,嘴巴闭合,避免含水。
(6)未能熟练掌握呼吸技巧,抽吸	水面上换气时,注意需要张大嘴巴进行快吸,才能够把氧气吸入肺部,充分换气。
(7)未能把握正确的换气时机	初学者,蛙泳抬头换气、自由泳转头换气的启动时机需要提前,通常在做臂部动作之前开始启动。
(8)浮体后,在站立过程中失去平衡	关键在控制抬头的时机,必须在双脚站稳池底后方可抬头。
(9)身体位置下沉,无法俯卧于水平面	表达出流线形的姿态与形状,能够帮助学习者将整体身体位置抬高,接近水平面。
(10)滑行过程中,失去平衡	初学时,身体姿态越接近流线形,平衡感越弱。可以适当将两手略微分开提高平衡感,通过练习逐渐加强流线形的保持并提高平衡感。
(11)蹬腿时不翻脚	陆上和水上强化翻脚动作练习,体会翻脚的肌肉感觉。
(12)收腿、蹬腿时脚的位置太低	低头提臀,腰腹肌肉适当紧张,身体平卧,积极收小腿,蹬腿时先伸髋。收腿、蹬腿时臀部上下起伏。
(13)收腿、蹬腿时臀部上下起伏	头、肩稍抬起,腰腹肌适度紧张,小腿后上收,蹬腿时以大腿、小腿和脚掌内侧向后蹬水。
(14)收腿太快	强调慢收快蹬腿,收腿时肌肉放松,蹬腿时快速用力。
(15)手未充分前伸滑行	利用蹬腿后惯性,双臂尽量前伸滑行,当减速时,再分掌划水。
(16)划水时,手臂有"抽肘"动作,形成"平模水"(划不到水)	体会高肘低手划水动作,感觉到手上有水的压力。
(17)划水路线过长,超过肩的延长线	领会要领,要求曲臂小划,肘关节相对固定。
(18)伸臂与蹬腿同时进行	强调先伸臂,后蹬腿。
(19)蹬腿同时划臂,连续伸蹬	放慢手腿配合节奏,体会"并拢伸直漂一会儿"节奏要领。
(20)完整配合时吸不到气	抬头换气前要在水中吐气,或可采用划两次臂换一口气的练习方法。

(二) 爬泳技术

爬泳是模仿人体爬行动作的一种游泳姿势。该泳式俯卧于水中,通过两腿上下交替打水,两臂轮流划水提供前进动力。在竞技游泳比赛中,由于爬泳速度最快,人们通常采用爬泳技术参加自由泳比赛,所以,爬泳也称之为自由泳。

1. 动作要领

(1) 身体姿势

爬泳在游进时,需要身体在水平流线形与侧向流线形这两种状态中反复切换,身体纵轴与水平面呈很小的锐角,使身体在转动中能够始终很好地保持良好的流线形。

(2) 腿部技术

爬泳腿部技术的主要作用是保持身体位置和身体平衡,同时,对游进速度也有一定的帮助。不过,随着游泳速度的加快,其推进作用则逐渐减小。

1) 向上抬腿:爬泳腿部技术由左、右脚交替向上抬腿和向下打水两个动作组成。向上抬腿时,脚踝放松,使用大腿带动小腿做向上抬腿动作,抬腿时不要主动曲膝。当腿脚抬至水面并与水平面平行时大腿停止上抬,此时,小腿由于惯性作用会继续上抬,当感觉脚背露出水平面时,开始向下打水。

2) 向下打水:向下打水时,脚踝依然保持放松,使用脚背做打水动作,形成鞭状打腿的动作效果。

3) 腿部技术要领:直腿向上抬腿,脚背向下打水,腰背部保持流线形,使打腿带动小腿,做上下交替的鞭状打水动作。

4) 腿部技术口诀:大腿发力带小腿,两腿交替来打水(见图 9-1-19)。

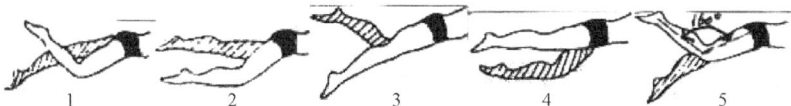

图 9-1-19

(3) 臂部技术

爬泳臂部技术是推动给身体前进的主要动力,同时还起到保持身体平衡的作用。爬泳臂部技术由入水、划水、推水和空中移臂 4 个部分组成。

1) 入水:入水时,保持曲肘,手指自然伸直并拢,向前下方斜插入水,入水点在肩的延长线上(见图 9-1-20)。

图 9-1-20

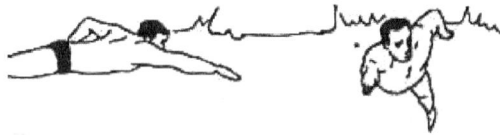

图 9-1-21

2) 划水:划水是臂部获得推进力的主要阶段。由抱水和推水两部分组成。

① 抱水:手臂积极插向前下方至有利抱水位置后,前臂外旋,同时曲腕、曲肘、手掌对水,并保持高肘形状至划水开始(见图 9-1-21)。

② 推水:抱水结束时继续保持高肘,同时,手臂向内、向上和向后运动至肩下方(见图 9-1-22)。当手臂划至肩下方时,快速向外、向上、向后运动,完成推水动作(见图 9-1-23)。

图 9-1-22   图 9-1-23

3) 出水:划水动作结束后,借助惯性由上臂带动肘关节向外上方做曲肘提拉动作,将前臂和手提拉出水面(见图 9-1-24)。

4) 空中移臂:手臂和肩膀提拉出水面后,借助肩关节自然转动,继续保持高肘形状将臂部前移至肩前方,准备入水(见图 9-1-25)。

图 9-1-24   图 9-1-25

5) 臂部技术要领:抓水要积极,划水要保持曲臂高肘且快速有力,两臂前后交替做向后划水动作。

6) 臂部技术口诀:移臂放松肩前插,小臂手掌对准水,沿着中线把速提,两臂轮流交替划。

(4) 配合技术

1) 两臂配合技术:爬泳的两臂配合有 3 种方式,即前交叉、中交叉和后交叉。前交叉是当一臂入水时,另一臂处于肩前方,与水平面约成 30°角;中交叉是当一臂入水时,另一臂处于肩下垂直部位,与水平面约成 90°角;后交叉是当一臂入水时,另一臂划水至腹部下,与水平面约成 150°角。

2) 呼吸与臂的配合技术:爬泳的呼吸动作比较复杂,从换气的技术层面来看,主要是在水面上用嘴吸气,在水面下用嘴或鼻呼气。从配合的技术层面来看,以右侧转头换气为例:当右手入水后,嘴或鼻慢慢呼气,右臂划水至肩下,此时向右侧转头并增大呼气量,在完成右臂推水动作手臂出水时快速将余气呼出,同时下颚向右肩靠,使嘴露出水面,张嘴吸气后开始转头复原,右臂经空中移臂后入水。

3) 完整配合技术:爬泳完整配合技术形式多样。常见的技术有 6∶2∶1、4∶2∶1、2∶2∶1 等配合节奏。其中应用最为广泛的是 6∶2∶1,即 6 次打腿,2 次划臂,1 次呼吸的配合技术。通常,6 次腿技术比较适合于游泳初学者或以短距离项目见长的运动员,4 次腿和 2 次腿技术则更多地在中、长距离项目中被使用。

① 完整配合技术要领:两臂前后对称划水,两腿向后下方上下交替打水,侧头吸气,低头呼气,身体绕纵轴左右转动。

② 完整配合技术口诀:双臂交替轮流划,两腿鞭状上下打,头在水中慢呼气,转头张嘴快吸气(见图 9-1-26)。

2. 练习方法

(1) 腿部动作陆上模仿练习

1) 坐在地上或池边,上体稍后仰,双手体后撑,举腿做爬泳打腿模仿动作练习。

图 9-1-26

2）俯卧池边、出发台或凳上做上述模仿动作练习。

（2）腿部动作水中练习

1）俯卧手扶水槽做爬泳腿打水动作练习。

2）俯卧手扶泳道线闭气连续做爬泳腿打水动作练习。

3）由同伴站在面前，抓住练习者双手按上述方法做爬泳腿打水动作练习。

4）俯卧蹬壁滑行接爬泳腿打水动作练习。

5）手扶打水板做爬泳腿打水动作练习。

（3）臂部动作陆上模仿练习

1）弓步站立，上体前倾，一手撑大腿或膝盖，另一手做爬泳单臂划水动作练习。

2）原地站立，上体前倾，两手做直臂爬泳臂划水动作练习。

3）按上述练习方法逐渐过渡到曲臂爬泳臂划水动作练习。

（4）臂部动作水中练习

1）脚尖勾水槽或泳道线，俯卧闭气，做连续爬泳臂划水动作练习。

2）由同伴在后方抱住练习者双腿，做上述动作练习。

3）俯卧蹬壁滑行接上述动作练习。

（5）完整配合动作陆上模仿练习

1）弓步站立，上体前倾，后腿抬起，做直臂爬泳臂、腿、呼吸完整配合动作模仿练习。

2）按上述方法曲臂做爬泳完整配合动作练习。

（6）完整配合动作水中练习

1）俯卧蹬壁滑行接腿、呼吸和单臂划水动作练习。划臂手与呼吸同侧，两臂交替进行。

2）俯卧两臂夹紧头部自然向前伸直，两腿连续上下打水，其中一臂配合呼吸做向后划水动作，另一臂保持不动，待划水动作结束，前移手臂入水时，另一臂重复上述动作。

3）俯卧滑行做连续多次打腿、多次划臂、一次呼吸配合练习，然后逐渐过渡到完整配合技术。

4）逐渐增加游泳距离，巩固、提高爬泳技术。

易犯错误与纠正方法（见表 9-1-7）。

表 9-1-7

易犯错误	纠正方法
(1) 打腿时曲膝过大,小腿打水	先用直腿打水矫正,要求用大腿带动小腿。
(2) 打腿时曲髋打水	陆上或水上练习时,强调展髋,打水时大腿上抬。
(3) 手臂入水后向下压水	要求高肘入水,手臂抓水。
(4) 手偏外侧划水,划水路线短	要求曲臂划水做"S"形划水路线,划水结束时手触到同侧大腿后再出水。
(5) 划水结束时身体下沉,手臂出水困难	在推水时,掌心向后,提肩、提肘出水,前臂手腕放松。
(6) 抬头换气	陆上或水中做向一侧转头换气练习,要求转头时下颚靠近同侧肩膀。
(7) 吸不进气	先在陆上或水中练习吸气和呼气,强调水中呼气,转头时快速吸气。
(8) 配合不协调	注意节奏,强调各技术环节尽量放松,逐渐加长游泳距离。

三、专项身体素质练习方法

游泳运动的专项身体素质练习是指在训练中采用专门性身体练习与提高游泳专项运动成绩有直接关系的各种身体练习。以提高运动员的专项运动素质。游泳运动的各项身体素质练习方法主要有以下几种。

(一) 力量练习

力量练习能使肌肉变粗,同时强化人体的基础肌肉力量,以取得身体平衡。力量练习应包括最大力量、爆发力量、速度力量和力量耐力的练习。

1. 陆上练习方法

(1) 卧推——加强胸部力量。主要加强胸大肌和肱三头肌的力量。

(2) 曲体提杠铃——加强背部力量。主要加强背阔肌、肱二头肌和伸小臂肌的力量。

(3) 侧举哑铃——加强肩部力量。主要加强斜方肌和三角肌的力量。

(4) 卧举杠铃——加强臂部力量。主要加强肱三头肌的力量。

(5) 立举杠铃——加强臂部力量。主要加强肱二头肌的力量。

(6) 负重深蹲——加强腿部力量。主要加强股四头肌、臀肌和伸小腿肌的力量。

(7) 俯卧起腿——加强腿部力量。主要加强股二头肌的力量。

(8) 仰卧起坐——加强腹部力量。主要加强腹直肌、腹外斜肌的力量。

以上八个项目为 1 组。各项先按最大限度进行,依其所能承受的最大肌肉力量来决定负荷(重量)。练习时,先按最大肌肉力量的 50%,各做 10 次,完成准备活动;然后采用最大负荷的 70%—80%,完成 3 组,每组 10 次。

2. 爆发力练习

能使力量练习的动作更接近游泳。通过爆发力练习可提高肌肉的伸张性,强化游泳动作的力量。

(1) 上下传球练习——强化划水动作中整个臂部的力量。

(2) 模拟终点划水动作的传球——强化结束动作所用力量的部位。

(3) 伸缩式向上传球——强化蛙泳动作中整个臂部的力量。

(4) 模拟划水动作的顶上掷球——强化划水动作中臂、肩、腹肌、背部的力量。

(5) 跳箱——强化出发、转身时的弹跳力、蛙泳的蹬腿力等腿部动作力量。

（6）二级跳箱——强化出发、转身时的肌肉力量以及下半身的反应力和动作力量。

使用 3—4 kg 的球，2 人 1 组，每项各做 5 次。

3. 水中游泳的力量练习

要想提高游泳中的力量，行之有效的练习方法是加大游泳的整体负荷（带负荷游泳）从而提高肌肉力量。

（1）计力器——加重游泳的整体负荷，强化游泳力。

（2）水桶带力——拉动水桶全力向前游，这一练习可提高肌肉力量。

（3）打腿力——集中提高打腿动作的肌肉力量。

（4）细软管游泳——比实际游得更快，提高速度感和划水力。

（5）快速换臂力——争取提高划水的速度感和力量。

（6）反应与出发——强化出发时的反应力，练习快速的出发动作。

（二）速度练习

速度是人体快速活动的能力。发展速度就是提高神经系统灵活性的过程。游泳的速度表现为用最快的动作频率游完一定距离的能力。速度是由肌肉长度决定。通过练习能提高肌肉的收缩能力。

1. 陆上练习——可采用短跑、跳跃、快速跳绳、垫上运动等力量和速度相结合的练习。

2. 水中练习——各种短距离（25 米、50 米）重复组数的短冲练习。

（三）专项耐力练习

专项耐力是指人体在一定时间内进行或保持大强度运动的能力。它包括两种：一种是肌肉多次重复一种动作的能力。另一种是循环——呼吸系统的耐力。

1. 陆上专项耐力练习

可采用强度小、重复次数多的练习来发展增加肌肉耐力。分为拉力练习（增加划水动作中的肌肉耐力的练习）和等动滑轮拉力练习（增加划水动作中的肌肉量）。

（1）橡皮带划水拉力练习——模仿各种泳姿的划水动作，锻炼划水动作中的整个手臂。

（2）橡皮带重点拉力练习——集中锻炼划水部位。将划水动作的各个部分分解开来，如内旋、上旋等。各自进行拉力练习。

（3）等动滑轮拉力练习——可使划水的负荷与训练挂钩，在配合自己游速的基础上，可以相同负荷持续进行，也可改变负荷给肌肉以不同的刺激，来增加划水动作中肌肉力量和耐力。

2. 水中练习

提高有氧代谢，尽量节约无氧代谢的能量，提高快速游泳的能力。

（1）基础训练——游速比训练速度慢。心跳次数是 120—140 次/分，组间休息在 10—30 秒，能源是脂肪。

（2）乳酸界限值训练——用无氧代谢代替有氧代谢成为主体的强度进行训练，是提高持久耐力的最有效手段。游泳速度与训练相同，心跳次数为 130—170 次/分。组间休息时间为 10—30 秒，能源是脂肪和肝糖。

（3）超负荷训练——可改善有氧能力。游泳速度快于训练速度。心跳次数在 160—180 次/分，组间休息时间为 30—60 秒，能源是肝糖原。

（四）柔韧练习

柔韧是以最大幅度完成动作的能力。在所有泳姿中,身体最需要柔韧性的是肩关节和踝关节。可以通过被动练习(双人)和主动练习不断增大动作幅度的练习来发展和提高柔韧性。

1. 踝关节柔韧性练习

为使运动员的足部处于较好的对水面打腿,使它更好地向后推水,从而使打腿动作更为有效。可通过压踝、加重力的曲伸、用扶板练习打腿等方法,伸展小腿前部肌肉(足踝和足趾屈肌)。而蛙泳运动员的踝关节柔韧性正好相反,则需伸展小腿后部的肌肉(腓肠肌和比目鱼肌)。

2. 肩关节柔韧性练习

肩关节柔韧性尤其是向后动作的幅度特别重要,因为这可使自由泳和蝶泳的移臂、仰泳的划水动作更加有力。必须对肩关节的前部肌肉(三角肌前部和胸大肌)进行强力的伸展练习。

肩、踝关节柔韧性的主要练习方法

1）肩与前臂的伸展

2）胸与前臂的伸展

3）上体与脊背的伸展

4）膝、踝股四头肌的伸展

5）踝与腿腱的伸展

6）腰前部的伸展

7）下肢前部、膝、脊背、踝、跟腱、大腿根部的伸展

8）前臂与手腕的伸展

9）肩、臂、上体侧面的伸展

10）大腿根部的伸展

11）脊背的伸展

12）颈侧的伸展

13）胸部的肋间肌、腹肌、脊柱、肩、臂、腿、踝的伸展。

柔韧性练习要经常不间断的进行。必须和发展力量相结合。注意循序渐进。练习幅度从小到大,用力从轻到重,速度从慢到快。做到肌肉和韧带稍感酸痛才能收到较好的效果。

第二节　游泳救生

一、概述

（一）起源与发展

游泳救生是人类进入文明社会后,随着社会的发展,为满足人类在自然界活动的需要所产生并逐步形成的。地球表面的水面积约为71％。所以人类在生存活动中必须与水打交道。人类为了生存,在水中用树木、竹竿、绳索等工具来自救和救助他人,于是出现了最原始、最简单的游泳救生方法。随着社会生产水平和人类生活水平的提高,游泳救生也在不断发展。

1993年2月23日,在比利时成立的国际救生联合会(International Life Saving Federation,简称ILS)是救生运动唯一的世界组织,已经得到世界卫生组织、国际奥委会、国际运动联合会总会、国际世界运动协会等国际组织的承认。

中国救生历史源远流长,早在宋朝就有救生性质的官渡船。公元1165—1173年,一位名为蔡洸的官员在镇江西津渡创办了救生会,该西津渡救生会是目前世界上已发现的最早的水上救助组织。西津渡官渡船共5艘,均涂成红色,故称为"救生红船"。此后,长江流域重要渡口渐渐都有了红船,并一直延续至明清时代。

中华人民共和国成立后,党和政府十分重视游泳救生工作。我国救生运动是各省市逐渐开展起来的。2004年经国务院民政部正式批准成立中国救生协会,并于2007年正式加入国际救生联合会(ILS)。

(二) 特点与作用

游泳运动是广大人民群众喜爱的、最普及的健身项目之一,但游泳运动本身是一项高危体育项目。每年各地都会发生游泳溺水事故,游泳安全保障、救生工作的重要性日趋凸显。

救生的含义是救护生命。游泳救生是指人们在游泳活动中发生意外事故时所采取的救助措施。游泳救生可分为"游泳池救生"和"自然水域救生"。游泳池救生是指在人工建造的规则或不规则的游泳池、游泳馆的救生活动。自然水域救生是指在江、河、湖、海等开放的水域游泳时,游泳救生员对游泳者进行安全监护、对溺水者实施救助的行为。

游泳救生事业是一项拯溺救难的高尚事业,是人道主义精神和精神文明建设的具体体现。游泳救生员是需要接受专业培训并考核,持证上岗的在游泳场所中对游泳者进行安全监护、赴救和现场急救的职业群体。

游泳救生的很多理念、知识和技能具有在职业群体以外的推广意义。游泳者学习相关游泳救生知识,可以更安全地参与游泳运动,在特殊时刻可以应用于自救,也能够在保障自身安全的前提下帮助救助他人。

游泳救生是以"防"为主的工作。游泳救生的基本原则是:岸上救生优于水中救生;器材救生优于徒手救生;团队救生优于个人救生;先救助有意识后救助无意识。

二、基本技术

(一) 心肺复苏技术

溺水的本质是窒息引起急性呼吸衰竭。当窒息时间延长将导致心搏骤停。针对呼吸、心搏骤停的溺水者要迅速进行呼吸支持和使用心脏按压方法形成暂时的人工循环,争取尽快恢复心脏自主搏动。对于溺水者现场心肺复苏要遵循抢救程序,严格按A-B-C-D顺序,即判断意识、开放气道、人工通气、胸外按压、早期除颤。

1. 动作要领

在游泳场所发现成年溺水者时要按照如下步骤进行现场心肺复苏操作(单人操作)。

(1) 确定周围环境安全

救生员将溺水者施救上岸后,应将其放置在急救板或者硬地上,确认周围环境安全,保持四周通风。

（2）判断意识、呼救

救生员迅速判断意识（见图9-2-1）。轻拍溺水者面颊或肩部，呼唤溺水者，确认溺水者意识是否丧失。同时呼救，请求周围人员帮助拨打急救电话120，启动应急反应系统并迅速拿取急救器材（如自动体外除颤器）到现场。

（3）急救体位

救生员将溺水者放置仰卧位。溺水者头部不能高于心脏位置，双手放于躯干两侧。救生员靠近溺水者右侧肩部跪地，双膝与肩同宽。如溺水者存在自主有效呼吸，应置于稳定的侧卧位，以免发生气道窒息（见图9-2-2）。

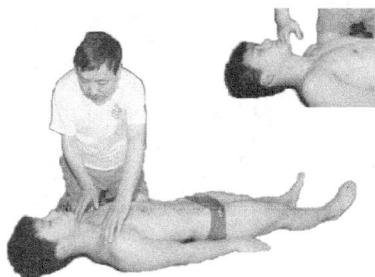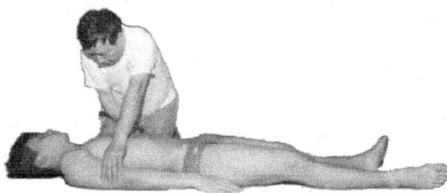

图9-2-1　　　　　　　　　　　　　　　　　图9-2-2

（4）判断呼吸和脉搏

救生员侧脸，眼光观察溺水者胸腹部是否有起伏，用面颊部感觉是否有呼吸，同时用食指和中指指尖触及溺水者气管正中部（参考男性喉结部位），向侧方滑动2至3厘米至胸锁乳突肌前缘凹陷处，判断有无颈动脉搏动，判断时间5—10秒（见图9-2-3）。

（5）清理口腔异物

救生员观察溺水者口腔有无异物。如有异物应先查明口腔中有无血液，呕吐物或其他分泌物，若有这些液体、异物，应先尽量消除掉。可一手按压开下颌，另一手用食指中指将固体异物勾出，或用手指缠绕纱布清除口腔中的液体分泌物（见图9-2-4）。

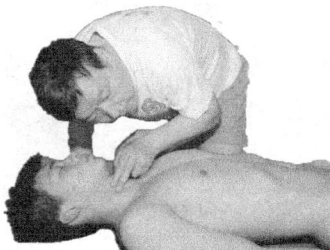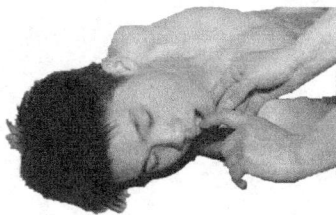

图9-2-3　　　　　　　　　　　　　　　　　图9-2-4

（6）开放气道

救生员用压额提颌法（俗称仰头提颌法）开放气道。救生员用右手的小鱼际（手掌外侧缘）部位置于溺水者前额，下压使其头部后仰。同时，左手的食指及中指放在下颌部的颌骨体上，旁开中点2厘米左右，将颌部向前上方抬起帮助头部后仰，打开气道。如溺水者怀疑有颈椎损伤可用推举下颌法开放气道（见图9-2-5）。

（7）人工呼吸

救生员用按于前额手的食指与拇指，捏闭溺水者鼻翼。深吸一口气后，张开口贴紧溺水者的

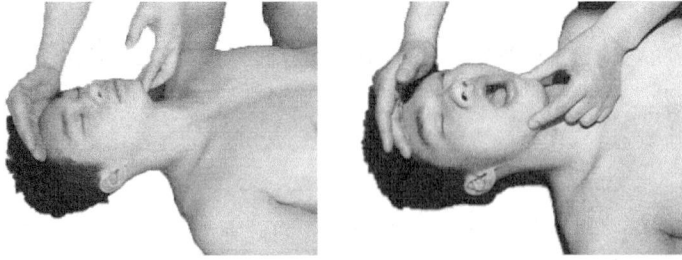

图 9-2-5

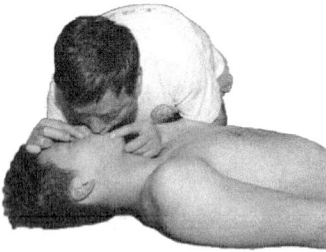

图 9-2-6

嘴(要把溺水者的口部完全包住)。向溺水者口内吹气,直至溺水者胸腹部上抬。一次吹气完毕后,应即与溺水者口部脱离,放松捏鼻翼的手,以使溺水者从鼻孔呼气,同时,侧转头,眼视溺水者胸腹部是否有起伏,以便做下一次人工呼吸(见图 9-2-6)。

人工呼吸要注意:连续吹气 2 次,吹气时暂停按压胸部;每次吹入气量为 500—600 毫升;有脉搏无呼吸者,每 5—6 秒吹气 1 次(10—12 次呼吸/分钟)。

(8)胸外按压

1)按压部位:右手中指沿溺水者的胸廓下部肋缘向上滑动摸到肋弓和剑突交点处为胸骨下切迹,食指并拢中指。左手掌根部沿胸骨下滑一直碰到右手食指,左手掌中心部位应是胸骨下 1/3 段,即为按压部位。成人男性可采用快速定位法:即两乳头连线中点胸骨处(见图 9-2-7)。

2)按压动作:双手叠加,十指相扣,以下方一手掌根部接触按压部位,双臂位于溺者胸骨的正上方,双肘关节伸直。以髋关节为支点,身体重量垂直下压,抬起时手掌根不能离开按压部位。按压时观察溺水者面部反应(见图 9-2-8—图 9-2-10)。

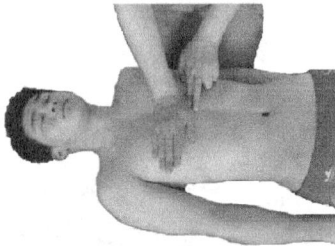

图 9-2-7

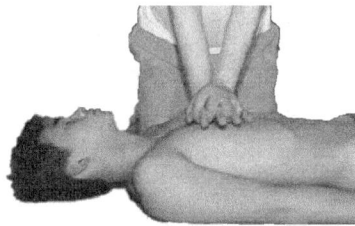

图 9-2-8

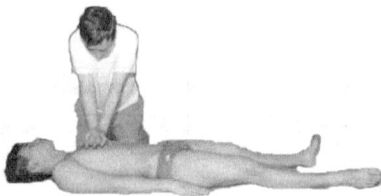

图 9-2-9

图 9-2-10

胸部按压注意事项:每按压胸部30次后,口对口吹气2次,即30∶2;按压频率100—120次/分钟;按压深度至少5厘米;大声计数按压次数;每次按压后胸廓完全弹回,保证按压与抬起时间基本相等。

(9)评估

救生员首轮做5个30∶2按压和吹气(约2分钟)后,复检溺水者的呼吸、颈动脉搏动。无循环迹象可使用AED。如果检查心率不可电击则继续做心肺复苏。如果检查心率可电击则进行电击,电击后继续做心肺复苏(见图9-2-11)。

特别提醒:当溺水者经抢救苏醒后,都必须送到医院观察或治疗。

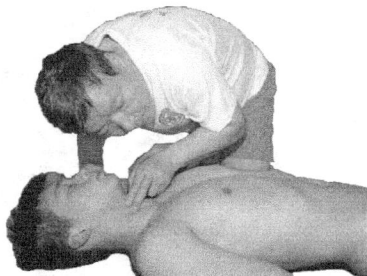

图 9-2-11

2. 练习方法

心肺复苏假人模拟练习

学生分成3—4人的小组,组内轮流对模拟假人操作心肺复苏。学生需要注意按照正确的操作步骤进行练习,即:确定周围环境安全、判断意识、呼救、摆放急救体位、判断呼吸和脉搏、清理口腔异物、开放气道、人工呼吸、胸外按压、评估。在一位同学练习时,小组组员可以帮助纠错。

3. 易犯错误与纠正方法

心肺复苏技术常见易犯错误与纠正方法(见表9-2-1)。

表 9-2-1

易犯错误	纠正方法
判断呼吸和脉搏的时间不够	开口大声数出来,从1 001开始数到1 007
口对口吹气后未松手	连续2次吹气时应捏紧鼻翼,每次完成吹气后松开捏紧鼻翼的手
胸外按压定位失准	通过肋弓和剑突交点找准胸骨下切迹,且一定要避开剑突

(二) 水中间接赴救技术

水中间接赴救技术是指当救生员无法在岸上救助水中溺水者,为确保救生员自身安全,携带救生器材入水救助溺水者的技术。本节主要介绍如何使用救生浮漂进行水中间接赴救。

1. 动作要领

(1)准备:救生浮漂佩戴

救生员在值岗观察和准备入水赴救时,应将救生浮漂上的肩环斜挎于一侧肩部,将多余的绳索整理好握在手中,或绕在浮漂体上,双臂将浮漂置于胸前(见图9-2-12)。

图 9-2-12

（2）直立式入水

救生员将救生浮漂肩环斜挎于肩部，两臂将浮漂置于胸前，身体前倾，向前跨出一大步，入水后，双脚做向内剪夹水动作，形成向上合力，使头部始终保持在水面上，跳入水中时，救生员眼睛应始终目视溺水者（见图9-2-13）。

图 9-2-13

（1）接近：救生员应安全、迅速地接近溺水者。在深水区，救生员距离溺水者较近，一般可采用以下方法接近溺水者。可采用将救生浮漂置于胸下的抬头爬泳或抬头蛙泳。救生员游近至距离溺水者2米处急停，与溺水者保持安全距离（见图9-2-14）。

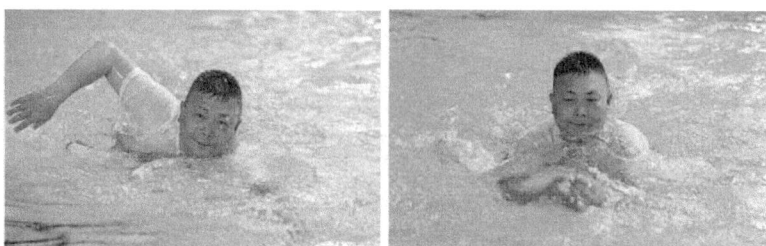

抬头爬泳　　　　　　　　　抬头蛙泳

图 9-2-14

（2）背面控制与固定：救生员将浮漂置于胸前，抬头蛙泳或爬泳至溺水者身后，用双臂插入溺水者腋下后向上紧抓住溺水者双肩，将浮漂紧夹在救生员胸前与溺水者肩背部之间，救生员头偏向一侧，将溺水者仰卧在浮漂上，并保持溺水者口鼻始终在水面上，并大声告知："我是救生员，不要慌张，请配合我救援。"用反蛙泳将溺水者拖带至岸边（见图9-2-15）。

（3）拖带：拖带技术是救生员在水中运送溺水者的一种技术，在使用浮漂拖带溺水者时，救生员通常会根据实际情况，采用反蛙泳、抬头爬冰、侧泳等不同的游冰技术，将弱水者安全、迅速运送到池岸边（见图9-2-16）。

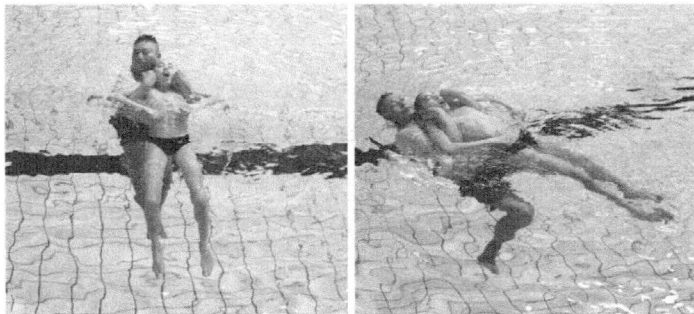

图 9-2-15

图 9-2-16

（4）双人上岸技术：双人上岸技术是指救生员将溺水者运送到泳池边后，与岸上接应救生员配合，将溺水者送上池岸的一种救助技术，水中救生员用反蛙泳或侧泳将溺水者运送至池岸边后，使溺水者侧对池岸，逐一将双手交于岸上救生员同侧双手，岸上救生员双手虎口朝下抓握溺水者手腕，向上预提放下后再用力上提至岸上不松手。岸上救生员在溺水者坐姿的状态下，一手以托住溺水者的头枕部，一手从溺水者膝下穿过抱住双膝，将溺水者转体 90°。水中救生员上岸后协助岸上救生员，并用双手保护溺水者头部，两人配合将溺水者放平呈仰卧姿势（见图 9-2-17）。

图 9-2-17

2. 练习方法

（1）踩水技术

踩水时，身体直立水中，稍前倾，头露出水面。双腿应做蹬夹水，手臂弯曲，手和前臂在胸前做向外、向内的摸水动作。

动作重点：手臂和腿的配合动作比例为 1∶1，一般为两腿各蹬夹一次，或两腿同时蹬夹一次，手臂摸水一次。

动作难点:头部要保持在水面上,随着手腿节奏自然呼吸。

(2)反蛙泳技术

身体仰卧水中,自然伸直,脸部露出水面。腿部动作类似蛙泳腿动作,但是收腿、蹬腿时膝关节不可以露出水面。两臂自然伸直在空中于肩前入水,然后曲臂高肘,掌心向后,手和前臂对准划水方向用力在体侧划水。配合时可以手划水和蹬夹腿同时进行,也可以交替进行。

动作重点:身体仰卧于水面,手臂和腿的配合动作比例为1:1,可以同时进行,也可以交替进行。

动作难点:注意保持身体的仰卧姿态,控制好自身重力与浮力的平衡,不能下沉。

(3)抬头爬泳技术

身体俯卧水中,尽量保持水平,头部露出水面,保持较好的流线形。身体绕纵轴转动,双眼目视前方。6次打腿配合2次划手,手腿连贯、协调,身体保持在较高位置,动作配合稳定。

动作重点:保持身体流线形,手腿配合协调。

动作难点:头部始终露出水面,双眼目视前方,保持较高身体位置。

(4)3人分组水中间接赴救练习

学生分为3人一组,组内学生分别扮演救生员、溺水者和岸上接应辅助者。扮演溺水者的同学在离岸边10米左右的深水区踩水,扮演有意识的溺水者。扮演救生员的同学需要依次佩戴好救生浮漂,直立入水,接近溺水者,控制并固定溺水者,拖带回岸边。此时在岸上接应的辅助者与救生员相配合,用双人上岸技术将溺水者安全送上池岸。

3. 易犯错误与纠正方法

水中间接赴救技术常见易犯错误与纠正方法见表9-2-2。

表9-2-2

易犯错误	纠正方法
入水时头没顶	跨步入水时身体重心前倾,入水瞬间双脚做向内剪夹水动作,借力保持头部不会没顶。
浮漂脱离控制	控制好身体平衡,将浮漂放置在腋下、胸前的位置;拖带时将浮漂夹紧在救生员胸前和溺水者背部之间。
拖带时溺水者口、鼻沉水	救生员自己头偏向一侧,将溺水者仰卧在浮漂上,配合反蛙泳蹬水产生的浮力保证溺水者口鼻在水面以上。

参考文献

[1] 叶鸣,等.大学生游泳教程[M].上海:同济大学出版社,2002.

[2] 孙麒麟,等.体育与健康教程(第三版)[M].大连:大连理工大学出版社,2004.

[3] 杨桦,等.游泳运动教程[M].北京:北京体育大学出版社,2014.

[4] 中国游泳协会.游泳竞赛规则2019—2022.2019.

[5] 吉宏.救生员教程(第二版)[M].科学出版社,2019.

[6] 国家体育总局职业技能鉴定指导中心,中国救生协会组.游泳救生员:游泳池救生(第2版)[M].高等教育出版社,2020.

第十章 击 剑

第一节 概 述

一、击剑运动的起源与发展

(一) 古代击剑

击剑起源有悠久的历史,它是在人类历史发展过程中形成的,古代人类为生存同自然界斗争所产生的武器,开始用于自卫和狩猎,随着历史发展,武器成为家庭、部落之间斗争工具,发展到民族斗争和阶级斗争的工具,热兵器发明后,它又逐渐转化为体育运动,所以可以这么说:当人类开始用武器交锋时,就是古代击剑的开始。

击剑武器随着历史的发展不断进步。武器最早是使用树枝、木棍,在石器时代使用石制兵器,逐渐发展到青铜器、铁器的金属兵器。古代的冷兵器由于民族的生活习惯不同和民族特点不同,使用的形状和特点也有所不同,但又有共同特征,都有刀刃和尖锋,使用方法离不开刺、劈、鼓打和防守等动作。

古代击剑比赛就是用没有枪尖的矛或不开口的剑手持盾牌来进行的,但古罗马的角斗士却以结束对方生命为胜利。据说决斗最早起源在公元前 264 年,当时在罗马,贵族父亲死后,兄弟两个为争夺遗产而进行了决斗。后来罗马出现了特有的角斗士阶层;《斯巴达克斯》一书就生动地揭述了角斗士生活和角斗的场面。

(二) 中世纪的击剑运动

剑在中世纪的欧洲同样是被认为神圣的击剑也被认为是骑士的 7 种高尚情操之一。人们为剑命名,如查理大帝的剑名为"快乐剑",罗兰的剑名为"都兰达尔"。骑士们平时凭剑起誓忠诚,死后在坟墓上也刻着剑。14 世纪由于火药的发明,冷兵器在军事上作用逐渐减少。特别是 15 世纪初,枪炮的诞生,使剑失去了军事武器的作用,使剑术失去了战场上的军事价值。由于盔甲遮挡不了枪炮,它也遭到被遗弃的命运。但人们仍眷恋着剑,击剑失去了军事上的意义,而用于人们生活中的娱乐和竞赛,剑也变得越来越轻巧,便于控制。从此,击剑作为决斗和运动的形式保留了下来。

(三) 现代击剑的起源和发展

西班牙被认为是现代击剑运动的摇篮,因为西班牙多莱德改进制造了高质量精巧的剑。原有的剑被长而细的长剑取代,这种剑更适合用剑锋刺击,击剑技术也日趋完善。意大利人首先将击剑技术加以总结规范化。1536 年马罗佐、1553 年阿格里巴的击剑论和 1606 年吉风蒂的击剑论,使意大利人在全欧洲击剑教学方面处于领先地位。击剑比赛最初用人的肉眼来裁判,误差较大。为了使比赛的胜负判断更准确公正。1931年研制并使用了重剑电动裁判器,在使用过程中普遍受到欢迎,因此1955年又研制并使用了花剑电动裁判器,1989年被誉为划时代的里程碑。"佩剑电动裁判器"的诞生标志着结束了长达94年采用"普通佩剑"比赛的历史,使击剑运动进入了科学与技术结合的新时期。

(四)我国击剑运动起源与发展

1938年,贾玉瑞留学日本,利用业余时间到东京青年会学习击剑。

1944年,贾玉瑞毕业回国,在北京大学任教。他利用课余时间在北京基督教青年会带领学生们练习击剑。这是我国最早击剑活动。

1950年贾玉瑞调到北京师范大学体育系任教。并再度在师大体育系学生中开展击剑活动。

1950年由团长徐英超率领的中国体育代表团访问前苏联和匈牙利。

1953年11月,天津举行第1届全国民族形式体育表演及竞赛大会。北京师范大学体育系练习击剑的同学能在大会上表演并介绍比赛方法。

1955年2月新学期开始,北京体院开设了击剑专门选修课。

1956年在北京举行了第一次击剑表演,当时只有男子花剑、佩剑,女子花剑。从此击剑开始了全国性比赛。1958年举行了第一届教练员和裁判员训练班,为我国击剑运动的发展打下了良好的基础。1958年11月在沈阳举行了25个城市击剑锦标赛,增加了重剑比赛。1959年在第一届全运会上击剑被列为表演项目。

1964年击剑被正式列为第2届全运会比赛项目。1966年11月,我国参加了在柬埔寨举行的第1届亚洲新兴力量运动会的击剑比赛。我国选手陶金汉参加了男子轻剑、花式剑、重剑的个人赛。这次比赛的规则是按国际规则进行的,经过4天3个项目的激战,终于获得了花式剑冠军、轻剑第3名,重剑第5名的好成绩。这也是中国击剑队首次出国参加国际比赛。

1973年为迎接第七届亚运会,国家体委组织了击剑集训队,击剑运动才得以恢复,重新推动了我国击剑运动的发展。

1973年成立了中华人民共和国击剑协会,会址设在北京。

1974年5月中国击剑协会正式加入了国际击剑联合会,会址设在巴黎。

1974年9月中国击剑协会加入了亚洲剑联,会址设在香港。

1974年7月中国击剑队首次参加了在法国格勒诺布尔市举行的第31届世界击剑锦标赛。

1974年9月中国击剑队参加了在德黑兰举行的第七届亚运会击剑比赛。

1978年在西班牙首都马德里举行的29届世界青年锦标赛上,我国女选手栾菊杰荣获了世界青年女子花剑亚军,成为第一个获得世界剑坛亚军的亚洲人。

1984年在美国洛杉矶举行的第23届奥运会上,我国选手栾菊杰荣获女子花剑冠军。这一历史性的突破,

2004、2008、2022年奥运会上,我国运动员都获得较好成绩,使我国击剑全面地走向世界剑坛。

目前我国击剑运动的发展现状,从整体上看,我国的击剑水平在国际剑坛上在不断地进步。但五个剑种的发展并不平衡,男、女花剑好些,男子佩剑、重剑,女子重剑次之。在亚洲所处的地位,我国五个剑种不论是在个人还是团体都有能力在亚洲占据鳌头,击剑成为国家体委奥运重点项目之一。

二、特点与作用

(一) 特点

1. 时间短,节奏快

运动员要在更短的时间内,以快取胜,快变交替,攻防转换快,不给对方以喘息。

2. 技术动作实用有效,交锋距离缩短

随着击剑运动的发展,要求技术更加简明快捷,有敏锐观察力和肌肉感觉能力,尽量减少自身技术和战术方面的缺陷,采用最实用、最有效的得分手段,攻其不备。

3. 胜负因素的变化

快节奏,短距离,动作简洁等一系列变化出现后,使比赛中的开局分量加重,开局打得凶猛,就往往能在整场比赛中占据主动。

(二) 作用

击剑运动是培养运动员勇敢、顽强、灵敏、机智、沉着等品质的良好手段,是增强体质、培养意志、促进思维能力的体育项目,深受广大青少年所喜爱。

三、比赛方法与规则简介

个人循环赛(包括男女个人赛)每场3分钟,击中5剑。

个人直接淘汰赛(包括男女个人赛)最多打3局,每局3分钟,击中剑数累计,击中15剑。

团体赛(包括男女团体赛)为团体接力赛,采用直接淘汰赛。

团体赛为三人制。每场3分钟,击中5剑,打9场,击中45剑。第一场打到5剑,第二场打到10剑,第三场打到15剑,……直至第九场打到45剑。如果3分钟结束,接力规定的比分未达到,则下一对队员从原有的比分开始继续比赛。先胜45剑的队或在规定时间结束时获胜剑数多的队为胜队。如果1名队员或1名替补队员弃权或被开除,则该队为负。

在最后一场接力的规定时间结束时,双方比分相等,则抽签决定优胜权,随后加时1分钟,由最后两名队员决1剑。

四、比赛场地器材

场地可由土、木、油毡、橡胶、软木、塑料、金属、金属网或金属做基础的材料制成,宽1.50—2.00米,长14米。

中线可用画在边线上的三角记号或中点代替。

准备线离中线2米,横贯全场。

警告区:从端线的2米处,设立不同于场地颜色的区域。

端线离中线7米,横贯全场。

各种线的宽度为3—5厘米。

击剑台的高度不应超过50厘米,包括场地的全部及其延伸部分1.50—2.00米。

面罩、手套、服装、击剑服装应由外套、内衣、裤子、护胸等组成。

花剑:花剑剑长为110厘米,重量不超过500克,剑身为钢制品,最长为90厘米,横断面为长方形,韧性应在5.5—9.5厘米之间。

花剑护手盘最大直径为12厘米,禁止偏心。

普通花剑剑头直径应在5.5—7毫米之间,长为1.5厘米左右。

第二节 基本技术

一、击剑技术

技术是指能充分发挥运动员身体能力,合理、有效地完成动作的方法。

击剑技术是击剑比赛中为了一定目的的专门动作方法的总称,也是击剑运动进攻和防守动作体系的总和。

(一)握剑方法

持剑主要依靠大拇指和食指控制剑尖。大拇指和食指稍曲相对握,中指、无名指、小指压紧手柄,使剑柄压在手掌根的中线。这里介绍普通式的握法,即直柄花剑的握法及手枪柄花剑的握法。

普通式握法:用拇指和食指的第二指骨握在剑柄上下两个宽面上,剑柄靠近手心,但不要触手心。拇指和食指离开护手盘1厘米左右。手柄的左边缘以下部分正好卡在第一指骨和第二指骨的接合处。食指的第一指骨紧贴着剑柄的外侧。拇指平放在剑柄的上面,使两个手形成一把钳子。这两个手指被人们称为"控制器",另外三个手指被称作"辅助器",轻轻地贴在一起,沿着剑柄上侧,每一个手指的第一个指骨都紧紧地贴在剑柄上。

手枪柄握法:拇指放在食指第一关节上,其他三指握在柄上。不管采用哪一种握法都不能握死,掌心与剑柄之间应留有空隙。

花剑手柄有法国直柄,意大利横梁柄与手枪柄。

(二)立正、稍息与敬礼

立正:立正姿势加握一把剑。

稍息:是击剑者在教学过程中短时间休息时的身体姿势。

敬礼:是比赛前击剑者向裁判员、对手及观众致敬的动作。动作过程是,持剑臂手心向上伸平,剑尖指向裁判员(对手、观众),然后曲肘垂直举剑表示致敬(见图10-2-1)。

(三)实战姿势

基本姿势:①左脚向左,右脚尖向前,两脚跟在一直线上,两脚成直角,两脚间的距离约同肩宽。②两膝稍曲成"坐"姿,双膝约与双脚尖在同一垂直线上,重心在两腿之间。③上体自然挺直,右肩向前。④握剑手臂的肘关节距身体一掌半左右。⑤曲起持剑臂肘关节,手心侧向上,使小臂与剑成一直线,剑柄在手腕中间。⑥握剑手保持在比胸部稍低一点的高度,在体侧偏右边,剑尖与眼平行,两眼向前看。⑦左臂在后曲肘举起,大臂与地面平行,小臂与地面垂直,手腕自然放松(见图10-2-2)。

图10-2-1   图10-2-2

(四) 防守部位的划分

部位划分方法有两种,一种是正面划分,另一种为侧向划分。

(五) 花剑的基本防守姿势

花剑的基本防守姿势共8个。为了叙述方便,以右手持剑为例。现将8个基本防守姿势分述如下。

第一防守姿势:

由实战姿势剑尖下降至膝盖,手腕向内逆转同时抬肘向内收臂成第一姿势,手臂曲成90°左右,小臂与地面平行,手心向斜下方,手腕微曲,剑尖向下偏前。

练习方法:两人一组原地攻防练习。

第二防守姿势:

由实战姿势向内逆转转动手腕,带动剑尖画个长弧形向下成第2姿势。手臂稍曲,肘不动。手与腰平行,手腕向外微曲,手心向下偏外。

练习方法:两人一组原地攻防练习(见图10-2-3)。

第三防守姿势:

由实战姿势向内逆转手腕,使手心向前,剑尖画一个横6成第3姿势,剑身在身体右侧约10厘米处,护手盘处在胸部高度,剑尖与眼齐平,向上偏前外方。持剑臂稍曲,时距身体一拳到一掌,手心向前下。

练习方法:两人一组原地攻防,看手势做练习。

第四防守姿势:

图10-2-3

由实战姿势向内移动前臂,控制剑身平进向内移动至第4姿势转动手腕,为此剑处在第四部位。手臂半曲时,肘不动,手心向左下,整个剑身在身体左侧,小臂同腰高,剑尖向前偏内。

练习方法:两人一组原地攻防练习,然后配以后退一步进行练习(见图10-2-4)。

第五防守姿势:

由实战姿势转动手腕向下逆转同时前臂向内移动成第5姿势,手臂曲、手腕直,向前偏内,比第4姿势低些。手心向下,剑尖高于护手盘低于肩。

练习方法:原地徒手练习,两人一组攻防练习。

第六防守姿势：

由实战姿势持剑臂半曲，肘不动，手腕稍向左曲，手心向斜上，护手盘在胸部高度向右侧水平滚动，剑尖与眼齐平。

练习方法：两人一组先进行原地练习，然后配以看手势后退一步进行练习(见图10-2-5)。

图 10-2-4   图 10-2-5

第七防守姿势：

由实战姿势开始，持剑手臂弯曲，肘不动，时比前胸部低，手心斜向上，护手盘在腹部高度，剑尖指向斜下方，画半圆下放。

练习方法：两人一组先进行原地练习，然后配以看手势后退一步进行练习。

第八防守姿势：

这个动作保护第二部位，剑身在第二部位。持剑臂半曲，肘距上体一拳到一掌，手略低于肘，手心斜向上，护手盘与腰齐平，剑略低于肘，手心斜向上，剑尖稍高于右膝，剑身在身体右侧10厘米左右处。

练习方法：两人一组先原地练习，然后两人一组原地攻防练习。

防守姿势易犯错误和纠正方法(见表10-2-1)。

表 10-2-1

防守姿势	易犯错误	纠正方法
第二防守	手腕转动不到位	练习时让手转到向下偏外
第四防守	转动时向下压腕	练习时让护手盘在平面上滚动
第六防守	转动时肘晃动	练习时左手托住肘进行转动
第七防守	手臂过于伸直	练习时曲臂画半圆下放

(六) 击剑步法

步法是促进和服从于手上动作的。其任务在于将运动员送到最有利进攻和防卫的位置。可将基本步法分为一般步法和攻击步法。

1. 一般步法

(1) 向前一步

由实战姿势开始，前脚尖微翘起，右腿稍提大腿，并以膝关节为轴，向前摆小腿移动一脚掌。右脚脚跟先着地，然后全脚落地。当右腿前摆时，左脚蹬地跟上相同距离。重心在两腿之间成实战姿势。

（2）向后一步

由实战姿势开始，后脚脚跟稍微抬起，左脚向后退一脚掌，重心随之向后移。左脚向后退的同时，右脚立即蹬地向后移动同样距离，脚跟先落地，然后脚掌落地成实战姿势。

（3）向前跃步

由实战姿势开始，提起脚跟，向前摆小腿，同时后脚短暂而有力地蹬离地面，向前跳跃一步，重心水平前移，两脚成实战姿势平稳地同时落地。

（4）向后跃步

由实战姿势开始，上体稍后倾，重心略向后移，提后脚跟，快速向后挪脚，同时前脚掌用力蹬地，向后跃一步，双脚同时落地。

（5）向前垫步

由实战姿势开始，上体稍前倾，重心前移，后脚和前脚依次蹬离地面。后脚离地后追前脚后跟。两脚离地后有短暂腾空，在空中成后脚内侧靠近前脚后跟姿势，在落地的同时前脚迅速前摆落地成实战姿势。

（6）向后垫步

与向前垫步一样，但方向和动作相反。

2. 攻击步法

（1）弓步

从实战姿势开始，前脚尖勾起，小腿紧接着向前摆，躯干同时向前，同时后脚突然强有力地蹬地、后腿蹬直，前脚跟先着地，然后过渡到全脚掌。完成弓步后，前小腿垂直于地面，大腿与地面平行，后脚前掌着地，后腿伸直，上体与后腿成钝角，但上体不能过分前倾，后臂向后摆动与后腿平行（见图 10-2-6）。

（2）冲刺步

从实战姿势开始，先伸持剑手臂，对准对方有效部位，重心前移，当重心超过前脚时，后脚蹬地经前腿内侧交叉向前摆，前腿同时蹬地伸直，充分展体，后脚交叉着地，前脚也交叉向前冲跑。

图 10-2-6

3. 进攻技术

进攻：运动员伸出持剑臂，用剑尖连续威胁对方的有效部位，发出主动攻击的行动。把进攻分成两类，即简单进攻和复杂进攻。

（1）简单进攻

1）直刺进攻：先伸手臂紧接出弓步，手指控制剑尖刺向目标。

2）转移进攻：属于间接进攻，发动在一条直线上，用剑尖在对手的剑下方做一个半圆形转移动作，同时刺向对手暴露的目标。

（2）接触武器的简单进攻

1）击打转移进攻：用自己的剑身敲击对手剑身。击打转移进攻技术是先击打再转移，用弓步来完成动作。

2）压剑转移进攻：压剑时，使对手在被压的线上产生一个反抗力，利用这个反抗力作出转移进攻。

3）上、下二次转移：

内、外二次转移是在水平线上进行，上、下二次转移是在垂直线上进行，先在低线上引起对手动作反应，对对手第 1 部位或第 2 部位进行威胁，而后转移到第 3 部位或第 4 部位，在高线部位上击中对手。

4. 防守方法

防守方法有距离防守、武器防守、躲闪防守三种。

(1) 距离防守

依靠步法的移动,拉开距离避开对手进攻,达到保护自己的目的。这种不做武器接触的防守叫距离防守。尤其用来对付对手的突然的快速攻击。进行距离防守必须有快速、灵活的步法和良好的距离感,距离防守经常与反攻相配合。

(2) 武器防守

全武器防守是用剑挡开进攻者剑的防守方法。武器防守要注意用自己剑身的强部去防对手剑的弱部。良好的防守必须有合适的距离。

(3) 躲闪防守

依靠身体位置的变化来避开对手攻击。在花剑中运用较多。躲闪防守经常与反攻相配合,有下蹲反攻和侧身反攻。

第三节 击 剑 战 术

战术是根据比赛的双方情况,正确地分配力量,充分发挥己方的身体和技术特长,限制对方特长,争取胜利的比赛艺术。

战术是在一定身体条件和技术的基础上根据比赛需要形成的。战术的发展对身体素质和技术不断提出新的更高的要求,并在一定程度上影响运动素质和技术的发挥与运用。技术和战术相辅相成,良好的战术能使技术得到充分发挥,不良的战术对技术产生抑制作用,还会影响技术水平的发挥。在一定条件下,战术运用得当,可以弱胜强;战术不当,会使强削弱。击剑比赛每场比赛时间短,对抗性强,双方战斗行动又是相互针对性,战术难度较高。由于击剑的武器轻巧,动作细致,速度快,因此战术作用十分重要。所以在击剑训练中当运动员掌握一定程度的基本技术以后,就应该重视战术训练和加强其战术观念。

一、战术的内容和类型

(一) 战术的内容

战术的内容包括以下几个方面:

1. 战术指导思想

战术指导思想是指制订战术具体行动方案所依据的准则。

战术指导思想是整个战术内容的核心。采用战术是否能战胜对手,关键在于指导思想正确与否。

2. 战术知识

战术知识是指本专项运用的战术原则,各种合理的战术形成,战术的发展,演变和趋势,比赛的规则和最有效发挥战术作用的条件,以及现实与潜在的比赛对手的情况(包括对手的身体、技术、心理、习惯的战术、训练特点等)有关知识。

战术知识是掌握和运用具体战术的基础。教练员、运动员制订的战术是否合理,运用得是否灵活、机动、有效,主要取决于他们掌握战术知识的广度和深度。

3. **战术意识**

战术意识是指运动员在比赛复杂、多变和极其困难的环境下,及时地观察、判断场上的情况,随机应变,迅速而有预见地决定自己对付对手策略的思维活动。

(1) 战术思维的一般特征

① 直观性和具体性。

直观性:战术思维分析、判断的材料,直接来自比赛中各个感官感知取得的材料。感知的材料正确、全面,与思维结果正确直接相关。

具体性:战术思维是根据比赛中所接触到的具体情况要作出明确、具体对策的决定。

② 敏捷性和概括性。

敏捷性:比赛中战机是短暂的、多变的。思维必须快速的根据出现情况,立即作出对策,稍有迟疑就会造成失败。

概括性:思维的特点是将复杂事物过程进行抽象概括,以概念性的词或名称来概括。也能将同类的情况进行归纳、概括,便于在快速思维中运用。

③ 灵活性和批判性。

灵活性:预想的战术常会受主、客观因素影响,会产生出乎意外的变化。根据临场变化必须立即作出相应的对策。

批判性:对预想的战术在实战过程中发现不足之处,思维的结果经实战检验是错误的,就应及时进行自我批判、调整,找出新的对策。

④ 预见性和创造性。

预见性:是建立在对过去经验的总结和对当前观察分析判断而作出的结论,战术思维能力越强,预见的准确性越高。

创造性:对一些意外的、新的情况也要作出相应对策,这是在大量积累的实战经验中和理论知识组合成的新的创造性的对策。

⑤ 战术思维也受到情绪、意志、品质、战术理论知识、技术及实战经验的制约。

(2) 击剑运动员战术思维特点

除以上一般特点外,还有以下特点:

1) 个人独立性:击剑运动是个人对抗性项目,需要个人独立作战。

2) 战术行动的相互性:击剑比赛的双方行动都具有主动性和针对性,战术变化突然,战术思维难度高。

3) 应变快速性:击剑比赛每场时间短、剑数少、交锋快,要求战术思维应变快速。

4) 精确性:击剑比赛距离近,动作幅度小,交锋过程迅速,战术行动和战术思维过程都要精确。

5) 欺骗性:战术行动要以欺骗来创造时机,隐蔽意图。

6) 意外性:击剑比赛行动是相互的。针锋相对,难以预测,意外情况经常可能出现。

7) 主动性:战术上争取主动来控制对手,是战术制胜的重要方法。

8) 果断性:果断执行战术行动,果断地作出决定,是战术成功的重要条件。

(3) 实现战术思维基本条件

1) 基本技术熟练:战术动作的实现主要通过技术手段表现出来。没有全面、熟练的技术,就难以实现战术思维决定的战术行动。

2) 战术基本理论熟悉:战术思维在一定实战经验和基本战术理论相结合,就能使战术思维敏捷、快速,有创造性和预见性。

3) 战术模式丰富:对各种战术模式精通,有利于开拓思路和使战术思维敏捷、有效。

(4) 改善战术思维方法

1) 提高观察、判断的反应速度,能很快觉察对手的预兆动作和意图。

2) 提高临场情绪稳定性和针对性战术记忆能力。

3) 提高注意的范围和注意的分配能力,在考虑战术的同时能观察对手意图和击剑行动。

4. 战术行动

战术行动是指为完成预定的战术计划、意图,目的在于取得最佳成绩的一种活动,或指战术的具体动作、打法和配合。它依赖于战术指导思想、战术知识、战术意识、技术、身体、心理、智能等方面的训练水平。

战术行动不是一种在比赛中无目的的、单纯的身体活动,而是一种具有特定的技术、心理等要求的有目的的行动。

击剑比赛战术行动可分为三个阶段。

(1) 准备阶段:是为战术行动作准备

1) 侦察过程:侦察的目的是取得情报,分为赛前侦察和临赛侦察。

2) 分析、综合、推理:侦察是双方的,而且在击剑行动中用具有欺骗的手段来迷惑对手,以达到己方的战术意图。

3) 决定战术方案:战术思维的另一重要过程是根据自己技术能力、战术知识和所观察到的对手的特长和弱点,来作出最佳战斗方案。准备投入战斗行动。

(2) 执行阶段:可分为两个过程

1) 准备行动过程:又包括欺骗和捕捉时机

欺骗是隐蔽自己意图,使对手造成错觉,创造时机来实行战术行动。

时机:是指具有时间性的客观条件。

时机是击剑行动最重要的瞬间,任何击剑行动要取得成功,都必须掌握有利的时机。

2) 决定性战斗行动过程

这是战术行动成败的关键过程。抓住有利时机,一定要果断地执行击剑行动。只要有任何一点迟疑就会导致战术行动的失败。

(3) 总结、调整阶段

一次战术行动的执行成败,对以后战术行动有重要意义。对执行情况及时总结,发现不足,及时调整。调整分析、综合过程,调整战斗行动,调整距离,调整情绪和意志,必须指出执行战术行动过程,切不可过于追求稳妥。击剑比赛中时机是瞬时的,任何犹豫不决,不相信自己,都会影响技术运用的成功与否。

(二) 战术的类型

是运动员在比赛中运用技、战术情况倾向性分类。

1. 从战术动作上分类

攻击型:战术行动、技术动作是以主动攻击为主要手段。比赛中能积极寻找时机、创造时机,尽量争取主动进攻。

同时攻击型有紧逼进攻型和伺机进攻型及快速进攻型。也有弓步击打进攻为主或观察转移进攻为主的。也有以冲刺进攻为主的攻击型等等。

防御型:也可称为后发制人型。战术行动是以防守和反、抢攻为主要手段。比赛中重视距离调整,用欺骗手段迷惑对手,沉着地变换运用防守和反、抢攻来对付对手的各种进攻。必要时还能在紧逼中发挥特长,在防御情况下能合适选择攻击点。

防御型可分以防守为主和反、抢攻为主。有消极等待防御型和紧逼防御型。

全面型:技术动作较全面,战术行动能攻能守,无明显的绝招,能根据对手作相应战术应变,这类运动员成绩较稳定。

对攻型:是一些基本技术一般,技术动作不多的运动员。他们行动果断,善于运用距离,掌握时机较好,动作虽简单有一定实用价值。对攻型选手较多采用对抗反攻、抢攻和下蹲反攻等动作。

2. 从技术动作来分析战术类型

是指运动员在比赛中运用技、战术倾向性反映,它与运动员技术特点、个性特征、战术思想相关联。技术发展是在攻与守的矛盾中,不断提高的,无论是攻击型还是防御型,它们都是相对的,都是随着技术的发展,规则的改变而变化。关键在于掌握比赛规律,建立符合自己特点的战术系统,能在全面基础上突出绝招,保证特长技术成功,并能不断为运用自己特长创造条件,丰富内容。

第四节 击剑运动身体素质练习方法

击剑运动员的一般身体训练,必须结合运动员的思想意志品质和身体各部位肌肉、关节韧带和各器官、系统的情况严格进行科学训练。专项身体素质训练要紧密结合专项运动特点和运动员的特点、年龄、性别、不同训练阶段等情况,在各种素质训练安排上应有所侧重。一般是青少年运动员以发展速度、灵敏和柔韧等素质为主,其他为辅;成年则以发展力量,速度、耐力等素质为主,其他为辅。在训练中必须全面安排,突出重点,严格要求,长年训练。

一、力量素质训练

1. 发展手指手腕力量的练习方法

1) 做指卧撑或连续做击掌俯卧撑练习。

2) 握力器、握捏杠铃片,转动吊物杠铃杆。

3) 双手握杠铃杆,直臂做快速曲伸手腕练习。

2. 发展上肢力量的练习方法

1) 用杠铃做各种举重练习(卧推、推举、颈后举等)。

2) 手持重物做刺、防守动作的练习。

3) 双人手持剑连续击打、画圆练习。

3. 发展腰腹力量的练习方法

1) 仰卧举腿、仰卧折体、俯卧挺身(亦可适当负重)。

2) 利用杠铃负重转体、挺身等练习。

3）跳起空中折体、转身等。

4. **发展下肢力量练习方法**

1）负重杠铃深蹲或半蹲练习。

2）负重杠铃快速用力起跳练习（或连续提踵练习）。

3）蛙跳、立定跳远、多级跳、跳绳、跳深等练习。

4）负重步法移动、弓步、跨步等练习。

二、速度素质训练

1. **各种基本步法的练习**

小步跑，后踢腿跑，高抬腿跑，左右侧交叉步跑，跨跳步跑结合加速度跑等。

2. **各种起动跑练习**

1）原地或移动中，根据教练员的信号突然起动或加速快跑。不同距离的折回跑。

2）起跳落地、立即起动加速快跑。

3. **各种距离跑的练习**

用各种姿势起跑，全速跑 30 米、60 米、100 米，改进和提高跑的技术和速度。两端线及各种距离的往返接力跑等。

4. **击剑移动中的各种跑的练习**

绕过障碍的快速变方向跑、侧身跑、后退跑、弧线跑和折线跑等练习。

5. **跑台阶、上下坡跑和牵引跑等**

三、耐力素质训练

1）一般耐力素质可采用中长跑、越野跑、爬山等方法。

2）短距离如 30 米、60 米、100 米反复冲刺跑，随着训练水平的提高，每次跑的间歇时间可逐步缩短。

3）在击剑场利用各种横线做往返折回跑。

4）做单人和双人的快速向前一步和向后一步的步法练习。

5）连续的刺靶和双人的击打转移练习。

6）综合练习。把各种的步法练习与手上的动作练习综合起来。

7）连续进行较长时间的各种攻守技术练习和各种实战。

四、灵敏素质训练

1）让运动员在跑、跳之中迅速、准确、协调的完成各种动作。如快速改变方向的各种跑、各种躲闪和突然起动的练习、各种快速急停和迅速转体的练习等。

2）各种调整身体方位的练习。如利用体操器械做各种较复杂的动作等。

3）专门设计的各种复杂多变的练习。如用"之字跑""躲闪跑""穿梭跑"和"立卧撑"四项组合的综合性练习。

4）各种变换方向追逐性的游戏和对各种信号作出应答反应的游戏等。

五、柔韧素质训练

1）两手指交叉相握，手心向外做压指、压腕等动作，充分向前、向上伸展或有节奏地向下振压。

2）两臂做不对称的大绕环、转肩等动作；在背后一手从上往下伸，一手从下向上伸，使两手在背后做拉伸练习。

3）利用器材或同伴帮助做压肩、拉肩、转肩等动作；利用助木做各种压腿，拉长肌肉、韧带和扩大各种关节活动范围的练习。

4）并腿直立，上体前曲，用手摸地或握踝，上体前曲靠腿；弓步压腿；前后"劈叉"压腿，左右"劈叉"压腿；勾腿尖向前、向侧踢腿。

5）在地板上做"跨栏步"拉、压腿、胯练习。练习方法：采用静态伸展肌肉练习。

参考文献

［1］俞继英.奥林匹克法剑.北京：人民体育出版社，2001.

［2］林永升.高等学校击剑教学法.北京：人民体育出版社，1996.

［3］蔡家东，等.击剑竞赛规则.北京：中国击剑协会，2000.

图书在版编目(CIP)数据

大学体育/马祖勤主编;孔斌,王恩锋副主编. —上海:复旦大学出版社, 2023.6(2024.4重印)
ISBN 978-7-309-16591-3

Ⅰ.①大… Ⅱ.①马…②孔…③王… Ⅲ.①体育-高等学校-教材 Ⅳ.①G807.4

中国版本图书馆 CIP 数据核字(2022)第 201353 号

大学体育
马祖勤 主编 孔 斌 王恩锋 副主编
责任编辑/胡春丽

复旦大学出版社有限公司出版发行
上海市国权路 579 号 邮编:200433
网址:fupnet@fudanpress.com http://www.fudanpress.com
门市零售:86-21-65102580 团体订购:86-21-65104505
出版部电话:86-21-65642845
江苏凤凰数码印务有限公司

开本 787 毫米×1092 毫米 1/16 印张 41.5 字数 1 089 千字
2024 年 4 月第 1 版第 2 次印刷

ISBN 978-7-309-16591-3/G·2442
定价:180.00 元